동북아시아 고고학 개설 I
−선·원사시대 편−

일러두기
• 이 책은 2011~2012년도 동북아역사재단 연구과제 '중국 동북지역 고고학 종합연구서'를 2019·2020년 수정·보완한 결과물임.

책머리에

　중국 동북지역과 연해주의 지리적 공간에 선사 초기부터 소규모 공동체 수준에서 성장한 많은 종족이 명멸을 거듭하였다. 정체성에 대해서 논란이 있지만 우리의 관점에서 보면 근대국가의 한민족에 흡수 수용된 선조 집단으로서 그들이 남긴 역사와 문화에 대해서 한국 역사와 고고학의 범주에서 접근해야 할 당위성이 있다. 그럼에도 불구하고 근대 이후 중국과 러시아의 영역에 편입되고, 그와 연결된 북한지역과 충분한 소통이 없어 남한지역 중심 관점이 심화된 한국 고고학에서 동 지역에 대한 관심이 멀어지는 분위기가 조성되기에 이르렀다.

　잘 알려져 있다시피 단지 한반도 혹은 남한의 고고학적 문화만을 제대로 이해하려고 하더라도, 한반도를 벗어난 육상과 해상으로 연결되는 인접 지역과의 상호작용에 대해서 살펴야 한다. 한국 고고학 자체의 공간적 범위에 들어가는지 여부를 따지지 않더라도 총설에서 이선복 교수가 지적한 것처럼 이 지역은 중원과 북방지역과 연결되는 중간 권역으로 다른 상위 지역 문화권과의 교류를 살피는 데 중요하다. 더 나아가 민족 혹은 국가 중심주의적인 관점에서 탈피하여 전 지구적인 관점으로 지향해야 할 한국 고고학의 첫 번째 당면한 지리적 공간이라 할 수 있다. 그러한 점에서 이번에 이 지역의 고고학 성과를 소개한 개설서가 출간된 것은 매우 뜻깊다 하겠다.

　이 책의 제목을 『동북아시아 고고학 개설』로 하는 데 많은 고민이 있었다. '중국 동북지역과 연해주 고고학', '만주 고고학' 또는 '북방 고고학' 등이 거론되었는데, 각각 타국 지역 명칭, 혹은 일제강점기 식민국가, 그리고 중국 북방 혹은 유라시아 초원 유목문화권의 의미로 받아들여지거나 혼동된다는 점에서 이를 피하게 되었다. 더군다나 제목에 걸맞게 '동북아시아 고고학'의 체제를 제대로 갖추기 위해서 다루어야 할 한국, 중국, 일본 등 중심 문화권에 대한 내용을 다루지 못하는 근본적인 한계가 있다. 앞으로 어떻게 하면 진정한 동북아시아 고고학에 체계적으로 접근할 수 있는지에 대한 진정한 논의가 활성화될 필요가 있다고 생각된다. 더 나아가 육상을 통한 중국 동북지역과 연해주지역에 대한 관심에 더하여 일본을 비롯한 해상을 통한 동지중해의 관점에서 해안 도서문화권에 대한 관심도 늘어나길 기대한다.

이번에 출간된 『동북아시아 고고학 개설 I – 선·원사시대 편』은 구석기시대부터 초기철기시대까지의 시간적 범위를 다루고 있다. 시기 구분과 편년상의 문제를 비롯하여 용어, 개념, 접근 방법에서 크게 다른 중국과 러시아 연구자가 제시한 고고학적 성과를 우리의 관점에서 정리하는 것이 쉽지 않았다. 더군다나 어떠한 틀에서 어떤 내용을 다룰 것인지 충분히 논의하지 못하고, 그것도 각 시대별로 각기 다른 다수의 연구자가 집필하면서 더욱 어려운 문제가 생길 수밖에 없었다. 그럼에도 불구하고 이 책이 앞서 지적한 것처럼 한국 고고학의 지평을 넓히고자 하는 관점에서 시도된 성과물로서 이 방면에 관심을 갖고 살피는 데 중요한 자리가 되어서, 이를 토대로 중국 동북지역과 한반도에 걸쳐 다양한 주제로 접근할 수 있는 연구 성과가 나오기를 희망한다.

　이 책을 기획하고 연구를 시작한 것이 수년 전인데도 일정 기간 진행되지 못하다가 다행히도 이번에 마무리되어 출간되기에 이르렀다. 많은 어려움에도 불구하고 이 책의 출간을 위해 수고한 동북아역사재단의 관계자 여러분께 감사를 드린다. 무엇보다도 그 실무 작업을 맡은 기획단계의 김정열 선생, 마무리 단계의 배현준 선생의 노고를 치하하며, 이를 독려한 김도형 전 이사장, 그리고 당연히 각 분야별 집필자들에게도 심심한 사의를 표한다.

2020년 12월
집필자를 대표하여
이청규 씀

차례

책머리에 · 3

총설 _ 이선복

I. 머리말 · 10

II. 자연환경 · 12

III. 고고학 개관 · 14

IV. 맺음말 · 17

구석기시대 _ 성춘택

I. 시대 개관 · 20

1. 중국 동북지역 · 20
2. 중국 동북지역 구석기고고학 연구약사 · 21
3. 중국 동북지역의 플라이스토세 환경 · 22
4. 구석기시대 편년관 · 23

II. 중국 동북지역의 구석기 고고학 · 25

1. 이른(전·중기) 구석기시대 · 25
2. 후기 구석기시대 · 30

III. 구석기 연구 평가 · 42

1. 중국 동북지역의 구석기 유적 · 42
2. 중국 동북지역의 구석기시대 인류 화석 · 44
3. 동북지역 구석기 유물군 구성과 '양대전통론' 비판 · 46
4. 중국 동북지역 후기 구석기 석기군의 편년 · 50
5. 길림 동부 및 두만강 유역 후기 구석기 유적 · 53

신석기시대

I. 시대 개관 _ 이선복 · 64

II. 요하 유역의 신석기문화 _ 홍은경 · 67
    1. 7,000년 전 이전 · 67
    2. 7,000~5,000년 전 · 80
    3. 5,000~4,000년 전 · 109
    4. 4,000년 전 이후 · 120

III. 송눈평원·아무르강·두만강 유역의 신석기문화 _ 김재윤 · 121
    1. 7,000년 전 이전 · 121
    2. 7,000~5,000년 전 · 127
    3. 5,000~4,000년 전 · 144
    4. 4,000년 전 이후 · 154

청동기시대

I. 시대 개관 _ 이청규 · 160
    1. 청동기시대의 개념과 역사문화적 배경 · 160
    2. 청동기 제작·유통과 마제석기의 사용 · 161
    3. 토기의 분포와 문화권 · 163
    4. 전기의 마을, 무덤과 사회 변동 · 164
    5. 후기의 무덤과 정치체의 발전 · 165

II. 요서지역의 전기 청동기문화 · 167
    1. 요서지역 _ 천선행 · 167
    2. 주변 지역 _ 김정열 · 188

III. 요서지역의 후기 청동기문화 · 198
    1. 하가점상층문화 _ 강인욱 · 198
    2. 정구자문화 _ 이후석 · 218
    3. 십이대영자문화 _ 이후석 · 235

Ⅳ. 요동지역의 전기 청동기문화 _ 천선행 · 261

  1. 고대산문화 · 261

  2. 마성자문화 · 267

  3. 신락상층문화 · 271

  4. 쌍타자문화 · 273

Ⅴ. 요동지역의 후기 청동기문화 _ 이후석 · 280

  1. 문화 개념과 범위 · 280

  2. 전환기의 문화유형: 요해둔유형과 쌍방유형 · 283

  3. 신성자문화 · 292

  4. 강상문화 · 301

  5. 정가와자유형 · 307

  6. 문화 교류와 사회 관계 · 318

  7. 연구 의의와 전망 · 325

Ⅵ. 길림·연해주지역의 청동기문화 _ 이종수 · 326

  1. 눈강·송눈평원지역 · 326

  2. 제2송화강·길림성 중부지역 · 337

  3. 두만강·연해주지역 · 344

초기철기시대

Ⅰ. 시대 개관 _ 이청규 · 368

  1. 초기철기시대의 개념과 역사문화적 배경 · 368

  2. 토기의 분포와 문화유형 · 369

  3. 청동기와 철기 · 371

  4. 무덤과 성곽 시설 · 373

Ⅱ. 재지계 초기철기문화 _ 조진선 · 374

  1. 재지계 초기철기문화의 형성 · 374

  2. 문화유형의 분포와 특징 · 377

  3. 유형별 특징과 성격 · 392

III. 연계 초기철기문화 _ 배현준 · 395
　　　　1. 연계 초기철기문화의 출현 · 395
　　　　2. 유적과 유물 · 397
　　　　3. 특징과 성격 · 412

중국 동북지역의 고조선문화 _ 이청규

　　I. 고조선과 고고학적 문화 · 426

　　II. 동검 이전 시기 · 427

　　III. 비파형동검 시기 · 430
　　　　1. 비파형동검 전기 · 430
　　　　2. 비파형동검 후기 · 432

　　IV. 세형동검 시기 · 434
　　　　1. 세형동검 전기 · 434
　　　　2. 세형동검 후기 · 436

　　찾아보기 · 440

총설

I. 머리말

　유라시아 대륙 동단에 있는 한반도는 그 지리적 위치 때문에 선사시대 이래 대륙과 해양 두 방향으로 끊임없이 관계를 맺지 않을 수 없었다. 그러한 과정에서 사람의 이동과 거주에 일정한 제한이 있기 마련인 바다를 사이에 둔 관계보다 이동과 거주의 물리적 제한이 없는 대륙 방향으로의 관계가 상대적으로 복잡하게 전개되었을 것이라고 짐작할 수 있다. 한반도와 주변 지역이 어떠한 관계를 맺어왔는지 그 실체의 전말을 파악한다는 것은 설령 자세한 기록이 남아 있는 경우에도 쉽지 않은 일이지만, 우리의 경우에는 국가 단위의 정치체가 확립되고 긴 시간이 흐른 뒤까지도 관련 기록이 충분히 남아 있지 않은 형편이다. 그런 만큼, 한반도와 주변 지역 사이의 관계에 대한 연구는 선사시대는 물론이려니와 고대국가 단계에서도 매우 어려운 일이다.

　선사시대 이래 한반도와 그 연접 지역의 주민 집단은 중국 문명권역의 팽창과 더불어 중국 문명과 깊은 관계를 맺지 않을 수 없었다. 고고학 자료는 그러한 관계의 일면을 말해주는 데, 고고학 자료를 바탕으로 한 선사시대 이래의 문화상에 대한 이해는 압록강과 두만강 이북의 넓은 지역에서 고조선과 고구려, 부여를 비롯한 한국 고대사의 주요 세력이 장기간에 걸쳐 어떠한 과정을 겪으며 형성되었는가를 설명하는 데 중요한 의미가 있다. 이 책은 이러한 이유에서 중화인민공화국의 동북부를 구성하는 요령(遼寧), 길림(吉林), 흑룡강(黑龍江)의 소위 동북3성(東北三省) 및 이 동북3성과 선사시대 이래 문화적 친연 관계가 깊은 내몽고(內蒙古) 동부 및 연해주지역을 포함하는 넓은 지역에서 구석기시대 이래 고대에 이르기까지의 고고학적 증거를 살핌으로써 한반도와 중국 문명 핵심 지역 사이에 있는 이 지역의 문화적 정체성이 무엇인가를 살펴보고자 한다.

　이 광대한 연구 지역에서는 우리 현대인 이전 단계의 고인류가 살았던 흔적부터 시작해 매우 긴 시간에 걸친 인간 활동의 증거가 발견되고 있다. 물론 구석기시대와 신석기시대 사이의 후빙기 도래 직후 시기에 해당하는 증거는 아직 불확실한 점이 많지만, 아무튼 구석기시대가 끝나고 약간의 시간이 경과하며 몇몇 중심지에서는 고유한 신석기 문화가 나타났고, 다시 시간이 흘러 등장한 청동기시대의 문화적 양상 또한 중국 문명의 중심부와는 여러 면에서 차이를 보여주고 있다. 이러한 문화적 차이는 중국의 사서에 기록된 고조선을 비롯한 여러 민족 집단의 활동과 관계되는 것임은 쉽게 짐작할 수 있다. 즉, 비록 연구 지역이 현재 중화인민공화국과 러시아의 일부로 편입되며 자국사의 일부로서 자의적으로 해석되고 있지만, 과거 이 지역의 문화적, 역사적 주체가 누구였으며 주변과의 관계가 어떠했는가를 설명하는 일은 현재의 정치적 경계와는 무관하게 전개된 고대 동북아시아 사회의 형성과 발전 과정을 이해하는 데 꼭 필요한 것이다.

그럼에도 불구하고, 이 지역이 현재 중화인민공화국의 일부를 이루고 있다는 이유 때문에 이 지역의 문화적, 역사적 실체에 대해 중국 학계에서 이루어지고 있는 논의는 자료의 객관적 평가에 기초한다기보다는 중화 중심주의라는 이념에 압도당하고 있다. 그리고 그러한 시각은 때로는 한국 고대사를 왜곡되게 해석하는 정도를 넘어 한국사의 존재 자체도 서슴지 않고 부정하기도 한다. 한 예로서 〈중국변강통사총서(中國邊疆通史叢書)〉의 일부로 출간된 『동북통사(東北通史)』의 책임편집자는 제1권의 「전언(前言)」 3쪽에서 다음과 같은 주장을 펴고 있다.

동북지구의 이름과 그 지리 범위의 형성은 1,100년에 걸친 변화의 결과로서 복잡한 성격을 갖고 있다.

이 중에서 특별히 생각해야 할 것으로 조선반도 문제가 있다. 고대에 있어, 구체적으로 말하자면 명대 이전에 있어, 조선반도는 중국에 속했던 것인가 아닌가? 조선반도가 동북지구의 일부분인가 아닌가? (중략) 다시 말하자면, 조선반도는 동북지구의 외연으로서 의심할 나위 없이 동북지구의 일부분이다.

기자가 조선에 들어와 40여 세가 지나 서한 초가 되자 위만에게 멸함을 당해 위씨조선이 되었다. 기자에서 위만에 이르기까지 조선은 모두 한인(漢人)이 다스렸으니 또한 중국 땅(漢土)임에 의심할 나위가 없다. 무제 원봉 2년(기원전 109년) 위씨조선을 멸하고 낙랑, 임둔, 현도, 진번 등 4군을 설립해, 조선반도는 대부분 모두 4군의 관리 아래 놓이게 되었다. 당과 한은 나란히 중국 역사상 강토를 넓힌 시대였다. 평양에 천도한 고구려를 당이 멸하고 조선반도에 안동도호부를 설치하고 명장 설인귀로 하여금 병사 2만을 거느려 평양을 지키도록 하였다. 이후 도호부를 도독부로 고치고 그 아래에 여러 현을 나누어 두었는데, 모두 조선반도에 설치한 것이다. 이후 비록 여러 차례 내부적인 이동이 있었으나 조선반도는 당의 공제 아래에 있었으니, 평로절도사의 압령하에 있었던 것이다.

(중략) 사실 중국 중앙 왕조는 당 이후 원, 명에 이르기까지 조선반도에 행정기구를 거듭 설치했지만, 명부터는 조선에 대한 직접통치를 바꾸어 조선의 이씨 국왕에게 통치토록 하여 행정기구를 다시 설치하지는 않았으니, 실제에 있어서 조선으로부터 철수한 셈이다. 이씨조선은 명의 외번 부속국으로서 명은 종주국으로서의 지위를 갖고 조선에 대한 완전한 공제권을 향유하였다. 청대에 이르러서도 명의 제도를 취해 계속 종주국으로서 조선을 통치하였다. 이러한 사정에서 조선은 이후 하나의 국가를 이루게 되었고 또 단일한 조선족을 형성하게 되어 동북구역에서 분리되었다.

고대에 있어 영토 귀속의 원칙으로는 첫째, 행정구획과 행정기구의 설치, 둘째, 관리 임명과 관할, 셋째, 군대 파견과 주둔이 있다. 이러한 것은 모두 국가가 주권을 행사함에 있어 중요한 표지가 된다. 그렇다면, 잘 알 수 있듯 명 이전 수천 년 동안 조선반도가 당연히 역사상 동북

구역의 일부분에 속한다는 것은 의심할 나위가 없는 일이다. (후략)

이러한 강변에 대해 그 내용을 하나하나 따져 맞대응하는 것이 가치 있는 일은 아닌 것 같다. 그럼에도 불구하고, 지난 20여 년 동안 이런 식의 역사인식이 중국에서 널리 확산되어 온 것이 사실이기 때문에 이제 한국 학계의 입장에서는 어떠한 형식으로건 대응을 피할 수 없게 되었다. 이와 같은 맥락에서, 우리는 러시아 영토 내의 발해 유적을 비롯한 한국사 관련 유적과 유물에 대한 연구에 소홀할 수 없는 입장이 되었다.

그러나 앞에 인용한 사례와 같은 중화 패권주의적 주장을 반박함에 있어, 감정적 대응이 역효과를 불러올 것임도 자명한 일이다. 예를 들어 몇몇 고고학 비전문가가 제기하고 있는 홍산문화(紅山文化) 고조선설과 같은 주장은 그 내용을 뒤집어 고조선이 중국 문명의 일부에 속한다는 것으로 공격받을 수 있음을 인식할 필요가 있다. 다시 말해, 우리에게 필요한 것은 민족주의적 감정을 접어두고 한반도 인접 지역에서 발견되는 선사시대 이래의 고고학 자료가 무엇인가를 정확히 파악하고, 그러한 자료의 문화적 정체성과 상관관계를 객관적으로 살핀 바탕 위에서 한국사의 흐름과 한·중관계사를 설명하려는 노력이겠다.

이 책은 이러한 입장에서 연구 지역에서 선사시대 이래 있었던 시대별 사정에 대한 일방적, 주관적, 감정적 평가를 지양하며, 이 지역의 문화현상이 본질적으로 어떠한 특징을 보여주는가를 객관적으로 알아보려 하였다. 새삼스럽게 강조할 필요는 없겠지만, 연구 지역은 신석기시대 이래 중원과 다른 독자적인 문화상을 보여주고 있으며, 중국 문명의 영역적 외연이 끊임없이 확장되어 왔음에도 불구하고 이 지역의 독자적인 문화적 정체성은 아주 늦게까지도 계속 유지되었다. 이러한 사정은 바로 한반도의 문화적 정체성 확립과도 깊은 관계가 있다.

II. 자연환경

앞서 말한 것처럼 이 책에서는 아무르강 유역이나 내몽고 동부 혹은 하북(河北) 북부 등지에 대해서도 언급하겠지만, 그 중심이 되는 지역은 중국의 소위 '동북'지구이다. 동북이란 용어는 역사상 여러 종류의 뜻으로 사용되었으며 가리키는 지역 역시 중국의 영토 인식이 확장되며 변해왔다. 그러나 근대 이후, 이 말은 보통 산해관(山海關) 이동 지역을 가리키는 말로 받아들여지다 20세기에 들어 현재의 동북3성을 가리키는 말로 정착되었다. 그런데 행정구역상 동북3성에 속하지는 않지만, 내몽고 동쪽 지역은 지리적 특성이나 역사적 경험에서 이 지역과 밀접한 관계를 맺고 있어 동북지역의 일부로 보아도 좋을 정도다.

따라서 만약 우리가 현재의 국경선을 무시하고 고고학적, 역사학적 연구를 위한 지역 명칭으로서 동북지역을 넓게 정의한다면, 내몽고 동부지역은 물론 중·러 국경지역에서 동해에 이르는 지역을 포함시켜 생각할 필요가 있다. 연구 대상 지역의 광활함은 쉽게 짐작할 수 있겠지만, 요령, 길림, 흑룡강 세 성만 해도 그 면적이 각각 약 15만, 18만, 46만km^{2}로서 한반도의 4배 정도에 이르며 광의의 동북지역 전체는 대략 한반도의 10배 정도에 이른다.

연구 대상 지역의 중심인 중국 동북3성은 큰 하천이 흐르는 광활한 평야지대의 가장자리를 산지 지형이 에워싸고 있는 형국이다. 즉, 대체로 흑룡강성 북쪽 경계를 따라서는 동북-서남 방향으로 대흥안령(大興安嶺) 산지가 발달해 있는데, 남쪽으로 오며 점차 고도가 낮아져 서쪽으로 끝없이 이어지는 몽골 초원지대 동단을 이루다 다시 서남쪽으로 하북성과 닿아 있는 연산(燕山)산맥으로 이어진다. 대흥안령 산지와 대웅해 동남쪽에는 길림성 남부에 백두산을 비롯한 한반도 동북부 산지와도 연결되는 장백산지(長白山地)가 발달해 있다. 장백산지는 요동반도에 이르러 천산(千山)산맥으로 이어지고 있으며, 장백산지와 대흥안령 산지 사이 지역의 북쪽 끝자락에는 소흥안령 산지가 북북서-남남동 방향으로 발달해 있고 그 바깥쪽, 즉 동쪽으로 연하며 흑룡강이 발달하였다.

이 3대 산지가 포위하는 범위 안으로는 대체로 북에서 시작해 남으로 요하 하구에 이르기까지 광활한 하천과 평야지대가 펼쳐져 있다. 흔히 동북평원(東北平原)이라 불리는 이 광활한 평야지대 북쪽 지역은 그곳을 흐르는 송화강(松花江)과 눈강(嫩江)의 이름에서 송눈평원으로, 또 남쪽은 송화강과 요하(遼河)의 이름을 따라 송료평원이라 불린다. 한편 동북평원 동쪽으로 흑룡강, 송화강, 우수리강(烏蘇里江)이 서로 가까이 흐르는 지역 일대에 형성된 충적 대지는 삼강평원(三江平原)이라 부르기도 한다.

3대 산지와 평원으로 구성된 기본 지형은 다시 복잡하게 발달한 하계망과 더불어 다양한 지형구로 나뉜다. 평균적인 한국인에게 '만주'라는 이름은 끝없이 펼쳐진 평야지대를 떠올리게 하지만, 지도에서 저평한 지대로 표시되는 동북평원에는 헤아릴 수 없이 많은 하천과 호수가 어지럽게 분포하고 있으니, 그 이름이 잘 알려진 큰 강만 하더라도 요하, 대릉하(大凌河), 소릉하(小凌河), 흑룡강, 수분하(綏芬河), 도문강(圖們江) 등을 꼽을 수 있다. 연평균기온과 강수량도 지역에 따라 미묘하게 다르기 때문에 이 지역은 일견 유사한 자연조건을 공유한다고 생각하기 쉽지만 실제로는 인구 수용력에 크고 작은 차이가 있는 다양한 생태 조건을 갖춘 자연구가 만들어지게 되었다. 그 결과, 농경이나 목축 혹은 어로와도 같은 그 성격이 판이한 생업경제양식은 특정한 조건을 갖춘 지역에서만 가능하며, 따라서 어느 특정한 시기에 있어서도 그 문화상은 지역에 따라 상이한 양상을 보여주게 되었다.

즉, 신석기시대 이래 문화는 특정 지역을 중심으로 발생 혹은 발전하는 양상을 보여주며, 문화의 확산도 일정한 자연적 경계 범위까지만 이루어지는 인상이다. 또한 북부 지역의 자연조건이 인간 거주에 상대적으로 불리하기 때문인지, 선사시대 이래 인간 활동의 증거는 대체로 한반도 및 중원과 가까운 남부 지역에 보다 잘 남아 있다. 그럼에도 불구하고 이 지역의 전반적인 자연조건은 인간의 이동과 문화의 전파를 크게 가로막을 정도는 아니었기 때문에, 이른 시기부터 광범위한 지역에 걸쳐 다양한 민족이나 문화 공동체가 명멸하며 하나의 큰 세력을 이루거나 여럿이 장기간 공생할 수 있었다.

III. 고고학 개관

연구 지역은 중국과 러시아의 변경 지역이다. 따라서 이 지역에 대한 고고학 연구가 상대적으로 늦은 시기에 시작했을 것임은 쉽게 짐작할 수 있을 것이다. 물론 광개토대왕비를 비롯한 집안 일대의 고구려 유적과 같이 눈에 잘 드러나는 유적은 일찍이 19세기 말부터 그 존재가 알려져 있었지만, 이것은 오히려 예외적인 경우라고 하겠다. 이 지역에 대한 고고학적 관심이 본격적으로 커진 것은 일본과 러시아 제국주의가 확장되면서부터였다. 그 결과, 1930년대가 되면 연구 대상 지역을 비롯해 동북아시아 여러 곳에서 중요한 유적 발견 보고가 나타나기 시작했는데, 아무르강 유역과 연해주 일원에서는 A. P. 오클라드니코프가 이끄는 소련과학아카데미 시베리아분원 고고학연구소가 조직적인 탐사를 시작했다.

그러나 본격적인 고고학 조사는 제2차 세계대전 종식 이후부터라고 할 수 있다. 특히 중화인민공화국 성립이 가져다준 정치 질서의 안정과 더불어 중국에서는 중앙과 지방의 각급 기관을 중심으로 각 시대의 유적 조사가 체계화되기 시작했다. 1960년대 초에는 중국과 북한 학계가 공동으로 강상묘, 누상묘와 같은 고조선 관련 유적과 고구려, 발해 유적을 조사하기도 했으나, 사료와 고고학 자료 해석과 관련된 시각차로 공동연구는 단명으로 그치고 말았다. 그러나 중국의 경우 문화대혁명의 혼란에 휩싸이던 1960년대 중후반에서 1970년대 말에 이르기까지 긴 공백기를 거치지 않을 수 없었다. 1980년대부터 조사는 다시 활성화되기 시작했으며, 오늘날 구석기시대부터 역사시대 각 시기에 이르는 많은 유적과 소위 '문화' 혹은 '문화유형'이 알려지게 되었다. 그 자세한 사항은 각론에서 다루겠는데, 여기에서는 선사시대를 중심으로 연구사 및 전반적인 문화적 특징과 관련해 한두 가지 내용을 간략히 살펴보겠다.

연구 지역에서 가장 오래된 인류 활동의 증거는 요령성 영구현[營口縣: 현 대석교시(大石橋市)] 금우산(金牛山)의 한 동굴에서 발견된 소위 '금우산인'의 유해로서 그 나이는 대체로 28만 년 정도라고 한다. 요령성에서는 또 본계현(本溪縣) 묘후산(廟後山)에서 약 10만 년 전의 '묘후산인'이 발견되었으며, 객라심좌익(喀喇沁左翼: 喀左로 약칭) 몽골족자치현의 합자동(鴿子洞)에서도 비슷한 시기의 고인류 유해와 유물이 발견되었다. 요령성에서는 또 해성시(海城市)에서 소고산(小孤山), 요동반도에서 와방점(瓦房店), 금현(錦縣)에서 심가대(沈家臺) 등 후기 구석기 유적이 발견되었다.

길림성에서는 송눈평원 동쪽 전곽이라사(前郭爾羅斯) 몽골족자치현의 왕부둔(王府屯)에서 100만 년 전의 유적이 발견되었다고 하며, 같은 현 사간포(查幹泡)에서는 구석기시대 말의 '청산두인(青山頭人)'이 발견되었다. 유수현(榆樹縣) 주가유방(周家油坊)의 여러 지점에서 고인류 유해와 더불어 중기에서 후기 구석기시대에 걸친 유적이 알려져, 각각 '유수인' 및 '유수문화'라 명명되었고, 안도현(安圖縣) 명월구(明月溝)에서는 구석기시대 말의 '안도인'이 발견되었다.

흑룡강성에서는 1980년대 이래 염가강(閻家岡) 유적을 비롯해 많은 유적이 하얼빈시(哈爾濱市) 부근에서 발견되었고, 오상현(五常縣) 용풍산향(龍風山鄉)에서는 3만 년 전 무렵의 인류 유해와 석기가 발견되었다. 성 서부의 치치하얼시(齊齊哈爾市) 부근에서 대흥둔(大興屯)을 비롯한 후기 구석기시대의 유적이 다수 알려졌고, 호륜패이(呼倫貝爾) 초원에서도 구석기시대 최말기의 고인류 유해가 발견되었다. 성 북부는 추운 기후조건으로 현재도 인간이 거주하기 쉽지 않은 지역이지만 구석기시대 말의 유적이 발견되는데, 예를 들어 중국 영토의 가장 북쪽인 막하진(漠河鎮)에서는 노구하(老溝河) 유적이 발견되었다. 또 동쪽 끝인 요하(饒河)현 우수리강변에서도 관련 자료가 알려졌는데, 러시아와 영토분쟁이 일고 있는 강 건너 지역에서도 구석기 유적이 발견되었다. 한편 러시아 영토에서도 1950년대부터 유적이 보고되었으나, 현재까지 발견된 자료는 모두 구석기시대 말기의 것으로 보인다.

구석기시대와 더불어 신석기시대와 관련된 자료도 놀랄 만큼 늘어났는데, 그 결과 다양한 지역과 시기에 걸쳐 여러 신석기시대 '문화'가 설정되고 있다. 러시아 지역의 경우, 일회적이고 비전문가에 의한 탐험 성격의 조사를 제외한다면, 연해주와 아무르강 유역에서 1920년대에 오시포프카 유적이, 1930년대에 수추섬의 신석기 유적이 조사되었다. 1930년대 후반이 되면, 오클라드니코프는 이 지역에서 135개의 유적을 확인했으며, 몇몇 유적을 발굴하였다. 그의 선구적인 연구는 이 지역 신석기시대 석기가 구석기나 중석기시대와 유사하다는 점, 토기가 평저이며, 문양으로는 사선문, 뇌문, 압인문(壓印文)이 있으며, 점토 피막을 입혔다는 점 등의 특징을 확인하였고, 어로채집경제에 기반한 정착생활을 누렸음을 말했는데, 이러한 정리는 아직도 유효하다고 하겠다.

중국 영토에서 신석기시대 조사도 일찍 시작되었다. 그 시작은 1905년 러일전쟁의 승리로 일본이 차지한 요동반도의 여순-대련 지역에서 한국과도 깊은 관계가 있는 도리이 류조(鳥居龍藏)가 신석기 유적을 조사한 것이 그 효시이다. 신석기시대에 국한된 것은 아니지만 1930년대까지 동북지역 각지에서 일본인 연구자가 조사하는 과정에서 적봉이나 내몽고-장성 지대에서 홍산과 같은 중요한 유적이 확인되기도 하였다. 그러한 영향으로 중국인 학자들도 간헐적으로 유적 조사를 실시하기도 했다. 예를 들어 앙앙계(昂昂溪) 유적에서는 아무르강 유역에서 보이는 바와 유사한 세석기문화가 확인되기도 했다. 그러나 역시 본격적인 조사는 중국 사회가 안정되기 시작한 1950년대부터 이루어지기 시작했으며, 동북지역 전반에 걸친 신석기시대의 양상은 1980년대부터 파악되기 시작했다고 할 수 있다.

신석기시대 연구와 관련된 연구 지역의 현재 상황을 한마디로 요약하자면, 중국에서는 후빙기 초의 자료가 드물어 기원전 6000~기원전 7000년 이전의 자료는 그리 확실하지 않지만, 연해주나 아무르강 유역에서는 기원전 10000년 이전에 토기가 등장했으며 따라서 신석기시대의 정의에 대해 약간의 혼란이 있을 정도라고 하겠다. 중국 동북지방에서는 기원전 2000년을 전후한 시기까지 다양한 문화단계가 설정되고 있는데, 경우에 따라 개개 유적과 문화기의 편년은 방사성탄소연대측정치에 대한 기계적 해석과 자료에 대한 주관적 판단에 크게 좌우되고 있는 듯하다. 아무르강 유역과 연해주에서도 여러 문화단계가 설정되고 있으나, 역시 문화 명칭이나 편년 혹은 그 분포 범위에 대해 만족스러운 안은 아직 없다.

기원전 2000년 무렵, 연구 지역은 서서히 청동기시대로 진입하기 시작한다. 청동기시대는 그 시작과 편년, 문화의 주체 등과 관련한 여러 해석에서 남북한과 중국, 일본의 관련 학자 사이에 견해 차이가 크며, 중국의 경우에도 신석기시대 전공자와 청동기시대 전공자 사이에 의견이 충분히 일치했다고 하기는 어려운 형편이다. 그러나 하가점하층문화(夏家店下層文化)가 이 지역 청동기시대의 시작을 알려준다는 점에 대해서는 대체로 동의가 이루어지고 있다고 하겠다. 이 지역의 청동기시대의 개시 시점과 그 양상에 대한 이해와 설명은 특히 고조선의 실체 및 한국 청동기문화의 성격과 관련해 우리에게 매우 민감한 문제가 아닐 수 없다.

하가점하층문화는 1960년 적봉 하가점(夏家店)과 약왕묘(藥王廟) 유적 조사에서 확인되었다. 조사에서는 서로 시기를 달리하는 두 문화층이 확인되어 각각 하가점하층문화와 하가점상층문화로 명명되었는데, 하층문화에서는 중원의 이리두(二里頭) 및 악석(岳石)문화와 유사한 토기가 발견됨으로써 편년상의 위치가 확정되었다. 여기에서는 청동기 주조를 말해주는 직접적인 증거로서 청동 찌꺼기(銅渣)가 발견되었다. 또 객좌(喀左) 동산취(東山嘴) 유적의 하가점하층문화층에서는 토제 용범, 내몽고 영성(寧城) 소유수림자(小楡樹林子)에서는 청동 도자, 오한기(敖漢旗) 대전자(大甸子) 유적에서는 돌기문 청동기 등이 발견되어 청동기 제작이 광의의 요서지역에서부터 시작되었을 가능성을 높여주었다. 그러나 대련(大連) 일대의 우가촌하층문화(于家村下層文化)의 여러 유적에서도 청동기와 관련 유물이 발견되는데, 이러한 유적에서는 기원전 2000년 전후의 방사성탄소연대가 얻어지고 있다. 따라서 청동기 제작과 사용은 기원전 2000년 무렵 내몽고 동부에서 요동반도에 이르는 넓은 지역에서 동시다발적으로 시작되었으리라 여겨진다.

기원전 2000년기의 자료가 주로 요하 상류를 중심으로 알려져 있다면, 청동기의 제작은 기원전 1000년을 전후할 무렵이면 연구 지역 각지로 널리 확산되었다. 예를 들어 연변 왕청현(汪淸縣) 금성(金城) 유적에서는 동구(銅扣: 청동단추)가 발견되었으며, 내몽고 임서(林西) 대정촌(大井村)에서는 채광에서 주조에 이르는 대규모 청동기 생산 유적이 알려졌으며, 객좌(喀左) 소파태구(小波汰溝)의 저장 유적에서는 높이 86cm, 무게 50kg에 달하는 둥근 정(圓鼎)이 발견되어 당시 주조술의 수준을 말해준다. 이를 비롯해 각지에서는 기원전 1000년기의 시작 무렵 청동기 제작이 시작되었음을 말해주는 용범을 비롯한 각종 증거가 발견되고 있지만, 아직 흑룡강 동부지역에서 그러한 자료는 알려지지 않았다.

기원전 1000년기에 들어와 각지의 청동기시대 유적이 보여주는 지역적 특징에 따라 하가점하층, 비파형동검문화, 서단산(西團山), 백금보(白金寶)유형문화 등이 각각 내몽고 동부지방을 포함한 요하 중상류 지역, 요동반도를 포함한 요하 중하류 지역, 길림-장춘 지구 및 눈강 하류-송화강 중류 일대에서 확립되었다. 이 중 비파형동검문화의 주체와 기원은 고조선과 밀접한 관계가 있는 문제임은 주지하는 바인데, 기원전 1000년기 후반기에 철기 제작이 시작될 무렵이면 한반도와 가까운 지역에서는 한반도와 높은 문화적 유사성을 보여주는 세죽리-연화보(蓮花堡), 대해맹(大海猛)-포자연(泡子沿) 및 단결(團結)-크로우놉카 유형의 문화권역이 형성되며, 부여, 고구려 등 이후의 역사적 실체의 맹아가 싹트게 되었다.

IV. 맺음말

이 지역의 고고학적 과거에 대한 이상의 간단한 서술에서 살폈듯, 신석기시대 이래 중세에 이르기까지 이 지역에서는 수많은 집단이 등장했으며, 한반도와 중국 및 그 주변의 여러 집단과 다양한 관계를 맺으며 명멸하였다. 현재의 동북아시아 정치 질서 아래에서, 선사시대 이래 중세에 이르기까지 있었던 그러한 역사적, 문화적 과정의 실체가 객관적으로 조명되고 있다고 말하기는 어렵다. 패권주의적 사고를 바탕으로 한 역사 해석이라는 중대한 도전에 맞서는 것은 앞으로 우리 삶의 방향을 결정할 수도 있는 중요한 문제가 아닐 수 없다. 그러나 증거에 대한 감정적, 자아도취적 대응은 해결책이 될 수 없다. 중요한 것은 어떻게 대응할 것인가에 대한 냉정한 성찰과 그러한 대응을 위해 필요한 정보를 정확히 파악하고 이해하는 일이겠다.

참고문헌

〈한국어〉

최몽룡·이헌종·강인욱, 2003, 『시베리아의 선사고고학』, 주류성.
한국고고학회 편, 2010, 『개정신판 한국 고고학 강의』, 사회평론.

〈중국어〉

郭大順, 2005, 『紅山文化』, 文物出版社.
謝燕萍·遊學華(편), 1984, 『中國舊石器時代文化遺址』, 中文大學出版社.
薛國屛 외(편), 1990, 『中國地名詞典』, 上海辭書出版社.
蘇秉琦(편), 1994, 『中國通史第二卷 遠古時代』, 上海人民出版社.
孫進己 외, 1989, 『東北歷史地理 제1권』, 黑龍江人民出版社.
梁思永, 1959, 『昂昂溪史前遺址, 梁思永考古論文集』, 科學出版社.
吳汝康·吳新智·張森水, 1989, 『中國遠古人類』, 科學出版社.
王幼平, 2000, 『舊石器時代考古』, 文物出版社.
李治亭(편), 2003, 『東北通史』, 中州古籍出版社.
張碧波, 1995, 『中國古代北方民族文化史』, 黑龍江人民出版社.
張之恒, 2004, 『中國新石器時代考古』, 南京大學出版社.
張之恒·吳建民, 1991, 『中國舊石器時代文化』, 南京大學出版社.
張之恒·黃建秋·吳建民, 2003, 『中國舊石器時代考古』, 南京大學出版社.
張忠培, 1986, 『中國北方考古文集』, 文物出版社.
鄒越淸 외(편), 1990, 『中國歷史大辭典』, 上海辭書出版社.
佟柱臣, 1989, 『中國東北地區和新石器時代考古論集』, 文物出版社.
馮承源 외, 1988, 『中國靑銅器』, 上海古籍出版社.

구석기시대

I. 시대 개관

1. 중국 동북지역

　중국 동북지역은 보통 길림성, 요령성, 흑룡강성을 포괄하는 넓은 땅을 이르며, 지리적으로 내몽고자치구 동부까지 포함하기도 한다. 세 성을 합하면 79만 3,300km² 정도이며, 흑룡강성만으로도 한반도 전체의 2배에 이르는 광활한 지역이다. 서쪽으로는 몽골, 북쪽과 동쪽으로는 러시아와 접한다. 요령성과 길림성은 각각 압록강과 두만강을 경계로 한반도와 마주하고 있어 우리의 선사 및 역사시대와 지리, 그리고 문화적으로 밀접한 관련을 맺어왔음은 두말할 나위가 없다.

　동북3성의 북쪽에는 험준한 대흥안령(大興安嶺) 산맥이 있다. 남쪽의 산들은 중국에서 장백산맥이라 부르며, 요동반도에는 비교적 낮은 천산산맥이 있다. 이 산지 가운데 둘러싸여 있는 평지는 흔히 동북평원(東北平原)이라 불리며, 해발 200m 이하의 구릉과 평지로 이루어져 있는 중국 최대의 평원지대이다. 요령(遼寧)지역에는 대흥안령에서 발원하는 서요하와 동쪽에서 오는 동요하가 합류한 요하강(遼河江)이 동북에서 서남 방향으로 흐르며, 주변에는 요하평원이 자리 잡고 있다. 길림성에 있는 송화강과 눈강이 흘러 만드는 평원지대는 송눈(松嫩)평원이라 불린다. 송화강은 대체로 백두산에서 발원하여 북으로, 그리고 동북쪽으로 흐르며 목단강(牧丹江)을 만나고, 다시 흑룡강성에서 흑룡강과 합류하여 동으로 흐른다. 동북쪽에는 우수리강(烏蘇里江)과 흑룡강, 송화강이 만드는 소택지가 많은 삼강(三江)평원이 있다.

　광활한 중국 동북지역에는 구석기시대 유적도 많이 알려져 있다. 일찍부터 야외 유적은 물론이고, 동굴 유적도 상당수 발굴되었다. 길림성과 흑룡강성에서는 주로 야외 유적들이 알려져 있으며, 요령성의 석회암 지대에서는 금우산(金牛山)과 묘후산(廟后山)과 같은 유명한 구석기시대 동굴 유적들이 분포하고 있는데, 10여 개에 이르는 동굴 유적에서 인류 화석이 나오는 사례도 여럿이다.

---

* 이 글은 서울대학교 이선복 교수님의 권유로 공동저술에 참여한 결과물이다. 글은 2012년 완고하여 제출한 상태였으나 출간이 늦어진 탓에 최근 성과를 충분히 반영하지 못했다. 작성 과정에서 경희대학교 대학원의 허우저(侯哲)는 중국 문헌 자료의 확보에, 최철민과 오정우는 유적 분포도를 만드는 데 도움을 주었다.

2. 중국 동북지역 구석기고고학 연구약사

일찍이 1920년대 주구점(周口店) 유적에서 북경원인이라 알려진 호모 에렉투스(*Homo erectus*) 화석이 발견되어 세계 학계의 주목을 받았다. 북경원인 발견에도 역할을 했던 프랑스 신부이자 고인류학자였던 드 샤르댕(Pierre Teilhard de Chardin)은 내몽고 살라우수(薩拉烏蘇, Salawusu)와 수동구(水洞溝) 유적을 찾기도 했다. 1927년(또는 1928년) 북쪽의 바이칼호 주변 말타(Mal'ta) 유적에서는 많은 구석기 유물이 수습되기도 했다. 이처럼 1920~1930년대에 이미 중국과 동북아시아에서도 여러 유적이 조사되기 시작한 것이다.

중국 동북지역에서도 구석기시대 유적이 알려지고 조사된 것은 이보다 얼마 지나지 않아서인 1930년대 초반부터다. 1933년 만몽학술조사(滿蒙學術調査)가 본격적으로 시작되기 이전부터 플라이스토세의 절멸 동물 화석과 석기가 여러 유적에서 알려지기 시작했다. 특히 1931년 흑룡강성 하얼빈(哈爾濱)시 서쪽 교외 온천하반(溫泉河畔)의 고향둔(顧鄕屯) 하안에서는 털코끼리-털코뿔소 등 플라이스토세 포유동물 화석이 발견되었다. 이때 가까운 황산(黃山, 荒山) 유적 역시 알려져 조사되었다고 한다.

비슷한 시기 흑룡강성 치치하얼시(齊齊哈爾市) 앙앙계(昻昻溪)에서도 신석기시대 유물과 함께 여러 세석기(細石器)가 수습되었다. 이후 일본, 러시아, 프랑스 학자들이 조사에 참여했으며, 이 가운데 도쿠나가 시게야스(德永重康), 나오라 노부오(直良信夫) 등이 비교적 크게 발굴 조사했다고 한다. 그리고 주지하듯이 함경북도 동관진(현 강안리)에서도 포유동물의 뼈와 함께 석기를 찾기도 하였다. 이러한 조사를 통해 매머드(털코끼리), 털코뿔소 등 사멸종의 동물 뼈와 함께 석기들을 찾았다. 1939년에는 드 샤르댕이 요령의 대련(大連)에서 여순(旅順)까지 도로변에서 조사를 했고, 플라이스토세층에서 석기들을 채집하였다고 한다. 그리고 러시아의 보누셰프 등도 1936년 황산에서 고생물 화석과 뗀석기를 찾았다.

일제강점기에 조사된 유적으로는 길림성 건안(乾安) 대포소(大布蘇) 유적을 들 수 있다. 흑룡강성 서북쪽 끝에 있는 쟈라이놀(紫賚諾爾) 마고산(蘑鼓山)에서도 매머드 화석 등이 발견되어 1933년부터 러시아, 일본, 프랑스 학자들이 조사를 시작하였다. 이처럼 이미 1930년대 중국, 일본, 러시아, 그리고 서양의 학자들까지 중국 동북지역에서 구석기시대 유적을 찾고 유물들을 확인하였던 것이다.

이후 중화인민공화국 정부 수립 이후에도 새로운 유적들이 발견되고 이미 알려진 지점에서도 추가 발굴 조사가 이루어졌다. 1951년 길림성 유수(楡樹) 주가유방(周家油坊) 유적이 발견되어, 1956년 배문중(裵文中)이 조사를 시작했다. 1957년에는 흑룡강성 고향둔에서 흑룡강성박물관(黑龍江省博物館)이 발굴 조사를 실시하였다. 조사에서 매머드와 함께 사슴, 노루 등의 뼈와 민물 조개류, 타조알 껍질도 나왔다. 더불어 각암(처트)과 맥석영제 석기가 수습되었고, 화살촉, 작살 등과 상아로 만든 유물과 치레거리 등 후기 구석기 유물을 찾았다고 한다.

1950~1960년대에는 건평인(建平人)과 안도인(安圖人) 화석이 발견되었다. 1963년과 이듬해에는 길림성 안도(安圖) 명월구(明月溝) 석문산(石門山) 동굴 유적이 조사되었으며, 대릉하 상류의 객좌(喀左) 합자동(鴿子洞)은 1965년부터 발굴 조사되었다. 1970년대에 들어서는 요령성 금우산과 묘후산의 동굴 유적이 발굴 조사되었으며, 각각 인류 화석이 출토되어 많은 관심과 주목을 받았다. 1980년대에는 흑룡강성에서 염가강(閻家崗), 청산두(靑山頭) 등 여러 후기 구석기시대 유적들이 알려지고 조사되기 시작했다.

1990년대에는 길림대학을 비롯한 연구 기관에서 본격적으로 지표 조사와 발굴 조사를 실시하여 화전(樺甸) 선인동(仙人洞) 동굴, 교하(咬河) 선인교동(仙人橋洞) 등 많은 유적이 알려지고 조사되었다. 특히 2000년대 들어서는 두만강 유역에서 많은 유적들이 알려지고 소개됨으로써 한반도의 구석기시대 문화를 이해하는 데도 귀중한 자료가 되고 있으며, 한국의 학술지에도 소개되었다.

3. 중국 동북지역의 플라이스토세 환경

중국 동북지역의 많은 유적에서는 석기와 함께 동물 화석이 비교적 풍부하게 출토되고 있다. 때문에 화북지방과 비교하는 방법 등을 통해서 고환경 복원 연구가 이루어지고 있다. 편년에 따르면 묘후산과 금우산이 중기 플라이스토세(Pleistocene, 갱신세)에 속한다고 한다. 묘후산의 동물 화석에는 물소와 물사슴, 원숭이 등이 포함되어 있어 온난습윤한 아열대에 가까운 환경이었음을 짐작케 한다. 중기 플라이스토세 말의 금우산인 시기의 환경 역시 온난습윤한 환경을 보여주고 있다.

그러던 것이 후기 구석기시대에 근접, 또는 중국 학자들이 중기 구석기시대 말의 연대로 판단하는 객좌 합자동 유적의 동물군을 보면 여우, 호랑이, 표범, 하이에나, 야생말과 함께 털코뿔소, 들소, 사슴 등이 포함되어 있으며, 중국 동북지역의 매머드-털코뿔소 동물군과 상통한다고 한다. 따라서 반초원 또는 산림형에 해당하는 동물군을 통해 건조하고 한랭한 기후의 도래를 추정할 수 있다.

후기 구석기시대 초반의 대표적인 동물군은 해성(海城) 소고산(小孤山) 유적에서 알려져 있다. 매머드를 비롯하여 털코뿔소, 큰뿔사슴, 캐나다사슴 등 전형적인 후기 플라이스토세의 산림 및 초원 동물상이라 할 수 있다. 후기 구석기시대 후반에 들어서 기후가 더욱 혹심해지면서 한랭하고 건조한 기후가 계속되었다. 동북지역 대부분 지역은 빙하의 주변 환경으로서 매머드-털코뿔소 동물군 및 초원지대의 환경을 가졌던 것이다. 연구자들은 흑룡강성의 유적에서 출토된 냉삼(冷衫)과 같은 화분을 토대로 현재보다 최소 6~10℃까지 기온이 낮았을 것으로 판단하고 있다.

특히 많은 유적에서 후기 플라이스토세의 매머드를 비롯한 털코뿔소, 들소, 야생말 등 반초원 또는 산림 환경의 동물상이 잘 알려져 있다. 아마도 당시를 살았던 구석기시대 수렵채집민은 작은 무리를 이루면서 넓은 반초원 및 산림 환경에서 크고 작은 동물을 사냥하고 식물 자원을 채집하면서 한곳에 정착하지 않고 이동하면서 생계를 영위하였을 것이다.

4. 구석기시대 편년관

구석기시대란 약 260만 년 전 도구, 곧 돌을 깨서 만든 석기의 출현에서 시작하여 기원전 9600년 즈음 플라이스토세가 끝나고 후빙기가 시작하는 때까지를 포괄한다. 중국에서는 상당수 지점에서 100만 년 전 이전으로 올라가는 구석기시대 유적과 고인류 화석 출토 지점들이 알려져 있다.

구석기시대 고고학은 석기 기술의 진화를 세계적인 틀에서 적용하는 경향이 있다. 연구의 역사가 긴 아프리카와 유럽의 전기, 중기, 후기의 삼분기 편년틀이 폭넓게 쓰이는 것이다. 시간적으로는 약 30만 년 전까지의 시기인 전기 구석기시대는 자갈돌로 만들어진 찍개나 격지, 다각면원구가 주도하는 석기군이 대세인 올도완(Oldowan)과 주먹도끼와 가로날도끼 같은 대형의 자르는 도구(Large cutting tools)가 특징적인 아슐리안(Acheulian) 전통을 포괄한다. 중기 구석기시대는 흔히 무스테리안(Mousterian) 석기 전통과 동질적으로 사용되면서 약 4만 년 전 후기 구석기시대가 시작하기까지의 시기를 일컫는다. 유럽과 서아시아에서는 네안데르탈인의 존속 기간과 겹친다. 그 뒤에 이어지는 후기 구석기시대는 돌날과 세석기 중심의 석기 기술이 주도하였다.

주로 쓰이는 편년의 방법은 동물상을 비교하거나 전자기공명법, 우라늄시리즈, 발열광연대측정법, 그리고 방사성탄소연대법이다. 전자기공명법이나 우라늄시리즈연대측정법은 금우산을 비롯한 동굴 유적과 인류 화석이 출토된 유적을 편년하는 데 쓰이고 있다. 방사성탄소연대는 아직 한국만큼 많지 않지만, 최근에 들어와 특히 야외 유적에서 사용되는 빈도가 높아지고 있다. 중국에서는 전기 구석기시대를 조기(早期)라는 용어로 부르고 있으며, 동북지역에서는 대표적으로 금우산 동굴 유적과 묘후산 동굴 유적이 거론된다. 객좌 합자동과 소고산 동굴 유적이 대표적인 중기 구석기시대에 속하는 유적으로 생각된다. 후기 구석기시대는 만기(晩期)라는 용어로도 불리며, 특히 흑룡강성과 길림성의 하안단구에서 수많은 유적들이 알려져 있다(도면 1).

그러나 중국을 포함한 동아시아에서 이러한 삼분기가 적용될 수 있는지는 의문이다. 특히 중기 구석기시대 무스테리안 전통의 존재 또는 설정에 대해서는 회의적인 시각이 많다. 그리하여 연구자에 따라서는 구석기시대를 이른 시기와 늦은 시기, 또는 전기와 후기의 두 시기로 구분하기도 한다. 여러 연구자들은 아직도 삼분기에 익숙해 있으며, 중국에서 발간되는 대부분의

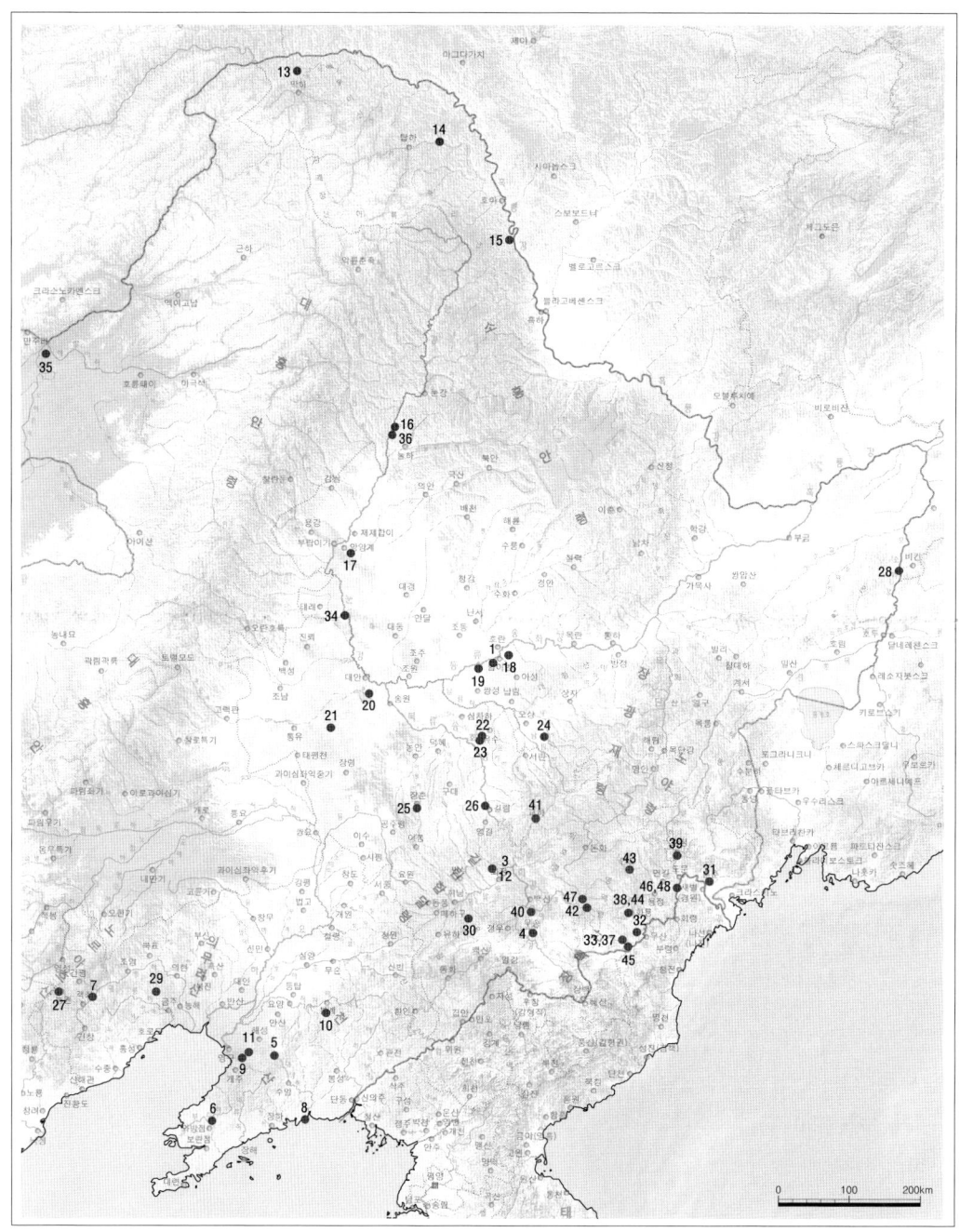

〈도면 1〉 중국 동북지역 구석기 유적의 분포

1. 하얼빈 고향둔   2. 선인 교동   3. 수산 선인동   4. 무송 선인동   5. 해성 소고산   6. 대련 고룡산   7. 객좌 합자동
8. 단동 전양   9. 영구 금우산   10. 본계 묘후산   11. 영구 장산동   12. 화전 수산 선인동   13. 막하 노구하   14. 호마 십팔참
15. 호마 노가   16. 눌하 청하둔   17. 앙앙계 대흥둔   18. 하얼빈 황산   19. 하얼빈 염가강   20. 건안 청두산   21. 건안 대포소
22. 유수 대교둔   23. 유수 주가유방   24. 오상 학전   25. 장춘 홍취자   26. 구참 서산   27. 능원 사팔간방   28. 전하 소남산
29. 능해 심가대   30. 휘남 소가점   31. 혼춘 북산   32. 화룡 유동   33. 화룡 석인구   34. 대감자   35. 찰뢰낙이 마고산
36. 눌하 신천   37. 화룡 임장   38. 화룡 서구   39. 왕청 신여촌   40. 무송 신둔 서산   41. 교하 전장   42. 안도 사금구
43. 안도 석문산   44. 화룡 청두   45. 화룡 대동   46. 도문 하백룡   47. 안도 입신   48. 도문 기신

보고서와 논문도 삼분기 체계를 받아들이고 있다. 그러나 여전히 삼분기의 구체적인 시간대, 곧 중기 구석기시대가 구체적으로 어떻게 정의되며, 어떠한 시간대를 가지는지에 대해서는 불분명하다. '중기'라는 용어는 통상 후기 구석기시대 이전의 석기군을 통상적으로 지칭할 때 쓰이며, 별다른 언급 없이 10만 년 전~4만 년 전까지의 시간대를 지칭하기도 한다. 사실 이는 아무런 고고학적 근거가 없는 것이다. 중기 구석기시대를 특징지을 수 있는 석기 기술이나 문화적인 양상이 분명하지 않다는 것이 문제다. 따라서 이 글에서 중기나 전기 구석기시대라고 불리는 유적은 엄밀한 정의에 입각한 것이라기보다는 보고자의 의견을 받아들인 관습적 용어 사용일 뿐이다.

II. 중국 동북지역의 구석기 고고학

1. 이른(전·중기) 구석기시대

1) 영구(營口) 금우산(金牛山) 유적

요령성 서남쪽 발해만에서 가까운 영구(營口)현에 있는 동굴 유적이다. A, B, C 지점이 있는데, A 지점에서 인류 화석이 출토되었다. 1974~1990년대 중반까지 북경대학 조사단과 요령성 문물고고연구소가 발굴하였다. 특히 1984년에는 인류 화석이 발견되어 주목을 받았으며, 금우산인이라 불린다(도면 2). 제8층(과거 6층, 또는 7층)에서는 인골과 함께 불탄 곳이 9곳이나 확인되었고, 석기와 함께 인공의 흔적이 있는 골기들이 다량 발견되었다고 한다.

연대 측정은 전자기공명법(ESR)을 이용했는데, 1993~1994년 발굴된 제8층의 화석을 측정한 결과 237,000±1600BP, 197,000±3600BP, 198,000±1400BP라는 값이, 1984년 발굴된 화석에서는 304,000+5400/-3600BP, 258,000+3200/-2600BP값이 얻어졌다고 한다. 우라늄시리즈 연대 측정에 따르면 동굴 유적은 약 31만에서 20만 년 전이라고 한다. 인류 화석층은 약 28만 년 전으로 추정되는데, 연구자에 따라서는 이보다 늦은 20만 년 전에 가까운 연대라고 생각하기도 한다. 최근에는 20만~10만 년 전 사이로 편년되기도 하며, 갈수록 늦은 시기로 조정되고 있는 양상이다. 이렇게 중국의 연구자들은 북경원인에서 금우산인을 거쳐 현생인류로 가는 자연스런 진화의 과정을 강조하려 하는 것 같다.

발굴된 인류 화석은 머리뼈와 팔뼈, 등뼈 등으로 이루어져 있다. 머리뼈의 용량은 1400cc에 이른다고 한다. 최근 연구에 따르면, 화석은 26만 년 전의 한 여성의 것이며, 지금까지 알려진 여성 화석 가운데 가장 커서 몸무게가 75kg이 넘고, 큰 몸집에 짧은 사지를 가진 추운 기후에 적응한 양상을 보인다고 한다.

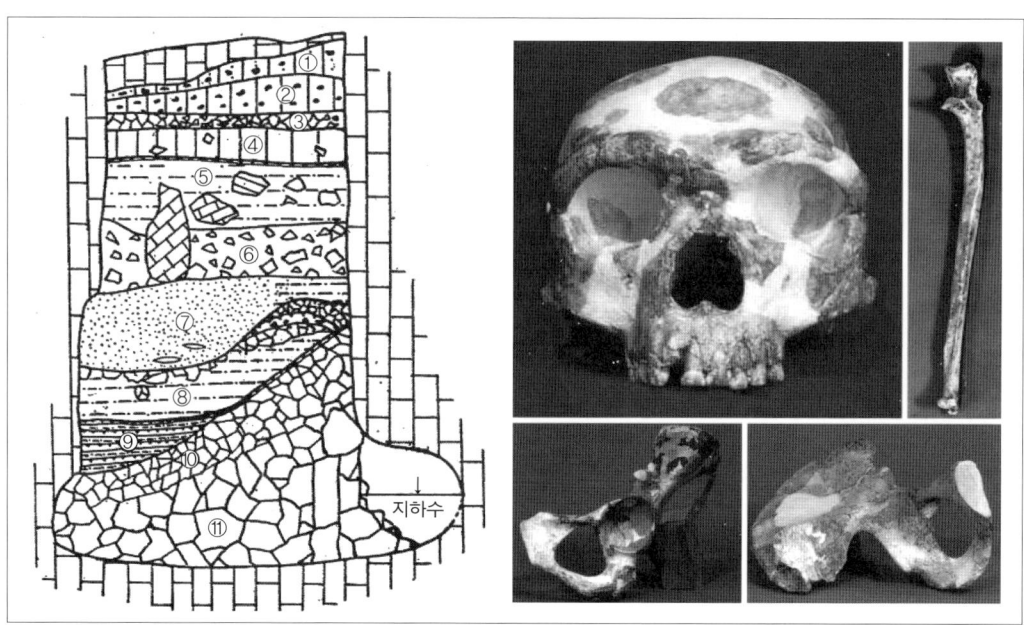

〈도면 2〉 금우산 유적의 층위(呂遵諤 1996: 131, 도 1)와 출토 인골(Zhang et al. 2010: 518, Fig 4).
인류 화석은 ⑦층(고운모래층) 아래 ⑧층 종홍색사질점토층에서 나왔다. 오른쪽 아래 화살표는 지하수의 수위를 나타낸다.

출토된 동물상은 주구점 유적과 비교하여 시간적으로 늦다고 생각되고 있다. 동물 화석에는 현생 거북이(*Chinemysree vesii*) 화석도 있다고 하며, 검치호(*Homotherium cuii*) 등 플라이스토세 중기, 혹은 후기의 화석들이라고 한다. 다수의 뼈는 사슴과의 것이며, 사슴의 장골들이 많이 깨져서 발견된다고 한다. 연구자들은 금우산인이 뼈를 깨서 골수를 취하고 버린 것으로 해석하고 있다.

상당한 수의 타원형 또는 원형의 재가 쌓인 층(灰堆)이 있다고 하는데, 큰 것은 길이가 1m 정도에 이른다고 한다. 석기 역시 약 280점 정도가 출토되었는데, 맥석영이 위주이며, 규질회암(硅質灰岩, 규질셰일)도 있다고 한다. 주로 몸돌, 격지, 긁개, 찌르개 등의 유물이 수습되었다고 하는데, 긁개는 뾰족한 끝을 가진 격지로 판단된다. 석기는 주구점과 마찬가지로 소형석기 위주의 석기군이라고 한다.

2) 본계(本溪) 묘후산(廟后山) 유적

묘후산은 요령성 본계(本溪)현 산성자(山城子)촌에 있는 중기 플라이스토세의 동굴 유적으로서 주지하듯이 인류 화석도 나왔다. 유적은 1978년 발견되어 다음해부터 요령성박물관에서 발굴하였다. 동굴 A의 퇴적층의 층위는 모두 여덟 개가 알려져 있는데, 이 가운데 6층에서 호미니드의 화석이 나왔다(도면 3).

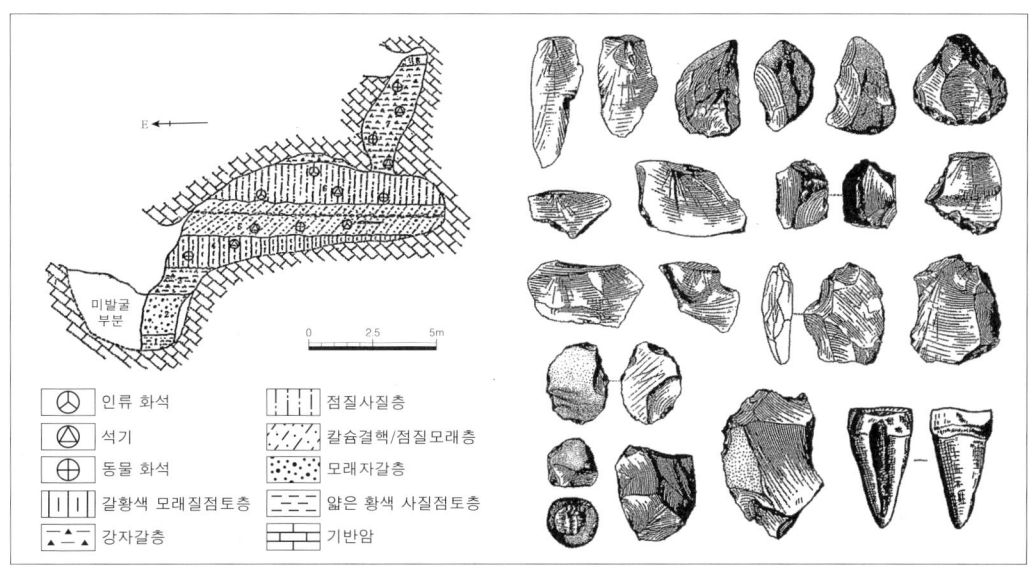

〈도면 3〉 묘후산 유적의 층위와 출토 유물(조빈복 2006: 35-7 도 6, 7, 8을 편집)

묘후산 유적의 퇴적층은 두께가 10~13.5m에 이른다. 대체로 두 시기로 나눌 수 있는데, 4~6층은 중기 플라이스토세로 생각되며, 묘후산조(廟后山組)라는 이름이 붙어 있다. 동굴의 중심적인 퇴적층이며, 동물 화석과 인류 화석이 출토되었다. 그 위의 7~8층은 산성자조(山城子組)라 불리며 후기 플라이스토세로 생각된다.

모두 70여 점의 석기들을 만든 주된 석재는 주변 하상에서 채집한 검은색 규암 자갈돌이라고 하며, 안산암과 맥석영도 사용되었다고 한다. 많은 석기들은 격지로 이루어져 있으며, 긁개, 찍개, 다면구(石球) 등이 포함되어 있다. 발굴자는 암하-정촌 석기 전통(匼河-丁村系文化, Kehe-Dingcun Series), 곧 대형 석기 전통에 속한다고 보았다. 또한 찍개, 가로날도끼, 긁개, 주먹찌르개, 홈날, 양극타법으로 만들어진 격지 등이 있다. 6층에서는 얇은 재층이 확인되었다.

동물상은 북경의 주구점과 유사하다. 우라늄시리즈연대측정에 따르면 526,000±30,000BP 정도로 나왔고, 따라서 6층은 최소 20만 년 전, 5층은 적어도 500ka 정도로 추정한다. 수습된 동물 뼈에는 말, 코뿔소, 큰뿔사슴, 물소, 하이에나, 호랑이, 원숭이 등의 뼈가 있으며, 대체로 온난한 환경의 동물군으로 생각된다. 이를 근거로 연구자들은 묘후산의 연대를 중기 플라이스토세로 추정한다.

3) 교하(蛟河) 전장(磚場) 유적

길림성 길림시 동쪽 교하시에 있는 교하분지의 하안단구 야외 유적으로서 신향전장(新鄉磚場)이라고도 불린다. 1991년 길림대학 고고학과에서 발견하고 1992년까지 두 차례 발굴 조사

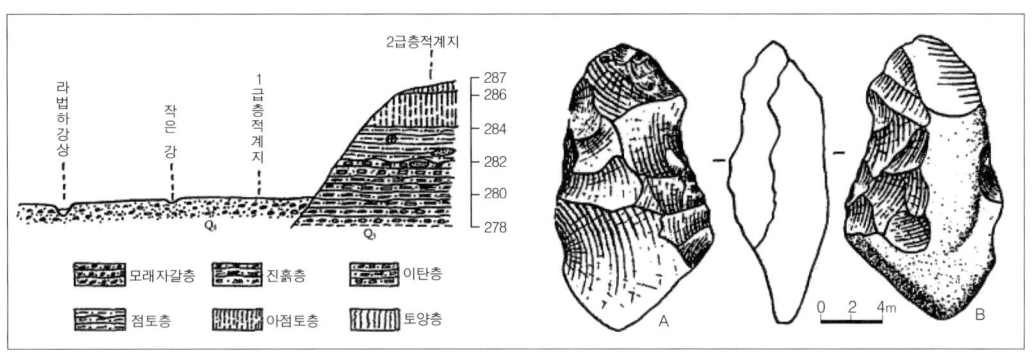

〈도면 4〉 교하 전장 유적의 퇴적 단면 모식도(조빈복 2006: 76, 도 20에서 전재)와 유적에서 출토된 주먹도끼(陳全家·程新民 1996: 250 도 3)

해 여러 석기와 동물 화석을 수습했다. 주변 벽돌공장에서 구석기시대 퇴적층에서 흙을 채취하였다고 한다. 표토부터 회녹색 점토의 2층, 흑갈색 점토의 3층, 흑갈색 모래질 점토의 4층, 그 아래는 옅은 황색의 점토층으로 구성되어 있는데, 구석기시대 유물과 동물 화석은 0.5에서 2m 두께에 이르는 4층에서 나왔다. 석기를 만드는 데 쓰인 돌감(석재)은 각혈암(角頁岩), 규질회암(규질셰일) 자갈돌과 응회암이다.

주먹도끼라고 보고된 석기는 길이 142㎜, 너비 109㎜, 두께 61㎜이다. 도면으로 관찰할 때 흑색각혈암 자갈돌에서 큰 격지를 떼어내어 손질한 것으로 보인다(도면 4). 원 소재 격지의 등면 역시 날 부분을 중심으로 손질되어 있는데, 손잡이로 생각되는 부분은 자갈돌 자연면 그대로다. 규질회암제 몸돌에서는 자연면을 타격면으로 하여 최대 100㎜ 크기의 격지를 떼어냈다고 한다. 이렇듯 교하 전장 유적의 석기 제작 기술은 큰 격지(large flake) 제작이 특징이라 할 수 있다.

유적에서는 석기와 함께 다양한 동물 화석도 출토되었다. 화석은 모두 포유동물로서 송화강 매머드, 말, 소 등이 대표적이라고 한다. 북경대학에서 매머드 이빨을 우라늄시리즈 연대 측정을 한 결과 62,000±6000BP의 결과가 나왔다(BKY93005). 이를 토대로 발굴자는 중기 구석기시대의 유적으로 판단한다.

4) 객좌(喀左) 합자동(鴿子洞) 유적

요령성 객좌 합자동 유적은 대릉하 상류 현 하상에서 높이 35m 정도에 있는 구석기시대 석회암 동굴이다. 1965년 10월 요령성박물관이 이 지역을 조사하면서 찾아 1970년대에 두 차례 집중 발굴 조사를 했다. 다량의 포유동물 화석과 함께 골기, 그리고 260점 정도의 석기가 수습되었다. 퇴적층은 모두 6개가 있었는데, 맨 위의 1층은 홀로세의 것이고, 단단한 각력층인 2층에서 포유동물 화석과 석기가 나왔다. 3층은 재층으로서 인류가 남긴 불에 탄 흙과 재로 이루어져 있으며, 두

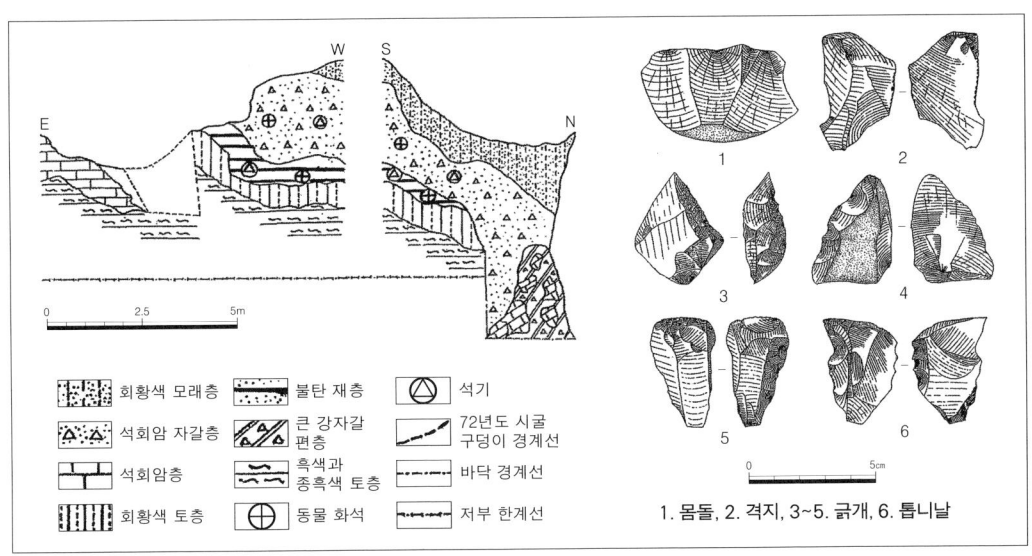

〈도면 5〉 객좌 합자동 유적의 층위와 출토 유물(조빈복 2006: 61-62, 도17, 18을 일부 수정)
1: 몸돌, 2: 격지, 3, 4, 5: 긁개, 6: 톱니날

께가 1m에 이를 정도로 두텁게 쌓여 있다. 그 아래 4층은 회황토층으로서 인류의 주된 주거면이었다고 한다. 그 아래 흑색토층과 각력층에서는 유물이 나오지 않았다(도면 5).

석기 가운데는 몸돌, 격지와 긁개, 찍개가 있는데, 긁개가 비교적 많이 출토되었다고 한다. 도면으로 보아 대체로 강자갈을 이용하여 격지를 떼어내어 만든 것이다.

합자동 유적에서 수습된 포유동물 화석은 모두 22종이다. 이 가운데 여우나 호랑이, 표범, 하이에나, 야생말, 털코뿔소, 들소, 사슴 등이 있다. 중국의 연구자들은 동북지역에서 흔하게 나타나는 후기 플라이스토세 매머드-털코뿔소 동물군의 한 사례이면서도, 이리나 여우, 들고양이는 화북지방의 동물군과도 통한다고 한다. 대체로 반초원 또는 산림형의 동물들로 구성되어 있어 당시의 비교적 한랭한 기후조건을 추정할 수 있다.

합자동에서는 인류 화석도 발견되었다. 현생인류 이전 시기의 이빨과 이마뼈 파편 등이 수습되었다고 한다. 합자동의 연대에 대해서는 이설이 있는데, 중기 구석기시대 최말기에 해당한다는 관점이 유력하지만, 최근 보도에 따르면 시기를 더 올려보기도 하는 듯하다.

5) 영구(營口) 장산동(藏山洞) 동굴 유적

1986년 채굴 과정에서 동물 화석이 발견되어 알려진 유적이다. 같은 해 시굴하여 말, 멧돼지, 사슴 등의 화석과 함께 석기 13점을 수습하였다. 맥석영과 규암, 사암, 규질암이 돌감으로 사용되었다고 한다. 석기의 종류로는 찍개와 긁개, 격지 등이 있다. 보고자들은 동물 화석을 근거로 상부는 후기 플라이스토세, 하부는 묘후산 유적에 근접한다고 보고 있다.

이 밖에도 길림성의 전곽(前郭) 왕부둔(王府屯)이 전중기 구석기 유적으로 소개되고 있지만 연대 측정이나 문화 양상이 밝혀지지 않고 있다.

2. 후기 구석기시대

길림성과 흑룡강성에서는 일찍부터 후기 구석기시대 유적들이 많이 알려져 있었다. 특히 야외 유적에서도 석기와 함께 동물 뼈도 잘 보존되어 있다. 이를 토대로 후기 구석기시대에는 이곳이 (반)초원 및 삼림 환경의 동물군이 중심이었음을 알 수 있다. 한랭건조한 환경 속에서도 후기 구석기시대 수렵채집민들이 특히 동물 사냥을 통해 식량 자원을 조달하였을 것이다.

1) 요령성

(1) 단동(丹東) 전양인(前陽人) 동굴 유적

단동시 서남쪽 36km 지점에 있는 석회암 동굴 유적이다. 1982년 발견되어 발굴 조사를 실시하여 인류 화석과 동물 화석 등이 발굴되었다. 네 개 층이 확인되었으며, 석회암 각력 포함 황갈색 점토층 제3층에서 화석들과 유물들이 나왔다. 인류 화석은 머리뼈와 아래턱, 다리뼈, 이빨 등이며, 두 개체에서 나온 것이라 한다. 머리뼈는 두께가 3~4mm 정도에 불과하여 얇고, 20세 미만의 인류의 것이다. 아마도 아래턱과 다리뼈와 함께 여성의 개체로 판단하고 있다. 석기는 3점만이 나왔는데, 모두 맥석영제다.

전양 동굴에서 나온 동물 화석은 18종에 이르며, 하이에나와 붉은사슴을 제외하면 모두 현생종이다. 동북지역의 후기 플라이스토세의 대표적인 동물군인 매머드-털코뿔소 화석이 나오지 않았다. 인류 화석이 나온 층에 대한 방사성연대측정을 실시한 결과 18,620±320BP값을 얻었다.

(2) 능원(凌源) 서팔간방(西八間房) 유적

요령성 능원현에서 서북쪽으로 8km 정도에 있는 유적으로 서팔간방 또는 팔간방 유적이라고 부른다. 자갈층 위에 사질황색토층과 경작층이 있다. 1972년 발굴 조사되었는데, 사질황색토층 하부에서 소량의 석기와 함께 포유동물 화석들이 확인되었다. 두더지와 영양, 원시소 등 다섯 종이며, 원시소를 제외하고는 모두 현생종이다.

(3) 해성(海城) 소고산(小孤山) 유적

요령성 해성현의 동굴 유적으로 선인동(仙人洞)이라고도 불린다. 소고산은 천산산맥 서변의 구릉지대에 있는 동굴 유적으로서, 잘 보존되어 있으며 너비 5.8m, 깊이 19m, 넓이는 약 90m²이며, 4~6m 정도의 퇴적층을 가지고 있다. 1981~2007년까지 요령성박물관과 중국과학원 고척추동물 및 고인류연구소 등이 오랫동안 발굴하여 인류 화석과 함께 많은 동물 화석을 수습했다.

퇴적층은 다섯 개로 이루어져 있으며, 1만 점이 넘는 석기가 1~4층까지에서 나온다고 한다. 맥석영을 주된 원석으로 하며 돌망치타법이나 모룻돌에 대고 때리기 방법이 사용되었다고 한다. 석기는 중소형이 위주이며, 대형은 수가 적다. 긁개, 밀개, 톱니날, 찌르개, 찍개, 새기개, 다면구(多面球, polyhedral) 같은 기종이 많이 보인다. 유적의 석기군에서는 톱니날이 특징이라고 하며, 찌르개는 정교하게 가공되어 있으며 찍개는 수량이 적고 조잡한 형태이다. 보고에 따르면 긴 격지, 그러니까 돌날도 상당수 있다고 하며, 양극떼기에 따른 몸돌도 출토되었다고 한다. 중국에서는 아직도 대형 석기 전통과 소형 석기 전통의 학설을 받아들이고 있는 듯한데, 소고산의 유물들은 주구점, 허가요(許家窯)로 이어지는 소형 석기 전통과 공통점을 지니고 있다고 평가한다.

동물상은 매머드, 털코뿔소, 오르도스 큰뿔사슴, 캐나다사슴 등 전형적인 후기 갱신세 산림초원의 사례라고 한다. 이 밖에도 각종 물고기뼈와 조개류, 자라 등의 어류 화석도 출토되었다. 연구자들에 따르면 동물상은 MIS 4(71,000~59,000BP)의 추운 기후일 가능성이 높다고 한다. 그러나 후기 플라이스토세의 산소안정동위원소가 짝수가 추운 기후를 홀수는 온난한 기후를 나타낸다고 단순하게 여기는 것은 잘못이다. MIS 3 역시 혹심한 환경이었고, 특히 그 후반이 그러하였다. 소고산 유적은 TL연대법으로 40,000±3,500BP 정도가 나왔기 때문에 오히려 MIS 3의 후반 유적일 가능성이 높은 것이다.

소고산 유적의 출토 유물 가운데 가장 주목을 받고 있는 것은 골각기다(도면 6). 보고에 따르면 뼈바늘이 3점, 뼈창끝, 뼈작살이 각 1점이 나왔으며, 구멍 뚫린 담비 어금니, 구멍 뚫린 다른 짐승

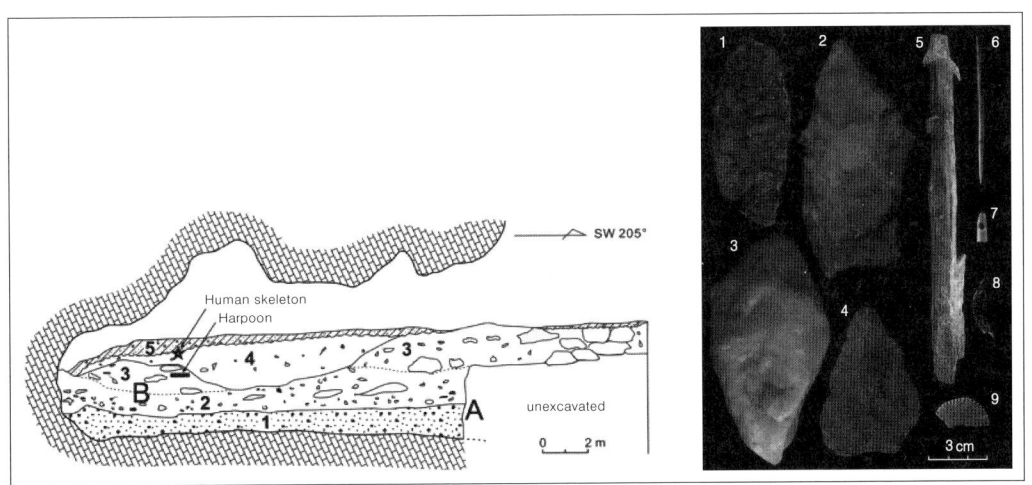

〈도면 6〉 해성 소고산 유적의 층위 단면도와 대표적인 출토 유물들(Zhang et al. 2010: 516-17, Fig 2, 3)

의 어금니 등도 출토되었다. 유물은 생김새에서 유럽의 후기 구석기 말 막달레니안(Magdalenian)기의 그것들과 유사하다고 한다. 뼈바늘은 상아와 동물 뼈로 양쪽에 구멍을 뚫어 정교하게 만들어진 것이며, 보존 상태도 양호하다고 한다. 동물 송곳니에 구멍을 뚫은 장식품이 4점, 구멍 뚫은 조개가 1점이 나왔다. 주구점 산정동의 유물들과 유사하지만 이보다 더 정교하다고 한다. 어류와 조개류 화석이 나왔으며, 미늘 달린 작살과 골침이 과연 4만 년 전까지 올라갈 수 있을지는 의문이다.

석기와 골각기는 제2층과 3층에서 나왔다. 최근 연구에 따르면, 위의 연대를 다시 확인하고 있다. 방사성탄소연대법으로 제2층에서 5층까지 수습된 숯과 뼈들이 측정되었는데, 3층에서 수습된 숯 4개와 3개의 뼈 샘플은 21,000~46,000calBP, 2층에서 수습된 숯 4개와 뼈 하나는 33,000~44,000calBP 정도로 측정되었다(Zhang et al. 2010: 519의 Table 2 참조). 광여기루미네센스방법(OSL)으로 측정한 연대 역시 비슷하게 나왔다고 한다. 그리하여 동굴에 처음 사람이 살았던 것은 약 7만 년 전까지 올라가며, 뼈 도구는 후기 구석기시대로의 전환기, 곧 4만 년 전을 전후한 시기로 편년한다. 제4층에서는 인류 화석이 두개골부터 사지뼈까지 그대로 출토되었는데, 아마도 후빙기로 편년되는 가장 위의 5층에서 파고 들어온 것으로 생각되고 있다.

2) 흑룡강성

(1) 하얼빈 고향둔(顧鄕屯)과 황산(黃山, 荒山) 유적

고향둔과 황산 유적은 이미 1930년대부터 조사되었던 눈강 평원의 구석기 유적이다. 당시 고향둔에서는 포유동물 화석과 석기, 골기 등이 발견된 바 있다. 이후 1957년 흑룡강성박물관에서 발굴을 실시하여 다시 털코뿔소 화석 등 절멸된 동물 뼈들이 출토되었으며, 동물 화석은 모두 45종에 이른다고 한다. 물론 많은 화석이 파손된 상태에서 물에 의해 운반되어 퇴적되었다고 한다. 그렇기에 그동안 출토된 화석과 유물들이 모두 한 시기에 속하는지도 분명하지 않다. 후기 구석기시대와 함께 신석기시대에 이른 시기의 유물이 섞여 있을 가능성도 배제하기 힘들다고 한다. 출토된 석기는 작은 편이어서 3~6cm 정도에 불과하다.

하얼빈시 동쪽 약 6km에 있는 황산 유적에서는 일제강점기인 1936년 러시아인이 매머드와 털코뿔소 동물 화석을 채집했고, 그 뒤 발굴을 실시하고 석기도 채집하였다고 한다. 1956년 배문중(裵文中)의 조사에서 털코뿔소의 아래턱뼈 등이 발굴되고 다음해 시굴 조사가 이루어졌으며, 이후 여러 기관에서 조사하였고, 1969년의 재조사에서도 매머드와 털코뿔소, 야생말 등의 화석과 함께 석기들이 채집되었다. 비교적 소형의 격지들이 많다고 한다. 30,000±700BP라는 방사성연대값도 얻었다고 한다.

(2) 하얼빈 염가강(閻家崗) 유적

염가강 유적은 하얼빈시 서남쪽 약 25km 지점의 송화강 하안단구 위에 있다. 1982년 매머드와 털코뿔소 등 절멸된 동물 화석이 발견되어 조사하였으며, 인류의 머리뼈 조각과 석기도 수습하였다고 한다. 이후 1985년까지 흑룡강성박물관과 문물연구소, 그리고 북경의 고척추동물 및 고인류연구소까지 참여하여 발굴한 결과 2개의 야영지가 드러났다고 한다. 인류 머리뼈는 내부 혈관의 흔적까지 뚜렷하게 관찰되며 하얼빈인(哈爾濱人)이라 부르기도 한다.

석기는 9점밖에 없었다. 모두 찍개와 긁개, 격지 등인데, 회색의 석영암, 곧 규암으로 생각되는 강자갈을 소재로 하여 만들어졌다. 격지는 비교적 뚜렷한 타격의 흔적을 지니고 있으며, 자연면도 일부 남아 있다.

주지하듯이 염가강 유적은 발굴에서 후기 구석기시대 야영지로 추정되는 구조물이 발견되었다. '야영지'는 2개 모두 반원형의 구조인데 주로 들소, 털코뿔소, 매머드, 사슴, 말과 같은 동물들의 뼈들이 둥그렇게 배치된 모양이다. 반원의 외부 지름은 약 5m, 내부는 약 3.5m에 이른다. 연구자에 따라서는 이 구조물이 인공으로 이루어진 것이 아니라 물의 흐름에 따라 자연적으로 만들어진 것으로 해석하기도 한다.

그러나 최근에는 이러한 구조가 자연적으로 형성될 수 없기 때문에, 후기 구석기시대 수렵민의 야영 유적이 확실하다는 주장이 제기되었다. 또한 26,957±626BP라는 방사성탄소연대값도 얻었다고 하는데, 이전 고척추동물 및 고인류연구소에서 제시한 22,370±300BP값보다 더 오랜 것이다. 한편 두 개의 둥그렇게 돌아간 뼈 무더기의 구조 분석 결과, 집자리보다는 수렵민이 사냥감을 해체하고 도살한 지점일 가능성이 높다는 견해도 존재한다.

'야영지'는 저명한 고고학자 루이스 빈포드(Lewis Binford)가 알래스카 누나미우트족 민족지고고학에서 제시한 반원형의 야영 유적의 사례와도 비교되고 있다. 수렵민은 이런 식으로 바람을 막고 화덕 주변에 둘러 앉아 음식을 먹으며 담소를 나누었다는 것이다. 문제는 염가강 유적에서는 뚜렷한 화덕 자리의 흔적이 발굴되지 않았다는 것이다. 어쨌거나 2,000점 이상의 동물뼈는 대부분 동북지역의 매머드-털코뿔소 동물군에 해당하는 것으로, 화분 분석과 함께 당시 이 지역이 초원과 삼림지대의 환경이었음을 짐작할 수 있다.

(3) 오상(五常) 학전(學田) 유적

흑룡강성 오상현 용봉산향에 있는 야외 유적이다. 1986년부터 포유동물 화석이 발견되어 조사가 이루어졌다. 왼쪽 종아리뼈와 5~6세 어린이의 이마뼈 조각도 수습되어 '학전인(學田人)'이라 불리기에 이르렀다. 석기는 3점이 수습되었으며, 한 점은 타격혹 등 격지의 특징을 뚜렷이 간직하고 있다. 보고에 따르면 동물 화석은 925점이 수습되었다. 모두 매머드와 털코뿔소, 들소, 야생말, 사슴 등 전형적인 후기 플라이스토세 매머드-털코뿔소 동물군이다. 방사성탄소연대측정 결과 24,500±400BP의 연대를 얻었다. 보고에 따르면 이보다 이른 연대값도 있는데, 38,800±3500BP, 39,600±3500BP, 40,200±3500BP값이다. 다만 세 연대값은 4만 년 전 정도로 수렴하지만, 오차값이 크다.

(4) 앙앙계(昂昂溪) 대흥둔(大興屯) 유적

흑룡강성 치치하얼시 앙앙계에서 동남쪽에 있으며, 1981년 포유동물 화석과 석기가 발견되면서 알려졌다. 현 하상 1~6m 높이의 하안단구 퇴적층인데, 아래의 두 층은 후기 플라이스토세, 위층은 홀로세에 해당한다. 석기는 옥수와 플린트, 마노(agate)로 만들어졌다고 한다. 1986년 재조사에서는 골기와 함께 밀개, 새기개, 찌르개 등의 석기가 수습되었다. 석기들은 대부분 작으며, 격지와 긁개, 그리고 세석핵이 있다. 같이 발견된 포유동물들은 들소와 사슴, 원시소 등인데, 털코뿔소-매머드 동물군과도 통한다고 한다. 방사성탄소연대측정에 따르면 11,800±150BP로 알려져 있다.

(5) 눌하(訥河) 청화둔(淸和屯) 유적

1960년 발견된 흑룡강성 눌하시 청화향의 눈강 좌안의 산록에 있는 유적이다. 지표 아래 30cm 두께의 사질황토층에서 석기들이 나왔으며, 그 아래는 풍화각력포함층이다. 1지점에서는 회색혈암으로 만들어진 석기 10점이 확인되었다. 2지점에서는 주로 플린트 석기가 확인되었으며 모두 62점이 수습되었다. 석기는 몸돌이 15점, 격지들이 37점이 있으며, 대부분 돌망치 타법으로 만들어졌다고 한다. 몸돌에는 배모양(선저형)이라 기술되는 것도 있다. 2지점의 침전물 분석에 따르면 21,000~8000BP에 해당한다고 한다. 원추형 몸돌이 있지만, 확실한 세석핵이 보이지 않는 것으로 보아 세석기 전통 직전의 단계로 판단할 수 있을 것이다. 그 밖에 찍개 5점, 긁개 8점 등이 있다.

(6) 호마(呼瑪) 십팔참(十八站), 호마 노가(老卡), 막하(漠河) 노구(老溝) 유적

세 유적 모두 흑룡강성의 흑룡강 유역에 있는 고위도 지방의 유적이다. 호마 십팔참 유적은 대흥안령 동쪽의 흑룡강성 유역에 있으며, 북위 52° 유적이다. 1975년 발견되어 북경의 고척추동물 및 고인류연구소, 흑룡강성박물관 등에서 조사했고, 1,000점이 넘는 석기를 수습했다. 플린트가 주된 석재이며, 이 밖에도 맥석영, 마노, 혈암 등이 쓰였다. 연구자들은 긁개, 밀개를 포함한 전형적인 세석기 유적으로 평가한다. 석기들은 주로 제2층, 곧 황색사질토와 제3층의 황갈색사력층에서 나오고 있다. 세석핵의 형태로 보아 후기 구석기시대 늦은 시기의 유적이라 생각되었지만, 최근 다시 발굴한 결과에서는 수동구(水洞溝) 출토 유물과 가까운 격지 위주의 유물, 그리고 긁개, 양면잔손질 긁개 등이 채집되었다. 연구자들은 약 2만 5,000~1만 년 전의 유적으로 판단하고 있다.

호마 노가 유적 역시 흑룡강성 유역에 있으며, 석기 53점이 수습되었다. 찌르개와 격지들, 세석핵을 준비하며 타면을 떼어냈던 스키 모양 격지(ski-spall)가 출토되었다. 석재는 규질암과 단백석, 유문암 등이 쓰였다고 한다.

막하 노구 유적에서는 석기 14점이 수습되었으며, 몸돌, 찌르개, 긁개가 있으며, 주로 규암으로 제작된 것으로 보인다. 방사성탄소연대 측정이 이루어졌으며, 후기 플라이스토세의 유적이라고 한다. 여기에서 출토된 대형 격지로 만든 찍개는 길이나 19.5cm, 너비 11.5cm, 두께 5.3cm에 이른다고 한다.

(7) 쟈라이놀(紫賚諾爾) 마고산(蘑鼓山) 유적

흑룡강성 서북쪽 끝에 있다. 일제강점기부터 석탄 채취 과정 중 고생물 화석과 인류 화석이 발견되어 1933년 러시아, 일본, 프랑스와 중국 학자들이 조사를 시작했다. 석기 133점이 수습되었는데, 주로 격지와 긁개, 찍개 등으로 크기가 큰 것들이 주를 이룬다. 동물 화석은 주로 매머드-털코뿔소 동물군에 속하는 것이어서 연대는 후기 플라이스토세로 추정된다.

(8) 전하(餞河) 소남산(小南山) 유적

흑룡강성 동부의 우수리강 좌안에 있는 유적으로, 1980년 흑룡강성박물관과 고척추동물 및 고인류연구소에서 동물 화석과 석기를 수습함으로써 알려졌다. 석기는 제5층 두께 80cm 정도의 회황색점토층에서 나왔는데 응회암제 2점만이 수습되었다. 매머드 견갑골로 제작한 찌르개가 있다고 하며, 방사성탄소연대로 약 13,000±60BP로 추정된다.

(9) 탑하(塔河) 시판참(詩阪站) 유적

흑룡강성 탑하현에 있는 구석기 유적으로서, 고척추동물 및 고인류연구소에서 조사하였다. 58점의 유물 가운데 20점은 지표 수습품이다. 수동구(水洞溝)처럼 돌날이 주된 석기군을 구성하고 있다고 하며, 주로 직접 타격으로 떼어낸 흔적이 관찰된다고 한다. 긁개가 가장 많으며, OSL을 통해 2만 5,000년 전(level C), 그 위층(level B)은 1만 년 전 정도로 측정되었다고 한다. 흑룡강 본류 남안에 자리 잡고 있으며, 북위 52° 25′으로서 보고된 중국 구석기 유적 가운데 가장 북쪽에 있는 듯하다.

(10) 눌하(訥河) 신천(神泉) 유적

흑룡강성의 눌하시에 있는 구석기 유적이다. 눈강의 하안단구로 현 하상보다 25~30m 위에 있다. 위층은 약 7,500~8,000년 전 후빙기에 형성된 것으로 추정되며, 그 아래 황색모래층이 2~3m의 두께로 퇴적되어 있다. 이 층에서 3,029점의 석기가 출토되었는데, 이는 흑룡강성의 구석기 유적 중 가장 많은 유물이 수습된 사례다. 현무암으로 만들어진 비교적 큰 석기들은 주로 주먹찌르개나 찍개, 긁개로 이루어져 있으며, 다른 작은 석기들은 전형적인 세석기 전통에 속한다. 배모양, 쐐기형 세석핵과 함께 세석인들, 그리고 쐐기형 세석핵만 23점이 출토되었다. 찌르개, 뚜르개, 새기개, 등손질칼 등과 함께 잘 만들어진 밀개들도 상당수 수습되었다.

(11) 그 밖의 유적

이 밖에도 용강(龍江)현 경흥(景興) 유적에서도 석기가 250여 점 수습되었으며, 포유동물 화석도 5종이 알려져 있다. 석기는 플린트와 맥석영 등으로 만들어졌으며, 후기 구석기에 속한다고 한다.

태래(泰來)현 눈강 연안의 대감자(大坎子) 유적에서도 길림대학에서 조사하여 석기 86점과 10종의 동물 화석을 수습하였다고 한다.

아성(阿城)시 교계(交界) 유적은 석회암 동굴 유적으로서 사슴, 곰, 오소리, 토끼 등 고생물 화석이 12종에 이르며, 석기도 100여 점 수습되었다고 한다. 석기는 대부분 흑색 판암으로 만들어졌다고 하며, 몸돌, 긁개, 찍개 등이 포함되어 있다고 한다.

치치하얼(齊齊哈爾) 전자산(碾子山) 유적에서도 동물 화석과 함께 석기 321점이 출토되었는데, 이 가운데 몸돌이 8점, 찍개가 50점, 뾰족끝석기(尖狀器)가 15점, 자르개 10점, 긁개 59점, 격지가 168점이라고 한다.

3) 길림성

(1) 유수(楡樹) 주가유방(周家油坊), 대교둔(大橋屯) 유적

주가유방은 송화강의 현 하상에서 50~70m 높이의 평탄한 하안단구에 있는 유적이다. 주가유방 유적을 비롯한 흑룡강성과 길림성의 야외 유적들은 대부분 하안단구에 발달한 구석기 퇴적층에 있고, 표토 아래 어두운 색조의 점토층이 있는 것이 특징이며, 여기에서 동물 화석과 유물이 나온다.

유적은 1951년 포유동물 화석이 수습되면서 알려졌다. 그리고 1956년 배문중(裵文中)을 비롯한 조사단이 어린이 어금니를 수습하여 '유수인(楡樹人)'이라 명명하였다. 이후 1970년대의 발굴 조사에서 석기와 함께 다량의 동물 화석이 채집되었다. 석기는 모두 36점인데, 현무암, 안산암, 맥석영제다. 동물 화석은 역시 전형적인 매머드-털코뿔소 동물군인데, 방사성탄소연대 측정으로 약 40,000BP값을 얻었다.

유수 대교둔은 주가유방으로부터 2km 떨어진 하상에서 5m 정도 높은 충적대지에 있다(도면 7). 방사성탄소연대 측정으로 7380±100BP, 6060±100BP이다. 그러나 여기에서 나온 규암과 맥석영제 석기, 그리고 송화강 매머드를 비롯한 털코뿔소, 말, 큰뿔사슴, 말사슴, 들소 등은 동

북지역 후기 플라이스토세 매머드-털코뿔소 동물군의 사례에 속한다. 때문에 연구자들은 다른 곳에서 쓸려 와 재퇴적된 것으로 본다.

(2) 전곽(前郭) 청산두(青山頭) 유적

1980년대 초에 알려졌으며, 사람 다리뼈가 발견되었다. 석기는 6점이 수습되었는데, 플린트로 만들어졌다. 포유동물로는 털코뿔소 등이 있다. 방사성탄소연대측정 결과 10,940±170BP로서 후기 구석기시대 최말기 유적이며, 위층은 신석기시대에 해당한다.

(3) 건안(乾安) 대포소(大布蘇) 유적

일제강점기에 조사되었으며, 다량의 포유동물 화석이 발견되었다고 한다(도면 7). 1985년 고척추동물 및 고인류연구소에서 발굴 조사하여 석기 486점을 수습하였다. 이 가운데는 세석인과 세석핵이 상당수 포함되어 있었다. 석재는 플린트, 맥석영, 단백석(opal)과 흑요석으로 만들어졌다. 세석핵은 대체로 길쭉하거나 주상이어서 아주 늦은 후기 구석기시대의 것으로 보인다. 세석인은 121점이 출토되었다.

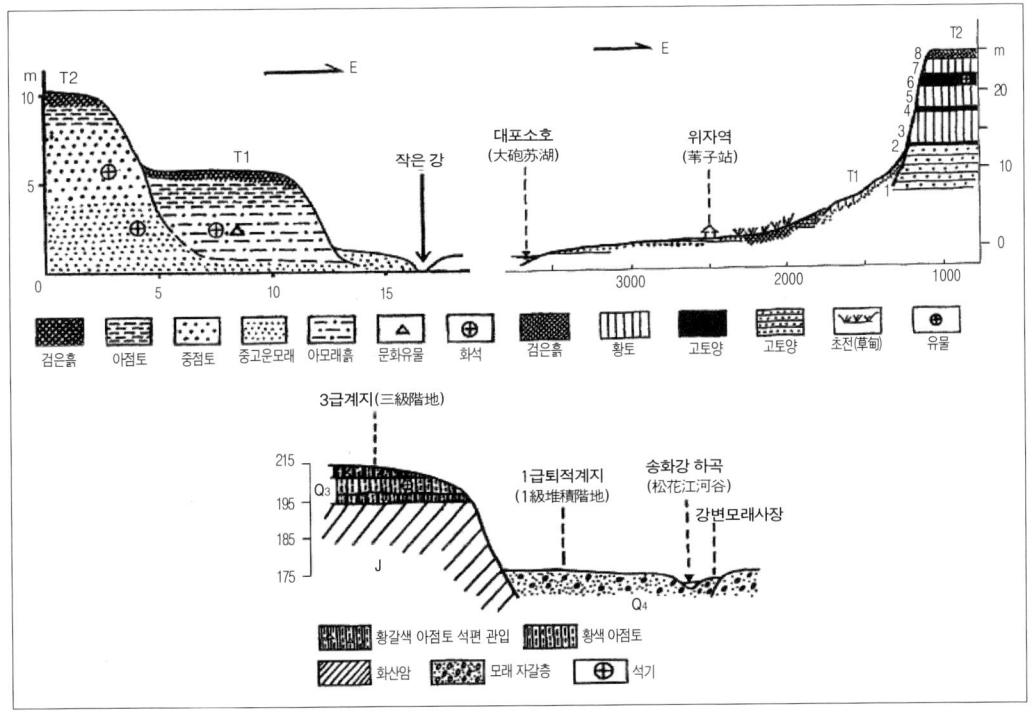

〈도면 7〉 대표적인 후기 구석기시대 하안단구 유적의 퇴적 종단면 모식도(위: 유수 대교둔 유적(조빈복 2006: 105, 도 28), 가운데: 건안 대포소 유적(조빈복 2006: 116, 도 30), 아래: 길림 구참서산 유적(조빈복 2006: 121, 도 32)). 1급계지는 1차 단구, 3급계지는 3차 단구를 뜻한다. T2 역시 2차 단구를 의미한다.

(4) 길림 구참서산(九站西山) 유적

1991년 길림대학에서 찾은 야외 유적이다. 송화강 현 하상보다 약 25~30m 이상 높은 하안단구에 있다(도면 7). 맥석영 위주의 석재이며, 규암과 흑요석, 수정도 소량 포함되어 있다. 몸돌은 3점, 격지 5점이며, 뚜르개, 긁개 등의 도구석기가 포함되어 있다.

(5) 진뢰(鎭賚) 단대감자(丹垈坎子) 유적

길림성의 진뢰현 단대향의 눈강 좌안에 있으며, 흑룡강성과 가까이 접하고 있다. 1998년 길림대학에서 조사하여 알려진 전형적인 세석기 유적이다. 석기는 모두 86점이 수습되었는데, 주로 각암(처트), 마노, 벽옥, 유문암, 단백석, 현무암, 응회암 등으로 만들어졌다고 한다. 몸돌, 격지, 긁개, 찌르개, 새기개 등과 함께 이른바 쐐기형몸돌이 수습되었다. 포유동물로는 타조, 영양, 야생말, 큰뿔사슴, 매머드, 들소 등인데, 모두 매머드-털코뿔소 동물군에 속한다고 한다.

(6) 왕청(汪淸) 신흥촌(新興村) 동굴

두만강 유역에서 발견된 동굴 유적이다. 털코뿔소, 야생말 등 전형적인 후기 플라이스토세 동물군이 나왔다. 방사성탄소연대값은 21,000BP 정도라고 한다. 석기는 없는 듯하며, 사슴뼈에 인공 타격을 가해 만든 골기가 나왔다고 한다.

(7) 화전(樺甸) 선인동(仙人洞) 동굴 유적

1991년 길림대학에서 찾은 동굴 유적으로 화전시에서 23km 거리에 있다. 동굴 안에서 앞과 뒤 두 개의 공간으로 이루어져 있다. 석기 47점이 수습되었는데, 이 가운데 격지 30점, 주로 긁개인 도구 5점이라고 한다. 회색의 각암(角岩), 곧 처트가 중심 석재라고 하는데, 석회석일 가능성도 있는 것 같다. 골기도 2점이 발굴되었다고 한다. 오리, 꿩을 비롯하여, 족제비, 고라니 동물화석이 발굴되었다.

(8) 화룡(和龍) 석인구(石人溝) 유적

길림 연변의 하안단구 유적으로 2004년과 2005년 시굴 조사되었다. 석기 1,331점이 출토되었는데, 이 가운데 잔손질된 것이 106점, 돌날몸돌 1점, 세석핵 10점, 돌날 21점, 세석인 224점이었다. 흑요석이 주된 돌감이다. 도구 가운데는 긁개도 많다고 하며, 찌르개, 새기개, 뚜르개, 등손질칼 등도 포함되어 있다. 대부분 소형의 정밀한 잔손질이 베풀어져 있는 양상이다(도면 8).

(9) 화룡 대동(大洞) 유적

2007년 발견되어 2010년 길림성문물고고연구소에서 본격적으로 발굴 조사한 두만강 유역

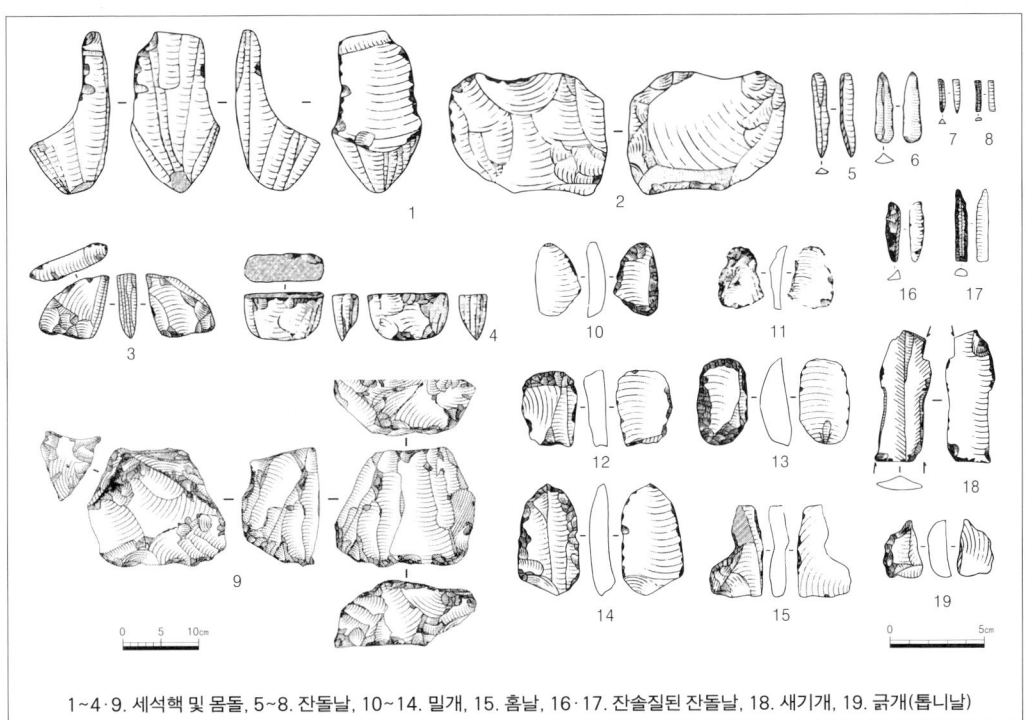

〈도면 8〉 두만강 유역의 화룡 석인구 유적에서 출토된 세석기 공작 관련 유물들.
1~4, 10. 세석핵 및 몸돌, 5~8: 잔돌날, 9: 새기개, 11, 14: 잔손질된 잔돌날, 12, 13, 17, 18: 밀개, 16: 홈날, 19: 긁개(톱니날)(王春雪·陳全家 2012: 265, 도 3의 유물 명칭 수정)

의 대규모 후기 구석기 유적이다. 두만강의 좌안에 있는 하안단구 위의 현무암 대지 위에 있다. 경작토 아래 옅은 황색토층(2층), 각력을 포함한 회황색토(3층)에서 유물이 나온다. 백두산과는 8km 거리 정도로 가깝기에 흑요석으로 만든 석기가 절대적이며, 세석기 중심의 석기군이다. 때문에 발굴자들은 2만~1만 년 전의 유적으로 추정하고 있으며, 보고에 따르면 100만 평에 이르는 동북지구 최대 규모의 구석기시대 유적이라고 한다. 망칫돌과 몸돌, 격지, 세석핵, 세석인, 새기개, 긁개, 찌르개 등의 다양한 석기들이 수습되었는데, 이 가운데 99%, 다른 보고에는 93.66%가 흑요석으로 만들어진 것이라고 한다.

(10) 화룡 유동(柳洞) 유적

길림성 화룡현에서 강안 20m 정도의 하안단구에 있다. 2002년과 2004년 소규모 시굴 조사가 실시되었다. 유물은 주로 2~4층의 황색점토층 안에서 나온다. 석기 231점이 수습되었는데, 흑요석이 전체의 93% 이상을 차지할 만큼 주된 돌감이다. 돌날과 격지들이 대부분이며, 그 밖에 긁개, 새기개, 찌르개, 등손질칼 등이 있다. 또한 쐐기형 석핵과 세석인, 일반 몸돌 등도 출토되었다. 세석핵을 만드는 방법은 주로 눌러떼기가 이용되었다고 한다.

(11) 화룡 청두(靑頭), 서구(西溝), 임장(林場) 유적

청두 유적은 입신, 사금구와 함께 2006년 시굴 조사되었으며, 석기는 제2층 황갈색 점토층에서 216점이 나왔다. 흑요석기가 84.3%를 차지하며, 맥석영, 안산암제 석기는 소수다. 긁개, 찌르개, 찍개, 새기개, 등손질칼 등이 있으며, 긁개가 가장 많다고 하며, 배모양의 세석핵도 출토되었다.

서구 유적은 2007년에 시굴 조사된 유적으로 주로 흑요석으로 만든 많은 석기가 수습되었다. 간접떼기가 보이며, 대고 때리기도 있다고 한다. 새기개가 많고, 밀개, 등손질칼, 홈날 등도 있다고 한다.

마찬가지로 임장 유적은 2007년 시굴되었으며 모두 116점의 석기가 수습되었다. 석기는 주로 3, 4층의 사질점토층에서 나왔다. 흑요석이 절대적으로 우세하며, 몸돌, 격지, 세석인 등이 있다. 직접떼기와 간접떼기가 모두 보인다고 한다.

(12) 무송(撫松) 서산(西山)

길림성 신둔현(新屯縣) 무송시의 구석기시대 유적이다. 발굴 조사에서 흑요석기 30점이 수습되었다. 돌날몸돌과 돌날, 격지들이 있는데, 이 가운데 돌날몸돌은 길이 412㎜, 너비 153㎜, 두께 225㎜, 무게 17.4kg으로 상당한 크기이다(도면 9). 생김새 자체는 후기 구석기시대의 전형적인 쐐기형 몸돌과 유사하지만 크기로는 비교할 수 없다.

(13) 안도(安圖) 석문산(石門山) 유적

1963년 안도현의 명월구(明月溝) 석회암 동굴에서 포유동물 화석이 발견되었으며, 이후 본격적인 조사를 통해 인류의 이빨 한 점이 발견되었다. 중장년기의 인류로 생각되고 있다. 동물화석으로는 매머드를 비롯하여, 말, 털코뿔소, 꽃사슴, 말사슴, 동북들소 등 19종이 발견되었는

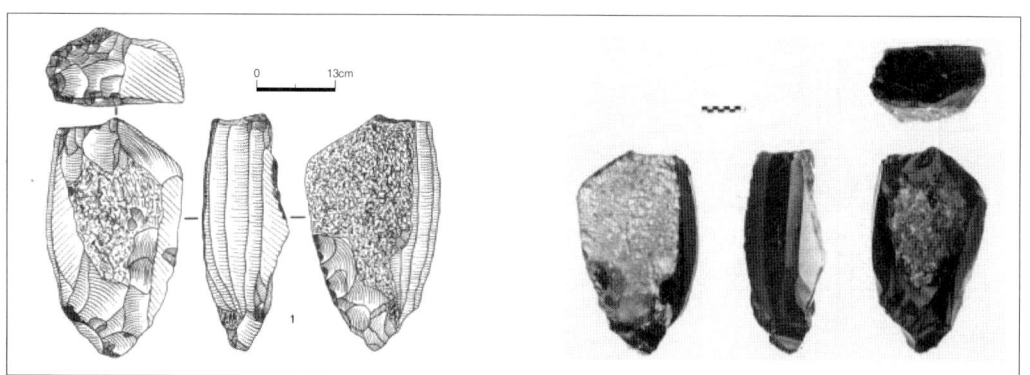

〈도면 9〉 무송 서산 유적에서 출토된 흑요석으로 만든 대형 돌날몸돌(Wang et al. 2008: 96, 100의 Fig 4와 10에서)

데 이 가운데 4종이 사멸종이다. 동물 화석을 방사성탄소연대측정으로 측정한 결과 26,000±550BP, 35,400±1800BP, 28,700±750BP의 연대를 얻었다고 하며, 다른 보고에는 25,810±535, 34,370±1795, 27,905±730BP(매머드), 그리고 상층에서 12,940±535BP(야생말 이빨)와 같은 연대도 있다.

(14) 안도 입신(立新) 유적

2006년 시굴 조사되었으며, 석기는 제2층 고운사질황토층에서 71점이 출토되었다. 유문반암이 위주이며, 흑요석, 규암 등도 있다. 흑요석을 제외하면 다수의 석기가 자갈돌 원면을 그대로 가지고 있다. 주로 직접떼기와 대고 때리기 방법으로 격지를 떼어냈으며, 격지, 찌르개, 주먹도끼, 찍개 등이 있다.

(15) 안도 사금구(沙金溝) 유적

안도 서남쪽 45km의 사금구촌 북산 위의 사금(沙金)강안의 하안단구에 있는 유적으로 2006년 시굴 조사가 실시되었다. 2층인 각력질의 황색점토층에서 모두 82점의 석기가 나왔다. 그러나 대부분인 77점이 지표 수습품이며, 흑요석제가 압도적이다. 쐐기형이나 배모양의 세석핵과 밀개, 긁개 등이 포함되어 있다. 맥석영, 규암, 플린트 등도 있다고 한다. 간접떼기로 격지를 떼어냈다고 하며, 긁개, 찌르개, 새기개, 찍개 등이 있다(도면 10).

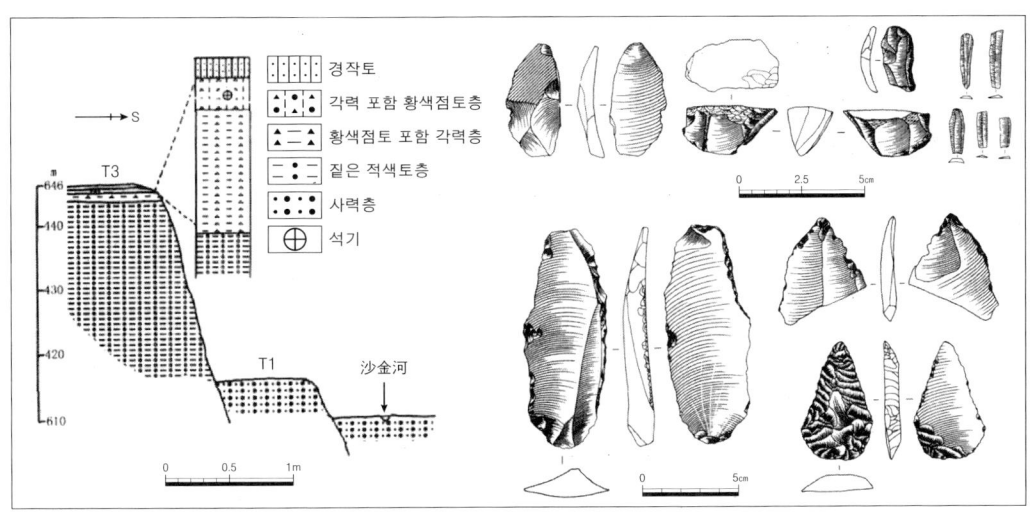

〈도면 10〉 안도 사금구 유적의 퇴적 종단면 모식도와 출토된 유물들(陳全家 외 2008에서 편집)

(16) 훈춘 북산(北山) 유적

길림성 훈춘현의 하안단구 위의 유적으로 2002년 작은 시굴 조사로 알려졌다. 제2층의 황색 점토층 안에서 석기들이 출토되었는데, 52점 가운데 86.5%가 흑요석이며, 나머지는 유문암, 맥석영, 혼펠스, 응회암이라고 한다.

(17) 그 밖의 유적들

장춘(長春) 홍취자(紅嘴子) 유적: 1987년 발견되었으며, 유물은 흑회색의 고운모래층에서 나왔다. 몸돌, 격지 등 석기 3점과 함께 매머드, 들소 등 포유동물 화석이 출토되었다.

교하(咬河) 선인교동(仙人橋洞) 유적: 1993년 길림대학에서 조사한 동굴 유적으로 교하 신향전장 유적과 4km 거리에 있다. 격지(찌르개)와 긁개가 발굴되었다.

무송(撫松) 선인동(仙人洞) 유적: 1992년 발견, 격지, 긁개, 찍개 3점 석기가 출토되었다는데, 불확실하다.

도문(圖們) 하백룡(下白龍) 지점: 2002년 시굴 조사된 두만강 좌안의 하안단구 위에 있는 유적이다. 31점 석기 가운데 판암(板岩)이 위주라고 하며, 찌르개 등 주로 중대형의 석기들이 나왔다고 한다.

휘남(輝南) 소가점(邵家店) 지점: 2003년과 2004년 조사로 석기 57점이 나왔으며, 대체로 몸돌, 격지 등으로 이루어져 있다. 맥석영과 흑요암, 단백석, 플린트, 유문암 등 다양한 석재로 만들었다. 긁개가 많으며, 찌르개도 있다.

III. 구석기 연구 평가

1. 중국 동북지역의 구석기 유적

중국 동북지역에서 조사된 구석기시대 유적은 50곳이 넘는다(도면 1). 현재 이용 가능한 자료에 따르면 동굴 유적은 대부분 요령성과 길림성에 있으며, 흑룡강성에서는 아직까지 발견되지 않은 것 같다. 요령성에서는 금우산 동굴을 비롯하여, 묘후산, 합자동, 소고산, 전양 등 알려진 다수의 유적이 동굴 또는 바위그늘이다. 가장 많은 길림성에서는 선인교동, 안도 석문산, 무송 선인동, 화전 선인동 등이 동굴 유적이며, 나머지 다수는 야외의 유적이다.

동굴 유적의 경우 주로 석회암 채굴 과정에서 포유동물의 화석이 발견되면서 조사가 진행되었다. 많은 유적에서 층위 발굴을 하고 있지만, 동굴 퇴적은 사실 정밀한 층위를 파악하기가 수

월하지 않다. 최하층에서 상층에 이르기까지 퇴적의 연쇄 역시 복잡한 것이 일반적이고, 금우산이나 묘후산에서와 같이 오랜 시간 퇴적이 이루어지기도 한다.

동굴 유적에서는 다양한 포유동물 화석이 발견되고 있다. 그런데 이 포유동물들이 모두 당시 수렵채집민들이 사냥하고 이용했던 식량 자원이었다고 할 수는 없다. 식육동물이 가져왔을 수도 있고, 홍수 같은 자연력으로 퇴적되었을 수도 있으며, 자연 상태의 화석일 수도 있기 때문이다. 야외 유적과 마찬가지로 구석기시대 동굴 유적에서 나오는 여러 동물 화석이 어떤 과정에서 형성되었는지 더 분석적으로 접근해야 한다. 동물 화석과 함께 많은 골기(骨器)들도 수습되었다고 하지만, 역시 주어진 도면 자료나 흑백사진으로는 인공의 여부를 판단하기 어려운 경우도 많다.

동물 화석과 함께 합자동이나 소고산에서는 상당한 수의 석기가 수습되었다. 사람이 동굴에 점유하였음을 이보다 적절하게 표현해주는 고고자료는 없을 것이다. 특히 소고산의 경우 작살이나 창끝, 뼈바늘 등이 수습되었다. 보고에 따르면 유적의 연대가 4만 년 전 전후라고 하는데, 과연 그렇게 올라갈 수 있는지는 의문이다. 아프리카 콩고의 카탄다(Katanda) 유적에서 나온 뼈로 만든 작살이 9만 년 전까지 올라간다고 하지만, 이에 대해서도 비판적인 시각이 있다. 작살 같은 유물은 유럽에서는 후기 구석기 말 막달레니안기(1만 8,000~1만 2,000년 전)에 보인다. 소고산에서 나온 4만 년 전을 넘어가는 방사성탄소연대나 최근 측정된 OSL 연대에 따르면 모두 유적과 유물을 중기~후기 구석기시대 전환기로 편년할 수 있다고 한다.

동북지역의 대다수 구석기시대 유적은 곡류하는 송화강이나 흑룡강, 두만강과 그 지류가 만들어놓은 하안단구('2급계지'라 불리는 이차단구) 위에 있는 것들이다(도면 7). 유물이 나오는 퇴적층은 흑룡강성 유적들은 어두운 색조를 띠고 있는 것이 일반적이며, 길림성의 유적들은 황갈색을 띠고 있다. 황갈색층의 경우는 황토와 관련된 풍성기원(aeolian)일 가능성도 있는 것 같다.

어쨌거나 이런 퇴적층에서는, 우리나라에서는 거의 보기 힘들지만 매머드와 털코뿔소를 비롯한 동물 화석도 나온다. 석기와 함께 동물 화석이 출토되고 있기 때문에 구석기 자료가 풍부하게 축적되고 있는 것이다. 다만 하얼빈의 고향둔이나 황산 같은 유적이 일제 때부터 조사되었음에도 불구하고, 아직도 소규모의 발굴 또는 시굴만이 이루어지고 있는 점이 아쉽다. 알려진 많은 유적들에서 시굴된 면적은 유적 규모에 비해 극히 일부분에 지나지 않고, 유적에 따라서는 십수 점의 석기만이 수습된 것들도 많다. 때문에 아직 유적의 성격이나 석기군의 특성을 파악하기에 어려운 점이 많다.

2. 중국 동북지역의 구석기시대 인류 화석

1) 묘후산인과 금우산인

중국 동북지역에서 인류 화석이 출토된 유적은 10여 곳에 이른다. 동굴만이 아니라 야외의 유적에서도 일부 인골이 출토되고 있다. 대부분은 후기 플라이스토세의 호모 사피엔스이지만, 일부는 중기 플라이스토세의 인류 화석이다.

묘후산 동굴 A의 아래층(제5층)에서는 호미니드 아래턱의 첫 번째 어금니와 위턱의 오른쪽 송곳니가 나왔는데, 송곳니는 호모 에렉투스의 것으로 생각된다. 길이 18.7㎜ 정도로서 중기 플라이스토세로 추정되는데, 아마도 늦은 시기 북경원인과 유사한 연대의 호모 에렉투스의 것이라고 추정된다. 이빨은 치관(齒冠)이 심하게 닳아 있었다. 호모 사피엔스 어린이의 허벅지뼈 일부도 제6층에서 발견되었다.

중기 플라이스토세에 속하면서 중국 동북지역에서 가장 완전한 모습의 인류 화석은 요령성 영구 금우산 동굴에서 나왔다. 동굴 남쪽에서 머리뼈를 비롯하여, 척추뼈, 슬개뼈, 엉덩이뼈, 팔목뼈, 손뼈, 발목뼈 등 모두 56점의 인골 자료가 출토되었는데, 모두 한 사람의 개체로 생각되고 있다. 연구 초기에는 북경원인의 연장선상에 있는 호모 에렉투스의 화석으로 판단했지만, 최근에는 '지원인(智猿人)', 곧 호모 에렉투스에서 호모 사피엔스로의 진화를 보여주는 표지적 자료로 평가하고 있다.

금우산인은 측면부 등 부분적으로 파편이 없는 부분도 있지만 머리뼈를 거의 완전한 형태로 복원할 수 있다. 다만 아래턱뼈는 발견되지 않았는데, 위턱에 남아 있는 송곳니는 많이 닳았으며, 세 번째 어금니는 작고 닳지 않았다고 한다. 이러한 점에 근거하여 20세가 조금 넘은 남성의 화석이라 여겨졌지만, 최근에는 여성의 인골로 생각되는 것이 일반적인 듯하다. 주구점의 북경원인과 비교되기도 하였지만, 시간적으로 더 늦은 것으로 생각되고 있으며, 흔히 산서성에서 출토된 다례(Dali) 화석(大荔人, 대려인)과 비교되고 있다. 북경원인과 비교하여 두개골의 두께가 얇고 뒷머리뼈의 구조도 더 둥그러져 있으며, 다례인 화석과 비교하면 눈두덩이뼈 부분이 덜 두드러져서 눈두덩이 부분이 덜 깊다고 한다. 이런 전체적인 특징 때문에 북경원인보다 두개골과 신체가 더 진화한 것으로 파악된다.

최근에는 북경원인에서 금우산인으로 자연스런 진화의 과정을 강조하는 경향이 있는데, 이를 통해 금우산인의 편년이 더욱 하향 조정되어 20만 년 전 혹은 그 이후까지 보고 있는 것 같다. 금우산인은 옛(archaic) 호모 사피엔스로서 호모 에렉투스로부터 진화의 과정을 잘 보여준다는 것이다. 최근 로젠버그 등은 금우산인의 머리뼈는 1,330cc에 이르며, 척추뼈와 사지뼈를 복원하면 지금까지 발견된 가장 큰 중기 플라이스토세 여성의 뼈대라고 하면서, 키와 몸집을 복원하여 전형적으로 추운 기후에 적응한 양상이라고 결론을 내렸다. 이들이 복원한 화석의

키는 168.78±4.30cm에 이르며, 몸무게는 75kg이 넘는다. 여성의 인류 화석 가운데 가장 크다고 강조한다.

중기 구석기시대로 추정되는 합자동에서도 정수리뼈 일부, 종아리뼈와 어금니 등이 출토된 바 있다.

2) 후기 구석기시대 인류 화석

〈표 1〉은 중국 동북지역의 아홉 유적에서 나온 후기 구석기시대 인류 화석을 요약한 것이다. 중국에서는 각각 유적의 이름, 또는 소재지를 따서 ○○인(人)이라 부른다. 그러나 후기 구석기시대 인류 화석은 머리뼈의 형태를 알 수 있을 만큼 복원 가능한 상태인 단동 전양인을 빼면 모두 사지의 일부이거나 두개골의 파편에 불과하다.

〈표 1〉 중국 동북지역에서 출토된 고인류 화석

지질시대	화석인류명	출토 부위	출토 유적의 위치	추정 연대(BP)	인류 성격
후기 플라이스토세	靑頭山人	왼 다리뼈 편(성년 남자?)	길림성 전곽 청두산	10,000	현생 인류 (후기 지인)
	前陽人	머리뼈, 아래턱, 앞니 (11~12세 여성)	요령성 단동 동구현 전양	18,000	
	學田人	정수리뼈 편, 왼쪽 다리뼈 (5~6세)	흑룡강 오상학전	20,000	
	哈爾濱人	정수리뼈 편	흑룡강성 하얼빈 염가강	20,000	
	安圖人	어금니(장년기)	길림성 안도 석문산 동굴	26,000	
	楡樹人	다리뼈, 정수리뼈 편	길림성 유수시 주가유방 (楡樹市 周家油坊)	26,000	
	東洞人	아이 정수리뼈	요령성 본계 묘후산 B지점(동동)	28,000	
	建平人	다리뼈(구입품)	요령성 건평	35400±1800; 26000±550	
	小孤山人	이빨, 다리뼈 편	요령성 해성 소고산	40,000	옛 호모 사피엔스? (초기 지인(智人))
	鴿子洞人	정수리뼈, 관자놀이 편, 종지뼈, 어금니(어린이)	요령성 객좌현 합자동	50,000	
	묘후산인2	어금니, 다리뼈 부분	요령성 본계 묘후산 동굴 6층	142,000 (우라늄시리즈)	
중기 플라이스토세	금우산인	발가락뼈, 팔뼈, 머리뼈	요령성 영구 금우산 동굴 (智猿人)	200,000	호모 에렉투스 (후기 猿人)
	묘후산인1	송곳니(犬齒)	요령성 본계 묘후산 동굴 5층	247,000 (동물 화석 우라늄시리즈)	

* 연대관이나 인류 화석의 성격은 중국 연구자의 의견에 따름(趙賓福 2006a: 176의 표 1; 趙賓福 2006b: 188의 표 1을 바탕으로 일부 수정하여 전재)

'건평인(建平人)': 1957년 요령성 건평현에서 발굴되었다는 인류 화석이다. 이른바 '용골'로 불리는 화석을 감정하여 얻은 자료로, 어른 남성의 오른 위쪽 어깨뼈라고 한다. 후기 구석기시대에 속한다고 생각되며, 35,400±1800BP, 26,000±550BP라는 방사성탄소연대값이 있다.

'유수인(楡樹人)': 1951년 유수 주가유방에서 인류 화석이 출토되었다. 다리뼈와 정수리뼈 부분이 발견되었고 포유동물 화석과 석기도 일괄 수습되었다. 이후 발굴에서도 이빨과 함께 석기, 골기 등이 나왔으며, 4만 년 전 정도라고 한다. 출토한 동물 화석에는 매머드를 포함하여 냉한기의 동물군으로 이루어져 있다.

'청두산인(靑頭山人)': 길림성 전곽(前郭) 이라사(爾羅斯, Erluosi) 몽고족자치현의 송화강 북안에서 발견되었는데, 눈강과 서요하의 사이에 있다. 1981년 구석기시대 최말기 성인 남성의 다리뼈가 발견되었다.

'안도인(安圖人)': 1964년 안도 석문산 동굴 유적에서 어른 이빨 화석이 발견된 것을 안도인이라 부른다. 방사성탄소연대 측정에 따르면 약 2만 6,600년 전의 것으로 생각된다. 동굴 유적에서는 각종 포유동물 화석도 나왔는데, 토끼, 이리, 담비, 여우, 야생말, 털코뿔이, 사슴, 들소 등의 동물군이다. 이는 당시 환경이 삼림초원이었음을 말해준다.

3. 동북지역 구석기 유물군 구성과 '양대전통론' 비판

1) 양대전통론

중국 구석기고고학에서는 오래전부터 '양대전통(Principal Paleolithic Industries, 곧 PPI)'(또는 이대전통)이라는 개념이 널리 쓰였다. 이 용어는 북경 주구점에서 발굴된 다량의 소형 석기와 산서성 정촌(丁村)에서 보이는 대형의 석기군의 차이에 착안한 것이다. 산서성 암하(匼河) 유적에서도 주구점과는 달리 대형 석기들이 나오고, 치욕(峙峪) 유적에서는 소형 석기들이 알려지면서 이런 생각은 점점 중국 구석기시대 전반으로 확산되었다. 그리하여 암하-정촌 석기 전통은 대형 격지로 만들어진 찍개들과 대형 첨두기들로 특징지어지며, 이에 반해 주구점과 치욕에서는 작고 부정형한 격지들을 정교한 아주 작은 도구를 만든 석기 전통이 중심이라는 형식을 갖춘 개념이 곧 학설로 성장한다. 서양 석기 기술의 모드(Mode) 개념과도 언뜻 닮은 듯하지만, 모드 개념은 석기 기술의 진화에 초점을 맞춘 것이어서 전혀 다르다. 반면 '양대전통론'은 기술 진화보다는 발굴된 석기의 크기에만 의존한 것이며, 이른 시기부터 공존하는 체계로 이해되고 있다.

현재 중국 구석기고고학에서 대형 석기가 주체인 문화유형은 대형 박편과 찍개, 삼릉상첨상기(三棱尖狀器)가 중심인 문화 전통으로서 서후도(西候度), 남전(藍田) 공왕령(公王嶺), 암하, 정촌에서 묘후산 유적 등에 이르기까지 100만 년 이상 존속했다고 생각된다. 이에 반해 소형 석기 위주의 문화유형은 석기 기술의 진전을 엿볼 수 있으며, 소장량(小長梁), 동곡타(東谷坨) 등 전기 구석기시대에서 주구점(周口店), 허가요(許家窯)를 거쳐 살라오소(薩拉烏蘇), 치욕, 수동구(水洞溝), 그리고 호두량(虎頭梁) 유적 등에 이르기까지 역시 오랜 시간 동안 존속된 문화라고 한다. 중국 동북지역에서는 합자동의 소형 긁개, 소고산의 찌르개와 긁개, 주가유방의 디스크형몸돌(盤狀石核) 등이 이에 해당되며, 결국은 전형적인 세석기문화로 자연스런 발전을 한다는 것이다. 이렇듯 세석기 전통의 기원에 대해서 다수의 중국 연구자들이 북중국을 기원지로 생각하고 있음은 주지하고 있는 바이다.

중국 구석기 연구자들이 약 130만 년 전으로 추정하고 있는 니하만(泥河灣) 분지의 소장량 유적에서는 작은 석기들이 많으며, 100만 년 전으로 추정되는 동곡타 유적 석기군의 기본 특징 역시 작고 정교하다고 한다. 그리하여 '동곡타석핵'을 설정하고 이 석기에서 보이는 타면, 측면 조정박리의 정형성은 세석기와도 연관된다고 본다. 직접떼기로 만든 원시적 형태의 '쐐기형몸돌'로 생각된다는 것이다. 이처럼 전기 구석기시대 '소형 석기 전통'의 동곡타 유적과 후기 구석기시대 후반의 석기 기술을 연관시키는 것은 '양대전통'의 틀에 지나치게 천착하고 있기 때문으로 보인다.

나아가 이러한 석기 기술의 '양대전통'을 북중국과 남중국으로 대별하여 개념을 더 확장시키기도 한다. 북중국의 구석기 유적에서 나오는 석기군은 소형의 유물들이 특징임에 반해, 남중국, 특히 양자강 이남의 낮은 구릉지대에 분포하는 유적들에서 보이는 석기 전통은 대형의 유물들이 중심이라는 것이다. 이에 따르면 북중국의 소형 석기 전통의 유물은 시간이 갈수록 더욱 작아지고, 남중국의 대형 석기 전통에서는 격지로 만든 도구의 비중이 점점 늘어난다. 이러한 과정 속에서 북중국의 소형 석기 전통으로부터 세석기 공작이 등장했다는 것이다. 양대전통의 형성 배경에는 환경적인 차이도 있다는 것인데, 대형 석기들은 삼림 환경과 관련되어 있으며, 초원지대의 경우 소형 석기와 밀접하다고 한다. 그리하여 길림성의 무송 선인동과 같은 곳에서는 북중국이지만 산림 환경이어서 당시의 수렵채집민은 대형 석기를 사용하여 나무를 벴다고 생각되고 있다.

그런데 예컨대 정촌 유적에서도 소형 석기들이 양적으로는 주체를 이루고 있기 때문에 '이대전통'이나 '양대전통'이 문화적인 것이라는 데 비판의 여지가 있음을 지적하는 연구자도 있다. 최근에는 이러한 차이가 문화적이고 기술적인 것일 수도 있으면서도 유적의 형성 과정 등 복합적인 요인 탓이라는 생각도 있는 것 같다. 어쨌거나 복합적이라는 요인을 가정하는 것은 대형 석기군과 소형 석기군의 차이와 존재를 인정하는 것이며, 문화적인 토대에 기반한 것이라는 점도 받아들이는 것이다.

현재 중국에서 통용되는 양대전통이란 개념이 최소한 만 년 이상이라는 시간 단위를 다루는 구석기고고학에서 과연 타당한 개념인지 의문이다. 구석기 퇴적층은 그 자체로 매우 복잡한 형성 과정을 거친다. 이동하는 수렵채집민이 유적을 찾아 짧게 머물며 유물을 남긴 뒤 늑대 같은 식육동물과 여러 크고 작은 동물과 새가 이곳에 들어와 사람이 남긴 유물과 쓰레기를 헤쳐 놓는다. 그런 뒤 다시 또 다른 수렵채집 무리가 이곳에 들어와 예전 집단이 남긴 석재를 이용해 간단한 석기를 만들고 재활용할 수도 있다. 그렇다면 석기의 크기는 갈수록 작아질 것이다. 그런 뒤에도 강한 바람이 불고 폭우가 쏟아지고, 유물이 흩어지면서 작은 유물은 빗물에 휩쓸려 이동할 수도 있다. 풀이 자라고 나무뿌리, 그리고 들쥐, 지렁이 같은 지중동물이 크고 작은 유물의 위치를 바꿔놓기도 한다.

이런 복잡한 과정을 거친 다음 '요행히도' 남은 유적을 고고학자가 찾고 발굴하는 것이다. 그런 과정에서 큼직한 유물과 작은 유물은 문화나 행위적 차이가 아니라 자연 과정의 차이에 따라서도 생길 수 있다. 나아가 유적을 찾은 집단이 어떤 행위를 중심으로 했는지에 따라서, 또는 석기를 만들 적당한 석재(돌감)가 풍부한지 여부에 따라서도 석기의 크기는 달라질 수 있다. 간단한 실험으로도 찍개나 다면구 같은 큰 석기를 만드는 과정에서 수많은 작은 석기들이 부산물로 나옴을 인식할 수 있다. 예컨대 영국 남부의 복스그로브(Boxgrove)처럼 50만 년 전의 유적일지라도 주먹도끼를 만들고 사용했던 흔적이 예외적으로 잘 보존되었다면 아주 미세한 부스러기 같은 유물이 많을 것이다. 그렇게 보면 인간의 행위 뒤 남는 석기가 크고 작은지는 복잡한 후퇴적 과정이 결정한다고 해도 틀리지 않은 말이다. 그렇기에 유적 형성 과정에 대한 면밀한 검토와 분석 없이 수습된 석기, 특히 도구의 크기에 입각해 석기 기술의 전통을 구분하는 것은 매우 위험한 생각이다.

2) 중국 동북지역 구석기시대 석기군의 양상

그런데도 화북지방에서 확립된 구석기시대 석기 양상의 '양대전통'이란 개념은 남중국은 물론 멀리 흑룡강성까지 현재 중국 전역에 확산하여 적용되고 있다. 흑룡강성의 유적들을 '양대전통'의 틀로 구분하여 분석한 내용을 요약하면 다음과 같다. 대형 석기 위주의 문화유형은 눌하 청하둔, 막하 노구, 전하 소남산 유적으로 대표되는데 대체로 조질의 석재를 사용하였으며, 응회암, 사암, 흑색판암, 맥석영 등이 자갈돌 또는 암괴로 사용되었다고 한다. 석기에는 몸돌과 격지가 많고, 석구 등도 포함되어 있는 특징이 있는데, 막하 노구의 삼릉첨상기, 소남산의 주먹도끼 등이 주목할 만한 유물이다. 전자산 유적은 혼합된 유형으로서 321점 석기에는 전형적인 대석기 문화 전통의 삼릉첨상기와 함께 소석기 문화에 보이는 격지들도 포함되어 있다. 아마도 여기에 인류가 머무른 시간대가 길어서 생긴 현상으로 보인다고 파악된다.

소형 석기 위주의 문화유형은 오상 학전, 황산, 고향둔, 염가강 유적에서 확인하는데, 대체로 후기 구석기시대, 곧 4만~2만 년 전에 해당한다고 한다. 대형 석기 전통에 비해 문화적 진보를 보여주며, 주로 격지기술 전통을 토대로 한 문화유형이지만, 석기의 양은 그리 많지 않은 특성을 보인다고 한다. 하얼빈 염가강 유적에서는 비교적 대형의 찍개와 긁개도 보여 대형 석기 문화의 전통을 보유한 흔적도 볼 수 있다고 한다. 소형 석기 전통과 맥이 닿아 있는 세석기 전통에 속하는 유적으로는 호마 십팔참, 호마 노가, 대흥둔, 경흥 유적 등이 거론된다. 석기의 소형화로 대다수 석기는 길이 4cm 이하로 작으며, 이산화규소가 높은 성분을 지닌 플린트나 마노, 옥수, 단백석 등이 돌감으로 사용되었다. 석기 제작 기법 등이 더욱 정교해졌는데, 기형과 기종도 다양해져서 긁개, 새기개, 찌르개, 자르개 등이 일반적으로 보이며, 밀개, 배모양몸돌 등도 널리 확인된다. 세석기유형은 2만~1만 년 전의 유적들이라고 한다.

한편, 유적 형성 과정에 대한 고려보다는 석기 형식의 존부, 석기의 크기에 입각해 중국 동북지역의 구석기시대 석기군을 다음 3가지 유형으로 나누기도 한다. 첫째, 대형 석기 주체의 석기유형으로 묘후산 유적이 대표적이며, 신향전장, 선인동, 소남산 등의 유적을 들 수 있다. 대형의 몸돌이나 찍개가 특징적인 유물이다. 둘째, 소형 석기 주체의 석기유형으로서 주로 동북지역 중부 구릉지대에 분포한다. 금우산 유적이 대표적이며, 소고산, 합자동, 주가유방, 염가강 등 여러 유적이 이에 포함된다. 주된 석기는 중소형의 석기이며, 긁개가 가장 많고 찌르개도 있으나 찍개는 드물다. 셋째, 세석기 주체의 석기유형을 들 수 있는데, 주로 동북지역의 초원지대에서 나온다고 알려져 있으며, 건안 대포소, 앙앙계 대흥둔, 호마 십팔참 등의 유적을 들 수 있다. 2000년대 이후 길림 동부와 두만강 유역에서 흑요석을 중심으로 하는 많은 유적들이 알려졌는데, 구석기시대 말기의 세석기 유적이 많다.

그리고 길림 동부 및 두만강 유역의 구석기 유적의 석기 공작에는 3가지 특징이 있다고 한다. 첫째, 비교적 큰 자갈돌을 몸돌로 사용한 것이다. 도문 하백룡, 안도 입신 유적이 대표적이며, 본계 묘후산, 흑룡강 요하(饒河), 길림 무송 선인동 등에서도 확인된다. 대형의 석기, 찍개가 차지하는 비중이 높다. 둘째, 소형의 격지석기가 대표적인 석기 공작이다. 화전 선인동, 휘남 소가점, 화룡 정후산(井後山)이 대표적이며, 영구 금우산, 해성 소고산, 하얼빈 염가강 등도 이에 해당한다. 도구는 긁개가 위주이고 찌르개, 찍개 등도 포함되어 있다. 셋째는 세석기 공작이다. 석인구, 북산, 유동, 신둔서산, 사금구, 청두, 대동, 십팔참, 학전 신천 유적 등이 대표적이다. 눌러떼기 등 정교한 기술이 쓰였는데, 도구로는 긁개와 찌르개를 비롯하여 새기개, 등손질칼이 있다. 복합 도구가 출현하였으며, 정교한 잔손질이 이루어졌다. 화북의 세석기 공작에 영향을 받았을 가능성이 있다고 한다.

이렇듯 많은 중국 연구자들은 대형 석기와 소형 석기 전통이 중기 구석기시대까지 병행하여 존재하면서 발전하였다고 보고 있으며, 후기 구석기시대의 세석기 전통은 소석기 전통에서 파생된 일종의 '변체(變體)유형'으로 본다. 경우에 따라서는 자갈돌 석기 공작(pebble tool industry), 격지 중심의 작은 석기 공작(flake-based small tool industry), 그리고 세석기 공작과 같은 용어를 사용하여 석기군을 구분하기도 한다. 다만 원래의 소석기 전통이 소멸된 것이 아니라 병존하였을 것이라고 보는데, 신석기시대 조기가 되어서야 완전 대체되었을 것이라고 한다. 즉, 세석기 공작이 소형 석기 공작을 대체한 것이 아니라 둘이 평행하게 존재했다고 한다. 다시 말해 세석기 공작은 소형 석기 전통에서 기원하였지만, 대체한 것이 아니라 병행 발전하였다는 것이다. 이런 특성이 길림성의 유적뿐만 아니라 흑룡강성의 시판참, 대홍둔, 호두량, 하천 유적 등에서도 보인다는 것이다.

그러나 앞에서 논했듯이 만약 인간 행위의 잔적으로서 석기군이 심한 변형과 왜곡을 겪지 않고 잘 보존되었다면 아마도 매우 작은 석기와 부스러기가 잘 남아 있을 것인데, 사실 이런 유적은 드물다. 대부분 경우 수만 년이란 시간의 흐름과 수많은 자연과정을 거치며 작은 유물은 버려진 원 위치에서 이동하고, 비교적 큼직한 석기들만이 흩어진 채 보일 가능성이 높다. 그러니 석기의 크기만으로 전통을 구분한다는 것은 설득력이 없다. 염가강과 같이 비교적 잘 보존된 유적에서는 큰 석기와 아주 작은 석기들이 한꺼번에 나오는 것이다.

이렇듯 중국 연구자들은 아직도 구석기시대 석기군을 '양대전통'에 입각하여 구분하면서 여기에 후기 구석기시대의 늦은 시기에 세석기를 추가하여 이해하고자 한다. 앞으로 석기 형식이나 크기 등 석기군의 표피적 이해를 넘어 유적 형성 과정이나 석재(돌감)의 이용 가능성, 유적의 기능, 수렵채집민의 이동성 등 석기군의 양상에 영향을 미치는 다양한 요인을 고려하여 더 면밀한 분석이 이루어지길 기대한다.

4. 중국 동북지역 후기 구석기 석기군의 편년

중국 동북지역의 구석기시대 석기군은 후기 구석기시대에 속하는 것이 다수이다. 편년을 위해서는 절대연대값이 충분히 축적되어 있어야 하겠지만, 아직 만족할 만한 정도에 이르진 않은 듯하다. 동굴 유적의 경우 전자기공명법(영구 금우산)이나 우라늄시리즈법(교하 전장, 신향전엄, 본계 묘후산)과 같은 연대 측정 방법이 흔하게 이루어졌으며, 발열광(TL)연대측정법(소고산)도 적용된 바 있다. 아직 OSL(탑하 시판참)과 같은 연대 측정 방법은 일반적으로 쓰이고 있진 않다.

방사성탄소연대측정법은 구석기시대 연구에도 널리 쓰이지만, 방사성탄소 반감기의 2배가 넘는 구석기시대 연대의 특성상 해석하는 데 더 주의를 기울여야 한다. 또한 시료 확보가 용이하지 않은 야외 유적들에서는 그리 일반적으로 쓰인다고 할 수 없다. 동물 화석이나 나무와 같은 유기물이 함께 발견될 때 방사성탄소연대측정이 이루어지지만, 그러한 자료가 없을 경우 별다른 절대연대값이 없는 경우가 많다.

동물 화석을 직접 연대 측정한 값이 석기군의 연대와 직결되는지도 유적별로 따져보아야 한다. 동일 유적에서도 몇 개의 상이한 연대값이 알려져 있기도 하다. 그런데 연대값이 많이 있다고 해서 반드시 편년이 쉬운 것은 아닌데, 측정 시료의 맥락이나 오염 가능성 등을 면밀히 검토할 필요가 있다. 여러 연대값이 최소한의 오차로 평균값에 근접하면 좋지만, 대부분의 경우 몇천 년, 길게는 만 년 이상 편차를 가지고 있다. 예를 들면 오상 학전에서는 4개 연대값이 24,000BP~40,000BP까지 분포하며, 하얼빈 황산의 경우는 23,000BP~30,000BP까지, 고향둔의 경우 21,000BP~30,000BP까지, 그리고 안도 명월구(석문산)에서는 25,000BP와 34,000BP 정도의 연대가 나왔다. 다만, 유수 주가유방의 다섯 연대값은 대체로 23,000BP~30,000BP까지 분포하고 있는데, 이 정도면 다른 유적들에 비해 근접한다고 할 수 있다.

대체로 절대연대를 적극적으로 받아들여 해석하여 정리하면 다음과 같다.

이른(전·중기) 구석기시대의 유적은 영구 금우산(310,000~200,000BP, 인류 화석-280,000BP?), 본계 묘후산, 교하 전장(62,000±6000BP, 매머드 이빨을 우라늄시리즈 연대 측정), 객좌 합자동, 교하 신향전엄(약 62,000±6000BP, 매머드 상아 우라늄시리즈) 등을 들 수 있다. 대부분 동굴 유적들이며, 아직 이른 구석기시대 석기군의 양상을 정확히 비교하여 고찰하기에는 자료가 부족하다고 할 수 있다.

절대연대값을 기준으로 후기 구석기시대로의 전환을 보여주는 유적은 해성 소고산(선인동) 유적이라 할 수 있다. 중국 연구자들의 동물상 비교에 따르면 MIS 4, 곧 71,000~59,000BP에 해당할 가능성이 높다고 하지만, 반드시 추운 기후의 동물상이라고 하여 산소안정동위원소 짝수 단계를 의미하지는 않을 것이다. 왜냐 하면 MIS 3기, 특히 3기 후반의 경우 충분히 추운 기후이기 때문이다. TL 연대값은 40,000±3,500BP로 나왔으며, 방사성탄소연대측정으로는 2층과 3층에서 약 2만 1,000년 전에서 4만 4,000년 전까지 분포하고 있다고 한다. 소고산 유적에서 특징적인 유물은 작살과 뼈바늘인데, 뼈로 만든 도구는 아프리카와 유럽의 후기 구석기시대 유적에서 나오고 있지만, 동아시아에서는 드문 자료다. 석기는 톱니날이나 정교한 찌르개 등 소형 석기가 중심이라고 한다. 그리하여 어떤 연구자는 상층에서 나온 18,340BP라는 연대값이 이런 유물에 더 어울린다고 보기도 한다.

후기 구석기시대 전반, 곧 4만 년 전~약 2만 5,000년 전까지에 속하는 유적은 많다. 오히려 절대연대값으로는 후기 구석기 후반의 자료보다도 많다. 먼저 흑룡강성에서는 오상 학전(24,500±400, 38,800±3500, 39,600±3500, 40,200±3500BP)에서 비교적 많은 방사성연대측정값이 알려져 있으며, 고향둔 유적(29,750±300, 29,340±870, 21,200±600BP)과 하얼빈 황산 유적(30,000±700, 23,190±650BP 나무 측정)도 이 시기에 해당하는 것 같다. 마찬가지로 하얼빈 염가강 유적에서는 26,957±626BP(Yu et al. C-14)와 22,370±300BP(C-14, IVPP), 그리고 21,740±800BP 연대값이 있으며, 탑하 시판참 유적은 광여기루미네센스(OSL) 방법으로 아래층이 25,000BP로, 위층은 10,000BP 정도로 알려져 있어 후기 구석기시대 전반에 해당한다. 길림성에서는 유수 주가유방 유적(30,900±875, 28,910±1185BP 털코끼리 화석 연대 측정; 25,360±850, 26,740±735BP 낙엽송 나무 측정; 23,460±800BP), 안도 명월구 석문산(34,370±1795BP(상아), 25,810±535BP(털코끼리 견갑골), 26,000±550BP, 35,400±1800BP, 28,700±750BP(동물 화석))에서 후기 구석기시대 전반에 해당하는 연대값이 나왔다. 요령성에서는 묘후산 동동 2층(27,240±680BP, 옹경골)과 7층(23,880±570BP)에서 유사한 연대를 얻을 수 있었다.

이처럼 절대연대값은 비교적 많지만, 석기 기술에 대해서는 그리 상세히 알려져 있지는 않다. 중국, 특히 화북지방의 후기 구석기시대 문화를 첫째, 살라오소, 치욕 유적 등이 대표하는 소형 석기 전통, 둘째, 영하 수동구 등을 위시하는 돌날(石刃)석기군, 셋째, 하천(下川)이나 호두량이 대표하는 세석기석기군으로 나누기도 하는데, 실제 아프리카와 유럽 등 후기 구석기시대 석기 기술을 특징짓는다고 하는 돌날을 중심으로 하는 유물군은 그리 많지 않은 것이다. 오히려 후기 구석기시대 전반의 유물군은 대체로 소형 석기가 위주인 석기군이며, 돌날 중심 석기군은 드문 편이다. 다만 탑하 시판참 유적의 유물군의 경우 돌날이 중심이라고 한다. 절대연대값이 알려져 있지 않은, 가령 몇몇 두만강 유역의 유적들이 이 시기에 속할 가능성도 있다. 우리나라 후기 구석기시대 전반의 대표적인 유물이라 할 수 있는 돌날과 돌날몸돌의 양상이 아직 확실히 알려져 있지 않으며, 자료를 검토한 결과 슴베찌르개라고 볼 수 있는 석기도 없는 것 같다. 석기 기술의 발달로 들 수 있는 것은 염가강, 시판참 등에서 소형 긁개들의 수가 늘어나고, 찌르개와 같은 석기가 더 정교해지는 정도를 들 수 있을 것이다.

절대연대값으로 볼 때 후기 구석기시대 중반, 곧 최후빙하극성기(Last Glacial Maximum)에 해당하는 유적은 후기 구석기 초두보다 덜 알려져 있다. 길림성 두만강 유역의 동굴 유적인 왕청 신흥촌(21,000BP)과 요령성 단동 전양 동굴(18,620±320BP)에서 최후빙하극성기에 해당하는 연대가 나왔을 뿐이다. 염가강이나 학전, 황산 유적에서도 여러 방사성탄소연대 가운데 늦은 것이 최후빙하극성기에 해당한다. 최근 방사성탄소연대의 시간상 분포를 대용지표(proxy measure)로 하여 선사시대의 인구밀도를 재구성하는 연구가 늘고 있다. 탄소연대의 수가 적다는 것은 실제 LGM 동안 수렵채집민의 점유밀도가 떨어진 탓일 수도 있다. 특히 최후빙하극성기 동안 고위도의 환경은 매우 혹심했을 것이기에 북위 $40°$ 이상의 지역에서 유적 점유가 급격히 떨어진다는 해석도 있다. 주변 고위도지방에서도 최후빙하극성기를 맞아 이동하는 수렵채집민이 남쪽으로 이동함으로써 점유밀도가 크게 떨어진 현상이 나타난다. 몽골에서도 최후빙하극성기 동안 인구밀도가 크게 떨어졌으며, 시베리아 남부에서도 마찬가지다. 이동하는 수렵채집민은 광역의 교류 네트워크를 가지면서 서로 장거리를 이동할 수 있기에 광역의 공간에서 이동의 효과는 크게 나타날 수 있다. 물론 아직도 방사성탄소연대의 수는 적고 두만강 유역과 같은 곳에서 많은 유적이 알려져 있기 때문에 해당 시기의 절대연대가 늘어날 수도 있다.

그런데 구석기시대 종말기, 곧 14,000BP에서 후빙기로 넘어가는 시기까지 포괄하는 시기에 해당하는 연대는 상당히 많이 알려져 있다. 사례로는 흑룡강성 전하 소남산(12,910±410, 털코끼리) 유적, 앙앙계 대흥둔(11,470±150, 9460±80, 11,800±150BP), 그리고 길림성 전곽 청산두 유적(10,940±179)을 들 수 있다. 두만강 유역의 세석기 유적 가운데에서도 절대연대값이 없지만 이 시기에 해당하는 유적이 있을 가능성이 높은 것 같다. 세석기가 중심인 흑룡강성 눌하 신천(7500~8000BP) 유적 역시 시간적으로는 신석기시대라 할 수 있지만, 3,000점이 넘는 석기 가운데 긁개나 찍개, 갉개, 뚜르개, 새기개 및 다양한 형식의 세석기가 있는 것으로 보아 구석기시대의 전통을 이은 것으로 판단된다. 중석기시대라고 언급되고 있는 해랍이(海拉爾) 송산(松山) 유적과 같은 자료도 석기 상에서는 구석기시대의 전통을 그대로 이어받고 있는데, 이 지역에서 토기와 함께 세석기가 광범위하게 사용되고 있다.

그러나 흑룡강성 눌하 청화둔(세석기 바로 이전 단계), 호마 십팔참(세석기 유적)이나 호마 노가(스키 모양 돌날), 길림성의 진뢰 대감자(쐐기형몸돌), 건안 대포소(세석인 121점) 유적과 같은 세석기 유적들이 있지만, 정확한 절대연대를 모르고 있는 상황이다. 뿐만 아니라 두만강 유역 또는 길림성 동남부의 백두산에 가까운 지역으로 흑요석을 중심적인 돌감으로 하는 유적들인 화룡 석인구(세석기), 유동(세석기), 대동(세석기), 무송 계상, 훈춘 북산(흑요석), 휘남 소가점(흑요석, 찌르개), 안도 사금구(세석기), 화룡 청두(세석기), 화룡 서구(흑요석, 새기개), 화룡 임장(세석인) 유적들은 아마도 후기 구석기시대 후반의 자료라고 생각되지만, 정확하지는 않다. 이 유적에서는 대부분 세석기(잔몸돌(細石核)와 잔돌날(細石刃))이 출토되고 있지만, 그렇지 않은 훈춘 북산이나 휘남 소가점, 화룡 서구와 같은 유적들도 흑요석으로 만든 찌르개나 밀개, 새기개가 석기군에서 눈에 띄는 것으로 보아 후기 구석기시대의 늦은 시기일 가능성이 크다.

5. 길림 동부 및 두만강 유역 후기 구석기 유적

한반도와 가까운 길림 동부와 두만강 유역에서 여러 후기 구석기시대 유적이 조사된 점은 주목할 만하다. 대부분 석기군에서 세석기가 중심 유물인 점, 대규모 유적이 많고 흑요석을 사용한 석기들이 광범위하게 확인되고 있다는 점 역시 중요하다. 화룡(和龍), 안도(安圖), 훈춘(琿春) 등 연변조선족자치주의 두만강 북안에는 이미 흑요석을 중심으로 하는 10여 개소의 유적이 알려졌다. 유적으로는 보통 지표 아래 2층이라 불리는 황갈색점토, 또는 사질점토층에서 석기들이 나온다. 매머드와 털코뿔소를 비롯한 동물 화석도 수습되고 있어 환경과 당시 수렵채집민의 생활을 추론하는 데 유용한 자료이다.

유적들은 주로 2000년대 이후부터 알려지고 소규모로 시굴 조사를 통해 내용이 파악되고 있다. 앞으로 더 조사가 이루어지면 많은 정보가 쌓일 것이다. 백두산을 중심으로 화산지대가 폭넓게 분포하고 있는 점, 곡류하는 두만강과 지류들에 의해 형성된 하안단구가 많다는 점 때문에 유적은 앞으로 조사가 더욱 진전되면 늘어날 것이다. 이를 토대로 추론해볼 때 현재 조사되지 않고 있지만, 백두산 남부의 두만강 남쪽과 동쪽, 그러니까 현재 압록강 중상류까지 포함하여 자강도, 양강도, 함경북도에도 길림지역의 사례와 같은 대규모이면서도 다수의 흑요석을 중심으로 하는 유적들이 있을 것이어서 앞으로 본격적인 조사가 이루어진다면 귀중한 고고자료가 될 것이다.

백두산을 비롯한 지역에 흑요석(또는 흑요암)과 같은 돌감이 비교적 풍부하다는 점도 구석기시대 수렵채집민이 자주 찾는 조건이었을 것이다. 주지하듯이 흑요석은 자연 유리라고 할 만큼 가장 정질의 화산암이며 풍화에 강해 오랫동안 단단한 성질을 그대로 유지한다. 정질이기 때문에 후기 구석기시대의 작고 정교한 석기들, 곧 밀개나 새기개, 그리고 세석기 제작에 적합한 암석이었다. 그리하여 이 지역의 후기 구석기 유적들은 동아시아 세석기 공작을 이해하는 데 중요한 자료가 될 것으로 기대된다. 돌날과 돌날몸돌을 비롯해 밀개, 새기개, 뚜르개 등 다양한 종류와 기종의 유물이 풍부히 확인되고 있다. 화룡 석인구, 유동, 청두, 혼춘 백산, 무송 서산, 안도 사구구, 화전 선인동 출토 유물군은 모두 세석기 전통에 속하며 흑요석이 전체 석기의 97.21%를 차지할 정도로 압도적인 돌감이다. 격지와 돌날의 대부분은 부러진 상태에서 발견되었고(74.1%), 온전한 격지와 돌날은 드물고, 잔손질 석기의 다수는 긁개로 분류할 수 있는 것들이며, 그다음이 밀개, 새기개, 뚜르개라고 한다.

유적들에 흑요석 돌감이 풍부하기 때문이어서인지 비교적 큰 석기들도 있다. 예컨대 무송 서산 유적 같은 곳에서는 무게 17kg이 넘는 아주 큰 흑요석 몸돌도 수습되었다. 이 몸돌에서는 길이 30cm, 너비 7cm 정도의 돌날을 적어도 서너 차례 떼어낸 흔적이 그대로 남아 있다(도면 8).

최근에는 많은 유적들에서 출토된 흑요석 석기를 X선형광분석(PXRF) 같은 방법으로 분석하여 원산지를 추정하는 연구도 이루어지고 있다. 그런데 결과적으로 모든 유적에서 나오는 흑요석이 백두산을 원산지로 하고 있는 것은 아니다. 연구에 따르면 백두산이 가장 중요한 흑요석의 원산지임은 사실이지만 주변에 다른 원산지도 있는데, 길림의 구태(九台)에도 흑요석 산지가 있으며, 러시아의 Gladkaya강과 Shoktovo평원에도 산지가 알려져 있다. 아직 백두산의 흑요석 원석에 대한 종합적인 분석 자료가 결여되어 있지만, 여러 유적에서 백두산 기원의 흑요석을 가장 집중적으로 사용했으며, 서로 다른 산지의 흑요석도 이용한 것으로 보인다(도면 11). 앞으로 산지 추정 분석을 통해 일방적인 수렵채집민의 이동성이나 교류가 아니라 복합적인 이동과 교류 네트워크를 복원할 수도 있을 것이다.

한반도 중부의 후기 구석기시대 유적에서 흑요석제 석기가 출토되는 일도 그리 드물지 않다. 지금까지 한반도 중부 이남에서 알려진 흑요석기 출토 유적은 포천 늘거리, 용수재울, 철원 장흥리, 연천 통현리, 삼거리, 의정부 민락동, 남양주 호평동, 인제 부평리, 양구 상무룡리, 홍천 하화계리, 동해 기곡, 광주 삼리, 단양 수양개, 대구 월성동, 장흥 신북 등 상당히 많다. 물론 이견이 없는 것은 아니지만, 대다수 한반도 후기 구석기시대 유적에서 나오는 흑요석은 결국 백두산에서 기원한 것으로 드러난다. 그러나 중국 동북지역의 여러 유적과 비교하면 한반도 중부 이남의 후기 구석기 유물군에서 흑요석기가 차지하는 비중은 크게 떨어진다. 몇몇 유적에서 비중이 높다고 해도 전체 석기에서 30%를 넘지 않는 것이다. 반면 석인구, 유동, 청두, 훈춘 백산, 무송 서산, 안도 사금구, 선인동, 그리고 대동 등 중국 동북지역의 여러 유적의 유물군에서 흑요석기가 95%를 넘게 차지하고 있다. 이로 미루어보면 확실히 백두산이라는 흑요석의 주된 원산지와 가까이 있는 유적에서 흑요석기의 비율이 높음을 알 수 있다.

렌프루 등은 원산지에서 거리에 따른 흑요석 석재의 비율을 감소(fall-off)그래프로 모델화한 바 있다. 이를 바탕으로 한 〈도면 12〉는 중국 동북지역과 한반도의 유적에서 흑요석기의 비율과 원산지로부터 거리를 도해한 것이다. 도면에서 드러난 바와 같이 백두산이라는 주요 원산지에

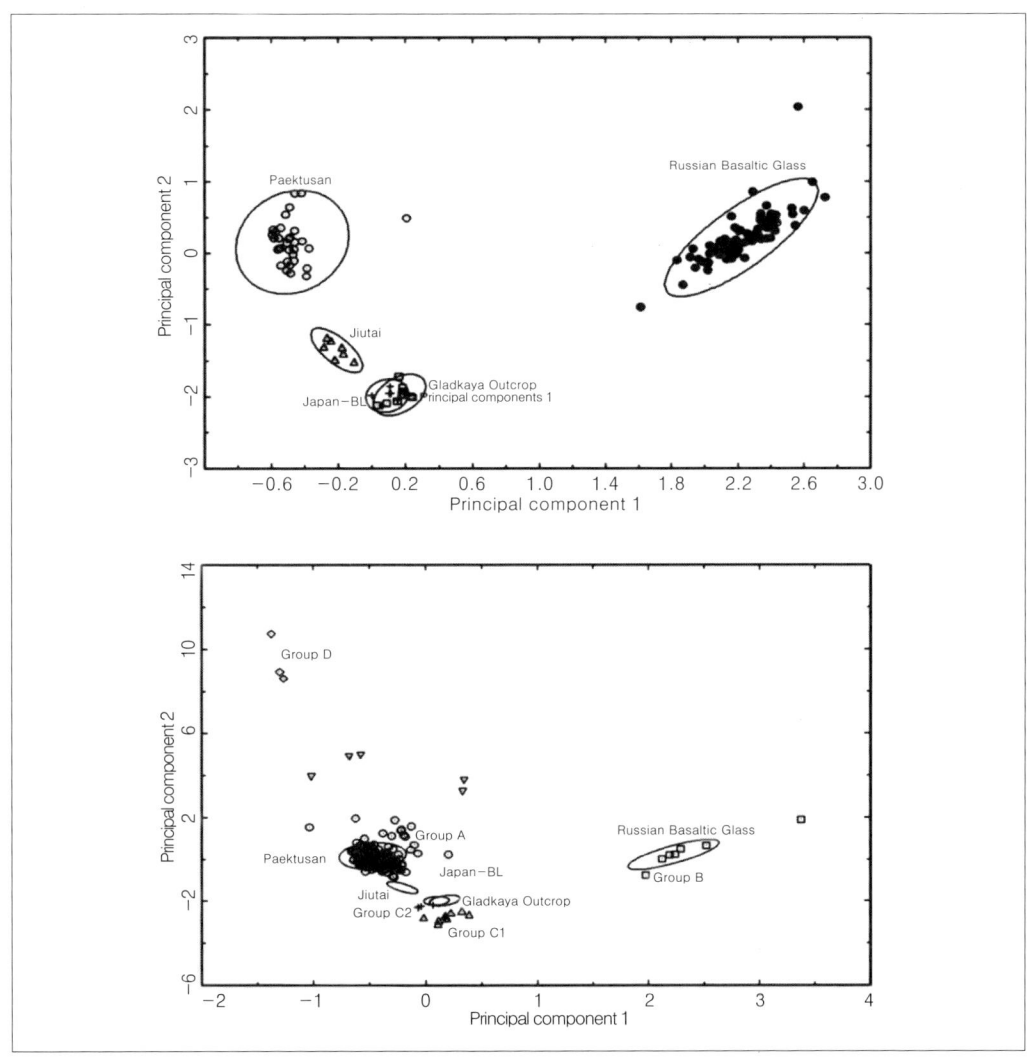

〈도면 11〉 길림성 동부의 구석기 유적에서 출토된 흑요석제 석기의 원산지를 분석한 결과(Jia et al. 2010, Fig 4, 5에서)

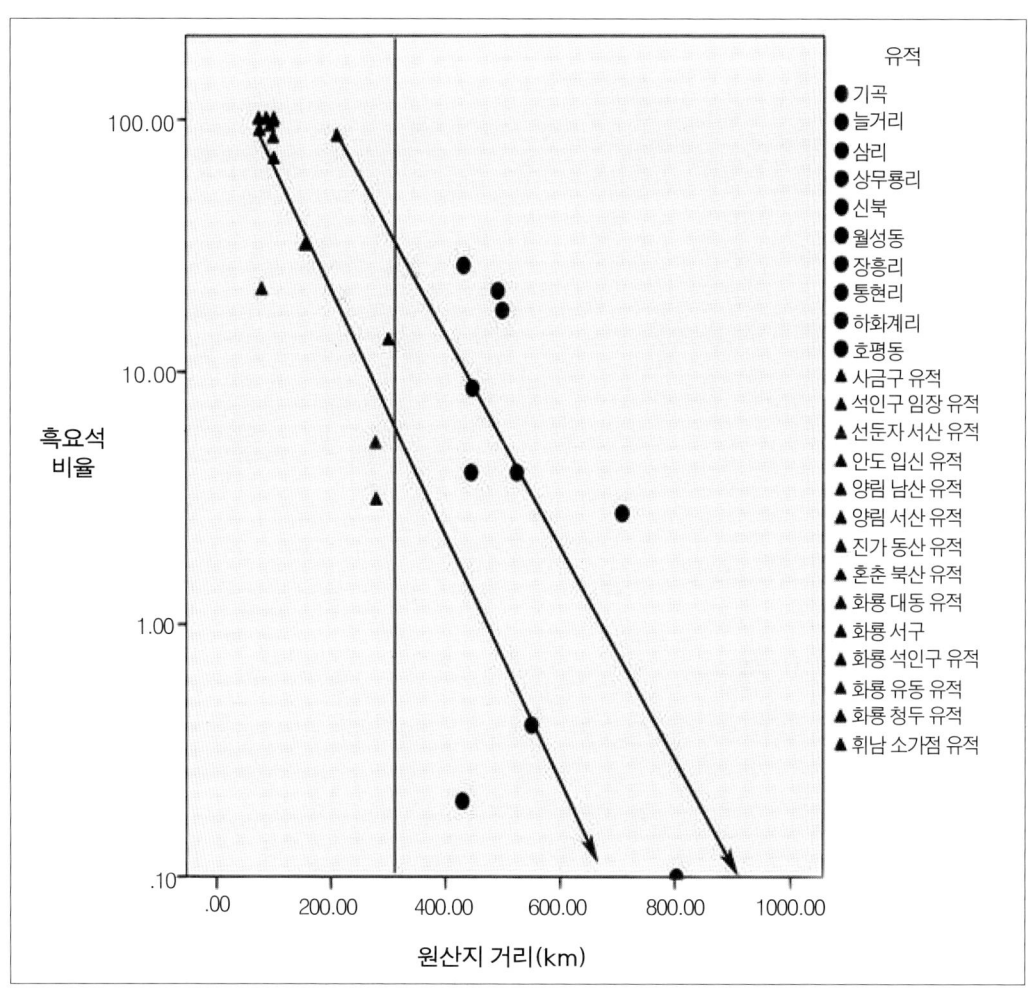

〈도면 12〉 중국 동북지역과 한반도의 후기 구석기 유적을 대상으로 흑요석기의 비율과 백두산 원산지와 거리를 그래프로 표현한 것(후철 2015: 18, 그림 6에서).
도표에 제시된 중국 동북지역 구석기 유적은 모두 백두산에서 300km 이내에 있으며, 한반도 유적은 직선거리로 최소한 400km 이상 떨어져 있다. 이를 바탕으로 Renfrew et al.(1968)의 감소(fall-off)모델을 적용하면, 중국 동북지역은 공급지대(supply zone), 한반도 중부 이남은 교류지대(contact zone)에 해당할 것이다.

서 거리가 멀수록 흑요석기의 비중은 현저히 떨어진다. 그리하여 백두산에서 대부분 30km 이내에 있는 중국 동북지역은 공급지대(supply zone)라 상정하고, 450km 이상 떨어져 있는 한반도의 여러 유적은 교류지대(contact zone)에 있는 것으로 파악할 수 있다. 아마도 흑요석기가 압도하고 있는 앞에 열거한 여러 중국 동북지역의 유물군은 직접 석재(돌감)를 확보하여 공급한 이동하는 수렵채집민이 남긴 유적일 것이다. 반면 한반도의 여러 유적을 남긴 수렵채집민은 광역의 교류 네트워크를 이용해 주변 집단과 교류함으로써 먼 곳으로부터 정질의 돌감을 얻었을 것으로 보인다.

참고문헌

〈한국어〉

姜鵬, 최무장 옮김, 2004, 『中國東北舊石器時代文化硏究』, 한국학술정보.

郭大順·張星德, 김정열 역, 2008, 『동북문화와 유연문명(상)』, 동북아역사재단.

성춘택, 2002, 「한국 중기 구석기론의 비판적 검토」, 『한국고고학보』 24.

_____, 2010, 「"후기 구석기 혁명" 재고: 현생인류 진화의 행위·문화적 배경」, 『한국고고학보』 77.

_____, 2017, 『석기고고학』, 사회평론.

_____, 2019a, 「구석기시대의 종말: 구석기 퇴적층 최상부 "명갈색층" 재고」, 『한국상고사학보』 103.

_____, 2019b, 「수렵채집민의 광역교류네트워크와 한국 후기 구석기시대 점유밀도의 변동」, 『한국고고학보』 102.

이형구, 1989, 「묘후산(廟後山)-遼寧省本溪市舊石器文化遺址」, 『동방학지』 64.

이선복, 2018, 『지질고고학 입문』, 사회평론.

이선복·좌용주, 2015, 「흑요석 산지 추정 연구의 재검토」, 『한국구석기학보』 31.

장용준, 2007, 「중국 동북지역 후기 구석기 제작기술의 변천과 계통 연구」, 『동북아역사논총』 5.

한창균, 2014, 「일제 강점기에 있어 한국 구석기시대의 인식」, 『한국구석기학보』 9.

趙賓福, 최무장 역, 2006a, 『중국 동북지역의 구석기문화』, 집문당.

侯哲, 2015, 「후기 구석기시대 흑요석제 석기 고찰: 중국 동북지역과 남한지역 비교를 중심으로」, 경희대학교대학원 석사학위논문.

〈중국어〉

姜鵬, 1996, 「吉林撫松仙人洞舊石器時代遺址」, 『東北亞 舊石器文化』, 忠北大學校 先史文化硏究所·遼寧省 文物考古硏究所.

高星, 1988, 「昂昂溪新發現的舊石器」, 『人類學學報』 7(1).

金牛山聯合發掘隊, 1978, 「遼寧營口金牛山舊石器文化的研究」, 『古脊椎動物與古人類』 16(2).

譚英杰, 1982, 「黑龍江舊石器時代考古的回顧與展望」, 『黑龍江文物叢刊』 1

遼寧省博物館, 1973, 「凌源西八間房舊石器文化地点」, 『古脊椎動物與古人類』 11(2).

劉揚·陳全家·侯亞梅, 2008, 「吉林東部含細石器遺存的初步研究」, 『第四紀研究』 28(6).

傅仁義, 1996, 「遼寧丹東前陽人的發現及體質特徵」, 『東北亞 舊石器文化』, 忠北大學校 先史文化研究所·遼寧省 文物考古研究所.

_____, 2004, 「關于東北舊石器向新石器過渡時期幾個問題的探討」, 董爲 主編, 『第九屆中國古脊椎動物學學術年會論文集』, 海洋出版社.

孫守道, 1996, 「遼寧 喀左鴿子洞 舊石器文化遺址 首次發掘報告」, 『東北亞 舊石器文化』, 忠北大學校 先史文化研究所·遼寧省 文物考古研究所.

辛占山 等, 1996,「遼寧地區舊石器文化研究回顧與展望」,『東北亞舊石器文化』, 忠北大學校 先史文化研究所·遼寧省 文物考古研究所.

辛占山·顧玉才, 1996,「遼寧地區舊石器文化研究回顧與展望」,『東北亞 舊石器文化』, 忠北大學校 先史文化研究所·遼寧省 文物考古研究所.

安志敏, 1978,「海拉爾的中石器遺存-兼論細石器的起源和傳統」,『考古學報』1978-3.

呂遵諤, 1996,「金牛山遺址 1993, 1994年發掘的收獲和時代的探討」,『東北亞 舊石器文化』, 忠北大學校 先史文化研究所·遼寧省 文物考古研究所.

黎興國·劉光聯·許國英, 1987,「C-14年代測定報告」,『第四紀氷川與第四紀地質文集』第4集, 地質出版社.

葉啟曉, 2003,「黑龍江省舊石器時代文化遺存研究」,『邊疆考古研究』2003-3.

吳汝康, 1961,「遼寧建平人類上臂骨化石」,『古脊椎動物與古人類』1961-4.

_____, 1988,「遼寧營口金牛山人化石頭骨的復原及其主要性狀」,『人類學學報』7(2).

王幼平, 2000,『舊石器時代考古』, 文物出版社.

王益人, 2002,「賈蘭坡與華北兩大舊石器傳統」,『人類學學報』21(3).

王春雪·趙海龍·陳全家·方啟, 2009,「試析東北地區東部與朝鮮半島舊石器時代晚期細石葉工業之間的文化」,『內蒙古文物考古』2009-2.

王春雪·陳全家, 2008,「試析吉林和龍石人溝舊石器時代晚期遺址古人類的技術與行為」,『邊疆考古研究』6.

_____, 2012,「中國東北地區舊石器遺存的新發現與研究」,『중국사연구』77.

王春雪·陳全家·趙海龍·方啟·關鍵字, 2009,「吉林東部地區舊石器時代晚期細石葉工業技術分析」,『邊疆考古研究』8.

遼寧省博物館, 1986,『廟后山: 遼寧本溪市舊石器文化遺址』, 文物出版社.

于匯歷, 1996,「黑龍江淸和屯遺址的舊石器」,『東北亞 舊石器文化』, 忠北大學校 先史文化研究所·遼寧省 文物考古研究所.

于彙曆, 1988,「黑龍江五常學田舊石器文化遺址的初步研究」,『人類學學報』7(3).

_____, 2000,「黑龍江省舊石器時代考古二十年」,『北方文物』2000-1.

于彙曆·李平·朱永紅, 2008,「黑龍江嘉蔭發現舊石器時代遺址」,『中國文物報』新聞.

于彙曆·袁寶印·黃慰文, 2010,「哈爾濱閻家崗遺址的地質背景」,『人類學學報』29(4).

衛奇·陳哲英, 2001,「中國舊石器時代考古反思」,『文物春秋』61.

魏海波, 2009,「遼寧廟后山遺址研究的新進展」,『人類學學報』28(2).

李超榮, 2004,「中國北方舊石器時代晚期文化」, 松藤和人 編,『日本列島における後期舊石器文化の始原に關する基礎的な研究』, 同志社大學.

張麗·沈冠軍·傅仁義·趙建新, 2007,「遼寧本溪廟后山遺址鈾系測年初步結果」,『東南文化』2007-3.

張森水, 2002,「近20年來中國舊石器考古學的進展與思考」,『第四紀研究』22(1).

張鎭洪·傅仁義·陳寶峰·劉景玉·祝明也·吳洪寬·黃慰文, 1985,「遼寧海城小孤山遺址發掘簡報」,『人類學學報』4(1).

程新民·陳全家·趙海龍·李陽·丁未, 2009,「吉林省東部舊石器時代人地關系初探」,『邊疆考古研究』7.

趙賓福, 2006b,「東北舊石器時代的古人類, 古文化與古環境」,『學習與探索』2006-2.

_____, 2008,「東北舊石器文化與鄰區舊石器文化的關系」,『內蒙古大學學報』(人文社會科學版) 40(1).
_____, 2011,「中國東北地區舊石器時代文化遺存的發現與認識: 兼談與朝鮮半島舊石器文化的關系」,『선사와 고대』34.
趙海龍, 2008,「談吉林省舊石器時代考古調査」,『考古與文物』2008-6.
_____, 2010,「我國長白山地區發現東北亞迄今規模最大的舊石器時代遺址」,『中國文物報』2010年 第4版.
中國社會科學院考古硏究所 編, 1983,『中國考古學中碳十四年代數據集』, 文物出版社.
陳全家·方啟·李霞·趙海龍·程新民·鄭鍾仁, 2008,「吉林和龍靑頭舊石器遺址的新發現及初步硏究」,『考古與文物』2008-2.
陳全家·王春雪·方啟·胡鈺·趙海龍, 2006,「吉林和龍柳洞2004年發現的舊石器」,『人類學學報』25(3).
陳全家·張樂, 2004,「吉林延邊琿春北山發現的舊石器」,『人類學學報』23(2).
陳全家·程新民, 1996,「吉林市地區首次發現的舊石器」,『東北亞 舊石器文化』, 忠北大學校 先史文化硏究所·遼寧省 文物考古硏究所.
陳全家·趙海龍·方啟·程新民·李有騫·鄭鍾仁, 2008,「安圖沙金溝舊石器遺址發現的石器硏究」,『華夏考古』2008-2.
崔德文·李有升, 1994,「遼寧營口藏山洞穴地点試掘報告」,『人類學學報』8(3).
鴿子洞發掘隊, 1975,「遼寧鴿子洞舊石器遺址發掘報告」,『古脊椎動物與古人類』13(2).
黃可佳, 2008,「哈爾濱閻家崗遺址動物骨骼圈狀堆積的初步硏究」,『人類學學報』27.
黃蘊平, 1996,「金牛山遺址動物碎骨的觀察」,『東北亞 舊石器文化』, 忠北大學校 先史文化硏究所·遼寧省 文物考古硏究所.
黃慰文, 1986,「海城小孤山骨制品和裝飾品」,『人類學學報』5(3).
黃慰文·張鎭洪·繞振棣·于海明·初本君·高振操, 1984,「黑龍江昂昂溪的舊石器」,『人類學學報』3(3).
候亞梅, 2003,「"東谷坨石核"類型的命名與初步硏究」,『人類學學報』22(4).
黑龍江省文物管理委員會, 1987,『閻家崗: 舊石器時代晚期古營地遺址』, 文物出版社.

〈일본어〉
加藤眞二, 1992,「中國細石刃文化の展開とその背景」,『先史學·考古學硏究』3.
_____, 2000,「中國北部の後期舊石器文化」,『舊石器考古學』60.
德永重康·直良信夫, 1933,「滿洲帝國吉林省顧鄕屯第1回發掘物硏究報文」,『第1次滿蒙學術調査報告』, 第2部 第1篇.
_____, 1936,「滿洲帝國吉林省顧鄕屯發掘古生人類遺品」,『第1次滿蒙學術調査硏究團報告』, 第6部 第2篇.

〈영어〉

Barton, L., P. J. Brantingham and D. Ji, 2007, "Late Pleistocene Climate Change and Paleolithic Cultural Evolution in Northern China: Implications from the Last Glacial Maximum", Madsen D. B., Chen F. H., Gao X., eds., *Late Quaternary Climate Change and Human Adaptation in Arid China*, Amsterdam: Elsevier.

Bar-Yosef, Ofer and Youping Wang, 2012, "Paleolithic archaeology in China", *Annual Review of Anthropology*, 41.

Chen, Chun and Wang Xiangqian, 1989, "Upper Paleolithic microblade industries in North China and their relationship with northeast Asia and North America", *Arctic Anthropology*, 26(2).

Chen, T, Yang Q and Wu E, 1994, "Antiquity of Homo sapiens in China", *Nature*, 368.

Dong, Wei, Fu Renyi and Huang Weiwen, 2010, "Age and paleoenvironment of Xiaogushan fauna at Haicheng, Liao-ning Province", *Chinese Science Bulletin*, 55(24).

Etler, Dennis A., 1996, "The fossil evidence for human evolution in Asia", *Annual Review of Anthropology*, 25.

Gao, Xing and Christopher Norton, 2002, "A critique of Chinese Middle Palaeolithic", *Antiquity*, 76.

Goebel, Ted, 2002, "The "Microlithic adaptation" and recolonization of Siberia during the late Upper Pleistocene", R. Elston & S. Kuhn, eds., *Thinking Small: Global Perspectives on Microlithization*, Washington, D.C: Archaeological Papers of the American Anthropological Association.

Graf, K. E., 2009, "'The Good, the Bad, and the Ugly': evaluating the radiocarbon chronology of the middle and late Upper Paleolithic in the Enisei River valley, south-central Siberia", *Journal of Archaeological Science*, 36.

Ikaw-Smith, Fumiko, 1978, "The Early Paleolithic tradition of East Asia", F. Ikawa-Smith, ed., *Early Paleolthic in South and East Asia*, Chicago: Mouton Publishers.

Jia, Lanpo and Huang Weiwen, 1985, "On the recognition of China's Palaeolithic traditions", Wu Rukang and J. Olsen, eds., *Paleoanthropology and Palaeolithic Archaeology in People's Republic of China*, New York: Academic Press.

Jia, Peter Weiming, Trudy Doelman, Chuanjia Chen, Hailong Zhao, Sam Lin, Robin Torrence and Michael D. Glascock, 2010, "Moving sources: A preliminary study of volcanic glass artifact distributions in northeast China using PXRF", *Journal of Archaeological Science*, 37.

Matsufuji, Kazuto, 2004, "Origin of the Upper Paleolithic in Northeast Asia", 松藤和人 編, 『日本列島における後期舊石器文化の始原に關する基礎的な研究』, 同志社大學.

Renfrew, C., J. Cann and J. Dixon, 1965, "Obsidian in the Aegean", *Annual of the British School at Athens*, 60.

Rosenberg, K.R., Lü, Z. and C.B. Ruff, 2006, "Body size, body proportions, and encephalization in a Middle Pleistocene archaic human from northern China", *Proceedings of the National Academy of Sciences USA*, 103(10).

Rybin, E. P., A. M. Khatsennovich, B. Guchinsuren and J. W. Olsen, 2016, "The impact of the LGM on the development of the Upper Paleolithic in Mongolia", *Quaternary International*, 425.

Seong, Chuntaek and Christopher Bae, 2016, "The eastern Asian "Middle Palaeolithic" revisited: a view from Korea", *Antiquity*, 90(353).

Wang, Chunxue, Gao Xing, Chen Quanjia, Zhao Hailong and Fang Qi, 2008, "New discoveries of the Upper paleolithic microblade(or bade)-based micro-tool industry in northeast China", 『한국구석기학보』 18.

Wang, Chunxue, Zhang Yue, Chen Quanjia and Zhao Hailong, 2009. "Technological analysis of the Upper Paleolithic microblade industry in the eastern portion of Northeast China", *Asian Social Science*, 5(9).

Xu, Xinzhi and Frank E. Poirier, 1995, *Human Evolution in China: A Metric Description of the Fossils and a Review of the Sites*, New York: Oxford University Press.

Zhang, Jia-Fu, Weiwen Huang, Baoyin Yuan, Renyi Fu and Li-Ping Zhou, 2010, "Optically stimulated luminescence dating of cave deposits at the Xiaogushan prehistoric site, northeastern China", *Journal of Human Evolution*, 59(5).

신석기시대

I. 시대 개관

　책머리의 연구 지역 고고학에 대한 개괄에서 간략히 언급했듯, 연구 지역에서 신석기시대에 대한 연구는 다른 시기의 경우와 마찬가지로 제국주의 세력의 팽창과 밀접한 관계가 있다고 할 수 있다. 그러나 연구 지역 신석기시대의 문화사에 대한 체계적 이해는 1980년대 이후부터라고 할 수 있으며, 아직도 많은 시간대와 지역이 연구의 공백지대로 남아 있다.

　연구 지역의 신석기 문화는 서쪽으로 내몽고-영하-감숙-신강으로 이어지며 중원의 신석기와 대비되는 동서 방향으로 긴 일종의 북방 신석기 문화권을 이루고 있다고 흔히 일컬어져왔으며, 그 핵심에는 중원의 마제석기와 대비되는 세석기문화의 특징을 보여준다고 여겨졌다. 그러나 실제 각지의 양상은 유물과 생계경제 양식 및 생활상에서 이 지역의 다양하고 복잡한 지리조건과 기후만큼 복잡하다고 해야 옳을 것이다. 세석기는 청동기시대나 철기시대까지 제작되기도 했지만, 요동반도 같은 곳에서는 일찍부터 발달한 마제석기가 만들어지기도 하는 등 신석기 문화는 지역별로 다양한 양상이다.

　이와 더불어, 당시의 자연환경은 현재와 매우 차이가 있었음에 유념할 필요가 있다. 예를 들어 흥륭와문화(興隆洼文化)와 홍산문화(紅山文化)의 중심지인 요하 상류역 일대의 신석기시대 자연환경은 현재의 반사막 초원지대와 전혀 다른 모습이었다. 유적에서 발견된 동식물의 유해와 더불어 각종 퇴적물에 대한 분석에 따르면 당시의 환경은 인간 거주에 매우 유리한 조건을 갖추었다고 보인다. 그러한 환경조건에 대한 이해는 연구 지역의 신석기시대를 알기 위해 꼭 필요하지만, 당시의 생태조건과 자연환경에 대한 체계적 연구는 미흡한 형편이다.

　이러한 사정을 감안한 채 내몽고에서 동해 방향으로 연구 지역을 대체로 서쪽에서 동쪽으로 살펴보면, 요서, 요동, 송화강 유역, 눈강 유역, 목단강 유역, 우수리강 유역, 두만강 하류역, 아무르강, 연해주, 그리고 북쪽으로 흑룡강 상류역 등지에서 각각 고유한 특징의 신석기문화가 펼쳐졌다고 할 수 있을 것이다. 각지에서 발견되는 자료가 보여주는 세부적 양상 차이에도 불구하고, 토기의 표면 장식을 기준으로 삼자면 크게 볼 때 요서-요동-제2송화강 유역-두만강 하류를 잇는 지역에서는 소위 '지자문(之字文)'과 '각선문(刻線文)'이 우세하지만, 보다 북쪽의 눈강-목단강-삼강평원 지역에서는 '압인문(壓印文)'이 우세한 양상이다. 이러한 지역적 차이는 석기 구성에서는 마제석기 대 타제석기의 우세 현상과도 대체로 궤를 같이하고 있으며, 이것은 다시 보다 남쪽 지역과 북쪽 지역 사이의 생태조건의 차이와도 연관될 것이라고 생각해볼 수 있을 것이다. 그러나 지역에 따른 문화상의 세부적 차이나 그 이유 등에 대해서는 앞으로 보다 치밀히 검토해야 할 것이다.

이러한 각지의 신석기시대 양상을 살펴보기에 앞서, 그 전반적 양상을 다음과 같이 개괄적으로 요약할 수 있을 것이다.

요하 중상류의 요서지역에서 가장 이른 시기의 신석기는 유적 이름을 따라 사해(査海) 혹은 홍륭와문화라 불리는 단계로서 기원전 5000년대에 시작한다고 여겨졌으나, 최근에는 이보다 앞서 소하서문화(小河西文化)가 기원전 6000년 이전에 등장했다는 견해가 나타났다. 사해(홍륭와)문화는 부하(富河) 혹은 조보구(趙寶溝)-부하문화로 이어진다고 하는데, 다시 기원전 4000년 무렵이 되면 홍산문화가 시작된다고 한다. 홍산문화를 대표하는 우하량(牛河梁)이나 동산취(東山嘴) 같은 유적에서 발견되는 정교한 유물과 유구는 당대 사회가 계급적으로 상당히 분화되었을 가능성을 시사한다. 홍산문화는 하북성 북부에서 요하 이동에 이르기까지 상당히 넓게 분포하는데, 그 중심지는 내몽고 적봉(赤峰) 지구에서 요하 유역 사이라고 할 수 있다. 이후 요서지역에서 신석기시대는 기원전 3000년기의 소하연문화를 끝으로 청동기시대로 진입한다고 편년되고 있다.

요하 중류의 요동 북부지역에서는 홍륭와문화와 비슷하거나 이보다 약간 이른 시기에 두 지역 모두에서 공통적으로 보이는 지자문을 표면에 장식한 토기가 등장한다. 이러한 토기를 산출한 신락(新樂)문화는 대략 기원전 4000년 무렵까지 지속되었다고 여겨진다. 신락문화를 잇는 자료는 아직 확실하지 않아 기원전 4000년기의 편년은 공백으로 남아 있다. 그러나 요서지역에서 소하연문화가 등장할 무렵이면 이곳에서도 편보자문화(偏堡子文化)가 나타났고, 그 뒤를 북구문화(北溝文化)가 이어 기원전 3000년기 말까지 지속되었다고 보고 있다.

요동반도와 연해의 여러 섬을 포함하는 요동 남부지역, 즉 요남 일대의 신석기시대와 관련해서는 패총 유적이 중요하며, 대규모 패총 유적에서는 마을 유적도 확인되고 있다. 특히 요동반도 앞의 광록도(廣鹿島)에 있는 소주산(小珠山) 유적에서는 하층, 중층, 상층으로 구성된 세 개의 신석기시대 문화층이 발견되어, 이 지역 신석기시대 편년의 주요 근거가 되고 있다. 특히 하층은 다시 전기, 중기, 후기의 세 시기로 구분되기도 하는데, 이른 시기의 소주산문화는 산동반도의 대문구문화(大汶口文化) 전기와 중기에 대응한다고 여겨지고 있다. 연구자에 따라서는 소주산하층문화를 홍륭와 및 신락문화에 대응하는 시기로 설정하고 있는데, 해당 시기의 지칭으로서 문화 명칭은 연구자에 따라 달리 불리기도 한다. 한반도와의 지리적 근접성을 반영하듯, 소주산하층문화에서는 가장 이른 시기의 문화층에서부터 한반도의 신석기시대 토기와 유사한 기하학적 무늬의 토기가 발견된다. 요남의 신석기시대는 소주산상층문화를 마지막으로 기원전 3000년기 말까지 계속되었다고 여겨지는데, 청동기시대로의 이행 시점과 과정은 한반도의 청동기시대 및 고조선 문제와 관련해 중요한 연구 주제가 된다.

요동을 벗어나 더 동쪽으로 가면 신석기시대에 대한 정보는 제한적이라고 할 수 있다. 아직까지 보다 내륙에 있는 광대한 지역에서 조사된 유적은 수도 적을 뿐만 아니라 자료의 평가에도 큰 시각차가 있다. 예를 들어 세석기로 잘 알려진 눈강 유역의 앙앙계문화는 논자에 따라 이른 시기로 보기도 하지만 최말기로 보는 입장도 있다. 이러한 사정은 개별 유적에 대한 정보도 미흡하며 문화의 지역성에 대한 이해가 일천함을 말해준다.

그럼에도 불구하고, 최근 조사가 진행됨에 따라 제2송화강 유역에서는 좌가산(左家山)문화가 기원전 5000년 이전에 등장해 2,000년 이상 이어진다고 생각되고 있다. 또한 눈강 유역에서는 앙앙계에 앞서는 신석기 유적 발견 보고도 나오고 있으며, 목단강 유역에서는 기원전 5000년을 전후해 진흥문화(振興文化)가 등장해 몇 단계를 거쳐 기원전 2000년 무렵까지 신석기시대가 계속된다는 주장이 제시되고 있다. 우수리강 유역의 삼강평원에서도 역시 비슷한 시기에 신개류문화(新開流文化)가 등장한다고 하는데, 진흥문화와 신개류문화에서는 특징이 비슷한 토기가 발견된다. 신개류문화는 소남산문화(小南山文化)로 이어진다고 하는데, 이곳에서 기원전 4000년 무렵 이후의 사정은 불확실하다. 두만강 하류의 도문강 유역의 신석기시대에 대해 중국에서는 한반도 동북지방과 유사한 유물이 발견되는 흥성문화(興城文化)가 기원전 3000년 무렵 시작된다고 보기도 하지만 편년을 비롯한 여러 점에서 아직 불명확한 바가 많다고 보인다. 흑룡강 상류의 해랍이하(海拉爾河)에서는 이제 조사가 시작된 수준이라고 할 수 있는데, 토기와 세석기가 발견되는 합극(哈克) 혹은 단결(團結)문화가 기원전 4000년 무렵 시작되었다는 주장이 나오고 있다. 그러나 이러한 모든 지역에 관한 각종 결론은 제한된 자료에 기초한 것으로서 신석기시대의 편년이나 기타 여러 가지 설명은 아직 시론 수준이라고 할 수 있다.

아무르강과 우수리강 건너 러시아 지역에서는 아무르강 하류역과 연해주 두 지역에서 각각 독자적인 편년안이 제시되고 있다. 논자에 따라 아무르강 유역에서 신석기 유적이 이미 기원전 10000년이나 그 이전에 등장했다고 보기도 하는데, 대체로 보아 이른 시기부터 차례대로 오시포프카, 마린스키, 말리쉐보, 콘돈, 보즈네세노프카문화 등의 명칭이 설정되었다. 연해주에서도 우스티노프카 4유적에서 발견된 고식 토기를 근거로 신석기시대가 기원전 10000년 무렵이나 그 이전에 시작되었을 가능성이 추정되고 있다. 보다 확실한 신석기시대의 증거는 기원전 5000년 무렵 루드나야문화와 보이스만문화에서부터 나타나는데, 기원전 3000년 무렵 자이사노프카문화가 나타난다고 한다. 이 두만강 하류의 자이사노프카문화는 한반도에서는 서포항 2~4기, 대안의 중국에서는 흥성-금곡(金谷)문화에 상당한다고 여겨진다.

이상 서술한 내용을 다시 간략히 정리하면, 연구 지역 일대에서는 기원전 5000년 무렵이면 신석기문화가 전반적으로 시작되었다고 할 수 있지만, 연구의 진행에 따라 그 개시 시점은 보다 이른 시기로 올라갈 수 있을 것이다. 토기가 일부 지역에서 1만 년 전보다도 앞선 시기부터 시작되었더라도, 이후 각지에서 전개된 양상은 아직 불확실한 바가 많으며, 어느 정도 윤곽이 파악되기 시작하는 것은 기원전 5000년 무렵부터라고 할 수 있다. 신석기시대의 종말과 청동기시대로의 이행의 시점이나 그 과정에 대해서도 아직 단정해 말할 수 없지만, 대체로 기원전 2000년 무렵을 전후해 신석기시대가 끝났다고 보는 견해가 널리 알려져 있다.

다른 시대의 경우에서도 마찬가지라고 할 수 있지만, 한·중·일 삼국 모두의 동북아시아 신석기시대 연구에서 토기 표면 처리 방식이 소위 시대 구분과 문화권 설정의 가장 중요한 지표가 되고 있는 바, 신석기시대의 연구에서는 중국이나 러시아 양국에서 모두 그 의미를 확인할 수 없는 고고자료에서 보이는 제한된 특징을 바탕으로 정의한 '문화' 개념이 남발되고 있다. 이러한 연구 상황은 사회주의 체제하의 연구 풍토와도 관련되는데, 아무튼 '문화전통' 혹은 '계통'에 따른 신석기시대의 문화사 편제가 남발되고 있다. 그러나 그렇게 제시된 문화사 체계 속에서 정의된 각 단위가 과연 실체가 있는 것이며, 만약 있다면 그 의미가 무엇인가에 대한 고민은 찾아보기 어려운 실정이다. 연구에 필요한 적절한 시간적, 공간적 분석 단위의 설정은 앞으로 계속 모색되어야 하겠다. 현지 자료를 간접적으로 접할 수밖에 없는 입장에서는 특히 유적의 편년이나 '문화' 시기의 설정이 절대연대 측정치에 대한 충분한 검토 없이 이루어지는 경우가 많으며 모든 자료가 치밀하게 분석되고 보고되는 것이 아니라는 점을 늘 염두에 두어야만 할 것이다.

II. 요하 유역의 신석기문화*

1. 7,000년 전 이전

중국에서 확인된 이른 시기의 신석기시대 유적은 매우 드물다. 1970년대를 전후하여 중국의 남방지역에서 발견된 이후에 북쪽으로 그 범위가 확대되고 있지만, 아직까지 중국 동북지역에서 이른 시기의 유적이 발견된 예는 많지 않다. 중국 동북지역과 가장 가까운 곳에서 확인된 비교적 이른 시기의 신석기시대 유적은 동호림(東胡林) 유적, 전년(轉年) 유적, 우가구(于家溝) 유적, 남장두(南庄頭) 유적 정도인데, 모두 연산산맥(燕山山脈)의 남쪽에 위치하고 있다.

유적의 부재가 실제를 반영하는 것인지 혹은 조사의 부족 때문인지는 확실하지 않지만, 다른 지역에 비해 이 시기 유적의 발견 사례가 전무한 상황은 주목할 필요가 있다.

---

* 이 글은 2012년에 작성·제출한 것인데, 2019년에 수정을 요청받았다. 전체 원고를 새롭게 작성할 수 없는 상황이어서 2013년 이후 발표된 자료의 내용을 일부 추가하는 정도로 글을 마무리하였다. 2012년 이후에도 각 문화의 전반적인 내용과 주요 해석에는 큰 변동이 없으므로, 요서와 요동지역 신석기시대의 전체 흐름을 이해하는 데 중대한 문제는 없을 것으로 본다.

1) 이른 단계의 신석기시대 유적

(1) 동호림 유적

북경시 동호림촌 서쪽 영정하(永定河)의 지류인 청수(淸水)의 북안에 있다. 1966년에 3구의 인골과 함께 석기, 골기 등의 유물이 발견되면서, 중국과학원 고척추동물 및 고인류연구소에서 발굴을 진행한 결과 신석기시대 무덤 1기가 확인되었다. 이 무덤은 전신세 황토의 바닥 부분, 마란(馬蘭)황토층의 정상부에 위치하고 있어 신석기시대 조기에 해당하는 것으로 인식되었다.

당시 발견된 인골은 남자 성인 2개체, 여자 청소년 1개체로 '동호림인(人)'으로 명명되었다. 성별의 구분 없이 3인이 합장된 채로 발견되었다. 2차장이 행해진 두 성년 남자의 뼈는 서로 중첩되어 난잡하게 배열된 반면, 여자 청소년은 목걸이와 골제 팔찌를 착용한 채 1차장으로 매장되었다. 목걸이는 50여 개의 고둥 껍데기로 만들었으며, 골제 팔찌는 소의 늑골 7개를 잘라 간 다음 구멍을 내고 엮었다. 그 외에도 파손된 말조개껍데기 제품 2점과 타제 흔적이 있는 격지 몇 점이 출토되었다.

2001년에는 북경대학 고고문박학원과 북경시 문물연구소가 공동으로 동호림 유적에 대한

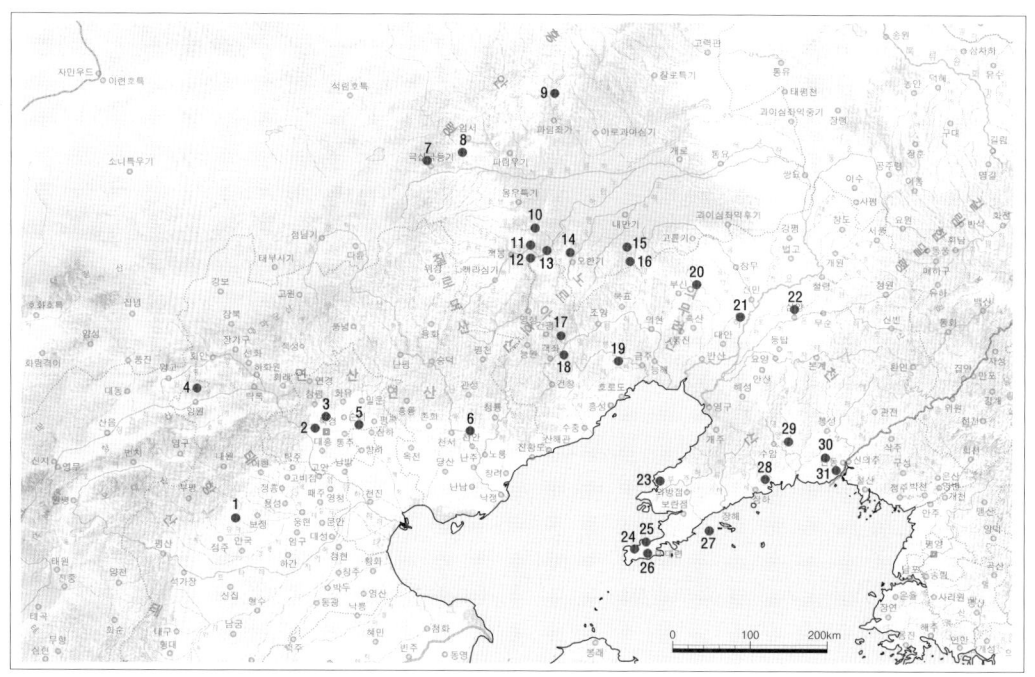

〈도면 1〉 요서·요동지역의 신석기시대 중요 유적 분포도(이하 〈도면 2〉~〈도면 4〉의 유적 번호는 〈도면 1〉과 동일함)
1. 남장두 2. 동호림 3. 전년 4. 우가구 5. 상택 6. 동채와 서채 7. 남태자 8. 백음장한 9. 부하구문 10. 대남구
11. 서수천 12. 홍산후 13. 소하연(남태지) 14. 조보구 15. 흥륭구 16. 흥륭와 17. 우하량 18. 동산취 19. 사과둔
20. 사해 21. 편보자 22. 신락 23. 삼당 24. 곽가촌 25. 사평산 26. 노철산 27. 소주산 28. 북오둔 29. 북구
30. 석불산 31. 후와

추가 발굴을 진행하여, 석기, 토기, 인골과 동물유존체 등의 유물과 함께 다수의 지점에서 불을 사용한 흔적을 발견하였다. 발굴 면적은 총 70m²이고, 위에서 아래로 7개 층이 확인되었는데, 가장 아래인 제7층이 신석기시대 조기 문화층에 해당한다.

토기는 이전 조사에서는 출토되지 않았던 유물로, 2001년 발굴의 큰 성과이다. 모두 파편으

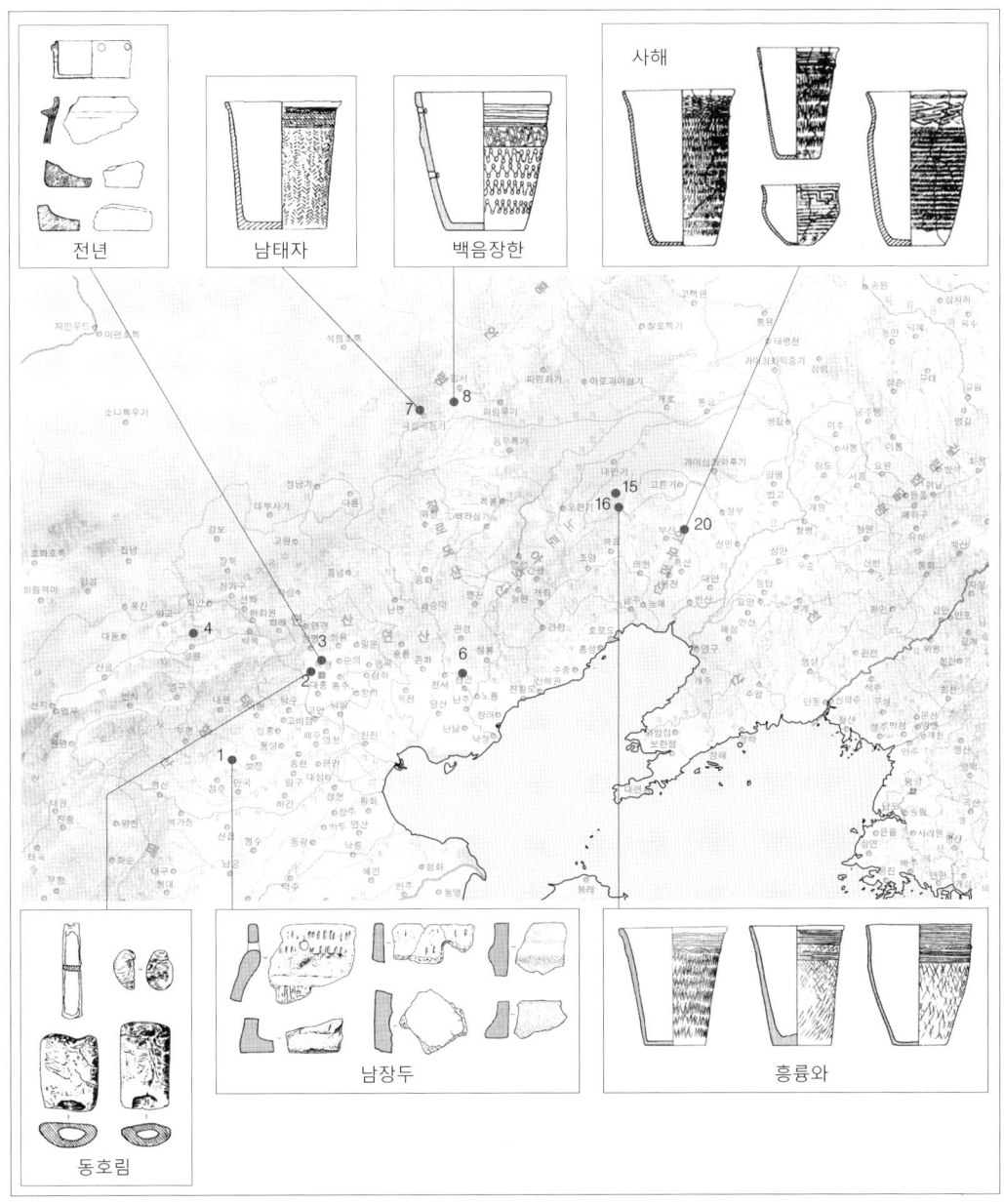

〈도면 2〉 7,000년 전 이전 주요 유적과 출토 유물(유적 번호는 〈도면 1〉과 동일함. 유물 축척부동).
1. 남장두 2. 동호림 3. 전년 4. 우가구 6. 동채와 서채 7. 남태자 8. 백음장한 15. 흥륭구 16. 흥륭와 20. 사해

신석기시대 69

로 발견되었는데, 동체부와 저부가 대부분으로 구연부는 많지 않다. 모두 적갈색 계통의 협사도(夾砂陶: 모래가 비짐된 토기)이다. 소성 온도가 균일하지 않아 무른 편이다. 몇 개의 부가퇴문(附加堆紋: 돌대)을 제외하면 문양은 확인되지 않는다. 간혹 토기의 내외벽이 서로 분리된 것도 확인되는데, 이는 점토를 붙여가는 첩축법(貼築法)으로 제작했기 때문으로 판단된다. 토기의 전체적인 기형은 관(罐: 발형토기)과 비슷할 것으로 추측된다.

동호림 유적의 발굴 조사 이후 화북(華北)지역의 남장두, 전년, 우가구 등의 유적에서도 신석기시대 조기에 해당하는 토기 편이 발견되어, 이 지역 토기의 기원과 발전에 대한 중요한 자료를 제공하고 있다.

그리고 유적에서는 다량의 석기도 출토되었다. 타제석기가 다수를 차지하고 있으나, 부분적으로 마연된 소형 석부(石斧: 돌도끼)나 갈판(石磨盤), 갈돌(石磨棒) 등의 마제석기도 일부 확인된다. 석기 중에는 사용 흔적이 남아 있는 것도 있다.

골기의 수량은 많지 않은 반면, 동물유존체는 비교적 많이 확인되었다. 대부분은 사슴의 다리뼈와 이빨이고, 그 외 소량의 말조개 껍데기 등이 있다.

2001년 조사에서도 1개체의 인골이 훼손이 심한 상태로 발견되었으며, 묘광은 확인되지 않았다. 이후에 비교적 상태가 좋은 무덤 1기가 새롭게 발굴되었다. 굴지장(屈肢葬)이며, 석인골도(石刃骨刀) 등의 유물이 함께 출토되었다.

목탄과 인골 등 10개 시료를 분석하여 인골에서 4개, 목탄에서 6개의 방사성탄소연대측정치를 얻었는데, 이 중 인골에서 얻은 값 8,720±170BP, 8,450±70BP 2개가 정확하게 알려져 있다. 그 외의 측정치는 교정 후의 값으로 보고된 바, 모두 지금으로부터 1만 년 전 즈음에 해당한다. 이는 동호림인이 생활했던 시기가 전신세 조기, 즉 지금으로부터 약 1만~8,200년 전에 해당한다는 유적의 화분 분석 결과와도 일치하는 것이다.

동호림인은 채집과 수렵 위주의 생활을 했으며, 주로 사슴류를 사냥한 것으로 추정된다.

(2) 전년 유적

화북지역의 북부 산록지대인 북경시 회유조(懷柔潮) 백하(白河) 상류에 위치한다. 유적 주변은 산곡분지로, 우가구 유적과 비슷한 입지이다. 1992년에 발견되어 시굴 조사 후 1995년과 1996년에는 북경시 문물연구소가 정식 발굴했다. 발굴 면적은 총 400m^2로, 청동기시대 문화층 아래 회흑색 토양층에서 신석기시대 조기의 문화층이 확인된다. 퇴적층의 두께는 3~4m였으나 발굴 전에 이미 위쪽 퇴적층 1~2m가 훼손된 상태였다.

출토된 토기는 협사갈도를 위주로 하며, 태토 내에는 대량의 석영 알갱이가 혼입되어 있다. 소성 온도가 고르지 못하며 토기 질이 무르다. 외면은 황갈색과 회갈색이 대부분인데 균일한 색조로 통일되어 있지 못하나 내면보다는 상대적으로 정돈된 편이다. 속심은 흑색이다.

대부분의 토기는 무문이지만, 구연 아래에 부가퇴문이나 철뉴(凸紐) 장식을 덧댄 것도 소량 확인된다. 기종은 통형관(筒形罐)과 우(盂: 바리)로, 모두 평저에 직선적인 몸체이다. 토기의 내외면이 서로 떨어진 예가 있어 점토판을 붙이는 방법(첩축법)으로 제작했음을 알 수 있다.

수습된 1만 천여 점의 유물 대부분은 석기로, 1만 5,000여 점 정도이다. 석핵과 세석엽 등 정교하게 제작된 세석기와 소량의 마제 석부, 갈판, 갈돌 등이 확인된다.

전년 유적에서 출토된 석기의 면모는 구석기시대에서 신석기시대로의 이행을 보여주는 것으로 파악된다. 측정된 절대연대값은 9,200±100BP과 9,800BP이다.

(3) 우가구 유적

하북성(河北省) 양원현(陽原縣) 니하만(泥河灣)분지 상간하(桑干河) 지류의 언덕 위에 위치하며, 1995~1997년에 발굴되었다. 문화층의 두께는 7m 정도로, 상, 중, 하의 세 개 층으로 구분된다. 상층은 토기편과 마제석기를 포함하고 있으며, 신석기시대 중기와 후기에 해당한다. 중층의 아래쪽에서는 협사흑갈도편, 협사황갈도편과 함께 석기, 패각과 새 뼈를 이용한 장식품이 확인되었다. 토기 편의 재질은 조잡하고 무르며, 무문이다. 가장 큰 토기 편은 협사황갈도 평저기의 저부로, 발열광 연대측정값이 10,000BP이다. 토기의 특징과 연대값에서 남장두 유적의 토기보다 이르므로, 이 지역에서 지금까지 발견된 토기 편 중에서 가장 오래된 것이다. 하층에서는 토기 편과 마제석기가 발견되지 않았고, 세석기와 장식품만이 출토되었다. 각 층에서는 모두 세석기가 출토되고 있으며, 세석엽과 석핵이 주를 이룬다.

출토된 동물유존체는 영양의 상·하악골과 뿔이 가장 많고, 야생말과 나귀 등도 확인된다.

우가구 유적은 구석기시대 말기부터 신석기시대 조기와 신석기시대 중, 후기 등의 발전 단계를 보여주는 유적으로, 조기에는 영양 수렵과 채집 위주의 생계를 영위하였던 것으로 보인다.

(4) 남장두 유적

하북성 서수현(徐水縣) 고림촌향(高林村鄕) 남장두촌 동북쪽 2km 지점에 위치한다. 이곳은 화북평원 서부 가장자리의 폭하(瀑河) 선상지 위로, 서쪽으로는 태행산(太行山)의 지맥으로부터 10수km, 동쪽으로는 백양전(白洋淀)에서 35km 떨어져 있다. 주변은 서북으로부터 동남으로 경사진 형세이며, 해발고도는 21.4m이다. 유적의 총 면적은 2만m²이며, 1986년에 발견된 이후 1986년, 1987년, 1997년에 발굴 조사가 진행되었음에도 지금까지의 발굴 면적은 300여m²에 불과하다.

소량의 토기 파편과 함께 골기, 석기가 출토되었으며, 많은 종류의 자연 유물도 확인되었다. 토기 기형은 비교적 단조로운 편으로, 관과 발(鉢)이 있다. 관은 구순이 편평하고(平方脣), 동체부는 비교적 곧으며 바닥은 편평하다. 구연 아래에 불규칙한 형태의 부가퇴문이 부착된 것도 있다. 발은 첨원순(尖圓脣: 둥근 구순)으로, 구연 아래에는 유상(乳狀: 돌기모양)으로 튀어나오게 장식하였다. 모두 협사도로, 태토에는 비교적 많은 양의 크고 작은 알갱이가 고르지 않게 섞여 있는데, 일정량의 석영과 함께 다양한 광물이 혼입되었다. 소성 온도가 높지 않아서 재질은 무르며, 기벽의 두께는 균일하지 않다. 토기의 색조 역시 일정하지 않아 부분적으로 각기 다른 색을 띠는 경우도 있다. 외면과 내면은 황색 혹은 갈색이 주를 이루는 반면, 속심은 항상 회갈색 혹은 흑색을 띤다. 무문양이거나 얕은 세승문(細繩紋)으로 장식한 것이 대부분이다.

석기는 출토 양이 많지 않다. 갈판과 갈돌뿐만 아니라, 소량의 석추(石錘: 돌추)와 타제석기가 확인된다. 갈판은 부채꼴 형태로, 표면은 마모되어 움푹 꺼져 있고, 바닥은 편평하고 매끈하다. 갈돌은 가는 입자의 석재로 만들었으며, 봉의 양 끝과 양 측면에는 밀도가 균일하지 않은 타격의 흔적이 있다. 석추의 기능도 겸했을 것으로 추정된다.

정교한 형태의 골각기도 출토되었는데, 동물의 다리뼈와 녹각을 이용하여 만든 것이 많다. 골각기 외에도 많은 양의 동물 뼈가 확인되었으며, 사슴류가 가장 많고, 그 외에는 조류(鳥類), 늑대나 개, 돼지, 어류(魚類)와 패류(貝類) 등이 있다. 이 중 개와 돼지는 가축이었을 가능성이 있다.

방사성탄소연대 측정값은 총 7개로, $9,875 \pm 160BP$, $9,690 \pm 95BP$, $9,810 \pm 100BP$, $10,510 \pm 100BP$, $9,980 \pm 100BP$, $10,815 \pm 140BP$, $9,850 \pm 90BP$이다.

신석기시대 조기 이후에는 연산산맥을 중심으로 그 남쪽과 북쪽에 흥륭와문화가 발생한다.

2) 흥륭와문화

(1) 문화의 분포 범위

지금까지의 조사에 의하면, 흥륭와문화(興隆窪文化)는 연산 남북 지구, 즉 서랍목륜하(西拉木倫河), 노합하(老哈河), 교래하(敎來河)와 대능하(大凌河) 유역에 집중되었으나, 전체적인 분포 범위는 매우 넓어서 북쪽으로는 송요분수령, 남쪽으로는 연산남록, 동쪽으로는 의무려산, 서쪽으로는 대흥안령에 이른다.

발굴 조사가 이루어진 흥륭와문화의 주요 취락 유적은 총 5개로, 흥륭와 유적 외에도 요령성 부신(阜新) 사해(査海) 유적, 내몽고 임서현(林西縣) 백음장한(白音長汗) 유적, 극십극등기 남태자(南台子) 유적과 오한기 흥륭구(興隆構) 유적이 있다.

한편 주요 유적의 유구와 유물에서 보이는 세부적 차이를 바탕으로 흥륭화문화를 하위 유형(흥륭와유형, 백음장한유형, 남태자유형, 사해유형, 동채유형, 서채유형 등)으로 구분하기도 한다. 그렇지만 세부적인 차이보다는 공통적인 문화 양상이 더욱 분명하기 때문에 하위 유형으로의 구분은 회의적인 시각이 많다.

① 흥륭와 유적

흥륭와 유적은 내몽고(內蒙古) 적봉시(赤峰市) 오한기(敖漢旗) 보국토향(寶國吐鄉) 흥륭와촌(興隆窪村)에 위치한다. 1982년 중국사회과학원 고고연구소가 내몽고 오한기 동남부 지역에 대한 문물조사 당시 발견하여, 이듬해에 발굴하였다. 조사자는 유적에서 확인된 양상을 지표로 하는 하나의 문화를 구분할 수 있다고 판단하고 이를 흥륭와문화로 명명하였다.

1983년부터 1986년까지 4차에 걸친 연차발굴이 진행되었고, 1992년과 1993년에도 2차의 발굴이 이루어졌다. 이를 통해 주거지 170기, 무덤 30여 기, 환호(圍溝) 1조, 많은 회갱(灰坑, 이하 수혈)과 노지가 발견되었다. 흥륭와문화에 해당하는 유구가 대부분이지만, 홍산문화의 주거지가 흥륭와문화의 유구를 파괴하고 조성된 예도 있다.

유적의 층위 관계는 비교적 단순하여, 다수의 유구가 경작토층의 바로 아래에서 확인된다. 모두 생토층을 직접 파서 만들었고, 유구 간의 중첩이나 파괴 등도 많지 않다.

② 사해 유적

사해 유적은 1982년 요령성 문물고고연구소가 요령성 부신시 일대의 문물조사 당시 발견하였으며, 1986년에 시굴하였다. 1986~1988년, 1990년, 1992~1994년까지 모두 7차의 발굴이 이루어졌고, 발굴된 총 면적은 7,800m²이다. 주거지 55기, 각종 수혈 41기(주거지 내 수혈 제외), 실내 무덤 5기, 거주 구역 중심에 위치한 묘역 1곳(10기의 무덤)과 대형의 용 모양 돌무지(龍形積石) 1곳, 2중 환호 등이 조사되었다. 유적의 대부분은 흥륭와문화에 속하지만, 일부 유구를 소하서문화의 것으로 보는 견해도 있다.

③ 백음장한 유적

백음장한 유적은 서랍목륜하의 북쪽 임서현에 위치하며, 1988년, 1989년과 1991년에 발굴되었다. 지금까지의 발굴 면적은 7,000m²로, 2중 환호를 비롯하여 주거지 86기, 수혈 96기, 무덤 23기를 조사하였다. 흥륭와문화에 속하는 유구와 유물이 가장 많지만(주거지 56기, 수혈 9기, 무덤 17기, 환호), 소하서문화, 조보구문화, 홍산문화와 소하연문화에 해당하는 것도 있다. 퇴적층의 두께는 비교적 얇고 연속적이지 않다. 많은 유구가 생토를 파서 만들었으며, 경작토층 바로 아래에서 확인된다. 발굴 조사자에 따르면, 중복 관계에 있는 48기의 유구를 근거로 유적을 5기로 구분할 수 있으며, 이 중 1, 2기가 흥륭와문화에 해당한다.

④ 남태자 유적

남태자 유적은 내몽고 극십극등기, 서랍목륜하의 북쪽에 위치하며, 내몽고 문물고고연구소가 1991년에 발굴하였다. 발굴이 이루어진 면적은 3,100m²이다. 이 유적에서는 지자문(之字紋)

대신 부가퇴문류로 장식한 통형관이 발견되어 매우 특징적이다. 조사한 유구 중에서 주거지 33기, 수혈 11기가 흥륭와문화에 해당하며, 복원 가능한 토기 100여 점이 출토되었다. 유적의 퇴적층은 총 3개로 구분되고, 그중 2층은 홍산문화, 3층이 흥륭와문화에 해당한다.

⑤ 흥륭구 유적

흥륭구 유적은 내몽고 적봉시 오한기 보국토향 흥륭구촌에 위치하는데, 대릉하의 지류인 망우하(牤牛河)의 상류 좌안이다. 동남쪽으로 13km 떨어진 곳에 흥륭와 유적이 있다. 1992년 조사에서 발견되었으며, 1998년에 재조사가 이루어졌다. 2001년에 이루어진 시굴 조사 결과를 기초로, 2002년과 2003년에 중국사회과학원 고고연구소 내몽고 제1공작단에서 발굴 조사를 실시하였다. 그 결과 제1지점은 흥륭와문화, 제2지점은 홍산문화, 제3지점은 하가점하층문화(夏家店下層文化)에 해당한다는 사실이 확인되었다. 제1지점은 대형 취락으로, 흥륭구촌의 서남쪽으로 약 1km 떨어진 곳에 위치하는데, 서쪽이 높고 동쪽이 낮은 지세이다.

흥륭구 유적은 흥륭와, 백음장한 등의 유적과 상당히 비슷한 양상을 보이기 때문에 지표에서 드러나는 회토권(灰土圈: 주변과 달리 회색 윤곽선이 나타나는 유구)의 배열을 통하여 주거지의 분포 등을 비교적 정확하게 알 수 있었다. 이전 조사의 경험을 바탕으로 하면 하나의 회토권은 1기의 수혈주거지와 대응된다. 1998년 조사에서 확인된 회토권은 모두 145개였는데, 3개의 분포 구역으로 나뉜다. 동쪽과 중간 구역의 보존 상태는 비교적 양호했지만, 서쪽 구역의 서쪽 끝부분은 삼림으로 인하여 부분적으로 훼손된 상황이었다. 2002년에 11기의 주거지와 주거지 내의 무덤 10기, 수혈 12기를 조사하였으며, 2003년에는 14기의 주거지와 주거지 내 무덤 10기, 수혈 42기를 조사하였다.

⑥ 기타

이상의 유적 외에도 상택(上宅) 유적(하층), 서채(西寨) 유적, 동채(東寨) 유적, 금구산(金龜山) 유적, 분와요(盆瓦窯) 유적 등이 흥륭와문화에 해당한다.

상택 유적은 1985년 봄부터 1987년 가을까지 5차에 걸쳐 총 2,500m²에 대한 발굴이 이루어졌는데, 그중에서 신석기시대 퇴적층이 비교적 양호하게 남은 면적은 대략 700m² 정도였다. 확인된 문화층은 모두 8층으로, 제8층이 흥륭와문화에 속하며, 제7층부터 제4층까지는 상택문화에 해당한다.[1] 서채 유적은 1988년에 800m²가, 1990년에 755m²가 발굴되었고, 흥륭와문화와 조보구문화에 해당하는 것으로 밝혀졌다. 동채 유적은 하북성 당산시(唐山市) 천서현(遷西縣)에 위

---

1 일부 연구자는 제7층부터 제4층까지의 문화층을 조보구문화로 파악하여 조보구문화의 일반적 특징 외에 약간의 지방적 특징이 가미된 것으로 파악하기도 한다. 한편, 상택 유적의 모든 문화층이 상택문화에 해당하는 것으로 보는 견해도 있다.

치한다. 1990년에 발견되었으며, 발굴된 면적은 110여m²이다. 금구산 유적은 1961년, 1962년에 총 면적 150m²가 발굴되었는데, 흥륭와문화와 부하문화에 해당한다. 분와요 유적은 1991년에 발굴되었으며, 제1지점과 제4지점이 흥륭와문화에 속한다.

(2) 문화의 특징
① 유구

흥륭와문화의 주거지는 수혈식으로 대부분이 생토를 굴착하여 축조하였으며, 평면 형태는 말각방형 혹은 (장)방형이다.² 출입 시설을 갖춘 주거지도 있지만, 출입 시설이 확인되지 않은 예도 많다. 모두 단실(單室)의 형태이며, 남태자 유적에서 발견된 평면 형태 呂 자형(雙室: 두 칸식) 주거지 1기만이 예외적이다.

주거지 내부 중앙에는 노지가 마련되어 있고, 원형의 수혈을 파서 만든 것과 아무런 시설 없이 바닥면에 불을 피운 2가지 형식으로 구분된다. 수혈식 노지는 내부에 판석을 두르기도 하는데, 서랍목륜하의 남쪽 지역에서 주로 확인된다. 지면을 그대로 이용한 노지는 불을 피운 부분이 실내의 다른 부분보다 낮게 조정되어 있으며, 서랍목륜하의 북쪽 지역에서 주로 발견된다.

대부분의 주거지는 20~50m² 정도의 면적이지만, 100m²가 넘는 것도 있다. 면적에 따라 유적 내 주거지를 대, 중, 소 3단계로 구분하고, 배치와 출토 유물을 통해 각각의 용도와 집단의 조직 구성에 대해 논의한 연구도 있다.

흥륭와문화의 주거지는 모두 열을 이루어 규칙적으로 조밀하게 배치(列狀分布)되며, 이는 흥륭와문화 취락 형태의 가장 뚜렷한 특징이다. 이러한 배치는 중원 지구에서 발견된 신석기시대 앙소문화(仰韶文化) 조기 취락의 원형 분포와는 완전히 다른 것이어서 지역적 특색을 선명하게 보여준다고 하겠다.

한편 흥륭와문화 취락 유적은 주거지의 바깥쪽을 둘러싼 환호의 유무에 따른 구별(환호취락/비환호취락)이 가능한데, 흥륭와, 백음장한과 남태자 유적은 환호취락이며, 흥륭구와 사해 유적은 비환호취락이다.

흥륭와문화의 무덤은 실내장(居室葬)과 실외묘지장(居址葬)의 2가지 종류로 단순 매장 유적은 아직 발견되지 않았다.

실내장은 주거지 내에 위치하며 수혈토광식의 단인장(單人葬)이다. 피장자는 아동도 있고, 성인도 있다. 대개 앙신직지장(仰身直肢葬)이며, 토기, 석기, 골기, 옥기와 말조개 껍데기 장식품 등의 부장품을 갖춘 경우가 많은데, 풍부한 부장품이 확인된 예도 있다. 실내장이 이루어진

---

2   주거지의 한쪽 벽면의 중앙에 돌출하여 출입 시설(門道)이 설치된 경우 실제로는 凸자형을 보이지만, 중국에서는 이를 구분하지 않고 기술하고 있어 이를 따랐다.

주거지가 시체 매장 후에 반드시 폐기되는 것은 아니었으며, 사용이 지속되기도 하였다.

실외묘지장은 대부분 사해 유적에서 확인되었다. 유적의 중심 지역에 조밀하게 분포하고 있는 10여 기의 수혈토광묘와 제사 유구(수혈) 3기를 조사했는데, 무덤은 중복되거나 파괴된 경우도 있었으며 인골의 보존 상태는 좋지 않았다. 7호 무덤은 성인 여성 1인과 아동 2인의 합장묘이고, 그 외는 단인장이다. 앙신직지장으로, 두향은 모두 북쪽이며 얼굴은 서쪽을 향한다. 2호와 8호 무덤을 제외하면 부장품이 발견되지 않았다. 2호 무덤에는 여성이 매장되었는데, 발 아래 적갈색의 토기 2점이 부장되었다. 8호 무덤에는 성년 남성이 매장되어 있었는데, 발 부분에 22점의 석기가 쌓여 있었고, 목 부위에서는 돼지 뼈 한 조각이 발견되었다. 제사 유구 안에서는 비교적 많은 양의 돼지 뼈가 발견되었다.

사해 유적에서는 무덤과 제사 유구의 북쪽에서 일정한 크기의 적갈색 돌을 이용하여 커다란 용 모양을 구축한 소위 '용형적석(龍形積石)'이 발견되었다.

② 유물

토기는 모두 협사도로, 대부분이 조질이며 소량만이 정질이다. 조질은 주로 대형, 정질은 대부분 중소형 토기이다. 니질의 토기는 거의 볼 수 없다. 소성 온도가 높지 않아 토기질은 비교적 무른 편이다. 대부분 가공과 마연을 통해 표면을 다듬었는데, 내면을 마연한 예도 일부 확인된다. 토기의 색은 주로 회갈색과 황갈색이지만, 전체적으로 균일한 색을 내지 못하는 경우가 대부분이다.

토기의 종류는 비교적 단순하여 통형관이 절대다수를 차지하며 소량의 발, 완, 우, 분(盆: 동이) 등이 있다. 통형관은 크기가 다양하지만 기본적인 형태는 동일하다. 대다수의 통형관은 권상법으로 만들어졌는데, 일부 통형관은 포막첩축법(包膜貼築法: 토기의 바닥을 따로 만들어 기벽에 붙이는 방법)을 채용하였을 가능성도 있다. 발(鉢)의 수량은 많지 않지만, 상대적으로 정교하게 제작되었고 형태도 비교적 일정하다. 문양 또한 세밀한 편이다.

기형이 단순한 것에 비해 토기 표면의 문양 장식은 다양하며, 구순부와 저부를 제외한 거의 전면에 시문했다. 소형 토기 중에는 문양이 없는 경우도 있지만 무문토기는 매우 드물며, 문양 장식은 문화의 중후반기로 가면서 더욱 발달하였다.

문양은 2종 이상의 문양대로 구성(복합문)되는 것이 일반적이며, 중심 문양과 보조 문양이 확연하게 구분된다. 대체로 구연 아래 경부에 시문하고, 경부와 동체부가 교차하는 지점에 횡침선(凹紋)을 한 줄 두르는데, 일부는 횡침대 아래쪽에 부가퇴문을 한 줄 덧대기도 한다. 그 아래 동체부에는 중심 문양을 시문한다.

시문 방법에는 각획(刻劃), 압인(壓印), 착인(戳印) 등이 있는데, 선형 각획문과 압인문이 주를 이루며, 비점(篦点)형 압인문은 많지 않다. 자주 이용된 문양의 종류에는 직선 또는 호선의 지자문(之字紋), 와점문(窩點紋), 능형문(菱形紋), 사선평행문, 교차문(交叉紋), 망상문(網狀紋), 기하문과 승석문(繩席紋) 등이 있는데, 절대다수는 수직으로 눌러 찍어 가로로 배치한 지자문이다. 그 외에 복잡한 연속회자문(回字紋)이 시문된 예도 있고, 사해 유적에서는 부조식의 용 문양 장식과 뱀과 두꺼비를 표현한 통형관이 출토되기도 하였다.

토기의 형태와 시문 내용은 시간이 흐름에 따라 변화하는데, 이른 시기에는 문양이 없으며, 구연은 크게 벌어지고 저부는 작은 사벽(斜壁) 통형관이 많다. 시간이 지나면서 이른 시기에 비해 저부가 커지지만, 구연이 크고 사직벽인 점은 이전과 동일하다. 그러나 여기에 정형화되지 않은 망격문(網格紋)이나 지자문을 시문하는 것은 이전과는 다른 점이다. 후기에 접어들면 사직벽의 통형관 이외에 볼록한 동체의 통형관, 사발류(盆鉢類) 등 새로운 기형과 기종이 출현한다. 문양은 복잡해져서, 규칙적으로 압인된 지자문을 위주로 하여 압인 사평행선문, 회자문, 부가퇴문 등이 추가된다.

흥륭와문화의 석기는 타제와 마제가 있는데, 타제석기가 주를 이룬다. 가장 대표적인 것은 석서(石鋤: 돌괭이)로, 일종의 凸자형 공구이다. 이는 좁은 자루 부분과 넓은 날 부분으로 구성되는데, 날 부분의 변화가 매우 다양하여 용도가 단일하지 않았을 것으로 추정된다. 마제석기는 상대적으로 수량은 적지만, 종류가 다양하여 석부(石斧), 착(鑿), 병형기(餅形器) 등이 있다. 마제석기는 전신을 마연하는 것이 일반적이지만, 날 부분만을 마연한 예도 있다. 그 외 갈판과 갈돌이 있으며, 형태는 정형화되지 않았다. 출토된 세석기의 대부분은 복합 공구의 홈에 끼워 날(刃)로 사용하는 소형의 격지이다.

한편 사해 유적에서는 상당수의 옥기가 발견되었는데, 종류는 팔찌(玦), 관옥(管玉), 부(斧)와 비형기(匕形器) 등이 있다. 이 옥제품은 투섬석(透閃石), 양기석(陽起石)의 연옥 등으로 제작되었다.

전체 도구에서 골기가 차지하는 비중은 매우 크다. 정밀하게 제작, 연마되었고, 종류는 추(錐), 착(鑿), 비(匕)와 작살(魚鏢) 등이 있다. 골제 작살은 3개의 미늘이 한 줄로 붙어 있는 종류와 골경석인(骨梗石刃)의 두 종류가 있으며, 전자의 수량이 많다.

흥륭와 유적의 절대연대는 흥륭와 유적(5,660±170BP, 6,895±205BP, 7,470±115BP, 7,240±95BP, 6,965±95BP, 6,694±48BP, 6,775±105BP, 6,603±107BP, 6,543±128BP, 6,753±117BP, 3,640±85BP, 4,110±112BP)에서 12개, 흥륭구 유적(6,859±47BP, 6,934±47BP), 백음장한 유적(6,590±85BP, 7,040±100BP), 사해 유적(6,925±95BP, 7,360±150BP)에서 각 2개, 상택 유적(6,580±120BP)에서 1개의 값이 보고되었다.

3) 소하서문화

2000년대 중반부터 흥륭와문화보다 이른 시기에 소하서문화(小河西文化)를 하나의 단계로 설정해야 한다는 견해가 제시되었다. 무문토기를 특징으로 하는 일련의 유적을 묶어 동북지역 최초의 문화로 인식한 것인데, 길림대학 출신 연구자들이 그 중심에 있다. 그러나 지금까지 발견된 유적의 분포 범위가 다소 제한적인데다가, 절대연대값 역시 흥륭와문화보다 늦은 것으로 나타나 그 실체에 대해서는 여전히 논의가 필요한 상황이다. 소하서문화를 중국 동북지역에서 발생하고 존재하였던 신석기시대 가장 이른 시기의 문화 단계 혹은 하나의 독립적인 문화로 볼 수 있을지는 아직까지 회의적이지만, '소하서문화'를 설정하고 있는 연구자들의 견해를 정리하면 다음과 같다

(1) 문화의 분포 범위

내몽고 동남부의 적봉시에서 39곳이 발견되었는데, 특히 적봉 남부지구의 오한기와 중부지구의 옹우특기(翁牛特旗)에 집중되어 있다. 요령 서부에서도 발견된 예가 있지만, 이를 제외하면 연산 남북 지구에서는 아직까지 발견되지 않고 있다. 이러한 상황은 조사의 정도와도 관련되겠지만, 이전의 조사에서도 소하서문화의 내용은 확인되지 않았으므로 오한기와 옹우특기가 그 중심 분포지로 판단된다.

39곳의 소하서문화 유적 중에 13곳은 모두 단순 소하서문화 퇴적층으로 이루어졌고, 그 외는 다른 문화 내용도 함께 확인된다. 소하서문화 유적의 문화층은 얇게 퇴적된 것이 일반적이어서 취락의 지속 기간이 길지 않았을 것으로 추측된다.

상대적으로 조사가 상세한 오한기 경계 내의 유적 분포를 살펴보면, 하류의 대지상에 2~3곳이 소군락을 형성하여 발견되는 것이 보통이지만 동시성을 가늠할 자료가 부재하여 유적 간 관계는 알 수 없다.

(2) 문화의 특징
① 유구

주거지는 백음장한, 사해, 마가자(馬架子), 소하서, 유수산(楡樹山), 서량(千斤營子 西梁) 유적에서 확인되었는데, 각 유적은 규모에서 차이를 보인다. 백음장한 유적과 사해 유적에서는 각기 3기와 5기의 주거지가 확인되었다. 마가자 유적은 아직 발굴이 이루어지지 않아 자세한 내용을 알 수 없지만, 조사자들은 지표에 드러난 회토권의 상황을 통해 60여 기 정도의 주거지가 있을 것으로 추정하고 있다. 소하서, 유수산, 서량 유적에서 조사된 주거지는 총 28기(각 3기, 10기, 15기)이다.

소하서문화의 주거지는 모두 수혈식으로, 지표층 아래에서 확인된다. 생토를 파서 만들었으며, 벽체의 잔존 상태는 동일하지 않다. 주거지 중에 凸자 형태인 경우도 있지만, 돌출 부분이 출입 시설은 아니다. 평면 형태는 방형, 장방형, 제형 등의 방형 계열과 불규칙한 형태로 구분된다. 면적은 28~39m²가 대부분이고, 최대 96m², 최소 12m²이다.

주거지 내 중앙부에는 수혈식 노지가 있는데, 평면 형태는 원형, 타원형, 호형으로 대부분 원형 계열로, 별다른 시설은 확인되지 않는다. 기둥 구멍은 주거지에 따라 각기 다른 위치에서 확인되지만, 노지 주변에 집중되는 경향이 있다.

주거지 내외에서 무덤들이 확인된다. 무덤은 총 5기인데, 유수산과 서량에서 조사되었다. 모두 평면 형태가 원형 혹은 방형인 토광묘로 그 외 시설은 확인되지 않는다. 부장품으로는 패각, 뼈로 만든 구슬, 석제 구슬 등이 있다.

② 유물

소하서문화의 유물은 토기, 석기, 골기와 패각제품 등 약 400여 점이 있는데, 유수산과 서량 유적에서 풍부하게 출토되었다.

토기 중에 복원이 가능한 것은 많지 않다. 가장 큰 특징은 절대다수가 무문이라는 점이다. 협사 재질이 주를 이루며 대부분은 조질로, 비교적 큰 모래알갱이가 섞여 있다. 소성 온도는 낮고 재질이 무르다. 색은 균일하지 못하며, 적갈색, 갈색과 회갈색이 많다. 기벽은 단단하고 두꺼운 편이며, 기형은 단순하여 통형관이 대다수이다. 구순은 편평하거나 원형 혹은 원방형을 하고 있으며, 저부는 편평하다. 통형관의 동체부는 직선이거나 혹은 아주 살짝 호형을 이루기도 한다.

부분적으로 압인단사선, 능형격자문 등의 문양이 새겨진 경우도 있지만, 가장 밀접하게 관련되었을 것으로 여겨지는 흥륭와문화의 압인지자문 통형관과는 여러 가지 면에서 차이를 보인다.

석기는 타제와 마제가 모두 있지만, 타제가 주를 이루고 마제석기의 수량은 적다. 괭이형 석기, 환상석기, 병형석기, 석부, 석착, 갈판과 갈돌 등의 종류가 있고, 첨상기, 석핵, 괄삭기(刮削器) 등의 세석기도 출토된다.

옥기는 정연하게 갈아서 만들었는데, 부(斧), 구슬(球), 각도(刻刀) 등이 있다. 옥부는 방형으로 모두 백색을 띤다.

골기에는 석인골병어표(石刃骨柄魚鏢: 뼈 손잡이에 돌날을 장착한 작살)가 있다.

토기와 석기의 제작에는 천공(穿孔) 기술이 넓게 응용되었고, 구멍 뚫린 토기 편도 상당수 발견되었다.

그 외에도 사람의 머리 형태를 한 예술품과 뼈로 만든 피리 등이 출토된 바 있다.

소하서문화의 절대연대값은 유수산 유적과 서량 유적에서 보고되었는데, 5,170±135BP, 5,760±120BP, 5,280±160BP의 3개가 있다.

2. 7,000~5,000년 전

이 시기 연산 남북 지구에서는 상택문화, 조보구문화, 부하문화, 홍산문화가 연달아 발생-소멸한다. 하요하 유역에서는 신락하층문화가 확인되며, 요동반도 남단에서는 신락하층문화보다 조금 늦은 시기에 소주산하층문화가 등장하고, 중층문화로 이어지게 된다. 압록강 입구 및 천산 동쪽 지역에는 후와하층문화와 이어지는 상층문화가 등장하여 좁은 범위에 분포한다.

1) 요서지역

(1) 상택문화

① 문화의 분포 범위

1984년 북경시 문물연구소에서 연산남록 구하(溝河) 유역을 조사하면서 문화의 면모가 유사한 평곡현(平谷縣) 상택 유적과 북염두(北埝頭) 유적을 발견하였다. 두 유적은 구하의 지류인 착하(錯河)의 남안에 위치한다. 두 유적 외에 삼하현 맹각장(三河縣 孟各莊), 유백탑(劉白塔) 등의 유적이 상택문화(上宅文化)에 해당하는데, 기본적으로 구하 유역의 인근에 분포하고 있다. 1984년에 북염두 유적, 1985년에 상택 유적에 대한 발굴이 진행되었다.

상택 유적에서는 총 8개의 층이 확인되는데, 이 중 8층은 홍륭와문화에 해당하며, 4~7층이 상택문화에 해당한다. 퇴적층과 절대연대 측정치를 볼 때, 이 일대에서 상당 기간 존속했음을 알 수 있다.

② 문화의 특징

가. 유구

주거지는 북염두 유적에서 10기, 맹각장 유적에서 2기가 확인되었다. 북염두 유적의 주거지는 대부분 파괴가 심하며, 보존이 양호한 경우에도 바닥면만이 남아 있다. 잔존 상태를 보아, 평면 형태는 불규칙한 타원형이며, 수혈식 구조였을 것으로 추정된다. 장축은 4m가량인데, 분명한 출입 시설은 확인되지 않는다. 모든 주거지의 중앙부에는 1개 혹은 2개의 통형관이 박혀 있는 채로 발견되었는데, 내부에 재와 목탄이 남아 있어 조리나 불씨 보존에 이용된 것으로 추정된다. 비교적 잔존 상태가 양호한 2호 주거지의 상황을 보면, 평면 형태는 타원형으로, 장축 5.6m, 단축 4.6m의 크기이다. 바닥은 불다짐하였고, 바닥면 중앙에서는 약간 동쪽편으로 통형관이 박혀 있었다. 구연부는 지면에 노출되어 있었으며, 그 안에서는 많은 양의 목탄과 재가, 주변에서는 홍색 소토(燒土: 불 맞은 흙)와 목탄이 확인되었다. 남쪽 바닥에는 네 개의 기둥 구멍이 남아 있다.

맹각장 유적의 주거지는 방형의 수혈식 구조이다. 보존이 양호한 주거지의 경우, 한 변의 길이는 약 4.5m이며, 16개의 기둥 구멍이 벽을 따라 일정한 간격으로 배치되었다. 바닥면 중앙에는 높이 5cm의 노지 대(臺)가 있고, 그 옆에서는 발(鉢)이 확인된다. 남쪽 벽의 한쪽에는 경사진 출입 시설이 설치되었다.

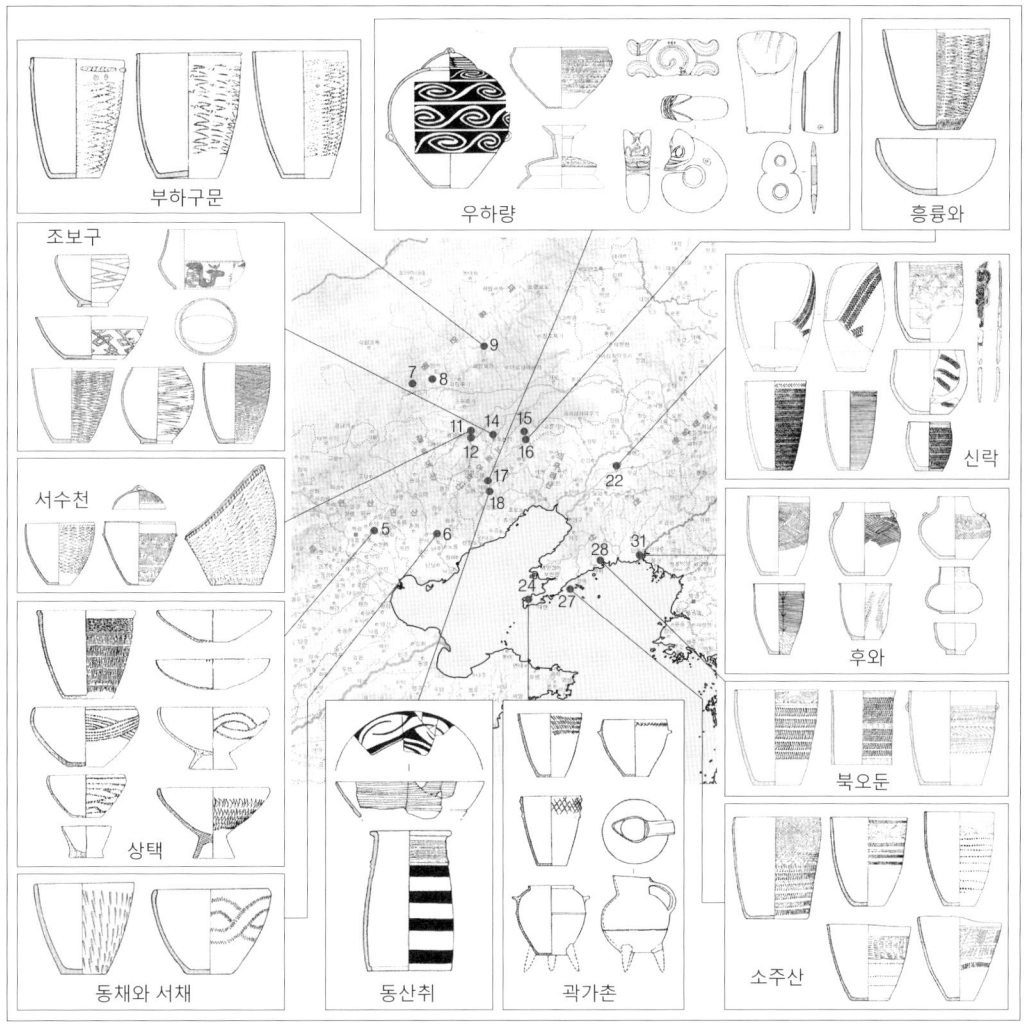

〈도면 3〉 7,000~5,000년 전 주요 유적과 출토 유물(유적번호는 〈도면 1〉과 동일함. 유물 축척부동)
5. 상택 6. 동채와 서채 7. 남태자 8. 백음장한 9. 부하구문 11. 서수천 12. 홍산후 14. 조보구 15. 흥륭구
16. 흥륭와 17. 우하량 18. 동산취 22. 신락 24. 곽가촌 27. 소주산 28. 북오둔 31. 후와

나. 유물

토기는 권상법(捲上法)과 첩축법으로 제작되었고, 태토에는 모래나 활석을 섞었다. 대부분의 토기는 기벽이 두껍고 색조가 균일하지 않으며, 소성 온도가 높지 않아 재질이 무르다. 소량의 니질토기도 확인되었는데, 대부분은 적색이고 일부는 내면을 검은색으로 매끄럽게 처리하였다.

기종은 많지 않으며, 평저의 통형관과 발이 대부분이다. 소량의 권족발(圈足鉢)과 분(盆), 완(碗), 배(杯), 충(盅)도 출토되었다. 배 모양 토기(舟形器)와 새 머리 형태의 토기(鳥首支架形器, 鳥首形鏤孔器) 등과 같이 특이한 형태의 토기도 있다.

대다수의 토기는 압인과 각획(刻劃)의 방법으로 표면을 장식하였는데, 기표면을 따라 사선 방향으로 긁어서 빼곡하게 선문 효과를 낸 것(斜向刮抹紋)과 횡방향의 압인지자문이 많다. 이 외의 문양은 종류가 많지 않다.

상택 유적에서는 시간에 따른 토기의 변화 양상이 확인된다. 이른 시기에는 협사통형관 이외에 소량의 평저발과 권족발이 확인되는 반면, 늦은 시기에는 발형기와 니질토기가 증가한다. 특히 홍정완(紅頂碗)의 출현이 매우 특징적이다. 홍정완은 위쪽은 붉은색, 아래쪽은 회색인 니질의 토기로, 중원문화와의 접촉(혹은 중원문화의 영향)을 보여주는 것이다. 유적의 위치를 볼 때, 상택 유적은 중원의 문화와 동북지역의 접경지였을 가능성이 있다. 기종뿐만 아니라 문양에서도 변화가 보이는데, 시간이 흐르면서 문양의 종류가 증가하고 구성도 복잡해진다.

이러한 변화 양상은 유백탑 유적에서도 확인된다. 이른 시기에는 협사도가 주를 이루었으나 점차 니질토기의 비중이 증가하며, 홍정완 역시 수량이 늘어난다. 새로운 기형이 출현하고, 손잡이가 부착되는 등의 변화도 보인다.

상택문화의 석기 중에는 대형 석기가 많은데, 타제와 탁제(琢製)도 있지만, 대부분은 마제이다. 종류는 석부, 석산, 갈판과 갈돌, 반상기(盤狀器) 등이 있다. 그 외 세석기도 출토되는데, 대부분은 장조형의 격지이다. 격지는 골병도(骨柄刀)에 끼워 석인(石刃)으로 사용하는 것이 일반적이다. 석촉이나 긁개 등도 출토된다.

한편 토제나 석제의 소형 장식품이 다양하게 확인된다. 흙으로 돼지, 양, 곰이나 뱀 등 동물의 형상을 표현한 소형의 조소품과 귀걸이 모양(耳鐺形器)의 장식품을 만들었으며, 돌로 부엉이, 거북이, 물고기 등의 모양을 본딴 장식품을 제작하기도 하였다. 또 마제 석환, 토제 구슬 등의 장식품이 있다.

골각기로는 맹각장 유적에서 발견된 1점의 골침(骨針)이 유일하다.

알려진 절대연대값은 6,540±100BP, 6,340±200BP, 6,000±105BP(이상 상택 유적), 6,220±110BP(북염두 유적)이다.

(2) 조보구문화

1982년 오한기 일대의 문물 조사 당시 몇몇 유적에서 압인 방식의 기하문을 주요 문양으로 하는 토기 편이 채집되었는데, 그 문양과 기형이 당시 알려져 있던 홍산문화, 부하문화의 압인문 토기와는 차이가 있어 주목을 받았다. 이후 1986년에 이루어진 조보구 유적과 소산(小山) 유적의 발굴에서 이와 같은 특징을 보이는 유물이 출토되면서 조보구문화(趙寶溝文化)라 명명하게 되었다.

① 문화의 분포 범위

조보구문화는 서랍목륜하, 노합하, 교래하 및 대소능하 유역까지 분포하고 있다. 연산 이남 지구에서는 소량의 유물이 상택문화의 것과 함께 확인되고 있어 논의가 필요한 상황이다. 대표 유적으로는 내몽고 오한기 조보구, 소산, 남태지(南台地) 유적[3], 내몽고 옹우특기의 소선덕구(小善德溝), 임서현의 백음장한, 수천(水泉), 동채, 서채 유적이 있으며, 이 중 조보구, 소산, 백음장한이 정식으로 발굴되었다.

조보구 유적은 오한기 신혜진(新惠鎭) 동북 약 25km 고가와붕향(高家窩棚鄕) 조보구촌 서북에 위치하는데, 이 지역은 교래하 유역에 속한다. 유적의 전체 면적은 9만m²이나 일부만 조사되었다.

② 문화의 특징

가. 유구

조보구문화의 주거지는 지금까지 모두 6곳에서 발견되었는데, 그중 소선덕구 유적의 발굴 성과는 아직 발표되지 않았고, 남태지 유적의 자료는 지표 조사에서 얻은 것이어서 두 유적의 양상은 정확하게 알 수 없다. 현재 내용을 파악할 수 있는 것은 백음장한 유적, 수천 유적, 소산 유적과 조보구 유적뿐이다.

백음장한 유적에서 2기, 소산 유적에서 2기, 수천 유적에서 17기의 수혈식 주거지가 조사되었다. 평면 형태는 장방형이며, 주거지 내부 중앙에는 노지가 설치되었다. 노지는 말각방형 혹은 장방형과 같은 방형 계열이고, 원형 노지는 소산 유적에서만 확인된다. 바닥면에서는 일상생활용 토기와 석기 및 소량의 뼈와 패각제품 등이 발견되었다. 수천 유적에서 확인된 1기를 제

---

[3] 조보구문화가 확인된 남태지 유적은 뒤에 나오는 소하연문화의 남태지 유적과는 다르다. 조보구문화의 남태지 유적은 조보구 유적과 가까운 곳(敖汉旗 新惠의 동쪽으로 약 30km 떨어진 지점으로 敖吉鄕 喇嘛板村에 속함)에 위치하여 도면에는 따로 표기하지 않았다. 소하연문화의 남태지 유적은 소하연향 백사랑영자(小河沿鄕 白斯朗營子)에 위치한다. 전자는 지표 조사만, 후자는 발굴 조사가 이루어졌다는 점에서도 차이가 있다. 같은 명칭으로 인해 혼란스러울 여지가 있어서 밝혀둔다.

외하면 모두 단실 구조이다.

소산 유적은 조보구 유적에서 멀지 않은 곳에 위치한다. 지표에서는 회토권 8기가 확인되었는데, 이 중 2기만 조사되었다. 면적은 모두 20~30㎡ 내외이다. 2호 주거지에서는 새와 동물 문양이 새겨진 준(尊)과 사람 얼굴이 새겨진 석기 등이 출토되어 일상생활 외에 제사와 같은 의례적 활동이 이루어졌을 가능성을 시사한다.

수천 유적에서 확인된 주거지는 모두 동남쪽 벽 가운데에 짧은 출입 시설이 있으며, 면적은 12~28㎡ 정도이다. 17기의 주거지는 모두 동북-서남향으로 배치되어 있고, 남쪽에서 북쪽으로 4개의 열을 이룬다. 각 열은 각 1, 7, 5, 4기의 주거지로 이루어졌는데, 주거지 사이의 간격은 모두 다르다. 수천 유적은 조사 당시 훼손이 심각한 상황이어서 원래는 보고된 것보다 많은 수의 주거지가 있었을 것으로 추측된다.

조보구 유적은 다른 세 유적에 비해 상대적으로 넓은 2,000여㎡의 면적을 조사하여 18기의 주거지를 발굴하였다. 모두 수혈식이고, 평면 형태는 방형이나 장방형 혹은 제형의 방형 계열이다. 면적은 대략 20㎡ 내외로, 대부분은 출입 시설이 없다. 주거지 중앙에 위치한 노지는 방형으로, 내부에 백색 재층이 퇴적된 경우가 많다. 주거면과 벽은 특별히 가공하지 않았지만, 고운 진흙이나 풀을 섞은 진흙을 한 겹 바른 예가 확인된다. 주거지 내 바닥면에서는 다량의 유물이 출토되었다. 면적과 구조, 출토 유물의 수량과 종류 등을 근거로 조보구 유적에서 확인된 주거지를 몇 개의 유형으로 나누고, 이러한 차이를 당시 사회의 분화와 연결하여 설명하려는 시도도 있었다.

조보구 유적에서는 총 89개의 회토권이 확인되었는데, 모두 동북-서남의 방향으로 등고선을 따라 배열되어 있다. 주거지군은 상, 하 두 구역으로 구분되며, 서북쪽의 주거지 82기 중 12기와 수혈 1기, 동남쪽의 주거지 6기가 발굴된 상황이다.

나. 유물

토기는 조보구문화의 가장 대표적인 유물로, 수량이 많을 뿐만 아니라 특징이 뚜렷하다. 협사도가 주를 이루며, 니질토기는 극소량으로 홍정발(紅頂鉢) 한 종류만이 확인된다. 황갈색이 가장 많고, 회갈색과 적갈색이 그다음이며, 흑색이 가장 적다. 소성 온도는 높지 않으며 색깔도 고르지 않다. 외벽은 간단하게 마연하여 정리하였는데, 대부분은 그다지 매끄럽지 않다. 내벽 역시 대부분 마연되었으며, 외면보다는 매끄럽다.

구연부터 저부까지 문양을 장식한 것이 대다수로, 무문은 드물다. 대체로 한 종류의 문양을 시문하였으며, 두 종류의 문양을 시문한 경우에도 주된 문양과 부차적 문양이 있어서 부차적인 문양은 공백을 메우는 데 이용되었다. 대표적인 문양에는 압인 기하문, 지자문, 동물문과 쇄인문(瑣印紋) 등이 있고, 그 가운데 기하문이 가장 많이, 다양하게 이용되었다.

압인지자문의 대부분은 선형이고, 소수는 비점의 형태를 하고 있다. 시문 도구와 압인 수법이 동일하지 않기 때문에 형성된 문양은 다양하다. 선으로 새긴 갈고리 모양의 곡선기하문은 확인된 예가 많지 않지만 특징적이다.

쇄인문 역시 독특한데, 이 문양은 눌린 길이가 일정하지 않고 매우 얕으면서 빽빽하여 불규칙하다. 그 위에 다시 압인하여 다른 문양을 새긴 예가 많은 것을 볼 때 주로 바탕 문양으로 이용되었으리라 추측된다. 바탕 문양 위에 주된 문양을 장식하는 수법은 조보구문화에서 흔하게 보인다.

동물문은 그 사례가 많지 않지만, 조보구문화 토기의 또 다른 중요한 특징으로, 그 묘사가 매우 사실적이다. 당시 사람들의 일종의 신앙 숭배를 반영하는 신령도상(神靈圖像)이며, 사슴, 돼지, 새 등의 형상이 주로 이용되었다.

토기의 기형은 복잡하지 않은 편으로, 평저기 이외에 작은 권족(圈足), 가권족(假圈足)과 얕은 요저(凹底)의 토기가 확인된다. 토기 중에는 통형관이 가장 많은데, 구연이 넓고 동체부의 형태는 곡선적이다. 구경과 기고는 거의 같고, 구경과 저경의 크기는 대략 2:1이다. 저부가 타원형인 관(타원저관)은 구연은 원형이고 동체는 비교적 곧은 형태이며 저부는 타원형인 토기로, 조보구문화의 독특한 토기 중 하나이다. 저부 안쪽이 오목한 것도 있다. 권족관(圈足罐)은 일반적으로 구연이 내만하고, 동체부는 원형으로, 기형이 규칙적이다. 토기는 비교적 단단하다. 발견 수량은 많지 않다. 권족완(圈足碗)은 내만하는 구연에 동체부가 넓다. 니질의 발은 저부에 원형의 얇은 받침이 덧붙여져 있어 삼족완(三足碗)과 유사한 형태이다. 우(盂)와 개(蓋) 역시 비교적 일반적인 기형이다.

준(尊)은 구연이 내만하거나 수직이며, 긴 목을 가졌다. 가권족이 있으며, 대부분의 경우 동물문을 시문하였고 기하문은 많지 않다. 소산 유적에서 출토된 사령문(四靈紋) 준이 대표적인데, 모래가 약간 섞인 니질로 제작되었으며, 외부 표면은 마연되어 칠흑색의 광택이 나서 마치 흑도처럼 보인다. 동물 문양은 몸통의 가운데 넓은 띠 형태로 새겨졌다. 새, 사슴, 돼지와 2개의 뿔을 가진 동물이 차례대로 시문되었는데, 동물 문양 안쪽에는 촘촘하게 망격문을 넣었다. 동물의 신체 중 머리 부분을 사실적으로 묘사하였으며, 각 동물의 특정 부위를 강조하였다.

석기는 마제와 타제가 있는데, 종류가 다양한 편이다. 마제석기는 비교적 대형이며, 정교하게 제작되었다. 주요 기종에는 석부, 석사(石耜: 돌보습), 착과 환상기(環狀器) 등이 있고, 석부와 석사가 특징적이다. 석부는 단단한 석재로 만들었으며, 장방형이 많다. 석사는 대부분 전체를 마연한다. 몸체는 편평하고 날 부분이 둥글거나 첨상을 이루고 있으며, 날의 반대쪽에는 얕은 홈이 있다. 날 부분이 넓고 몸체는 가는 형태(凸형)인 것도 있다. 이외에도 갈판과 갈돌, 석핵과 박편석기 등이 출토되었다.

소산 유적에서는 매우 특징적인 석월(石鉞)이 발견되었다. 반점 모양의 무늬가 있는 응회쇄석암으로 제작되었는데, 전체를 연마하였으며 몸체에는 한 개의 구멍이 있다. 이 석기는 날 부분이 매우 둔중하고 사용의 흔적도 확인되지 않을 뿐만 아니라, 한쪽 면에 인면이 새겨져 있어 실용기가 아니었을 것으로 판단된다.

골기는 매우 드문 편으로, 소량의 뼈송곳과 시문 도구가 있을 뿐이다. 조개껍데기로 만든 시문 도구도 소량 확인된다. 또 사슴을 위주로 하는 대량의 야생 동물 뼈와 사육되었을 가능성이 있는 개, 돼지의 뼈가 출토되었다.

측정된 절대연대값은 6,220±85BP, 6,210±85BP, 6,155±95BP(이상 조보구 유적), 6,150±85BP, 6,060±85BP(이상 소산 유적), 6,045±90BP, 5,915±125BP(이상 소선덕구 유적)이 있다.

(3) 부하문화

1960년 중국과학원 고고연구소가 내몽고 파림좌기(巴林左旗)에서 고고학 조사를 실시하여, 부하구문(富河溝門)과 금구산(金龜山) 일대에서 일종의 세석기, 대형 타제석기와 지자문토기를 주요 내용으로 하는 유물 복합체를 발견하였는데 그 면모가 요서지역의 홍산문화와는 차이를 보였다. 후에 남양가영자(南楊家營子) 일대에서도 이와 유사한 내용의 유물 복합체가 확인되었다. 1961~1962년에 이 세 지역에 대한 발굴 조사가 실시되었고, 그중 부하구문 유적이 가장 중요하게 인식되어 이를 지표로 하는 일련의 문화 내용을 부하문화(富河文化)라 명명하게 되었다. 2013년에는 부하구문 유적에 대한 소규모 발굴 조사를 진행하여 기존 발굴 구역의 북쪽에서 주거지 7기를 추가로 발견하기도 하였다.

① 문화의 분포 범위

지금까지 이루어진 서랍목륜하 이남에 대한 여러 차례의 조사에서 부하문화에 해당하는 유적과 유물은 확인되지 않았으며, 전형적인 유적은 모두 서랍목륜하 이북에서만 발견되었다. 따라서 부하문화는 서랍목륜하의 북쪽 지구에 제한적으로 분포했던 것으로 판단된다.

부하구문은 내몽고 임동진(林東鎭)에서 북쪽으로 약 70km 지점에 위치한 마을로, 오이길목륜하(烏爾吉木倫河)의 동안에 해당한다. 부하는 동남부로부터 마을의 중심부를 지나 서남쪽으로 흘러 오이길목륜하와 합류한다. 유적은 마을 북쪽을 흐르는 두 강 사이에 위치한 산의 중턱, 상대고도 25~60m 지점에 자리하고 있다. 회토권 150여 개가 발견되었는데, 배열이 질서 정연하다. 발굴이 이루어진 면적은 약 800m²이며, 총 44기(1962년의 37기와 2013년의 7기)의 주거지가 조사되었다.

② 문화의 특징

가. 유구

주거지가 확인된 곳은 부하구문 유적뿐이다. 평면 형태는 방형과 원형의 두 종류가 있으나 대부분은 방형이다. 경사진 생토를 L 자형으로 파서 축조하였는데, 대부분 산을 등진 형태로 만들어져 남쪽의 유구 윤곽이 뚜렷하지 않다. 내부는 평탄하게 다듬어 흙을 발랐고, 중앙에는 수혈식 노지를 만들었다. 노지는 단순 수혈과 수혈에 판석을 둘러 방형이나 원형으로 만든 형태가 있다. 노지 옆에는 토기(斜口土罐)를 묻어두었다. 주거지 내부에서는 기둥 구멍도 확인되는데, 대부분 북쪽 벽을 따라 설치되었다. 일반적으로는 4개가 확인되지만, 7개가 확인되는 예도 있다. 주거지 내 남쪽에서 기둥 구멍보다 직경이 훨씬 큰 수혈이 확인되기도 하는데, 저장용으로 추정된다. 원형 주거지는 4기로, 노지의 위치나 종류, 기둥 구멍이 벽을 따라 설치된 점은 방형과 동일하다.

주거지 사이의 간격은 동서 2~3m, 남북 4~8m로 비교적 밀집되었다. 2013년 조사에서는 주거지 4기가 중첩되어 연속으로 축조된 양상이 확인되었는데, 기존 주거지 뒤쪽으로 새로운 주거지를 만들었다.

나. 유물

토기는 기본적으로 대부분 협사도이며, 재질이 무르고 소성 온도는 높지 않다. 표면의 색은 균일하지 않지만, 황갈색이 대부분이며 그다음으로 회갈색이 많다.

기본 형태가 비교적 길고 호리호리한 형태의 통형관이 가장 많고, 소량의 발과 입구가 약하게 U 자형으로 경사진 사구기도 확인된다. 통형관은 대부분 니권첩축법으로 제작하였다.

토기 표면은 문양으로 장식하였는데, 가장 많은 문양은 지자형 압인문이다. 횡압수직배열(橫壓豎排)한 것이 대부분이며, 비치(참빗처럼 이빨이 있는) 형태의 시문구로 압인한 지자문이 높은 비중을 차지하고 있다. 통형관의 구연 바깥 표면에 한 줄의 부가퇴문을 부착한 예도 있다. 그 외에 각획문도 확인되며, 일부 토기의 바닥면에는 직물이 찍힌 자국이 남아 있다.

부하구문 유적에서 출토된 유물 중에 가장 많은 것은 석기로, 비교적 정형화된 양상을 보이며, 대형과 소형의 두 종류로 구분된다. 대형 석기는 대부분 타제로 2차 가공을 거쳐 만들었는데, 유견서(有肩鋤) 형태의 석기와 석분(石錛: 돌자귀)이 특징적이다. 그 외 석부, 찍개, 긁개, 갈판, 갈돌과 쪼아서 만든 연석과 공이 등이 있다. 소형 석기는 대부분 간접 타법으로 제작한 긴 형태의 석편으로 조합식 도구의 날로 이용되었다. 소형 석기의 종류로는 석촉, 송곳, 첨두기, 석편과 석핵 등이 있다.

토기와 석기 외에 동물의 뼈로 만든 송곳, 화살촉, 석인골도병(石刃骨刀柄), 바늘, 문양새기개(有齒骨器), 작살(漁鏢), 낚싯바늘(漁鉤), 장식품 등이 출토되었다.

이 밖에도 유적에서는 다량의 동물 뼈가 발견되었다. 일부는 식용 후에 폐기된 것이고, 일부는 골기를 제작하고 남은 원료 혹은 반제품이다. 멧돼지, 사슴류, 개과, 너구리, 조류 등이며, 사슴이 절반을 차지한다.

특징적인 유물로는 복골(卜骨)이 있다. 사슴류의 견갑골을 이용한 것으로, 현재까지 동북지역에서 발견된 가장 이른 시기의 유물이다.

다. 연대

부하문화의 절대연대는 부하구문 유적의 주거지(H30)에서 출토된 목탄으로 구하였다. 방사성탄소연대측정치는 4,735±110BP으로, 홍산문화의 늦은 단계에 해당한다. 그러나 연대값이 단 1건에 불과하여 문화의 존속 연대 전체를 가늠하기 어려워, 현재 부하문화의 연대에 대해서는 다양한 이견이 존재한다.

우선, 홍산문화의 등장 이전에 부하문화가 존재했고 그 존속 시기가 대체로 조보구문화(혹은 홍산문화의 이른 시기까지)와 병행하며, 문화의 내용에서도 조보구문화의 영향이 뚜렷하게 인지된다는 주장이 있다. 최근 들어 점차 많은 지지를 얻고 있는 것으로 보인다.

반면 부하문화가 홍산문화의 후기 단계 혹은 그보다 늦은 시기에 등장하여 존속하였다고 보는 견해도 있다. 이는 절대연대값과 남양가영자 유적에서의 층위를 그 근거로 하는데, 남양가영자 유적에서 홍산문화의 주거지 위에서 부하문화의 퇴적층이 확인되었기 때문이다. 그러나 이와 같은 층위 관계는 남양가영자 유적에서의 일시적인 상황을 나타내는 것으로, 이것이 곧 홍산문화와의 절대적 선후 관계를 의미한다고 보기는 어렵다는 반론도 있다.

부하문화의 존속 기간에 대해서도 의견이 분분하다. 이는 하한과도 연관되는 문제인데, 대부분의 연구자는 부하문화가 짧은 기간 존속한 후 소멸한 것으로 판단하고 있지만, 조보구문화와의 관련성을 강조하여 부하문화가 이른 시기에 등장한 것으로 보는 연구자 중 일부는 남양가영자 유적의 층위 관계를 고려하여 부하문화의 존속 기간이 매우 길었을 가능성을 제시하기도 한다.

자료의 부족과 연구의 부진을 고려하면, 부하문화의 상한과 하한은 조정이 이루어질 가능성이 높아 앞으로의 연구가 주목된다.

(4) 홍산문화

홍산문화(紅山文化)의 명칭은 1930년 발견된 내몽고 적봉시 홍산후(紅山后 또는 紅山後) 유적에서 유래한 것이다. 중국 동북지역 신석기시대 고고학 연구의 발전 과정에서 홍산문화가 가지는 의미는 대단히 중요하다.

1906~1908년, 일본인 도리이 류조(鳥居龍藏)는 3차례에 걸쳐 열하성(熱河省) 조사를 실시하여, 60여 지점에서 신석기시대 유물을 채집하였다. 홍산후 유적에서는 토기, 대형 석기와 세석기 등 선사시대의 유물이 확인되었다. 1921년에는 스웨덴인 앤더슨(J. G. Andersson)이 금서현(錦西縣) 사과둔(沙鍋屯)에서 동굴 유적을 발굴하였는데, 발견된 신석기시대 유물을 모두 앙소의

채도문화 계통으로 파악하고, 그 연대 역시 앙소문화와 동 시기 혹은 가까운 시기로 상정하였다. 그렇지만 실제 이 유물들은 홍산문화와 소하연문화에 해당하는 것이다. 사과둔 동굴 유적 발굴은 중국 야외 고고학의 첫 번째 정식 발굴이다.

중국인 학자 중에서는 양사영(梁思永)이 가장 먼저 동북지역의 채도에 주목하고, 1930년에 적봉 등지를 조사하여 앙소식 채도를 확인하였다. 1935년에는 일본인 하마다 료사쿠(濱田耕作) 등이 적봉 홍산 유적을 발굴하였는데, 이때 무덤과 제1, 2지점에 대한 조사가 이루어졌다. 조사자들은 제2지점과 지표에서 채집된 토기를 적봉 제1차문화-채도문화, 무덤과 제1지점을 적봉 제2차문화-홍도문화로 명명하였다. 이 중 제2지점에서 출토된 유물은 다시 2기로 양분되는데, 이 중 제1기가 홍산문화에 해당한다. 이 조사 결과는 후에 『적봉홍산후(赤峰紅山后)』 보고서로 간행되었다.

1940년대에는 중국의 연구자들이 능원(凌源) 등지에서 홍산문화의 채도와 석기를 발견하였으며, 1950년대는 홍산후 유적에서 출토된 토기를 분석하여 장성 이북 신석기시대 토기의 특징을 인식하고, 장성 이남의 앙소문화 토기와 비교하여, 두 문화가 서로 영향을 주고받은 결과로 나타난 하나의 새로운 문화가 홍산문화라고 파악하였다.

1950~1970년대, 홍산문화 유적에 대한 조사와 발굴이 지속적으로 이루어지면서 서수천, 남양가영자, 지주산, 삼도만자와 사릉산 유적 등에서 홍산문화 유구가 확인되었다. 이 중 남양가영자 유적에서는 홍산문화 주거지 위에 부하문화의 지층이, 지주산 유적에서는 홍산문화의 지층 위에 하가점하층문화의 지층이 쌓인 것이 확인되어, 홍산문화의 상대 연대를 가늠할 수 있었다.

1970년대 말부터 1980년대까지 중국 전역에 걸친 제2차 문물조사가 진행되면서, 홍산문화 유적에 대한 대대적인 발견과 연구가 이루어졌다. 단순한 발견이 아니라 수량적인 증가가 엄청났으며, 중요한 유적, 즉 동산취(東山嘴), 우하량(牛河梁), 성자산(城子山, 후에 우하량 유적 제16지점) 유적 등이 이 시기에 확인되었다. 이와 같은 유적의 발굴은 홍산문화의 내용을 보다 구체화할 수 있는 계기가 되었고, 이를 통해 중국 문명의 기원에 대한 연구 및 선사시대 제의와 같은 학술 주제에 대한 논의도 시작되었다. 뿐만 아니라 여러 가지 문제에 대한 실마리를 제공하여, 흥륭와문화와의 선후 관계는 물론 환호취락에 대한 이해가 높아졌다.

1980년대 말부터 1990년대까지 서랍목륜하의 북쪽에서 백음장한, 남태자, 이도량(二道梁), 수천 등의 유적이, 이후에는 흥륭구 제2 지점, 위가와포(魏家窩鋪) 등의 유적이 발굴 조사되었다. 이를 통해 홍산문화의 주거지, 요지, 무덤과 제사 유구 등의 다양한 내용이 확인되었으며, 특히 1990년대부터 2000년대 초반까지 진행된 적봉지구, 오한기와 대릉하 상류지역에 대한 고고학 조사는 홍산문화에 대한 폭넓은 이해와 다양한 연구를 촉진하였다.

① 문화의 분포 범위

홍산문화는 비교적 긴 기간 동안 존속하였으므로 시기에 따라 분포 범위에 변화가 있지만, 서랍목륜하 유역과 노로아호산(努魯兒虎山) 일대 사이가 중심 분포 지역이라고 할 수 있다. 그러나 북쪽으로는 서랍목륜하를 넘어 내몽골 초원에서도, 동쪽으로는 의무려산을 넘어 하요하의 서안에서도 홍산문화의 흔적이 확인된다. 남쪽으로는 발해 연안과 연산산맥 남쪽의 화북평원 북쪽에 이르는 광범위한 지역에 분포하였다. 현재까지 연산 남북 지구에서 확인된 홍산문화의 유적은 그 수가 상당하여, 내몽고 동남부 지구에서만 830여 곳에 이른다.

지금까지 중점적으로 조사와 발굴이 이루어진 유적으로는 내몽고 적봉시 홍산후, 지주산(蜘蛛山), 서수천(西水泉), 사도정자(四道井子), 위가와포, 극십극등기 남태자, 임서현 백음장한, 수천, 서량(西梁), 파림좌기 나사태(那斯台), 고일고늑태(古日古勒台), 남양가영자, 이도량, 옹우특기 해금산(海金山), 오한기 흥륭와, 흥륭구 제2 지점, 사릉산((四稜山), 삼도만(三道灣), 서태(西台), 요령성 부신시 호두구(胡頭溝), 조양시 객좌현 동산취, 능원시(凌源市) 성자산, 건평현(建平縣) 우하량, 양권자량저(羊圈子梁底), 오포산(敖包山), 전산자(轉山子) 유적 등이 있다.

② 문화의 특징

가. 유구

주거지 및 취락: 지금까지의 조사 결과를 보면, 홍산문화의 취락 내에서는 10수 기의 주거지가 확인되는 것이 보통이다. 취락 전체의 패턴을 파악할 수 있는 대형 발굴은 아직까지 명확하게 밝혀진 바 없다.

대규모 발굴이 이루어진 취락 유적으로는 파림좌기 이도량, 오한기 흥륭와, 서태, 내몽고의 위가와포, 임서현 백음장한과 유수림(柳樹林) 정도가 있을 뿐이며, 비교적 최근에 조사되었다. 유적은 대부분 퇴적층이 얇은 편이다.

파림좌기 이도량 유적은 오이길목륜하 서측의 언덕 위에 있으며, 모두 15기의 주거지가 확인되었다. 1기를 제외한 14기는 장방형의 수혈식 구조로, 출입 시설이 동남쪽에 돌출되어 있다. 예외적인 1기의 주거지는 경사진 출입구를 한 변의 모퉁이에 설치하였다. 주거지 내부의 중앙에는 타원형의 수혈식 노지가 설치되었다. 주거지 중에는 풀을 섞은 진흙을 바른 벽체도 확인된다.

오한기 서태 유적의 발굴 면적은 5,400m^{2}인데, 보존 상태가 비교적 양호하다. 이 유적은 언덕 위에 자리하고 있으며, 대릉하의 지류인 망우하가 남쪽으로 흐르고 있다. 유적의 주거지는 서북과 동남부 2개 지구로 나뉘어 분포하며, 2개의 환호가 주거 지구를 구분하고 있다. 동남부의 환호는 그 길이가 600m 정도이다. 불규칙한 장방형으로, 서북, 동남의 양변이 상대적으로 길다. 환호의 동남쪽에는 3개의 결구가 있어서 마을의 출입구가 있었을 가능성이 있다. 서북부의 환호는 부분적으로만 남아 있는데, 장방형에 가까운 형태로 추정되지만, 그 면적이 비교적 작다. 길이와 너비는 각 120m에서 90m 내외이다. 이 환호의 동남변은 동남부 환호의 서북변 일부로, 전체적으로는 2개의 환호가 합쳐져서 하나의 凸자형의 윤곽을 이룬다. 환호의 폭은 2m 내외이며, 가장 깊은 곳은 2.25m의 깊이이다. 지금까지 총 17기의 주거지가 발굴되었는데, 모두 평면형태가 장방형인 수혈식 구조로, 장변은 4~7m, 단벽은 3~5m이다.

위가와포 유적은 적봉시 홍산구의 위가와포촌에서 동북으로 약 2km 떨어진 구릉에 있다. 2008년 조사를 통해 홍산문화 시기의 환호취락임이 확인되었고, 2009년 이후 조사가 진행되었다. 전체 면적은 9만 3,000m²로, 발견된 홍산문화 유적 중에서 규모가 가장 크고 보존 상태가 온전하며 발굴이 이루어진 면적도 가장 넓다. 2012년까지 총 4회의 발굴이 이루어졌으며, 80기 이상의 주거지와 100기 이상의 수혈 및 환호 등이 조사되었다. 주거지는 수혈식 구조이며 평면형태는 방형 계열(장방형, 방형이나 말각방형 등)이다. 면적은 10~50m² 정도이고, 중앙에는 노지가 설치되었다. 노지에는 화당(火膛: 연소실)이 구축되었는데, 같은 방향으로 출입 시설이 연결되는 경우도 있다.

유수림 유적은 적봉시 임서현 유수림촌의 동북쪽 구릉에 위치하며, 발굴 면적은 2,400m²이다. 주거지 20기와 수혈 30기가 조사되었다. 주거지는 수혈식 구조로 평면 형태는 장방형이 대부분이지만 제형이나 불규칙한 형태도 일부 확인된다. 면적은 30~80m²로 다양하다. 출입 시설과 불을 사용한 흔적이 명확하지 않은 노지가 확인되는 주거지도 있지만, 그렇지 않은 경우가 많다. 노지는 원형이 많고 표주박 형태도 일부 있다. 주거지는 대체로 동북-서남 방향으로 여러 열을 이루어 배치되었으나 정연하다고 보기는 어렵다.

그 외 파림좌기 남양가영자와 적봉 서수천 유적 등에서 확인된 주거지 역시 모두 장방형의 평면 형태에 수혈식 구조로, 면적은 매우 다양하다. 경사진 출입 시설이 확인되며, 출입 시설과 주거지 중앙 사이에 표주박 형태의 노지가 조성되어 있다.

취락에 대한 대규모 조사는 부진하지만, 여러 차례의 지표 조사를 통해 홍산문화 주거 유적의 입지와 분포는 대략적으로나마 알려져 있다.

오한기 일대에서 확인된 502곳의 유적은 하천 유역의 연안에 군집을 이루어 분포하는데, 6개의 강을 경계로 100여 개의 군으로 구분이 가능하다. 하나의 군은 3~5개의 유적을 포함하는 것이 보통이지만, 20개의 유적이 군집을 이루기도 한다. 각 유적의 면적은 다양하여 소규모는 4~5,000m², 큰 경우에는 3~10만m²에 이르고, 더욱 큰 것은 2~3km²에 달한다. 유적의 면적은 남에서 북으로 향하면서 점차 커지는 경향이 있고, 각 군집은 대형 유적을 중심으로 그 주변에 그보다 작은 유적이 분포하는 양상을 보인다.

적봉시 서부지역에 대한 조사에서는 160곳의 홍산문화 유적이 발견되었다. 주요 하천 유역의 연안 구릉 대지 위에 자리한 예가 많지만, 하천 유역의 대지에서 멀리 떨어진 곳에 분포하는 유적 역시 적지 않으며, 산 구릉 정상부에 위치한 유적도 있다. 면적은 1,000~110,000m²로 크기가 다양하고, 군집을 이루어 분포하고 있다. 각 군집은 일반적으로 3~4개의 주거 유적을 포함하지만 하나의 군집에 7~8개가 집중된 것도 있다.

이와 같은 분포 양상을 통해 홍산문화의 취락에서 사회적 분화가 발생했음을 짐작하기도 한다. 대형 유적을 중심으로 소형 유적이 그 주변에 분포하는 현상이 중심 취락과 일반 취락의 분화 및 계층화의 진행을 보여준다는 것이다. 실제로 홍산문화의 주거 유적은 면적뿐만 아니라 출토 유물에서도 차이를 보이는데, 대형 유적에서는 옥기 등의 고급 유물이 출토되고 있으므로 이러한 이해가 개연성이 없다고 할 수는 없다. 다만 전체 중 극히 일부 유적에 대한 발굴 조사가 이루어진 상황이어서 앞으로의 자료 축적과 연구를 지켜볼 필요가 있다.

제사 유구: 주거 구역 내에 매장이 이루어진 예는 드물어서 주거 구역과 이격되어 자리하는 것이 대부분이며, 일부는 주거 구역과 매우 먼 곳에 위치한다. 특히 단(壇: 제단), 묘(廟: 신전), 총(塚: 무덤) 등의 제사 유적은 주거 구역과 완전히 분리되어 멀리 떨어져 위치한다. 예를 들어 우하량 유적은 반경 100km 내에 동 시기의 주거 유적이 전무하며, 노호산 아래의 제사 구역 주변에서는 소수의 동 시기 주거지가 확인될 뿐이다. 동산취 제사 유적 역시 대릉하 대지 위에 주거 유적과 멀리 떨어져 단독으로 위치하고 있다.

홍산문화는 연구자에 따라 세부 시기를 2~4기로 구분하고 있는데, 대부분의 경우 단, 묘, 총의 등장이 주요 기점이 된다. 즉, 단, 묘, 총의 등장을 기준으로 홍산문화는 전기와 후기로 구분되며, 이러한 유구, 유적의 존재는 후기의 가장 중요한 특징이다.

적석총(積石塚)은 무덤이나 별도의 유구를 축조한 후, 그 위에 흙을 덮고 돌을 쌓아 만든 구조이다. 적석과 석관에는 규질 석회암이 주로 이용되었으므로 백색을 띠고 있다. 고도가 적당한 구릉의 정상부에 설치하는 것이 일반적이다.

하나의 적석총 내부에는 여러 개의 묘실(墓室)이 축조되어 있으며, 석관(石棺)은 판석(板石)이나 석괴(石塊)로 만들었다. 묘실이 큰 경우에는 토광(土壙) 안에 묘실을 만들지만, 작은 경우에는 토광의 조성 여부가 분명하지 않다. 묘실은 줄을 맞추어 가지런하게 배치되며, 토광의 크기와 깊이, 석관의 폭, 부장품의 수량과 종류를 기준으로 몇 개의 등급으로 구분이 가능하다.

적석총의 중앙부에는 가장 큰 묘실(中心大廟)이 자리하는데, 이는 적석총에서 볼 수 있는 최고 등급의 묘실이다. 일정한 깊이를 확보하기 위해 기반암을 파고 축조한 경우도 있다. 대형의 석관묘는 석판을 횡으로 쌓아 내벽이 가지런하다. 많은 양의 옥기가 부장되었는데, 옥의 품질 또한 뛰어나다.

그 아래 등급은 계단식 무덤(階段式墓)인데, 토광의 한쪽 측면에 여러 층의 계단을 쌓은 것이 특징이다. 중심대묘와 비교해 묘실의 규모나 부장된 옥기의 완성도는 뒤떨어지지 않지만, 옥기의 수량이 약간 적다.

그다음 등급은 일반 석관묘(石棺墓)인데, 옥기의 부장 여부에 따라 2개의 등급으로 세분된다. 옥기가 부장된 경우에도 그 종류와 수량에서는 매우 다양한 양상을 보인다. 옥기를 부장하지 않은 석관묘에는 간혹 채색 토기 1점이 부장되기도 한다.

가장 낮은 등급의 묘실은 간단한 묘광만을 가지고 있는 일종의 부속묘로, 부장품은 없다.

최고 등급에서 최저 등급까지는 묘실의 규모와 위치, 부장품의 종류와 수량, 그 완성도에서 차이를 보이지만, 이러한 구분은 대략적인 것으로 각 등급 내에서도 다양한 양상이 확인되고 있어 절대적인 기준이라고 하기는 어렵다.

묘실에는 옥기만 부장하며, 토기가 부장된 경우는 드물다. 특히 대형 묘실에서 토기가 확인된 예는 없다. 토기는 적석총의 단 안쪽에 대량으로 줄을 맞추어 세워두는 것이 일반적이다. 니질의 홍도로 기벽이 두껍고, 구연 아래에는 현문(弦紋: 횡침선)이 있으며, 동체부 한쪽을 흑색으로 채색하여 장식한 통형이다. 토기 바닥이 없는 원통형으로, 그 기능과 의미에 대해서는 다양한 의견이 제시되고 있다.

적석총이 발굴된 대표적인 유적은 우하량 제2, 제3, 제5지점과 성자산의 4개 지점이다.

우하량 제3지점은 산의 정상부에 자리한 하나의 원형 적석총으로, 주변에 흑토(黑土) 띠가 둘러져 있다. 적석총의 중심에는 1개의 장방형 수혈이 남아 있는데, 수혈 벽은 돌을 쌓아 만들었고, 수혈 상부도 돌로 덮었다. 수혈 옆에서는 다량의 옥기가 부장된 성인 남성의 단인장 무덤이 확인되었다. 총 내부에는 6기의 석관묘가 있는데, 모두 중심 수혈과 단인장묘 주변에 자리하고 있다.

제5지점은 산 구릉 정상부에 위치하며, 서남-동북 방향으로 배열된 3기의 적석총이 주체부를 이룬다. 동서 양측의 적석총은 원형이며, 중간의 3호총은 장방형의 단 형태(壇式)로 축조되었다. 각 총은 모두 무덤을 포함하고 있는데, 동북단의 2호 적석총 내에서는 여러 기의 석관묘와 홍도의 통형기 잔편이 주변을 둘러싸고 있는 무덤 1기가 확인되었다. 석관묘에는 옥기가 출토되기도 한다.

규모가 가장 큰 적석총은 우하량 제2지점인데, 동서 길이 약 150m, 남북 너비 80m의 범위 내에서 소위 '5총 1단'의 유구가 확인되었다. 1호총은 제2지점의 가장 서쪽에 위치하며, 2~5호는 차례대로 동쪽을 향하여 배열되었고, 6호총은 3호총의 북쪽에 자리한다.

1호총은 장방형의 형태로, 북쪽 부분의 파괴가 심하여 유구의 일부분만이 잔존하고 있으며, 남쪽 부분에서 동서 방향으로 놓인 석관묘가 집중적으로 확인된다. 1989년까지 26기가 조사되었는데, 대부분의 묘에서는 유물이 출토되지 않았으나 소수의 묘에서 옥기가 확인되었다. 옥기가 가장 많이 발견된 것은 21호묘(M21)로, 성인 남성의 1차장이 이루어졌으며, 20점 이상의 옥기가 출토되었다.

2호총은 1호총의 동쪽 2m 지점에 위치하며, 방형에 가까운 형태이다. 북, 동, 서의 삼면에는 각기 너비 2~3m의 돌담이, 남면에는 잔돌과 채도 통형관 조각이 섞인 퇴적 띠가 남아 있다. 2호총 중앙에서는 한 변의 길이가 3.6m인 방형의 대형 석곽묘 1기가 확인된다. 곽 천장은 석판으로 덮였고, 내부에서는 소량의 인골과 함께 동물 뼈와 홍도편이 출토되었다.

3호총은 2호총으로부터 3.3m 떨어져 있는데, 제2지점에서 유일하게 단 형태로 축조된 유구로 절반 정도가 유실된 상황이다. 전체 평면 형태는 원형이고, 동심원식 3층 구조물이다. 각 층 간의 높이 차이는 30~50cm 정도, 각 층의 직경은 각기 11m, 15.6m, 20m이다. 표토를 정리할 때 표층적석에서 3구의 인골이 출토되었는데, 다른 소형 무덤들과는 매장 방법이 다르고 부장품이 없었다.

4호총은 다소 복잡한 형태로, 남북 길이 36m, 동서 폭 20m의 크기이다. 북쪽 부분은 동, 서가 병렬하거나 혹은 서로 포개지는 원형 적석총이며, 남쪽 부분은 하나의 장방형 건축물처럼 보인다. 1996년까지 4호총 내부에서 6기의 무덤이 발굴되었는데, 이 6기의 무덤 주위에는 대량의 채도 통형기 잔편이 직경 6~7m의 범위에 원형으로 산포되어 있었다. 무덤 안에서는 일종의 뚜껑이 있는 채도관(蓋罐)이 출토되었다.

5호총은 제2지점의 가장 동쪽에 자리하고 있으며, 평면은 동서로 긴 장방형(15m×10m)이다. 가운데 돌을 쌓아 벽을 만들었는데, 이것이 5호총을 남북으로 양분한다.

6호총은 3호총의 북쪽으로 1m 떨어진 곳에 위치한다.

우하량 제2지점은 원형의 단 구조인 3호총을 중앙에 두고, 동, 서 양쪽에 각기 매장을 주 목적으로 하는 적석총을 배치하고 있다. 즉, 단이 대형 적석총군의 중심에 위치하는 구성인데, 이처럼 적석총과 단을 결합·배치한 것 역시 홍산문화 적석총에서 보이는 특징이다.

홍산문화의 또 다른 대표적 제사 유적은 요령성 객좌현의 동남쪽, 대릉하의 서안에 위치한 동산취 유적이다. 유적은 남, 북으로 양분되는데, 북쪽 중심부에는 방형으로 돌을 쌓아 기초를 만든 유구가 자리하고 있다. 길이는 11.8m, 폭은 9.5m이며, 안에는 3개의 돌무더기가 있다. 가장 커다란 것은 원형으로 가장 남쪽에 위치하며, 길쭉한 돌을 조밀하게 배열하였다. 방형 유구의 동서 양측에는 대칭을 이룬 석벽이 설치되었다.

남쪽에는 지름 약 2.5m의 크기로 둥글게 돌을 두른 유구가 남아 있는데, 방형 유구의 남쪽 약 15m 지점이다. 주변은 장방형의 돌로 테를 둘러 바깥쪽을 가지런하게 처리하였고, 안쪽에는 크기가 비슷한 작은 강자갈을 깔았는데, 주변에서는 보기 어려운 종류로, 산 아래에서 가져온 것으로 보인다.

4m 남쪽 지점에는 또 다른 유구가 있다. 이 유구는 서로 연결된 3개의 원형 기단으로 구성되어 있으며, 2개는 윤곽이 분명하다. 대체로 타원형으로 보이며, 모두 단층의 돌을 깔아 만들었다. 커다란 돌로 가장자리에 이중의 띠를 만든 다음 그 안쪽은 비교적 작은 돌로 채웠다.

유적에서는 탑식병(塔式瓶)과 내외를 채색한 개분(蓋盆) 등의 이형토기(異形土器)를 비롯하여, 매우 정교한 옥기(雙龍首玉璜, 玉鴞 등) 등이 출토되었다. 뿐만 아니라 니질 홍도로 제작된, 크기가 서로 다른 20여 개의 토제 소조(塑造) 인형도 발견되었다. 대부분 인체의 일부분을 표현하고 있는데, 머리 부분은 발견되지 않았다. 그 외 토기와 석기, 대량의 돼지와 기타 동물 뼈가 남아 있었다.

동산취 유적보다 규모가 큰 제사 유적인, 소위 '여신묘(女神廟)'는 동산취의 북쪽 30km 지점에서 발견되었다. 여신묘 유적은 우하량의 두 번째 산등성이의 정상부 근처에 자리하고 있는데, 우하량의 여러 구릉 위에 산포된 적석총이 둘러싼 지역의 중앙부에 해당한다. 여신묘는 1개의 다실(多室)과 1개의 단실로 구성되어 있다. 다실은 북쪽에 있는 주 유구이며, 단실은 부속 유구이다. 두 유구는 2m 정도의 간격을 두고 있지만, 동일선상에 놓여 있다. 북쪽의 다실 유구는 전체 길이 18.4m, 폭은 6.9m인데, 그 구조가 매우 복잡하다. 주실(主室)은 원형으로, 그 좌우(동쪽과 서쪽)에는 원형의 측실이 하나씩 배치되었다. 주실의 북쪽에는 장방형의 방이, 남쪽에는 두 개의 원형 방과 동서로 놓인 장방형 방이 연결되어 있어서, 총 7개의 방이 서로 연결된 구조이다. 단실 유구는 가로 6m, 폭 2.65m의 크기이다.

단실에서는 탄화된 나무 기둥이 가지런하게 배열되어 있었는데, 나무 기둥을 세운 다음 안쪽에는 섶을 붙이고, 그 위에 풀을 섞은 진흙을 발라 벽체를 만든 것으로 추정된다. 여러 겹을 붙여 만든 벽면 안쪽에는 원형 구멍을 빽빽하게 만들어 일종의 장식 효과를 내었으며, 그림(壁畵)도 그려져 있었던 것으로 보인다.

여신묘에서는 벽면과 지붕 등의 다양한 건축 자재 파편 외에도 제사용 토기, 동물과 인체의 소상 등이 출토되었다. 제사용 토기에는 두형 뚜껑(豆形器蓋), 둥근 바닥의 발형기(圓底鉢形器), 투공(透孔) 채도 조각 등이 있다. 동물상 중에서 형태를 구분할 수 있는 것은 저룡(猪龍)과 새(禽)가 있는데, 새 모양의 소상은 심하게 파손되어 두 개의 발톱만이 남아 있다. 인체상은 주실, 동서의 측실과 남쪽의 단실에서 확인되었다. 모두 조질 태토이나, 표면은 고운 진흙으로 마무리하였다. 일부 표면에는 붉은색을 칠하거나 그림을 그리기도 하였다. 머리, 어깨, 팔, 유방, 손 등의 파편을 조합해보면, 대략 7개 개체에서 나온 것으로 추정된다. 여성의 특징을 사실적으로 표현한 것이라는 이해가 일반적이다.

유적에서 가장 중요한 유물은 비교적 완전한 상태의 여성 두상 한 점으로, 해당 유물로 인해 유적의 이름이 여신묘가 되었다. 이 두상은 원형 주실의 서쪽에서 출토되었고, 출토 당시 머리는 동북쪽을, 얼굴은 약간 서쪽을 향해 있는 채로 발견되었다. 높이는 22.5cm, 폭은 23.5cm이다. 풀을 섞은 흙을 이용하여 만들었는데, 별도로 굽지는 않았다. 바깥 쪽 표면은 곱게 마연하였으며 안면은 선홍색을 띠고 있다. 입술 부분은 붉은 색을 칠했고, 눈 안에 둥근 옥을 끼웠다. 얼굴의 뒷부분은 없고, 비교적 편평하여, 벽에 걸었던 것으로 생각된다.

기타: 오한기 사릉산 유적에서는 모두 6기의 횡혈식 가마터가 발견되었다. 가마터는 단실과

연실의 두 종류로 구분되는데, 소성실과 연소실, 화도를 모두 갖추고 있다. 소성실은 돌과 흙을 섞어 만들었다. 6기는 모두 300㎡ 범위 내에 분포하고 있으며, 협사질의 토기를 제작하는 데 주로 사용되었다.

　나. 유물

　토기는 협사도와 니질 홍도 두 가지가 주를 이루며, 소량의 니질 흑도와 니질 회도도 확인된다. 협사도는 대부분 간단한 형태의 통형관이고, 주로 압인지자문과 평행선문이 시문되었다. 지자문은 선과 비점문이 동시에 이용되었고, 직선과 호선 역시 함께 사용되었으며, 문양의 진행 방향 역시 수평과 수직 모두 확인된다. 통형관 외에 사구통형기, 손잡이가 붙은 뚜껑 등이 있다.

　니질토기로는 발, 완, 분, 호, 관 등이 있다. 문양은 거의 없으며, 주로 표면을 마연하여 광택을 내었다. 압인지자형의 비점을 시문한 예도 있다.

　니질 홍도 중에는 채도가 일정 수량을 차지한다. 흑색을 위주로 하지만, 적색이나 자색을 이용한 경우도 있다. 대표적인 문양으로는 용린문(龍鱗紋), 연속화훼문(勾蓮花卉紋)과 격자문(棋盤格紋)이 있으며, 그 외에 평행사선문, 능형 방격문, 동심원문, 변형삼각문이 확인된다.

　니질 흑도는 많은 수가 확인되지는 않았지만, 새로운 제작 기법의 출현을 보여준다. 발과 소형 호가 대부분으로, 내외면이 모두 마연되었고 기벽의 두께도 일정하지만 소성 온도는 높지 않다.

　홍산문화의 토기는 시기에 따라 태토와 출현 기종에서 차이를 보인다. 이른 시기에는 협사도의 비중이 높고, 시간이 지날수록 점차 협사도의 비중이 낮아지며 니질이 증가하는 경향을 보인다. 홍산문화의 후기가 되면 니질이 대부분을 차지하게 된다. 또 후반기에는 통형기(筒形器), 두(豆), 정(鼎), 우(盂) 등 새로운 기종이 출현하여 다양한 구성을 갖추게 된다.

　시기에 따른 토기의 변화는 통형관의 형태와 채도에서도 확인된다. 이른 시기의 통형관은 전체적인 크기가 작고, 구경과 저경의 차이도 거의 없으며, 동체부의 형태는 호직(弧直)이다. 채도에서는 적색과 흑색 안료가 모두 확인된다. 개별 토기에는 한 가지 색만을 이용하였으며, 인문(鱗紋), 평행수선문, 평행선으로 구성된 삼각문 위주의 도안으로 장식하였다. 시간이 지나면서 통형관은 점차 기고가 높고, 구경은 크지만 저경은 작은 형태로 변화하게 되며 기벽은 사직(斜直)한 형태가 된다. 채도에는 흑색 안료만 확인되며, 와문(渦紋), 마름모문, 평행사선과 호변삼각문(弧邊三角紋)의 구성으로 장식하는 것이 일반적이다. 홍산문화의 후기가 되면 통형관은 구경이 크고, 저부는 작으며 심복(深腹)의 형태가 된다. 문양은 상부에만 시문하는 것이 보통이다. 채도는 흑색만을 사용하였으며, 쌍구문(雙勾紋), 평행선과 평행사변형이 혼합된 문양, 중첩된 삼각형, 관대문(寬帶紋)을 그려 넣었다.

홍산문화 유적에서는 대체로 다량의 석기가 발견된다. 세석기, 타제석기, 마제석기가 모두 발달하였는데, 일반적으로 타제석기의 비중이 가장 크며, 세석기는 상대적으로 적다. 대형 석기가 많으며, 그 종류로는 석부, 석서, 석분과 장방형의 갈판, 횡단면이 반원형인 갈돌이 있다. 석사는 홍산문화의 가장 특징적인 석기로, 2가지의 형태가 있다. 그 하나는 장엽형(長葉形)인데, 길이는 30~35cm 정도이고 마제이다. 한쪽 끝은 양측을 떼어내고 자루를 만들었으며, 날은 날카롭다. 다른 하나는 몸통이 비교적 짧고 넓은데, 줄을 고정하기 위한 홈이 남아 있다. 타제와 마제의 두 기법을 함께 이용하였다. 홍산문화는 숙련된 마제 기술로 석기를 제작했지만, 타제의 기법 역시 적절하게 활용하여 석기의 효능을 높였다.

세석기 중에는 삼각형의 석촉이 눈길을 끄는데, 날은 대체로 등변이고 바닥은 오목하게 처리하였다. 골경도(骨梗刀)에 끼우는 날(石刃)로 사용된 세장한 형태의 격지도 확인된다.

옥기는 종류가 매우 다양하고, 구운형(勾雲形: 구름 모양) 옥패, 옥벽(玉璧), 옥고(玉箍)와 옥조룡(玉雕龍)을 대표로 하는 동물형 옥이 대표적이다.

구운형 옥패는 모두 판상으로 대개 중심에 구운을 두고 좌우가 대칭을 이루며 중심에는 1~3개의 투각이 있다. 대묘에서 많이 확인된다. 옥벽은 모두 방원형에 가깝고, 구멍(孔)은 원형이다. 안쪽과 바깥쪽은 얇고, 중심은 두껍다. 옥고는 커다란 기둥 형태의 옥에 구멍을 뚫어 원통형으로 만든 다음 다시 가공하여 한쪽은 편평하고 다른 쪽은 경사지게 만든 것이다. 편평한 쪽의 끝부분에는 대치되는 두 개의 구멍이나 홈이 항상 확인된다. 동물형 옥은 웅룡(雄龍), 저룡(猪龍), 호랑이, 거북, 새, 물고기, 풀벌레 등 매우 다양한 소재를 표현하였으며, 그중에서 가장 중요한 것은 용형이다. 옥패나 옥벽과 달리 둥근 고리 모양의 몸체에 머리 부분이 튀어나와 강조된 형태이다. 세밀한 머리 부분과 달리 몸통은 간략하게 처리되었다. 한쪽이 뚫린 C형과 결형(玦形) 두 종류로 구분이 가능한데, 전자의 용은 몸체가 가늘고 머리 부분이 길며, 후자의 용은 몸체가 굵고 머리 부분이 매우 크다는 차이가 있다.

기본 형태를 기초로 하여 변형된 옥기 역시 다양하게 제작되었다. 옥벽 중에 쌍련벽(雙聯璧)과 삼련벽(三聯璧), 구운형 옥패의 한쪽 모서리를 본떠 만든 구형기(勾形器) 및 삼공기(三孔器) 등이 그 예이다.

대부분의 옥기는 부장품이며, 그 수량은 많지 않다. 우하량 적석총군에서 확인된 무덤과 부장품을 살펴보면, 보통의 무덤에서 확인되는 옥기는 3~5점 정도이고, 대묘의 경우에도 10점을 넘지 않는 것이 일반적이다. 다만 대묘에 부장된 옥기는 경도가 높은 재료를 선별하여 제작한 것으로 보여 홍산문화의 옥기는 사용처와 용도에 따라 각기 다른 수준의 재료를 이용하였던 것으로 추측된다.

지금까지 알려진 대표적인 절대연대값으로는 $5,865\pm90BP$, $5,735\pm85BP$(이상 홍륭와 유적), $4,455\pm85BP$(오도만 유적), $5,655\pm85BP$(평안보 유적), $4,955\pm110BP$, $4,975\pm85BP$, $4,970\pm$

80BP, 4,605±125BP(이상 우하량 유적), 4,895±70BP(동산취 유적)이 있다.

2) 요동지역

(1) 신락하층문화

신민(新民)과 심양(瀋陽)을 중심으로 하는 하요하(下遼河) 유역은 요하평원의 중남부에 위치하며, 발해만과 요하의 해구(海口)에 인접한다. 이 지역의 신석기시대 고고학 조사는 1950년대 동북박물관(현 요령성박물관) 문물공작단이 요령성 신민현 편보자(偏堡子) 유적을 조사하면서부터 시작되었다. 1960년대에는 심양 조공가(肇工街) 유적, 1970년대 이후에는 심양 신락 유적과 신민현 고대산(高臺山) 유적에 대한 조사가 중점적으로 이루어졌고, 1980년대에는 창무현(彰武縣) 평안보(平安堡) 유적에 대한 수 차례의 조사와 발굴이 진행되었다.

지금까지의 발굴 자료와 연구 결과를 보면, 신락 유적과 고대산 유적은 모두 상, 중, 하의 3개 문화층으로 이루어져 있다. 신락 유적의 중, 하층과 고대산 유적의 중, 하층은 신석기시대에, 신락 유적 상층과 고대산 유적 상층은 청동기시대에 해당한다.

지층 관계와 출토 유물의 형태로 보아 신락 하층과 고대산 하층의 문화 내용은 동일한 시기와 동일한 문화에 속하는데, 현재는 신락 유적의 하층을 대표로 하여 신락하층문화(新樂下層文化)라고 칭하고 있다.

한편 신락 유적과 고대산 유적의 중층에서 출토된 유물은 신민 편보자 유적과 신양 조공가 유적의 출토 유물과 동일한 특징을 보이고 있는 바, 가장 먼저 발견된 편보자 유적의 이름을 따서 편보자문화(偏堡子文化)라고 한다.

① 문화의 분포 범위

신락하층문화의 유구와 유물은 주로 신락 유적에서 확인되었고, 고대산 유적의 자료는 매우 드물어 몇 건의 토기 구연편이 있을 뿐이다.

신락 유적은 심양시 북쪽, 요하와 혼하(渾河) 사이의 동서 방향으로 놓인 황토 언덕에 있다. 1972년 발견된 이래 1993년까지 여러 차례 발굴되었으며, 그 과정에서 확인된 50기 중 일부 주거지에 대한 조사가 이루어졌다. 2014년에는 200m²의 면적을 발굴하여 신락하층문화 시기의 주거지 2기와 신락상층문화의 주거지 1기, 수혈 4기 등을 조사하였다.

고대산은 심양시 신민현 고대자향(高臺子鄕) 고대자촌(高臺子村)에서 동쪽으로 약 1.5km 떨어진 곳에 자리하고 있다. 고대산은 3개의 작은 산(서고대산, 요고대산, 동고대산)으로 이루어졌는데, 이 중 서고대산이 가장 높고 동고대산이 가장 낮다. 여러 차례의 발굴 조사가 진행되었으며, 가장 마지막에 이루어진 발굴(1980년)에서는 총 6개의 층이 확인되었다. 이 중에서 제5층과 제6층이 신석기시대에 속하는데, 제6층을 1기로, 제5층은 2기로 부른다. 신락하층문화에 해당하는 것은 제6층, 즉 1기인데, 유구는 확인되지 않고 유물만 출토되었다.

이외에도 신락 유적 주변과 요령성 강평현(康平縣) 일대에서 신락하층문화 유물을 산발적으로 발견하였으며, 그중 왕전 유적에서는 1건의 지자문 통형관이 출토되었다. 앞으로의 발굴에 따라 분포가 확장될 가능성도 배제할 수는 없지만, 현재까지의 자료로 볼 때 신락하층문화의 분포 범위는 하요하 유역이라고 볼 수 있다.

② 문화의 특징
가. 유구

신락 유적에서는 모두 38기의 주거지가 발굴되었다. 주거지는 수혈식이며, 평면 형태는 방형 계열(말각장방형 혹은 말각방형)이다. 면적에 따라 대·중·중소·소로 나뉘는데, 대형은 100(최대 면적은 140)m² 내외, 중형은 60~70m², 중소형은 25~40m², 소형은 10~15m²이며, 중소형과 소형이 대부분이다(대형, 중형 40~60m², 소형 10~25m²로 구분하기도 함). 주거지는 중복 없이 분포하고 있다. 주거지 중앙에 (타)원형 노지가 설치되는 것이 일반적이지만, 2개가 연접하거나 여러 개가 분리되어 확인되기도 한다. 주거지 내부에서는 기둥 구멍과 저장용 수혈도 확인되는데, 위치는 고정적이지 않다. 저장용 수혈은 모두 원형이나 타원형이며, 깊이는 80~100cm 내외이다.

주거지는 비교적 일정한 간격을 두고 배치되어 있고, 그 거리는 대략 5~10m이다. 유적의 중심부에는 최대 규모의 주거지(2호 주거지)가 자리하고 있다. 내부에서는 유적의 대표 유물인 용린문(龍鱗紋) 나무 조각품을 비롯한 다량의 유물이 출토되었는데, 이 주거지를 공동 작업장으로 보는 견해도 있다. 그 외 대형 주거지의 주변으로 중형 주거지가, 대형과 중형 사이에는 소형의 주거지가 분포하는 양상을 보인다.

나. 유물

신락하층문화의 토기에는 협사 홍갈도가 가장 많고, 약간의 활석이 섞인 흑도, 니질 홍도, 니질 갈도가 소량 확인된다. 몇몇 토기는 표면에 붉은색의 슬립을 입혔다. 소성 온도가 비교적 낮아 재질이 무르다. 기벽 두께는 대체로 일정한 편이다.

기종은 단순한 편으로 통형관이 주류를 이루는데, 구경이 크지 않고 동체부도 곧게 만들어져 토기가 깊고 길어 보인다. 권족발, 권족완과 사구기도 확인되며 그 외 기종은 드물다.

토기의 대부분은 표면 전체에 문양을 시문하였는데, 2~3종류의 문양을 복합하여 시문한 예가 많다. 모든 문양은 정연하게 시문되어 있으며, 문양이 서로 교차되거나 중복되지 않는다. 시문에는 압인과 각획 등 몇 종류의 방법이 이용되었으며, 압인지자문과 현문이 많고, 비점문도 소수 확인된다. 압인지자문은 몸통 전체에 횡으로 배열한 것이 대부분이지만, 수직 방향과 횡방향의 지자문을 위아래로 구성한 예도 있다. 그 외에도 압인 현문과 지자문을 함께 배치한 경우, 비점문으로 마름모꼴 문양을 새기거나 현문만으로 장식한 토기도 확인된다.

많은 양의 석기가 출토되었는데, 타제석기와 마제석기, 세석기로 구분된다. 타제석기의 주요 기종은 찍개, 긁개이고, 그 외에도 송곳(錐), 어망추 등이 있다. 안산암(安山巖)과 청회색 침적암(沈積巖)을 이용하여 제작하였다. 마제석기에는 석부, 석착과 갈판, 갈돌, 석도와 석촉 등이 있으며, 회록암(灰綠巖), 판상 침적암, 강자갈(石礫岩)과 사암 등의 석재로 만들었다. 마제석기는 기종에 따라 그 형태가 대체로 비슷하다.

전체 석기 중에 세석기가 차지하는 비중이 큰 편인데, 이것은 신락하층문화 석기의 중요한 특징 중 하나이다. 세석기 중에는 삼각형의 석촉과 세석인이 많은 편이며, 긁개와 찌르개도 있다. 석핵은 매우 적다.

석기에 비해 골기는 매우 적게 출토되었고, 종류로는 추(錐), 골병(骨柄), 비녀(簪)와 골촉(鏃)이 있다.

옥기는 상당히 많은 수량이 확인되었다. 흑색 옥주(玉珠: 옥구슬)나 백색 석주(石珠: 석재구슬) 등의 장식품도 있지만, 상당수는 공구의 형태를 하고 있어 특이하다. 착식(鑿式), 부식(斧式), 쌍인(雙刃) 부식, 쌍인 착식 등으로 구분되며, 일부는 날이 매우 날카롭고, 일부는 사용한 흔적이 있다. 대부분 정밀하게 제작되었고 형태도 매우 안정적이다.

가장 이색적인 유물은 대량의 목제 가공품으로, 매우 정밀하며 표면이 연마되어 있다. 귀걸이형(耳璫形), 단추형(圓泡形)과 원형(球形)이 주를 이루고, 타원형, 원추형, 모자형(帽盔形)도 있다. 앞서 언급한 용린문을 장식한 비녀 1점은 유적의 대표 유물이다.

동물 뼈는 발견 수량이 매우 적은데, 그 종류는 돼지, 양, 사슴 등이다.

절대연대 측정값은 6,145±120BP, 6,620±150BP, 6,200±30BP, 6,020±25BP, 6,205±30BP, 6,165±35BP, 5,910±30BP, 5,970±30BP, 6,040±30BP, 5,970±25BP로 모두 신락 유적에서 확인된 것이다. 고대산 유적에서 출토된 유물이 신락 유적에 비해 좀 더 이른 시기의 것으로 추정된다는 점을 고려하면, 앞으로의 연구와 조사에 따라 신락하층문화의 상한 연대는 상향될 가능성이 있다.

이 지역은 신락하층문화의 소멸 이후 상당한 기간 동안 문화적 공백 상태가 된다. 신락하층문화의 하한 연대를 매우 낮게 잡아도 1,000년 이상의 공백이 생기는데, 이에 대한 중국 학계의 별다른 논의는 찾아보기 어렵다.

(2) 소주산하층문화

요동반도 남단은 여순(旅順), 대련(大連) 지구와 그 인근을 포함하는 지역이다. 이 지역의 신석기시대 고고학 조사는 비교적 일찍 시작되어 1949년 이전에 일본인들이 요남 일대와 대장산

(大長山) 열도 등을 조사하여 유물을 발견하였다. 그러나 지표 조사 위주로 진행되어 채집된 유물에 대한 정확한 출토 위치와 층위 관계가 분명치 않았고, 발굴이 이루어진 경우에도 매우 소규모로 진행되었으므로 전면적인 이해는 불가능하였다.

1949년 이후에는 중국 고고학자들이 여러 차례 조사와 발굴을 실시하였고, 1950~1960년대에 재조사를 했으나 과학적 발굴이 이루어지지는 못하였다. 당시 연구자들은 일본인 학자들이 발표한 자료와 새로이 채집된 유물에 근거하여 이 지구의 원시 문화가 산동지역의 용산문화(龍山文化)와 밀접한 관련이 있으며 크게는 용산문화에 속한다고 판단하였다.

1970년대가 되어서야 연구자들은 이 지역의 신석기시대 문화가 대단히 복잡하다는 것을 인식했고, 이를 해결하기 위해 1973년 여순(旅順) 곽가촌(郭家村) 유적을 조사하였다. 시굴 결과, 유적의 하층은 산동 대문구문화(大汶口文化)의 영향을 받았으며, 상층은 용산문화의 요소가 존재하는 것으로 판명되었다. 1977년에는 정식 발굴을 실시하여 상/하 2개 문화층에 대한 내용을 구체적으로 확인하였고, 1978년에는 대장산도 상마석(上馬石), 소주산, 오가촌(吳家村) 등의 패총 유적을 조사하였다.

이러한 과정을 통해 지자문토기를 포함하며 요동반도 일대에 분포하는 일련의 문화 내용을 소주산하층문화(小珠山下層文化)라 명명하게 되었으며, 요동반도 남단의 신석기시대 문화를 3기로 구분하는 현재의 인식을 확립할 수 있었다.

1990년에는 북오둔(北吳屯) 유적이, 2006~2009년에는 소주산 유적이 재차 발굴[4]되어 소주산하층문화의 내용이 보다 상세하게 알려졌다.

① 문화의 분포 범위

소주산하층문화에 해당하는 유적은 광록도(廣鹿島) 소주산 하층, 유조구(柳條溝) 동산(東山), 상마석 하층[5], 북오둔 하층이 대표적이며, 이외에도 대장산도(大長山島) 청화궁(淸化宮),

---

4   다양한 경로를 통해 2006~2009년의 조사 성과가 소개되었는데, 이를 종합하면 소주산 유적의 발굴 조사에서는 총 16개의 지층에서 주거지 17기, 수혈 30여 기, 야외 노지 40여 기 등이 확인되었다. 2006년의 이후부터 발굴 조사자는 기존의 하, 중, 상층을 각 제1기와 제2기, 제3기, 제4기와 제5기로 세분하였다. 1978년의 조사에서 유적의 퇴적을 5개 층으로 파악하고, 제5층을 하층, 제3, 4층을 중층, 제1, 2층을 상층의 문화층으로 인식했던 것과 비교하자면, 하층을 2기로 구분했다는 점이 가장 큰 차이라고 하겠다.
유구 역시 시간이 지남에 따라 변하고 있다. 이른 시기에는 주거지가 많이 확인되는 것에 비해 늦은 시기에는 주거지가 적고 대량의 패각층과 다수의 야외 노지가 확인되어 대조를 이룬다.
또 각종 시료를 이용하여 다수의 절대연대 측정치를 얻기도 하였다. 이 값은 본문의 연대 부분에 제시하겠다.(이상의 내용은 발굴 조사 보고서가 정식으로 간행되지 않은 상황에서 작성되었으므로 실제와는 차이가 있을 수 있다.)

5   일부 연구자는 상마석 유적 하층을 소주산중층문화로 보기도 한다. 출토된 토기 중 복원이 가능한 것이 다구통복관 1점과 소구고복관 1점뿐인데, 이 2점의 토기에 평행선을 위주로 하는 각획문이 새겨져 있기 때문에 소주산상층문화보다는 중층문화 토기와 관련성이 깊은 것으로 판단한 것이다. 그러나 적지 않은 전체 출토 토기 중에 압인문이 가장 많다는 점을 감안하여, 여기서는 소주산상층문화에 포함한다.

장자도(獐子島) 이장둔(李墻屯), 사포자(沙泡子), 해양도(海洋島) 남옥둔(南玉屯), 양자구, 신금현 탑사둔(新金縣 塔寺屯), 장하연 오촌북령, 시성한 서구 등이 있다. 지금까지 발견된 유적을 보면 소주산하층문화의 분포 범위는 기본적으로 요동반도 남부와 그 인근 도서를 벗어나지 않는다.

소주산 유적은 광록도의 중앙부에 위치하는 오가촌의 서쪽, 해발 20m 정도 되는 소주산의 동쪽 경사면에서 확인되었다. 동쪽과 서쪽으로는 일정한 사이를 두고 산이, 북쪽으로는 하천이 있다. 남북 100m, 동서 50m 범위의 패총 유적으로, 퇴적 두께는 1.5m가량이다. 이 유적의 중, 상층문화는 곽가촌 유적만큼 풍부하고 대표적이지 않지만, 그보다 이른 시기의 문화 내용(소주산하층문화)이 확인되었기 때문에 문화의 연속성을 보여준다는 의미에서 이 지역 신석기시대 문화 편년은 소주산 유적을 따르게 되었다.

상마석 유적은 대장산도 동쪽에 있다. 대장산도는 요동반도 동쪽 바다에 동서 방향으로 길게 놓인 섬으로, 동쪽 평지 부분에서 여러 곳의 신석기시대 유적이 확인되었다. 유적은 1978년에 발굴되었다. 300m²의 면적을 4개 구역으로 나누어 조사하였는데, 1지구와 3지구의 지층 상태가 비교적 양호하여 이를 기준으로 층위를 파악하였다. 1시구의 3, 4층, 3지구의 2, 3, 4층이 신석기시대 문화층에 해당하며, 3지구의 4층을 제외한 나머지 층에서 출토된 유물은 동일하다. 따라서 상마석 유적은 3지구 4층을 하층으로, 그 외의 층을 상층으로 구분한다.

북오둔 유적은 장하시 흑도진(黑島鎭)에서 동쪽으로 5km 떨어진 서양궁촌(西陽宮村)의 북쪽 2km 지점에 위치하며, 동북쪽으로 1.5km 거리에 바다가 있다. 유적은 높이가 30m 정도인 완만한 구릉 지대에 있는데, 유적의 범위는 동서 약 130m, 남북 약 90m로, 1만m² 정도의 면적이다. 1981년 조사에서 발견되어, 1990년에 430m²를 발굴하였다. 모두 4개의 지층으로 구분되고, 모든 층에서 신석기시대 유물이 확인되지만, 출토 유물에 따라 하층(3, 4층)과 중층(1, 2층)으로 구분한다.

② 문화의 특징
가. 유구

지금까지 알려진 소주산하층문화의 주거지는 총 6기로, 상마석 유적에서 1기, 북오둔 유적에서 5기가 확인되었다. 상마석 유적의 주거지는 평면 형태 말각방형의 수혈식 구조로, 바닥면에서는 노지로 추정되는 사각형 형태의 붉은 소토가 확인되었으나 명확하지 않다. 북오둔 유적에서 확인된 주거지는 원형 혹은 말각방형의 수혈식 구조이며, 직경 4~5m 정도의 크기인데, 가장 큰 주거지는 직경 8m 정도이다. 여러 차례 흙을 깔고 다져서 바닥면을 단단하게 만들었다. 벽을 따라 기둥 구멍이 배치되어 있으며, 길지 않은 출입 시설이 남쪽으로 설치되어 있다. 주거지 내에는 방형의 노지가 있는데, 돌을 둘러서 만들었다.

북오둔 유적에서는 수혈도 2기가 확인되었다. 직경 140cm, 깊이 15~40cm 정도의 규모로 안에서는 조개껍데기와 숯이 섞인 흙, 각종 동물 뼈와 유물이 출토되었다.

나. 유물

토기는 협사도가 대부분으로, 적색 혹은 흑색이다. 모두 활석 가루를 넣어 만들었으며, 태토는 비교적 두껍고, 소성 온도는 높은 편이다. 니권첩축법으로 제작하였다. 토기의 기종은 직구통복평저관이 주를 이루며, 늦은 시기가 되면 외반하며 구연이 벌어지는 치구심복통형관과 호에 가까운 형태인 소구고복관 등이 출현한다. 일부 통형관에는 대칭하는 2개의 손잡이가 달려 있다.

시문된 문양은 압인 지자문이 절대 다수이고, 다음으로는 각획문이 많다. 토기 전체를 시문하거나 또는 구연과 저부를 제외한 동체부에만 시문하기도 하는데, 여러 종류의 문양을 함께 구성한 복합문이 대부분이다. 압인 지자문은 양쪽 끝이 넓고 깊으며, 선 부분은 짧고 곧은 형태이다. 횡방향과 종방향 배열이 모두 있다. 압인문은 지자문 외에도 일종의 단조문(短條紋)이 있는데, 비스듬한 평행선이나 이를 조합한 석문(席紋), 망상(網狀) 등의 도안이 있다. 각획문에는 사선문, 단횡선문과 사선문으로 이루어진 망격문이 있다.

한편 소주산하층문화를 전기와 후기로 구분하는 경우에는 압인문 토기가 출토되는 유적이 상대적으로 이르며 각획문 장식 통형관이 출토되는 유적은 늦다. 후자는 중층문화와 연결된다.

소주산하층문화의 석기는 타제가 주를 이루며, 종류에는 산형기(鏟形器), 서형기(鋤形器), 긁개, 반상기(盤狀器), 어망추와 여러면석기가 있다. 마제석기는 타제에 비해 수량이 적고, 주로 석부, 연석, 갈판과 갈돌 등이 확인된다. 마연하여 만든 옥분(玉錛)과 옥착(玉鑿)도 출토되었다. 골기는 추(錐), 침(針), 찬(鑽: 뚜르개), 관(管) 등이 있으며, 그 외에 각추(角錐)와 아괄기(牙刮器)도 확인되었다. 토제 방추차가 비교적 많이 출토되었다.

소주산하층문화에서는 사슴, 노루, 말, 소, 곰, 호랑이, 돼지 등의 동물 뼈가 다량으로 확인되었는데, 사슴과 소가 가장 많다. 대부분이 패총 유적이므로, 패각류 역시 다양한 종류가 확인된다.

한편 최근 소주산 유적에서 출토된 목탄과 동물유존체를 시료로 분석한 다수의 절대연대 측정값이 공개되었다. 5,532±42BP, 5,398±40BP, 5,693±47BP, 5,678±36BP(이상 소주산 유적 목탄 시료/2006년 출토), 5,646±34BP, 5,647±31BP, 5,623±31BP, 5,700±40BP, 5,635±25BP, 5,675±25BP, 5,635±30BP, 5,815±32BP, 5,770±30BP, 5,790±30BP, 5,745±30BP, 5,780±38BP, 5,799±33BP, 5,610±30BP(이상 소주산유적 동물유존체 시료/2009년 출토)[6]가 있으며, 그 외에는

---

6 하층문화의 절대연대값은 2006년 이후 조사에서 확보되었다. 자료는 張雪蓮 外, 2016, 「遼寧長海小珠山遺址考古學文化

북오둔 유적에서 확인된 5,810±70BP이 있다.

(3) 후와하층문화[7]

요동반도의 산지와 압록강의 우안은 요령성 본계시(本溪市) 환인현(桓仁縣), 단동시의 관전현(寬甸縣)과 진안구(振安區) 등을 포함하며, 산지와 구릉이 많으며 강의 하류는 짧고 굴곡이 심하다. 신석기시대 유적 대부분은 하류 연안의 단구와 경사지에 분포한다. 이 지역의 신석기시대 고고학 자료는 주로 동구현(東溝縣) 후와 유적, 북구(北溝) 유적과 석불산(石佛山) 유적의 발굴을 통해 축적되었다.

① 문화의 분포 범위

후와하층문화(后窪下層文化)는 주로 단동 지역과 인근의 천산(千山) 산지에서 황해 연안에 이르는 좁은 지역에 분포하며, 후와 유적 외에 단동시 랑두향(浪頭鄕) 소낭낭성산(小娘娘城山), 구련성향(九連城鄕) 진동산(鎭東山), 관전현(寬甸縣) 하로하향(下露河鄕) 통강촌(通江村), 동구현 고산향(孤山鄕) 염타자(閻坨子), 왕타자(王坨子)와 대강(大崗)에서 확인되었다.

후와 유적은 요동반도 황해 연안의 해변 평원에 위치하고, 행정구역으로는 동항시(東港市) 마가점진(馬家店鎭) 삼가자촌(三家子村) 후와둔(后窪屯)에 있다. 마을 동쪽의 평탄한 단애 위에 있는데, 단애의 북쪽 500m 지점에는 예전에 하천이 흐른 흔적이 남아 있으며 남쪽 16km 거리에는 황해가 있다. 사방 10km 범위 내에 같은 시대의 유적이 다수 분포한다. 유적의 범위는 남북 170m, 동서 100m 내외이며, 문화층은 1m 정도의 두께로 확인된다. 1981년 단동시 문물조사대가 발견한 후 유적의 지층 퇴적 상황과 문화의 성격을 파악하기 위하여 소규모의 발굴을 실시하였다. 1983년과 1984년에는 요령성박물관 등이 대규모 발굴을 진행하여, 주거지 43기, 수혈 20기를 조사하고 다량의 유물을 수습하였다. 층위 관계와 유물에 따라 상, 하 2개의 문화층으로 구분하고 있다.

대강 유적은 요령성 동구현 마가점과 북정자향(北井子鄕)의 사이에 위치하며, 동북쪽으로 7.5km 거리에 후와 유적이 있다. 발굴은 1984년에 실시되었다. 퇴적층은 1, 2층으로 구분되는데, 1층은 경작토층이고, 2층이 후와하층문화층이다. 주거지 1기와 수혈 1개가 확인되었고, 통형관과 호 등의 토기와 석기가 출토되었다.

的年代序列」, 『考古』 2016年 05期를 참고하였다.

[7] 일부 연구자는 절대연대값, 토기의 기형과 압인문 위주의 시문을 근거로 후와하층문화를 소주산하층문화에 포함시키기도 한다. 그런데 소주산하층문화의 압인문이 지자문 위주였던 것에 비해 후와하층문화에서는 조문(條紋)으로 구성된 석자문(席子紋), 수파문(水波紋), 엽맥문 등이 지자문보다 많이 이용되고 있어 차이를 보인다. 이러한 이유로 후와하층문화를 소주산하층문화에 포함시키는 경우에도 후와하층문화를 지방 유형 혹은 하위 유형으로 구분하는 것이 보통이다. 여기서는 이 지역의 후행 문화와의 연계성을 고려하여 하나의 독립적인 문화로 기술한다.

② 문화의 특징

가. 유구

후와 유적 하층에서 발견된 주거지는 모두 수혈식 구조로, 평면 형태는 원형(26기)과 방형(5기)의 2가지가 있다. 방형 주거지의 한 변은 대략 7m, 원형 주거지의 직경은 3~4m 정도로, 방형 주거지의 면적이 상대적으로 크고, 원형 주거지는 작다. 대형 주거지 주변에 여러 개의 소형 주거지가 분포하고 있다. 내부에는 벽을 따라 기둥 구멍을 설치했고, 바닥면에는 흙을 깔았다. 전체 주거지 중 절반가량은 주거지의 중앙 혹은 한쪽에 강자갈을 이용하여 원형 혹은 방형의 노지를 만들었는데, 노지 내부에서 토기가 출토된 예도 있다. 대부분의 주거지에는 별다른 출입 시설이 없고, 대형 주거지 2기만이 동남쪽에서 출입구가 발견되었다.

대강 유적에서 확인된 주거지는 잔존 상태가 불량하여 전체적인 규모와 형태는 알 수 없지만, 원형의 수혈식 구조였을 것으로 추측된다. 내부에는 불을 피운 흔적이 남아 있다.

나. 유물

토기는 협사 홍갈도가 가장 많은데, 일부 토기는 내면이 흑갈색이다. 홍도와 흑도는 그다음으로 많다. 태토에는 활석 가루가 섞여 있으며, 소성 온도는 비교적 높다. 심복통형관이 가장 많이 확인되지만, 고복관과 호형기도 적지 않다. 그 외에도 소량의 완, 반, 발, 작, 배와 일종의 주형기 등이 있다. 관은 직구로 복벽이 아주 곧은 형태이며, 호는 경부가 짧은 절견식(折肩式)이다. 2개의 손잡이를 붙여 장식하는 방식이 유행하여, 고복관과 호의 어깨 부위에 2개의 둥근 손잡이(環耳)나 다리 모양(橋狀)의 손잡이를 붙였다. 통형관에 손잡이를 부착한 경우도 있다.

대부분의 토기에 시문을 했는데, 압인문이 절대 다수를 차지하고 각획문도 소량 확인된다. 압인문 가운데는 조문이 가장 많고, 조문을 이용한 석자문, 수파문, 엽맥문 등도 이용되었다. 각획문에는 평행사선으로 구성된 망격문, 인자문, 엽맥문, 사선삼각문, 수파문, 환대문(環帶紋)과 거치문 등이 있다.

석기는 타제와 마제로 구분되며, 타제석기는 소량이고 마제석기가 많다. 타제석기는 석서와 어망추 등이, 마제석기는 석부, 석도, 석착, 갈판과 갈돌, 추(墜)와 석촉 등이 있다. 갈판과 갈돌의 수량이 많고, 토제와 석제의 어망추도 매우 많이 출토된다. 석제 어망추는 강자갈의 양끝에 홈을 낸 방식이고, 활석을 이용하여 만든 것도 있는데, 물고기 한 마리를 새겨 넣은 것도 발견되었다.

장식품은 대부분 활석을 재료로 하고 있지만, 옥으로 제작된 것도 있다. 환(環), 관(管), 유공석추(有孔石墜), 토제 구슬과 석결(石玦), 옥추(玉墜)를 비롯하여 방형 혹은 삼각형의 장식품이 확인된다.

이 밖에도 대량의 조소품이 출토되었는데, 이는 후와하층문화의 중요한 특징이다. 후와 유적에서 확인된 36점의 조소품은 대부분이 활석제이고, 옥으로 제작된 것도 소량 있다. 소재는 사람과 동물로 주로 머리 부분을 강조하여 표현하였다. 동물은 돼지, 물고기, 새, 벌레를 표현한 것이 많다. 어망추와 구슬, 관(管) 등의 장식품에 사람이나 동물의 형상을 새긴 것도 있다. 토제 조소품 역시 사람이나 동물의 형상을 소재로 하고 있다. 3~4cm 정도의 크기가 일반적이며, 가장 작은 것은 1cm, 가장 큰 것은 6cm 정도이다.

후와하층문화는 지금까지 이 지역에서 확인된 가장 이른 시기의 신석기시대 문화로, 절대연대 값으로는 후와 유적에서 보고된 5,600±110BP, 5,560±180BP, 5,525±120BP, 5,515±90BP, 5,410±150BP이 있다.

(4) 소주산중층문화
① 문화의 분포 범위

소주산중층문화(小珠山中層文化)는 소주산 유적 자체의 자료는 매우 적고, 대부분은 대련시 여순 곽가촌 유적의 하층과 오가촌 유적에서 출토된 자료이다. 이외에 소장산도(小長山島) 영걸촌 하층, 대련시 문가둔(文家屯), 여순 대번가촌(大潘家村), 왕가촌(王家村)[8], 북오둔 상층 등이 소주산중층문화에 해당한다. 지금까지 확인된 유적으로 보면 소주산중층문화의 분포 범위 역시 소주산상층문화와 마찬가지로 요동반도 남반부와 그 인근의 도서지역을 넘지 않는다.

곽가촌 유적은 요동반도의 최남단에 위치하는데, 해발 약 60m의 경사진 언덕에 자리하고 있다. 서남쪽으로 3km 거리에 바다가 있고, 동남쪽에는 노철산(老鐵山)이 있다. 면적은 약 1만m², 퇴적층은 2~3m가량이며, 1973년, 1976~1977년에 발굴되었다. 소주산중층문화와 상층문화에 해당하는 유적으로, 대련 연해지역에서 지금까지 발견된 유적 중에 가장 풍부한 내용을 갖춘 대표적 유적이라 할 수 있다.

오가촌 유적은 광록도 중부에 자리하며, 서쪽으로는 소주산이 있다. 1978년에 발굴하였다. 유적의 지층은 지표층과 혼토패층, 흑색토층, 생토층으로 구분되며, 이 중 혼토패층과 흑색토층에서 유물이 출토되었다. 출토 유물은 층위에 상관없이 동일한 시기의 것으로 판단된다.

대번가촌 유적은 대련시 여순 대번가촌 북쪽에 위치하고, 대략 1만 8,000m² 정도의 범위에서 패총이 확인된다. 1992년 발굴 당시 유적의 많은 부분이 이미 파괴된 상황이었다. 발굴이 이루어진 면적은 400m²로, 주거지 7기와 수혈 7기 등이 확인되었다.

---

[8] 왕가촌 유적은 1994년과 2011년에 각각 발굴이 이루어졌다. 2011년의 발굴에서는 신석기시대의 주거지 2기(각 동쪽과 서쪽의 발굴 구역에서 1기씩 총 2기), 무덤 및 수혈이 확인되었고 유물도 출토되었다. 소주산문화의 제3기(중층문화)와 제5기(상층문화)에 해당하는 것으로 파악하고 있지만, 개별 유구의 시기를 명확히 알 수 없다. 주거지는 모두 수혈식인데, 1기는 파괴되어 그 평면 형태를 알 수 없고, 다른 1기는 타원형이다.
(발굴 결과가 아직까지 정식으로 보고되지 않은 상황인 바, 국립문화재연구소의 『중국동북지역 고고조사 현황-2011~2015-』(2019)의 63~65쪽을 인용한 내용임을 밝혀둔다.)

② 문화의 특징

가. 유구

소주산중층문화의 주거지는 북오둔(3기), 오가촌(1기), 대번가촌(7기), 소주산(2기)과 곽가촌(11기)에서 확인되었다. 소주산과 곽가촌 유적의 주거지는 파괴와 훼손이 심하여 그 내용을 자세히 알기 어려운 상황이다. 다만 곽가촌 유적 주거지의 잔존 상태로 미루어, 평면 형태가 말각방형인 수혈식 구조에 벽을 따라 기둥 구멍이 배치되었을 것으로 추측된다.

북오둔 유적의 주거지는 모두 원각장방형의 평면 형태를 하고 있지만, 크기는 다양하다. 수혈식 구조에 벽을 따라 기둥 구멍이 설치되어 있으며, 주거지 남쪽 한 귀퉁이에는 경사식 출입시설을 만들었다.

오가촌 유적의 제1호 주거지가 비교적 양호한 상태로 남아 있다. 평면 형태가 말각방형인 수혈식 구조로, 동서 길이 4.97m, 남북 폭 4.76m, 깊이 0.6m의 규모이다. 출입 시설은 서북쪽 모서리에 있는데, 반원형의 형태이며 한 단의 층이 있다. 주거지 내부의 중앙부와 네 모서리에는 22개의 기둥 구멍이 있다. 바닥면은 비교적 단단하고, 중간에 붉은 소토면이 있어 노지로 보인다. 남쪽 바닥면에서는 돼지 뼈가 출토되었다.

대번가촌 유적의 주거지는 다른 유적과는 다르게 평면 형태가 원형 혹은 타원형이라는 점에서 특징적이다. 모두 직경 2~3m, 깊이 30~50cm 정도의 수혈식 구조이고, 돌출된 출입 시설이 있다. 기둥 구멍은 일부 주거지에서만 확인되는데, 모두 주거지의 중앙부 근처에 설치되어 있다. 1호 주거지는 남북 방향으로 놓인 벽을 사이에 두고, 동서로 두 방이 나란히 놓인 쌍실(雙室) 구조이다.

나. 유물

토기는 협사 홍갈도와 홍도가 주를 이루는데, 운모를 함유한 태토로 제작되었으며 활석 가루를 섞은 예도 소수 확인된다. 이외에 니질의 홍도와 홍갈도, 흑갈도 등이 있다. 기벽은 비교적 얇게 만들어졌으며, 제작 방법도 정교해졌다. 외부 표면을 마연한 토기의 수가 늘어나고, 기종이 다양해진다. 여전히 통형관을 위주로 하며, 소구고복관, 우(盂)와 발 등이 확인되지만, 소수의 정(鼎), 두(豆), 호(壺), 규(鬶), 화(盉)와 삼족고형기(三足觚形器)가 새로이 출현한다. 이는 산동반도의 대문구문화에서 영향을 받은 것으로 판단된다.

니질토기는 무문이 주를 이루고, 협사도 중에서도 무문인 토기가 현저하게 증가한다. 이전 시기에 유행했던 압인 지자문이 보이지 않는 대신 각획문이 발달하여 평행사선문과 인자문, 망격문, 사선삼각문이 많이 시문된다. 그 외에 현문과 자점문(刺点紋)도 확인되며, 각획문 위에 돌기(乳丁)가 부착되는 예도 있다. 채도가 출현하지만, 수량은 많지 않다. 채도는 모두 니질로, 적색 바탕에 흑색으로 채색하는 것이 일반적이다. 문양에는 호선삼각와문(弧線三角渦紋), 평행사선문, 삼각문, 망문과 사선삼각문이 있다.

생산 공구 역시 수량과 종류가 크게 증가하는데, 마제석기가 대부분을 차지한다. 석기는 이전 시기에 비해 정형화되었으며, 찍개, 반상기, 환인기(環刃器), 석부, 산(鏟: 돌삽), 갈판, 갈돌, 분, 구(求), 어망추와 유엽형의 석촉 등이 확인된다.

옥기는 옥분(玉鍂), 옥착(玉鑿) 등의 공구류와 옥환(環)과 같은 장식품이 있는데, 북오둔 유적에서 새 모양 옥제품이, 오가촌 유적에서 옥아벽(玉牙璧)이 출토되었다.

골기는 정밀하게 마연하여 제작하였으며, 종류와 수량이 모두 증가하였다. 착(鑿), 촉, 모(矛), 대병도형기(帶柄刀形器), 추(錐), 침(針), 비녀와 관(管), 조각이 새겨진 골편 등이 확인되고, 그 외에 패각으로 만든 도(刀), 겸(鎌), 촉 등도 출토되었다.

사슴, 소, 돼지 등의 동물 뼈와 패류가 다량으로 확인되는 점은 이전 시기와 동일하다.

기존에 알려진 절대연대 측정값으로는 5,890±150BP, 5,810±100BP, 5,620±110BP, 5,410±300BP, 5,270±100BP(이상 소주산 유적/1978년 자료), 4,830±100BP(오가촌 유적), 5,015±100BP(곽가촌 유적), 4,600±60BP(북오둔 유적)이 있으며, 최근 몇 개의 자료(4,635±25BP, 5,595±30BP, 5,600±35BP, 4,404±29BP, 5,664±38BP, 5,574±37BP, 4,705±30BP, 3,967±29BP 이상 소주산 유적/2009년 출토 동물유존체 시료, 시료 불명 자료 제외)가 추가되었다.[9]

(5) 후와상층문화
① 문화의 분포 범위

후와상층문화(后窪上層文化)는 후와 유적의 상층을 대표로 하며, 요동반도에서 압록강 하류 일대를 분포 범위로 한다. 후와하층문화에 비해 분포 범위가 확대되었지만, 여전히 분포 지역이 넓다고 보기는 어렵다. 지금까지 후와 유적 외에 동구현 북정자향 작목산(柞木山), 신농향(新農鄉) 문자산(蚊子山), 석고산(石固山), 용왕묘향(龍王廟鄉) 서천안(西泉眼), 관전현 영전향(永甸鄉) 취리외자(臭梨隈子) 등에서 이 문화에 해당하는 유물이 확인되었다.

② 문화의 특징
가. 유구

후와 유적 상층에서 주거지 12기와 수혈 2기가 확인되었다. 주거지는 모두 말각방형의 수혈식 구조로, 특정한 배열을 보이지 않고 분산되어 있다. 면적은 다양한데, 대형 주거지의 한 변의

---

9 기존 자료는 中國社會科學院考古研究所가 발간한 『中國考古學-新石器時代』(2010)의 부록을 인용한 것이다. 張雪蓮 外 (2016)에 따르면, 소주산 유적의 1978년 조사 자료에서는 하층에 해당하는 절대연대값이 확인되지 않았다(각주 5 참고). 본문에 추가한 자료는 2006년 이후 조사에서 채취한 샘플로 얻은 값이며, 이에 대한 개별적 설명과 해석은 생략한다.

길이는 6~8m, 작은 주거지는 3~4m정도이다. 주거지는 생토를 파서 만들었으며, 바닥면은 비교적 편평하다. 기둥 구멍은 네 모퉁이와 중심부에서 대칭을 이루고, 마치 바둑판처럼 규칙적으로 배치되었다. 내부에서는 노지 혹은 불을 피운 흔적이 확인되며, 벽면에 2층으로 단(二層臺)이 만들어진 경우도 있다. 유물의 대부분은 벽 쪽에서 출토되었다.

수혈은 평면 형태 원형으로, 모두 직경 10m 내외의 대형이다. 내부의 흙은 입자가 매우 곱고 부드러우며 동그랗게 갈린 토기 편과 해말석(海沫石) 등이 섞여 있어 저수 시설로 추정된다.

나. 유물

토기는 조질 협사도로, 홍갈도와 흑갈도가 가장 많다. 흑도도 출토되었다. 태토에는 소량의 활석 가루를 섞었으며, 소성 온도가 비교적 낮고, 기벽은 얇은 편이다. 심복통형관이 주를 이루는데, 구연이 크고 저부는 작으며 구연이 살짝 외반한다. 복부가 비교적 깊고 하복부는 안쪽으로 내만하여 작고 높은 대형(臺形)의 저부 형태를 만들게 된다. 그 외에 소구고복관, 호, 완, 발, 배와 주형기 등의 기종도 확인된다. 호는 곧고 높은 경부를 가지고 있으며, 호, 완, 배의 저부에는 가권족이 나타난다.

주요 문양은 각획의 방법으로 새긴 횡선문, 망격문, 인자문, 석문, 삼각문이며, 압인문은 보이지 않는다. 토기 전체에 시문하는 예가 많지만, 문양은 다소 허술하여 정연하지 못하다.

석기는 후와하층문화와 비슷해서 마제석기가 타제석기에 비해 많고, 그 기종에서도 차이가 보이지 않는다. 토제와 석제 어망추는 여전히 많이 확인된다.

장식품은 추(墜), 환(環), 관(管), 구슬(珠) 등이 있는데, 대부분 활석 재질이다. 사람 머리 형상(人頭像), 돼지 머리와 물고기형 장식 등 석제와 토제의 조소품도 발견되었다.

절대연대 측정값으로는 후와 유적의 4,465±90BP가 있다.

3. 5,000~4,000년 전

홍산문화는 5,000BP을 전후하여 소멸하고, 그 후 홍산문화의 분포 지역 내에는 소하연문화가 출현하여 짧은 기간 존속한다. 그리고 신락하층문화와 소주산중층문화에 이어 편보자문화와 소주산상층문화가 등장한다. 두 문화는 분포 범위의 일부가 겹치는데, 이를 연대상의 차이로 이해하는 견해도 있다. 후와상층문화가 존재했던 지역에서는 북구문화가 확인된다.

1) 요서지역

(1) 소하연문화

소하연문화(小河沿文化)의 특징을 보여주는 토기는 1921년 금서현 사과둔 동굴 유적을 발굴할 때 처음으로 확인되었다. 승문을 새긴 발과 회(回) 자 승문으로 장식한 통형관 등이 출토된 것이다. 이후 1938년 출판된 『적봉홍산후』라는 책에는 적봉 사도정자 등에서 채집된 일련의 토기가 소개되었는데, 여기에 소하연문화의 승문통형관과 채도두, 채도발 등이 포함되어 있다. 그러나 오랜 시간 동안 두 지점에서 출토된 소하연문화의 유물은 홍산문화의 범주에 포함되었으며 연구자들은 홍산문화와의 차별성을 인식하지 못하였다.

1960년에 내몽고자치구 조오달맹(昭烏達盟)의 석양 석호산(石羊 石虎山)에서 발견된 1기의 무덤에서 특징적인 토기들이 다량으로 출토되었다. 1963년에 발표된 조사 보고에서는 유물의 기형이나 채도의 문양이 홍산문화와 동일하지 않고 오히려 홍산문화보다 다소 늦을 가능성이 제시되었다. 이는 소하연문화와 홍산문화 사이의 구별이 가능해졌음을 의미하지만 당시에는 주목받지 못했다.

1974년 요령성박물관에서 적봉시 오한기 소하연향 백사랑영자(白斯朗營子) 남태지(南台地) 유적의 발굴을 진행하였다. 그 결과 선문이 새겨진 통형관과 채도가 공존하는 토기군이 확인되었고, 이런 종류의 토기군을 대표로 하는 문화를 명확하게 인식할 수 있었던 바, 소하연문화라 명명하였다. 그런데 소하연문화에는 홍산문화의 기본적인 특징이 많이 남아 있고, 변화한 내용 역시 홍산문화에서 그 원형을 찾을 수 있는 경우가 많기 때문에 소하연문화를 '후(後)홍산문화'라고도 한다.

① 문화의 분포 범위

소하연문화의 분포 범위는 조보구문화, 홍산문화와 매우 유사하여, 북쪽으로는 서랍목륜하, 남쪽으로는 대·소릉하 상류의 사이 일대, 동으로는 의무려산을 경계로 한다. 서쪽으로는 서랍목륜하 원류의 서쪽 지대까지 이를 가능성도 있다.

주요 유적으로는 적봉시 오한기 석양 석호산, 소하연 남태지, 대남구(大南溝)의 제1묘지 석붕산(石棚山), 제2묘지 노요와양(老鷂窩梁), 서랍목륜하 북안의 임서현 사와자(沙窩子), 요령성 조양 객좌현의 남구문(南溝門)과 백음장한 등이 있다.

② 문화의 특징

가. 유구

지금까지 확인된 소하연문화의 주거지는 오한기 남태지 유적의 4기가 전부이다. 모두 수혈식 구조로, 직경 3m 내외의 원형 혹은 타원형이다. 단실과 쌍실의 두 종류가 있는데, 단실 주거

지에서는 돌을 쌓아 만든 원형의 노지와 기둥 구멍이 발견된 반면, 쌍실 주거지(F4)에서는 기둥

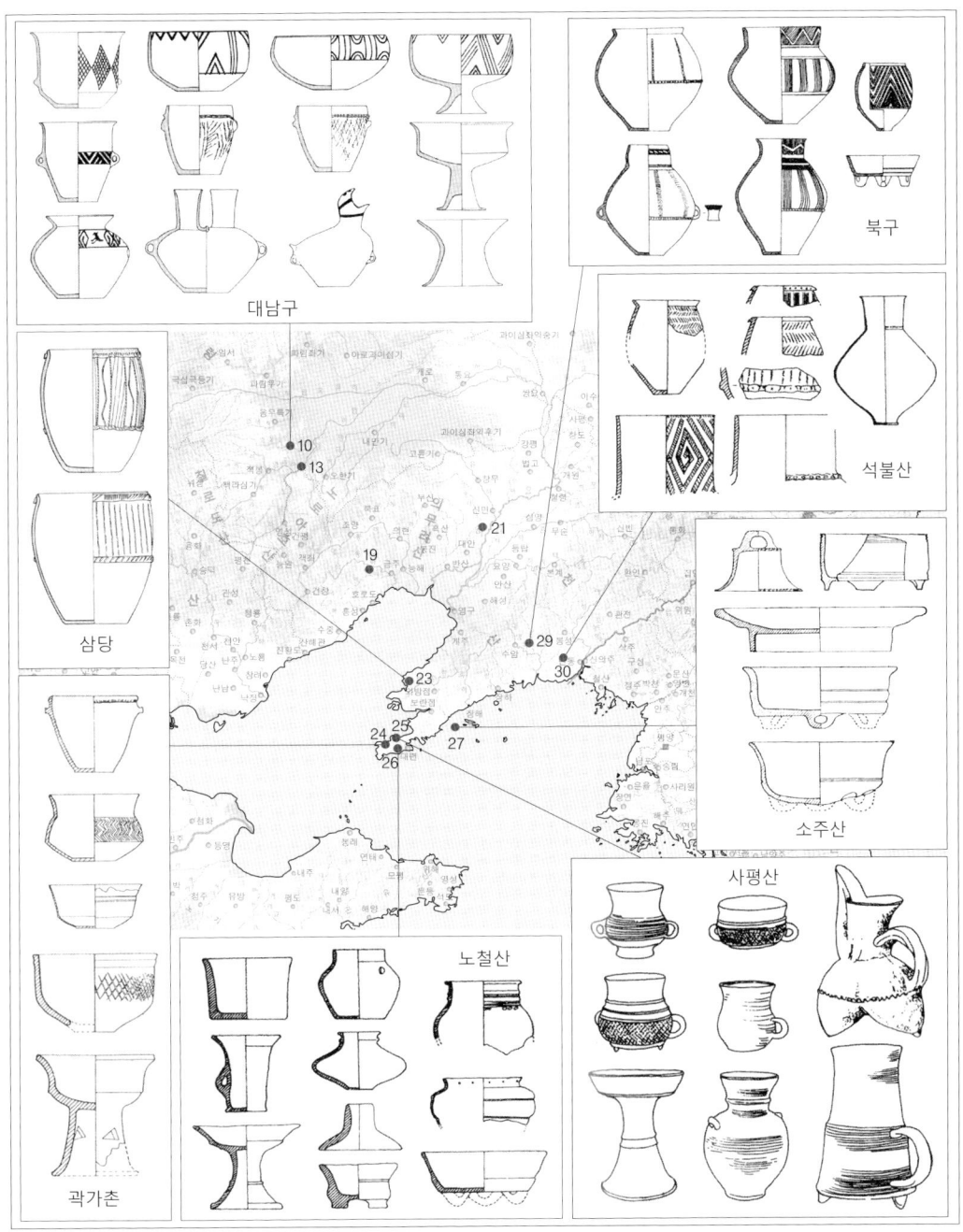

〈도면 4〉 5,000~4,000년 전 주요 유적과 출토 유물(유적 번호는 〈도면 1〉과 동일함. 유물 축척부동)
10. 대남구 13. 소하연(남태지) 19. 사과둔 21. 편보자 23. 삼당 24. 곽가촌 25. 사평산 26. 노철산 27. 소주산
29. 북구 30. 석불산

신석기시대 111

구멍이 확인되지 않았다. 쌍실 주거지는 동쪽 부분에 하나의 벽(隔墻)을 쌓아서 주거지 내부를 대, 소 2개 방으로 분할한 구조로, 홍륭와문화의 남태자 유적에서 확인된 呂자형 주거지와는 차이가 있다. 유물의 출토 상황을 보면, 작은 방은 물품을 보관하는 데 전용된 것으로 보인다. 출입구가 분명하지는 않은데, 쌍실 주거지의 서남에서 경사진 벽면이 발견되었다.

수혈은 남태지와 백음장한 유적에서 발견되었다. 대부분은 원형 혹은 타원형 입구에, 위쪽이 크고 아래가 작은 형태를 하고 있으며, 벽과 바닥의 형태는 매우 다양하다. 수혈 내에서 완전한 토기와 동물 뼈의 가공품이 출토되어 제의와 관련한 유구로 추정되고 있다.

무덤은 모두 4개의 유적에서 확인되었다. 그중 사과둔과 우장자(尤杖子) 유적은 동굴 무덤이고, 대남구의 석붕산과 노요와양은 고산(高山) 무덤인데, 두 종류 모두 신석기시대에서는 발견 사례가 많지 않은 매장지이다.

사과둔 동굴 유적은 요령성 금서시(錦西市) 남표진(南票鎭) 사과둔촌 동남쪽 1.5km에 있다. 동굴은 해발 216m의 산기슭 남쪽에 위치하며, 동굴 입구는 남서향이다. 동굴의 규모는 폭 1.8m, 깊이 약 5m이며, 바닥은 동굴 밖의 지표보다 약간 낮다. 동굴 안에서는 42개체의 인골이 발견되었다. 서쪽으로 30km 정도 떨어진 우징자 동굴에서도 동일한 시기의 것으로 추정되는 무덤이 확인되었다. 동굴은 산 정상에 가까운 가파른 경사면에 자리하고 있으며, 역시 여러 개체의 인골이 출토되었다. 매장과 관련한 특정 유구나 유물이 확인되지는 않았지만 두 동굴 모두 하천에서 멀고 험준한 지형에 자리하고 있어 주거지로 보기는 어렵고 많은 수의 인골이 확인되는 점을 고려하여 무덤으로 보고 있다.

대남구 유적은 제1묘지인 석붕산과 제2묘지인 노요와양으로 구성되는데, 두 지점의 거리가 멀지 않아 하나의 유적으로 칭하고 있다. 석붕산 무덤은 대남구촌 동남 1km, 해발 1,040m의 산 정상부 남측 경사지에 위치하며, 77기의 무덤이 발견되었다. 노요와양 무덤은 석붕산 무덤의 서남쪽 약 2km 지점, 해발 1,063m의 산 남사면에 있고, 6기의 무덤이 있다. 대남구 유적에서 확인된 83기의 무덤은 모두 장방형의 토광수혈묘로, 장법은 앙신굴지장이며, 동일한 구성의 부장품이 수장되어 있다.

석붕산 무덤은 크게 3개의 구역(A, B, C)으로 분할되어 있다. 가장 높은 지점에 위치한 B구역에는 32기의 무덤이 있다. 약간의 공백 지대를 두고 B구역의 서쪽에 C구역이 있다. C구역에는 총 28기의 무덤이 있는데, 상대적으로 높은 지역에 17기가, 이와는 약간 떨어진 낮은 지점에 11기가 있다. C구역의 남측, 유적에서 가장 낮은 지점이 A구역으로, 모두 17기의 무덤이 있다.

각 구역 내의 무덤은 지세에 따라 줄을 이루며 가지런하게 배열되어 있으며, 구역에 따라 무덤의 방향이 다르다. 각각의 열에서 무덤의 간격은 일반적으로 1~2m이고, 각 열 사이의 거리는 2~3m 내외이다.

무덤은 대체로 길이 100~150cm, 폭 60~80cm 내외이다. 무덤 중 19기는 장변의 한쪽을 안쪽으로 파서, 그 안에 시신을 안치하였다. 대다수의 무덤은 불 맞은 흔적이 있어, 무덤 내부와 인골이 모두 검게 변하였다. 단인묘가 대부분이며, 합장묘(合葬墓)는 3기에 불과하다. 합장묘는 모두 성인 남녀로 구성되어 있는데, 머리는 서로 다른 방향으로 두고, 다리는 교차하거나 포개 놓았다. 머리뼈가 없는 무덤과 인골이 없는 무덤이 각기 5기씩 확인되었는데, 머리뼈가 없는 무덤은 머리 부분에 토기(罐 또는 鉢)를 두었다. 합장묘, 무두골(無頭骨)묘, 무인골(無人骨)묘처럼 특수한 무덤에서는 부장품이 풍부하다. 석붕산 유적의 무덤 중에서 가장 풍부한 부장품이 확인된 67호 무덤의 경우 또한 무인골묘이다.

부장품에는 토기, 석기와 골기, 장식품 등이 있다. 토기는 일반적으로 발, 두, 호 혹은 관, 두, 발의 3점이 한 세트를 이루지만, 예외적으로 채도, 준형기(尊形器), 규형기(鬹形器), 동물형 토기와 복잡하거나 정밀하게 제작된 특수 기종이 추가되는 경우도 있다. 석기와 골기의 종류로는 석월(鉞), 석부, 석분, 석착, 골병도 및 골착(鑿), 골촉(鏃) 등이 있는데, 대개 남성의 무덤에서 확인된다. 여성의 무덤에서는 방추차가 출토되었다. 장식품에는 석환(石環)이 있는데, 남성은 목 부분에, 여성은 팔에 끼워놓았다.

나. 유물

소하연문화의 토기는 협사와 니질의 두 종류가 있는데, 협사도가 더 많고, 색은 갈색, 적색, 회색, 흑색이 있다. 기종은 통형관, 발, 분형기와 호가 위주로, 기본적으로는 홍산문화와 같지만, 투각두(鏤孔豆)와 고족배(高足杯), 고경준(高頸尊), 쌍이치구분(雙耳侈口盆), 절복분(折腹盆)과 우형기(盂形器) 등은 이전에 볼 수 없었던 기종이어서 점차 기종이 다양해지고 있음을 알 수 있다. 우형기와 절복분은 하가점하층문화로 발전해가는 과도적 형태를 보여주며, 홍산문화와 비교하여 흑도와 두(豆)의 수량이 증가하는 점 역시 후행 문화인 하가점하층문화와 연결되는 특징이다. 두형기는 홍산문화 시기에는 거의 보이지 않는 반면, 소하연문화에서는 흑도 투각식 두를 위주로 하여 대량으로 출토되고 있어 대조적이다. 두가 대량 출현하는 것은 산동반도의 대문구문화와 관련한 특징이다.

권족(圈足), 손잡이(耳), 주둥이(流) 등의 부속물이 많아진 것 역시 하나의 두드러진 특징이며, 쌍구호(雙口壺)나 환신호(環身壺), 조형호(鳥形壺)처럼 특수한 형태 또는 동물의 형상을 가진 토기가 출토되는 점도 주목된다.

토기는 인(人)자문, 부가퇴문과 마름모꼴 세승문, 사방격문(四方格紋), 평행문 등으로 장식하였으며, 무문인 토기도 있지만, 이전 시기까지 항상 볼 수 있었던 압인지자문은 보이지 않는다. 소하연문화에서는 적색과 흑색으로 장식한 채도가 매우 발달하였는데, 인문(鱗紋)과 삼각문을 중심으로 회자문(回字紋), 녹문(鹿紋) 및 직선으로 구성된 각종 기하문으로 장식하였다. 구연 안쪽을 채색한 토기도 있다.

석기의 종류는 많지 않으며, 마제석기 중 비교적 전형적인 것은 형태가 세장한 석부와 석착 정도이다. 석부는 인부만을 마연하여 나머지 부분에는 쪼아 다듬은 흔적이 남아 있고, 비교적 세장하다. 석착은 전면을 마연하여 제작하였으며, 길이가 너비의 4배를 넘기도 한다. 그 외에는 분(錛), 산(鏟), 도(刀), 갈판, 저(杵: 공이), 유공 석기가 있다. 세석기는 석촉과 석편 등이 출토되었다. 대남구 유적에서 비교적 많은 골병석인도가 출토되었는데, 틀에 석편 3~6개를 끼워 넣어 전체 날을 구성할 수 있도록 만들었다.

옥기는 대남구 유적에서 확인된 옥관(管) 1점이 유일하다.

사과둔과 대남구 등의 유적에서는 석재를 이용한 다량의 장식품이 출토되었다. 잘 마연되었으며 형태도 일정하여 옥기와 같은 특징을 보여주며 종류는 석환(環), 석탁(鐲), 이식(耳飾), 발식(髮飾)과 관주(串珠: 구슬꿰미) 등이 있다.

절대연대 측정값은 대남구 유적에서 확인된 4,345±80BP, 3,785±100BP, 3,640±120BP이 있는데, 대부분의 연구자는 이 중에서 첫 번째 측정치만을 참고하고 있다. 다른 두 측정치는 인골 시료를 이용하여 얻은 것인데, 그 연대값이 매우 늦어 시료에 문제가 있었던 것으로 파악하고 있다.

2) 요동지역

(1) 편보자문화

편보자문화(偏堡子文化)는 1956년 발견된 심양 교외의 편보자 유적에서 비롯된 명칭이다. 편보자 유적은 신민현의 동남부에 위치하며, 서쪽 10km 거리에 요하가 흐른다. 유적은 타원형의 모래 언덕에 자리하고 있다. 발견 당시에는 크게 주목받지 못하다가 1980년대에 이르러 신락, 고대산 등의 유적이 발굴된 후 재조명받게 되었고, 층위 관계에 따라 하요하 유역에서 신락하층문화 이후에 출현한 문화로 인식되었다.

① 문화의 분포 범위

편보자문화 유적은 초기에는 심양과 그 주변 지역에서만 확인되었으나, 나중에는 대련과 황해까지 범위가 확대되었다. 현재까지의 자료에 따르면, 편보자문화는 요하 하류의 신민에서 심양과 본계 사이, 남쪽으로는 요동반도의 발해만 연안, 동쪽으로는 압록강 근처까지 그 분포 범위가 확인된다. 주요 유적은 편보자 유적 외에 신락 유적과 고대산 유적의 중층, 조공가 유적과 대련의 와방점(瓦房店) 삼당(三堂) 유적 등이다.

조공가 유적은 심양시 철서구(鐵西區) 조공가(肇工街)에 있고, 1965년에 조중공동고고학발굴대가 발굴하였다. 유적의 층위는 간단하여, 지표층과 유물 포함층으로 구분된다. 광구호(廣

口壺)·장경호(長頸壺)·발(鉢)·삼족기(三足器) 등의 토기와 방추차, 어망추 등의 토제품이 출토되었다.

삼당 유적은 와방점시 서부에 위치한 장흥도(長興島)의 동부에 자리하는데, 삼당향에서 동남쪽으로 2km 떨어진 곳이다. 발굴은 4개의 구역으로 나누어 진행하였고, 총 6개의 지층이 확인되었다. 출토 유물을 통해 2개의 문화로 구분되며, 1기층(5, 6층/하층)이 편보자문화에 해당된다.

② 문화의 특징

가. 유구

편보자문화의 주거지는 삼당 유적에서 3기가 확인되었다. 평면 형태는 원형, 말각방형, 타원형이며, 모두 수혈식이다. 벽에 인접하여 기둥 구멍이 불규칙하게 배치되어 있고, 출입구는 경사식이다. 뚜렷한 형태의 노지는 확인되지 않으며, 바닥면 위에서 붉은색 소토와 재가 확인될 뿐이다. 주거지 인근에서는 10개의 수혈이 확인된다. 대부분은 평면 형태가 원형이며, 직경은 다양하지만 깊이는 30~40cm 정도로 일정한 편이다. 내부에서 다량의 조개껍데기와 불탄 흙덩어리, 동물 뼈와 토기 편이 출토되었다.

삼당 유적에서는 무덤도 2기 확인되었다. 모두 아동의 무덤으로, 장방형의 수혈식 토광묘이다. 무덤 1기는 유골 위에 석판을 덮었다. 부장품은 확인되지 않는다.

나. 유물

토기는 대부분 갈색류의 협사도로, 태토에는 활석 가루와 운모가 혼입되었다. 니질토기는 드물다. 소성 온도는 비교적 높고, 토기의 형태도 규칙적인 편이다. 기종은 통형관, 고령호(高領壺), 권족발(圈足鉢)이 주를 이루며, 특히 고복통형관이 많다. 고령호는 새로이 등장한 기종으로 편보자문화에서 가장 특징적인 토기이다. 평저가 많고 소량의 권족기도 있다. 편보자문화의 호는 청동기시대 고대산문화 조기의 호와 매우 유사한 형태로, 편보자문화 토기에서 보이는 이중구연(이중구순)은 고대산문화에서 매우 보편적이다. 이는 편보자문화가 하요하 유역 청동기시대 고대산문화의 전신임을 시사하는 것이다.

대부분의 토기가 시문토기로, 시문은 동체부에 집중되어 있다. 문양은 다양한 편이지만, 압인문은 보이지 않는다. 관과 호에는 세퇴문(細堆紋)과 각획문(刻劃紋)을 주로 시문하였다. 세퇴문은 눌러 붙인 좁고 긴 퇴문(돌대)으로, 세로 방향으로 평행 배열하거나 평행선과 절곡선(折曲線)을 엇갈려 배열하였다. 편보자문화 특유의 세퇴문은 동일 지역의 이전 문화인 신락하층문화에서는 보이지 않는 이질적인 요소로, 산동반도에서 요동반도 남단을 거쳐 전해진 것으로 이해하기도 한다. 관의 구연 바깥쪽에도 대부분 부가퇴문이 장식되었다.

각획문은 두 줄의 외곽선으로 마름모, 삼각사선, 회(回) 자 등의 모양을 그리고, 그 안에 세밀한 사선문을 채워 넣었다. 그 외에 현문, 망격문(網格紋), 인(人)자문, 점문(点紋) 등의 문양이 확인된다.

석기는 마제석기가 주를 이루며, 소량의 타제석기와 세석기도 확인된다. 종류로는 2개의 구멍을 뚫은 반월형 혹은 장방형의 석도(石刀), 착(鑿), 갈판, 환인기(環刃器), 찍개, 유엽형의 마제석촉(鏃), 어망추와 격지 등이 있다.

골기는 송곳, 촉, 비(匕)와 시문용 도구 등이 있으며, 삼당 유적에서 황(璜)과 아벽(牙壁) 등의 장식품이 출토되었다.

삼당 유적에서는 4,250±50BP의 절대연대가 확인되었다.

한편 편보자문화와 고대산문화 사이에 '평안보 2기 유형'을 설정하고, 이를 신석기시대와 청동기시대의 과도적 단계로 파악하기도 한다. 평안보 유적은 요령성 창무현 흥륭산향 조가촌 평안보둔에서 서쪽으로 0.5km 떨어진 언덕 위에 위치한다. 1979년에 발견되어, 1982년에 시굴, 1988년에 발굴이 이루어졌다. 발굴 보고자는 층위와 유물에 따라 3기로 구분하였는데, 이 중 1, 2기 문화는 신석기시대에, 3기는 고대산문화에 속한다.

평안보 유적 2기의 토기는 재질이 단단한 편으로, 대부분의 토기가 무문이며 표면은 마광(磨光)하였다. 시문한 경우에는 거치문과 평행삼각문을 각획하였다. 확인된 기종에는 쌍이통형관, 쌍이곡복발, 절복대저발과 단경호 등이 있다.

통형관은 이 일대 신석기시대 문화의 보편적 기형이지만, 평안보 유적 2기의 통형관은 그 형태와 시문 내용에서 신락하층문화나 편보자문화와는 다소 차이가 있다. 그리고 쌍이관과 홍도 절복대저발 등은 부분적으로 고대산문화의 특징을 보여주고 있다. 또 대족삼족기의 족첨(足尖)이 발견되었는데, 이 역시 청동기시대 유물에서 보이는 특징적 요소이다. 평안보 유적 2기 토기의 다양한 면모는 신석기시대에서 청동기시대로의 전환을 보여주는 것으로 이해되지만, 이를 하나의 '단계'나 '문화'로 설정하는 것에는 회의적인 견해도 있다. 알려진 절대연대값 역시 4,355±245BP로, 삼당 유적의 방사성탄소연대 측정치와 큰 차이를 보이지 않는다.

(2) 소주산상층문화
① 문화의 분포 범위

소주산상층문화(小珠山上層文化)에 해당하는 유적으로는 소주산 유적 상층 이외에 여순 곽가촌 유적 상층, 상마석 유적 중층, 삼당 유적 상층, 남요(南窯)와 여순 장군산, 노철산(老鐵山), 사평산(四平山) 등이 있고, 이 중 여순 노철산과 사평산의 적석총이 대표적이다.

노철산 유적은 요동반도 남단에 위치한다. 노철산 북쪽의 제1봉우리에서 서북쪽으로 3km 떨어진 산등성이에 약 40기의 적석총이 분포하고 있는데, 1909년에는 일본인 도리이 류조가 조사하였고, 1973~1975년에는 이 중 5기에 대한 발굴 조사가 이루어졌다.

사평산 유적은 대련시 영성자(營城子)에 있다. 표고 192m의 사평산 남북 꼬리에 42개소의 적석총이 구축되어 있고, 이 중 20여 기가 조사되었다.

② 문화의 특징
가. 유구

소주산상층문화의 주거지는 곽가촌 상층(4기), 대장산도 상마석(1기), 광록도 남요(1기)와 삼당 상층(3기)에서 발견되었다. 곽가촌의 주거지는 모두 심하게 파괴되었고, 상마석과 남요에서 확인된 주거지도 반 이상 훼손되어 정확한 내용은 파악이 어렵다. 그렇지만 잔존 상황으로 미루어볼 때 대부분 말각방형과 원형의 수혈식 구조에, 일반적으로 직경 6m 내외의 규모였을 것으로 추정된다. 주거지 내에는 크고 작은 기둥 구멍이 있는데, 그 크기나 수는 동일하지 않으며, 단순한 수혈인 것도 있고, 편평한 돌을 대서 주춧돌로 삼은 것도 있다. 벽과 지붕에는 풀을 섞은 진흙을 발랐으며, 불을 놓아 붉은색의 소토가 형성되었다. 주거지 내에는 노지를 설치했는데, 그 옆쪽에 지면보다 높이 올라온 소토대(燒土臺)를 만든 경우도 있다. 바닥면은 흙을 깔고 편평하게 다졌다.

삼당 유적의 주거지 중에서는 1호와 2호가 비교적 잘 남아 있다. 수혈식으로, 평면 형태는 타원형과 원각장방형이며, 각각 380×290cm, 440×210cm의 규모이다. 주거지 바닥면은 고르지 못하다. 내부에서 불을 피운 흔적(불탄 흙과 목탄 등)이 확인되지만, 뚜렷한 노지 시설은 보이지 않는다. 외부로 돌출된 출입 시설이 있다. 1호 주거지는 주거지 내부에 벽을 설치한 쌍실(두 칸) 구조이다.

곽가촌 유적에서는 48기의 수혈이 확인되었는데, 대부분은 폐기된 저장소로 보이며, 내부에서는 다양한 유물이 출토되었다.

소주산상층문화의 확인된 무덤은 적석묘의 군집으로, 요동반도 남단에 집중적으로 분포하고 있다. 노철산, 장군산, 사평산과 대령산 등에서 적석총이 발굴되었는데, 모두 해안에 가까운 산과 구릉의 정상부 혹은 해안 구릉에 자리하고 있다. 자연석 혹은 자갈을 쌓아 장방형, 방형, 말각방형의 병렬 혹은 연결된 다실묘를 축조한 후 무덤의 정상부에 자갈과 깨진 돌을 쌓아올려 적석총을 만들었다. 일부 적석묘군은 노철산, 사평산 유적과 같이 높은 지점에 커다란 규모로 만들어졌으며, 대체로 10기 이상의 적석총이 연결되어 산맥의 방향과 등고선을 따라 나란히 배열되었다. 사평산 적석총은 산 정상부로 올라갈수록 적석묘의 규모가 대형화하는 추세를 보여 가장 커다란 무덤은 북쪽 봉우리의 정상 부분에 위치한다. 노철산 유적의 적석총은 그 길이가 7~20m까지 매우 다양하며, 내부에는 여러 개의 묘실이 있다. 묘실 바닥에는 돌을 깔았고 묘실 위에는 대형 돌을 덮었다.

부장품에는 토기, 석기와 장식품이 있다. 토기는 대부분 소형의 명기(冥器)로, 관, 두, 단이배(單耳杯), 3개의 환족(環足)이 달린 반형정(盤形鼎)이 있다. 사평산 유적에서는 이외에도 대족규(袋足鬶)와 옥기(牙璧)가 출토되었다.

나. 유물

토기는 협사 흑갈도가 가장 많고, 그다음으로는 홍갈도, 니질 홍도와 흑도가 있다. 대부분 수제로 제작하였으나, 일부 물레(輪制)의 흔적도 확인된다.

기종은 매우 다양하다. 관 종류는 치구통형관(侈口筒形罐), 염구이중구연관(斂口厚疊脣罐) 외에 흑색의 소구고복관(小口鼓腹罐)이 특징적이다. 삼족기 중에서는 분형정(盆形鼎)이 많은데, 3개의 환족(環足)이 달린 분형정은 소주산상층문화의 중요한 특징 중 하나이다. 그 외 기종에는 권족기, 창구호(敞口壺), 완, 발, 삼족배, 옹, 심복분, 우(盂), 뚜껑, 대족규(袋足鬶)와 소량의 비실용 토기가 있다. 손잡이나 꼭지(鈕)와 같은 부속이 유행하여 다수 확인된다.

토기는 무문에 마연을 한 것이 대부분이지만, 각획문과 부가퇴문이 장식된 경우도 소수 확인된다. 각획문에는 사선삼각문, 인자문, 망격문, 수파문, 평행사선문, 현문, 방격문, 곡선문 등이 있으며, 부가퇴문은 주로 구연부의 장식에 이용되었다.

석기는 대부분이 마제로, 타제석기는 거의 보이지 않는다. 부, 쌍공도(雙孔刀), 산(鏟), 저(杵), 분(錛), 모(矛), 갈판과 갈돌, 반상기(盤狀器), 구(求), 망추(罔錐), 촉, 추(錐), 방추차, 지석(砥石) 등의 기종이 있다. 옥착(玉鑿) 등의 옥제 공구와 추(錐), 침(針), 촉, 착(鑿)과 비녀 등의 골기도 확인된다.

그 외에 돼지와 같은 동물, 사람의 머리 형상 등을 소재로 한 토제 장식품(혹은 예술품)과 함께 다양한 재료로 만든 추(墜)가 출토되었다.

절대연대값으로는 4,400±110BP, 4,045±100BP(이상 상마석 유적), 4,220±300BP(남요 유적), 4,180±90BP, 4,110±90BP, 4,080±70BP, 4,020±90BP(이상 곽가촌 유적), 4,585±30BP, 4,058±29BP, 3,835±30BP, 3,765±25BP(이상 소주산 유적 2009년 동물유존체 시료/시료 불명 자료 제외)가 있다.

(3) 북구문화

① 문화의 분포 범위

북구문화(北溝文化)는 후와상층문화에 후행하는 문화로, 요동 산지에서 황해 연안에 이르는 지역에서 확인된다. 주요 유적으로는 북구 유적과 석불산(石佛山) 유적이 있으며, 서천안(西泉眼) 유적에서도 동일한 문화 내용이 확인된다.

북구는 요령성 수암현(岫岩縣) 수암진 서북영자촌(西北營子村) 패장리(壩牆里)에 있다. 마을의 동, 남면은 개활 평지이고, 서쪽에는 비교적 낮은 전산(前山), 서산(西山)과 후산(后山)이 있다. 이 세 산의 사이에 동서 방향으로 놓인 한 조의 구(溝)가 있는데, 주변 사람들은 이것을 북구라고 한다. 북구 주변에서는 신석기시대 유물이 많이 확인되어 1987년과 1988년에 서산과 후산에 대한 발굴 조사가 이루어졌다. 흔히 북구 유적이라고 하면 이 중 서산 유적을 의미한다.

북구 유적은 서산의 정상부와 동쪽 경사면에 위치하며, 면적은 대략 1,600m²이다. 산 아래에는 대양하(大洋河)가 북에서 남으로 흘러 황해로 들어간다. 유적에서 출토된 유물의 특징이 뚜렷하여 다른 문화와는 구분되므로 북구문화로 명명하였다. 북구 유적에서는 완형 혹은 기형 복원이 가능한 토기가 70여 점, 석기와 옥기 등이 300여 점 확인되었다. 지표층 외에 3개의 문화층이 확인되지만, 발굴자는 모두 동일한 문화에 속하는 것으로 판단하고 있다.

석불산 유적은 1985년에 요령성 동구현 마가점진 마가점촌의 서쪽에 있는 석불산의 정상과 동쪽 경사면에서 확인되었는데, 황해에서는 15km 떨어진 곳이다. 석불산은 동북쪽이 높고 서남쪽이 낮은 형상이다. 유적과 유물의 분포 범위는 비교적 넓다. 1986년 4월에 3개 지점, 136m²에 대한 발굴이 이루어졌다. 주거지 1기, 수혈 2기가 조사되었고 각종 유물이 수습되었다. 지표층 외에 3개의 문화층이 확인되었지만, 발굴자는 유물의 내용이 동일하여 한 시기로 파악하였다.

서천안 유적은 요령성 동구현 용왕묘진(龍王廟鄕) 서천안둔(西泉眼屯)의 북쪽에 위치하며, 서쪽으로 4km 떨어져 대양하가 흐른다. 1981년에 일부 유물이 수집되었고, 1986년에 시굴이 진행되었다. 신석기시대층에서는 주거지나 수혈 등의 유구는 확인되지 않았으며, 유물만 출토되었다.

이상의 3개 유적 외에도 동구현과 수암현 일대에서 북구문화의 유물이 확인되었지만 그 수량이 많지 않다.

② 문화의 특징
가. 유구

석불산 유적에서는 확인된 주거지는 평면 형태 원형의 수혈식 구조로, 직경은 2.9m, 깊이는 0.3m이다. 서쪽에는 1.1×1.1m의 방형 출입 시설을 만들었는데, 계단식이다. 내부의 북쪽에는 3개의 자연석이, 동쪽에는 방형 판석이 1개 놓여 있었다. 발굴자들은 북쪽의 돌들은 노지 시설의 일부로, 동쪽의 판석은 주춧돌로 추측하고 있다. 주거지 내부에는 불탄 재와 소토가 있었고, 기둥 구멍은 확인되지 않았다.

2기의 수혈은 모두 원형이며, 내부는 검은색 토양으로 채워져 있었다. 1호는 직경 110~130cm, 깊이 30cm, 2호는 직경 165cm, 깊이 60cm의 규모로, 저장용 시설로 추측된다.

북구 유적에서도 4기의 주거지가 발견되었다고 하나, 그 정확한 내용은 알 수 없다.

나. 유물

토기는 활석 가루를 함유한 태토로 제작하였으며, 기벽이 비교적 두껍다. 흑갈도와 홍갈도가 가장 많고, 마광흑도(磨光黑陶)와 홍의도(紅衣陶)도 확인된다.

기종에는 고복관(鼓腹罐)과 호, 권족반, 삼환족반, 완, 두 등이 있는데, 그중에서 관과 호가 가장 중요한 기종이다. 관은 절연(折沿) 혹은 권연(卷沿)이 대부분이지만, 이중구연도 있다. 호는 대호와 소호가, 고경과 단경이 있으며, 2개의 고리 손잡이(雙耳)가 부착되기도 한다. 관과 호의 하부는 줄어들어 작은 평저를 형성하는 것이 특징적이다.

문양은 토기의 상부에만 시문되는 경우가 많으며, 주로 각획의 방법이 이용되었다. 주요 문양은 석문, 인(人)자문과 기하문 등이며, 그 외에도 삼각문, 소치문(梳齒紋), 망격문 등이 있다. 각획문 다음으로는 많이 보이는 것은 부가퇴문인데, 토기의 상복부에 덧대 장식하였다.

석기에는 석도, 석촉, 갈판, 갈돌, 마제석부와 반상기 등이 있으며, 몸통 전체를 가공한 장조형의 세석인석기도 비교적 많은 양이 출토되었다. 또 토제 방추차, 어망추와 마제석검(북구 유적, 3점)도 확인된다.

장식품에는 석환, 유공옥추식(有孔玉墜飾), 녹송석추식(綠松石墜飾) 등이 있다.

보고된 절대연대값으로는 4,210±110BP, 4,390±150BP, 4,650±100BP가 있다.

4. 4,000년 전 이후

현재까지의 자료를 보면 지역에 따라 문화적 양상에 다소의 차이가 있었던 것으로 추정되지만, 이 지역 신석기시대에서 청동기시대로의 전환 시기와 양상은 아직 구체적으로 규명되지 못했다.

연산 남북 지구는 신석기시대 문화가 4,200~4,000BP에 마무리되고 3,700BP을 전후한 시점에 청동기시대가 시작되는 것으로 보는 것이 일반적이다. 소하연문화가 소멸한 후 하가점하층문화가 등장하면서 신석기시대에서 청동기시대로 이행되는데, 대남구 유적에서 다소 늦은 시기의 절대연대값이 보고되었지만 대부분의 연구자는 시료의 종류와 큰 연대 차이 때문에 이를 수용하지 않고 4,200BP 내외의 값만을 인정하고 있다. 그 결과 소하연문화의 소멸에서 하가점하층문화의 출현 사이에는 공백이 생기는데, 두 문화의 연속성을 보여주는 공통적 요소가 연대의 빈틈을 상쇄하고 있어 전환 양상을 이해하는 데는 큰 무리가 없다.

그 외의 지역 역시 신석기시대 종말과 청동기시대 개시 사이의 절대연대는 그 차이가 적지 않아 시간적으로는 단절된 상태이다. 편보자문화와 후행하는 고대산문화 역시 두 문화에서 간취되는 공통적 요소로 절대연대값에서 보이는 수백 년의 간극을 메우고 있다. 물론 절대연대값이 문화의 존속 기간 전체를 대변해주고 있는 것이 아니기 때문에, 비교적 늦은 시기까지 이전 문화가 지속되어 청동기시대로의 전환이 이루어졌을 가능성도 배제할 수 없다.

요동반도의 남단은 쌍타자문화(雙駝子文化)의 출현으로 청동기시대가 개시된다. 만약 1기부터 청동기시대로 진입했다고 가정한다면, 절대연대는 이 지역의 신석기시대 마지막 문화인 소주산상층문화와 유사한 범위에 해당한다. 더욱이 최근에는 소주산 유적에서 다양한 자료가 추가되면서 4,000BP 이후의 절대연대도 2건(동물유존체 시료 측정치이며, 불명 시료 측정 자료는 제외함) 확인되어 소주산상층문화의 존속 기간이 확대되었다. 그러나 쌍타자문화의 절대연대 측정치 수가 매우 적고, 문화 내 분기 설정과 청동기시대로의 진입 시기에 대한 견해도 다양하기 때문에 이 지역 신석기시대에서 청동기시대로의 이행 과정에 대한 앞으로의 논의 결과를 지켜볼 필요가 있다.

III. 송눈평원·아무르강·두만강 유역의 신석기문화

1. 7,000년 전 이전

동북아시아에서 신석기시대는 토기 출현을 그 시작으로 한다. 그 이전 후기 구석기시대에는 동시베리아에서부터 극동까지 퍼져 있던 세석인문화가 각 지역별로 자연환경에 따른 생업 형태에 따라서 시베리아, 장강 이남, 극동에는 크게 3종류의 토기가 나타난다.

그중 극동의 아무르강(Амур, Amur) 하류와 연해주에서는 세석기와 함께 고토기가 나타난다. 아무르강 하류에서는 오시포프카문화(Осиповка, Osipovka, 奧西波夫卡文化)가 나타나며, 연해주에서는 우스티노프카(Устиновка, Ustinovka)-8 유적 등에서 원시 고토기가 확인되지만, 확실한 문화로 규정되지는 않는다.[10] 7,000년 전 이전에 오시포프카문화를 뒤따르는 문화로서 1999년 수추(Сучу, Suchu)섬 발굴을 통해서 마린스카야문화(Маринская, Marinskaya, 馬林斯克文化)가 존재하는 것으로 알려졌다. 수추섬의 자료를 통해서 측정한 마린스카야문화의 연대는 8,500BP로 알려졌지만, 이 문화에서는 이를 제외하고 다른 유적이 아직 확인되지 않고, 문화를 규정하는 토기도 정확하게 규정되지 않아서, 하나의 고고 문화로 규정할 수 있을지에 대한 논란이 있다.

송눈평원에서는 후투목알(后套木嘎) 유적 제1기에서 태토에 섬유질이 혼입된 토기가 출토되고 있으며, 이 유적의 2기에서는 융기문토기가 출토되고 있다.

---

10 한편, 최근 중국의 흑룡강 유역에서 고토기가 확인되는 유적이 발굴되고 있어서, 이런 내용이 좀 더 알려진다면 동아시아에서 고토기의 분포 범위나 각 지역별 현황들을 알 수 있을 것으로 생각된다.

아무르강 하류와 연관이 많은 지역으로 연구되고 있는 사할린은 후기 구석기시대의 소콜(Coкoл, Sokol) 유적, 타코예(Такое, Takoye)-2 유적, 임친(Имчин, Imchin)-1 유적 등에서 세석기문화를 계승하는 신석기시대의 유적들이 발견되고 있다.

1) 아무르강 하류

(1) 오시포프카문화(도면 5)

아무르강 하류의 오시포프카문화는 처음에는 아무르강 중류의 노보페트로프카(Новопетровка, Novopetrovka, 新彼得羅夫卡)문화의 석기와 비슷해서 주목을 받았다. 하지만 노보페트로프카

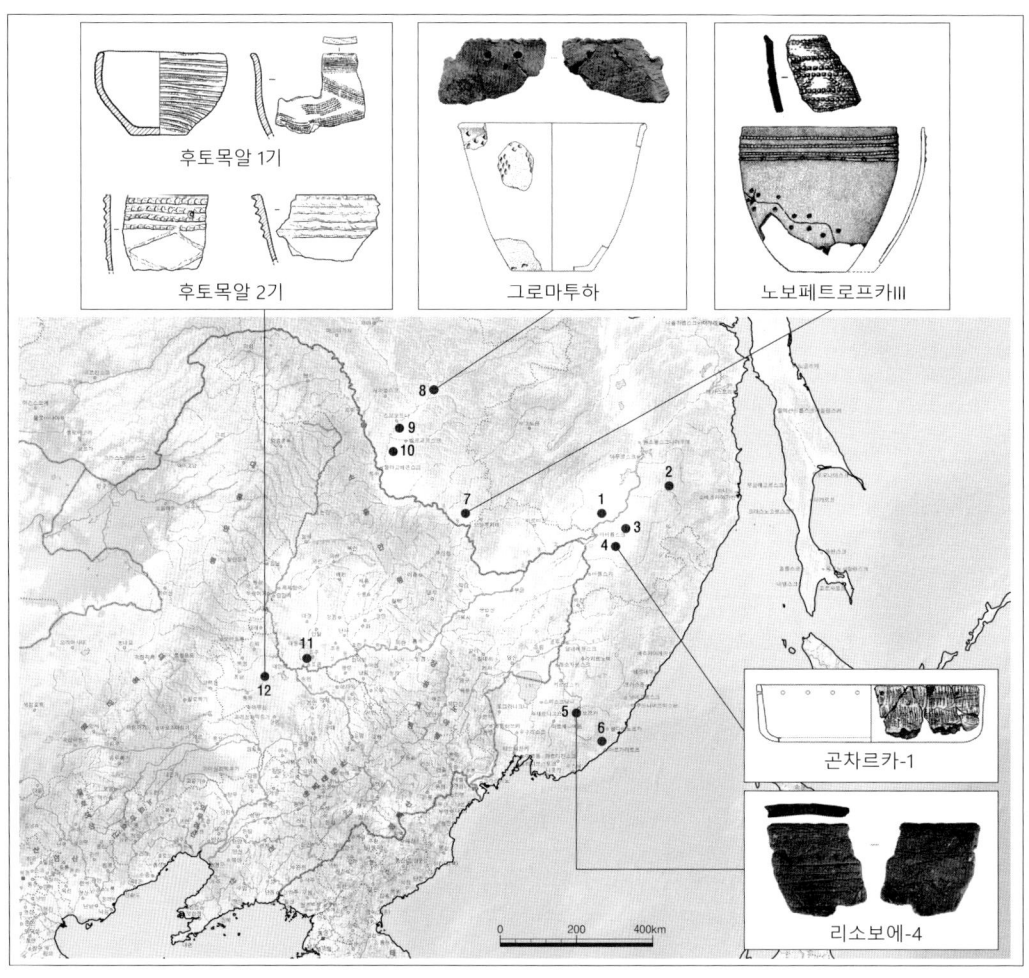

〈도면 5〉 7,000년 전 이전 주요 유적과 출토 유물(1:2,000만)

1. 오시포프카-1 2. 후마 3. 가샤 4. 곤차르카-1, 노보페트로프카-3: 브이하-1, 4; 오시노바야 레치카 5. 리소보에-4
6. 우스티노프카-3 7. 노보페트로프카-I~III 8. 그로마투하 9. 체르니고프카나 지이 10. 세르게예프카 11. 쌍탑 유적 1기
12. 후토목알 유적 1기, 2기

문화의 문화에서는 토기가 출토되어서 신석기시대로, 오시포프카문화는 토기가 출토되지 않았기 때문에 신석기시대가 아직 아닌 것으로 이해되었다. 하지만 그 후에 오시포프카문화의 유적들에서 토기가 확인되고, 탄소연대가 밝혀지면서 신석기시대 문화로 파악하게 되었다.

이 문화의 유적들은 아무르강 하류와 우수리(Уссури, Ussuri)강을 따라서 550km 반경 안에 위치한다. 이 문화의 가장 북쪽 경계는 아무르강 하류의 북동쪽으로 후미(Хумми, Hummi) 유적이 있는 예브로노-고린스키(Евроно-Горниский, Evrone-Gornicki) 지질 고고학 지구에서부터 하한은 우수리강 하류 요하(饒河)를 남쪽 경계로 보고 있다. 특히 우수리강과 아무르강이 합류하는 지점으로 하바로프스크(Хабаровск, Khabarovsk) 시내에서 중국 국경까지의 이 지역은 헤흐치르(Хехцир, Khekhtsir) 지질 고고 지구로 70개 이상의 오시포프카문화 유적이 알려져 있고, 그중 56개 유적은 서로 가깝게 위치하고 있다.

이 문화의 유적은 오시포프카-1, 가샤(Гася, Gashaya), 후미, 곤차르카(Гончарка, Goncharka)-1, 노보트로이츠코예(Новотроицкое, Novotroitskoe)-3, 7, 10, 14, 17, 오시노바야 레치카(Осиновая речка, Osinovaya rechka)-10, 16 등이 있다. 특히 헤흐치르에서 이 문화의 유적이 많이 조사되었는데, 노보트로이츠코예-3, 10, 14, 17, 곤차르카-1~4, 오시노바야 레치카 유적 등이 해당된다.

이 문화의 주거지에서는 이동식 주거지와 반수혈식 주거지가 알려져 있다. 곤차르카-1 유적의 주거지의 평면은 장방형으로 크기는 3.5m×4.5m, 5.0m×1.7m인데, 주거지의 시설물에 대해서는 자세하게 알려지지 않았다. 이외에 반수혈식 주거지도 이 시기에 보인다.

후미 유적의 오시포프카문화층에서는 주거지 2기가 확인되었는데, 반수혈식으로 평면 형태 말각장방형이다. 주거지 내부 중앙에는 노지가 설치되었고, 10개의 기둥 구멍도 확인되었다.

오시포프카문화의 유적에서 토기가 출토되는 유적은 14개소 이상이다. 그중에서도 토기 기종의 다양함이나 양으로 보아서 가장 많은 유적은 곤차르카-1 유적이다.

이 문화의 토기 특징 중에 가장 잘 알려진 것은 태토에 풀을 섞어서 성형했다는 것이다. 그러나 이외에도 '샤모트(내화토)'가 혼입된 경우가 더 많은 비중을 차지한다는 의견도 있다. 가샤 유적에서 출토된 토기의 태토에서는 풀을 넣은 경우가 알려졌지만, 그러한 유물은 일부이고 대부분은 샤모트가 혼입되어 있다고 보고되었다. 이외에 태토에서 플린트, 석영, 혈암과 드물게는 석영과 장석도 확인된다.

가샤 유적의 출토품은 평저의 심발로, 토기 표면에 세로 방향으로 시문구로 정면한 흔적이 잘 남아 있다. 곤차르카-1 유적의 토기는 구연부는 직립하거나 약간 내만하며, 바닥은 편평한 발형기형이다. 기형을 알 수 있는 유물 가운데는 구경이 토기의 높이보다 커서 낮은 발형토기도 있다. 구연단에는 공열문, 융기문이 시문되거나 동체부는 무문, 다치구에 의한 지그재그 문 등이 시문된다. 시문 도구는 회전식 시문구나 다치구 혹은 나무막대기나 판에 줄을 감아서 만든 도구도 사용되었을 가능성이 있다.

석기는 세석인 핵, 세석인, 다양한 모양의 양면조정첨두기, 긁개, 석부 등이다. 세석인 핵은 양면석기로 제작된 것 중에서도 용별 기법(湧別技法)과 작은 자갈돌을 소재로 해서 정면한 세석인 2종류로 나눌 수 있다. 긁개는 평면삼각형인 것이 가장 특징적이고, 여러 유적에서 출토된다. 석재는 니암, 옥수석제, 각섬석 등이다. 이 밖에 대형 어망추, 굴지구, 화살촉 등이 있고, 석부는 부분적으로 마연된 것도 확인된다.

토기와 석기 외에 토제 및 석제의 예술품과 인간 형상물과 동물 형상물이 있다. 예술품은 주로 석제의 목걸이, 펜던트 등이고, 우상물은 돌로 만든 새, 흙으로 빚은 곰, 남녀의 성기를 양쪽 끝에 조각한 석제품 등이 있다.

이 문화의 절대연대는 최소 6개 이상의 유적에서 확인되는데, 대체적으로 14,200~9,900BP 정도로 보고 있다.

2) 아무르강 중류(도면 5)

(1) 그로마투하문화

아무르강 중류와 제야강에서는 고토기가 출토되는 그로마투하문화에서부터 신석기시대가 시작된다. 그로마투하(Громатуха, Gromatukha, 各羅馬圖哈)문화는 그로마투하 유적을 발굴하고 밝혀진 문화로, 석기가 아무르강 하류의 오시포프카문화와 상당히 유사하다. 쐐기 모양의 석핵석기, 타원형 혹은 아몬드 모양의 석창, 긁개와 끝 긁개 등이 출토된다.

이 문화의 유적은 1960년대 알려진 그로마투하 유적이 있으며, 2004년에도 체르니고프카-나-지이(Черниговка-на-Зее, Chernigovka-na-Zeye) 유적, 세르게예프카(Сергеевка, Sergeevka) 유적, 노보페트로프카(Новопетровка, Novopetrovka)-2 유적이 알려졌다.

그로마투하문화의 토기 가운데서 가장 특징적인 것은 태토에 풀과 석영, 장석, 화강암 등 암석이 관찰된다는 점이다. 비율에 따라서 3가지 정도의 태토로 구분된다. 오시포프카문화에서는 샤모트가 들어가 있지만, 그로마투하문화에서는 이는 3% 미만으로 극히 드물다. 태토에 들어가 있는 유기물질은 탄화된 가는 나뭇가지 혹은 풀 혹은 식물성 섬유이다.

토기의 기형은 발형토기로 권상법으로 성형되었다. 신석기시대 토기의 구연부는 대체로 편평한 구연이지만, 편평하지 않고 파상의 구연으로 처리된 유물도 확인되었다. 파상 구연단의 아래에는 공열문양이 있고, 다치구로 문양을 침선했다. 다치구로 침선한 문양이 많이 출토되고, 융기문 토기의 존재도 알려졌다.

이 문화의 연대는 토기의 태토에 혼입된 식물성 유기물 및 그을음과 유적에서 채취된 숯을 통해서 연대 측정한 결과 전자는 1만 5,010~9,550년 전, 후자는 1만 4,820~1만 1,200년 전으로 차이가 있으나 최소한 9,000년 전 이전까지 이 문화가 존재했던 것으로 볼 수 있다.

(2) 노보페트로프카문화

1960년대 말 아무르강 중류에서 노보페트로프카 유적을 통해서 노보페트로프카문화의 존재를 알게 되었는데, 당시에는 가장 이른 신석기문화로 알려졌으나 현재는 그로마투하문화를 뒤잇는 문화로 자리매김하게 되었다.

세형돌날문화의 석기군과 융기문토기가 함께 확인된다. 쐐기형 몸돌과 프리즘형 몸돌석기와 거기서 떼어낸 돌날을 이용하는데, 양면을 중심적으로 잔손질하는 것이다. 돌날몸돌과 돌날은 기본적으로 응회암을 많이 이용했고 벽옥계 석재와 옥수석도 확인된다. 노보페트로프카-3 유적에서는 돌날과 세형돌날로 제작된 유물이 97%를 넘는다. 2차 격지, 프리즘형 몸돌의 타격 및 박리면 조정 격지, 다량의 돌날, 그리고 돌날로 만든 석기 등이 있다. 첨두기, 석촉, 새기개, 자르개, 천공기 등의 용도로 만들어진 석기가 돌날로 제작되었다.

마제석기도 확인되는데 석축, 자위, 축 모양 석제품과 마연을 하기 위한 숫돌도 확인된다.

토기에는 패각을 혼입한 특징이 확인된다. 토기의 기형은 발형토기로 융기문이 부착되었다. 융기띠가 구연단에 평행으로 여러 줄 부착하고, 구연단 아래에 곡선 문양을 붙인 유물도 있다. 융기띠를 붙이고 그 상단에 눈금을 새긴다.

처음 이 문화를 알리게 된 유적은 노보페트로프카 유적과 콘스탄티노프카(Константиновка, Konstantinovka) 유적이 있고, 가장 최근에는 노보페트로프카-3 유적이 있다.

노보페트로프카문화의 연대는 1970년대에는 기원전 6000년가량으로 알려졌으나 2000년대에 들어오면서 확인되는 절대연대 측정치는 그로마투하문화보다 늦다. 노보페트로프카-3 유적에서 확인된 8,040±90BP(MTC-05943), 7,890±50(IAAA-32079)BP이다.

(3) 연해주(도면 5)

연해주는 아무르강 하류처럼 신석기시대 시작 단계를 고고문화로 규정하지는 않았다. 우스티노프카(Устиновка)-3, 체르니노프카-알티노프카(Черниновка－Алтыновка, Cherninovka-Altynovka)-5 유적, 고르니 후토르(Горний Хутор, Gorniy Khutor)-2 유적 등에서 고토기가 출토되고 있지만 연해주는 아무르강 하류에 비해서 이러한 유적의 수가 상대적으로 적고, 고토기의 출토 연대도 상대적으로 늦은 편이다.

우스티노프카-3 유적은 제르칼나야(Зеркальная, Zerkal′naya)강의 계곡부에 있다. 이 유적은 13구역으로 나누어서 발굴되었는데, 표토층을 제외하고 모두 3~4개의 층으로 나뉜다. 제일 아래층(3층과 4층)에서는 노지가 있는 주거 시설이 2기 확인되었다. 가장 아래층에서는 저화도의 질이 좋지 않은 토기가 세석인과 함께 확인되었다. 주거 시설(2호 주거지)의 북쪽에서도 3편이 확인되었다.

체르니노프카-알티노프카-5, 고르니-후토르-2 유적은 한카호 부근에 위치하는데, 정식 발굴되지는 않았고 일부 문화층이 조사되었다. 유적은 이미 많이 파괴된 상태로 몇 개의 문화층이 조사되었는데, 가장 아래층에서 세석인과 함께 고토기가 출토되었다.

이들 유적에서 출토되는 토기는 직립구연에 아래로 갈수록 직경이 줄어드는 형태인데, 평저토기로 생각된다. 태토는 자연적인 점토에 잘게 자른 풀을 첨가하여 만들었는데, 이러한 유기물질이 토기 표면에 무질서하게 붙어 있거나, 흔적이 남아 있다. 이런 풀은 주로 사초(莎草)과의 줄기를 이용하는 경우가 많다. 이런 물질은 토기의 내구성을 높이고, 소성 온도를 높여서 결국은 토기의 질을 높이는 결과를 가져오게 한다. 석기는 세석인, 석인, 양면 가공 석기 등이 함께 출토되었다.

연해주 고토기의 절대연대는 아무르강 하류에 비해서 늦은 편으로 우스티노프카-3 유적의 절대연대는 9,301±31BP이고, 체르니노프카-알티노프카-5 유적에서는 9,020±65BP가 알려져 있다.

(4) 송눈평원(도면 5)
① 눈강 유역
가. 후투목알 유적 제1기

송눈평원에는 하나의 문화로 규정되고 있지는 않지만, 후투목알(后套木嘎) 유적에서 고토기로 볼 수 있는 토기 및 절대연대 등이 확인되어서 이 지역도 아무르강 중하류, 연해주과 마찬가지로 1만 년 전 신석기문화의 존재를 알리는 유적으로 생각된다.

후투목알 유적은 길림시 대안의 눈강 하류의 지류인 도아강(洮兒河) 남안에 있는 사구 위에 형성된 유적으로 신석기시대부터 요(遼)까지 오랫동안 유적이 형성되었다. 그중에서 후투목알 1기에 해당하는 유구는 수혈 15기, 도랑 5조 등이 확인되었다.

토기의 기형을 알 수 있는 것은 대부분 나팔로 벌어지는 발형토기와 잔발형토기 등인데 평저 및 원저 토기도 있는 것으로 알려졌다. 토기의 기벽이 매우 두터운데 대체로 0.8~1.5cm이다. 태토에 식물 섬유와 진흙을 혼합해서 권상법으로 층층이 쌓는 성형법으로 제작되었다. 토기의 내외면에 점토를 덧발랐는데, 진흙 띠를 쌓아 올린 곳의 표면에 흔적이 명확하게 남아 있다. 점토에는 철 성분이 많으며 소성 온도는 700°를 넘지 않는다. 토기에는 다치구로 눌러 찍은 문양 및 회전신 시문구를 이용해서 눌러 찍은 문양이 있으며, 굴려서 찍은 문양시문 방법으로 만들었다. 문양 형태는 횡방향 인(人)자문, 평행선문, 호선문 등을 눌러 찍은 문양이 남아 있다.

수혈과 구 안에서는 다량의 물고기 뼈, 패각 및 소량의 육상동물의 뼈도 확인되었다. 토기편, 개 뼈, 인골을 시료로 한 절대연대 측정치가 10개 이상 있는데, 수륜연대로 보정한 연대가 1만 1,235~1만 1,145년 전임이 확인되었다

후투목알 유적의 1기와 비슷한 성격의 유물이 통유 장타자(長坨子) 유적 3호에서 이미 출토된 바 있다. 태토에 탄화된 식물 섬유의 흔적이 남아 있고, 토기의 단면은 회흑색이고, 후투목알

유적 1기와 유사하다. 문양도 회전식 시문구를 이용해서 평행선문, 현문, 사선문 등을 시문했다. 토기 두께는 0.5~0.9cm로 두께가 비교적 균일하다.

나. 후투목알 유적 제2기

후투목알 유적의 2기에서는 1기와는 전혀 다른 토기가 출토된다. 태토에 섬유질은 혼입되어 있지 않고 조개가 섞인 회갈색 토기로 1기에 비해서 매우 단단하며, 문양도 다르다. 문양은 주로 토기의 구연부에 여러 줄의 융기띠를 부착하는 융기문토기이다. 융기문토기 상단에는 도구로 찍은 흔적이 남아 있는 것과 손으로 누른 흔적이 남아 있는 유물이 있다. 바닥에는 직물로 찍은 흔적이 남아 있다. 토기의 기형은 발형토기이다.

2기에는 수혈 54기와 도랑이 4조 확인되었다. 수혈에서는 물고기 뼈, 패각, 포유동물의 뼈가 많이 출토되었다.

비슷한 특징의 유물이 출토되는 유적은 황가위자(黃家圍子)와 쌍탑(雙塔) 유적의 1기가 있다. 후투목알 유적의 2기와 유사한 점은 토기의 문양시문 방법, 문양, 기형 등은 유사하지만 색조와 재질은 차이가 있다. 쌍탑 유적 1기의 색조는 황갈색이 49% 정도를 차지하며, 재질이 비교적 성기고, 표면이 울퉁불퉁하고, 동체는 다듬어지지 않고 제작 흔적이 남아 있다. 기형은 직구의 발형토기이다. 문양이 있는 토기는 융기 문양이지만, 절대다수는 무문양 토기이다. 반면에 황가위자에서 출토된 토기는 회갈색 위주이고, 쌍탑 유적의 1기 토기와 비교하면 약간 단단하며, 두께는 균일하고, 권상법으로 성형한 흔적은 뚜렷하지 않다.

쌍탑 1기의 유적의 연대측정치는 9,550±45BP, 10,162±630BP, 9,445±710BP, 10,400±600BP, 10,202±1,000BP, 9,679±750BP가 알려졌다. 후투목알 유적의 2기에서는 AⅢG13호와 AⅢH93호에서 각각 1점씩 출토된 토기 표면의 탄화 부착물을 C14 측정한 결과, 그 연대가 각각 지금으로부터 6,755±40BP과 6,810±40BP로 나왔다.

후투목알 유적과 쌍탑 유적 1기는 융기문토기가 출토되는 유적으로 9,000~7,000년 전 이전에 있었던 유적이다.

2. 7,000~5,000년 전

이전 시기에 아무르강 하류와 연해주에서만 신석기문화가 발견되는 데 반해서 이 시점에는 아무르강 하류, 연해주 및 목단강 유역과 송눈평원에 이르는 대부분 지역에서 신석기문화가 확인된다. 두만강 유역에는 확실한 유적이 없지만, 나진 유적의 유물을 참고할 때, 두만강의 좌안인 러시아 남부 해안가에서 확인되는 보이스만문화와 유사한 성격의 문화가 있었을 가능성은 충분하다고 생각된다.

1) 송눈(松嫩)평원(도면 6)

송눈평원의 신석기 문화는 눈(嫩)강 주변과 제2송화강 주변의 신석기 유적이 분포되어 있다.

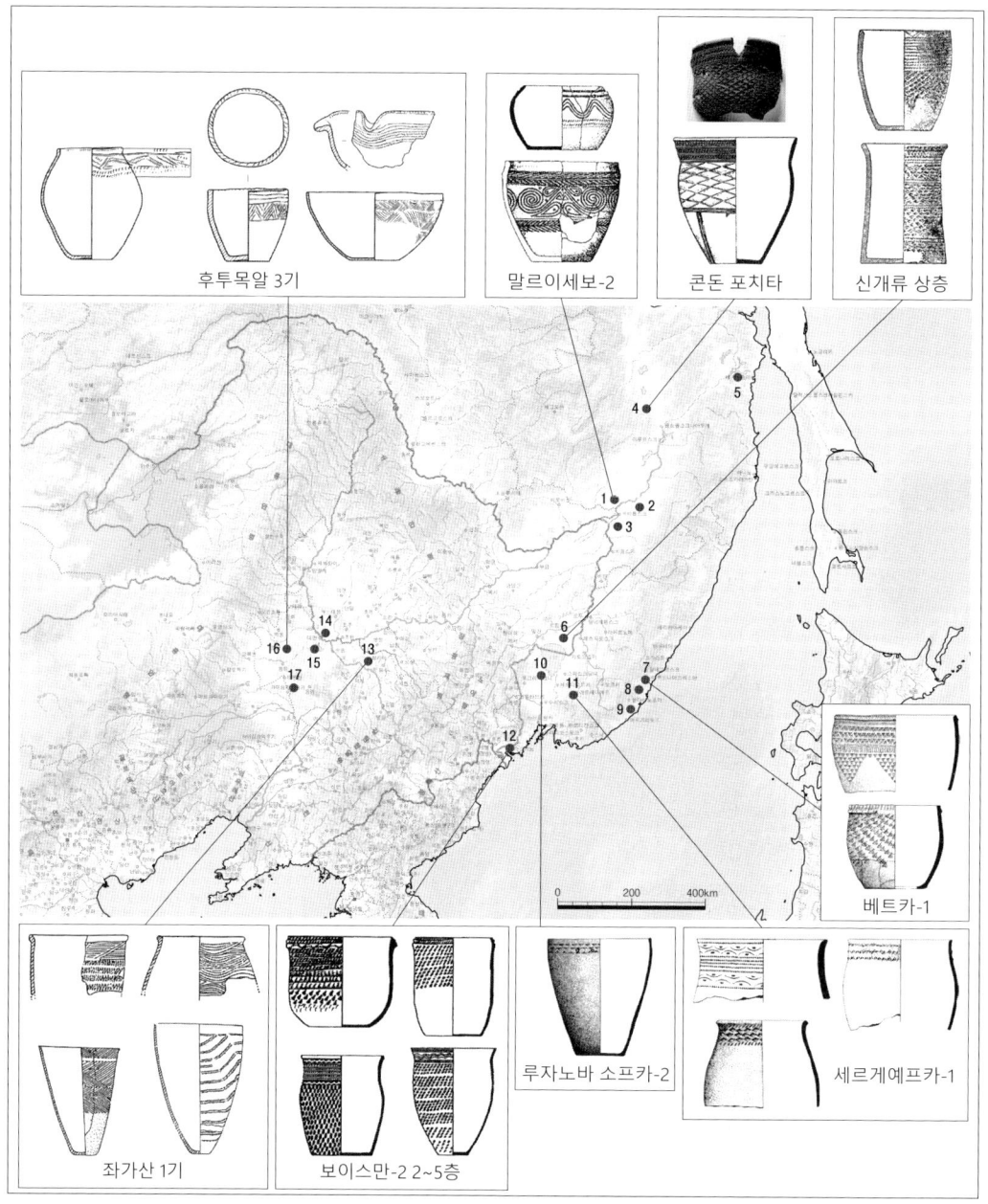

〈도면 6〉 7,000~5,000년 전 주요 유적과 출토 유물(1;2,000만)

1. 말르이세보-2 유적   2. 아무르스키 사나토르이 유적   3. 카자체비체보-4 유적   4. 콘돈 포치타 유적   5. 수추 유적
6. 신개류 유적   7. 베트카-2 유적   8. 쵸르토비 보로타 유적   9. 루드나야 프리스탄 유적   10. 루자노바 소프카-2 유적
11. 세르게예프카-1 유적   12. 보이스만-2 유적   13. 좌가산 유적   14. 소랍합 유적   15. 파산 유적   16. 후투목알 유적 3기
17. 요정자 유적

송눈평원에 대한 고고 조사는 중국 동북지역의 다른 곳에 비해서 미비한데, 신석기 유적은 대략 150여 곳에 해당한다. 눈강 유역을 중심으로는 앙앙계문화(昂昂溪文化)가 가장 오래된 문화로 알려졌으나, 최근에는 소랍합(小拉哈) 유적의 발굴 성과로 6,500~6,000년 전에는 소랍합 1기 문화가 가장 이르고, 6,000년 전에는 요정자(腰井子) 유적, 5,500~5,000년 전에는 파산(靶山) 유적, 4,500~4,000년 전에는 앙앙계문화가 존재한다는 의견이 최근의 견해이다. 제2송화강 유역에서는 좌가산(左家山) 유적의 1~3층을 기준으로 좌가산 1~3기문화가 이 지역 신석기문화를 대표하는 것으로 알려졌다. 이 문화의 연대는 좌가산 1기는 6,800~6,600년 전, 좌가산 2기는 6,400~6,000년 전, 좌가산 3기는 5,500~4,800년 전으로 보았으나, 최근에는 유적을 세분하여서 좌가산하층문화 조기(7,500~7,000년 전), 좌가산하층문화 중기(7,000~6,500년 전), 좌가산하층문화 만기(6,500~6,000년 전), 좌가산상층문화(5,500~5,000년 전) 등으로 나누기도 하며 연대를 올려 보기도 하지만 뚜렷한 근거는 알려진 바가 없다.

(1) 눈강 유역
① 후투목알 유적 3기

후투목알 유적의 3기 토기는 태토에 조개 가루가 혼입된 황갈색 혹은 회갈색 토기로, 여러 종류의 패각을 이용했다. 토기의 기형은 발형토기가 주요한데 구연부가 줄어들다가 외반하는 것과 잔발형 토기, 사구기 등이 있다. 잔발형토기 가운데 주구(酒口)가 있는 유물도 확인된다. 문양은 구연부 근처와 동체 상부에 시문되는데, 부가퇴문조대, 손톱 문양, 열점문, 즐치문이 보이며, 얇은 선을 찍은 지자문, 그물문, 능형문, 기하학문, 평행선문, 현문, 꼬인 문양이 있다. 단독으로 시문되기도 하고 2가지 이상 문양이 함께 시문되기도 한다. 토기는 권상법으로 제작되었다.

후투목알 유적의 3기에서는 주거지 3기, 수혈 11기, 구덩이 1기가 확인되었다. 특히 수혈과 구덩이에서는 어류, 연체동물, 파충류, 포유류 등 동물 뼈가 다량으로 출토되었다.

향양남강(向陽南崗), 서곤도랭(西昆都冷), 동옹근산(東翁根山) 등의 유적 조사에서 모두 이들 유존 유형의 문양을 가진 토기가 발견되었다. 진뢰 향양남강 유적, 오란토북강(烏蘭吐北崗), 앙앙계 등가강자(滕家崗子), 승리삼대(勝利三帶) 1호 유적에서 후투목알 유적의 3기와 같은 문양의 토기가 출토되었다. 이 유적들을 중심으로 후투목알 3기문화로 명명했다.

이 문화에서 확인되는 토기 문양 가운데 열점문은 아무르강 하류와 신개류 부근, 연해주의 신석기문화와도 관련성이 있다는 의견이 있어서, 문화의 공존 범위가 상당히 넓다는 점을 알 수 있다. 말리셰보문화, 우수리강의 신개류 유적 상층에서 출토되는 어린 문양과 유사해서, 일정 정도 관련성이 있을 것으로 본다.

후투목알 3기 AⅢM50, AⅢG1, AⅢG6, AⅢF1, AⅢF6에서 확인된 5개 단위 11개 표본(인골 1점, 목탄 10점)의 C14 연대는 지금으로부터 6,000~5,400년 전으로 판명되었다.

② 소랍합1기문화

일찍이 송눈평원에서는 앙앙계문화가 가장 이른 시기의 신석기시대로 알려졌다. 하지만 이는 절대연대가 측정되지 않은 가운데, 석기의 특징이 주로 타제로, 눌러떼기 기법이 많고 토기의 제작 기술이 비교적 원시적이라고 판단한 것이다. 그래서 앙앙계 유적이 보고된 시점(1974년)에는 신석기시대의 이른 시기로 판단되었고, 이는 오랫동안 인용되어왔다. 그러나 최근 소랍합 유적에서 신석기시대의 다른 양상이 확인되었다. 소랍합 유적의 신석기시대인 1기층은 갑조(甲組)와 을조(乙組)층으로 나뉘는데, 그중 갑조층의 토기 문양이 요하 유역의 신락하층문화(7,000년 전)의 침선문, 홍산문화의 서수천기, 좌가점 중층문화(6,500~6,000년 전)의 빗살무늬와 유사한 것으로 보였다. 그래서 소랍합 1기의 갑조층을 이들 문화의 연대와 참고하여 대략 6,500~6,000년 전에 해당하는 것으로 보였다. 을조층의 토기 특징은 이미 알려진 앙앙계문화로 판단되었고, 이 층의 H3062에서 출토된 토기 편(BP 4,000±360)과 G3002에서 출토된 동물 뼈(BP 3,688±104)의 탄소연대측정을 근거로 이 문화는 대략 4,500~4,000년 전으로 판단되었고, 송눈평원의 신석기시대 연대도 변화하게 된다.

따라서 현존하는 이 지역의 가장 이른 신석기시대의 고고문화(유형)는 소랍합 1기 유적의 갑조이다. 하지만 이는 새로운 발굴 자료에 따라서 바뀔 가능성도 있는 것으로 생각된다.

소랍합 유적은 모래언덕 위에 위치한 유적으로, 무덤, 주거지, 회갱 등이 조사되었는데, 무덤과 주거지 모두 청동기시대에 해당한다. 1기는 신석기시대, 2기는 청동기시대에 해당하는데, 신석기시대 1기는 갑조층과 을조층으로 나뉜다. 갑조의 토기는 모래가 혼입된 홍갈색 혹은 회갈색이 주를 이루는 통형관이다. 문양은 토기 단면에 조문(條文) 혹은 석문(席文), 요현문(凹弦文)이 시문되어 있다. 이 지역에서 소랍합 1기 갑조를 제외하고는 다른 유적은 알려진 바가 없다.

③ 요정자 유적

요정자(腰井子) 유적은 소랍합 1기와 파산 유적 사이에 존재했던 유적으로, 주거지 7기, 무덤 2기 등이 확인되었다. 주거지의 평면 형태는 말각방형, 원형으로 면적이 6~18m²로 비교적 작은데, 내부에서 많은 양의 토기, 석기, 골기, 동물 뼈, 옥 장신구 등이 출토되었다. 무덤은 장방형 토광묘로, 단인의 앙신직지장과 단인의 2차장으로 부장품은 출토되지 않았다.

요정자 유적의 토기는 협사 갈도와 말조개껍데기 편을 혼입한 회도가 대부분이다. 문양은 침선문과 복합침선문이 가장 많은데, 사선문, 계단형문, 현문, 지자문 등이다. 기형은 통형관이고, 구연부 가운데 이중구연과 둥글고 두터운 것이 가장 많다. 석기는 좀돌날 석기가 대부분인데, 촉, 모, 격지, 찌르개, 밀개, 격지와 몸돌 등이 있다. 마제석기도 일부 확인된다. 유적에서는 옥기가 벽(璧), 관(管), 촉 등 6점 확인되었다. 옥벽 중에는 홍산문화의 특징을 보이는 유물도 있어서 관심을 받았다.

이 유적의 연대는 구연부와 지자문, 침선문, 계단식 문양 등이 좌가산 1, 2기 문화층 출토품과 유사한 점으로 미루어 지금으로부터 6,000년 전으로 보고 있다. 이 시기의 유적은 요정자 유적 밖에 확인되지 않아서 하나의 유형으로 보기도 한다.

④ 파산 유적

파산 유적은 송눈평원의 서쪽에 있다. 무덤 유적으로 5기가 발굴되었는데, 2기는 다인합장묘이고, 3기는 단인장이다. 묘혈은 장방형의 토광식이며, 장구는 없다. 합장묘에서 부장품이 대량으로 출토되었다. 모두 머리와 어깨 주위에 집중되어 확인되었는데, 석기, 골기, 방기가 있을 뿐 토기는 확인되지 않았다.

부장품 가운데는 좀돌날석기가 가장 많았는데, 촉, 긁개, 찌르개, 조각기 등이 확인되며, 몸돌과 배 모양 몸돌, 장조형 석촉 등이 특징적이다. 골각기 중에는 한쪽에만 미늘을 표현한 작살과 골병석인도(骨柄石刃刀)가 확인되었다.

1호 무덤에서는 성년 여성 2인과 8~9세의 아동 2인이 합장되었고, 이 골병도를 비롯해서 석기와 골각기가 100여 점 출토되어, 여성의 위치를 보여준다.

1호 무덤의 인골 연대 측정 결과, 4,870±80BP로 보정연대는 5,460±110BP이고, 4호 무덤의 절대연대는 4,630±95BP로 대략 5,500~5,000년 전에 존재했던 유적으로 생각된다. 현존하는 이 시기의 유적은 한 곳뿐으로, 요정자 유적과 마찬가지로 이 시기에 존재했던 하나의 유형으로 보기도 한다.

(2) 제2송화강 유역(도면 6)

① 좌가산1기문화

좌가산(左家山) 유적은 송화강의 지류인 이통하(伊通河) 북안의 좌가산 위에 위치한다. 발굴 당시 유적은 3기로 구분되었는데, 최근에는 토기의 특징으로 4기로 구분하기도 한다. 유적에서는 주거지 1기, 회갱 20기가 조사되었고, 토기와 석기, 골각기, 동물 뼈 등이 출토되었다.

대표적인 유적은 좌가산 1기층과 원보구(元寶溝) 유적이 있다. 이 문화의 대체적인 특징은 좌가산 1기층을 중심으로 한다.

좌가산 1기에서는 주거지가 확인되었는데, 평면 형태 문지이며 '凸' 자 모양이다. 북서 방향으로 문지가 길게 빠져 있고, 주거지 벽선을 따라서 8기의 기둥이 확인되었다. 주거지의 중앙에서 약간 북쪽으로 치우친 부분에 凸 자 모양의 무시설식 노지가 확인되었다. 주거지에서는 석기, 골기, 방기(蚌器), 토기, 동물 뼈가 대량으로 확인되었다.

토기는 태토는 협사이고 색조는 회갈도인 심복통형관이 위주이다. 그 외 말조개껍데기를 혼입한 토기도 확인되었다. 좌가산 유적의 출토 토기는 층마다 기형의 변화가 있지만 1기는 통형관이 대부분이다. 문양의 시문 방법은 시문 도구에 따라서 가로 방향으로 침선을 긋거나 다치구로 압인하는 것인데, 시문 도구의 끝이 둥근 것과 뾰족한 것이 있다. 문양은 동체부의 1/2 정도 시문하고, 그 아래는 마연하였다. 문양 띠 중에는 가로 방향으로 시문하면서 중간에 꺾이도록 표현한 '계단형'이 있다. 비교적 침선문이 많은데, 평행사선문과 가로와 세로가 교차한 '人'자문과 마름모꼴문과 석문(席文) 등이 있고, 곡선 문양인 유곡문도 있다. 압인문으로는 연점선문과 지자문과 비점식(篦點式)의 지자문도 있다.

석기는 타제석기와 마제석기가 있는데, 타제석기는 촉, 창, 긁개, 첨두기, 석편과 석핵 등이 있으며 마제석기는 도끼, 자귀, 끌 등이 있다. 옥기도 확인되었는데, 옥벽, 옥제 관옥, 옥촉, 물고기형 옥제 장식 등이 있다. 골각기는 송곳이 가장 많고, 그 외 바늘, 촉, 칼, 끌, 칼집, 베틀북형기(梭形器) 등이 있다.

좌가산 1기의 말조개껍데기에 대한 절대연대 C14연대 측정에 의하면 6,755±115BP이다. 원보구 유적의 절대연대는 6,140±175BP이다.

② 좌가산2기문화

대표적인 유적은 좌가산 중층과 서단량산(西斷梁山) 2기가 해당된다. 좌가산 2기에서는 회갱 2기가 확인되었고, 서단량산 2기에서는 원형의 주거지가 확인되었다. 바닥은 단단하게 황토 다짐하였고, 중앙에는 타원형의 노지가 설치되어 있고, 동북쪽으로 계단형의 출입구가 있다. 주거지 내에서는 통형관, 발 등의 토기와 석부, 석촉 등의 석기가 출토되었다.

좌가산 2기의 토기 특징은 좌가산 2기층과 서단량산 1기가 비슷한데, 협사회갈도를 위주로 하며, 흑도와 홍도는 확인되지 않는다. 심복관이 대부분이며, 발(鉢)이 소량 있다. 관의 복벽은 곧고 직구가 많으며, 구연부를 두껍게 처리한 토기는 없다. 토기의 시문 방법은 침선문과 압인문이 있고, 시문 도구도 1기와 마찬가지다. 문양시문에서는 몇 개의 다른 문양이 횡방향으로 서로 복합되는 양상을 보이는 복합 문양이라는 점이 있고, 계단형의 평행 문양대는 보이지 않는다. 침선 지자문과 압인 지자문 위주이며, 파랑문, 삼각문, 연점선문, 비점 평행사선문과 부가퇴문 등이 새롭게 등장하였다.

석기는 대부분 마연된 석기로, 도끼, 자귀, 갈판과 석모 등이 출토되었다. 타제석기는 좀돌날 석기가 있는데, 촉과 뚜르개, 긁개, 옥환도 확인되었다. 특히 석제의 수수환상(獸首環狀)은 회백색의 비세암제로 돼지 머리 혹은 용 머리를 형상화한 것이다. 머리와 꼬리가 서로 이어져서 환벽(環璧)과 같은 모양으로, 홍산문화의 옥조룡과 유사하고, 연대가 홍산문화 후기보다 이른 점 등에 중국 학계는 주목하고 있다. 석기 이외의 골각기로는 추(錐), 침(針), 착(鑿), 비(匕)가 확인되었다.

2) 아무르강 하류(도면 6)

7,000~5,000년 전에는 말리쉐보(Малышево, Malyshevo, 馬雷舍沃)문화와 콘돈(Кондон, Condon, 孔東) 문화가 존재했다. 이 문화는 보즈네세노프카 유적의 층위로 말리쉐보문화가 이르고, 콘돈문화가 늦다고 판단되었다. 하지만 최근 말라야 가반 유적의 발굴로 이 두 문화에 대한 시간상 문제가 제기되었는데, 추후의 연구 성과가 기대된다.

(1) 말리쉐보문화

말리쉐보문화는 아무르강 하류의 보즈네세노프카 유적의 신석기시대 층위 중 가장 하층의 문화에 근거하여 설정된 문화이다. 이 문화의 유적들은 우수리강 하류에서 아무르강 하류에 대부분 위치하고 있다. 시간적, 지역적으로 전기와 후기 2그룹으로 나뉜다. 전기는 아무르강 하류의 남서쪽 유적들이고, 후기의 유적은 북동쪽 유적들이 많다. 말리쉐보 문화는 토기 문양의 시문 방법 때문에 연해주의 보이스만문화와 관련이 깊은 것으로 생각된다.

가샤, 고샨(Госян, Gosyan), 말리쉐보-2, 사카치 알리얀(Сакачи Алян, Sakachi Alyan), 카자케비체보(Казакевичево, Kazakevichevo), 브이치하(Бычиха, Bychikha), 아무르스키 사나토리(Амурский Санаторий, Amurskiy Sanatoriy) 유적이 있고, 후기에는 북동쪽 유적들로 수추, 칼리노프카(Калиновка, Kalinovka), 말라야 가반 유적 등이 속한다.

이 문화의 주거지는 반수혈로, 대체적으로 말각방형이나 원형에 가깝다. 수혈의 깊이는 1.5m 이상이다. 크기는 소형(30~60m²), 중형(70~110m²), 대형(150~180m²)이다. 주거지 중앙에 1~3개의 노지가 설치되었고, 출입 시설이 확인된 적이 없는데, 눈이 많이 내리는 지역의 특성상 지붕 위의 중앙 연기통을 통해서 드나들었을 것으로 추정된다. 이러한 전통은 극동의 원주민에게서 많이 나타난다.

토기는 발형평저토기로, 다치구로 압인되며 표면은 적색 마연되었다. 동체부에는 점열로 이루어진 사선문과 곡선문이 수평으로 시문되어 있다. 문양은 전면 혹은 동체부 하단까지 시문되어 있다. 이외의 토기 중에는 수추섬 1호와 3호 주거지에서 첨저로, 구연부와 동체부에 승선 문양이 있는 유물도 있다. 이 문화의 토기에 또 다른 전통이 있었다는 것을 알 수 있다.

예술 및 의례품은 토제품으로 소형 소조품들로 인물, 동물, 새, 혼합형 조각품 등이 있고, 석제 걸개, 목걸이, 고리, 구슬 등 다양한 장신구들이 있다. 이외에 생활 용구로 시문된 방추차가 많이 출토되었다. 수추섬에서 출토된 방추차 중 하나는 소용돌이 곡선문이 깊게 새겨져 있다.

이 문화의 절대연대는 사카치 알리얀과 북동 그룹의 유적을 기준으로 6,900~6,000BP 정도로 알려졌다(오클라드니코프 1971, 메드베제프 2005). 하지만 수추섬 유적에서 말리쉐보 문화의 절대연대와 말라야 가반 유적에서 나온 절대연대는 대체적으로 5,500~5,000BP에 해당한다. 이러한 연대는 콘돈문화와 이 문화와의 상호 관계에 대한 의문점이 생기게 하였다.

(2) 콘돈문화

아무르강 하류에 위치한 콘돈 포치타(Кондон Почта, Kondon Pochta) 유적에 따라 명명된 문화이다. 이 문화의 토기 문양 특징이 연해주의 루드나야문화, 삼강평원 신개류문화의 토기 문화와 비교되어 이들을 통틀어 '아무르망상문문화권'이라고도 한다.

대표적인 유적은 콘돈 포치타 유적으로 15기의 주거지 가운데 12기가 발굴되었고, 그중 9기의 주거지가 콘돈문화에 속한다.

콘돈문화의 반수혈주거지는 건축 구조상 아무르강 유역의 다른 신석기문화와 유사하다. 하지만 말리쉐보문화에 비해서 크기가 작은데, 대형 주거지는 없고, 소형과 중형뿐이다. 주거지의 바닥에는 노지가 2~5개 발견되었는데, 한 개의 노지는 중앙에 위치하고, 다른 노지는 그 주변 혹은 약간 떨어져서 위치한다.

콘돈문화의 토기는 평저토기가 기본으로 기형은 호형, 발형이 있으며 병형토기도 있다. 토기의 문양은 삼각형 혹은 능형의 도장(stamp)으로 문양을 연속해서 찍어서 이러한 문양이 그물을 표현한 것이라고 하여 '아무르망상문'이라고 한다.

이 문화의 특징적인 유물로 토우가 있는데, '아무르의 비너스'라고 불리는 도제 여인상은 콘돈문화의 예술품 중 대표적으로 뽑힌다. 토우의 얼굴은 광대뼈가 튀어나오고 눈이 찢어지게 표현된 것 등으로 보아서 현재 아무르강 주변에 살고 있는 원주민과 많이 닮아 있는 것으로 평가되고 있다. 이 토우는 주거지에서 남근석과 함께 출토되었다.

콘돈문화에서는 석기가 대량으로 확인되었다. 석재는 대부분 니암이며, 규질암석, 옥수석, 벽옥, 석영, 규질점토암도 있다. 이 문화에서는 양면 가공이 발달했지만, 더 이른 시기의 돌날 전통도 일부 남아 있다. 석기의 대부분은 돌날이 아니라 격지와 특별한 준비품으로 만들어졌는데, 유사프리즘형, 프리즘형, 연필형 등이 있다.

이 문화의 절대연대는 콘돈 포치타 유적의 가장 이른 방사선탄소연대에 근거해서 4,500BP로 알려졌다. 하지만 최근 말라야 가반 유적에서 확인되는 절대연대는 9,000~6,000BP에 해당하는데, 기존에 알려진 연대관과는 상당한 차이가 있다.

3) 목단강 유역 및 연해주(도면 6)

연해주에는 7,000~5,000년 전 사이의 루드나야문화, 보이스만문화, 베트카유형 등이 지역을 달리해서 존재한다. 루드나야문화와 보이스만문화는 서로 비슷한 시점에 시작되었는데, 루드나야문화는 1,000년간 존재하다가 끝나지만, 보이스만문화는 2,000년간 지속되었다. 베트카 유형은 약 7,500년 전쯤부터 6,500년 전까지 지속되었다. 한편 7,500~6,500년 전 사이에 목단강 유역에서는 신개류문화의 신개류 유적과 진흥 유적(1기 갑류)이 존재했다. 그 외에 옥기가 확인되는 왜궁합달 유적, 아포력북사장 유적 등이 있고, 특히 아포력북사장 유적의 옥제 패식이 홍산문화 유적과 비교되어서 5,000~4,500년 전 혹은 5,000년 전보다 이른 시기로 보았다. 그러나 최근에는 진흥 유적 갑류와 앵가령하층문화 사이에 존재하는 유적으로 6,000~5,500년 전 사이에 존재한 것으로 판단하기도 한다.

(1) 목단강 유역
① 신개류문화

신개류문화(新開流文化)는 신개류 유적과 진흥 유적의 1기 갑류(甲類)가 대표적이다. 최근에는 목단강 유역에서 우수리강과 가까운 쪽을 분리해서 신개류문화와 진흥문화를 분리하기도 한다. 하지만 두 문화가 거의 동일한 것으로 생각해서 기존의 알려진 신개류문화로 서술하고자 한다. 진흥 유적이 발굴되면서 이 문화에 대해서 좀 더 자세하게 알 수 있는 점 등은 학술적 성과가 크다.

신개류 유적은 흥개호(興凱湖)에서 가까운 언덕 위에 위치하며, 러시아의 연해주와도 인접한 지역이다. 유적에서는 무덤 32기, 물고기 저장 구덩이가 10기 발견되었으며, 신석기시대의 문화층이 2개 확인되었는데, 모두 신개류문화로 보고 있다.

진흥 유적은 목단강 유역의 가파른 하안대지상에 위치하는데, 하구 유적과 마주보고 있다. 1994년 6월부터 4차례에 걸쳐서 발굴 조사해서 신석기시대, 말갈, 발해시대 문화층까지 확인된 대규모 유적이다. 그 가운데 신석기시대 문화층(진흥 1기)은 갑류와 을류로 분리되는데, 신개류문화와 공통적인 성격을 보이는 것은 갑류이고 을류는 앵가령하층문화로 판단된다.

신개류문화에서 확인된 유구는 대표적인 것이 신개류 유적의 무덤이고, 아직 주거지가 확인된 예가 없다. 진흥 유적 1기의 갑류에서는 타원형의 회갱 4기가 확인되었다. 신개류 유적의 무덤은 상당히 밀집해서 분포하고 있는데, 모두 토광묘로 크게 1차장 11기, 2차장 18기로 나눌 수 있다. 1차장은 평면 형태 장방형으로 단인장이다. 대부분 앙신직지장이지만, 굴지장도 있다. 두향은 일정하지 않고, 부장품은 토기와 석기, 골각기 등이 있다. 부장품 중 토기는 머리 쪽에 주로 놓여 있고, 석기와 골각기 등은 머리와 다리 부분에 놓여 있다. 2차장은 평면 형태가 대체적으로 말각방형이며, 단독 혹은 2~4인을 함께 매장하기도 한다. 이러한 2차장은 인골은 가지런하게 두어졌으나 두향은 일치하지 않는다. 단인장과 달리 부장품이 없거나 간단한 것이 특징이다.

뿐만 아니라 흥미로운 것은 1차장과 2차장 무덤의 관계이다. 3호묘(1차장)와 5호묘(2차장), 31호묘(1차장)와 29호묘(2차장), 20호묘(1차장)와 26호묘(2차장)는 2차장 무덤이 1차장 무덤 옆에 부속되어서 매장(附葬)되어 있다. 또한 7호묘는 한 무덤 안에 4구의 2차장 인골이 1차장된 인골의 머리 쪽에 매장되어서 1차장과 2차장이 같은 무덤 안에서 확인되는 현상을 보이고 있다.

이들 1차장은 모두 남성이고 부장품이 2차장에 비해서 훨씬 많이 확인되었다. 3호묘에는 50~60세의 남성이 매장되었으며, 토기 1점, 석부 4점, 뼈로 만든 투창끝 1점, 구멍이 뚫린 숟가락 1점 및 녹각, 석촉, 뿔제 칼 1점, 장신구 등 모두 37점이 확인되었다. 6호 무덤은 단인장으로 모두 102점이 확인되었다. 2차장 무덤에는 남성과 여성이 있는데, 부장품이 없거나 매우 적다.

신개류 유적의 대규모 무덤은 사회구조를 살펴볼 수 있다는 점에서 고고학 자료의 가치가 높다고 평가받고 있다. 즉, 무덤이 밀집도 있게 분포하는 현상은 신개류문화의 씨족 공동묘지이고, 1차장과 2차장의 관계는 그 그룹이 한 가족으로 일정한 시기 내에 죽은 가족 구성원으로 보고 있다. 특히 1차장과 2차장의 부장품의 차이는 씨족 내에서도 지위의 차이를 나타내며, 남성이 1차장에 대량의 부장품과 함께 묻히는 현상은 부계 위주의 가족이 기본 구조가 된다고 설명하고 있다(조빈복, 곽대순, 장싱더). 최근 한반도 남해안의 가덕도에서도 집단 매장지가 확인되어서 학계의 관심을 받고 있는데 신개류 유적과 비교, 검토할 필요가 있다.

신개류 유적과 진흥 유적의 토기는 협사 회갈도가 가장 많다. 니질의 홍도는 극소수 확인된다. 기형은 평저의 통형관으로, 동최대경의 위치만 약간씩 차이가 있다. 원래 신개류문화의 토기는 찍는 방법으로 시분되었다. 단독으로 한 가지 문양을 시문하는 경우는 드물고, 몇 가지 문양으로 복합된 문양을 시문하였다. 문양은 동체부의 1/2 혹은 동체부 전체에 그리기도 하였다. 문양은 마름모 혹은 삼각형 등이 기본 문양이며 대부분을 차지한다. 어린문(魚鱗文)은 대, 소, 반원 혹은 타원형 등의 문양이 서로 겹쳐지면서 연결되어 물고기 비늘처럼 보이는 것이다. 마름모꼴의 중앙에는 융기한 선이 있는데, 평행선, 교차선, 십자선 등 약간의 종류가 있다. 이러한 토기의 특징은 러시아 아무르강 하류의 콘돈문화, 연해주의 루드나야문화 및 베트카 유형과도 비교되며, 이들을 아울러서 '아무르편목문' 토기라고도 일컫는다. 이외에 비점문(篦點文), 소장방격 비문(小長方格篦文), 망문(網文) 등이 있다.

하지만 진흥 유적의 토기는 이러한 찍는 방법의 토기 문양 이외에 점토 띠를 붙이는 융기문도 존재해서 갑류 토기 사이에서도 시기가 분리될 가능성이 있다. 또한 찍는 문양 가운데서도 삼각형이나 능형 모양의 단치구가 아닌 다치구로 찍은 문양들도 보이는데 이는 연해주의 보이스만문화의 토기와 유사하다는 점에서 진흥 1기 갑류의 토기는 시기 분리의 가능성이 있을 것으로 생각된다.

석기는 타제석기가 대부분으로 좀돌날석기 위주이며, 간석기의 수량은 비교적 적다. 좀돌날석기의 종류에는 석촉, 찌르개, 긁개 등이 있다. 석촉은 크게 경부가 없는 것과 있는 것으로 나뉘는데, 무경식은 월계수나무 잎 모양으로 경부가 둥글게 처리된 것(桂葉形圓底石鏃)과 버드나무 잎 모양으로 경부가 만입한 석촉(柳葉形凹底石鏃), 대경(帶莖) 석촉 등이 있다. 유경식은 장방형의 몸통에 짧은 경이 있는 석촉이 있다. 계엽형 석촉은 복부와 배면을 양면 가공한 것으로 복합 공구에 끼워 넣어 사용할 수도 있다. 마제석기는 석부, 석착, 갈판과 석촉 등이 있다.

신개류 유적에서는 대량의 골각기가 확인되는데, 이 문화의 또 다른 특징이다. 작살, 어차(魚叉), 인조 미끼, 어구(魚鉤), 투창끝(投槍頭), 촉, 도병(刀柄), 비(匕), 추(錐), 침(針) 등이 있다. 골제 작살의 몸통에는 한 줄 혹은 두 줄의 홈을 내어 줄로 묶기에 매우 편리하다. 뿔로 만든 작살은 두 줄의 미늘이 있고, 그 미늘 각각은 4개의 미늘로 구성되어 있다. 아질 촉 1점은 저부 가까이에 홈을 파고 구멍을 뚫었는데, 단단하게 고정하기 위한 기법이다.

신개류 유적 하층에서는 물고기 저장 구덩이가 10기 확인되었다. 평면 형태는 원형(지름 0.6m, 깊이 0.6m), 타원형(0.58~1m, 깊이 0.6m)으로, 구덩이 내에 물고기 뼈가 한 층 한 층 쌓여 있었던 것으로 추정되며, 일부에서는 완전한 물고기 모양도 남아 있다. 신석기인들은 저장 구덩이를 이용해서 물고기를 저장했으며, 그 위에 뚜껑을 덮어 보관하였던 것으로 추정된다. 이와 같은 예는 중국 신석기문화 유적에서도 드문 예이다. 신개류문화의 연대는 5호묘의 인골 C14연대에 의하면 5,430±90BP 정도에 해당한다.

이 문화는 특히 러시아의 연해주 신석기 문화와 비교된다. 하지만 보이스만문화, 루드나야문화, 베트카문화와의 병행 관계 등은 앞으로 연구가 필요할 것으로 생각된다.

② 아포력북사장 유형(亞布力北沙場 類型)

아포력진의 북사장 유적이 대표적인 유형으로 최근에는 신개류문화와 앵가령하층문화와 더불어 고고 문화로 분리시키려고도 하지만 현재까지는 뚜렷한 근거가 없다.

유적은 아포력진의 동북 1.5km 구릉에 위치한다. 확인된 유구는 주거지 1기가 발굴되었는데, 주거지의 동쪽 벽은 단애에 의해서 깎여 나갔다. 말각장방형으로 남쪽으로 출입구 시설이 있고, 2단의 경사상 계단이 있다. 바닥면은 단단하게 다졌고, 중앙에서 약간 북으로 치우쳐 타원형 노지가 있다. 주거지 내에서는 토기와 석기 등이 출토되었다.

토기는 황갈도 위주인데, 소성 온도가 매우 낮아서 토기가 무르다. 토기는 관(罐)과 완(碗)인데, 관은 매우 크고, 직구이다. 구연부의 바깥쪽은 두껍게 처리하여 각을 형성하였고, 그 위에 압인문을 시문하여 넓은 띠처럼 보인다. 동체부가 볼록하게 처리되었다. 일부 토기에는 가권족(假圈足)이 붙어 있다. 토기를 시문하는 방법은 압인, 승문, 압날문 등으로 문양은 비점문 등이 대부분이다. 이들 문양은 단독으로 출현하기도 하고, 2가지 문양으로 복합 문양을 구성하거나 기하학적 문양대가 구성되기도 한다. 무문양 토기도 소량 확인되었다.

석기는 타제석기와 마제석기가 있는데, 마제석기에는 도끼(斧), 자귀(錛), 대패(鏟), 촉(族), 갈돌과 갈판, 공이돌 등이 있다. 특히 유적에서는 옥기가 상당량 출토되어 학계의 관심을 받았다. 착(鑿), 분(錛) 등의 공구류와 장신구(佩飾)는 삼련옥벽(三聯玉璧)과 옥벽(璧) 등이 있고, 삼련옥벽은 홍산문화의 것과 유사하다. 이들 옥기는 주거지 출토품이 아닌 무덤 출토품으로 판단된다.

유형의 연대는 삼련옥벽의 모양이 부신 호두구문화(胡頭溝文化)의 무덤 출토품과 아주 유사한 것을 근거로 5,000년 전으로 보았으나, 최근에는 신개류문화와 앵가령하층문화 사이에 이 유형이 존재하는 것을 근거로 해서 6,000~5,500년 전으로 보고 있다. 하지만 이 유형이 속한 문화의 성격이나 범위, 연대 등을 밝히기 위해서는 좀 더 양호한 고고자료가 필요하다.

③ 소남산 유적

소남산(小南山) 유적은 흑룡강성 동부 변경지역의 요하현(饒河縣)에 위치한 남북으로 길쭉한 구릉에 위치하는데, 남쪽을 대남산(大南山), 북쪽을 소남산(小南山)이라 하고, 유적은 소남산과 대남산 사이에 있다. 구릉의 동쪽은 우수리강과 인접해 있고, 다른 면은 모두 평원이다.

유적은 흑룡강성박물관에서 1971년 시굴 조사만 진행하여 신석기시대층만 확인되었다. 토기는 매우 단순한데, 협사질 홍도이다. 토기의 소성 온도가 매우 낮다. 문양이 없는 것이 대부분인데, 문양이 있는 것 가운데서는 방격문(方格文), 침선문, 비문(篦文), 현문(弦文), 수파문(水波文) 등이 있다. 토기의 구연부는 말아 올린 권연(卷沿), 외반한 구연(侈口), 각목된 구연(鋸齒口) 등이 있으며 모두 관과 발이다.

소남산 유적에서 출토된 석기는 모두 뗀석기로 좀돌날석기이다. 이외에 타제의 모, 촉, 긁개, 찌르개 등도 있다. 석촉은 월계나무 잎형(계엽형), 검끝형 석촉(검봉형), 긴 슴베(장신의 대경식) 석촉 등이 있고, 자루가 달린 둥근날 밀개도 있다.

1990년대에는 심하게 교란된 옥기묘가 발견되었다. 2인 합장묘로 두향이 서쪽인 앙신직지장이다. 확인된 옥기는 모두 67점, 석기는 56점이다. 옥기는 옥환벽이 가장 많았고, 옥결(玦), 옥주(珠)가 그다음이었으며 이외에 비(匕), 비녀(簪), 부(釜), 모(矛) 등도 확인되었다. 옥기의 특징이 홍산문화와 가까운 것으로 생각되어서 이 유적을 소우하량(小牛河梁) 혹은 아소강(阿蘇江)의 피라미드라고도 한다.

이 유적의 연대는 확실한 절대연대가 없어서 토기나 옥기의 특징으로 비정하고 있다. 토기 중에서 가장 많은 비중을 차지하고 있는 비문(篦文) 문양의 외반한 구연부 토기가 신개류문화의 것과 유사한 것으로 보고 있다. 하지만 수파문(水波文) 모양은 흑룡강 중류역의 늦은 시대 유적에서 많이 나타나는데, 비문과는 시대적인 차이가 있을 것으로 생각된다. 뿐만 아니라 무문의 소성이 불량한 토기 또한 문양이 있는 토기와 시대적 차이가 있을 가능성 등도 있다. 옥기 중에서 옥비(玉匕)는 사해-흥륭와문화의 것과 가까운 것으로 판단된다.

따라서 유적은 신석기시대에 오랫동안 형성되었으며 여러 유입 경로를 통해서 각 지역의 고고 문화가 있었던 것으로 생각되는데, 유적이 본격적으로 조사된다면 이러한 점이 명확해 질것이다.

(2) 연해주(도면 6)

① 루드나야문화

루드나야(Рудная, Rudnaya, 魯德納亞)문화는 루드나야 프리스탄(Рудная Пристань, Rudnaya Pristan), 마랴 르발로프(Моряк Рыболов, Moryak Rybolov) 유적 등의 발굴을 통해 출토된 압인문(押印文) 토기가 확인되면서 문화의 개념이 수립되었다. 그 후에 쵸르토비 보로타(Чёртовы Ворота, Chortovy Vorota) 유적 등이 발굴되면서 주거지 내에서 압인문토기와 융기문토기가 공반이 되는 것이 확인되었다. 이 문화는 2000년대 들어와서 세르게예프카-1(Сергеевка, Sergeevka) 유적, 셰클랴에보-7(Шекляево, Sheklyaevo)-7 유적에서 나온 자료로 세분할 수 있게 되었다. 토기의 기형과 문양을 기준으로 루드나야 유형과 세르게예프카 유형으로 분리되었다.

루드나야 유형은 기존에 알려진 루드나야문화의 전형적인 형태인 발형토기로 구연부에만 능형 혹은 삼각형으로 압인된 토기가 특징이다. 반면에 세르게예프카 유형은 압인이라는 공통적인 시문 방법이지만, 토기 기형은 목이 있는 옹형으로, 문양은 능형압인문을 중심으로 해서, 위 아래로 다치구 시문구로 압날문을 복합해서 시문한 문양대가 특징이다. 이 유형에는 이러한 압인압날문토기와 함께 융기문토기가 공반된다.

루드나야문화는 한카호 부근과 연해주 동해안에 주로 분포하고 있는데, 루드나야 유형에 속하는 유적은 루자나야 소프카-2(Лузаная Сопка, Luzanaya Sopka-2), 루드나야 프리스탄 유적 등이 있다. 세르게예프카 유형은 세르게예프카-1 유적, 쵸르토비 보로타 유적 등이 있다.

이 문화의 주거지는 세르게예프카-1 유적의 수혈주거지와 쵸르토비 보로타 유적의 동굴 주거지가 알려져 있다. 동굴 주거지는 면적이 45m²이고, 평면 형태는 방형이다. 이 동굴 주거지는 두꺼운 숯층이 주거지 내부에 퇴적되어 있다. 주거지의 모서리에서 5구의 인골이 발견되었는데, 화재와 동굴이라는 특수한 상황으로 인해서 토기 이외의 많은 유기물로 된 유물이 대량 발견되었다. 그중에서 다양한 장신구가 대량으로 출토되었는데, 골제는 마연한 후 불을 태워서 흑갈색 빛을 띠는데, 주로 펜던트이며 이외 골제, 패각 그리고 석제 등이 출토되었다. 그 외 직물도 확인되어 생활상을 알 수 있게 한다. 5구의 인골 중 4기에 대한 분석이 행해졌는데, 12~13세의 유년, 50~60세의 여성, 18~20세의 남성, 40~50세의 남성으로 밝혀졌다. 인종은 북아시아 몽골로이드의 바이칼 그룹에 속한다는 사실이 밝혀졌다.

문화의 절대연대는 루드나야 프리스탄, 쵸르토비 보로타, 세르게예프카-1, 우스티노프카-8 유적 등의 측정 연대는 7,000~6,000년 전이다. 루드나야 유형과 세르게예프카 유형은 병행하지만, 현재까지는 세르게예프카 유형이 루드나야 유형보다 좀 더 오랫동안 공존한 것으로 생각된다. 그러나 두 유형의 병행 관계에 대해서는 앞으로의 연구 성과가 필요하다.

② 보이스만문화

보이스만(Бойсман, Boisman, 博伊斯曼)문화는 보이스만-2 유적의 발굴 성과를 기준으로 해서 분리된 고고 문화이다. 이 문화는 연해주의 해안가에 주로 분포하는 대표적인 신석기시대 패총문화이다. 이 문화가 알려진 것은 1950년대 자레치예(Заречье, Zarech'ye) 유적과 키롭스키(Кировский, Kirovsky) 유적에서 압날문이 발견되면서 알려졌으나, 본격적으로 1990년대 보이스만-2 유적을 발굴하면서부터 연구되었다.

이 문화는 루드나야문화와 달리, 다치구시문구로 토기 문양을 시문한다는 점에서 구분되며, 2,000년간 형성되어 연해주의 신석기시대 중기를 대부분 차지한다.

대표적인 유적은 보이스만-2, 루자노바 소프카 유적 등이 있다. 보이스만-2 유적은 러시아의 핫산 지구 동해안가에 위치하는 패총 유적이다. 유적에서는 다치구 압날문 토기가 6개의 층위를 이루며 출토되었는데, 각 층에서 여러 가지 형식의 토기가 한 층위에서 출토되어, 각 문화

〈표 1〉 보이스만문화 토기의 편년

단계	구연	기형·문양 형태(모레바 2003)	시문 방법 (모레바 2005)		절대연대 (모레바 2005)
			방법	범위	
원보이스만			압인	구연단	7,010±70BP 7,110±60BP
1			압인 +침선 +압날	동체부 5/4~3/2	6,710±55BP 6,635±60BP 6,450±135BP
2			압날 +점선	동체부 1/2	6,150±40BP 5,985±115BP
3			압날 +융기 +침선	동체부 1/1	5,725±40BP 5,480±40BP
4			압인 +점선	동체부 1/5	5,315±115BP 5,125±95BP
5			압날문	구연부, 동체부 1/1 4/5, 1/2,	4,815±90BP 4,930±95BP

의 한 단계를 이루는 것으로 보았다. 그래서 보이스만문화를 이 유적의 각 층을 기준으로 해서 원(原)보이스만 단계부터 보이스만 5단계(유형)로 구분한다. 이 유적에서는 2기의 합장묘와 2기의 단인묘가 조사되었다. 묘광선은 드러나지 않았지만, 인골 주위에 모닥불을 피운 자리가 발견되었다. 무덤 주위에서는 그 밖에 사슴뿔, 남근 모양의 돌들이 발견되어 무덤 복합 유적이었음이 밝혀졌다. 특히 5호분에는 측와굴신장을 한 성인 남성이 매장되었는데, 머리 주위에 마제 석촉이 발견되었다. 4호에서는 길이가 21cm에 달하는 흑요석제 작살이 출토되었다. 남성과는 반대로 여성의 무덤에서는 대부분 조개껍질로 만든 팔찌와 달력을 상징하는 골제품 등이 발견되어서 성별에 따른 부장품의 차이가 확연하게 드러난다. 무덤 유적 외에도 패각층 아래에서 주거지가 발견되었는데, 거의 파괴되었다. 무덤에서는 총 15명의 인골이 발견되었는데, 형질인류학적 분석 결과 인종적인 특징은 캄차카 유형과 가까운 것으로 밝혀졌다.

또한 인골 가운데 머리뼈에서 다양한 편두의 습속이 발견되었다. 편두는 천을 감아서 묶는 방법, 나무판자와 같은 물체로 누르는 방법 등으로 전두, 측두, 후두 등을 변형시켰는데, 두개골이 완전히 자라지 않은 소아기에 만든 것이다. 보이스만문화의 편두 두개골은 극동에서는 가장 이른 시기의 것으로 보인다.

보이스만문화의 토기는 각 단계마다 특징에 차이가 있다. 원보이스만 단계는 첨저토기로 구연부의 단면이 괄호 ')' 모양으로, 구연부에만 압인문이 시문되었고, 동체부는 무문이다. 압인문의 문양은 삼각형, 원형 등으로 다양하다. 보이스만문화의 1단계는 토기의 기형, 문양 특징에 따라서 5류(類)로 나눌 수 있다. 그중 가장 특징적인 것은 1류인데, 구연부가 계단식으로 표현된 평저토기이다. 문양은 다치구의 압인구로 자돌-연속 압인되었다. 동체의 대부분은 하부의 좁은 대상을 제외하고 도장 같은 시문구를 찍은 압날과 침선기법으로 시문되었다. 저부를 제외하고 거의 전면에 문양이 시문되었는데 압인문과 압날문이 번갈아 가면서 시문되었다. 2단계의 토기는 구연부가 역시 1단계와 마찬가지로 계단식이지만, 그 구연단의 폭이 일률적이다. 압날문이 주요한 시문 방법이고, 그 사이에 점선문도 시문된다. 시문 범위는 대체적으로 동체부의 1/2 정도 채워진다. 이 단계부터 경부가 있는 옹형토기가 나타난다. 3단계 토기는 1, 2단계의 계단식 구연부가 축약되어, 구연단이 두텁고 둥글게 표현된다. 이 전 단계에서 압날 혹은 압인 기법으로 시문된 계단식 구연단이 3단계 옹형토기의 경부에 그대로 표현되고, 그 위에 단순하고 둥근 구연단이 형성되었다. 시문 범위는 구연부에서 저부까지 전면시문이다. 4단계 토기는 구연단이 편평하고, 구연부 부근에만 시문된다. 시문 기법은 압인과 짧게 눌러서 찍는 기법이다. 5단계 토기는 구연부에서는 4단계와 구별이 없지만, 완전하게 압날문토기로 전면이 시문되거나, 저부 부근에만 문양이 생략된 것, 혹은 동체부의 1/2가량이 시문되는 등 이전 단계에 비해서 동체부 시문 범위가 일정하지 않다.

석기는 규질편암으로 만든 양면 가공 석기가 주류를 이룬다. 돌날로 만든 칼, 유엽형의 석부,

어망추, 갈돌 등이 있으며 석촉은 대부분 양면 가공한 유엽형과 삼각형이 있고, 그중에는 마연한 것도 있다.

골제품은 어로구가 대부분이며, 골제 작살만 100여 점 이상이 나왔는데 그중에는 회전 작살, 조립식 작살, 양면 및 단면 작살 등이 있다.

이 문화의 절대연대는 보이스만-2 유적의 층서를 바탕으로 각 층에서 출토된 숯을 바탕으로 탄소연대측정한 결과 원보이스만 단계는 7,000BP, 1단계는 6,700BP, 2단계는 6,100BP, 3단계는 5,700BP, 4단계는 5,300BP, 5단계는 4,800BP이다.

③ 베트카유형

베트카(Ветка, Vetka)유형은 최근 새로이 베트카-2 유적을 발굴해서 분리된 유형이다. 이 유적에서 석인기법의 석기와 마략-르발로프 유적의 토기가 주거지 내에서 공반되어 주목을 받았다. 루자노바 소프카-2의 이른 신석기시대층, 우스티노프카(Устиновака, Ustinovka)-8 유적 등과 유사한 토기 및 석기 조합을 보여서 하나의 유형으로 분리할 수 있다. 특히 석인이 신석기시대 토기와 공반된다는 점에서 많은 관심을 받았다. 이와 비슷한 특징을 보이는 유적은 마략-르발로프 유적, 루자노바 소프카-2, 셰클라에보-7, 우스티노프카-8, 신개류 유적 등이 비슷한 성격을 띠는 것으로 보고 있다.

베트카-2 유적은 연해주의 동쪽 바닷가에 위치하는데, 아바쿠모프카강 옆의 둥근 언덕 위에 있다. 유적은 신석기시대부터 청동기시대까지 형성되었는데, 그중 신석기시대 주거지 1기와 청동기시대 주거지가 발굴되었다.

이 유형의 주거지는 베트카-2 유적에서만 알려져 있는데, 반수혈주거지이다. 이 유적에서는 화재가 난 주거지만이 발굴되었는데, 평면 형태 원형으로 주혈 기둥은 주거지 벽을 따라서 확인되었고, 주거지 내에 저장공과 노지도 확인된다. 주거지의 직경은 9m이고, 평면적은 64m²이다.

토기는 하나의 토기에서 압인문과 다치구 압날문토기가 교대로 시문되는 것이 특징이다. 이 유형은 동체부 1/2, 3/4까지 시문되고, 압날과 압인문이 교대로 시문되어 문양대를 형성하고 있지만, 아래 문양대에 능형 혹은 삼각형 시문구의 특징을 살려서 능형압인문으로 삼각형 모티프를 시문한 점이 특징이다. 또한 이들 문양 가운데는 구연부에 1조 혹은 2조의 융기문이 부착되기도 한다. 기형은 발형토기로 저부에서 구연부까지 퍼지는 것과 구연부가 내만하는 기형이 있다. 이러한 토기 특징은 보이스만문화 1단계의 토기와 유사한 것으로 보고 있는데, 기형, 토기의 문양 형태, 문양 구성 등이 유사하다. 베트카 유형이 보이스만문화의 1단계에서 분리될 가능성도 염두에 둘 수 있다.

베트카 유형의 석기는 타제석기가 대부분이다. 좀돌날 석기로 핵과 파편, 석촉 등이다. 특히 좀돌날 석촉은 가장자리 부분과 경부를 2차 가공하였다. 이러한 제작 기법으로 만들어진 석기로 석촉과 칼 등이 대량으로 확인되었다. 마연석기 가운데는 소남산 유적의 옥비와 유사한 것이 확인되어서 흥미를 끈다.

베트카-2 유적은 루드나야문화, 보이스만문화, 콘돈문화의 것과 비교해볼 때 하나의 독립적인 유형을 이루는 것으로 생각되고, 토기 외에 석기에 대해서 고찰해 다른 문화들과 비교한다면 독립적인 문화로 상정해볼 수 있을 것이다.

베트카 유형의 연대는 베트카-2 유적의 주거지에서 타다 남은 숯을 분석한 결과 6,010±90BP(COAH-6146), 5,860±55BP(COAH-6306), 5,830±95BP(COAH-6145)가 알려졌는데, 대략 6,000BP으로 생각된다.

4) 두만강 유역(도면 6)

두만강 유역은 중국과 북한을 경계로 흘러가고 있는데, 대체적으로 내륙은 중국 국경, 하류는 북한에서 연구되고 있다. 중국과 러시아가 고고 문화로 각 시간과 지역을 설명하고 있는 데 반해서 북한에서는 대표적인 유적이 그것을 대신했는데, 최근에는 고고 문화가 설정되었다.

현재까지의 연구 성과로 보아서, 두만강 유역에서 가장 이른 시기는 두만강 하류의 나진 유적이다. 두만강 내륙에는 아직까지는 해당되는 유적이 없다.

(1) 서포항하층문화

두만강 하류는 러시아와 동북한이 마주하는데, 연해주에는 보이스만문화, 북한에는 그와 같은 성격의 서포항하층문화가 있다. 북한에서는 서포항 1~2기가 기원전 6000~기원전 4000년 전에 해당하는 것으로 보았다. 하지만 이 시기의 유물들을 연해주의 것과 비교해서, 서포항 1기만이 연해주 보이스만문화의 5단계와 유사한 것으로 5,500~5,000년 전에 해당한다는 결론을 얻었다. 이보다 이른 시기로 판단되는 것은 나진 유적이다.

서포항하층문화는 나진 유적과 서포항 1기문화를 일컫는 것으로, 보이스만문화와 같은 성격이다. 인접하고 있는 두만강 내륙이나 연변 지역에서는 아직 이러한 문화가 파악되지 못하였는데, 나진 유적을 참고로 하면 북한 내에서의 문화 범위를 가늠할 수 있지만, 더 넓을 가능성이 있다.

서포항 유적은 두만강 하구의 모래언덕 위에 위치한다. 유적은 구석기시대부터 청동기시대까지 형성되었는데, 신석기시대는 5기, 청동기시대는 2기로 나뉜다. 서포항하층문화의 주거지는 현재 서포항 1기의 9호이다. 평면 형태 세장방형으로써, 신석기시대 주거지 중에서 가장 크다. 돌을 이용해서 만든 노지 5기는 주거지의 가운데 위치하는 등 약간씩 제작 방법의 차이가 있다. 주거지의 동남-서북으로 한 줄의 돌 칸막이가 설치되었고, 그것을 기준으로 동쪽에는 유물이 출토되지 않았기 때문에 주거지 내에서 공간이 분리되었다고 보았다.

이 문화의 토기는 기본적으로 보이스만문화의 토기의 특징과 일치한다. 나진 유적의 토기 특징이 구연부가 계단상으로 되어 있고, 시문 방법으로 보아서 보이스만문화의 2, 3단계에 해당할 것으로 생각된다. 서포항 1기의 9호 주거지 출토 토기의 문양은 시문구를 비스듬하게 찍은 단독 압날문이며, 문양 시문 범위는 구연단, 동체부 1/2, 저부까지 시문된 것 등 다양한 것이 특징인데, 이는 보이스만문화의 5단계와 유사하다.

그 외 석기는 곰배괭이, 석촉, 석창, 작살, 찌르개, 숫돌 등 수렵과 어로 도구가 많다. 골각기는 작살, 찌르개, 바늘 등이 있다.

이 문화의 절대연대는 보이스만문화의 절대연대를 참고할 수 있다. 두만강 유역에서 보이스만문화의 전체가 확인되는 유적은 아직까지 발견되지 않았다. 나진 유적 토기 구연부의 특징 등으로 보아서 보이스만 2~3단계에 해당하는 것으로 생각된다. 앞으로 양호한 자료를 기대해 본다.

3. 5,000~4,000년 전

5,000년 전에서 4,000년 전 사이 송눈평원의 경우 앙앙계문화가 이 지역의 가장 이른 문화가 아닌 늦은 단계로 보는 것이 최근의 연구 성과이다. 소랍합 1기의 을조 토기와 앙앙계문화의 토기가 유사한 것으로 보이고, 유적에서 나온 절대연대 등에 따라 지역 편년 연구의 큰 흐름이 바뀌게 되었기 때문이다. 하지만 최근에는 또 다른 발굴 성과로 기존의 앙앙계문화보다 더 이른 시기의 신석기문화의 존재가 밝혀지고 있다고 한다. 이렇듯 송눈평원은 신석기시대에 관한 연구가 없다가 서서히 그 문화의 존재가 밝혀지는 상황이어서, 연구 성과의 귀추에 따라서 내용도 많이 변화할 것으로 생각된다. 목단강 유역에는 앵가령 유형, 연해주에는 자이사노프카문화, 두만강 유역의 내륙(중국 국경)에는 금곡-홍성문화와 그 하류에는 서포항하층문화 등이 존재하고 있다. 아무르강 하류에는 보즈네세노프카문화가 있는데, 이들 문화는 기본적으로 발형 토기에 여러 가지 시문 문양이 보이지만, 4,000년 전에 가까워질수록 침선문으로 토기 문양을 시문하는 공통적인 특징을 보인다.

1) 송눈평원(도면 7)

(1) 눈강 유역

① 앙앙계문화

눈강 유역에 퍼져 있는 문화로 앙앙계(昂昂溪) 유적과 오복(五福), 막고기(莫古氣), 액랍소(額拉蘇), 홍기영자(紅旗營子) 등이 알려졌지만 발굴된 유적은 현재로서는 앙앙계 유적이다.

앙앙계 유적은 송눈평원의 서쪽에 위치하는데, 대흥안령과 이어지는 부분으로, 강안대지의 원구형 사구 위에 위치한다. 20세기 상반기에 발견되었으며, 원래는 세석기문화 유적으로서 중

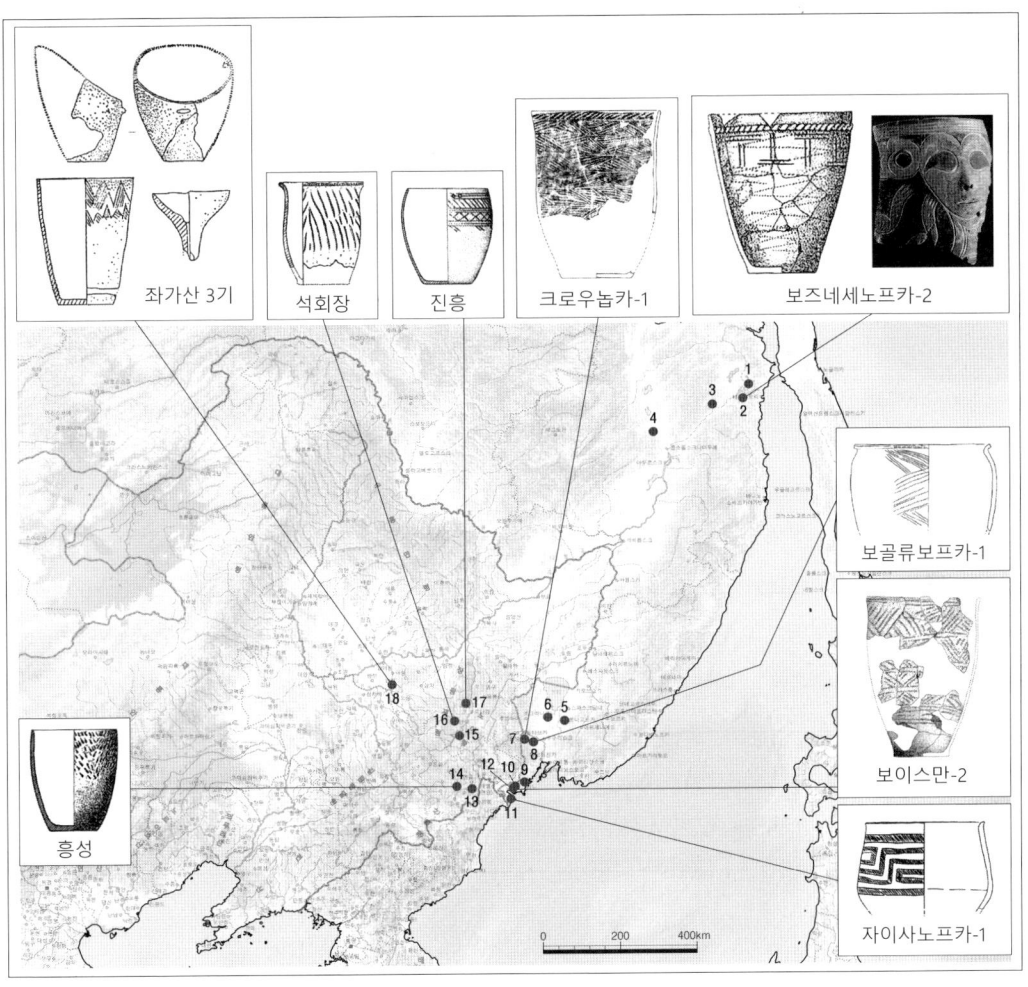

〈도면 7〉 5,000~4,000년 전 주요 유적과 출토 유물(1:2,000만)

1. 수추섬 2. 보즈네세노프카-2 유적 3. 콜촘-2 유적 4. 콘돈-포치타 유적 5. 노보셀리세-4 유적 6. 아누치노-14 유적
7. 크로우놉카-1 유적 8. 보골류보프카-1 유적 9. 클레르크-4 유적 10. 그보즈제보-4 유적 11. 자이사노프카-1 유적
12. 금곡 유적 13. 흥성 유적 14. 앵가령 유적 15. 석회장 유적 16. 진흥 유적 17. 좌가산 유적

요하였다. 1930년 러시아의 루카쉰이 발견하였고, 그 뒤에 양사영(梁思永)을 비롯한 여러 연구자가 조사했다. 앙앙계 유적 서쪽 6km 오복(五福) 정거장 남쪽에서 4개의 사구와 앙앙계 부근의 승가강(勝家崗) 유적, 황가위자(黃家圍子) 유적을 발견하였다. 그리하여 앙앙계문화의 내용, 유형, 분기, 분포 및 인근 선사문화와의 관계 등을 연구하기 위해서 기초적인 자료가 수집되었고, 융기문토기를 특징으로 하여 이 지역의 가장 이른 신석기문화로 인식되었다. 하지만 최근 소랍합 유적의 을조층을 기준으로 해서 앙앙계문화를 소랍합 1기 을조와 동일한 시기로 보기도 한다.

앙앙계문화에서 확인되는 유구로는 앙앙계 유적에서 무덤이 확인되었으며, 황가위자 유적에서는 회갱과 파괴된 주거지가 발견되었다. 회갱 중에는 지름이 2m, 깊이 1m의 비교적 큰 것이 있는데, 소토, 토기편, 말조개껍데기와 동물 뼈 등이 확인되었다. 주거지에서는 기둥 구멍만 확인되고, 그 주변에 넓은 면적의 소토 등이 확인되었다. 앙앙계 유적의 제3사구에서 무덤 1기가 발견되었는데, 정확하게 무덤의 범위 등은 없었지만, 인골이 흩어진 채로 확인되었으며, 남성의 묘로 추정된다. 부장품은 머리의 왼쪽에는 토기 1점, 가슴 쪽에는 격지 6점이 확인되었다. 나머지는 대부분 다리 끝부분에 놓여 있는데, 석분 1점, 골창 6점, 골도경 1점, 골기 3점, 사슴의 사지 뼈 등이 확인되었다. 루카쉰이 발굴한 무덤은 여성의 무덤으로 추정되는데, 토기 및 석촉, 긁개, 주식 등의 석·골기가 확인되었다.

남성과 여성 무덤 부장품의 차이는 생업 활동에서 남성과 여성의 역할 차이뿐만 아니라 나아가서 사회적 지위까지도 반영된 것으로 연구된 바 있다.

앙앙계문화의 토기 특징은 고운 모래를 포함하고 일부는 말조개껍데기 가루를 포함하였다. 토기는 완형이 확인되지 않았고, 대체적으로 구연부 편만 확인되었다. 토기의 구연부 아래에는 불룩하게 점토대가 붙여져 있는 것이 가장 특징적이다. 이외에도 불규칙한 삼각문, 획문(劃文), 침선한 삼각문, 압인한 지갑문(指甲文), 추자문(錐刺文), 소장방격비점문(小長方格篦點文) 등도 있다.

석기는 좀돌날석기와 타제석기, 마제석기 등이 있는데, 눌러떼기한 좀돌날석기가 절대다수를 차지한다. 세석기는 경도가 높은 석재를 이용하였는데, 대체적으로 2차 가공되어 있다. 석촉, 투창기, 찌르개, 긁개, 절할기(切割器) 등이 있다. 석촉이 가장 많은데, 경부가 안으로 들어간 석촉 가운데 길이 6.1cm, 너비 0.8cm, 두께 0.8cm 크기로 양 측면의 날에 톱니 같은 이가 각각 60여 개로 촘촘하게 형성되어 있다. 첨상기는 세밀하게 가공하였는데, 몸 전체를 눌러떼기했고, 첨부가 길고 예리하며 양측에 미늘이 나 있다. 긁개는 인부를 눌러떼어 제작된 것이다. 일부 둥근날 밀개는 몸통이 작고 모양을 본떠서 '엄지손톱 모양 밀개(拇指蓋形刮削器)'라고도 불린다. 이외에도 대량의 격지가 발견되었는데, 대부분 사용 흔적이 있고, 2차 가공되었다.

골각기가 대량으로 확인되었다. 골제검은 끝이 매우 날카롭고, 한 줄로 된 미늘과 구멍이 뚫려 튀어나온 귀(耳)와 자루가 있다. 끝부분은 홈으로 된 혹은 돌기한 부분(欄)이 형성되어 있고, 전체적으로 몸통은 만곡형이 많다. 형태상으로 보아서 사용 시에 끈을 자루에 묶어서 사용한 것으로, 던져서 사용한 것일 수 있다.

장신구로는 토제, 석제, 골제의 관주(串珠)와 천공추식(穿孔墜飾)이 있고, 옥분(玉錛)과 천공옥식(穿孔玉飾)이 있다. 그 외에 돼지, 사슴, 개, 토끼, 새, 물고기, 개구리 등 다량의 동물 뼈가 발견되었다.

앙앙계문화의 연대는 문화가 설정된 당시 정확한 절대연대가 없었기 때문에 토기의 특징으로 상당히 이른 시기로 추정되다가, 이웃한 삼강평원의 신개류문화와 비슷해서 6,000년 전으로 설정되기도 했다. 또한 토기의 특징이 러시아의 노보페트로프카문화와 유사하여 주목받았다. 하지만 최근에는 소랍합 1기의 을조가 앙앙계문화와 유사하다고 판단되어 그곳에서 출토된 토기 편(4,000±360BP)과 동물 뼈(3,688±104BP)의 탄소연대 측정 결과를 토대로 4,500~4,000년 전으로 보고 있다. 하지만 최근 눈강 주변에서 앙앙계문화의 유적들이 새로이 발굴되어서 이 문화의 성격 및 연대에 대해서는 좀 더 신중한 판단이 필요할 것으로 생각된다.

(2) 눈강 유역
① 좌가산3기문화

좌가산3기문화(左家山三期文化)를 대표하는 유적은 좌가산 유적의 3기층과 서단량산(西斷梁山) 유적의 2기층이다.

좌가산 3기층에서는 수혈 16기와 파괴된 주거지 2기가 알려져 있으나, 주거지 정황을 거의 알기 어렵다. 그래서 인접한 서단량산 유적 2기층의 주거지 특징을 참고로 할 수 있다. 서단량산 2기층에서는 주거지 2기와 돌로 쌓은 유구, 수혈 등이 확인되었다. 서단량산 2기의 1호 주거지는 원형으로 북쪽에 출입구, 출입구 바닥에는 돌로 갈았다. 바닥면에는 황토 다짐하였다. 2호 주거지는 원형으로 지름은 약 3.5m이며, 남쪽에 돌로 만든 큰 노지가 확인되었다.

좌가산 3기의 토기는 말조개껍데기 가루를 함유한 황갈도이다. 기종은 좌가산 1~2기 문화와 마찬가지로 통형심복관 위주인데, 일정한 수량의 발, 사구기, 배 등도 있다. 뿐만 아니라 누두형기(漏頭形器)와 환저기, 실심(實心), 천공(穿孔) 혹은 공심(空心)의 지지대, 차륜식기 등이다. 토기의 문양은 앞 시기에 비해서 문양이 적다. 문양은 다른 시문 방법은 남아 있지 않고, 침선문만 확인된다. 침선한 종주어골문과 지자문이 유형하며 망격문, 압인한 어린문, 지갑문(指甲文)과 이중구연토기 등이 새로 출현하였다.

석기는 마제석기가 대부분으로 좌가산 2기문화와 비슷하지만, 갈돌과 공이, 추, 여석(礪石) 등이 새롭게 확인되었다. 골각기가 많이 확인되었는데, 자귀, 대팻날, 칼 등이 있다. 서단량산 2기에서는 갈돌과 갈판 및 옥환도 1점이 출토되었다. 골각기는 주로 좌가산 3기층에서 출토되었는데, 돌날을 상감한 골도경(骨刀梗)과 미늘을 단 골제 작살, 골제 비녀, 추(錐), 침(針), 비(匕), 베틀북형기(梭形器), 골관과 문양이 새겨진 골편이 있다.

좌가산 3기와 서단량산 2기는 침선문이 주가 되며, 지자문 토기가 보이지 않는 공통점이 있고, 연대도 비슷하다. 하지만 좌가산 3기의 사구기, 환저기, 누두형기 및 괭이 등은 서단량산 2기에서는 확인되지 않는다. 좌가산 3기에서는 농사 도구보다는 수렵과 어로 도구가 많이 확인되고, 서단량산 2기에서는 농사에 관련된 도구가 주로 확인되는 점 등을 들어 양자에 생계 경제의 차이가 있는 점 등도 차이점으로 지적된다.

앞선 시기와는 달리 좌가산 3기와 서단량산 2기는 이러한 차이점 때문에 서단량산 2기가 좌가산 3기문화의 지역적 유형이라고 보고 있다.

2) 아무르강 하류

(1) 보즈네세노프카문화

보즈네세노프카(Вознесеновка, Voznesenovka, 沃茲涅先諾夫卡)문화는 아무르강 하류의 신석기시대 후기 문화이다. 대표적인 유적은 수추(Сучу, Suchu)섬, 보즈네세노프카, 콘돈-포치타(Кондон Почта, Kondon Pochta), 콜촘(Кольчём, Kol'chom)-2, 타흐타(Тахта, Tahta) 유적 등이다. 유적의 특징에 따라서 유적을 다섯 그룹으로 나누기도 한다. 이 문화는 아무르강 하류 전 지역에 분포하는데, 아무르강 및 여러 지류의 강가나 호수에 위치한다. 유적의 성격은 주거지, 임시 주거지, 의례 및 의식 장소 등 다양하다. 이 문화의 주거지는 대부분 말각 방형, 장방형, 장타원형도 있고, 주거지의 크기는 크지 않다. 수추섬 84호 주거지에서는 나무와 점토로 만들어진 난방기구가 확인되어 이 문화 주거지의 특징을 보여준다.

토기는 발형, 경부가 높은 병형토기, 동체부가 둥근 구, 잔발 등이 있으며 대각이 달리고 구멍이 있는 것도 있다. 발형토기 중에는 구연부에 돌대가 부착되거나, 이중구연인 것도 있다. 토기의 문양은 침선으로 타래문 등을 시문하고, 그 내외면을 다치구로 눌러 찍은 문양, 무문양, 종주어골문 등이 있다. 이외에 토기의 동체부에 얼굴은 사람, 몸은 짐승 모양을 한 반인반수(半人半獸) 문양이 시문되어 있다. 침선으로 형태를 그은 후, 그 내부를 다치구압인으로 채웠다. 바탕은 채색되었는데, 의례용 토기로 생각되고, 깨진 파편 상태로 출토되었다.

석기는 양면 가공 기술이 특징인데, 잔손질로 정교하게 가공된 화살촉에서 보인다. 돌날 기술은 아주 드물게 이용되었다. 자귀, 도끼, 끌, 창 같은 마제석기도 많이 출토되었으며, 이 문화에서 처음으로 마제석촉도 출토되었다. 그 외에 이 문화에서는 아무르강 하류의 신석기시대 예술품으로 다양한 소조품, 장신구, 암각화 등이 상당히 발달하였다. 특히 머리를 뒤로 젖히고 있는 무성(無性)의 극동 전신상 토우는 이 문화를 대표하는 유물이다.

보즈네세노프카문화의 절대연대는 수추섬 48호 주거지, 스타라야 카코르마(Старая какорма, Staraya kakorma) 유적 등에서 출토된 탄소연대를 바탕으로 4,400~4,000BP에 해당된다.

3) 목단강 유역과 연해주(도면 7)

(1) 앵가령하층문화

앵가령 유적의 하층, 석회장 유적, 진흥 1기의 을류, 서안촌동(西安村東) 유적 등이 대표적인 유적이며, 최근 목능하에서도 여러 유적이 확인되었다. 앵가령 유적을 발굴한 후 이 유적의 상층은 청동기시대, 하층이 신석기시대로 구분되었고, 목단강 유역 신석기시대 하나의 유형으로서 분리되었다. 이 지역의 대표적인 신석기 후기 문화로 보았으나, 최근에는 앵가령 하층 유적과 석회장 하층 유적을 분리해서 독립적인 문화로 규정하기도 하지만 뚜렷한 근거는 없다.

이 문화의 주거지가 확인된 유적은 앵가령 유적 2기(3호, 4호)와 서안촌동 유적 1기(4호), 석회장 유적 1기(3호) 등이 있다. 앵가령 유적의 주거지 평면 형태는 말각장방형 혹은 방형인데, 면적은 약 25m²이고, 벽을 따라서 기둥 구멍이 확인된다. 3호 주거지는 동벽을 따라서 돌이 한 줄 배치되고, 돌과 돌 사이, 돌과 벽 사이를 진흙으로 메운 것으로 확인된다. 주거지 중앙에는 무시설식 노지가 설치되었고, 문지는 침식된 서쪽이나 서남쪽 벽에 있었을 것으로 추정된다. 4호 주거지의 중앙에는 노루의 두개골을 편평한 큰 돌이 누르고 있으며, 이 돌과 화덕 사이에 5개의 노루 두개골과 돼지 두개골이 가지런히 놓여 있다. 석회장 유적의 3호와 4호 주거지 모두 반수혈식으로, 장방형 주거지이다. 3호 주거지의 남쪽에는 돌로 벽을 쌓은 흔적이 남아 있으며 북쪽은 발굴되지 못하였다. 석단의 상면은 편평하고, 내벽 부분도 편평하게 다듬어졌다. 노지, 주혈, 문은 확인되지 않았다. 서안촌동 유적의 4호 주거지는 유적의 동쪽에 위치하며, 말각장방형으로 주거지의 서쪽은 파손된 상태이다. 남쪽에 치우쳐서 무시설식 원형 노지가 확인되었다. 앵가령 3호와 서안촌동 4호 유적에서는 주거지 벽선을 따라서 돌담 주거지가 확인되었다. 주거지에서는 토기, 석기, 골각기 등이 출토되었다. 진흥 유적에서는 수혈 3기 등이 확인되었다.

앵가령하층문화의 토기는 협사 홍갈도 위주이며, 기형은 관(罐), 완(碗), 충(盅) 등이다. 토기 문양은 승선압날문, 침선문 기법 등으로 시문된다. 문양은 평행사선문, 인자문, 소치문(梳齒文) 종주어골문 등이 있다. 토기 중에는 이중구연이나 구연 아래에 돌대를 부착하는 토기도 확인된다.

석기는 타제석기가 마제석기보다 많다. 주로 곰배괭이(鋤)와 도끼(斧) 두 종류가 있다. 곰배괭이는 슴베의 형태에 따라서 장병(長柄), 단병(短柄) 등이 있다.

타제 석부 또한 원각장방형, 편평 장조형, 사다리형 등 여러 가지 형식이 있다. 마제석부는 1점 확인되었다. 그 외 골침과 녹각서 등 골각기도 출토되었다.

이러한 앵가령하층문화는 유적에서 분석된 C14연대는 없으나, 토기의 특징으로 보아서 좌가산 유적의 상층과 비교해서 5,500~4,500년 전, 석회장 유적을 석회장문화로 분리해서 앙앙계 문화와 병행하는 것으로 보아서 4,500~4,000년 전으로 보기도 한다. 그러나 앵가령하층문화는 그 토기의 특징이 송눈평원이나 삼강평원보다는 연해주의 자이사노프카문화와 더 관련성이 많다. 좌가산문화의 상층은 토기 기형 등에서도 앵가령하층문화의 것과는 차이가 많기 때문에 이 문화로부터 연대를 추정하는 것은 무리가 있다. 따라서 앵가령하층문화의 절대연대는 연해주의 자이사노프카문화와 상응해서 5,000~3,800년 전에 해당된다.

(2) 자이사노프카문화

자이사노프카(Зайсановка, Zaisanovka, 紫伊桑諾夫卡)문화는 키롭스키(Кировский, Kirovskiy) 유적과 자이사노프카-1 유적에서 나온 침선문 토기가 당시의 유일한 신석기문화였던 루드나야문화에 비해 늦다고 보아서 신석기시대 후기 문화로 규정되었다. 이후 새롭게 조사된 유적의 발굴에서 출토된 토기의 특징들을 기준으로 이 문화는 여러 단계로 나뉘었다.

자이사노프카문화의 유적은 문화가 설정된 이후부터 현재까지 활발하게 조사되었는데, 최근에는 크로우놉카-1 유적과 자이사노프카-7 유적 등에서 횡주어골문토기와 뇌문토기가 아닌 승선압날문 기법의 토기가 확인되어 가장 이른 시기의 유물임이 밝혀졌다. 또한 연해주 내륙의 유적 조사가 이루어지면서 나타난 새로운 문양의 토기는 자이사노프카문화의 개념을 넓히면서 지역별 유형(자이사노프카 유형, 한카호 유형, 동해안 유형)으로 나눌 수 있게 되었다. 최근에는 두만강 유역의 서포항상층문화, 연해주의 자이사노프카문화, 목단강 유역의 앵가령하층문화 등이 동일한 문화라는 점이 밝혀지고 있다.

이 문화의 대표적인 유적은 두만강과 가까운 쪽으로는 자이사노프카-1 유적, 자이사노프카-7 유적, 그보즈제보(Гвоздево, Gvozgevo)-4 유적, 보이스만-2 유적의 자이사노프카문화층 등이 있고, 연해주 내륙으로는 레티호프카(Реттиховка-геологическая, Retihovka) 유적, 크로우놉카(Кроуновка, Krounovka)-1 유적, 보골류보프카(Боголюбовка, Bogolubovka 1)-1 유적, 노보셀리세(Новоселище, Novocelishe)-4 유적 등으로 연해주 및 인접한 지역의 다른 문화보다 신석기시대 유적의 수가 많은 편이다.

자이사노프카문화의 주거지는 상기한 유적에서 확인된다(표 2). 자이사노프카문화 중에서는 대부분 몇 개의 주거지를 제외하고는 평면 형태가 말각방형이 기본적이다. 노보셀리세-4 유적의 주거지가 현재 조사된 자이사노프카문화의 주거지 가운데 가장 대형으로 장방형 주거지이다. 반면에 그보즈제보 유적에서는 지상식 주거지가 확인되고, 아누치노-29 유적에서는 4주식 수혈주거지가 아닌 한쪽 벽면이 없이 바로 지붕이 땅으로 연결되는 주거지가 발굴되었다. 자이사노프카문화에서 앞선 시기와는 달리 장방형 주거지가 등장하고, 주거 형태가 변화

〈표 2〉 5,000년 전 자이사노프카문화와 앵가령하층문화의 주거지(김재윤 2017)

유적		형태	평면 크기		노지				기둥 구멍		비고
			m	m²	형태	위치	크기(cm)	수	수	위치	
자이사노프카문화	크로우놉카 1, 4호	말각방형	(5.5)	30.25	무시설식-원형	중앙	70×65	1	10	노지 주변	반파 주거지
	크로우놉카 15호	말각방형	(6)	(36)	무시설식-원형	중앙	70×60	1	14	주거지 바닥 전면	반파 주거지. 북동쪽 모서리에 구덩이-갈판과 토기
	무스탕-1 5호	말각방형	4×4.5	18	위석식-방형	남쪽벽	80×80	1	3	주거지 바닥	노지 내에서 기둥 구멍? 확인
	무스탕-1 10호	말각방형	4.2×4.2	18	위석식-방형	중앙	80×85	1	2	주거지 모서리	
	무스탕-1 8호	말각방형	4.6×5	22.5	없음				4	북서쪽 모서리1 동쪽 모서리1, 주거지 벽선 1, 주거지 중앙 1	주거지의 남동쪽 모서리에 작은 돌이 쌓여 있음.
	무스탕-1 6호	?									
	무스탕-1 7호	?									
	보골류보프카-1 1호	말각방형	5×6	30	무시설식-원형	남쪽에	60×60	1	?	벽 가장자리	
	보골류보프카-1 2호	말각방형	?	24	?	?	?	1	?	벽 가장자리	
	노보셀리세-4	말각장방형	9.3×5.8	54	무시설식-원형	중앙	120×100	1	50	벽 가장자리	
	레티호프카 99호	말각장방형		(33)	없음						남쪽 벽 도로에 의해서 파괴됨.
	레티호프카 04호	말각방형	6.7×6.8	45.6	없음				없음		
	아누치노-14	장방형		60	무시설식-타원형	북서쪽	140×90	1	45	주거지 남쪽에서 확인	
	알렉세이 니콜스코예	말각방형	5×5	25	없음						지름 1m가량의 구덩이 확인
	아누치노-29	장방형	3.6×2.5	9	없음				7	동쪽 벽 선을 따라서만 확인.	
	쉐끌랴예보-7	말각방형	4×4	16	무시설식-방형	중앙	100×100	1	19	벽 가장자리	노지 옆, 1m가량의 구덩이

유적		형태	평면 크기		노지				기둥 구멍		비고
			m	m²	형태	위치	크기 (cm)	수	수	위치	
앵가령 하층 문화	앵가령 3호	장방형	5.9×(3.2)	25	무시설식	중앙	0.9~1.1		17	벽 가장자리	돌담
	앵가령 4호	장방형							23	벽 가장자리	잔존 상태 불량
	석회장 3호	장방형	3.2×2.5	8	없음						돌담
	서안촌동 4호	장방형?	3.2×(1.6)	(5.1)	무시설식	남쪽 벽가	?	?	2	벽 가장자리	주거지 2/3가량 파손

한 것으로 볼 수 있다.

자이사노프카문화의 토기는 대체적으로 평저의 발형토기, 잔발토기 등이 주요한 기종이다. 문양을 시문하는 방법은 승선압날문, 자돌점선문, 복합침선문, 침선문과 무문 등이 있다. 이러한 시문 방법으로 그려지는 토기의 문양은 평행선과 사선문이 복합된 것, 마름모, 점선문, 평행선문, 횡주 및 종주 어골문, 뇌문, 타래문, 궁형문 등이 있다. 일부 토기의 구연부에는 돌대문이나 이중구연도 부착되어 있다. 두만강과 연해주 내륙의 한카호 유역에서는 토기 기형이나 문양의 시문 방법 등에 별 차이가 없지만 토기 문양에서 차이가 난다. 앵가령하층문화에서는 자돌점선문 기법과 같은 시문 방법은 없지만 토기 문양 등은 유사하며, 특히 연해주 내륙의 한카호 유형과 유사하다.

석기는 대표적으로 자이사노프카-1 유적, 크로우놉카-1 유적 등에서 대량으로 확인된다. 자이사노프카-1 유적 출토 석기는 타제석기와 마제석기로 나눌 수 있는데, 타제석기의 양이 많다. 타제석기는 석촉과 굴지구류, 어망추, 마제석기는 갈돌과 갈판, 공이 등이 있다. 석촉 중에는 흑요석제가 많다. 크로우놉카-1 유적의 석기도 타제석기와 마제석기이고, 타제는 석촉과 굴지구류, 마제는 석촉과 갈돌, 갈판 등이 있다. 자이사노프카-1 유적보다는 흑요석의 비율이 적은 편이다. 특히 크로우놉카-1 유적에서는 기장과 조 등 재배된 곡물이 소량 확인되어서, 이 지역 농경의 가능성을 시사하고 있다. 하지만 주요한 생계원은 채집된 식물이었을 것으로 예상되며 생계 경제 시스템의 변화를 일으키지 못했을 것으로 보고 있다.

자이사노프카문화는 토기의 특징으로 1~3유형으로 나뉘고 대체적으로 5,000~3,800년 전에 해당되며 이는 금곡-흥성문화도 마찬가지이다. 이웃한 목단강 유역의 앵가령하층문화나 서포항상층문화의 절대연대가 없기 때문에 자이사노프카문화의 절대연대를 참고할 수 있다.

4) 두만강 유역

(1) 서포항상층문화 및 금곡-흥성문화

두만강 유역은 삼국의 국경이 마주하는 지정학적인 특징 때문에 각 국가별로 연구가 이루어져서, 성격이 같은 자이사노프카문화, 금곡-흥성문화, 서포항상층문화가 개별적으로 연구되는 상황이다. 뿐만 아니라 앵가령하층문화도 비슷한 성격으로 생각되어 비슷한 성격의 문화 분포 범위는 상당히 넓다.

다만 자이사노프카문화는 연해주에서 기술했으므로 본 절에서는 두만강 내륙과 하구에 분포하는 문화에 대해서 살펴보고자 한다.

두만강 내륙에는 금곡-흥성문화, 하류에는 서포항상층문화가 있다. 두만강 내륙에는 대표적으로 금곡 유적, 흥성 유적이 있고, 하류에는 서포항 2~4기, 농포, 범의구석 1기, 종평, 행성 등이 있다.

금곡-흥성문화는 금곡 유적과 흥성 유적의 신석기시대층을 기준으로 하며, 주로 두만강 내륙에 분포한다. 두만강 유역은 1940년대 일본 학자가 연길 소영자 무덤 조사를 시작했으나 이 지역은 중국 동북지역에서도 아주 연구가 소홀하여 연구의 공백이 심한 곳이다. 1979년에 금곡 유적의 조사가 이루어지고 1980년대에는 지표조사를 통해 선사시대 유적 중에서 금곡 유적과 유사한 시기의 신석기시대 유적들이 존재함을 확인하였다. 1990년대에는 흥성 유적이 조사되면서 많은 정보를 제공했고, 한국 및 일본 학계에도 알려지게 되었다.

두만강 하류에 분포한 서포항상층문화는 서포항 유적의 2~4기를 기준으로 연해주의 자이사노프카문화와 두만강 내륙의 금곡-흥성문화, 목단강 유역의 앵가령하층문화 등을 참고로 해서 분리했다. 서포항 유적의 1기와 2기는 그동안 두만강 및 동북한의 신석기시대 전기로 판단되었으나 인접한 최근의 자료로 보아서 2기가 자이사노프카문화의 토기와 가깝다.

서포항 유적과 금곡, 흥성 유적 등에서 주거지가 확인된다. 서포항 유적을 제외하고는 대체적으로 평면 형태 장방형이 주를 이루고 있고, 서포항 4기가 되면 장방형 주거지가 나타난다. 노지도 대체적으로 무시설식 노지이며, 주동은 대체로 4주식으로 주거지 가장자리에서 확인된다. 재미있는 현상은 금곡 5호와 범의구석 2호 주거지에서 인골이 확인되는 것이다. 금곡 5호의 북쪽 벽에서는 4구의 인골이 가지런하게 확인되었고, 2호에서는 1구의 인골이 확인되었는데 주거지를 무덤으로 사용한 예로 추정해볼 수 있다.[11] 이러한 현상은 한반도의 춘천 교동, 연해주의 레티호프카 유적 등에서도 보이고 있어 동북아시아 신석기시대 무덤의 한 양식일 가능성도 있다. 보고자들은 모두 우연한 사고에 의해서일 것으로 추정하고 있다.

---

[11] 보고 당시는 우연한 사고에 의한 것으로 보고 있으나, 인골이 가지런하게 놓여 있던 점, 그 주변에 토기가 있던 점 등은 주거지를 무덤으로 이용한 경우에 해당된다.

토기는 자이사노프카문화의 토기 특징과 거의 일치한다. 토기의 기형이나 문양 시문 방법, 문양의 모양 등이 거의 유사하다. 승선압날문, 점선자돌문, 복합침선문, 침선문 등의 문양 시문 기법으로 평행선문, 마름모문, 점선문, 평행선문, 횡주어골문, 뇌문, 삼각복합문, 타래문 등이 있고, 구연부에 공열문이나 돌대문 혹은 이중구연문 등이 표현된다.

이 문화의 석기는 서포항 유적에서 많이 확인된다. 유적에서는 곰배괭이, 촉, 작살, 찌르개, 어망추, 석부, 갈돌과 갈판 등이 있다. 자이사노프카-1 유적과 마찬가지로 흑요석제의 석촉도 확인된다. 특히 유적에서는 골각기가 많이 확인되는데, 괭이, 창, 작살, 바늘 등이 있고, 멧돼지의 송곳니로 만든 낫, 조개칼 등이 있다. 그 외에는 토제의 방추차 등이 있다. 석기나 골각기로 만든 도구로 보아서 수로 어로 및 채집, 수렵이 기본적인 생계 형태로 생각된다. 곰배괭이나 갈돌과 갈판 등이 확인되기는 하지만 농경이 생계 형태의 주체가 되는지는 고려해볼 필요가 있다.

이 문화의 절대연대는 홍성(4,800±140BP, 4,615±150BP)과 금곡(4980±145, 4540±140, 4,430±150, 4,410±140BP) 유적의 것이 있다. 이 문화의 성격이 연해주의 자이사노프카문화와 거의 유사하다는 점에서 볼 때 대략 5,000~4,000년 전에 존재했던 것으로 보인다.

4. 4,000년 전 이후

송눈평원, 아무르강 하류, 연해주, 두만강 유역에서 신석기시대에서 청동기시대로 넘어가는 양상을 보이는 유적이 확인되는 곳은 현재로서는 연해주와 두만강 유역이다. 삼강평원에도 이러한 유적이 있으나, 신석기시대와 청동기시대를 뚜렷하게 구분하는 연구 성향으로 보아서 이 점은 부각되지 않는다.

하지만 연해주의 자이사노프카문화와 두만강 유역의 금곡-홍성문화, 서포항상층문화가 끝나면서 이러한 유적들이 나타난다. 자이사노프카문화나 서포항상층문화의 가장 마지막 특징을 보이는데 연해주 내륙의 레티호프카 유적, 두만강 유역에서는 범의구석 1호, 서포항 5기가 해당되는데, 대략 3,800~3,500년 전에 속한다.

1) 연해주

연해주의 자이사노프카문화는 두만강과 가까운 남쪽과 연해주 내륙의 차이를 두고 청동기시대로 넘어갔는데, 연해주 내륙이 좀 더 늦게 청동기시대로 발전했다. 이러한 현상을 보이는 대표적인 것이 레티호프카 유적이다.

유적은 한카호 주변의 낮은 구릉 경사면에 위치한다. 1999년에는 주거지를, 2004년에는 저장 수혈 성격을 띠는 시설물을 조사하였다.

출토된 토기의 시문 방법은 침선문이 가장 많고 무문양 토기도 있다. 대체적으로 침선문은 종주어골문, 뇌문, 횡주어골문, 궁형문 등으로 그려졌다. 구연부에는 이중구연 혹은 돌대문 등이 부착되어 있고 대형 토기가 많다. 무문양 토기 가운데 봉상파수부토기가 출토되었는데, 신석기시대 토기와는 차이가 많다. 석기는 양인석부, 석착, 곰배괭이뿐만 아니라 성형석부, 석검의 병부 등이 확인되는데 이 유적의 성격과 시기 등이 자이사노프카문화의 다른 유적과는 사뭇 차이가 있다.

그 외 다른 유적에서도 레티호프카 유적과 같이 한 유구 안에서 출토되지는 않았지만 신석기시대에서 청동기시대로 넘어가는 분위기를 파악할 수 있는 유물이 있다. 연해주 남부의 보이스만-2 유적의 자이사노프카문화층에서는 호곡 1기의 대부가 달린 적색마연토기와 비슷한 적색마연된 토기가 출토되었다. 이 토기는 대각은 없지만 호곡 1기 토기와 배신이 거의 유사하며, 문양은 없다. 이 토기는 침선문양토기와 공반되어 출토되었지만 토기의 특징은 거의 신석기시대의 특징을 벗어나고 있다.

2) 두만강 유역

서포항 5기 및 범의구석 1호 주거지에서 신석기시대와는 다른 특징의 토기가 확인된다. 서포항 유적의 보고서에서는 5기는 신석기시대로 보았으나, 그 당시의 연구 결과에 따른 판단이다. 현재는 토기의 특징으로 보아서 청동기시대로 이미 들어간 것으로 보는 것이 일반적인 시각이다. 5기 출토 토기는 무문양의 돌대가 부착된 토기와, 침선문이 시문된 토기가 보고되었다. 무문양의 돌대가 부착된 토기는 두만강 유역의 이웃한 홍성 유적과 연해주의 마르가리토프카문화에서도 확인된다.

적색마연토기와 함께 무문의 이중구연 혹은 돌대문토기 등이 주요한 특징으로 분명히 신석기시대와는 차이가 있다. 적색마연토기의 기형은 뇌문토기의 특징에서부터 이어져온 것으로 연해주의 마르가리토프카문화, 두만강 내륙의 홍성문화, 북한의 오동 등에서는 신석기시대 문양이 일부 남아 있는 것 등이 확인된다. 이러한 것은 신석기시대로부터 점이적으로 계승되어온 것이다.

참고문헌

Ⅰ. 시대 개관

于長海, 1990, 「中國東北平原第四紀自然環境形成與演化」.
張之恒, 2004, 『中國新石器時代考古』, 南京大學出版社.
佟柱臣, 1989, 『中國東北地區和新石器時代考古論集』, 文物出版社.

Ⅱ. 요하 유역
〈한국어〉
郭大順·張星德, 김정열 역, 2008, 『동북문화와 유연문명(상)』, 동북아역사재단.
국립문화재연구소, 2012, 『한국고고학전문사전-신석기시대편-』.
사회과학원 고고학연구소, 2009, 『압록강류역일대의 신석기시대 유적』, 진인진.
趙賓福, 최무장 역, 1996, 『중국동북신석기문화』, 집문당.

〈중국어〉
郭大順, 2005, 『紅山文化』, 文物出版社.
國家文物局 編, 2011, 『遼河尋根 文明溯源-中華文明起源展』, 文物出版社.
遼寧省文物考古研究所 編著, 2012, 『牛河梁-紅山文化遺址發掘報告(1983~2003年度)』, 文物出版社.
李少兵·索秀芬, 2010, 「內蒙古自治區東南部新石器時代遺址分布」, 『內蒙古文物考古』 2010-1.
索秀芬, 2006, 「燕山南北地區新石器時代文化研究」, 吉林大學 博士學位論文.
索秀芬·李少兵, 2011, 「紅山文化研究」, 『考古學報』 2011-3.
邵國田, 1995, 「概述敖漢旗的紅山文化遺址分布」, 『中國北方古代文化國際學術硏討會論文集』, 中國文史出
    版社.
瀋陽市文物考古研究所.新樂遺址博物館, 2018, 『新樂遺址發掘報告』, 文物出版社.
趙賓福, 2003, 『東北石器時代考古』, 吉林大學出版社.
中國社會科學院考古研究所 外, 2009, 「遼寧長海縣小珠山新石器時代遺址發掘簡報」, 『考古』 2009-5.
中國社會科學院考古研究所, 2010, 『中國考古學-新石器時代』, 中國社會科學出版社.
陳國慶, 2006, 「遼西地區新石器時代考古文化的形成與發展」, 吉林大學 博士學位論文.

Ⅲ. 송눈평원, 두만강, 아무르강 유역
〈한국어〉
郭大順·張星德, 김정열 역, 2008, 『동북문화와 유연문명 상』, 동북아역사재단.
김용간, 1995, 『조선고고학전서』, 과학출판사.
김재윤, 2009, 「서포항 유적의 신석기시대 편년 재고」, 『韓國考古學報』 71.
_____, 2011, 「동북한청동기시대 형성과정-연해주와 연변 고고자료의 비교를 통해서-」, 『동북아역사논총』 32,

동북아역사재단.

_____, 2012a, 「신석기 후기 동북한문화권의 시간과 공간범위」, 『한국상고사학보』 77.

_____, 2012b, 「목단강 유역의 앵가령 하층문화에 대한 검토」, 『영남고고학』 26.

_____, 2017, 『접경의 아이덴티티: 동해와 신석기문화』, 서경문화사.

_____, 2018, 「청동기시대 조기 경남 평거동 유적과 연해주 시니가이문화의 관련성 검토」, 『嶺南考古學』 81.

김재윤·Moreva·Batarshev, 2009, 「연해주의 신석기시대 베트카유형 분리」, 『한국신석기학보』 71.

이종수, 2009, 「송눈평원과 요서지역의 문화교류 양상에 대하여」, 『요하유역의 초기 청동기문화』, 동북아역사재단.

〈중국어〉

吉林大學考古研究室, 1989, 「農安左家山新石器時代遺址」, 『考古學報』 1989-2.

吉林文物考古研究所, 1991, 「吉林東豊縣西斷梁山新石器時代遺趾發掘」, 『考古』 1991-4.

陶剛·倪春野, 2003, 「黑龍江省穆棱河上流考古調査簡保」, 『北方文物』 2003-3.

王立新, 2018, 「后套木嘎新石器时代遺存及相關問題研究」, 『考古学报』 2018-2.

趙賓福, 2003, 『東北石器時代考古』, 吉林大學出版事.

_____, 2011, 「牧丹江流域新石器文化序列与編年」, 『華夏考古』 2011-1.

黑龍江省文物考古工作隊, 1981, 「黑龍江寧安縣鶯歌嶺遺址」, 『考古』 1981-6.

黑龍江省文物考古研究所·吉林大學考古學界, 1997, 「黑龍江星肇源縣小拉合遺址發掘簡報」, 『北方文物』 1997-1.

黑龍江省博物館, 1974, 「昂昂溪新石器時代遺址的調査」, 『考古』 1974-2.

〈러시아어〉

Батаршев С.В. 2009 Руднинская археологическая культура в Приморье(바타르쉐프, 2009, 『연해주의 루드나야 문화』).

Дьяков В..И. 1992, Многослойное почеление Рудная Пристань и периодизация неолических культур Приморья(댜코프, 1992, 『루드나야 프리스탄 유적과 연해주 신석기문화의 편년』).

Глушков И.Г. 1996, Керамика как археологический источник(그루쉬코프, 1996, 『고고학과 토기』).

Медведев В.Е. 2005, Неолитическая культура, Российский Дальний Восток в древности и средневековье: открытия, проблемы, гипотезы(메드베제프, 2005, 『신석기문화』).

Окладников А.П. 1967, Поселение у с. Вознесеновка вблизи р. Сунгари(오클라드니코프, 1967, 『송화강과 가까운 보즈네노프카 유적』).

Окладников А.П. 1971, Петроглифы Нижнего Амура(오클라드니코프, 1971, 『아무르강 하류의 암각화』).

Окладников А.П. 1983, Древнее поселение Кондон(Приамуре)(오클라드니코프, 1983, 『콘돈유적』).

Шевкомуд И.Я., 2004, Поздний Неолит нижнего Амура(쉐프코무드, 2004, 『아무르강 하류의 신석기 후기』).

Шевкомуд И.Я., Яншина О.В., 2010, Переход от палеолита к неолиту в Приамурье: обзор основных комплексов и некоторые проблемы, приоткрывая завесу тысячелетий, к 80-летию Жанны Васильевны Андреевой, владивосток(셰프코무드, 얀쉬나, 2010, 「아무르강 유역의 신석기시대에서 구석기시대로 전환기문제」,

『1000년을 여는 창』, 자냐 바실레브나 안드레예바 80주년 기념 논총).

Шевкомуд И.Я. Кузьмин Я.В., 2009, Хронология камменного века Нижнего Приамурья(Дальний Восток России), Культурная хрология и другие проблемы в иссоледованях древноитей Востока Азии, Хабаровск(셰프코무드·쿠즈민, 2009, 「아무르 지역의 석기시대 편년」, 『동아시아의 선사시대 문화 편년과 여러 가지 문제』, 하바로프스크).

청동기시대

I. 시대 개관

1. 청동기시대의 개념과 역사문화적 배경

　청동기시대란 청동기의 제작·사용을 지표로 한 시대 개념이지만 실제로 그 증거를 확보하기가 쉽지 않을 뿐만 아니라, 오히려 당대의 전반적인 사회 문화의 변화에 초점을 맞추어야 한다는 주장이 더욱 강하다. 따라서 청동기를 비롯하여 경제, 정치, 종교, 사회 전반에 걸친 변화를 보여주는 무덤 및 마을 등과 각종 유물 자료 또한 면밀하게 살펴볼 필요가 있다.

　청동기를 제작하려면 구리와 주석 광물 소재의 확보와 합금, 거푸집 제작과 쇳물 붓기의 과정을 거쳐 완성되는 고도의 전문적인 노하우와 숙련된 기술이 필요하다. 더 나아가 복잡·정교하고 다종다양한 청동기를 제작하는 장인은 전업화(專業化)됨으로서 그들의 생활물자를 다른 사람으로부터 조달받을 수 있어야 한다. 따라서 주민 집단의 실력자가 이들을 지원할 수 있는 체제가 필요하며, 그것이 신석기시대와 구분되는 핵심적 사항이다.

　중국 동북지역의 청동기시대가 장식품 용도의 순동(純銅) 제품을 제작·사용하는 과정을 거쳐 점진적으로 형성되었는지는 확실하지 않다. 또한 기원전 2000년 기에 청동기가 보급되었다고 이해되지만 이를 입증하는 적극적인 고고학적 증거가 충분하게 확보되지 않고 있다. 그렇지만 대체로 2단계로 구분할 수 있는데 현지에서 자체 제작이 활발하지 않거나 외부로부터 유입된 사례가 많은 전기, 그리고 다종다양한 청동기가 활발하게 제작되는 후기가 바로 그것이다.

　그렇다고 전기의 외부로부터의 유입이나, 후기의 현지 제작의 상황이 엄격하게 구분되는 것은 아니다. 형식을 따져볼 때 외래품이라고 추정할 뿐이지 제작 장소를 단정할 수 없는 경우가 많다. 또한 현지 제작이 활발한 후기라도 외래 기종이 얼마든지 수입될 수 있으므로, 그 직접적인 증거로서 거푸집이나 공방(工房), 혹은 광산의 확인이 필요하다. 이러한 사실을 참고로 하고 대표적인 청동 제품이라고 할 수 있는 무기가 다량 제작·보급되는 사실을 기준 삼아 잠정적으로 전기와 구분되는 후기로 설정할 수 있다.

　청동기시대의 전기 문화 특징을 본다면 무엇보다도 요서지역에서 신석기시대와 다른 대규모 취락이 들어서고 중심 마을과 주변 마을과의 네트워크가 광범위하게 형성된 사실이 주목된다. 또한 많은 유물을 부장(副葬)한 유력한 개인묘가 다수 포함된 1,000여 기 가까이 조성된 대규모 공동 무덤이 확인된다. 따라서 신석기시대와는 규모와 계층화 측면에서 차별화된 집단의 모습을 보여주지만, 상위 신분의 사람들이 군사적 지휘자로서의 모습이나 개인적인 권력을 늘린 지도자로서의 위상을 보여주는 고고학적 증거는 확인되지 않는다.

또한 그러한 사회의 모습은 같은 시기에 요동(遼東)과 길림(吉林)지역에서는 확인되지 않으며, 신석기시대 사회와 큰 차이를 보여주지 않는 공동체사회의 모습을 유지한다. 이 시기 요동지역에서는 마을 유적은 드물게 조사되고 무덤 유적으로 북부의 동굴 무덤과 남부의 적석총(積石塚) 유적이 조사된 바 있다. 수십 기가 연접하면서 부장 유물이 드물고 다수의 사자(死者)가 한 무덤에 묻히는 등의 특징을 갖춘 공동묘지로서 이를 조성한 주민 집단이 혈연 공동체적 성격을 가진 사회라는 것을 보여준다.

후기에는 요서(遼西)지역에서 전기에 유행한 성보(城堡) 취락 유적은 확인되지 않는 대신, 청동 무기가 다량 부장된 최상급의 청동기 부장묘가 확인된다. 이로 미루어 군사력이 강화되면서 개인적 권력을 보여주는 보다 발전된 수장(首長)이 이끄는 군장(君長) 사회로 발전하였음을 알 수 있다. 그러한 군사적·정치적 성격의 사회가 요서를 벗어나 요동지역으로 확산되었음이 역시 청동 무기를 부장한 무덤을 통해 확인된다. 부장된 청동기의 기종과 수량은 요서지역에 훨씬 미치지 못하는데, 그 대신 요동지역에서는 공동체 지향 수장사회의 특징을 보여주는 지석묘가 널리 조성된다.

2. 청동기 제작·유통과 마제석기의 사용

청동기시대라고 하더라도 청동기는 후대로 가면서 늘어나기는 하나 대체로 일부 상위 계층이 집중적으로 소유한 기물이다. 주로 제기(祭器), 차마구, 장식품, 무기 등, 그리고 일부 공구(工具)로서 제작·사용된다. 늦은 시기에 이르러서도 일반 주민들이 생업에 사용하는 대부분의 도구는 여전히 석기로 제작되었다.

생업 활동에 동원된 석제 도구는 용도별 기종으로는 기경구(起耕具), 수렵구, 벌채구 등으로 분류되는데, 제작 방식으로는 직접 타격 수법, 잔눌러떼기 수법, 연마 제작 수법 등이 확인된다.

밭을 일구는 데 사용되는 기구로 보습, 가래 등의 석기가 있다. 특정한 석재를 선정하거나 정교하게 다듬을 필요가 없어 대충 타격을 가해 조정한 것이 대부분이다. 수렵용으로 제작되는 화살촉이나 창은 신석기시대 이전부터 지속된 것으로 흑요석을 석재로 하여 눌러떼기 수법으로 제작된 사례가 연해주(沿海州) 두만강 유역을 중심으로 적지 않게 확인된다.

나무를 벌채하거나 깎아 다듬는 데 사용되는 도끼와 자귀, 끌 등이 있는데, 대부분은 마제 수법으로 제작된다. 마제 수법으로 제작된 석기로 청동기시대에 본격적으로 제작, 사용된 기종은 예리한 날을 갖추어야 하는 칼(刀)과 검(劍)이 있다. 석도 중에는 곡물 수확용으로 제작되는 반월형석도와 낫 모양의 석기가 있다. 석검의 경우 동검이 귀한 천산(千山)산맥 이동과 연해주지역에서 간헐적으로 확인된다.

청동기를 전기와 후기로 나누어 설명하자면 우선 전기를 입증하는 대표적인 사례로서 요서지역의 발해만(渤海灣) 연안의 금현(錦縣, 현 능해시(凌海市)) 수수영자(水手營子)에서 발견된 동병과(銅柄戈)가 있다. 중국 상(商)나라 동과의 자루와 과신(戈身)을 모방한 것으로 현지에서 제작되었다고 알려지고 있으나 확실하지 않다. 전기 후반에 북방 초원지역의 청동기도 여러 곳에서 확인되는데, 요서 발해만 연안의 흥성(興城) 양하(楊河)와 요동 내륙의 법고(法庫) 만유가(灣柳街)에서 발견된 구멍 뚫린 도끼(管銎斧)와 꺾창(戈)이 대표적인 사례이다.

전기 말에 중원계 청동기임이 분명한 청동 예기(禮器) 다수가 요서지역의 객좌(喀左) 북동촌(北洞村) 등 여러 매납(埋納) 유적에서 발견된 바 있다. 정(鼎), 력(鬲), 언(甗), 궤(簋), 이(匜), 반(盤) 등의 기종이 확인되는데, 대부분 기원전 12세기~기원전 11세기경 상말주초(商末周初)에 해당되는 기물로서 형식과 새긴 명문(銘文)으로 보아 중원지역에서 유입된 것이 분명하다. 중국 연구자들은 이를 후기에 속한 것으로 설명하고 있으나, 후기의 표지가 되는 청동단검과 달리 현지에서 제작되지 않았기 때문에 전기에 소속시키는 것이 자연스럽다.

후기의 지표가 되는 광산 유적의 드문 사례가 요서지역의 하가점상층문화권(夏家店上層文化圈)에 속하는 임서(林西) 대정(大井)과 희작구(喜鵲溝)에서 확인된다. 40여 개의 채굴갱은 물론 채굴에 활용된 석제 공구, 광석을 녹이는 가마와 통풍관, 토제 거푸집 등도 발견되어 채광, 야련(冶鍊), 주조의 공정을 한 곳에서 수행하였음을 알 수 있다.

거푸집은 요서지역을 중심으로 하며 요동지역에서도 동검과 동모, 그리고 화살촉과 같은 무기와 도끼, 칼, 끌 등과 같은 공구, 그리고 단추와 같은 간단한 장식품의 경우 그 모양을 직접 파낸 석제 거푸집이 다수 발견된 바 있다. 이에 해당하는 여러 기종의 거푸집이 하가점상층문화권에 속하는 영성(寧城) 소흑석구(小黑石溝) 유적에서 발견되었으며, 십이대영자문화(十二臺營子文化)를 대표하는 비파형동검의 거푸집은 요서지역의 조양(朝陽)은 물론 요동지역의 요양(遼陽) 등지에서 두루 발견된 바 있다. 그 밖에 대부분 실물이 발견되지 않지만 모형을 제작하고 이를 감싸거나 눌러 원형을 본뜬 토제 거푸집을 이용하여 문양이 정교한 장식품과 입체적인 용기를 제작한 토착 형식의 청동기 실물 사례가 요서지역을 중심으로 전한다.

후기에 유행하는 청동기 실물을 보면 요서지역에서 무기와 공구, 차마구, 장신구, 용기 등 다른 지역에서는 볼 수 없는 기종과 형식이 일부 지역을 중심으로 다량 확인된다. 그 대표적인 사례는 하가점상층문화권의 영성현(寧城縣) 소흑석구(小黑石溝) 유적과 남산근(南山根) 유적이다. 아울러 이에 버금가는 기종과 수량의 청동기가 대릉하(大凌河) 유역의 십이대영자문화권의 조양 십이대영자 유적에서 확인되는데, 비파형동검과 다뉴경(多鈕鏡)을 표지로 하며 그 밖에 각종 장신구와 장식품 등이 있다.

요동과 길림지역의 청동기 보급은 요서지역보다는 다소 처진다. 그것은 지원 체제, 원료 수급, 그리고 기술자의 확보 등에서 여건이 좋지 않았기 때문인 것으로 이해된다. 그러다가 후기말에 이르면 요동에도 생산 중심지가 등장하는데, 심양 정가와자 무덤 유적에서 출토한 각종 청동기

일괄이 이를 반영한다. 이러한 청동기 제작과 보급 중심지의 시공간적 전개 과정을 통하여 요서와 요동을 아우르는 전 지역 정치체의 변동을 일으키는 교역과 전쟁, 사회발전 등을 미루어 짐작할 수 있다.

3. 토기의 분포와 문화권

청동기시대에 중국 동북지역에 거주하였던 주민 집단에 대한 기록이 충분하지 않으므로, 그들이 어느 공간에 거주했는지를 판별하려면 고고학 자료에 근거할 수밖에 없다. 그중에서 당대 사람들이 늘상 제작·사용한 토기의 갖춤새가 주민집단을 구별해내고, 그 시공간적인 분포를 판단할 수 있는 일차적인 단서를 제공한다. 현지에서 제작된 토기 갖춤새는 소지역과 시기별로 기종과 형식을 고려하여 다수의 문화 혹은 유형을 설정할 수 있는데, 그러한 여러 유형을 유사한 양식을 갖춘 것끼리 묶어 크게 3개의 상위 유형으로 분류할 수 있겠다.

첫 번째는 대부분 중원지역에서 유행하였던 세 발 달린 형태의 그릇(三足器)이다. 주로 요서지역 하가점하층문화권에서 력, 정, 언 등의 회색 승문(繩文) 토기로 제작·보급된다. 동 문화에 속하는 오한기(敖漢旗) 대전자(大甸子) 유적에서는 황하 유역의 이리두문화권(二里頭文化圈)에서 유입된 백색 삼족기 술잔(爵)이 공반되기도 한다. 현지에서 사질 태토로 빚어 산화 소성된 적갈색 무문의 변형된 삼족기는 청동기시대 전기에 요하 중류의 고대산문화(高臺山文化)와 혼하(渾河) 유역의 신락(新樂)상층문화, 청동기시대 후기에 눈강(嫩江) 유역의 백금보(白金寶)문화, 길림지역의 서단산문화(西團山文化) 등에서 주요 기종으로 채용된다.

두 번째는 비구상(非具象) 혹은 기하학적 무늬를 장식한 토기로서 다음에 볼 장식이 거의 없는 무문토기와 구별된다. 우선 각획문(刻劃文)과 기하학 무늬 토기로서 남부 시베리아 지역에서 유행하는 북방 계통으로서 청동기시대 후기의 백금보문화의 사례가 대표적이다. 동 형식의 토기는 청동기시대 후기의 하가점상층문화에 속하는 옹우특기(翁牛特旗) 대포자(大泡子) 유적에서도 확인된다. 흑색과 백색, 적색 등의 염료로 그려낸 채색무늬토기는 신석기시대의 요서지역 홍산문화(紅山文化) 혹은 황하 유역 앙소문화(仰韶文化) 토기의 특징으로 요서지역의 하가점하층문화권에서 삼족기 등 여러 형태로 확인된다. 요동반도 남단의 쌍타자3기문화(雙砣子三期文化)에서도 기하학 무늬 구획문(區劃文) 토기가 확인되는데, 그 일부는 신석기시대 쌍타자1기문화의 전통을 계승한 것으로 이해된다.

세 번째는 중국 동북지역의 가장 넓은 지역에 분포하는 것으로 무늬가 거의 없고 형태가 단순한 평저의 적갈색 사질(砂質) 혹은 니질(泥質) 무문토기이다. 호형(壺形) 혹은 옹형(甕形), 발형(鉢形) 토기로 구성되는데, 동일 지역의 직전 단계인 신석기시대 말기의 빗살무늬 통형관(筒形罐) 갖춤새와 전혀 다르다.

중국 동북지역 토기의 대부분을 차지하는 세 번째 유형의 적갈색 무문토기는 전기에 속하는 것으로 요하 중류를 중심으로 한 고대산문화의 적색마연 단지와 발이 특징적이다. 눈강 유역의 소랍합문화(小拉哈文化), 혼하 유역의 신락상층문화에서도 그 사례를 구할 수 있다. 요동 북부지역의 마성자문화(馬城子文化), 그리고 두만강 유역의 흥성유형(興城類型)에서는 토기의 경우 입술면에 각목(刻目)이 있는 평저의 깊은 바리, 항아리, 단지, 대접 등이 주종을 이룬다.

후기에 들어가면 점토대토기와 마연토기 장경호로 특징지을 수 있는 요서 대릉하 유역 십이대영자문화의 토기가 있다. 이 토기들은 동쪽으로 전이(轉移)되는데, 요동 혼하 유역의 정가와자유형(鄭家窪子類型)에서 출토되는 사례가 대표적이다. 이 밖에 요동지역에서는 쌍방유형(雙房類型) 혹은 신성자유형(新城子類型)에 속하는 조롱박 모양의 줄무늬 단지(弦文壺: 미송리형 토기)와 이중구연토기(二重口緣土器) 조합의 토기 갖춤새가 전한다. 길림지역의 서단산 문화의 유적에서는 신성자형 단지가 지역적으로 변형된 세로 손잡이의 서단산형 토기가 특징적이다.

4. 전기의 마을, 무덤과 사회 변동

신석기시대에서 청동기시대로 이행하면서 인구가 증가하고, 다수의 마을 집단이 경쟁적으로 들어서면서 이전보다 조직적이고 방어적인 마을이 등장하게 된다. 그 대표적인 사례가 요서지역의 하가점하층문화에 속하는 성보(城堡) 유적이다. 적봉(赤峰) 삼좌점(三座店)을 비롯하여 최근에 발굴 조사된 적봉 이도정자(二道井子) 등이 대표적인 사례로서, 단순한 환호가 아닌 석축 혹은 토축 성곽으로 둘러싸고, 각각의 가옥에도 돌담 혹은 토담이 둘러진 모양을 갖추고 있다. 성곽에는 마면(馬面) 혹은 치(雉) 모양의 시설이 일정한 간격으로 갖추어져 방어적 특징을 잘 보여준다. 이러한 거점 마을이 요하 상류를 따라서 구릉 상에 일정한 간격으로 조성되고, 그 크기도 일정한 차이가 있어 소지역을 범위로 한 마을의 위계 체계가 확인된다.

중국 동북지역의 청동기시대 마을은 대부분 그 규모나 시설이 이에 미치지 못한다. 요동 남부의 쌍타자 유적 등에서도 돌로 벽을 구축한 집자리가 확인되지만, 대부분의 가옥은 방형의 반움집 형태를 갖추고 있다. 마을 내 공간에는 다수의 저장공 시설이 있어 잉여 생산물이 어느 정도 확보되었음을 짐작할 수 있다

요서뿐만 아니라 요동지역에서도 일정 크기 이상의 무덤군이 조성된 사례가 발견되는데, 무덤시설, 시신의 안치(安置) 방식, 부장 유물 등에서 토기 못지않게 지역 집단마다 각기 고유한 형식을 갖추고 있다. 토광묘는 물론 석관묘 그리고 적석묘역을 가진 적석총 사례가 확인되는데, 그 대부분은 신석기시대에 이미 조성되기 시작한 것이다.

토광묘군의 대표적인 사례로는 하가점하층문화에 속하는 요서지역의 오한기 대전자 유적을 들 수 있다. 그중 상당수는 원래 목관을 갖춘 것으로 추정되는데, 한 지점에 900여 기의 무덤이

정연하게 조성되어 이에 속하는 주민 집단의 인구가 신석기시대보다 크게 늘어났음이 확인된다. 신석기시대 후기에 인구 증가와 계층화된 사회의 모습은 홍산문화의 능원(陵源) 우하량(牛河梁)이나, 대랍합(大拉哈) 등과 후홍산문화의 적봉 대남구(大南溝) 등의 사례를 통해서 확인되지만, 한 지점의 그 무덤 숫자는 100여 기를 넘지 않는 사실이 참고가 된다.

  군집을 이룬 무덤 중에서 앞의 경우는 무덤 사이 공간을 띄운 것이지만, 서로 연접시킨 방식으로 조성한 것으로 요동지역에 전하는 동굴묘와 적석묘의 사례가 있다. 동굴묘는 요동 북부의 태자하(太子河) 유역에서 마성자 유적을 비롯해서 다수의 사례가 있는데, 동굴 안에 토광을 파서 수십 기의 무덤을 연접하여 조성했다. 적석총은 요동지역 남단의 대련(大連) 우가촌(宇家村) 타두(砣頭) 등의 사례가 있는데, 동 지역에 신석기시대 후기부터 이어져온 것이다. 수십 기의 석곽묘 사이를 적석으로 잇대어 연접하여 전체가 적석총을 이루고 있다. 한 무덤 안에 전자는 한 사람이지만, 후자는 다수의 사람이 묻혀 있는 차이가 있는데, 양자가 모두 피장자 간에 밀접한 혈연관계를 갖고 있음을 반영한 것으로 추정된다.

  유물을 부장하는 풍습은 있으나 신석기시대와 마찬가지로 토기와 석기, 그리고 옥기가 부장 유물의 대부분으로 다음 후기에 각종 무기를 비롯한 각종 청동기가 부장된 것과 차이가 있다. 부장 유물로 보아 피장자 간에 계층화 현상을 보여주는 하가점하층문화의 대전자 무덤의 사례가 있지만, 다음 청동기시대 후기만큼 크게 두드러지지 않는다. 다만 전기 말 요서지역의 위영자문화에 속하는 일부 무덤에서 차별성 있는 청동기가 부장된 사례가 있는 정도이다.

  위영자문화(魏營子文化) 단계에 주목되는 것은 요서 서부지역을 중심으로 중원계 청동 그릇의 매납 유적이 다수 확인된다는 사실이다. 력, 정, 언, 궤, 이 등의 청동 예기 그 전부가 상말주초에 황하 중하류지역에서 제작된 것으로 밝혀지고 있다. 명문이 있어 상, 고죽 또는 연과 관련 있으리라고 추정되는 기물로서 은닉 혹은 제사 목적으로 매납된 것으로 이해된다. 이들 매납 유적을 조성한 세력에 대해서 중국 연(燕)나라가 동쪽으로 진출한 것으로 주장하기도 하고, 고죽국(孤竹國)에서 망명한 기자(箕子)가 세운 '조선(朝鮮)'이라고 설명하기도 한다. 다른 한편으로 요서지역의 현지 세력이 약탈 등의 방법으로 획득한 것이라고 주장하기도 한다. 분명한 것은 전기 전반 동이전 단계의 같은 지역에 있었던 하가점하층문화 집단뿐만 아니라, 또한 다음 후기의 십이대영자문화 혹은 하가점상층문화와도 관련 있다는 증거가 없다는 사실이다. 다만 상말주초의 교체기에 중원지역의 혼란과 관련 있음은 분명하다.

5. 후기의 무덤과 정치체의 발전

  동 시기에 이르러서는 이전 시기의 하가점상층문화권의 사례에서 볼 수 있는 성보 유적보다 발전하거나 비슷한 수준의 규모와 조직을 보여주는 마을의 사례는 아직 확인되지 않고 있다.

그 대신에 중국 동북지역 거의 전 지역에 걸쳐 각기 다른 정형화된 구조를 갖춘 무덤 유적이 조사된 바 있다. 일정 수준 이상의 유물을 부장한 다수의 조사 사례가 있어 이를 통하여 각 지역별로 성장한 인구집단이 유력한 엘리트가 이끄는 복합사회 수준으로 발전하였음을 알 수 있다.

우선 무덤의 구조를 보면 앞선 시기에 볼 수 있었던 토광묘와 석곽묘와 함께 대형 석재를 활용한 대석개묘(大石蓋墓)와 지석묘, 그리고 집체성(集體性)을 강조한 적석 묘역 시설 등의 무덤이 요동지역을 중심으로 다수 확인된다.

지하에 토광 혹은 석곽의 매장 시설을 갖추고 그 위에 대형 판석을 덮되 지상에 노출시킨 대석개묘는 무덤의 위치를 알려주는 표식을 갖춘 무덤으로서 요동 동부지역의 본계(本溪) 신성자, 보란점(普蘭店) 쌍방(雙房)과 봉성(鳳城) 동산(東山) 유적 등에서 확인되고 있다.

지석묘는 지상에 지석으로 둘러싼 매장 주체부를 시설하고 그 위에 대형 상석(上石)을 올린 무덤이다. 길이 8~9m 이상의 대형 판석을 상석으로 구축한 개주(蓋州) 석붕산(石棚山)의 사례에서 보듯이 구릉 상에 단독으로 시설하여 더욱 기념비적 경관을 잘 보여준다.

적석 묘역을 갖추고 다수의 매장 주체부가 설치된 적석총은 요동반도 남단의 끝에 집중적으로 분포하는데 이미 앞선 시기에 등장하였던 다두 적석묘를 변형한 것이다. 대련(大連) 강상(崗上)의 사례가 대표적인데 중앙의 한 무덤을 두고 주위에 다수의 무덤이 배치된 형상을 보여준다.

무덤에 부장된 유물을 보면 토기와 석기, 옥기 등이 주로 부장된 전기와 달리 청동기가 부장된 사례가 급증한다. 그 기종을 살피면 무기, 공구, 차마구, 의기(儀器) 등 두루 걸쳐 있는데, 무덤마다 부장된 기종과 수량은 지역 집단은 물론 개개인의 지위에 따라 일정한 차이가 있다. 기종의 용도에 따라 상징하는 바가 다른데, 무기는 군사적 실력, 공구는 생업 기술의 능력, 차마구는 교통수단 능력, 장신구는 신분적인 차이, 청동 용기는 제사 의례상의 지위 등을 반영한 것이다. 또한 재지 생산품만 부장되는 것이 아니고, 외래 유물이 부장되어 그 위세를 과시하는 경우도 있다. 이 경우 대외적인 교섭 능력 혹은 군사적인 성취를 과시하는 것이 될 수 있는 개인적 성향이 강한 수장 혹은 군장의 무덤으로 이해된다.

실제로 각 지역별로 확인되는 사례를 살피면 크게 다음 4가지 경우로 구분할 수 있다. 첫째는 요서지역 하가점상층문화의 소흑석구와 남산근 무덤으로 대표되는데, 무기, 예기, 공구, 차마구, 장식품, 의기 등의 다종 다양한 기종으로 구성된다. 그중에서 중원계 예기는 연산 남쪽, 북방식 동검과 동물 장식 등은 북방, 비파형동검과 조문경(粗文鏡)은 십이대영자문화권에서 유입된 것이다.

두 번째로는 십이대영자문화의 요서지역 십이대영자, 요동지역의 정가와자 사례로 대표되는데, 무기와 공구, 장식품, 의기, 차마구 등은 갖춰 있지만 하가점상층문화의 사례처럼 중원계 청동 예기 혹은 북방식 단검 등 외래 유물이 드물고 생산되는 기종과 수량이 다소 떨어지는 차이를 보여준다. 그러나 동 문화에 속하는 청동기시대 후기 말 늦은 단계의 객좌(喀左) 남동구

(南洞溝)나 건창(建昌) 동대장자(東大杖子) 등 요서지역의 유적에서는 연나라 청동 예기와 무기가 부장되기도 한다.

세 번째는 검, 모 등의 무기와 도끼 등의 공구를 주로 부장하는 경우로 최소한의 군사적 실력과 경제적 능력을 보여주는 사례로서 앞서 양 문화권에서 두루 확인된다. 네 번째는 석기와 토기만을 부장하거나 청동기는 거의 부장하지 않는 경우이다. 양 문화권에서 벗어난 요동과 길림지역의 대부분의 무덤이 이에 속한다. 지석묘 축조 집단을 포함하여 청동기 생산력이 상대적으로 떨어지는 공동체적 성향의 수장 혹은 족장이 이끄는 사회로 추정된다.

일정 지점에 조성된 무덤의 군집 규모는 인구규모 혹은 존속 기간과 비례한다. 일정 범위 내에 단독으로 조성된 수장묘라고 한다면 그것은 다른 구성원과 차별화된 지위를 표현하는 것이기도 하지만, 다른 한편으로 집단이 여러 세대 유지되지 못하였음을 반영한다.

군집을 이루는 같은 무덤군 내에서 무덤 간에 부장 유물 등에서 우열의 차이가 두드러진 경우와 그렇지 않은 경우가 있다. 그것은 개개인이 보유하고 있는 경제, 정치적 능력에 일정한 차이가 있는 계층화된 사회이기 때문으로 하가점상층문화의 소흑석구 경우가 대표적이다. 군집을 이루고 있다 하더라도 무덤 규모나 부장 유물에서 별 차이가 없는 경우 계층화 수준은 낮다 하겠다. 신성자유형의 본계 신성자 혹은 쌍방유형의 봉성 동산의 대석개묘의 사례가 있다.

대체로 타자에게 인식되거나 기록에 전하는 정치체는 수장급 무덤을 포함한 일정 크기의 군집묘군 유적으로 확인될 수 있다. 그나마 일시적이나마 개인 수장묘가 존재하였던 집단 또한 타자가 인식할 수 있겠지만 등급이 낮은 무덤은 군집을 이루더라도 그 정체성이 분명하지 않을 수 있으며, 그것이 곧 역사에 기록된 종족(種族) 혹은 정치체의 명으로 전해질 가능성은 낮은 것으로 이해된다.

II. 요서지역의 전기 청동기문화

1. 요서지역

요서지역은 요하의 서쪽, 연산 이북지역 일대를 일컫는다. 이곳에서 신석기시대 소하연문화(小河沿文化)를 끝으로 청동기시대로 접어들게 되는데, 광범위한 지역에 걸쳐 하가점하층문화(夏家店下層文化)가 용산문화 후기부터 형성되어 장기간에 걸쳐 이어진다. 이후 하가점하층문화는 상·주(商周) 교체기를 전후하여 하가점상층문화(夏家店上層文化)로 이어지고, 대릉하(大凌河) 유역 일대에서는 새로이 위영자문화(魏營子文化)가 형성된다.

1) 하가점하층문화

(1) 설정과 연대

하가점하층문화 자료는 일찍부터 확인되었지만, 1935년 일본 동아고고학회에서 적봉(赤峰) 홍산후(紅山後) 유적을 발굴하였을 때, 하가점상층문화와 구별하지 못하고, 전국시대 이후(赤峰第二期文化)로 비정한 바 있다. 이후 1960년대 적봉시 동쪽으로 15km 떨어진 영금하(英金河) 북안에 위치하는 하가점(夏家店) 유적과 약왕묘(藥王廟) 유적이 조사되어 하가점 하층과 상층이 분리됨이 밝혀져, 각각 하가점하층문화와 하가점상층문화로 명명되었다. 그리고 기존에 하가점하층문화 연남유형(燕南類型) 또는 해하북계구(海河北系區)로 분류되던 연산 이남이 대타두문화(大坨頭文化)로 분리되면서, 현재 하가점하층문화의 분포 범위는 북으로 서랍목륜하(西拉木倫河), 남으로 연산산맥, 서로는 하북성(河北省) 장가구(張家口), 동으로는 의무려산(醫巫閭山)에 이른다(도면 1).

하가점하층문화는 오한기(敖漢旗) 남대지(南臺地) 유적에서 하가점하층문화인 F3·F12 주거지가 소하연문화(小河沿文化) 층위를 파괴하고 설치되어 소하연문화 이후에 등장하는 것이 밝혀졌다. 그리고 마창구(馬廠溝) 유적에서는 위영자(魏營子)문화의 특징인 청동기 매납 유구가 하가점하층문화 층위를 파괴하고 설치되어 하가점하층문화 하한이 서주 전기보다 늦지 않음이 밝혀졌다. 더구나 풍하(豊下)·향양령(向陽嶺)·지주산(蜘蛛山) 유적 등의 층위 관계를 통해, 하가점하층문화는 해당 지역의 신석기문화인 소하연문화 이후에 등장하여 하가점상층문화와 위영자문화 이전에 존재했었음이 더욱 분명해졌다. 중원지역과의 병행 관계에 대하여, 하가점하층문화 출토 토기의 채회도 도안이 상대(商代) 청동기 도안과 유사하고, 풍하 유적의 출토 토기가 이리두문화와 가까우며, 대전자(大甸子) 무덤에서 이리두문화의 특징인 규(鬹)와 작(爵)이 출토되어, 하가점하층문화 연대가 하대(夏代)까지 올라가며, 고대산문화와도 병존하였음이 확인되었다. 게다가 풍하 최하층에서 출토된 니질흑색토기(도면 6-3)가 용산문화의 요소를 가지고 있어 하가점하층문화 상한이 용산문화까지 올라갈 가능성도 있다. 이를 뒷받침하듯이 지주산 H42 목탄 측정치 4360±140BP(2466BC~2147BC), 풍하 중층(3층) 목탄 측정치 3840±130BP(1886BC), 대전자 후기의 M759 측정치 3685±135BP(1735BC), M454 측정치 3645±135BP(1685BC), 범장자 M78 측정치 3180±90bp(1445BC), M79 측정치 3545±95bp(1887BC)로 볼 때, 하가점하층문화의 절대연대는 대체로 하대 기년 범위에 포함된다. 따라서 하가점하층문화는 빠르게는 용산 후기부터 형성되어 상대 전기까지 지속된 것으로 볼 수 있고, 지역에 따라 위영자문화, 하가점상층문화가 형성되는 상·주 교체기까지 이어진다.

한편 하가점 유적과 약왕묘 유적 발굴, 풍하 유적 층위 관계를 통해, 일찍부터 하가점하층문화는 하가점상층문화로 계승·발전한다고 여겨져왔다. 이후 양자의 토기상 차이로 인해 계승

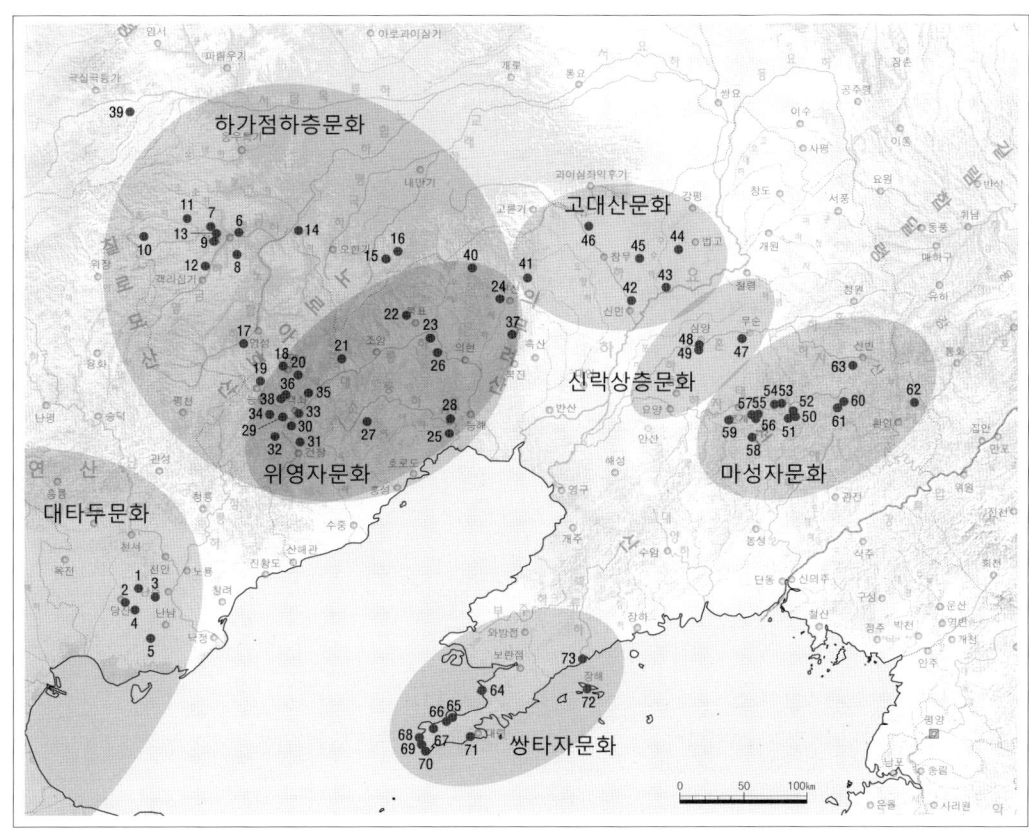

〈도면 1〉 중국 동북지역 전기 청동기문화 분포도

대타두문화 1. 당산 고야 2. 당산 소관장 3. 난주 후천의 4. 당산 대성산 5. 난남 동장점
하가점하층문화 6. 적봉 하가점 7. 적봉 지주산 8. 적봉 약왕묘 9. 적봉 동산저 10. 적봉 남산근 11. 적봉 상기방영자 서량 12. 객라심기 대산전 13. 적봉 강가만 14. 오한기 남대지 15. 오한기 대전자 16. 오한기 범장자 17. 영성 소유림자 18. 건평 객라심 하동 19. 능원 삼관전자 성자산 20. 객좌 남구문 21. 건평 수천 22. 북표 풍하 23. 북표 강가둔 24. 부신 서회동 25. 능해 수수영자
위영자문화 26. 의현 향양령 27. 조양 위영자 28. 금주 산하영자 29. 객좌 고가동 30. 객좌 북동촌 31. 객좌 산만자 32. 객좌 마창구 33. 객좌 남구문 34. 객좌 소파태구 35. 객좌 화상구 36. 객좌 후분 37. 의현 화이루 38. 객좌 고로구 39. 극십극등기 천보동 40. 부신 평정산
고대산문화 41. 부신 물환지 42. 신민 고대산 43. 신민 공주둔 후산 44. 법고 만류가 45. 법고 연무대 46. 부신 평안보
신락상층문화 47. 무순 망화 48. 심양 신락 49. 심양 노호충
마성자문화 50. 본계 마성자 51. 본계 북전 52. 본계 근변사 53. 본계 조전 54. 본계 정가욕 55. 본계 장가보 56. 본계 산성자 57. 본계 수동 58. 본계 호구 석관묘 59. 본계 대가보자 석관묘 60. 본계 동승 61. 본계 굴륭립자산 62. 환인 대리수구 63. 신빈 노성 석관묘
쌍타자문화 64. 대련 묘산 65. 대련 쌍타자 66. 대련 강상·누상 67. 대련 대타자 68. 대련 양두와 69. 대련 우가촌·우가촌 타두 70. 대련 목양성 71. 대련 대취자 72. 장해 상마석 73. 대련 고려채

관계가 부정되기도 하였으나, 양자 사이에 위영자문화(魏營子文化)가 설정되면서 '하가점하층문화-위영자문화-하가점상층문화'의 계승 관계가 설정되었다. 하가점하층문화에서 위영자문화로의 계승 관계를 보여주는 근거는 하가점하층문화 후기에 승문이 적어지고 홍갈도가 많아

지는 경향의 연속성, 하가점하층문화의 우형력(盂形鬲)이 위영자문화 대족력(袋足鬲)으로 이어지고, 위영자문화와 공반하는 청동기는 하가점하층문화의 주조 기술과 연속된다는 점이다. 다만 노로아호산(努魯兒虎山) 서쪽의 하가점하층문화 분포권에서는 위영자문화가 확인되지 않아, 요서 전 지역에서 '하가점하층문화-위영자문화'로의 계승 관계를 인정하기 어렵다. 하가점하층문화에 후속하는 위영자문화와 하가점상층문화와의 관계, 하가점상층문화 내 지방 유형에 대한 문제가 남아 있지만, 하가점하층문화는 노로아호산을 경계로 이서에서는 하가점상층문화(용두산유형·남산근유형)로 계승되고, 이동에서는 위영자문화를 거쳐 십이대영자문화(十二臺營子文化)로 이어진다.

(2) 기원과 지역권

하가점하층문화의 기원에 관해서는 자체기원설과 외부기원설이 있다. 후자는 대전자 유적에서 출토된 삼족기(甗·鬲·爵·鬹·盉 등)를 근거로 중원문화(상문화 혹은 용산문화)에서 기원하였다고 본다. 자체기원설은 소량이지만 정(鼎)·분(盆)·반(盤)과 채색 기법이 소하연문화에 이미 존재함을 근거로 든다. 이들 양 설을 융합한 견해도 있는데, 요서지역 하가점하층문화의 내용을 A군(無腰隔·深腹罐), B군(尊·侈口鼓腹甕), C군(淺盤高柄豆·折腹平底盆·鼓腹盤), D군(尊形鬲·直腹鬲·鼎)으로 나누고, 각각을 후강 2기문화(A군), 홍산-소하연문화(B군), 용산-악석문화(C군)의 영향이 융합되어 새롭게 하가점하층문화(D군)가 형성된다고 본다. 하가점하층문화의 마연 흑도, 물레 성형, 남문(藍文)과 방격문 출현, 정(鼎), 언(甗), 소구옹 등은 용산문화 요소에 해당하고, 옥기, 채회도, 절복분(折腹盆), 천반두(淺盤豆) 등은 홍산-소하연문화 요소와 유사한 점을 고려할 때, 하가점하층문화는 해당 지역의 신석기시대 소하연문화로부터 발전하되 주변 문화의 영향을 받아들이면서 형성·전개된 것으로 볼 수 있다.

하가점하층문화 설정 당시에 유사한 토기 구성과 지리 경계를 바탕으로 연산 이남의 연남유형(燕南類型)과 요서지역의 연북유형(燕北類型)이 설정되었다. 연남유형(혹은 연산형)은 다시 해하북계구(海河北系區)로 불리면서 동쪽의 대타두(大坨頭)유형, 서쪽의 호류하(壺流河)유형으로 세분되었다. 이들 견해는 연산 이남을 하가점하층문화 분포권에 포함시키고, 지방 유형 모두 동일한 문화에서 기원한다고 본다. 그러나 연산 이남의 발굴 자료가 증가하고 요서와 연산 이남 고고자료 간의 상이성이 부각되면서 하가점하층문화의 지방 유형이 각각 서로 다른 기원을 가진다는 견해가 제기되었다. 나아가서 요서지역에서 준(尊)·준형력(尊形鬲)이 발달하는 반면, 연산 이남은 고복력(鼓腹鬲)·절견력(折肩鬲)이 중심인 점과 주거지와 무덤 구조의 차이를 통해 서로 다른 문화로 이해되어 연산 이남은 하가점하층문화와 동시간대에 존재하였던 대타두문화로 분리·설정되었다.

한편 요서지역 하가점하층문화를 노로아호산과 교래하(敎來河) 하류를 경계로 동서 지구로 구분하기도 한다. 서구는 노합하(老哈河) 유역을 포괄하는데, 해발 600~1,500m의 고원지대와 산지 및 구릉이 많다. 토기는 언·력과 더불어 특히 정이 많다. 주거지는 반지하식 주거지로 원형과 방형이 확인되고 벽면은 돌로 쌓은 것이 많으며, 내부에 감(龕) 시설(1~4개)이 확인되기도 한다(도면 4). 사분지(四分地) 동산저(東山咀)·상기방영자(上機房營子)·지주산(蜘蛛山)·강가만(康家灣)·약왕묘(藥王廟)·하가점 유적 등이 해당한다. 동구는 대릉하 유역과 소릉하 유역을 포괄하는데, 반지하식 주거지로 방형과 원형 모두 확인되지만, 후자가 우세하고, 감실은 확인되지 않는다. 벽면은 흙벽돌로 쌓은 것이 많은데, 벽면 밖으로 단을 이루도록 토대를 구성한 것이 많다(도면 4). 토기는 삼족기가 여전히 우세하지만, 심복관이 많고, 고병두(高柄豆)는 적은 편이다. 수천(水泉)·풍하(豊下)·객라심하동(喀喇沁河東)·강가둔(康家屯)유적이 대표적이다(표 1).

(3) 문화 내용

하가점하층문화를 대표하는 성지(城址)는 배산임수 조건에 입지하는데, 하천 부근 평지와 높은 구릉에 분포하고 대부분 해발 700~900m에 위치하여 후자가 수적으로 우세하다. 성지는 수원을 확보하고 통제하기 쉬운 곳에 위치하면서 홍수나 범람을 피할 수 있는 높은 곳에 입지한다. 또한 한 면이나 두세 면이 가파른 경사면을 이루는 것이 많은데, 지형에 따라 축조되므로 성의 평면 형태가 일정하지 않다.

성지는 토성과 석성으로 구분된다. 토성은 대체로 평지나 낮은 구릉에 위치하는 것이 많고, 건평(建平) 수천(水泉)성지가 대표적이다. 수천 유적 토성은 남북 140m, 동서 135m로 성벽 단면이 사다리꼴로 기저부(基底部) 폭은 9m, 잔존 높이 3m이다. 그리고 성 밖에는 폭 10m 이상 깊이 2.5m에 달하는 도랑(壕)이 설치되었다. 대전자 유적도 평지 토성으로 남북 530m, 동서 230m의 장방형이고, 성벽 잔존 높이가 3.2m, 기저부 너비가 6.15m에 이른다.

석성은 돌을 외면만 쌓거나 양면에 쌓은 것이 존재한다. 북표(北票) 강가둔(康家屯)석성은 대릉하로 인해 북쪽이 훼손되었지만, 남벽 길이 135m, 호상을 이루는 동벽의 잔존 길이는 85m로 방형 내지 장방형으로 판단된다(도면 3). 성벽은 사다리꼴로 바깥쪽에 청회색 석판을 쌓고, 내부를 크고 작은 돌과 흙으로 채워 넣었다. 성벽 기저부는 2.7m, 잔존 높이 1.5m이다. 동벽과 남벽 밖으로 2.2m 떨어진 곳에 상부 너비 7.5~9m, 깊이 3m의 도랑이 확인되었다. 상기방영자 석성은 남쪽은 단애면이라 성벽이 확인되지 않고, 평면 삼각형으로 동서 양쪽에 10m 깊이의 도랑이 확인된다.

성 내부 구조를 살펴보면, 성벽에는 옹성문과 같은 것이 확인되었는데, 성자산(城子山)산성에는 9개의 성문 가운데, 동남쪽 4·5호문과 북쪽 8호문이 옹성 형태이다. 그리고 마면(馬面)이라고 일컬어지는 치(雉)가 확인된다(도면 3). 마면은 성벽에 덧대어 반원형으로 나타나며, 마면

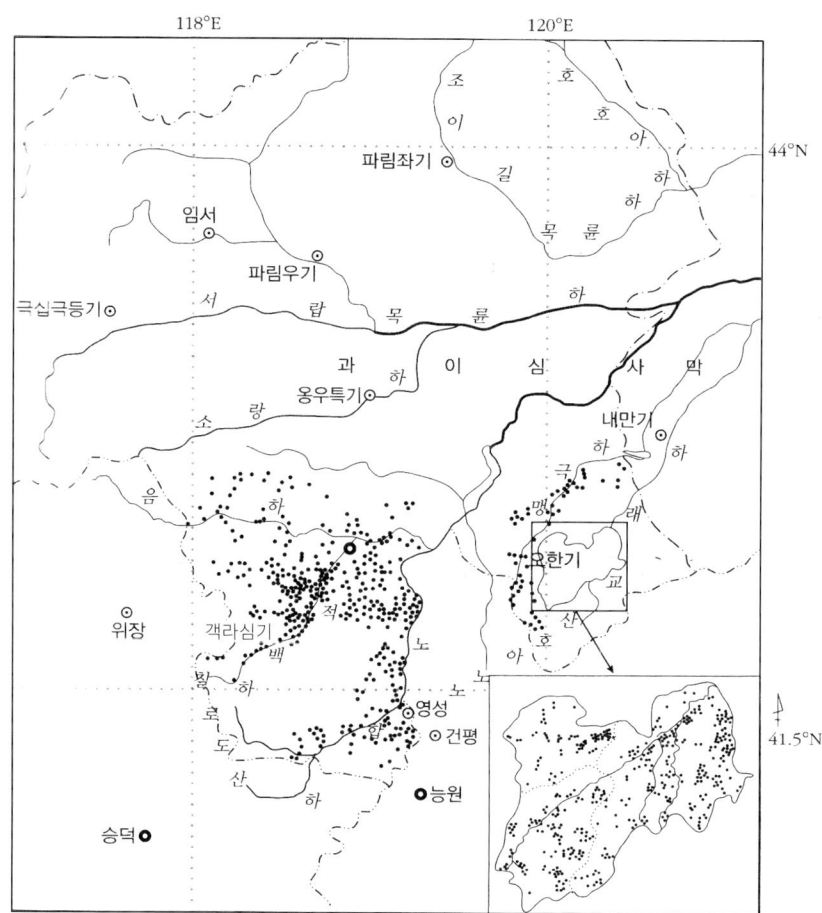

〈도면 2〉 하가점하층문화 성지 분포도(이재현 2009에서 전재)

간 거리가 짧은데, 그 기능에 대하여 성벽을 보강하기 위한 시설이라는 설과 당시 원거리용 활이 발달하지 못하여 육박전처럼 창이나 칼을 사용하였기 때문이라는 설이 있다.

그 밖에 성 내부에는 뜰(院), 뜰담(院墻), 도로, 문, 배수구, 석축혈(石築穴), 석대, 수혈, 석함(石函), 주거지 등이 확인된다(도면 3). 성 내부에 돌담을 쌓아 구획한 것을 뜰담(院墻)이라 하는데, 강가둔성지와 삼좌점(三座店)성지에서 확인된 바 있다. 그리고 뜰담을 따라 배수구와 문이 확인되고, 내부에 돌로 쌓은 주거지가 확인된다. 도로는 뜰담을 따라 확인된 바 있는데, 강가둔에서는 폭 1m로 판석을 깔았고, 한쪽에 도로보다 낮은 흙길이 있어 배수를 고려하였다. 석축혈은 강가둔에서 16기 확인되는데, 우물과 유사하다. 규모는 1~2m 정도로 내부에서 토기와 석기, 일부 인골이 확인되기도 하였다.

일찍이 영금하(英金河)·음하(陰河) 유역에서 발견되는 성지들이 연쇄적인 선상으로 분포하므로 하가점하층문화 성지를 원시장성(原始長城)으로 파악하였다. 특히 성지의 규모 차이가 분명하고, 큰 석성 주위에 작은 석성들이 분포하여 각 성은 독립된 사회단위로 대형 취락을 중심으로 연합체를 이룬다고 이야기된다. 나아가서 높은 산에 위치하는 작은 성지는 제단의 성격, 산록에 위치하는 것은 방어적 성격, 평지에 입지하는 토성은 생활을 위한 일반 취락으로 분류하여, 이들 조합을 생활공간·방어 시설·제의 시설 등이 완비된 방국 시스템으로 이해하는 것이 중국 학계의 일반적 견해이다. 즉, 하가점하층문화 석성이라는 원시장성의 존재는 황하 유역의 중원문화에 대한 방어 시설로 보고, 하가점하층문화를 방국(邦國, 方國)으로 이해하는 근

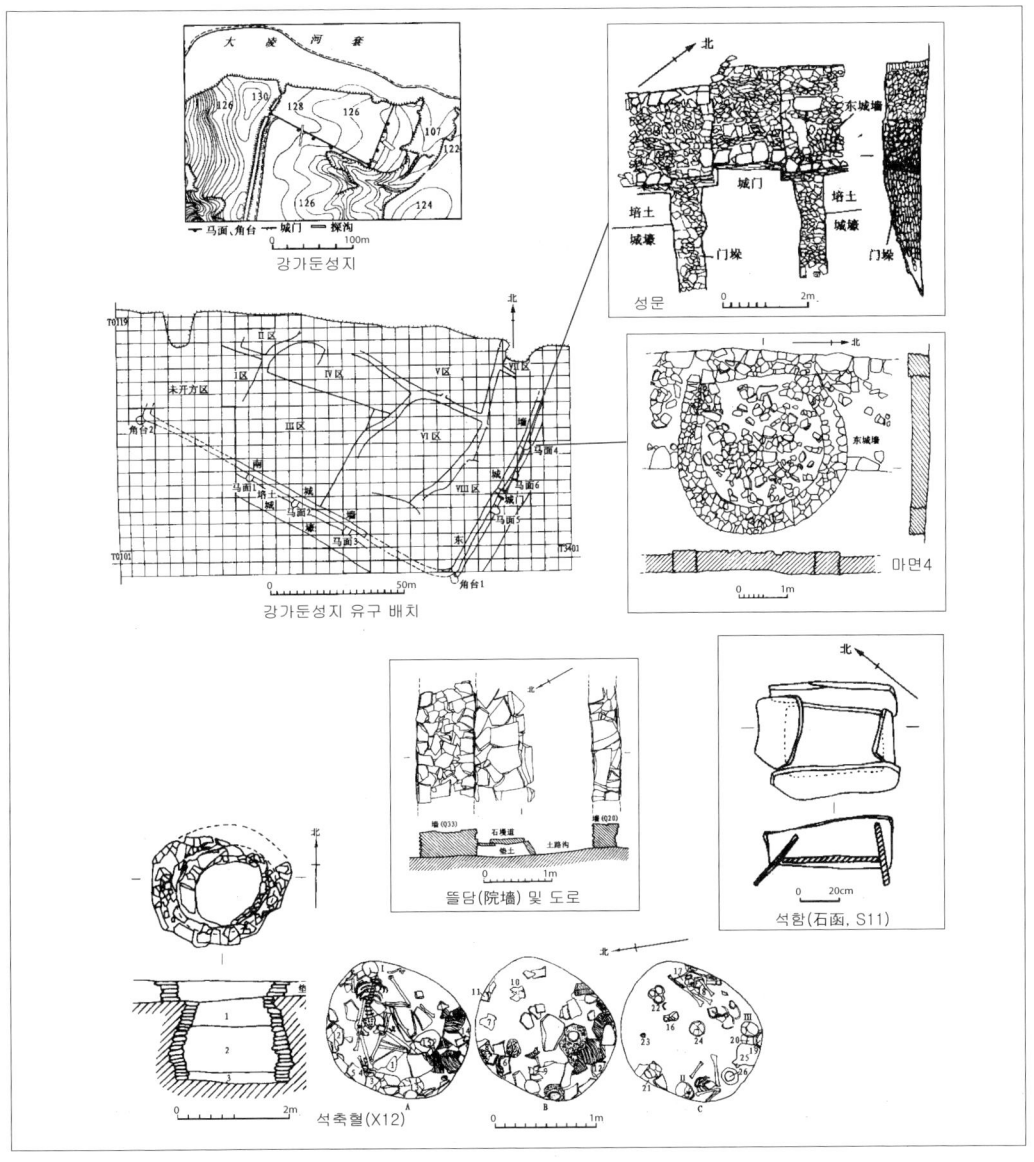

〈도면 3〉 북표 강가둔석성 및 내부 시설

거가 되고 있다.

　영금하·음하 유역뿐만 아니라, 최근 적봉 부근에서 279개소, 오한기(敖漢旗) 맹극하(孟克河) 유역에서 400여 개소, 교래하(敎來河) 유역에서 500개소에 이르는 성벽을 갖춘 취락 유적이 확인되었다(도면 2). 자료 증가와 더불어 더 이상 성벽이 특정 방어 성격의 취락에서만 확인된다고 보기 어려우므로 하가점하층문화 성지가 연쇄적 선상의 방어 체계를 구성한다고 보기 어렵다. 오히려 대부분의 취락에 성이 도입되는 것을 주변 자연환경에 대한 보호 장치로 보는

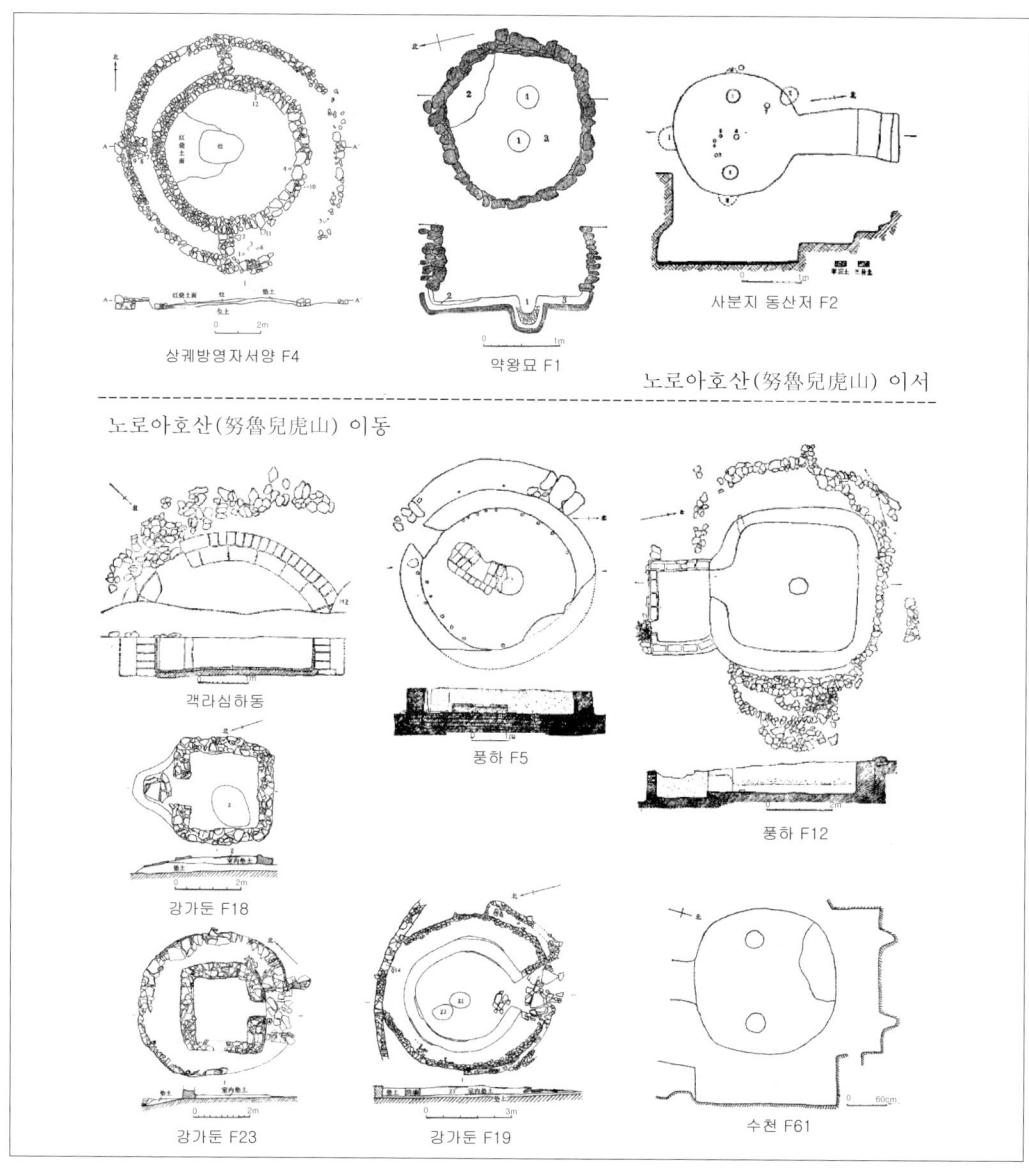

〈도면 4〉 하가점하층문화 주거지 양상

것이 좋을 듯하다. 또한 기존에 대규모 성지 주변에 형성된 중소 성지의 성보군으로 추정한 취락 간의 차별성은 다양한 규모의 성이 전체적으로 강을 따라 띠상으로 배치되어 지형에 따라 규모가 다양할 뿐 성지군 간에 일정한 규칙성을 파악하기 어렵다는 점, 석성지는 200~900m 거리마다 존재하여 굉장히 밀집 분포하는 점, 무엇보다 대부분의 성지 유적 내에서 주거 생활을 위한 공간이 확인되므로 일반적 취락 형태일 가능성이 많은 점, 요서지역 신석기시대 오한기 흥륭와(興隆窪) 유적, 임서(林西) 백음장한(白音長汗) 유적에서도 도랑을 가진 대소 취락이 군

〈표 1〉 하가점하층문화 주거지 속성

지역	유적	평면 형태	구조	벽면	주혈	감실 유무	거주면	비고	주거지 총계
노로아호산 이서	오한기 남대지	방형	반지하식		?			출입구 시설 확인	3
	적봉 강가만	말각방형	반지하식	토벽	중앙 2개	×	경화면	출입 시설?	3
	적봉 대산전	원형	반지하식/지면식	흙벽돌	?	×		토대 가능성 있음. 출입 시설?	
	적봉 상궤방영자	원형/방형	반지하식	토벽	외연부	×		출입 시설	10
	적봉 상궤방영자 서양	원형	반지하식/지면식	석벽	없음	×	회색토면	석벽토대(원)	10
	적봉 지주산	방형	반지하식2/지면식2	석벽2	?	×	백회면		4
	적봉 약왕묘	원형 2	반지하식	토벽/석벽	중앙 2개/없음	×	황토면	출입구 확인	2
	적봉 사분지 동산저	원형 5/타원형 3/말각방형 1	반지하식	토벽	중앙 1개·2개·외연부	○	×	출입구 시설 확인	9
	영성 소유수림자	원형	지면?	흙벽돌	없음	×	황토면	출입구?	2
노로아호산 이동	능원 삼관전자 성자산	원형 1	반지하식1	토벽	중앙 1개	×	경화면	출입구 시설 확인	1
	건평 수천	원형≫방형	반지하식>지면	흙벽돌	중앙 2개/없음	×	백회면	출입구 시설 확인	120여
	건평 열전창	원형/말각방형	반지하식7/지면식4	흙벽돌3	?	×	백회면		11
	건평 객나심하동	원형/말각방형	반지하식8	흙벽돌	없음	×	백회면	석벽토대 형성(원)/출입구 시설 확인	8
	북표 강가둔	원형→방형	지면식	토벽/석벽	없음	×	경화면	석벽토대 형성(원→방)/출입구?	49
	북표 풍하	원형 12/장방형 3/방형 1	반지하식	흙벽돌	중앙 1개 혹은 2개/외연부	×	백회면	석벽토대/출입구?	18

집하여 나타나는 점을 고려할 때, 성지 취락 간 계층성을 파악하기 어렵다. 다만, 대전자 무덤처럼 무덤 규모와 부장 유물의 양과 질적 차이를 고려할 때, 취락 내 집단 간 계층성은 확인된다고 보아야 할 것이다.

하가점하층문화 주거지는 소유수림자(小楡樹林子) 유적에서 2기, 사분지 동산저 유적에서 9기, 약왕묘 유적에서 2기, 지주산 유적에서 4기, 풍하 유적에서 18기, 상기방영자 유적에서 10기, 삼좌점에서 40여 기, 강가둔 유적에서 49기, 수천에서 120여 기, 지가영자(遲家營子)에서 216기의 주거지가 발견되는 등 대부분의 주거지가 밀집하는데, 유적 주위는 석성과 토성을 쌓아 방어 시설을 마련한 것이 특징이다.

주거지는 대체로 반지하식이고 일부 지면 건축이 있다. 평면 형태는 원형계와 방형계 모두 확인되고, 벽면을 흙벽돌로 쌓거나 돌로 쌓은 것, 흙으로 쌓은 것도 있다(도면 4). 벽과 바닥은 풀을 섞은 진흙을 발랐으며, 일부에는 백회면을 바닥에 깔기도 하였다. 주거지 벽면 구조, 감실 유무, 토대 유무에 따라 노로아호산 이동과 이서의 양상이 약간 다르다(표 1). 노로아호산 이동에서는 반지하식의 경우, 풍하 유적(F2), 강가둔 유적(F19)과 같이 평면 원형에 중앙에 1개 내지 2개의 주혈(柱穴)을 설치하고 벽면을 흙벽돌로 쌓은 것이 많은데, 흙벽돌 규격이 일정하여 길이 20cm, 폭 18cm, 두께 10cm 정도이다. 흙벽돌로 일정 공간 토대를 구축하고 바깥쪽에 원형 내지 방형으로 돌을 쌓은 것이 많다. 강가둔 유적 발굴 보고에 의하면 원형 토벽이 이르고, 방형 석벽이 늦다고 하지만, 적봉 상기방영자 석성 유적에서는 원형 석벽주거지가 확인되어 주거지의 변화상은 좀 더 검토가 필요하다.

노로아호산 이서에서는 석벽주거지가 우세하고, 특히 적봉 사분지 동산저 유적에서는 지하식이 확인되었는데, 깊이가 2m에 달하며, 원형 주거지에 경사형 혹은 계단형 출입구가 길게 달려 있는 형태도 있다. 특히 이곳에서는 주거지 벽면에 감실이 있고, 일부 감실에 불 피운 흔적이 확인되기도 하였다(도면 4).

하가점하층문화 무덤은 생활 유적만큼 발견 예가 많지 않다. 오한기 대전자 804기, 범장자(範仗子) 88기, 북표 풍하 1기가 확인되었고, 대체로 취락군과 별도 구역에 조성된다. 범장자 무덤은 A구(41기)·B구(19기)·C구(28기)에서 확인되었고, A구는 대부분 수혈토광묘이고 일부 수혈토동묘(竪穴土洞墓)와 석관묘가 확인된다. 벽감이 있는 수혈토광묘는 소수이고, 토광 내에 석괴 혹은 판석으로 쌓은 것도 있으며, 이층대인 것도 있다. 반면 B구와 C구는 벽감이 있는 수혈토광묘가 많고, 일부 이층대가 확인된다. 또한 측신장이 압도적으로 많고, 동물 뼈 특히 맷돼지 뼈를 순장한 것이 많아, 범장자 B구와 C구는 대전자 무덤군과 매우 유사하다.

대전자 무덤은 주거 유적 인근에 입지하고, 804기 무덤 모두 가지런히 배열되어 서북향으로 등고선과 평행하게 축조되었다. 무덤은 공백지에 의해 3구역으로 구분되고 각 구내에서도 소구역이 있으며, 소구역마다 규모가 큰 무덤에서는 부장 유물도 풍부하여 당시에 사회계층이 형성되었음을 알 수 있다. 대형묘 143기(길이 220cm 이상), 중형묘 434기(170~220cm), 소형묘 175기(170cm 이하)가 확인되었다. 대형묘는 깊이도 깊고, 136기(95%)에 벽감이 설치되지만, 중·소형묘는 각각 292기(67.2%), 39기(22%)로 벽감 설치가 감소하고, 무덤 깊이도 얕아진다. 그리고 대형묘에서는 대부분 목관이 확인되나, 중형묘에는 목관을 비롯해 흙벽돌관·생토이층대 등이 보이고, 소형묘에는 관 시설이 없는 것이 많다. 특히 벽감은 발치 부분에 위치하고, 중간·분리형·방형·원형 벽감 등 다양하다. 다만 피장자가 10세 이하의 경우에는 벽감이 보이지 않

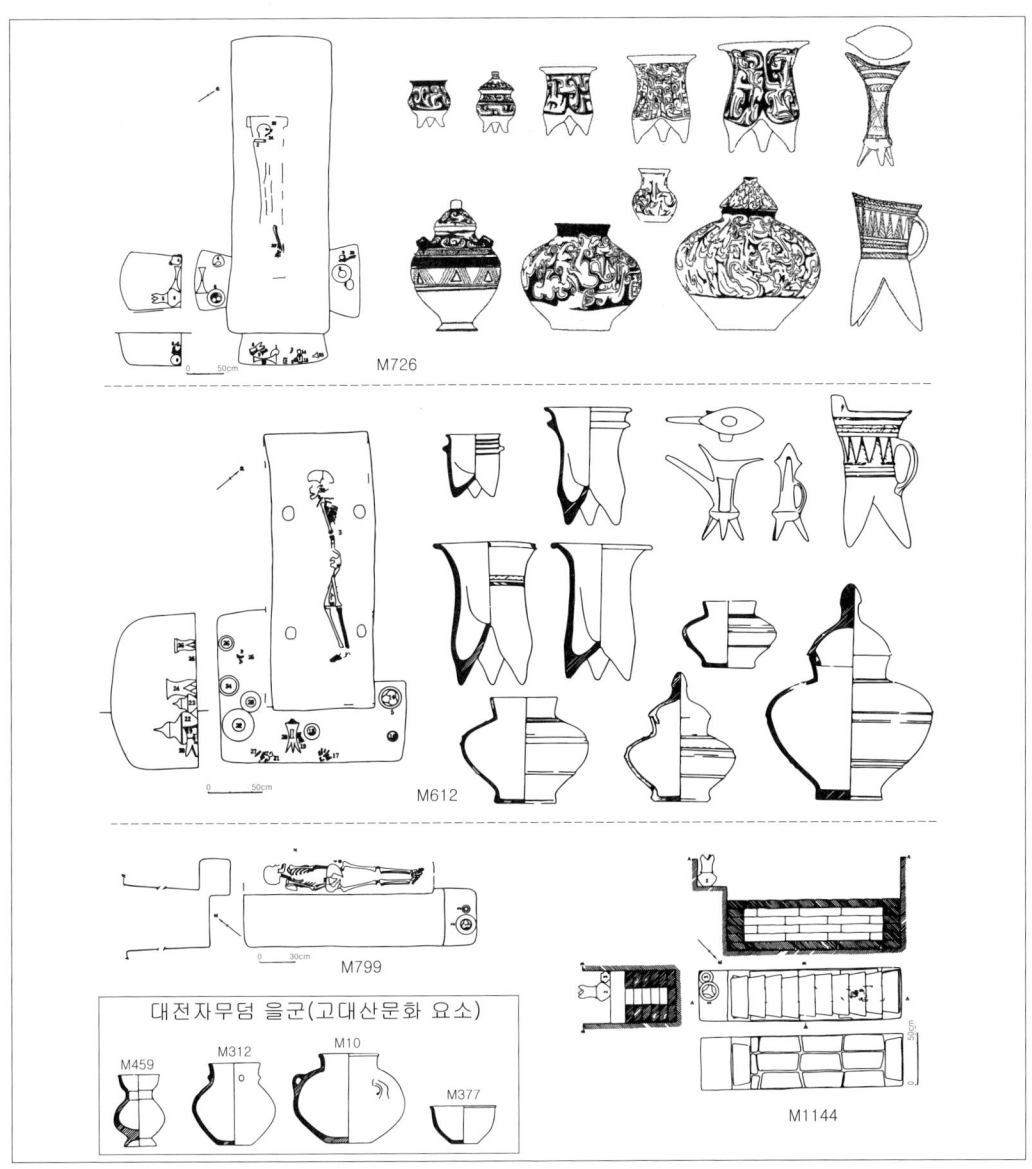

〈도면 5〉 하가점하층문화 무덤 구조 및 출토 유물(토기1/15)

는다(도면 5).

 장법은 성인·아동 합장의 14기를 제외하고 모두 단인장이다. 앙신직지장 14기, 측신직지장 600기로, 좌측신 304기 모두 여성이고, 우측신 317기 모두 남성으로 방향에 다른 성별 차이가 확인된다. 토기는 640기 무덤에서 1683점 확인되었는데, 적게는 1점, 많게는 12점을 부장하고, 보통 2점 내지 3점의 토기를 부장한다. 종류는 력(鬲)·규(鬶)·화(盉)·작(爵)·정(鼎)·관(罐)·준(尊)·호(壺)·우(盂)·발(鉢)·궤(簋)·두(豆)가 있다. 석기는 석부(石斧)·석월(石鉞)·방추차·마석(磨石)·공이·석제 그릇 및 각종 구슬류가 있는데, 특히 석부·석월·마석은 무덤별로 한 점씩만 부장된다. 뿐만 아니라, 여성은 방추차, 남성은 석부·석월·석촉 등을 부장하고, 토기는 관과 력을 부장하는 정형성이 있다. 또한 순생(殉牲)하는 습속이 있어 벽감에 돼지 다리 한 쌍을, 큰 무덤에는 봉분에 완전한 개체의 돼지와 개를 매장하기도 한다.

 하가점하층문화 토기는 흑도·채도·회갈도를 특징으로 하고, 삼족기(鬲·鬶·鼎)가 발달한다. 그 외에 준(尊)·분(盆)·옹(甕)·두(豆)·배(杯) 등이 있다. 흑도는 기벽이 얇고 두께가 일

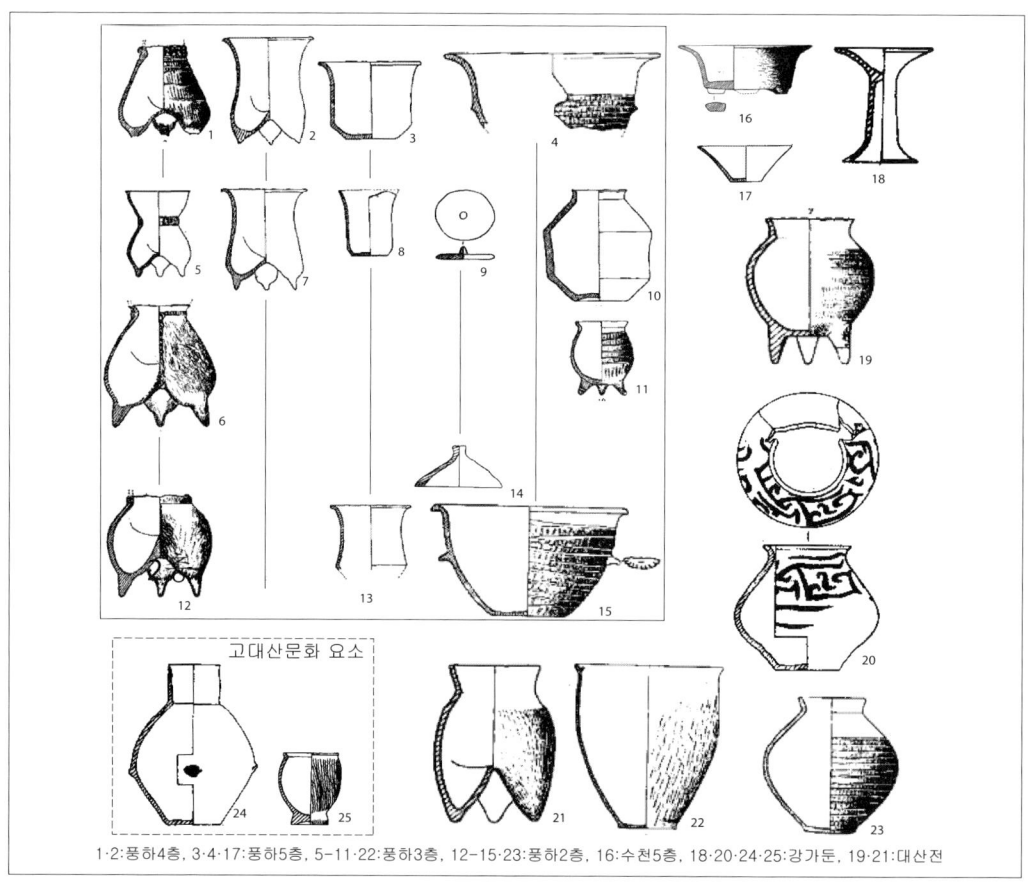

〈도면 6〉 하가점하층문화 토기(15:1/15, 나머지:1/10)

〈표 2〉 하가점하층문화 단계 설정 제설

李經漢(1980)		郭大順(1983)		張忠培(1987)	吳恩岳斯圖(2007)	
조기: 풍하 5층	용산만기	1기: 풍하하층(5층) ·사분지 동산저· 수천 5층	용산문화, 이 리 두 ~ 이리강기	I단: 풍하 5층·약왕묘 T1③·F2·남산근H26 ·지주산T1②G·H42	조기: 풍하하층 (5층)·수천 5층· 열전창 4층	2100BC 전후
중기: 풍하 2·3층	이리두~ 이리강기	2기: 풍하중층(3층) ·약왕묘·하가점		II단: 지주산T1② F·T3④D·T3④E· 남산근	중기: 풍하중층 (4·3층)·수천 4층	1880BC
		3기: 풍하상층(2층)		III단: 풍하②·③층·주 거지·회갱·지주산 T1②A~C·T2④ A·T2④B·T3④ A~C·H40·H31·약 왕묘T1①·F1·T1②	만기: 풍하상층 (2층)·수천 3층	1735BC ~1445BC
만기: 장가원 3층	상만기~ 서주			IV단: 풍하T20② H1·T102②F8		

정하여 일부 물레를 이용하여 성형하였음을 짐작할 수 있다(도면 6). 우형력(盂形鬲, 筒形鬲)이 하가점하층문화의 표지 유물이지만, 생활 유적과 무덤 유적 출토 토기 구성이 상이하다. 생활 유적에서는 회갈도의 언·력·정·관·분·옹이 출토되는데, 언은 대족(袋足)이 발달하고, 대족 아래는 실족이 붙는다. 력과 언의 족부는 틀로 찍어 제작하고, 문양은 승문 및 현문을 비롯해 일부 침선문, 부가퇴문 등이 시문된다(도면 6). 무덤 부장품은 채도가 특징인데, 홍색과 백색의 대비가 이루는 색채 배합이 이루어진다. 채도 종류로는 력·정·관·뢰(罍)·부(瓿)·우 등으로, 청동용기를 모방하여 제작되는 것이 특징이다. 채도 문양 모티프는 운문·뱀·거북·용·수면 등 으로 상대 청동기 문양과 동일하다(도면 5).

하가점하층문화 단계는 풍하 유적과 수천 유적 층위 관계로 설정되는데, 〈표 2〉와 같이 풍하 4층의 소속 시기, 풍하 2층과 3층을 동일 시기로 보느냐 분리하여 보느냐에 따라 약간의 견해차 가 있다. 풍하 출토품을 살펴보면(도면 6), 언 대족(袋足)의 최대경 위치 변화가 뚜렷한데, 4층 출토품(도면 6-1)은 동최대경이 족부에 근접한 하위에 위치하고 3층과 2층으로 갈수록 동최대 경이 상부로 이동하는 변화가 보인다(도면 6-5·6·12). 5층은 언의 도면이 제시되지 않아 단언하 기 힘들지만, 4층과 3층 간의 상이성을 고려하면, 4층은 5층과 근접한 시기로 보는 것이 좋을 듯하다. 분(盆)의 경우, 5층 출토품(도면 6-4)은 구연이 완만하게 벌어지지만, 2층 출토품(도면 6-15)은 구연이 거의 수평으로 꺾여 외반하고 구연단이 면을 이루는 변화가 확인된다. 우(盂)도 5층 출토품(도면 6-3)은 동체부가 직립하여 구연이 꺾여 외반하지만, 2층으로 갈수록 점차 동 체부가 만곡하며 벌어진다(도면 6-13). 또한 우형력의 대족과 실족의 경계가 뚜렷하지 않다가 점차 분명하게 분리되는 형태로 변화한다. 따라서 하가점하층문화 변화는 '풍하 5층(4층 포함)

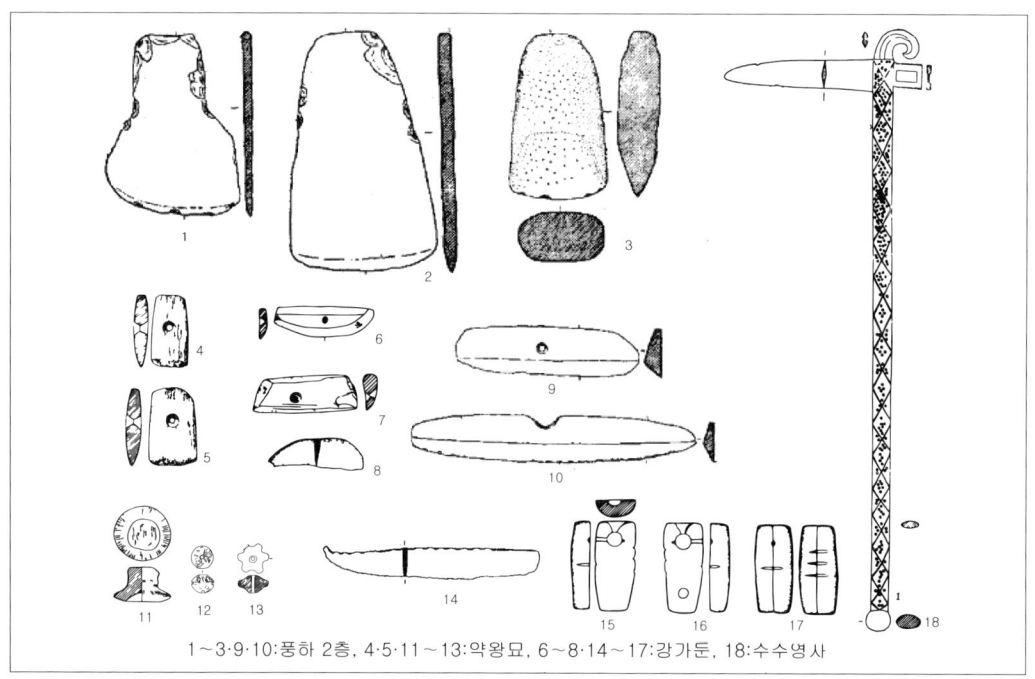

〈도면 7〉 하가점하층문화 석기 및 청동기(1~17:1/5, 18:1/10)

→ 풍하 3층 → 풍하 2층'으로 볼 수 있다(도면 6).

　석기는 대부분 마제석기로 석부·석월·석산(石鏟)·석서(石鋤)·석착·석도·석촉 등이 있다. 석월은 무덤에 부장되며 동월(銅鉞)의 원형이 되기도 하고(도면 7-4·5), 석도는 한쪽에 구멍이 나거나 홈이 있는 단면 삼각형의 삼릉도(三稜刀)가 특징이다(도면 7-9·10). 이들 농경에 적합한 마제석기들 외에 다른 문화와 달리 타제의 좀돌날석기가 소량이지만 출토된다(도면 7).

　생활 유적과 무덤 유적에서 소형 청동기들이 출토되지만, 청동 용기는 발견되지 않는다. 동환(銅環)·동이식(銅耳飾)·동과(銅戈)·동모(銅鉾) 등이 확인된 바 있고, 청동귀걸이는 한쪽 끝이 부채꼴인 것이 특징적이다. 특히 동산저 유적에서 토제 용점 1점, 강가둔 유적에서 원형의 석제 거푸집이 발견되어 청동 주조업이 이루어졌음을 알 수 있다(도면 7-15~17). 수수영자(水手營子) 무덤 출토 동병과(銅柄戈)는 하가점하층문화 발견 동기 중 가장 큰데 형태상 상대 전기의 특징을 보여준다(도면 7-18). 병부 표면의 문양으로 보아 청동 용기를 주조해낼 수 있는 수준에 도달하였을 것으로 추정된다. 그 밖에 대전자 유적에서 청동 장식품이 55점 출토되었다.

　골산(骨鏟)·골추(骨錐)·골비(骨匕)·골촉 등의 골각기와 대전자 유적에서 확인된 칠목기, 녹송석(綠松石)·마노·패류를 이용한 장신구도 다수 확인된다. 옥기로는 옥결(玉玦), 벽(璧) 등이 있는데, 이리두문화와 홍산문화의 특징을 보여준다. 또한 소와 사슴 견갑골을 이용한 복골, 석경(石磬)과 같은 악기도 출토되었다. 대전자 무덤 부장 동물 뼈 가운데 수렵으로 포획 가능한 사슴이 출토되지 않고, 당시 자연환경 분석을 통해 하가점하층문화 주민들이 비교적 온난습윤한 환경에 살면서 조를 재배하고 돼지, 양, 개 등의 가축을 사육했을 것으로 추정된다.

2) 위영자문화

(1) 설정과 연대

위영자문화(魏營子文化)는 조양(朝陽) 위영자(魏營子) 유적에서 출토된 홍갈색 토기와 청동예기군으로 설정되었다(도면 8). 공통된 부가퇴문력(附加堆文鬲)이 출토되는 위영자문화 유적들로는 금주(錦州) 산하영자(山河營子) 유적, 객좌현(喀左) 고가동(高家洞)·후분(後墳)·화상구(和尙溝)·남구문(南溝門) 유적, 의현(義縣) 향양령(向陽嶺) 유적, 부신(阜新) 평정산(平頂山) 유적 등이 있는데, 대체로 능하(凌河) 하류역 발해만에 연한 지역에 집중 분포한다(도면 1).

위영자문화는 청동 예기를 근거로 서주 전기로 편년되어 하가점하층문화와 하가점상층문화 사이에 위치 지워졌다. 위영자문화 연대가 대체로 상말주초에 해당하지만, 상·하한에 대해서는 연구자마다 약간씩 견해차가 있다(표 3). 위영자문화는 남구문·향양령·평정산 유적에서 하가점하층문화 위에 놓여 있고, 하가점하층문화와 기종 구성이 동일하며, 승문이 잔존하는 점들은 하가점하층문화 후기에 승문이 감소하고 홍갈도가 많아지는 연속선상으로 볼 수 있다. 따라서 위영자문화는 하가점하층문화와 계승 관계에 있을 가능성이 높고, 세부 연대상 차이는 있어도 대체로 하가점하층문화 다음 단계인 상후기에 출현한다고 볼 수 있다.

〈표 3〉 위영자문화 연대에 대한 다양한 견해(천선행 2010 인용)

연구자 연대	郭大順 1987	董新林 2000	吳恩岳斯圖 2007
상한	12BC	14BC	13BC

상한
근거
	• 후분 출토 력
	  : 이리강에서 은허전기
	• 도호구 출토 동경
	  : 부호묘 출토품과 유사
	• 도호구 출토 귀걸이
	  : 하가점하층과 유사
	• 고가동 출토 동부
	  : 은허전기
		• 향양령과 평정산의 분기상
		  : 하가점하층 이후.
		• 평정산 H112
		  : 은허 2기와 유사.
			• 남구문의 퇴적상
			• 평정산의 퇴적상
			• 향양령 H12·평정산 H112·후분
			  : 은허조중기

하한	11BC	9~8BC	10BC

하한
근거
	• 위영자 유적 청동 예기
	  : 창평 백부 유적과 유사
		• 평정산 M303호 출토 력
		  : 하가점상층과 유사
		• 위영자문화의 분포권
		  : 이후의 십이태영자문화와 유사
			• 화상구 M1호 銅卣·銅壺·金釧
			  : 안양서구와 하북 자현 출토 상
			   만기의 것과 유사

그러나 노로아호산(努魯兒虎山) 서쪽의 하가점하층문화 분포권에서는 위영자문화가 확인되지 않아, 요서 전 지역에서 '하가점하층문화-위영자문화'로의 계기적 발전상은 인정되지 않는다. 이뿐만 아니라, 위영자문화는 후속하는 십이대영자문화(十二臺營子文化) 혹은 능하문화(凌河文化) 분포권과 중복되지만, 양자의 관련성도 분명치 않다. 그래서 위영자문화를 하가점하층문화와 하가점상층문화 사이에 개재하는 시간적 선후 관계로 보거나, 하가점상층문화 이른 시기에 일정 기간 공존했던 지역 유형으로 보고 있어, 위영자문화의 하한 연대에 대한 일치된 견해가 없다. 다만 유일하게 제시된 위영자 유적 절대연대 측정치가 2,650±100BP(900BC~790BC), 2,550±80BP(804BC~452BC)로 서주 중기를 포함하므로 위영자문화 하한이 서주 중기까지 내려옴을 알 수 있다.

(2) 형성과 전개

전술한 바와 같이 분포권의 차이로 위영자문화가 완전히 하가점하층문화를 계승한다고 보기 어렵다. 하가점하층문화가 남하하는 중에 요동 고대산문화(高臺山文化)의 영향을 받아 형성되었다고 보거나, 하가점하층문화를 바탕으로 수변의 북방 요소·황하 유역 요소·고대산문화 등이 유입되면서 발전하였다고 보기도 하고, 은허 1·2기에 하가점하층문화 남부 지구에 도달한 주개구문화(朱開溝文化)와 서진하는 고대산문화가 대릉하 유역에서 융합되어 출현한다고 보기도 한다.

위영자문화 형성 과정을 규명하기 위한 몇몇 고고학적 사실은 위영자문화가 하가점하층문화의 노로아호산 동쪽에만 집중 분포하는 점, 위영자문화 단계의 북방계 청동기는 위영자문화 주 분포권 외곽에서 청동기 매납 유구로 확인되나, 주 분포권 내에서는 위영자문화 토기와 더불어 중원계 청동기가 대부분을 차지하는 점이다. 즉, 위영자문화는 하가점하층문화를 바탕으

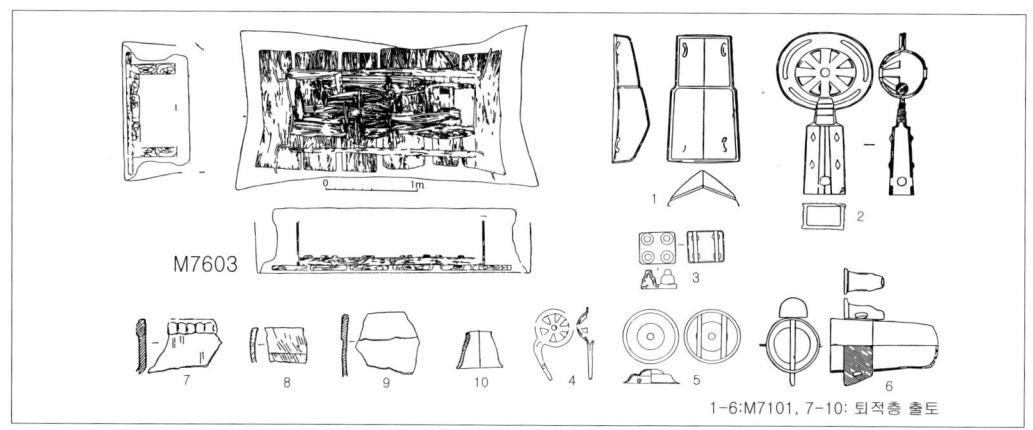

〈도면 8〉 조양 위영자 유적 무덤 및 출토 유물(1:1/16, 2~6:1/8, 7~10: 축척부동)

로 중원과의 강한 결탁하에 새롭게 형성되었다고 볼 수 있다. 이는 주개구문화의 동진, 북진하는 중원청동기, 서진하는 고대산문화의 골목에서 위영자문화가 형성되었고, 주변 문화와의 관련 정도에 따라 위영자문화 내 다양성이 좌우됨을 말해준다.

참고로 기존에 위영자문화 형성 과정에 고대산문화가 차지한 역할을 비중 있게 다룬 견해가 많다. 그러나 고대산문화의 영향은 부신(阜新) 평정산(平頂山) 유적까지만 나타나고, 하가점하층문화 대전자(大甸子)무덤 을군(乙群)처럼 위영자문화의 주 분포권이 아닌 요서지역 북쪽으로만 전개되는 경향이 있다. 더구나 평정산 유적은 위영자문화의 늦은 시기의 것으로 고대산문화의 영향을 형성기의 것으로 보기 어렵다. 그리고 하가점하층문화 말기에 이미 홍갈도가 증가하고 있어, 더 이상 색조와 고대산문화 요소의 출현을 근거로 위영자문화 형성에 고대산문화의 역할이 컸다고 이야기하기 어렵다.

한편 위영자문화에 후속하는 하가점상층문화·십이대영자문화와의 관계가 논란이 되고 있다. 하가점상층문화와 관련해서 위영자문화를 하가점상층문화 이전으로 보거나, 하가점상층문화의 이른 시기에 존재하는 지방 유형으로 간주하는 상반된 견해가 있다. 이는 하가점상층문화의 상한을 언제로 보느냐에 좌우되는데, 하가점상층문화의 출현을 기원전 9세기로 보는 경우 위영자문화와 하가점상층문화가 서로 시간적 선후 관계에 있게 된다. 반면 하가점상층문화의 상한을 기원전 12세기, 기원전 13세기, 기원전 14세기, 기원전 11세기로 보는 경우에는 곧 위영자문화가 하가점상층문화와 지역을 달리하며 일정 기간 공존하였던 것이 된다.

위영자문화와 하가점상층문화 간의 상이성은 분명한데, 위영자문화는 목관묘, 부가퇴문력이 특징이지만, 하가점상층문화는 석곽묘에 정이 중심이고, 력은 이중구연의 통복력(筒腹鬲)과 고복력(鼓腹鬲)이 많고, 통복력에는 반이(盤耳), 고복력에는 교형환이(橋形環耳)가 부착된다. 상기한 차이점을 시간적 근거로 볼 수도 있지만, 양 문화의 분포권 차이도 감안해야 할 것이다. 하가점상층문화는 노로아호산 이서의 노합하(老哈河) 유역과 서랍목륜하(西拉木倫河) 유역에 분포하고, 위영자문화는 객좌현을 중심으로 한 노로아호산 이동, 즉 능하 유역(凌河流域)에 집중 분포한다. 게다가 위영자문화의 늦은 단계부터 하가점상층문화의 력, 이중구연들이 확인되고, 하가점상층문화의 이른 단계의 용두산(龍頭山) 유적에서 위영자문화의 특징인 부가퇴문력이 일부 출토되는 점을 고려할 때, 위영자문화와 하가점상층문화는 지역을 달리하며 시간적 선후 관계에 있음과 동시에 위영자문화의 늦은 단계와 하가점상층문화의 이른 단계가 일정 기간 공존하였다고 보는 것이 타당해 보인다. 이러한 사실은 절대연대 측정치를 통해서도 어느 정도 뒷받침된다. 즉, 하가점상층문화의 이른 단계인 용두산 M1호 측정치가 3,240±150BP, 대정동광(大井銅鑛) F2는 2,720±90BP(896BC~788BC), 2,970±115BP(1260BC~920BC)로 안정된 연대치는 아니지만, 빨라도 서주 전기를 넘지 못하고, 위영자문화의 늦은 단계인 위영자 유적은 2,650±100BP(900BC~790BC), 2,550±80BP(804BC~452BC)로 양자가 일부 겹친다.

그러면 위영자문화에 후속하는 문화는 무엇인가? 위영자문화와 분포권이 거의 동일한 십이대영자문화를 고려할 수 있다. 십이대영자문화는 일찍이 청동기를 근거로 하가점상층문화의 한 유형으로 파악되어 십이대영자유형으로 명명되었다. 그러나 양 문화 간에 선형동부의 유무와 무덤 구조 차이가 분명하여 동일 문화로 파악하기 힘들다. 오히려 십이대영자문화도 토광묘 혹은 목관묘가 중심인 점에서 위영자문화와 유사하고, 향양령(向陽嶺) 유적 3기문화(위영자문화)와 4기문화(십이대영자문화) 간에 경부가 발달한 고복력이 형태적으로 연결되는 점으로 보아, 중원청동기 중심의 위영자문화 쇠퇴와 동시에 북방계 청동기를 적극적으로 받아들이면서 위영자문화에서 십이대영자문화로 이행하였다고 볼 가능성이 있다.

(3) 문화 내용

위영자문화의 주거지는 현재 향양령 유적과 산하영자(山河營子) 유적에서 확인된 것뿐이다. 향양령 유적은 원형 혹은 말각방형으로 반지하식 혹은 지면식 건축이다(도면 11). 다른 유구에 의해 파괴되어 전체 규모를 알 수 없지만, 중앙부에 얕은 수혈식 노지가 확인되고, 그 옆 동물 뼈 주변으로 반월 형상의 돌을 돌린 흔적과 순수 황토대를 만든 것이 확인되었으나 기둥 구멍과 출입구는 확인되지 않았다. 산하영자 유적 상층에서 확인된 주거지는 정확히 몇 기인지 알 수 없지만, 원형으로 석벽을 쌓고 내외면에 초본류가 섞인 점토를 발랐다. 석벽을 쌓는 방식은 하가점하층문화 주거지들에서 다수 확인되는 형태이지만, 그 밖의 내부 구조는 불분명하다. 자료가 풍부하지 않지만, 일정한 정주생활을 영위하였다고 판단된다.

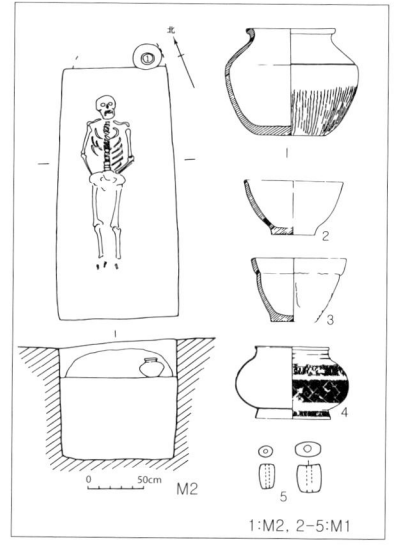

〈도면 9〉 객좌 고가동 유적 무덤 및 출토 유물(축척부동)

위영자문화 무덤은 위영자(魏營子)·고가동(高家洞)·화상구(和尙溝) 유적에서 확인되었다(도면 8·9). 대체로 토광묘의 단인 앙신직지장이 기본이고, 위영자 유적과 고가동 유적에서는 녹송석주(綠松石珠)가 공통적으로 출토되었으며, 고가동 유적 무덤 충전토에서 양 머리 뼈가, 화상구 A지점 M3호에서 멧돼지 앞다리 뼈가 나오는 등 순장 풍습이 존재하였다. 그러나 이상의 공통점 외에 무덤 구조와 부장 양상에서 위영자문화의 제일성이 보이지 않는다. 현재로서는 토광묘 혹은 토광목곽묘가 우세하지만, 하가점하층문화의 영향으로 벽감이 설치된 것(고가동 M2호) 등 다양한 형태가 보인다. 부장 양상에서도 고가동과 화상구 유적은 토기를 곽 내 바닥의 한쪽 단벽 혹은 측면에 부장하지만, 위영자 유적에서는 목곽과 묘광 사이 충전토에 토기

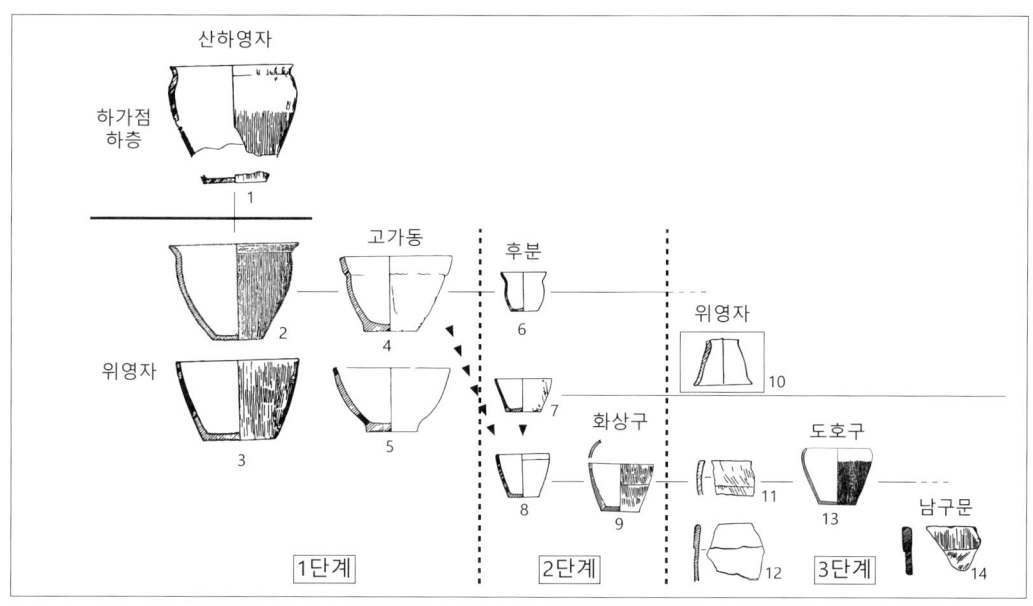

〈도면 10〉 위영자문화 토기 변화(1~8:1/15, 나머지는 축척부동)(천선행 2010 인용)

유물을 부장하는 다양성이 보인다.

위영자문화는 청동 예기 외에 토기인 력(鬲)·언(甗)·천발(平緣斜直壁鉢)·대구관(大口罐)·옹(甕)·이중구연 분(盆)을 특징으로 한다(도면 11). 후분(後墳) 유적 우물 바닥에서 협사회갈도 또는 홍갈도 중심의 력(鬲)·발(鉢)·분(盆)·완(盌)·관(罐)·배(杯)·호(壺) 등의 토기 19점이 일괄 출토되었는데, 위영자문화의 가장 안정적인 토기 구성을 보여준다. 특히 력 구연에 화변(花邊)이라 불리는 부가퇴문(附加堆文)이 부가되는 것이 전형적인데, 그 외에 기면에 승문(繩文)이 잔존하고, 호의 어깨 상부에 삼각압인문이 시문되는 경우도 있다(도면 11).

후분 출토품을 제외하면 출토량이 풍부하지 않아, 중원청동기와의 비교를 통해 대체로 후분 출토품이 빠르고, 화상구·위영자 유적 출토품이 늦다는 선후 관계만 제시되었다. 최근 위영자문화 토기 편년 시도가 이루어졌는데, 천발의 형태 변화를 근거로, 하가점하층문화 요소가 많은 산하영자 상문화층과 고가동 유적을 1단계, 구연하부에 접합선을 남기는 천발이 등장하는 2단계, 접합선 있는 발의 내만이 두드러지고 새로이 이중구연 발이 등장하는 3단계로 세분된다(도면 10). 이러한 형식학적 변화는 향양령 유적에서도 확인되는바, 향양령 유적 보고서에 따르면, 향양령 1기와 2기는 하가점하층문화, 3기는 위영자문화, 4기는 십이대영자문화에 해당한다. 그러나 2기는 승문 비율이 줄고, 삼족기가 확인되지 않아 하가점하층문화에서 위영자문화로의 과도기에 해당하고 2기 출토 분의 기형으로 보아 위영자문화 1단계에 해당한다. 향양령 3기는 3층 하부 유구와 3층, 2층 하부 유구로 구성되고, 3층 하부 유구 출토품은 후분 출토품과 유사

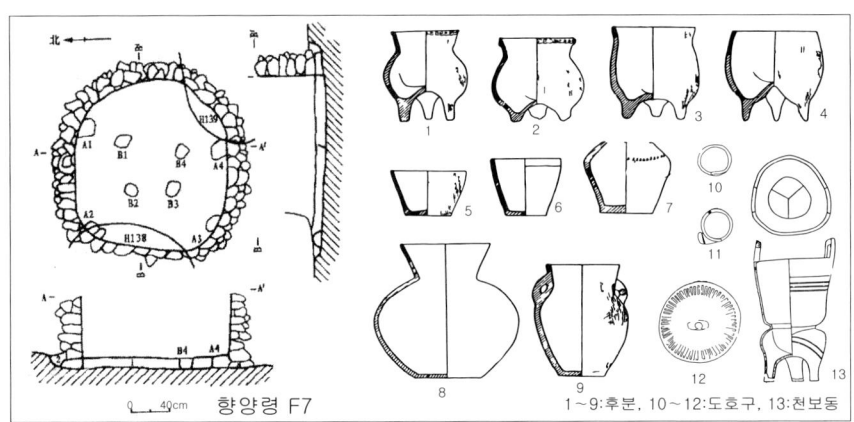

〈도면 11〉 위영자문화 주거지 및 출토 유물(1~9:1/15, 10~13:축척부동)

하고, 구연에 접합선을 남기는 발이 출토되는 점으로 보아 위영자문화 2단계에 해당한다. 향양령 3층과 2층 하부에서는 이중구연 분과 발이 등장하고 발의 구연이 내만하는 점으로 보아 위영자문화 3단계와 공통된다.

한편 부가퇴문력은 위영자문화의 모든 유적에서 공통적으로 나타나지 않는데, 부가퇴문의 부착 위치와 어깨 및 동체부의 형태, 통복력의 존재 유무에 따라 유적마다 다양한 조성과 형태적 차이가 있다.

위영자문화의 생활 유적 혹은 무덤 유적과 별도로 중원의 상주 청동기를 매납한 청동기 매납 유구(窖藏)가 확인된다. 현재 매납 유구 11기가 확인되었고, 무덤에서도 청동 예기가 출토된 바 있다(표 4). 처음에는 하가점하층문화의 소산으로 여겨졌으나, 청동기 매납 유구가 대릉하 주변 특히 객좌현 내에 집중하고, 동일한 분포권인 위영자문화 유적에서 상주 청동 예기가 출토되면서 위영자문화와 관련된다고 규정되었다.

청동기 매납 유구는 대릉하 상류 양안에 위치한 구릉사면부에 입지하지만, 대체로 일상생활과 거리가 먼 곳에 위치하고 있어 제사용 혹은 전란 시의 저장용으로 파악된다. 그리고 청동기 대부분이 청동 용기로 중원식 청동기를 모방하거나 현지에서 자체 제작되었을 가능성이 많은데, 간혹 북방적 요소가 가미되기도 한다. 그 예로 소파태구(小波汰溝) 출토 방형궤에 명문과 함께 북방민족에게서 자주 보이는 호랑이가 돼지를 무는 모티프가 확인되고, 방울이 달려 있기도 하며, 북방식 청동기가 공반되기도 한다.

청동기 매납 유구 중 가장 빠른 청동기는 두패자(頭牌子) 유적 출토품으로 은허 전기에 해당하고, 늦은 것은 서주 중기에 해당한다. 그러나 청동기 특성상 후대에 매납되었을 가능성을 고려하여 청동기 매납 유구는 서주 전기부터 중기에 걸쳐 조성되었을 것이라 보는 것이 일반적이다. 청동기 공반상에 따른 변화가 인지되는데, 청동기가 한 점 혹은 단일 기능의 청동기만으

〈표 4〉 위영자문화 청동 예기 출토 양상(김정렬 2009, 조진선 2010 참조하여 작성)

유적 성격	지역	유적명	청동기				비고
			식기	주기	수기	기타	
매납 유구	내몽고 극십극등기	천보동(天寶同)	甗(1)				최북단. 상만기 부가 퇴문력편 채집
	요령 객좌	고로구(咕嚕溝)	鼎(1)				
	내몽고 적봉	우파라(牛波羅)	甗				
	내몽고 옹우특기	두패자(頭牌子)	鼎(2)/鬲(1)				은허 전기
	요령 객좌	북동(北洞) 1호		觚(5)/罍(5)			은허 중·후기
	요령 객좌	마창구(馬廠溝)	鼎(1)/甗(2)/簋(3)/盂(1)	卣(2)/壺(1)/罍(2)/尊(1)	盤(1)	미상(2)	은허 후기~서주 중기 (서주 전기 다수)
	요령 객좌	북동(北洞) 2호	鼎(3)/簋(1)	罍(1)		발형기(1)	은허 후기~서주 중기
	요령 객좌	산만자(山灣子)	鼎(1)/鬲(1)/甗(3)/簋(10)	卣(1)/罍(3)/尊(1)		반상기(1)/미상(1)	은허 중기~서주 중기 (서주 전기 다수)
	요령 객좌	소파태구(小波汰溝)	鼎(2)/簋(1)	罍(4)	盤(1)	匕(1)/罍蓋(1)/불명	서주 전기
	요령 의현	화이루(花爾樓)	鼎(1)/甗(2)/簋(1)		俎形器(1)		은허 후기~서주 전기
	요령 조양	조양(朝陽)	鼎	罍			
무덤	요령 객좌	고가동(高家洞)		觚(1)			위영자 1단계/승문천발 1·완 1 공반
	요령 객좌	화상구(和尙溝) M1		卣(1)/壺(1)			위영자 2단계/승문천발 1·내만발 1·金釧 1 공반

로 매납되는 경우와 다양한 기능의 조합상이 보이는 경우가 있다. 전자는 대체로 상대 후기로 집약되고, 후자는 서주 전기를 중심으로 서주 중기까지 확인되므로 전자에서 후자로 변화한다고 볼 수 있다. 그러나 이러한 조합상 변화는 중원지역과 동일하지 않다.

위영자문화에 청동 예기를 남긴 주민들의 성격에 대하여 의견이 분분하다. 청동 예기를 중원 청동 예기 전통을 가진다는 점에서 은나라 유민들이 이주하여 남긴 것으로 보거나, 청동기 명문이 연후(燕侯)와 관련된 것이 많고, 명문에 보이는 기후(箕侯)·고죽(孤竹)과 연관시켜, 연에 속해 있던 고죽국과 기국의 청동 예기 보유 세력이 대릉하 유역의 토착 세력에게 증여한 결과이거나 연나라의 일시적인 진출에 의한 것으로 보기도 한다. 어찌되었건 이러한 청동 예기는 연국세력과 관련될 가능성이 많은 것이 사실이고, 중원지역과 위영자문화 청동기 매납 유구의 상이성을 토대로 이주 혹은 증여가 아닌 청동 예기의 비정상적 이전, 즉 요서지역 토착 집단과 연과의 전쟁과 같은 약탈 형태로 요서지역에 청동 예기가 들어온 것으로 이해하는 경우도 있다. 이와 유사하게 위영자문화 중심 집단과 하북성 북부 집단과의 다양한 문화적 접촉 및 경제적 교류를 통해, 위영자문화에서 청동 예기가 출현한 것으로 보는 견해도 있다.

2. 주변 지역

중국의 중원(中原)지역에서 상(商), 주(周) 초기 국가가 번영하고, 내몽고 동부와 요령성(遼寧省) 일대에서 위영자문화(魏營子文化), 하가점상층문화(夏家店上層文化), 십이대영자문화(十二臺營子文化) 등이 발전할 무렵, 양자의 경계선에 해당하는 연산(燕山) 남록(南麓) 일대에 토착 청동기문화가 성장하였다. 이 지역은 선사시대부터 동서남북의 여러 문화가 교차하여 복합적이며 과도기적인 성격의 지역문화가 발전한 곳으로, 청동기문화 역시 북방문화와 중원문화가 혼재하는 독특한 양상을 드러낸다. 이 지역의 청동기문화는 기원전 19세기경에 발생한 초기 단계의 대타두문화(大坨頭文化)를 거쳐, 기원전 14세기경부터 본격적인 발전의 길을 걷기 시작한다. 발전기의 청동기문화는 그 전체가 장가원문화(張家園文化)로 설정되기도 하고 위방3기문화(圍坊3期文化)와 장가원상층문화(張家園上層文化) 등 2난계로 구분되기도 한다. 근자에는 구별하는 견해가 우세한데, 이때 장가원상층문화는 위방3기문화를 기반으로 하여 서주시대(西周時代)경에 발전한 후행 문화로 간주된다. 장가원상층문화는 옥황묘문화(玉皇廟文化)로 계승되었다는 주장도 있지만 분명하지 않다.

1) 대타두문화

(1) 설정과 연대

대타두문화는 1964년 천진시문화국(天津市文化局)에서 발굴 조사한 하북성(河北省) 낭방시(廊坊市) 대창회족자치현(大廠回族自治縣) 대타두 유적을 표지 유적으로 한다. 발굴 당시에는 출토 토기 가운데 통복력(筒腹鬲)이 포함되어 있는 것에 주목하여 하가점하층문화로 분류하였다. 이 견해는 오랫동안 학계에서 정설로 수용되어, 대타두 유적을 포함한 연산 남록 일대의 유사 유적은 '하가점하층문화 연남형(燕南型)' 또는 '하가점하층문화 연산형(燕山型)' 등으로 명명되었다. 그러나 출토 자료가 누적되어감에 따라 대타두문화가 하가점하층문화와는 구별되는 것이 확인되었고, 그에 따라 현재는 별개의 청동기문화로 구별하는 것이 일반적이다. 대타두문화는 동서 방향으로 긴 분포면을 가지고 있는데, 연구자에 따라서는 해하(海河) 수계를 중심으로 한 동부지역의 대타두유형과 호류하(壺流河) 수계를 중심으로 한 서부지역의 호류하유형 등 2개의 하위 유형을 설정하기도 한다.

대타두문화는 위방(圍坊), 고야(古冶), 설산(雪山) 등의 유적에서 확인되는 바와 같이 신석기시대 후기의 설산2기문화(雪山2期文化)와 위방3기문화 사이에 위치한다. 이에 따라 대타두문화의 연대는 대개 중국 중원지역의 이리두문화(기원전 19세기~기원전 16세기)부터 이리강문화(기원전 16세기~기원전 14세기) 시기에 해당하는 것으로 추정된다. 대타두문화의 ^{14}C 측정 자료는 많지 않고, 대부분 장과(莊窠), 삼관(三關), 전보(前堡) 유적 등 대타두문화 분포 지역의 서부에서 수집된 것이다. 이들 자료의 나이테교정연도(고정도)는 기원전 1530~기원전 1300년의 범위에 위치하는데, 이것은 대타두문화의 후반기에 편중된 수치이다.

(2) 기원과 지역

대타두문화는 현지에서 선행한 후기 신석기문화, 즉 설산2기문화(하북용산문화)를 계승하여 성립되었다. 이것은 대타두문화에서 유행한 무문의 갈색 고복력(鼓腹鬲)과 절복분(折腹盆), 관(罐) 등이 설산(雪山) 유적의 제2기 문화층에서도 확인되는 것을 통해 입증된다. 대타두문화는 발전 과정에서 이리두문화, 이리강문화, 은허문화(殷墟文化) 등 중원지역 청동기문화의 영향을 받았다. 상식력(商式鬲)을 포함한 언, 관, 궤 등의 토기에서 그 영향을 볼 수 있다. 이밖에도 연산 이북 및 태항산(太行山) 서록(西麓)과의 문화적 상호관계도 나타나는데, 통복력이 전자를 보여주는 것이라면, 삼족옹(三足瓮)이나 사문력(蛇紋鬲)은 후자를 대표하는 사례이다. 이처럼

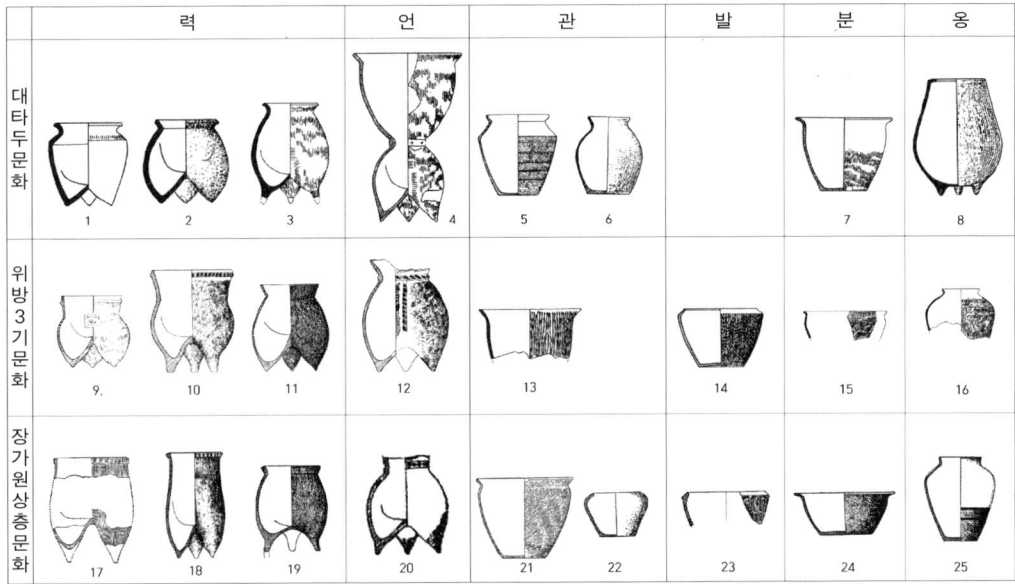

〈도면 12〉 대타두문화, 위방3기문화, 장가원상층문화의 토기

1. 大坨頭H1:6 2. 大坨頭H1:5 3. 大坨頭H2:15 4. 大坨頭H2:16 5. 劉家河 무덤 6. 前堡TC②:7 7. 大坨頭H2:17 8. 三關H2071:7 9. 北福地H25:2 10. 古冶T8③:267 11. 圍坊T5①:1 12. 漸村T4④:19 13. 圍坊T3②:7 14. 圍坊T5①:5 15. 圍坊T3②:11 16. 圍坊T8②:14 17. 炭山H2:8 18. 鎭江營FZH1036:2 19. 古冶T8②:332 20. 張家園87T25②:3 21. 炭山H2:1 22. 古冶T2②:76 23. 張家園T6②:1 24. 古冶T13②:328 25. 古冶T2②:206

대타두문화에는 현지의 신석기 후기 문화의 전통을 계승하면서도 주변 지역의 여러 문화적 요소가 혼합되어 있는 복잡한 양상이 나타난다. 대타두문화는 이후 위방3기문화로 발전한다.

대타두문화의 유적은 북경시, 천진시, 하북성 북부지역 일대에 분포한다. 이곳은 연산 산지와 그 산전평원, 즉 화북 평원의 북단(北端)에 해당하는 지역으로, 유적은 특히 해하와 호류하 연안에 유적이 집중되어 있다. 주요 유적에는 대타두 이외에 북경시 창평구(昌平區) 설산, 평곡구(平谷區) 유가하(劉家河), 방산구(房山區) 유리점(劉李店), 탑조(塔照), 천진시 보지현(寶坻縣) 우도구(牛道口), 헐마대(歇馬臺), 계현(薊縣) 위방, 장가원(張家園), 하북성 당산시(唐山市) 동광구(東礦區) 고야, 노북구(路北區) 대성산(大城山), 소관장(小官莊), 난남현(灤南縣) 동장검(東莊店), 진황도시(秦皇島市) 노룡현(盧龍縣) 동감각장(東闞各莊), 보정시(保定市) 내수현(淶水縣) 점촌(漸村), 장가구시(張家口市) 울현(蔚縣) 사자릉라(篩子綾羅), 장과, 삼관, 전보 유적 등이 있다.

(3) 문화 내용

대타두문화의 토기(도면 12)는 수제(手製) 위주이나, 일부는 구연부를 물레로 조정하였다. 옹(甕), 관(罐) 등 대형 토기는 대부분 권상법으로 성형되었으며 력(鬲), 언(甗) 등 삼족기(三足器)는 다리를 각각 틀로 찍어 만든 다음 접합하여 성형하였다. 사질의 갈도(褐陶)와 회도(灰陶)가 가장 많다. 점토질의 토기는 소량 발견되며 그 비중은 전체의 약 10%가량이다. 문양은 승문(繩紋) 또는 승문과 각획문(刻劃紋)의 조합으로 이루어진 것이 일반적이다. 그 밖에 부가퇴문(附加堆紋), 원권문(圓圈紋), 방격문(方格紋)도 보인다. 일부는 표면을 연마하였고 소량이지만 채색토기도 확인된다. 전형적인 기종에는 력, 언, 관, 분(盆), 준(尊), 옹, 정(鼎), 발(鉢), 궤(簋), 두(豆) 등이 있다. 특히 다양한 형태의 력이 특징적인데, 그중에서도 고복력과 절복력은 이 문화를 대표하는 기종이다.

석기는 마제가 절대다수를 차지한다. 기종에는 부(斧), 분(錛), 착(鑿), 도(刀), 겸(鎌), 모(矛), 방추차 등이 있다. 석도에는 장방형과 반원형 등 두 종류가 있으며, 모두 몸통에 천공(穿孔)하였다. 대부분 단면인(單面刃)이다. 이 밖에 소량의 타제석기가 있는데 주로 어망추와 긁개이다. 금속기에는 동기와 금기가 있다. 동기는 화살촉(鏃), 환수도(環首刀), 나팔형 귀걸이, 반지, 바늘 등 종류가 다양하고 출토 사례도 적지 않지만 모두 소형이다. 환수도와 귀걸이 등은 북방 초원지대 초기 청동기의 풍격을 보인다.

주거지의 사례는 장가원, 대타두 등 유적에서 조사된 10기 안팎으로 많지 않다. 대부분 반지하식의 수혈주거지로 단실(單室) 구조와 다실(多室) 구조가 모두 있다. 평면 형태는 타원형이 대부분이며 드물게 장조형(長條形)도 있다. 대형의 경우 장축의 길이가 10m 전후인 것도 있지만 대부분 직경 3m 안팎의 규모이다. 탑조, 점촌, 삼관 등의 유적에서는 봇도랑(灰溝)이 조사되었다. 삼관에서 조사된 사례는 현재 발굴된 부분만 해도 길이 37m, 폭 1.5m, 깊이 1.2~1.8m로 비교적 큰 규모이다. 용도는 분명하지 않다. 수혈은 대부분의 유적에서 확인된다. 평면 형태에는 원형, 타원형, 불규칙형 등이 있으며, 단면은 통형과 자루형(袋形) 등 2종류가 있다. 규모는 대체로 구경 0.8~1.8m가량이다. 바닥과 벽에 불을 입혀 경화 처리하거나 풀을 섞은 진흙을 발라 마감한 경우가 많아 저장용으로 사용되었음을 알 수 있다.

무덤에는 수혈토광묘와 석관묘가 있으나, 호류하유형에서는 수혈토광묘만 확인될 뿐이다. 대부분 동서향이며 머리를 동쪽에 둔 단인의 앙와신전장이 지배적인 장식(葬式)이다. 다만 유적에 따라서는 합장과 굴지장의 사례도 확인되고 드물지만 이차장도 볼 수 있다. 묘광의 평면 크기는 장변이 2.5m 전후, 단변이 2m 전후인 것에서부터, 장변과 단변이 모두 1m 전후인 것까지 다양하다. 묘광의 크기와 부장품의 수준 사이에서 상관관계를 보기는 어렵다. 대형 무덤은 대부분 장구로 목관을 갖추었으며, 일부는 묘광에서 이층대(二層臺) 구조를 볼 수 있다. 한편 석관묘는 소관장 유적에 집중되어 있다. 발굴된 석관묘 6기는 모두 사벽(四壁)을 석판으로 쌓아올렸다. 뚜껑 역시 석판을 사용하였으며 일부는 바닥에 석판을 깔기도 하였다. 일부 석관묘에는 다리 쪽에 족상(足箱)을 별도로 설치하여 부장품을 두었다. 부장품은 토기 위주로 구성되었으며, 력, 준, 관의 조합이 가장 보편적이다. 동제 또는 금제의 귀걸이가 부장되거나 양, 소, 돼지 등이 순장한 사례도 일부 볼 수 있다.

대타두문화의 분포 지역은 용산문화기(龍山文化期) 이래 농업이 발달한 지역이다. 이 문화의 유적에서 각종 토기는 물론 석제 농기구가 다량 출토되고 돼지도 사육된 것으로 보아 대타두문화인은 농업 위주의 경제 생활을 영위하였다고 생각된다. 한편 소, 양, 돼지의 뼈와 함께 사슴, 고라니, 물고기의 뼈도 발견되므로 가축 사육과 함께 수렵·어로도 보조 경제로서 지속되었음을 알 수 있다. 석촉과 골촉, 어망추 등이 발견되는 것도 이와 같은 사실을 입증한다. 청동기는 출토 사례가 많지 않고 크기도 작기 때문에 아직 초보적인 단계에 머물러 있다고 생각된다. 그러나 제련의 흔적과 함께 고야 유적에서 석제 도끼 거푸집이 수집된 사례도 있으므로, 현지에서 청동기 제작이 이루어진 것으로 보인다.

대타두문화의 주인공에 대해서는 다양한 견해가 있다. 연구자 중에는 이를 『좌전(左傳)』 소공(昭公) 9년에 출현하는 '연박(燕亳)'과 연계하는 경우도 있고, 일부는 그것이 『죽서기년(竹書紀年)』 등에 보이는 유역씨(有易氏)의 유존이라고 주장한다. 모두 전래 문헌 기록과 대타두문화의 시·공간을 종합적으로 고려하여 추정한 것이지만, '연박'의 성격이 불분명하고, 유역씨 역시 신화적인 맥락에서 이해하는 것이 타당하기 때문에 신뢰하기 어렵다.

2) 위방3기문화

(1) 설정과 연대

1977년과 1979년 등 2차에 걸쳐 진행된 천진시 계현 위방 유적 발굴에서 3기(期)로 구분되는 문화 유존이 식별되었으며, 이 가운데 제3기의 유존이 위방3기문화로 명명되었다. 이 문화의 유존은 원래 장가원 유적에서 맨 처음 발견되었으며, 발견 당시에는 연산 남록에 분포하는 하가점하층문화의 한 지역 유형으로 인식되었다. 그렇지만 1980년대에 들어 이 문화의 독자적 성격이 주목받기 시작하였고, 이후 조사가 거듭됨에 따라 하가점하층문화와는 별개의 청동기문화로 간주해야 한다는 의견에 대다수의 연구자가 동의하게 되었다.

다만 당초 이 문화를 대표하는 것으로 여겨진 위방 유적의 제3기 유존과 장가원 유적의 상층 유존을 동일한 문화에 귀속시킬 것인지에 대해서는 이견(異見)이 상존(尙存)한다. 일군의 연구자는 양자를 동일한 문화로 포괄하여 취급하지만, 또 다른 일군은 양자를 구별하여 전자로 대표되는 청동기문화를 위방3기문화로, 후자를 장가원상층문화로 설정하기도 한다. 본서에서는 후자의 견해를 따른다. 북경시 남쪽의 영정하(永定河)를 경계로 하여 그 서쪽의 유존을 탑조유형(塔照類型), 동쪽의 유존을 위방유형(圍坊類型)으로 구분하여 2개의 하위 유형을 설정하기도 한다.

위방3기문화의 문화층은, 위방 유적에서 대타두문화 위에 중첩되어 있고, 장가원 유적에서는 장가원상층문화 아래에서 확인되었다. 따라서 이 문화의 상대 연대는 대타두문화보다 늦고, 장가원상층문화보다 이르다. 전자의 연대 범위는 기원전 19세기~기원전 14세기경이며, 후자는 기원전 11세기에 시작되어 기원전 8세기경까지 이어진다. 한편 유가하(劉家河) 유적에서 출토된 중원계 청동 예기의 연대는 이리강상층문화~은허문화 제1기에 해당하며, 대족력(袋足鬲), 염구발(斂口鉢) 등 중원계 토기는 은허문화기에 속하는 것으로 생각된다. 또한 방균 유적에서 수집된 목탄의 ^{14}C 측정치는 각각 2,850±75, 3,000±80, 3,070±75BP이고, 나이테교정연대(고정도)는 각각 기원전 1006~1095, 1379~1095, 1264~1003년이다. 따라서 위방3기문화의 절대연대는 은허문화 제1기부터 은허문화 제4기 또는 상말주초까지, 즉 기원전 13세기~기원전 11세기경으로 추정된다.

(2) 기원과 지역

위방3기문화는 같은 지역에서 선행 발전한 대타두문화를 계승하였다. 이것은 위방, 헐마대 유적 등의 해당 문화층이 대타두문화 유적 위에 중복된 상태로 발견되고, 대타두문화의 많은 문화적 요소가 위방3기문화에 의해 계승된 것에서 입증된다. 이를테면 위방3기문화의 토기에는 대타두문화와 마찬가지로 력, 언, 관, 분 등이 많다. 특히 력의 형태에는 대타두문화의 풍격이 농후하며 절견관, 절복분 등은 대타두문화의 동종 유물이 발전된 형식이다. 그 밖에 위방3기 문화의 나팔형 귀걸이, 도, 촉 등 동기와 마제석부, 토제 방추차 등도 대타두문화의 특징을 계승하였다.

위방3기문화의 유적은 주로 연산 남록 일대, 지금의 행정구역으로는 북경시, 천진시, 하북성 북동부지역에 분포한다. 주요 유적으로는 위방, 장가원 유적 이외에 북경시 유가하, 탑조, 진강영(鎭江營), 천진시 혈마대, 계현 방균(邦均), 청지(靑池), 하북성 당산시 고야, 난현(灤縣) 진산두(陳山頭), 후천의(後遷義), 옥전현(玉田縣) 동몽각장(東蒙各莊), 오리교(五里橋), 준화현(遵化縣) 서삼리촌(西三里村), 천안현(遷安縣) 소산동장(小山東莊), 마초촌(馬哨村), 진황도시 노룡현 쌍망(雙望), 동감각장, 보정시 점촌, 역현(易縣) 북복지(北福地) 유적 등이 있다.

(3) 문화 내용

위방3기문화의 토기(도면 12)는 모두 수제이며 권상법으로 성형되었다. 사질의 갈도가 가장 많고, 사질의 홍도와 점토질의 갈도도 소량 발견된다. 토기의 문양은 교차되는 방향으로 타날된(拍印) 거친 승문이 우세하나, 세로 방향으로 압인(壓印)한 승문 역시 유행했다. 이 밖에도 무문 또는 표면을 마연한 토기도 일부를 차지한다. 전형적인 기종에는 력, 언, 관, 발, 분, 옹 등이 있는데, 구연부에 돌대를 장식한 이른바 '화변력(花邊鬲)'이 가장 특징적이다. 석기는 마제 위주이나 소량의 타제석기와 세석기도 병존한다. 마제석기의 종류에는 산(鏟), 도, 부, 분, 모 등이 포함되어 있다. 청동기는 주로 부장품으로 출토되며, 정(鼎), 궤(簋) 등의 중원계 청동 예기(禮器)와 단검(短劍), 관공부(管銎斧), 탁과(啄戈) 등의 북방계 동기로 구성된다. 청동 예기는 중원지역에서 수입된 수입품이다. 또한 청동제 인면형(人面形) 패식(佩飾), 두꺼비형 패식, 귀걸이(耳環) 및 금제의 팔찌(臂釧)와 귀걸이 등 장신구가 소량 확인된다. 고야 유적에서 석제 도끼 거푸집이 수집된 바 있어 병기, 공구 등 간단한 청동 제품은 현지에서 제작된 것으로 생각된다.

주거지는 수혈식으로, 평면 형태는 장방형과 원형 등이다. 토기 가마는 소성실(窯膛), 요폐(窯箅), 연소실(火膛), 불문(火門) 등 4부분으로 구성되어 비교적 선진적인 형태이다. 무덤은 모두 동서향의 수혈토광묘이다. 대형 무덤에는 이층대가 설치되었으며 일반적으로 관, 곽 등의 목제 장구가 두루 갖추어져 있지만, 소형에는 장구가 전혀 보이지 않는 경우도 있다. 장식은 부신장(俯身葬) 위주이다. 소형 무덤에는 력과 관을 기본 조합으로 하는 토기가 부장되었으나, 대형 무덤에는 청동기, 금기(金器) 등 금속제 유물과 옥기, 녹송석기(綠松石器) 등도 포함되어 있다. 후자의 경우 청동기는 중원계와 북방계가 공존하는 경우가 많다. 이 밖에 일부 무덤에서는 소와 양의 머리 뼈 등도 발견된다. 주거지 자료가 부족하여 일상적 생활 양상을 복원하기 어렵지만, 석겸(石鎌), 갈돌(石磨棒) 등의 농구와 소와 돼지 뼈가 출토되는 것으로 보아 농업이 주요 생계 방식이었다고 추정된다. 이 밖에 석모, 석촉 등의 석기와 소, 노루, 사슴 등의 뼈도 발견되므로 목축과 수렵도 병행했을 것으로 추정된다.

위방3기문화에는 북방계와 중원계의 물질문화가 혼재하는 양상이 뚜렷하게 드러난다. 이 문화는 대타두문화를 계승하여 출현하였지만, 그 발전 과정에서 북방의 하가점하층문화 및 주개구문화(朱開溝文化), 그리고 남방에 위치한 중원문화의 요소를 두루 수용하였다. 중원문화의 영향은 청동 예기나 대족력, 염구발 등 토기에서, 주개구문화의 영향은 화변력에서 나타난다. 중원계 청동 예기는 상 왕조와의 교류 속에서 획득한 것으로 생각된다. 위방3기문화 유적이 분포하는 연산 남록의 산전 지대는 화북평원의 북단에 해당하며, 황하 유역의 농업문명 지대와 북방 초원문화 지대의 중간에 위치한다. 이와 같은 지리적, 문화적 환경이 이 문화의 복잡한 성격에 결정적인 영향을 주었다.

위방3기문화의 시·공간적 분포를 고려할 때, 이 문화의 주인공을 전래 문헌에 보이는 숙신(肅愼) 또는 연박 계통의 민족 집단으로 보거나, 갑골문에 보이는 토방(土方) 혹은 토방의 한 갈래로 간주하는 견해가 있다. 그러나 어느 경우에도 구체적인 증거는 없다.

3) 장가원상층문화

(1) 설정과 연대

1965년, 1979년, 1987년 등 세 차례에 걸쳐 발굴된 천진시 장가원 유적의 제3층을 대표 유존으로 하며, 이 유적의 이름을 따 장가원상층문화로 명명한다. 위방3기문화와 병합하여 하나의 문화유형으로 간주하는 견해와 단독으로 분리 취급하는 견해가 있으나, 본서는 양자를 구분하는 견해를 따른다. 영정하를 경계로 그 서쪽의 유존을 진강영유형(鎭江營類型), 동쪽의 유존을 장가원유형(張家園類型)으로 세분하기도 한다.

장가원상층문화의 상한 연대는, 장가원 유적의 해당 문화층에서 서주 전기의 토기 파편이 출토되었고, 이 문화층이 서주 중기의 무덤에 의해 파괴된 현상으로 보아 서주 전기, 즉 기원전 11세기경으로 보는 데에는 이견이 없다. 다만 그 하한 연대에 대해서는 서주 중기경, 즉 기원전 9세기경으로 보는 견해와 서주 후기~춘추 전기, 즉 기원전 8세기경으로 보는 견해가 대립하고 있다. 하한 연대에 대한 이견은 주로 서발자(西撥子), 동남구(東南溝), 토성진(土城鎭) 등 유적을 장가원상층문화에 귀속시킬 것인지 아니면 하가점상층문화에 속하는 것으로 취급할 것인지에 대한 견해차로 말미암은 것이다. 서발자 유적 등을 이 문화에서 제외한다면 그 하한 연대는 기원전 9세기경이 되며, 포함한다면 기원전 8세기경이 된다. 따라서 장가원상층문화의 연대 범위는 서주 전기~춘추 전기, 즉 기원전 11세기부터 기원전 9세기까지 또는 기원전 8세기까지가 된다.

(2) 기원과 지역

장가원상층문화는 위방3기문화를 계승하여 발전하였다. 이것은 두 문화 사이에 매우 많은 연속성이 보이는 것을 통해 알 수 있다. 예컨대 위방3기문화에서 회도가 차지하는 비율이 점차 증가하여 장가원상층문화에서는 주류로 성장하였다. 염구관, 염구발 등의 기종과 교차 방향으로 타날된 승문, 일부 토기에 보이는 삼각문(三角紋) 등은 위방3기문화에서 출현하여 장가원상층문화로 계승되었다. 뿐만 아니라 위방3기문화에서 자주 보이는 동도, 귀걸이 등은 장가원상층문화에서도 유행하였다. 이상과 같은 현상은 장가원상층문화가 위방3기문화와 깊은 관계를 지니고 있음을 보여준다. 그러나 양자 사이의 구별 또한 뚜렷하다. 그것은 장가원상층문화의 토기는 대부분 회도인 데 반해 위방3기문화의 토기에는 갈도가 상당한 비중을 차지하는 것, 그리고 후자에는 교차승문 이외에도 세로 방향으로 압인된 치밀한 승문이 유행한 것 등에서 대표적으로 나타난다. 화변력은 양자에서 모두 유행하였지만 그 형태에 차이가 있고, 장가원상층문화의 절견력은 주문화(周文化)의 영향을 받은 것으로 위방3기문화에서 유행한 대족력과는 제작 기법에 차이가 있다.

장가원상층문화의 분포 지역은 위방3기문화의 그것에 비해 다소 작다. 중원지역에서 이입된 서주 연문화(燕文化)가 점차 북방으로 확장하여 토착문화가 위축된 결과로 보인다. 특히 후기에 이르면 연산 남록 일대로 유적의 분포 범위가 더욱 축소되고, 일부 유존은 연산을 넘어 승덕시(承德市) 일대에도 분포한다. 이것은 이 문화의 주인공이 연문화의 압력하에 점차 북방으로 이주한 결과로 이해된다. 주요 유적에는 북경시 방산구 진강영, 창평구 백부(白浮), 연경현(延慶縣) 서발자(西撥子), 천진시 방균, 청지, 우도구, 헐마대, 하북성 당산시 노북구(路北區) 박신묘(雹神廟), 고야구 북사촌, 난현 후천의, 흥륭현(興隆縣) 소하남(小河南), 보정시 내수현 탄산(炭山), 점촌, 북봉촌(北封村), 역현(易縣) 동침촌(東沈村), 낭방시 대타두 유적 등이 있다.

(3) 문화 내용

장가원상층문화의 토기(도면 12)는 대부분 수제이며 일부는 회전판을 이용해 구연부를 수정하기도 하였다. 대체로 소성 온도가 높아 기벽이 단단하다. 점토질과 사질의 회도가 대부분을 차지한다. 장식문양은 승문이 절대다수이며, 삼각문, 현문(弦紋) 등도 일부 확인된다. 특히 교차 방향으로 타날한 거친 승문이 주류 문양으로 정착했다. 토기에는 력, 언, 관, 발, 분, 옹, 준, 증(甑), 궤 등의 다양한 기종이 있으며, 화변력, 화변언(花邊甗), 염구발 등이 가장 특징적이다. 화변력은 위방3기문화에서도 볼 수 있는 기종이지만, 용기부가 깊고 족부가 높아져서 전체적으로 세장한 느낌을 주며, 구연부의 화변은 이중구연을 형성한다. 석기는 마제 위주이다. 청동기에는 정, 궤, 호(壺), 과(戈), 극(戟), 월(鉞) 등 중원계 예기 및 병기와 북방계 청동기가 있다. 후자에는 단검, 관공부, 모, 투구(盔), 도, 부, 끌(鑿) 등의 병기와 공구, 궁형기(弓形器), 재갈 등

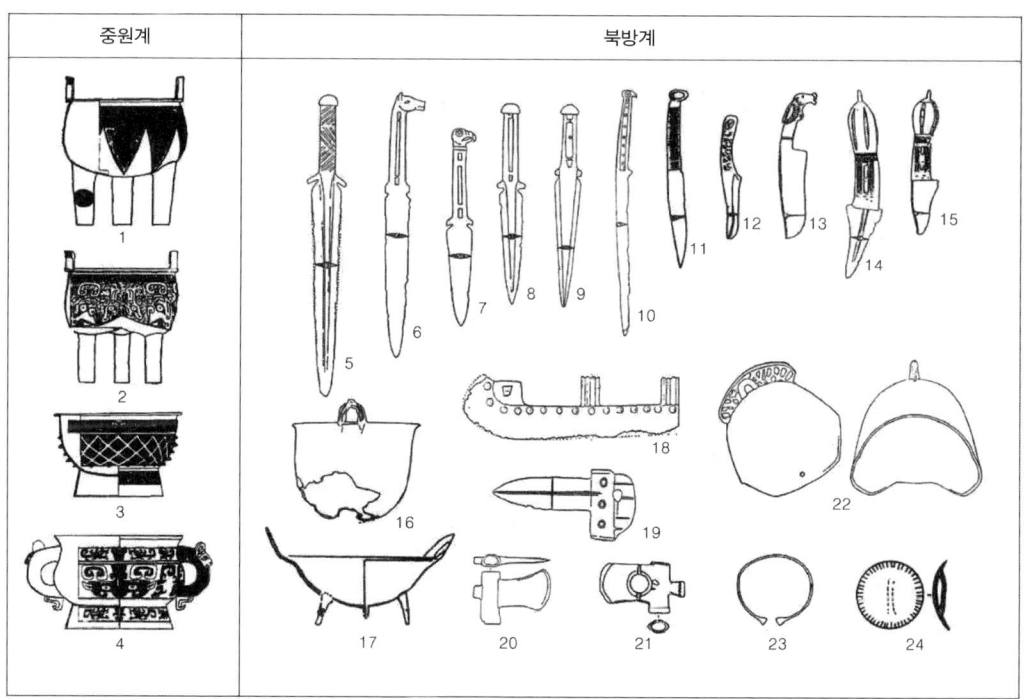

〈도면 13〉 장가원상층문화의 청동기

1. 張家園87M3:1 2. 張家園87M4:1 3. 張家園87M3:2 4. 張家園87M4:2 5. 白浮M3:22 6. 白浮M3:22
7. 白浮M3:22 8. 白浮M3:22 9. 小河南窖藏 10. 白浮M2:40 11. 西撥子窖藏 12. 西撥子窖藏 13. 小河南窖藏
14. 白浮M3:16 15. 小河南窖藏 16. 西撥子窖藏 17. 西撥子窖藏 18. 白浮M2:24 19. 白浮M2:20 20. 白浮M3:17
21. 小河南窖藏 22. 白浮M2:10 23. 張家園M4:3 24. 西撥子窖藏

의 차마기(車馬器) 그리고 복(鍑), 정, 숟가락(匙), 경형(鏡形) 장식, 포(泡), 귀걸이, 압형(鴨形) 장식 등의 생활용구 및 장식품 등 다양한 기종이 포함되어 있다. 장가원상층문화의 청동기는 위방3기문화에 비해 기종과 수량 면에서 뚜렷한 증가세를 보이며, 주조 공예 역시 크게 진보했다. 북방계 청동기는 같은 시기 북방 청동기문화와 병행하여 발전해나가는 추세를 보인다(도면 13).

 주거지는 평면 방형과 원형의 수혈식이다. 주로 출입구와 주실(主室)로 구성되며, 일부에는 측실(側室)이 부속되었다. 수혈의 형태는 평면 원형, 타원형, 방형, 장방형 등으로 다양하다. 전기의 무덤은 장방형의 수혈토광묘가 대부분이며, 후기에는 그 밖에 석관묘도 발견된다. 토광묘와 석관묘를 막론하고 대부분 목제 장구를 갖추고 있다. 백부 유적 무덤 M2의 경우에는 관과 곽이 모두 갖추어져 있으며, 곽실과 묘광 벽면 사이에는 백색의 회반죽(膏泥)이 충전되었고 바닥에는 요갱(腰坑)도 설치되었다. 이것은 중원지역의 묘제를 수용한 것이다. 장식은 단인의 앙와신전장이, 두향은 동향과 북향이 우세하다. 소하남 유적과 서발자 유적에서는 청동기 매장 구덩이(窖藏坑)도 각각 1기씩 발견되었다. 전자에서는 '조을(祖乙)' 명문이 있는 중원계 청동예기의 기개(器蓋)와 중원계 동과 이외에 단검, 관공부, 수수도(獸首刀), 영수도(鈴首刀) 등 북방계 청동기가 함께 출토되었다. 후자에 매장된 것은 중원계 동정 파편 2점과 동과 1점을 제외하면 모두 북방계 청동기이다. 이 가운데 동정 11점은 동일한 형태로서 크기만 서로 다른데, 중원계와는 완전히 다른 계통에 속한다.

장가원상층문화 유적에서는 주거지가 확인되고 다양한 종류의 토기는 물론 돼지와 소의 뼈가 빈번하게 출토된다. 따라서 이 문화의 주요 생계 방식 역시 농업이며 일정한 정도의 목축도 영위된 것으로 추정된다. 가락바퀴와 어망추, 낚시 바늘도 확인되어 방직과 어로의 흔적도 볼 수 있다. 이 문화에서 청동기 주조가 크게 발전한 것은 동기의 종류와 수량이 이전에 비해 뚜렷하게 증가한 것을 통해 확인할 수 있다. 박신묘 유적에서는 석제 거푸집이 다량 출토되어 주목된다. 현지에서 제작된 것으로 보이는 동정이나 청동기 거푸집 등은 이 문화의 청동기 제작 수준이 이전보다 크게 진보했음을 보여준다.

장가원상층문화의 수혈토광묘와 관, 곽 등의 목제 장구 그리고 요갱 등의 장속은 중원지역의 서주시대 무덤과 유사하다. 중원계의 청동 예기와 병기는 중원지역에서 수입된 것이다. 뿐만 아니라 절견력(折肩鬲), 승문관(繩紋罐), 승문궤(繩紋簋) 등의 토기에는 중원지역 서주문화의 영향이 보인다. 한편 장가원상층문화의 유물 가운데는 연산 이북의 하가점상층문화와의 교류 흔적이 나타나는 것도 있다. 후기에 조영되기 시작한 석관묘는 북방으로부터 수용되었으며, 백부 유적에서 출토된 석추부(石錘斧)는 하가점상층문화와 관련되는 유물이다. 이처럼 장가원상층문화는 위방3기문화와 마찬가지로 중원은 물론 연산 이북 지역과 밀접하게 교류하면서, 복합적인 청동기문화를 영위하였다.

장가원상층문화는 『한서(漢書)』 지리지(地理志)에 계현 일대에 위치했다고 전하는 무종씨(無終氏)의 유존이라는 견해와 연문화의 일부라는 견해가 있다. 전래 문헌의 기록에는 이 밖에 서주~춘추시대에 연산 일대에서 활동한 민족 집단으로 산융(山戎), 영지(令支), 고죽(孤竹), 발인(發人), 독록(獨漉), 부도하(不屠何) 등이 거론되어 이들 가운데 장가원상층문화의 주인공이 있을 수도 있다. 그러나 이 문화의 분포 범위와 연대에 아직 불분명한 점이 있고, 출토 문헌과 전래 문헌의 기록 역시 구체성을 결여하고 있으므로 이들 가운데 누가 장가원상층문화와 연계될 수 있는지에 대해서는 결론을 내릴 수 없다. 물론 여기에는 고고학문화가 특정한 민족 집단과 직접 대응할 수 있는 것인지에 대한 본질적인 의문도 있다.

III. 요서지역의 후기 청동기문화

1. 하가점상층문화

1) 정의 및 연구 경향

(1) 정의

하가점상층문화(夏家店上層文化)는 초원, 중원, 그리고 만주의 청동기시대의 교차점인 내몽골 동남부와 요서 발해만 북부에서 기원전 13세기~기원전 6세기에 발흥했던 대표적인 청동기시대 문화이다. 이 문화의 명칭은 1959년에 중국사회과학원 고고연구소 내몽고공작대의 하가점(夏家店) 유적의 발굴을 기점으로 명명되었다. 이 유적에서 층위 및 문화상으로 뚜렷이 구분되는 두 문화가 발굴되었다. 이에 하가점 유적의 하층을 지표로 하는 초기 청동기시대인 '하가점하층문화(夏家店下層文化)'와 상층을 근거로 하는 '하가점상층문화'로 각각 명명되었다. 하지만 두 문화 사이에는 시간적인 간격이 있어서 하가점하층문화는 기원전 15세기경에 사라지며 하가점상층문화는 기원전 12세기경부터 본격적으로 등장한다. 두 문화 사이의 공백기에는 유적이 급감하고 정착 대신에 유목문화의 영향이 강해지며, 또한 상-주 교체기에 유이민들이 유입되었다.

하가점상층문화의 연대는 대체로 상대 말기~춘추 말기(기원전 13세기~기원전 6세기)이며, 그 주요 분포 지역은 요령성 서북부~내몽고 동남부(寧城縣 일대)임이 밝혀졌다. 그리고 남산근(南山根)과 소흑석구(小黑石溝) 등으로 대표되는 대형 무덤에서 출토된 청동기는 유라시아 초원계 문화, 중원산 청동 예기, 바이칼지역 석판묘문화, 요서지방 비파형동검문화(십이대영자유형)의 요소가 혼재해 있음이 밝혀졌다. 이를 통하여 동북아 청동기시대의 형성 과정에 주변 지역과의 교류의 통로가 되었던 주요한 문화임이 밝혀졌다.

(2) 연구 경향

하가점상층문화의 존재는 사실 하가점 유적 발견 이전부터 인지되었다. 1930년대에 위만주국(僞滿洲國)의 관변단체 격이었던 동아고고학회(東亞考古學會)는 적봉 홍산후(赤峰 紅山後)를 발굴하여서 그 문화상을 적봉 I·II기문화로 분리했는데, 대체로 II기가 하가점상층문화에 해당한다. 그러나 동아고고학회는 층위를 무시하고 홍산문화(紅山文化)~전국 시기의 유물을 뭉뚱그려서 단순히 유형학적 원칙으로 보고했다. 또한 위만주국 시절에 누차에 걸쳐 다수의 하가점상층문화 청동기도 수집되었지만, 정확한 문화상에는 접근하지 못했다. 하지만 신중국 성립 이후 내몽고 동남부지역에 대한 최초의 본격적 조사인 1960년의 하가점 유적 발굴에서 층위적인 조사로 하가점상층문화가 규명되어 그 실체가 처음으로 밝혀졌다. 이어서 1963~1965년의 조중고고발굴대가 조사한 남산근 유적을 비롯하여 1960~1970년대에 하가점하층문화가 차례로 퇴적된 성터 유적인 수천(水泉), 지주산(蜘蛛山) 유적 등이 구체적으로 밝혀졌다. 이와 같이 초기 신중국 성립 이후 1960~1980년대는 주로 하가점상층문화와 하가점하층문화의 문화적 계승 관계에 연구가 집중되었다. 즉, 같은 지역에서 시기를 달리한 두 문화가 확연하게 다른 토기의 제작 기법 및 기타 유물에서 적지 않은 차이가 보이는 점을 중심으로 논의가 이루어졌다. 처음에는 두 문화 간의 관계성에 비중을 두었으나, 연구가 축적되며 사실상 두 문화 사이에는 시간적 공백이 많으며 생계 경제를 비롯하여 기본적인 문화에 차이점이 더 많다는 점이 밝혀졌다. 1970~1980년대는 노합하(老哈河) 일대의 본격적인 조사로 다양한 성지 유적이 조사되었고, 무덤으로는 남산근, 소흑석구와 같은 대형 석곽묘가 발견되었다. 이에 따라 서주 말~춘추 초기에 폭발적으로 팽창했던 하가점상층문화 남산근유형의 발전 배경과 주변 지역에 대한 관계에 관심이 집중되었다. 이 시기를 대표하는 남산근 유적으로 중국 동북지역뿐 아니라 한국과 일본의 청동기시대 연구에 중요한 기준이 되었다. 일찍이 남산근 유적은 1963~1965년에 101호묘를 비롯하여 다양한 주거 유적과 무덤이 조중고고발굴대에 의해 조사되었고 1970년대 초반에 102호가 보고되었다. 특히 101호에서는 서주 말기~춘추 초기의 다양한 중원 예기와 함께 비파형동검, 초원계 동물 장식 등이 발견되었다. 이후 1970년대 중반에 부여 송국리의 석관묘에서 비파형동검이 발견되어서 한반도 청동기시대의 개시 연대를 기원전 7세기 이전으로 올리는 결정적 계기가 되었다. 이후 요서지역의 청동기시대는 지속적으로 한국 청동기의 기원지로 주목되었다.

남산근 유적의 발굴 이후 1970~1980년대 후반에는 노합하 상류지역을 중심으로 남산근유형의 청동기 자료가 다수 축적되었다. 특히 건평(建平), 조양(朝陽) 일대에 대한 다년간의 조사 연구 성과를 바탕으로 하가점상층문화를 3개의 문화유형으로 구분하는 견해가 제기되었다. 이후 3개의 문화유형 중 십이대영자유형은 하가점상층문화와 관련 없는 요령지역의 비파형동검문화로 분리시키고, 사회집단 역시 동호가 아니라는 반론이 제기되었다. 이러한 십이대영자문화를 분리해야 한다는 주장은 이후 한국 학계에서도 지지되었다.

1980년대 후반~1990년대 중반의 연구는 지역적으로 북쪽으로 확대되어 극십극등기(克什克騰旗)의 용두산(龍頭山) 유적이 조사되었으며, 영성(寧城) 일대에서는 남산근에 필적하는 영성 소흑석구 유적의 조사로 대표된다. 용두산 유적에서는 3개의 층위가 차례대로 퇴적된 것이 확인되었다. 그 결과 남산근유형의 북쪽인 극십극등기 일대가 하가점상층문화의 기원지이며, 여기에서 남하하여 하가점상층문화의 사회가 급격히 발달한 것으로 밝혀지고, '용두산유형(龍頭山類型)'으로 명명되었다. 이후 용두산 유적의 인신공양을 한 제사 유구 및 공간 점유 등에 대한 연구로 이어졌다. 용두산 유적의 발굴로 임서(林西) 대정(大井)의 청동 광산 유적 및 옹우특기(翁牛特旗) 대포자(大泡子) 무덤 유적으로 주장되었던 하가점상층문화의 북방 기원설이 결정적인 근거를 얻었다. 즉, 임서 일대의 풍부한 동광을 기반으로 초원지역의 제련 기술을 받은 하가점상층문화가 발달하였고, 이후 영성과 건평을 중심으로 하는 노합하 일대로 진출하여 중원을 위협하는 강력한 세력으로 성장하였음이 밝혀졌다.

1990년대 중반 이후 2000년대까지의 연구는 소흑석구 유적으로 대표된다. 남산근과 함께 대표적인 최상위 계급이 사용하던 소흑석구의 대형 무덤군에서는 1960년대부터 지속적으로 청동기들에 대한 도굴 및 수습 조사가 이어졌다. 그중에서 대표적인 대형 석곽묘(8501호묘)가 1985년에 발굴되면서 하가점상층문화 최전성기의 양상을 밝힐 수 있었다. 소흑석구 8501호묘에서는 중원의 춘추시대 소국이었던 허국(許國)의 청동기, 합주식 비파형동검, 초원계 동물 장식 등이 발견되었다. 이후 대형 석곽묘가 도굴된 1996년에도 명문이 새겨진 서주시대 중원 예기가 알려졌다. 2009년에 종합보고서가 간행된 소흑석구 유적은 만주와 한반도 청동기시대는 물론 일본의 야요이문화(彌生文化) 재편년에도 큰 영향을 미쳤다. 2003년에 일본 국립역사민속박물관에서 야요이문화의 연대를 기원전 10세기대로 소급하면서 연대소급론자들이 그 주요한 근거로 AMS 데이터와 함께 소흑석구 출토의 중원 예기를 들었기 때문이다. 그들은 하가점상층문화 소흑석구 8501호묘의 연대를 기원전 10세기대(서주 중~후기)로 보고, 그것을 야요이문화 및 비파형동검문화의 개시기로 보았다. 물론 소흑석구의 실연대는 그보다 훨씬 늦다는 반론이 지속적으로 제시되고 있지만, 적어도 하가점상층문화가 비단 내몽고 동남부~요서지역의 청동기문화로 국한되지 않고 동북아시아 청동기문화 형성을 설명하는 관건이 된다는 것에 대부분의 학자들은 동의한다.

2000년대 중반 이후 최근까지 하가점상층문화에 대한 연구가 극히 다양화되면서 그 연구의 주제가 세분되어가고 있다. 먼저 하가점상층문화의 다양한 교류에 착안하여 초원지역과의 관련성을 살펴본 연구가 있다. 또한 동광의 조사를 통하여 하가점상층문화 제련 기술의 기원 및 청동기 제작 과정 복원 연구, 형질인류학적 분석을 통한 민족 계통의 연구, 하가점상층문화의 세부적인 편년, 기북(冀北)지역으로의 확대 등 다양화되고 있다. 한국에서도 하가점상층문화와 비파형동검문화의 관계뿐 아니라 청동과(戈)나 하가점상층문화의 확산 등 한반도 청동기와의 관련성을 탈피하여 동북아 청동기시대의 관점에서 하가점상층문화를 바라보려는 노력이 구체화되고 있다.

2) 분포 지역

하가점상층문화는 대체로 북쪽으로는 서랍목륜하(西拉木倫河, 몽골어: 시라무렌하) 유역 일

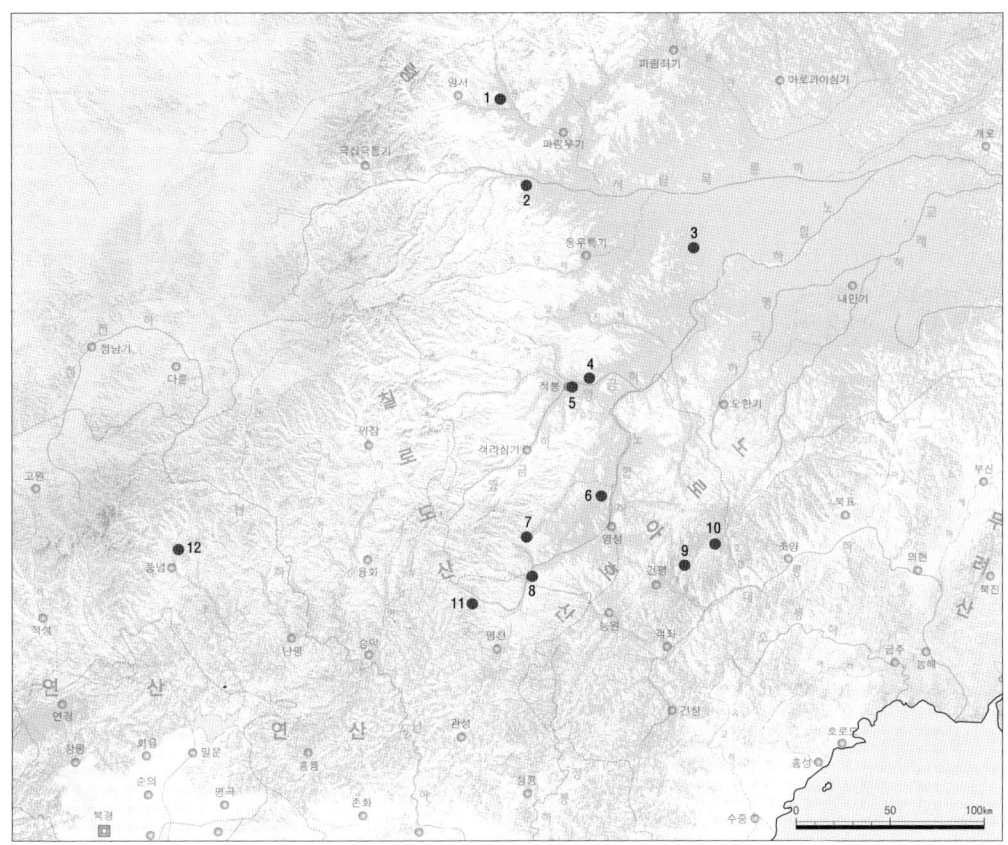

〈도면 14〉 하가점상층문화 주요 유적 분포도
용두산유형 1. 임서 대정 2. 극십극등기 용두산 3. 옹우특기 대포자
남산근유형 4. 적봉 하가점 5. 적봉 홍산후 6. 영성 북산취 7. 영성 남산근 8. 영성 소흑석구 9. 건평 대랍한구 10. 건평 수천성자
동남구유형 11. 평천 동남구 12. 풍녕 동구도하

대까지이며 동쪽으로는 노로아호산(奴魯兒虎山) 산맥을 경계로 하는 대릉하(大凌河) 상류 일대, 서쪽으로는 석림곽륵초원(錫林郭勒草原)의 남부인 혼선달극사막(渾善達克沙地), 남쪽으로는 연산(燕山)산맥 일대를 경계로 한다. 지형적으로는 해발 약 500~1,500m 정도로 강수량은 300~400㎜에 평균온도는 5~7℃ 정도인 온대성 대륙성 기후이다. 대체로 험준한 산맥 사이사이에 초원, 사막, 잡곡 농사가 가능한 구릉지대가 혼재한다. 이러한 점이적인 지리 요건은 하가점상층문화가 주변의 여러 지역과 교류하는 지리적인 기반이 되었다.

하가점상층문화의 주요 유적을 각 강을 중심으로 분류를 참고하여 정리하면 다음과 같다.[1]

---

1 지난 10여년 간 이 지역은 대대적인 지표 조사 및 시굴로 수백 개의 유적이 보고되었다. 2002년도에 보고된 이수성의 논문에 따르면 293개가 조사되었고, 그 대부분은 노합하 유역이라고 했다. 또한 같은 시기에 발표된 중미연합발굴대의 보고에

가장 북쪽에 해당하는 서랍목륜하 유역에서는 극십극등기 용두산 유적, 옹우특기 대포자 유적, 파림우기(巴林右旗) 대판남산(大板南山) 무덤, 고동광 유적인 임서 대정, 임서 희작구(喜鵲溝) 등이 있다. 영금하(英金河) 유역은 적봉시 일대의 유적으로 적봉(赤峯) 홍산후(紅山後), 적봉 하가점 유적 등이 해당된다. 노합하 유역에서는 제일 많은 유적들이 조사되어서 영성현의 남산근, 양가영자(梁家營子), 석자북산취(汐子北山嘴) 7501호, 소흑석구가 있으며 오한기(敖漢旗)에는 주가지(周家地) 유적이 있다. 맹극하(孟克河) 유역에는 주로 오한기 열수탕(熱水湯), 동정(東井) 유적 등이 있다. 대릉하 상류 유역으로는 건평(建坪) 수천성자(水泉城子), 대랍한구(大拉罕溝) 등이 있다. 이 밖에 하북(河北) 평천(平泉) 동남구(東南溝)와 풍녕(豊寧) 동구도하(東溝道下)를 중심으로 하는 연산 북부지역도 하나의 지역군으로 묶인다.

하가점상층문화는 크게 ① 하가점문화가 발생한 북쪽의 임서, 적봉 일대의 서랍목륜하, 노합하 상류 일대, ② 대량의 청동기와 거대한 무덤으로 복합사회를 형성한 영성현 일대의 남산근, 소흑석구 등을 포함하는 노합하 하류, ③ 노합하 유역에서 서남쪽으로 남하하여 형성된 연산산맥 이남 지역 등 세 지역으로 묶인다. 각 지역 간의 문화 및 시기적인 특성은 뚜렷한 편으로, 서랍목륜하 일대의 북쪽(용두산유형[2])은 무덤 간의 격차가 크지 않고 부장품도 상대적으로 적어서 사회의 복합도는 상대적으로 낮은 편이다. 또한 실제 연대도 용두산유형이 가장 빠른 편이며, 생계 경제상으로는 수렵과 목축의 비율이 상대적으로 높다. 남산근유형은 가장 풍부한 부장품과 주변 지역과의 교류가 활발한 지역으로 하가점상층문화의 전성기에 해당된다. 동남구유형은 유적의 수가 비교적 적으며, 문화 양상도 다양하여 그 범위에 대해서는 학자 간의 이견이 많다. 하지만 이와 같은 지역적인 분포는 또한 시간적인 서열과도 부합하여 시기적으로 용두산유형-남산근유형-동남구유형으로 순차적으로 이어진다는 점에는 대부분의 학자가 동의한다. 즉, 가장 이른 시기의 유적은 임서현 용두산 및 옹우특기 대포자 유적이다. 이후 하가점상층문화의 중심지는 서주 말~춘추 초기(기원전 9세기)를 전후하여 남하하여서 남산근유형으로 이동하였고, 이때부터 비파형동검문화권, 중원, 스키토-시베리아문화권 등과 다양한 교류를 하게 된다. 이하의 서술도 이와 같은 세 지역 구분에 근거하여 보겠다.

따르면 적봉지역 일대에만도 348개가 발견되었다고 한다. 여기에서는 정식으로 보고되어서 그 문화상을 파악할 수 있는 유적들만 언급한다.
2 근풍의(1987)에 의해 대정유형(大井類型)으로 명명된 바 있다. 하지만 대정 유적은 청동 제련 유적으로 전체 하가점상층문화를 대표하기 부적절하기 때문에 여기에서는 용두산유형이라는 용어를 사용한다.

3) 문화 내용

(1) 용두산유형

하가점상층문화에서 가장 북쪽인 서랍목륜하 유역을 중심으로 분포하는 문화유형이다. 시대적으로도 가장 빨라서 상나라 말기(기원전 13세기)경부터 시작되었다. 남산근유형과 같은 대형의 목곽묘는 보이지 않으며, 중원 예기나 비파형동검문화권과 교류를 한 흔적 또한 보이지 않는다. 또한 전국 시기 연국과의 중첩 관계도 보이지 않는 등, 대체로 하가점상층문화의 초기 중심지이며 이후 주요 세력이 남하하면서 그 영향력이 축소된 것으로 생각된다.

① 용두산(龍頭山) 유적(도면 15)

내몽고시 극십극등기 서랍목륜하 유역에 해당하는 용두산의 북쪽 언덕에 위치한다. 1986년에 처음 발견된 이래 1987년에 두 차례에 걸쳐 조사되었다. 대형의 적석제사 유구를 비롯하여 주거지, 무덤, 수혈, 구상 유구 등이 조사되었다. 전체 유적은 동구(I구), 중부, 서부(II)로 나뉘는데, 발굴 조사는 주로 제사 유구를 중심으로 하는 II구에서 이루어졌다. 전체 유적은 적석제사 유구를 기준으로 그 축조 연대에 따라 3층으로 나뉜다. 중앙의 적석제사 유구보다 이른 시기에 축조된 무덤(M1)과 주거지(F1), 중간 단계는 제사 유구와 관련된 시기, 마지막 단계에서는 사람순장의 습속이 사라진 시기 등으로 나뉜다. 가장 이른 3층의 층에서 발굴된 1호 무덤에서는 옹우특기 대포자 출토와 유사한 직인 공병식(直刃銎柄式) 검이 출토되었다. 용두산 유적은 각각 상말주초(1기, 기원전 13세기~기원전 11세기), 서주 중말기(2기, 기원전 11세기~기원전 7세기), 춘추 초기(3기, 기원전 7세기 이후) 등으로 분기된다.

그 밖에 옹우특기 대포자 무덤에서는 초기 형태의 공병식 비파형동검과 채색무늬 토기가 출토되었다. 대포자 출토의 토기는 송화강(松花江) 유역 백금보(白金寶)문화와 유사하여 만주 일

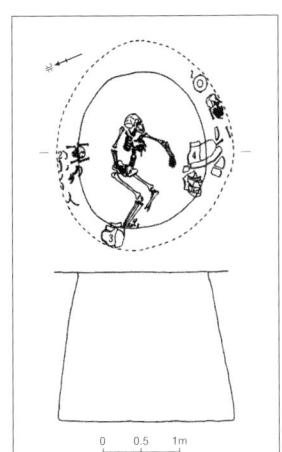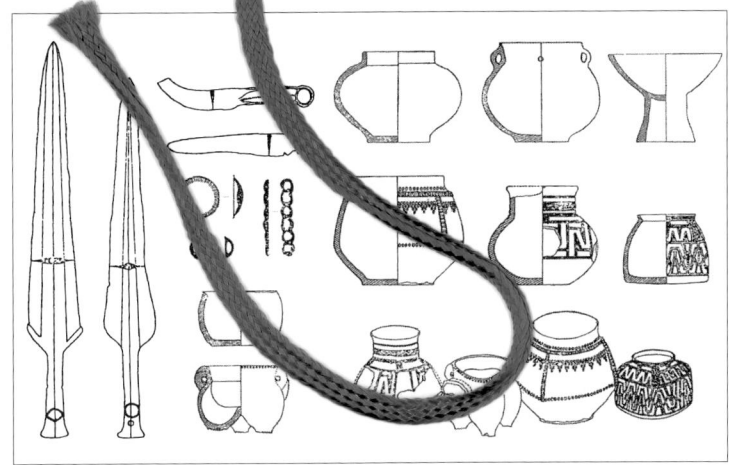

〈도면 15〉 용두산유형의 무덤과 출토 유물

대의 북쪽 초원지대 간의 문화 교류를 짐작하게 한다. 또한 임서 대정 유적은 대표적인 청동 제련 유적으로 하가점상층문화의 폭발적인 청동기 제작의 배경을 설명한다.

(2) 남산근유형
① 소흑석구(小黑石溝) 유적

하가점상층문화 남산근유형이 대표적인 유적으로 하북성(河北省), 요령성(遼寧省), 내몽고자치구(內蒙古自治區)의 교차점인 노합하 동편에 있다. 소흑석구는 1970년대 이후로 간헐적으로 청동기가 수습 조사된 바 있으며, 1985년에 대형 석곽묘인 8501호묘가 조사되고, 1992년~1993년, 1998년에는 유적의 북쪽을 대규모로 발굴해서 무덤뿐 아니라 다양한 시기의 주거 유적을 발굴했다. 1996년에도 대형 석곽묘가 도굴된 이후 수습된 바 있다(9601호묘). 2008년도에는 그간의 자료를 정리한 정식 보고서가 간행되었다.

소흑석구의 유구는 크게 주거지, 제사 구덩이, 무덤 등으로 나뉘며 각각 층위적으로 구분된다. 각각 주거지 및 구상 유구가 축조된 시기이고 2기는 제사용 구덩이에 사람이 매납된 시기, 3기는 구덩이의 축조가 끝나고 장방형 수혈석곽묘가 축조된 시기이다. 1기의 주거지는 6기가 발굴되었고, 2기에서는 대소형의 저장공(또는 움)이 약 200여 개 발견되었는데 용두산 유적에서 보이는 것과 마찬가지로 사람을 매장했던 제사 유구로 추정된다.

소흑석구를 대표하는 단계는 3기로 모두 72기의 하가점상층문화에 속하는 무덤이 조사되었는데, 층위상 먼저 주거 유적으로 사용되었다가 이후에 무덤으로 전용된 것으로 밝혀졌다. 무덤들은 대체로 남북 방향으로 일정하게 축조되었다. 무덤의 구조는 모두 단인장(單人葬)으로 장방형의 수혈을 파서 묘광을 만들고 내부에 목관을 설치한 후에 그 사이를 괴석으로 충전하는 방식이다. 목관이 잘 남아 있는 1985년 I구역 1호묘를 보면 두관족협(頭寬足狹)의 ㅍ 자형으로 만들었다. 전체 무덤은 크게 대형묘(8501호, 9601호묘)와 중형묘, 소형묘 등으로 나뉜다.

대형묘 중에 8501호묘는 다수의 중원 예기, 동검, 금제 장신구, 초원계 동물 장식이 출토되어서 당시 소흑석구 집단의 최고위층으로 추정된다(도면 19-44~53). 그 외에도 무덤에는 명백한 직업 및 계급의 차이를 볼 수 있다. 또 다른 대형묘로 9601호묘(도면 16)가 있는데, 그 규모로 보면는 8501호묘에 필적하지만 도굴로 극히 일부의 유물만 알려졌다. 특히 90여 자의 명문이 새겨진 '사도(師道)'명 궤(簋)을 비롯하여 반(盤), 정(鼎) 등의 중원 예기와 육련관(六連罐, 단지 6개가 연결되어 있는 용기) 등의 청동 예기, 투구, 동과(銅戈), 동검(銅劍), 동촉(銅鏃) 등의 무기, 재갈(銅銜)과 재갈멈치([銅鑣]) 등의 다양한 마구류가 발견되었다. 전사 계급의 무덤으로는 85년 I구역 2호묘를 들 수 있다. 장방형 수혈토광목관묘(285cm, 너비 100cm, 깊이 90cm)로, 시신은 초원지역 유목민의 특징인 측와굴신(側臥屈身)으로 매장되었으며 시신의 주변에는 투구를 비롯하여 많은 무기류가 발견되었다. 주요 유물로는 공병식 동검 2점, 동도(銅刀) 1점, 관공부(管銎斧)

1점, 공내과(銎內戈) 1점, 동부(銅斧) 1점, 팔꿈치보호대 2점 등이 있다.

한편, 연산산맥 일대의 옥황묘문화(玉皇廟文化)와 관련성이 깊은 무덤으로 1985년 I구역 3호묘와 1992년 A-II 5호묘 등이 있다. 이 무덤들에서는 안테나식 검격을 한 소위 오르도스식 동검과 동촉, 골촉(骨鏃), 동도, 침통, 동물 장식 패식(佩飾), 저립형 동물 장식, 귀걸이 등이 출토되어 연산산맥 일대의 옥황묘문화의 영향이 강하게 느껴진다(도면 19-54~61).

② 남산근(南山根) 유적

내몽고 동남부 영성현의 노합하 지류변 구릉지대에 위치한 대표적인 하가점상층문화의 유적이다. 남산근은 크게 4차에 걸쳐서 조사되었다. 먼저 남산근을 대표하는 대형 석곽묘는

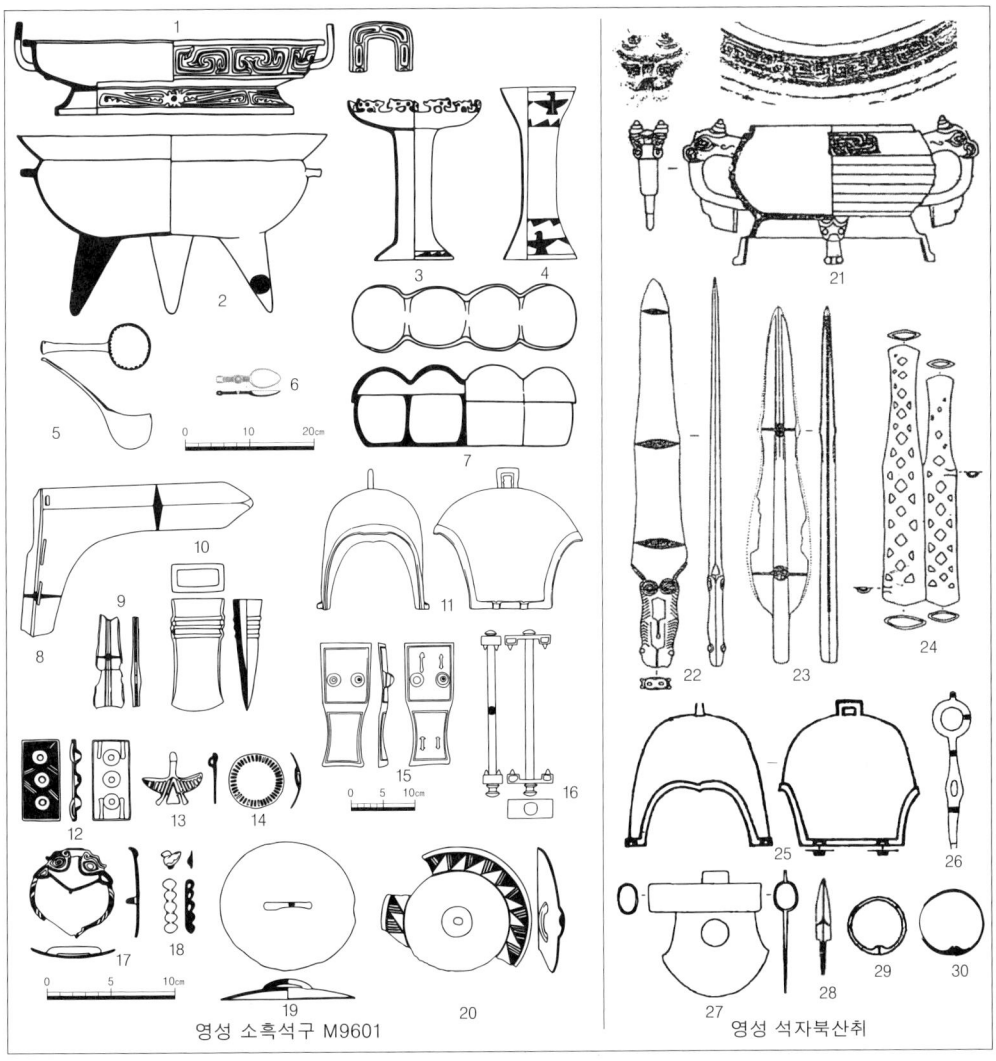

〈도면 16〉 남산근유형 출토 유물

1958년에 남산근 일대의 두 지점에서 청동기 일괄 71점이 수습되어 그 실체가 알려지게 되었다. 이후 1961년에 저장공 14기, 소형 석곽목관묘 9기가 발굴되었다. 1963년 6월에 남산근의 대표적인 대형 석곽묘인 101호묘가 발견되었으며, 이후 1963년 9월에는 조중고고발굴대에 의해 102호 석곽묘가 조사되었다. 102호 석곽묘에서는 전차를 묘사한 골판(骨板)이 발견되어 초원을 통하여 하가점상층문화로 유입된 최초의 전차에 대한 실질적 자료가 된다.

주거 유적으로는 1961년에 14기의 주거지가 조사되었고, 협사갈도(夾砂褐陶) 계통의 삼족기(三足器)와 슬립을 입힌 홍도 계열이 주류를 이룬다. 또한, 다른 골각기의 비율이 높은 편이다.

이외에도 영성현 일대에서는 다수의 하가점상층문화에 속하는 석곽묘 유적들이 다수 출토되었다. 그중에서 대형 석곽묘 유적으로는 대랍한구 851호, 석자북산취, 수천성자 유적이 대표적이다. 건평현 대랍한구 유적은 하가점하층-상층-전국~한대(漢代)의 다층위 문화가 퇴적된 성지 유적으로, 근처 주민의 공사 중에 발견된 석곽묘인 851호가 수습 조사되었다. 주요 유물로는 가중기, 비파형동검, 쌍뉴(雙紐)가 달린 Z 자문의 뇌문경(雷文鏡), 경형식(鏡形飾), 재갈멈치 등이 조사되었다. 이 유적은 현재까지 알려진 가장 서쪽에서 뇌문경이 발견되었으며, 하가점상층문화의 문화층에서 십이대영자문화의 영향이 강한 무덤이 조사되었던 바, 두 문화 사이의 접촉을 시사해주는 유적이다. 영성현 석자북산취 유적은 하가점 하층, 하가점 상층, 전국 시기의 다층위 유적으로 2기의 석곽묘가 정식으로 조사되었다. 공반 유물로는 이른 시기의 특징을 가진 공병식동검과 병부에 호랑이가 새겨진 비수식(匕首式) 비파형동검, 서주 말~춘추 시기의 궤, 월, 동촉, 금팔찌 등이 발견되었다(도면 16-21~30).

건평현 수천성자는 대릉하 상류지역의 대표적인 다층위 성지 유적이다. 하가점상층문화에 해당하는 중층에서는 18개의 무덤이 발견되었다. 그중에 7701호묘에서는 공병식단검, 동촉, 동도, 동부, 경형식, 연주형동식(連珠形銅飾) 등 비교적 대량의 청동기가 발견되었다. 건평 석랍산(建平 石拉山)에서 조사된 석곽묘 역시 퇴적 양상 및 출토 유물이 이와 비슷하다.

(3) 동남구유형

연산산맥 쪽으로 하가점상층문화가 확대되어 형성된 유적이다. 이 지역에서는 정식으로 발굴 조사된 것은 평천 동남구 유적이 유일했지만, 최근 관련 자료의 증가로 풍녕 동구도하와 같은 청동기를 반출하는 석관묘도 이에 속하는 것으로 본다.

동남구 유적은 1965년에 조사되었는데, 전체 무덤군 중에서 10기만 조사되었다(도면 17). 각 무덤은 일렬로 축조되었고 봉분으로 적석을 한 흔적이 남아 있다. 대표적인 1호 무덤은 직경 2.5~4m에 높이 1.5~2m의 크기이다. 무덤의 크기는 길이 2.2m, 너비 0.82m로 석판을 이용해 4벽을 축조하고 그 위는 석판을 덮은 구조이다. 출토 유물로 동검, 동도, 새 모양의 동물 장식 등이 있다. 그 밖에 다수의 청동기 거푸집을 공반하여 청동 장인의 무덤으로 추정되는 풍녕 동구도

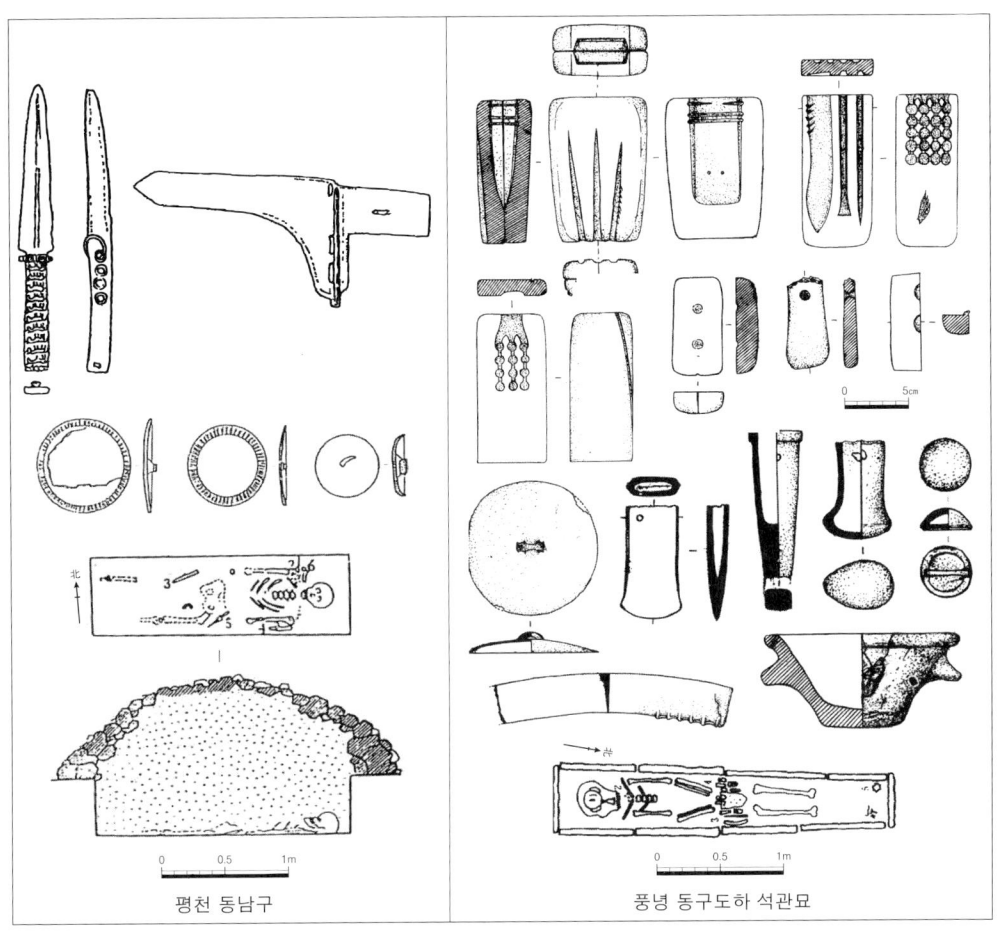

〈도면 17〉 동남구유형의 무덤과 출토 유물

하 석관묘 유적도 동남구유형에 속한다(도면 17). 학자에 따라서는 동남구유형 대신에 기원전 11세기~기원전 7세기에 하가점상층문화가 세 시기에 걸쳐서 존재했다고 주장한다. 실제로 동남구 유적과 석관묘로 대표되는 동구도하, 그리고 소흑석구 유적과 거의 유사한 공병식동검을 반출하는 서남구(西南溝) 유적, 초원식 동검이 나오는 유적 등 하가점상층문화의 유적뿐 아니라 다른 문화들도 공존하는 양상이다. 따라서 현재로서는 연산산맥 일대에 하가점상층문화가 분포함은 의심의 여지가 없지만 그들의 시간 및 공간적 범위에 대해서는 통일된 견해가 없다.

(4) 주요 유물

① 청동기

가. 동검(도면 18)

동검은 하가점상층문화에 다양한 문화가 섞여 있음을 보여주는 가장 대표적인 유물로 꼽혀

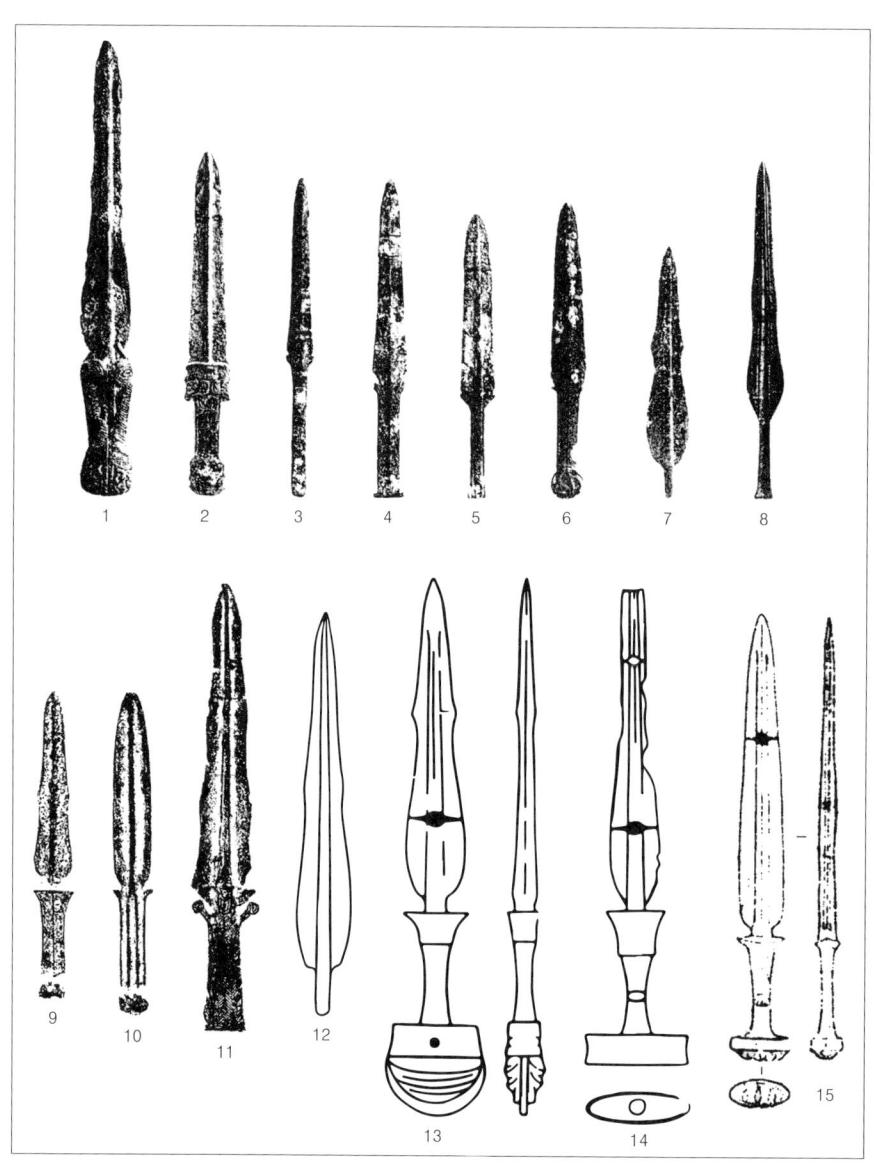

〈도면 18〉 하가점상층문화 각종 동검
1~8. 영성 남산근 M101   9~12. 영성 남산근 東區(1958년)   13·14. 영성 소흑석구 M8501
15. 오한기 황화전자

왔기 때문에 1980년대부터 정소종, 주영강, 적덕방 등의 학자들이 연구한 바 있다. 하가점상층 문화의 동검은 크게 공병식동검, 합주식(合鑄式) 비파형동검, 비수식동검 등으로 세분된다. 이 중 합주식 비파형동검은 비파형동검문화의 영향을 받은 것이며, 비수식 동검은 초원지역의 카라숙식 직인 동검과 관련이 있다. 공병식 동검은 카라숙계 동검에 연원을 찾는 연구도 있으나, 대부분은 하가점상층문화의 재지적인 전통으로 파악된다.

나. 동물 장식

동물 장식은 크게 무기 및 마구류에 시문된 것과 장신구로 만들어진 것으로 나뉜다. 동검에 장식된 동물 장식으로는 짐승 저립문(佇立文), 짐승 굴신문(屈身文), 쌍조문(雙鳥文) 등이 있다. 장신구로는 조문, 맹수 와립문(臥立文), 짐승 일렬문(一列文), 교미문(交尾文)이 시문된 장방형 패식, 부조 장식이 있다.

역동적으로 사냥하는 맹수의 전신을 표현한 부조 동물 장식은 남산근 101호묘와 소흑석구 8501호묘에서 출토되었다. 짐승 교미문은 비교적 발견 예가 드문데 내몽고 오한기 철장구(鐵匠溝)에서 멧돼지 교미문이 발견된 바 있다. 전반적으로 유라시아 초원의 대표적인 특징인 동물 장식은 남산근과 소흑석구 등 남산근유형의 대형 석곽묘에서만 집중적으로 발견되며, 대체로 초기 스키토-시베리아 유형의 계통이 발견된다.

다. 동도

동도는 그 형식이 매우 다양한 편으로 손잡이의 형태에 따라 톱니문, 고리가 달려 있는 원형, 아무런 장식이 없는 무문형 짐승의 머리가 달려 있는 수두형(獸頭形), 방울이 달려 있는 영수형(玲首形) 등이 있다. 이 중에서 즐치형, 원형, 무문형의 경우 연대 폭이 비교적 다양한 편이며, 수두형과 영수형의 경우 카라숙식 동검(중국 북방 초기 청동기)에서도 많이 보이는 것이다. 일반적으로 소나 양의 머리가 부착된 동도는 중국 북부에도 청룡(靑龍) 초도구(抄道溝), 홍성(興城) 양하(楊河), 법고(法庫) 만유가(灣柳街) 유적 등에서 확인된 바 있다. 소흑석구 8501호묘에서 보이는 카라숙계 청동기의 요소로는 방울형 병단이 부착된 동도가 있다.

라. 투구

현재 하가점하층문화에서는 모두 12건의 투구가 확인되었다. 투구는 전반적으로 같은 속성을 공유한다. 전체적으로 하나의 용범으로 주조되었으며, 정수리 부분에는 ∏ 자형이나 짐승저립형의 고리가 따로 제작되어 부착되었다.

정면에서 봤을 때 이마 부분은 타원형 또는 W 자와 같은 꼭지(이하 頂紐라고 함)가 있으며 후두부(後頭部) 부분도 앞쪽과 마찬가지로 호선을 그리며 마무리되었다. 투구의 테두리 부분은 이중으로 보강되어서 투구마다 차이가 있지만 그 두께는 대체로 1cm 정도이다. 측면 하단부에는 테두리 위에 1~2개의 ∏ 자형의 경첩을 달거나(이하 側紐라고 함) 구멍을 뚫어서 있어 끈으로 묶어 고정할 수 있게 되어 있다.

투구는 머리 끝의 꼭지(頂紐)의 형태에 따라 ㄷ 자형과 동물 장식형으로 나뉜다. 그 투구는 소위 '쿠반 양식'이라고 불리는 초기 스키토-시베리아 단계의 스키타이식 투구와 유사하다. 그래서 하가점상층문화의 투구는 중원에서 기원해서 중국 북방의 백부(白浮), 산서 고홍(高紅)과 같은 주대(周代) 초기의 장성 지대에 분포한 유목문화로 전입된 이후, 하가점상층문화로 유입된 것이다. 이후 다시 몽골의 판석묘문화와 유라시아 서편의 쿠반 지역과 교류를 통해 유입되었다고 본다.

마. 차마구(車馬具)

하가점상층문화에서 전차 부속으로 추정되는 것은 석자북산취 7501호묘에서 출토된 동령장식 2점이 대표적이다. 또한 소흑석구 92년 발굴 A II구역 11호묘에서 3공의 재갈멈치와 재갈이 같이 주조된 청동 재갈멈치 1점, 재갈멈치, 재갈, 골제 재갈멈치, 그리고 다양한 전차 부속이 발견되었다. 또한 남산근 102호묘에서 발견된 골판(도면 19-15)에는 두 마리의 말이 끄는 수레가 표현되어 있다. 양쪽으로 펼친 듯한 말과 수레의 형태는 유라시아 각지의 암각화에서 발견되는 여러 전차의 모습과 유사하여 하가점상층문화의 전차는 유라시아 초원에서 유입된 것임을 반증한다.

바. 동시(銅匙)

동시는 남산근 4호묘에서 출토된 바 있다. 이러한 동시는 미누신스크 분지를 비롯한 다른 카라숙문화의 분포지에서는 알려진 바 없으나, 자바이칼의 판석묘문화에서는 다수 보고되었다.

사. 연주형 장식(聯珠形裝飾)

남산근 4호 무덤에서 160점이 발견되었으며, 그 밖에 용두산 1호, 남산근 3호, 하가점 11호, 소흑석구 8061호 등에서 발견되었다. 전반적으로 옷에 걸었던 현수(懸垂)용 장식으로 생각된다.

아. 중원 예기

중원 예기는 남산근유형에서만 출토되었다. 주요한 유적으로 소흑석구 8501호 이외에도 남산근 101호, 석자북산취(簋 1점), 소흑석구 1980년 출토(鼎 1점), 남산근 동구(東區) 1958년 수습(戈 4점), 와방중(瓦房中) 7301호(戈 1점), 소흑석구 8501호, 9601호, 1990년 채집(簋, 鼎 등) 등이 있다. 이 유물들은 모두 중원의 편년에 따르면 서주 말~춘추 초에 사용되는 것이다. 소흑석구 8501호 무덤에서는 "許季姜作尊簋其萬年子子孫孫永永寶用"이라는 명문이 새겨진 허국의 청동기도 발견되었다.

② 토기

토기는 홍갈색의 협사갈도가 주류를 이룬다. 하가점하층문화와 달리 승석문이나 니질회도가 없다. 또한 제작 방법은 모두 수제(手製)이며, 토기의 표면은 홍의를 입힌 것이 많다. 문양은 대부분이 없으며 드물게 부가퇴문, 점열문, 단사선문 등이 보인다. 기형은 주로 두형토기, 심발형인 관 등과 역, 언, 정 등의 삼족기가 있다. 이와 같이 하가점상층문화는 요동지역의 무문토기 계통 토기 제작의 전통에 삼족기라는 이 지역의 문화가 혼재된 양상이다.

③ 석기 및 골각기

주거지 출토의 경우 타제석기로는 굴지구로 사용된 유견석부가 있으며, 마제석기로는 갈판과 갈돌 등이 있다. 한편 무덤에서는 사자의 허리춤에서 휴대용 숫돌이 발견된다. 이 숫돌은 몽골 및 자바이칼 일대의 사슴돌 허리에도 표현되는 것으로 유라시아 전사의 필수품으로 사용된 것이다. 골각기로는 골삽, 화살촉, 비수, 골침 등이 있다.

4) 연대 및 분기

상대연대의 경우 1960년 이후 하가점상하층문화의 다층위 유적과 중원 예기가 발견되면서 다양한 유적에 대한 학자들의 분기 설정이 있었다. 각 학자들 간에 약간의 차이는 있지만, 분기의 설정에 큰 차이는 없다. 즉, 용두산유형에서 남산근유형으로 이어지고 이후 연산산맥 지역으로 확대된다는 점이다. 실제 소흑석구 유적에서 주거지 → 제사갱 → 석곽묘가 누층적으로 발견되어서 이러한 분기를 증명한다. 토기를 중심으로 4기로 구분한 견해에 의하면, 제1기는 용두산 2구역 제1기(서주 초기), 2기는 용두산 2구역 제2기 및 소흑석구 1기(서주 중기), 3기는 용두산 2구역 제3단계 및 소흑석구 2기(서주 말~춘추 초기), 4기는 소흑석구 3기(춘추 중기)이다. 그 외 무덤 출토 청동기를 유라시아 및 중원과의 교차편년을 통하여 5기로 구분하는 견해가 주목된다. 즉, 단인장으로 작은 청동 장식(조형문)이나 연주형 장식이 주로 출토되는 1기, 비교적 대형 석곽묘가 등장하며 마구를 포함한 청동기 유물이 증가하나 동검이나 중원계의 유물은 출토되지 않는 2기(남산근 102호 무덤), 중원 예기가 출현하고 비파형동검을 비롯 카라숙 후기~초기 스키토-시베리아 유형의 유물 등 주변 지역과의 교류가 많아지고 사회구조가 복합화되는 3기(남산근 101호 무덤)와 후기 카라숙문화 요소가 거의 사라지고 스키토-시베리아 유형의 요소가 증가하는 4기(소흑석구 8501호 무덤) 단계, 옥황묘문화 계통의 쌍원형의 검단 장식이 부착된 동검이 부장되는 5기(소흑석구 1985년 1구역 3호 무덤) 등으로 세분된다(도면 19).

절대연대는 크게 탄소연대와 중원 예기의 기년명 자료 및 사용 연대에 기반한 방법으로 나뉜다. 탄소연대의 경우 용두산 1호묘의 관재에서 3240±150년, 임서 대정 동광 유적에서 2720+90, 2970+115년 등의 수치가 알려졌다. 중원 예기를 통한 절대연대치로는 남산근 101호, 소흑석구 8501호묘, 석자북산취 등에서 서주 말~춘추 초기의 청동기가 근거 자료가 된다(도면 20). 하지만, 서주 말-춘추 시기의 청동기는 당시 중원에서 예제가 많이 붕괴되어서 정확한 연대를 제공하기 어렵다는 점에서 신뢰하기 힘들다. 다만 예외적으로 소흑석구 8501호묘에서 출토된 허국 청동기가 하나의 기준이 된다. 허국은 기원전 712년에 처음 『춘추좌씨전』에 등장한

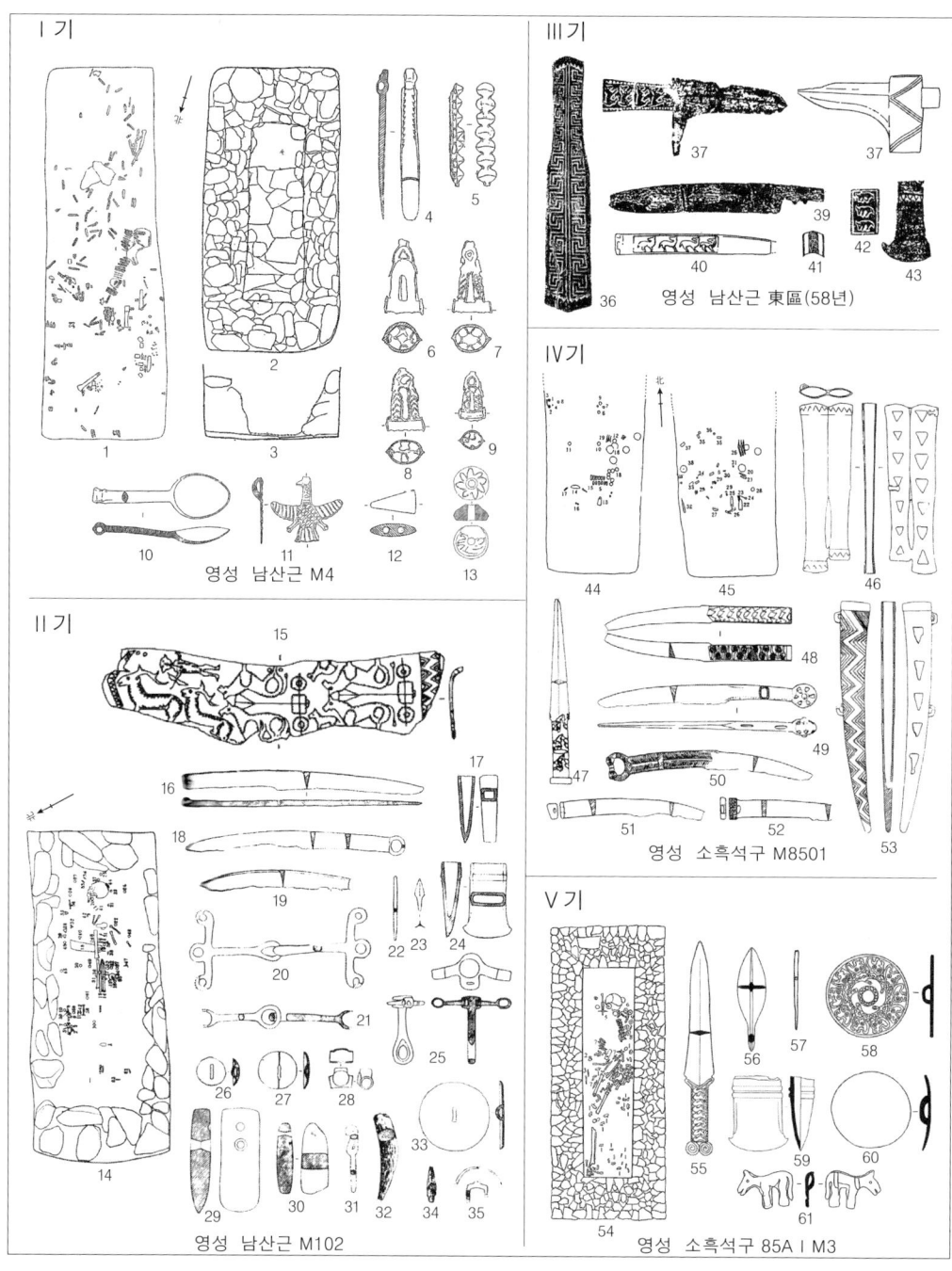

〈도면 19〉 하가점상층문화 각 분기의 주요 무덤과 유물

이래 기원전 576~기원전 500년 사이 모두 6차에 걸쳐서 천도하였다. 따라서 동북쪽 변방인 영

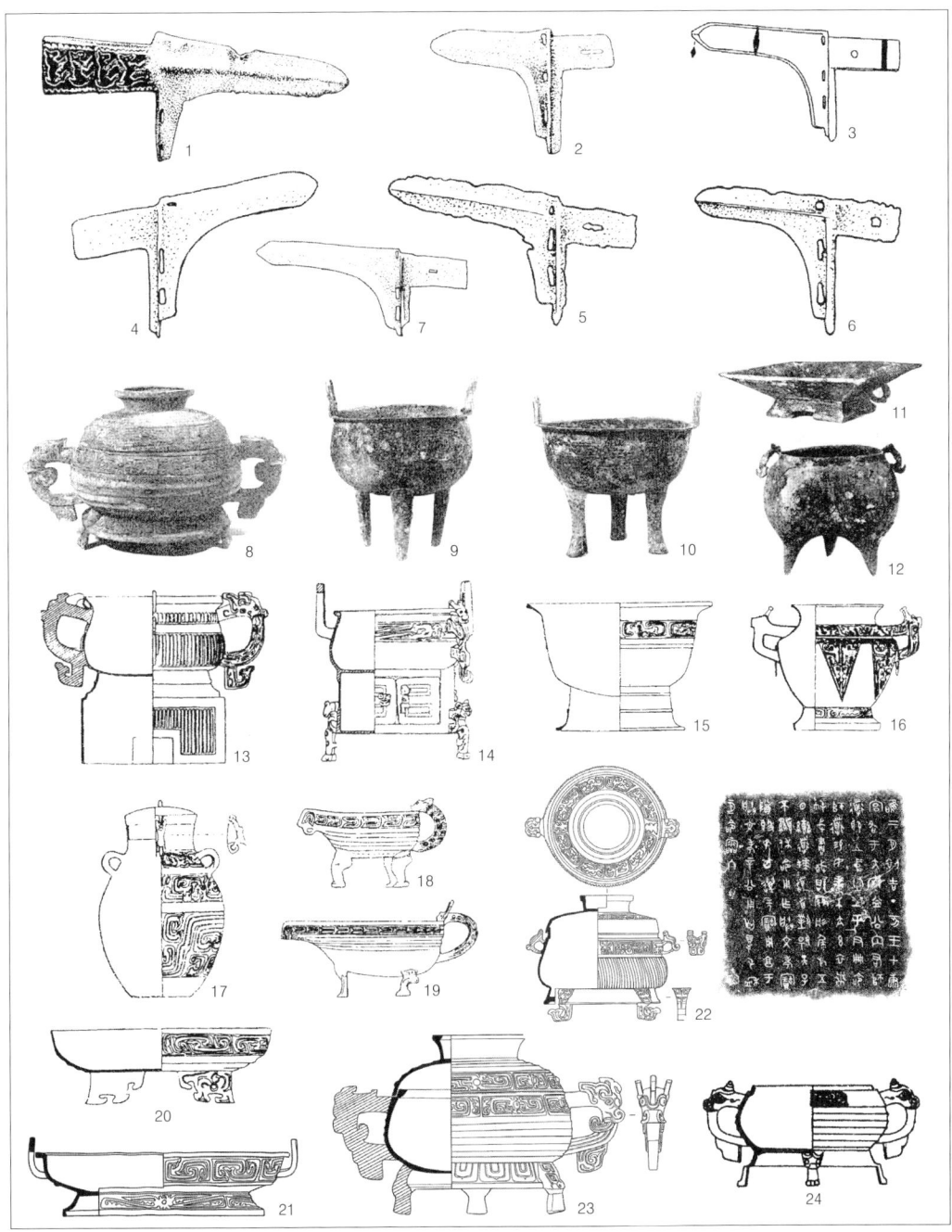

〈도면 20〉 남산근유형 중원 계통 청동기
(남산근 58년 수집-1, 2; 와방중-5; 석자북산취-12; 소흑석구 8501-8, 9, 10, 11,12, 13, 14, 15, 16; 소흑석구 9601-17,18; 남산근 101호 3, 4, 6, 19~23; 동남구: 7; 소흑석구 90년 채집: 24)

성현에서 발견된 허국의 청동기는 그 건국 연대보다 올라갈 수 없다. 이는 소흑석구 8501호묘의 연대를 기원전 8세기 말~기원전 7세기 초로 보는 근거가 되기도 한다.

하한 연대는 옥황묘문화의 영향이 뚜렷한 점, 그리고 발해만 유역의 비파형동검문화에서 유입된 수천유형, 정구자문화 등을 종합하면 기원전 6세기 정도를 기점으로 쇠락했다고 할 수 있다.

5) 생계 경제 및 사회구조

(1) 생계 경제 및 야금술

하가점상층문화의 주민들은 농경, 수렵, 유목 등을 복합적으로 꾸려나갔던 것이 고환경 자료 및 출토 유물로 확인된다. 이와 같이 생계 경제가 복합화되는 현상은 특히 하가점하층문화와 비교했을 때 더욱 극명하게 드러난다. 대산전(大山前)과 상기방영자(上機房營子) 유적과 같이 하가점 하층과 상층문화가 순차적으로 퇴적된 유적에서 나타난 각 문화의 동물 뼈의 차이를 보자(표 5). 집돼지가 절반 정도의 비율이며 그다음으로 소, 양, 개들이 10~15%의 점유율을 보인다. 또한 극심극등기 관동차(關東車) 유적에서 나온 동물 뼈의 경우 돼지 25%, 양 32.2%, 소 19.2%, 개 16.2%의 비율로 양의 비율이 우세를 점한다. 또한 임서 대정 동광 유적에서는 정확한 비율은 나오지 않았지만 원 보고서에 따르면 사슴, 야생매, 야생소, 이리, 늑대, 곰 등 대량의 야생동물이 출토되었다고 한다.

이와 같은 동물 뼈의 분석을 보면 대체로 서랍목륜하 유역 일대를 중심으로 하가점상층문화의 북부 분포지에서는 수렵의 비중이 높거나 유목의 비율이 높지만, 노합하 유역 일대로 내려오면서 농경의 비율이 높아짐을 알 수 있다. 이러한 경향은 고고학적 자료와도 부합하여서 옹우특기 대포자와 같이 하가점상층문화의 북부 분포 지역에서 백금보문화와 유사한 가죽 그릇

〈표 5〉 대산전과 상기방영자 유적의 층위별 동물 뼈 출토 상황

유적	개	집돼지	멧돼지	만주노루 (Capreolus manchurus)	붉은사슴 (Cervus elaphus)	일본사슴 (Psedaxis hortularum)	소	양	염소	말	토끼
上機房營子 (夏家店하층)	21	38	4		7		6	11		1	3
上機房營子 (夏家店상층)	258	253	35	17	33	7	80	192		14	53
大山前 (夏家店하층)	257	1129		4	3		535	324	28	22	
大山前 (夏家店상층)	23	103					26	38	4	2	

을 모방한 토기가 나온다. 반면에 노합하 상류 일대의 남산근유형에서는 사회의 복합화가 급속도로 진행됨과 비례하여 농경의 비율이 급격히 높아진다. 이와 같이 하가점상층문화는 복합경제를 영위하면서 각 지역에 걸맞는 경제를 다양하게 영위하며 생산력의 제고를 이루어냈다.

한편 하가점상층문화의 발전 원동력으로는 풍부한 동광을 이용하여 발달한 야금술에 있다. 1976년에 조사된 임서현 대정 유적은 청동을 채굴한 흔적이 남아 있는 첫 번째 야금 유적이다. 또한 소흑석구 일대에서도 거푸집이 확인되었고, 각종 석곽묘에서도 풍부한 청동기가 출토된 바, 하가점상층문화의 청동 제련술이 고도로 발달했음을 증명한다. 소흑석구 유적에서는 2003년도에 11점의 거푸집이 채집되었다. 청동 단추, 청동 장식, 동촉, 동도, 동부, 동착, 동령 등을 제작하기 위한 것이다. 그 기형들은 소흑석구에서 발견되는 전형적인 청동기이다. 재질은 회색 니암 계통이며 대부분은 합범이나 삼범(삼익유공식촉범), 단범(동도)도 있다. 소흑석구 무덤에서 조사된 70여 기의 무덤 중에서는 무기나 마구가 대량으로 부장된 전사의 무덤도 있던 것으로 볼 때, 당시 하가점상층문화 사회에서 청동 제련인은 전사들과 함께 당시 사회에서 독립적인 지위를 누렸던 것으로 짐작된다. 실제 소흑석구 유적의 하가점상층문화 주거지에서도 당시 제련술을 증명하는 자료가 출토되었다. 1985년 A구역 8호 구덩이 출토의 마두형(馬頭形) 송풍관이 출토된 바 있으며, 1992년 A-II구역 69호와 36호에서 출토된 토제 국자도 형태상의 특징으로 볼 때 청동 제련 시에 주물용 국자로 사용되었을 가능성이 크다.

이러한 발달된 하가점상층문화의 제련 기술은 유라시아 초원지역을 통하여 유입된 것임은 극십극등기 일대에서 조사된 다수의 채광 및 제련 유적을 통해 재확인되었다. 특히 임서 희작구(喜鵲溝)의 동광 유적을 분석한 결과 하가점상층문화가 발달하기 이전 단계인 기원전 13세기~기원전 12세기로 판명되어 희작구문화(喜鵲溝文化)로 명명되었다. 즉, 기원전 20~15세기에 유라시아 일대에 소수의 장인들이 이동하며 형성된 세이마-투르비노(Seima-Turbino) 유형의 청동 제련 기술이 몽골을 거쳐서 내몽고 동남부로 기원전 13세기에 유입되었다. 기원전 13세기를 전후하여 동부 유라시아의 초원으로 유입된 청동기의 전통은 보통 '카라숙 청동기'로 칭하기도 한다. 이렇게 새롭게 발달한 청동 제련 기술은 특히 동광이 풍부했던 임서지역 일대로 청동 제련 기술의 또 다른 중심이 되었고, 그것이 하가점상층문화의 기반이 되었다. 이러한 활발한 제련 기술은 곧바로 청동 제련 기술자가 사회의 지배계급을 점유하는 것으로 이어졌다.

나아가서 주변 지역과의 활발한 교류, 장인들의 이동, 그리고 풍부한 광물자원 등이 어우러져서 하가점상층문화의 야금술이 발달하는 원동력이 되었으며, 나아가서 하가점상층문화가 주변 지역과 교류하면서 사회가 발전하는 기반이 되었다.

(2) 사회구조 및 대외 교류

하가점상층문화의 계급 분화는 무덤 자료를 통하여 파악할 수 있다. 체계적으로 보고된 소흑석구 무덤의 규모 및 부장품의 차이를 통하여 보면 무덤의 계층 구조는 ① 유물의 양이 적으며 무기나 마구를 공반하지 않고 대신에 소형의 장신구와 토기만 발견되는 여성 및 소형급 무덤, ② 무사, 전사, 청동기 장인 등 부장품이 비교적 풍부하며 그 출토 유물이 전문화된 중형급 무덤 ③ 무기, 마구가 공반되며 위신재로 쓰였던 중원제 청동 예기를 비롯하여 다양한 제사 용기와 초원 계통의 동물 장식이 출토되는 대형급 무덤 등으로 적어도 3등급이 된다. 구체적으로 무덤 자료를 들어보면 소흑석구 1985년 I구역 2호묘의 경우 투구를 비롯하여 무기류가 대량 공반되었지만, 마구류는 전혀 출토되지 않았다. 반면에 1992년 발굴 A II구역 11호묘에서도 3벌의 재갈과 다양한 마구가 출토되었다. 남산근 101호묘에서 장방형 수혈석곽묘에서는 3공의 재갈과 재갈멈치가 같이 주조된 마구를 비롯한 다양한 마구류가 출토되었다. 한편 2003년도에 지표에서 일괄 채집된 거푸집은 청동 장인의 무덤에 일괄 매장되었음을 암시한다. 실제 이런 청동 장인의 존재는 청동 야금술이 발달된 유라시아 전역의 공통된 특징이며 연산산맥 지역의 동구도하 석관묘에서도 확인된다. 이렇게 무덤별로 신분 및 직업의 차이가 뚜렷하며, 상위 계급의 사람은 제사, 군사, 사회 통치를 담당하는 최고위 집단(소흑석구 8501호묘, 9601호묘, 남산근 101호묘)과 그 하위 계급 전차를 관리하는 집단(남산근 102호묘), 전사(소흑석구 8061호묘), 청동 장인(2003년 수집 소흑석구), 일반 전사 집단(소형묘 및 여성묘) 등으로 나뉜다.

이러한 3등급의 무덤 분류를 다른 지역으로 적용하면 용두산유형의 경우 하가점, 적봉 유적 등 1급의 무덤이 대부분이며, 대포자 유적과 같이 중형급도 드문드문 존재한다. 반면에 남산근 유형이 되면서 2급의 무덤이 급증하고 3급도 등장하게 된다. 한편 동남구유형의 경우 평천 동남구 및 풍녕 동구도하는 모두 2급에 해당한다. 이와 같은 사회구조의 차이는 하가점상층문화의 형성-발전-주변 지역의 확산이라는 변화와도 잘 부합한다.

이러한 하가점상층문화의 발달된 사회의 기반은 유라시아에서 들여온 선진적인 청동 제련 기술(세이마-투르비노) 및 전차와 무기의 도입에서 기인한다. 하가점상층문화의 특징을 가장 잘 설명하는 요소는 바로 이러한 활발한 그들의 원거리 교류이다. 하가점상층문화에서는 유라시아의 카라숙 후기 및 스키토-시베리아 유형의 초기 청동기, 중원계 청동기, 요서지역 비파형동검문화의 요소, 그리고 하가점상층문화의 재지계 문화 요소가 혼재한다. 주변 지역의 문화 요소는 대형묘에서 두드러지게 나타난다. 특히 굴신형 동물 장식이나 일자형 검격의 동검과 같은 초기 스키토-시베리아 유형의 유물은 알타이, 미누신스크를 비롯하여 멀리는 흑해 연안의 선스키타이문화와도 유사점을 보여주며, 대부분의 유적 연대가 기원전 9세기 말~기원전 8세기 중엽으로 편년된다. 하가점상층문화의 경우 스키토-시베리아 유형과 관련된 유물은 남산근 101호묘, 소흑석구 8501호묘와 같이 대량의 중원 예기가 부장되는 대형 석관묘에서 집중적으로 출토된다. 계급사회에서 위신재는 최상위 계층에서만 한정적으로 사용된다는 것은 여러 민족지 자료 및 고고학 자료로 제시되었다. 또한 지도자는 원거리 교역(long-distance network)을 통해서 자신의 지배 구조를 공고히 하는데, 하가점상층문화의 초원문화 요소는 사회구조가 커질수록 먼 지역과 교류를 한 것으로 생각된다. 이러한 원거리 교역의 또 다른 증거로 하가점상층문화의 투구가 있다. 중국 상나라 시기의 투구에서 기원한 하가점상층문화의 투구는 몽골, 자바이칼 등으로 이어지고 서쪽으로는 중국 서북부의 섬서, 청해성은 물론 더 멀리 흑해 연안까지 확산되어 '쿠반 양식'으로 이어진다.

또한 하가점상층문화가 절정기를 이룬 노합하 상류 일대는 고대 이래로 교통의 요지였으며, 현재도 중원, 발해만, 내몽고 동남부의 교차점이다. 원거리 교류뿐 아니라 중원 및 비파형동검 문화와의 교류에도 중심이었다. 하가점상층문화에서 비파형동검의 영향을 받은 비파형 공병식 동검이 등장하고 발해만 유역의 십이대영자유형에서 하가점상층문화의 영향을 받은 마구, 동물 장식, 투구 등이 등장한 것이 그 예이다.

6) 족속 계통

하가점상층문화를 역사 기록과 비교하려는 노력은 가장 먼저 근풍의(1987)가 시도했다. 그는 하가점상층문화가 오환, 선비, 거란 등으로 이어지는 동북아시아의 동호계 주민을 대표한다고 보았고, 그 구체적인 근거로 역사 기록에 등장하는 변발과 같은 풍습과 오한기 주가지 유적의 복면패각을 비롯한 몇 가지 고고학 자료를 제시했다. 하지만 곧바로 학자들이 반론을 제기했다. 최근 소흑석구 8501호묘에서 출토된 하남성에 위치했던 소국 허국 청동기로 적어도 하가점상층문화 남산근유형은 제나라의 환공이 맞서서 싸웠던 산융 세력과 가장 부합한다는 점이 새롭게 밝혀졌다. 『춘추(春秋)』, 『좌전(左傳)』과 같은 선진사서(先秦史書)나 『사기(史記)』에 제 환공이 기원전 668년에 북벌을 시작해서 기원전 663년에 산융 세력을 약화시켰다는 기록이 여러 부분에서 보인다. 제 환공의 북벌에는 허국도 참여했으며[3], 반대로 산융은 허국의 근처인 정국(鄭國)을 자주 침략하며 그 와중에 허국도 침략한 바 있다. 이러한 하가점상층문화와 제, 허국의 군사적인 관계는 제의 영역인 산동반도에서 발견된 하가점상층문화의 투구와 허국의 무덤에서 발견된 하가점상층문화 양식의 인물상 등 고고학적으로도 발견된 바 있다. 물론 중국의 선진사서에 산융은 다양한 맥락에서 등장하기 때문에, 모든 산융을 하가점상층문화로 대입하기는 어렵다. 다만 제 환공의 활동 시기에 중국 만리장성 일대에서 하가점상층문화를 제외하면 그와 같은 대형의 이민족 세력이 없다는 점과 제 환공의 북벌에 따른 산융의 소멸 시기가 실제로 기원전 6세기를 기점으로 하가점상층문화가 급격히 소멸되는 것과 부합한다.

한편 하가점상층문화가 확산되는 시기에 서주 초기에 분봉되었던 연국은 급격히 쇠락한다.

---

[3] 『春秋左氏傳』(기원전 650년), "齊侯許男伐北戎".

이러한 중원 세력의 축소는 기원전 1000년을 기점으로 초기 스키토-시베리아문화가 투바 지역에서 발흥해서 유라시아 동서로 확산하는 시기와 연동된다. 이와 같은 유라시아에 전반적으로 스키토-시베리아문화가 확산하였고, 이들은 하가점상층문화의 발달로 이어졌다. 급격히 성장한 내몽고 동남부의 하가점상층문화는 향후 중원지역과도 다양한 충돌을 일으켰고, 이에 대한 중원 세력의 맞대응의 과정이 중국 사서에서 산융이라는 세력으로 기록된 것이다.

7) 결론

하가점상층문화는 초원, 중원, 그리고 만주의 접경지대라는 내몽고 동남부의 지리적 환경에서 발생한 동아시아를 대표하는 청동기문화이다. 이들은 초원으로부터 발달된 청동 제련 기술을 받아들이고 노합하 일대로 남하하여 중원과 접촉하여 그 흔적을 남겼다. 기원전 10세기를 전후하여 중원 예기, 유라시아 초원지역, 그리고 비파형동검문화의 교차점에서 발흥했다. 그리고 기원전 6세기를 기점으로 하가점상층문화는 와해되었고, 이후 연국의 세력이 확장되기 이전인 기원전 5세기를 중심으로 비파형동검문화 계통의 수천유형, 유목 성격이 강한 정구자유형, 연산산맥 지역의 옥황묘문화 등 보다 작은 규모의 세력들로 재편되었다. 이러한 하가점상층문화의 존재는 기원전 10세기를 전후하여 동북아시아뿐 아니라 유라시아 청동기문화를 이해하는 핵심적인 키워드가 되는 중요한 문화가 된다.

2. 정구자문화

1) 문화 개념 및 범위

정구자문화(井溝子文化)는 하가점상층문화의 쇠퇴 이후 연하도문화(燕下都文化)가 장성 지대까지 전면 확산되는 단계까지 요하(遼河) 상류 일대에서 북방 초원 계통 장식류와 토기문화의 동질성을 바탕으로 유행했던 여러 유적군을 통칭하는 문화 개념으로 사용되고 있다. 정구자문화는 기원전 5세기경 전후 내몽고 동남부지역의 문화 변동을 가장 잘 보여주는 물질문화지만, 관련 유적·유물에 대한 조사 연구가 많지 않아 아직 초보적인 연구 단계를 벗어나지 못한 상황이다.

정구자문화의 시공간성은 이전 단계 및 인접 문화와의 분포 관계를 참고하여 설정된다. 먼저 정구자문화의 공간성은 하가점상층문화의 분포 범위와 거의 중복되는 점이 주목된다. 이는 새로 유입되는 북방 초원 계통 유목문화가 정구자문화의 형성 요인임이 틀림없더라도 토착문화나 주변 문화와의 복합 과정 역시 주목해야 함을 보여준다. 다음으로 정구자문화의 시간성은 대개 춘추 후기부터 전국 중기까지 또는 기원전 5세기~기원전 4세기대로 이해되고 있다. 다만 정구자문화의 상한 연대는 하가점상층문화의 하한 연대를 춘추 중기 무렵으로 볼 경우 기원전 6세기경까지 소급시켜 볼 수 있다. 그 하한 연대도 연하도문화의 확산 시기를 올려보면 지역별로 다를 가능성이 있다. 정구자문화의 유적군별 연대관은 십이대영자문화나 연하도문화와 관련되는 유물들을 통해 조정해야 할 필요성이 있다.

정구자문화는 주로 무덤 유적이 조사됨에 따라 무덤 구조와 장법, 부장유물 등이 주목되었는데, 특히 하가점상층문화와 다른 매장방식과 동물순생, 동물형 장식품과 토기 양식 등이 논의되어 왔다. 이를테면, 정구자문화의 무덤들은 이전과는 달리 토광묘가 주로 확인되나 간략화된 석관묘도 일부 확인된다. 간략화된 석관묘는 이전 단계에도 확인되는 묘제이며, 토광묘는 합장묘가 적지 않게 확인되는 점이 주목된다. 무덤들은 주축 북서-남동 방향으로 등고선과 거의 직교하게 배치되는 것이 특징이다. 동물 순생의 경우에는 다른 북방 계통 물질문화와의 차별성이 언급되나, 종류 외에 구성 비율까지 확인해야 할 필요성도 있다.

정구자문화의 유물에는 흔히 무기류가 적고, 장식류가 많은 점이 지목되며, 이와 함께 여러 기종에서 골기류가 많은 점도 언급되고 있다. 다만 무기류에서는 외래 계통 무기류의 확인 예가 증가하고 있고, 장식류에서는 하가점상층문화의 장식류를 계승하는 것도 확인되는 점에 유의해야 한다. 또한 토기류에서는 쌍이관(雙耳罐)을 비롯하여 단경호(短頸壺, 罐)를 수반하는 토기문화의 동질성이 확인되나, 구체적인 복합 양상은 아직 규명해야 할 것이 많다.

이와 같이 정구자문화에 대한 기존 연구들은 대략적인 문화 개념 등을 설명할 수 있게 하였지만, 유구·유물에 대한 개별적인 연구 성과가 부족하여 아직 밝혀지지 않은 면이 많다. 유적 수가 적고 유적군에 따라 상사성과 상이성이 함께 확인되는 것은 정구자문화가 하가점상층문화에 비해 짧은 기간 동안 유행하였으며, 토착문화의 지역 기반 위에 신래 유목문화가 복합됐기 때문으로 생각된다. 여기서는 이와 같은 점을 고려하여 정구자문화의 하위 유형으로 언급되는 주요 유적들을 중심으로 관련 논의를 이어가려 한다.

2) 하위 유형의 전개와 특징

정구자문화의 지역군은 신래 유목문화와 토착적인 기층 문화 또는 인접 지역 물질문화와의 복합 관계에 따라 적봉 이북 지역의 정구자유형과 적봉 이남 지역의 철영자유형을 비롯하여 그 이동 지역의 수천유형까지 크게 3개 유형으로 구분하여 볼 수 있다. 정구자유형은 초원 계통 유목문화 요소들이 강한 것에 비해 철영자유형은 연하도문화의 요소들이 복합되어 있고, 수천유형은 십이대영자문화의 복합도가 높은 점이 특징이다. 정구자문화의 하위 유형들은 유적군에 해당되는 개념으로 볼 수 있겠으나, 여기서는 현재 학계에서 통용되는 기존 용어를 차용하되 일부 수정하여 사용한다.

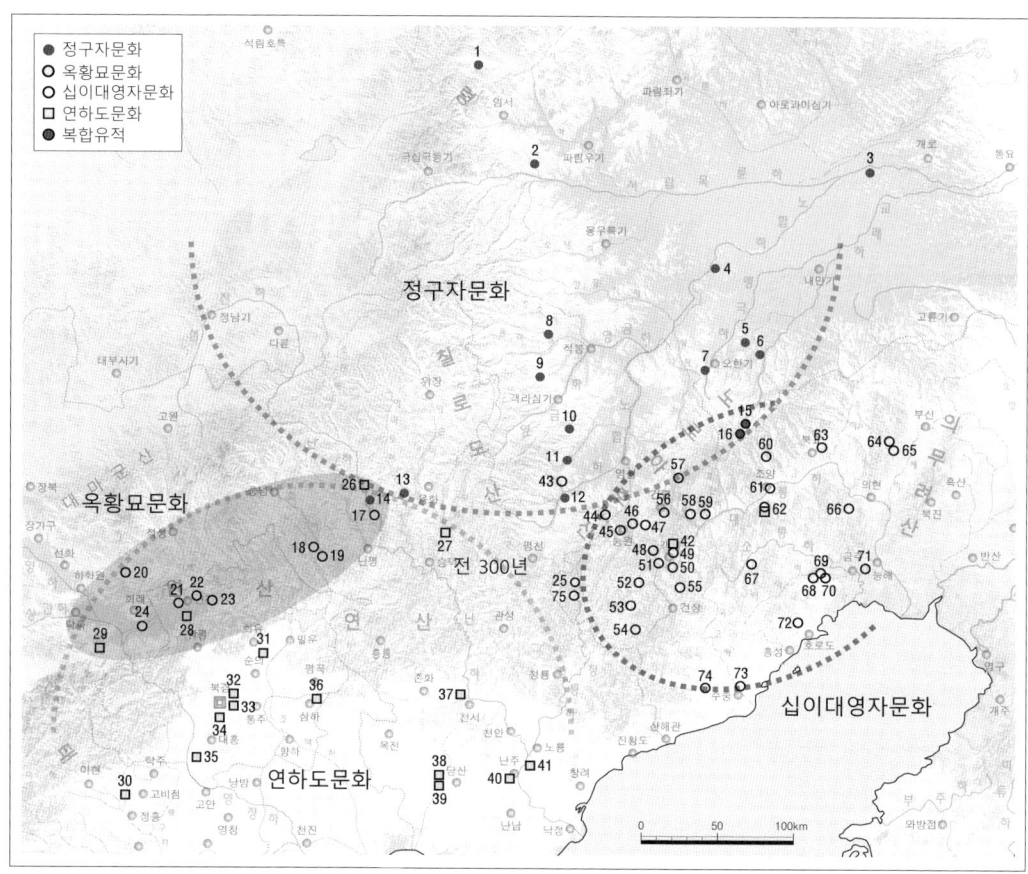

〈도면 21〉 정구자문화와 주변 문화의 주요 유적 분포

정구자문화   1. 임서 대수파라   2. 임서 정구자   3. 통요 보안촌   4. 오한기 강가영자   5. 오한기 고가와포   6. 오한기 산만자   7. 오한기 철장구   8. 적봉 초두랑   9. 객라심기 대산전   10. 객라심기 철영자   11. 영성 삼좌점   12. 영성 소흑석구   13. 융화 소부촌   14. 융화 동둔촌   15. 오한기 오란보랍격   16. 오한기 수천
옥황묘문화   17. 융화 북소구   18. 난평 이수구문   19. 난평 포대산   20. 선화 백묘   21. 연경 옥황묘   22. 연경 서량광   23. 연경 호로구   24. 회래 북신보   25. 능원 오도하자
연하도문화   26. 융화 남전자   27. 승덕 기간구   28. 연경 호가영   29. 탁록 탁록고성   30. 이현 연하도   31. 북경 회유성북   32. 북경 순의 용만둔   33. 북경 통주 중조보   34. 북경 풍대   35. 북경 전주각장   36. 삼하 북정   37. 천서 대흑정   38. 당산 풍윤   39. 당산 가각장   40. 난현   41. 노룡 채가분   42. 객좌 미안구
십이대영자문화   43. 영성 왕영자   44. 영성 손가구   45. 능원(관내)   46. 능원 삼관전자   47. 능원 하탕구   48. 객좌 남동구   49. 객좌 북산근   50. 객좌 남구문   51. 객좌 양가영자   52. 객좌 토성자   53. 건창 우도구   54. 건창 동대장자   55. 객좌 과목수영자   56. 건평(관내)   57. 건평 방신촌   58. 조양 대파라적   59. 조양 동대도   60. 조양 낭낭묘·남영자   61. 조양(관내)   62. 조양 원대자   63. 북표 하가구   64. 부신 자도대   65. 부신 모령구   66. 의현 장가와포   67. 조양 문장자   68. 호로도 소황지   69. 호로도 전구구   70. 호로도 산금구   71. 금주 자형산   72. 호로도 노변둔   73. 흥성 마권자   74. 수중 반석촌   75. 능원 삼도하자

(1) 정구자유형

정구자유형은 적봉 이북 지역의 서랍목륜하는 물론 영금하-노합하의 합수 지점, 교래하의 서쪽 지역에서 주로 확인된다. 지표 조사에서 관련 유물들이 채집되고 있는 서랍목륜하가 중심으로 추정된다. 대표적인 유적에는 임서 정구자 유적, 오한기 강가영자(康家營子)와 철장구(鐵匠溝) 유적 등이 있다. 유적 모두 강변 구릉 중턱의 능선이나 넓은 완사면에 입지하는 것이 확인되며, 무덤 유적은 정구자(58기)와 철장구(11기 이상)의 대형 묘지가 보고되었다.

임서 정구자 유적에는 하가점상층문화의 수혈들이 먼저 조영되고 난 후 정구자문화의 무덤들이 이를 파괴(H2→M21, H4→M34, H8→M52)하고 조영되었다는 점과 전국 연계 물질문화 요소들이 전혀 확인되지 않는 점에 주목하여 하가점상층문화가 쇠퇴하고 난 후 연하도문화가 본격 확산되기 전의 유적으로 이해된다. 대략 춘추 후기~전국 중기 무렵으로 편년되며, 이는 방사성탄소연대가 2115±65BP 또는 2485±45BP로 나온 것과 대략 부합되어 정구자문화의 연대폭을 반영하는 주요 자료로서 활용된다.

무덤 대부분은 목질 장구가 없는 단순 토광묘에 해당되며, 단인장(單人葬)보다는 합장묘(合葬墓)가 많은 점이 특징이다. 두향은 주로 북서 방향, 묘향 등고선과 직교하는 북서-남동 방향으로 일관되며, 무덤 간의 간격이나 크기 역시 비슷하여 집단 내의 사회 분화가 크게 진천되지 못한 공동체의 묘지라고 생각되고 있다. 단장묘는 모두 15세 이상으로 대개 성년 무덤이다. 합장묘는 동성 합장, 이성 합장, 다종 연령 합장 등이 확인되며, 유아 등을 포함하는 다인 합장이 이인 합장보다 훨씬 많아 혈족 관념 또는 족적 유대 관계가 강한 집단으로 판단된다.

한편 대부분의 무덤에서 동물 순생으로 판단되는 동물 뼈가 확인되었는데, 말이 약 40%로 가장 많고 양과 소가 각각 약 20%로 그다음이며, 당나귀와 개도 소량 포함된다. 이외에도 순생이나 관련 장식에서 이리·여우·사슴 등의 야생동물까지 확인되는 것은 초원 유목문화적인 성향과도 관련되는 주요 특징이라 할 수 있다. 농경 흔적이 확인되지 않아 목축과 수렵을 주로 하는 유목 성향이 강한 집단으로 이해된다(도면 22).

부장 유물은 장식류를 제외하면 동기류와 석기류가 적고 골기류는 많다. 토기류는 일정량을 차지하나, 하가점상층문화나 옥황묘문화에 비해서는 적다. 무기류는 성년 남성의 단장묘나 합장묘에서만 출토된다. 비수식동검과 유공동촉 같은 청동 무기 외에 골제활대(骨制弓弭)와 골촉(骨鏃) 등의 골제 무기가 다량 확인된다. 공구류는 치병동도(齒柄銅刀)와 동추(銅錐) 외에 골추(骨錐), 골침(骨針) 등도 확인된다. 마구류는 동령(銅鈴) 외에 골표(骨鑣), 골제절약(骨制節約) 등이 적지 않게 확인된다. 장식류는 복식 등에 착용하는 동포(銅泡), 동환(銅環), 쌍련동식(雙連銅飾), 'S'자형동식, 관상동식(管狀銅飾), 운문동식(雲文銅飾), 와문동식(渦文銅飾), 수두동식(獸頭銅飾) 등의 소형 청동 장식품이 가장 많은 양을 차지하며, 경식(頸飾)이나 흉식(胸飾)으로 추정되는 석제 및 골제 장식품도 일부 확인된다(도면 22).

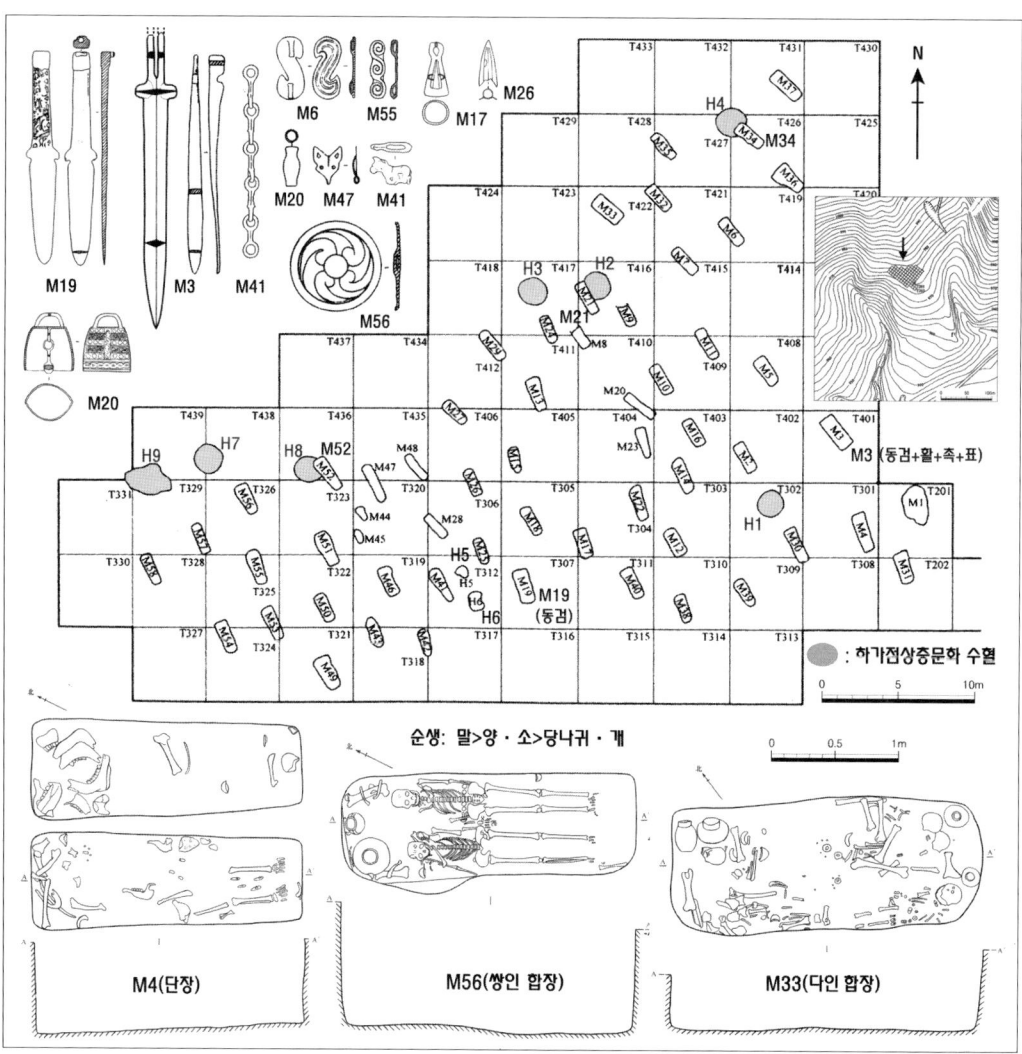

〈도면 22〉 정구자유형의 묘지와 분묘 구조 및 주요 청동유물(임서 정구자)

　토기류는 피장자의 머리맡에 주로 부장되나 발치에서 출토되는 예도 일부 확인된다. 대개 취사 용기와 저장 운반 용기가 조합되어 부장되는 것이 특징이다. 주요 기종에는 력(鬲), 완(盌), 관(罐), 호(壺) 등이 확인된다. 취사 용기에는 력과 쌍이관이 주로 보이는데, 력은 구순각목문과 압날점열문은 물론 횡점선문 등이 시문되어 있는 것이 특징인데, 이른 시기에만 확인된다. 쌍이관은 이중구연으로 된 것도 있고, 첩순관도 일부 확인된다. 저장 운반 용기에는 갈색 단경호(또는 관)나 대호가 주로 보이는데, 홍색마연 대호 역시 일부 확인된다(도면 23).

　부장 유물에서 드러나는 정구자유형의 특징적인 면은 무기류와 장식류의 일부 기종에서 확인된다. 청동 단검의 경우 비수식의 4록문병(四鹿文柄) 동검(M19)은 하가점상층문화의 것을

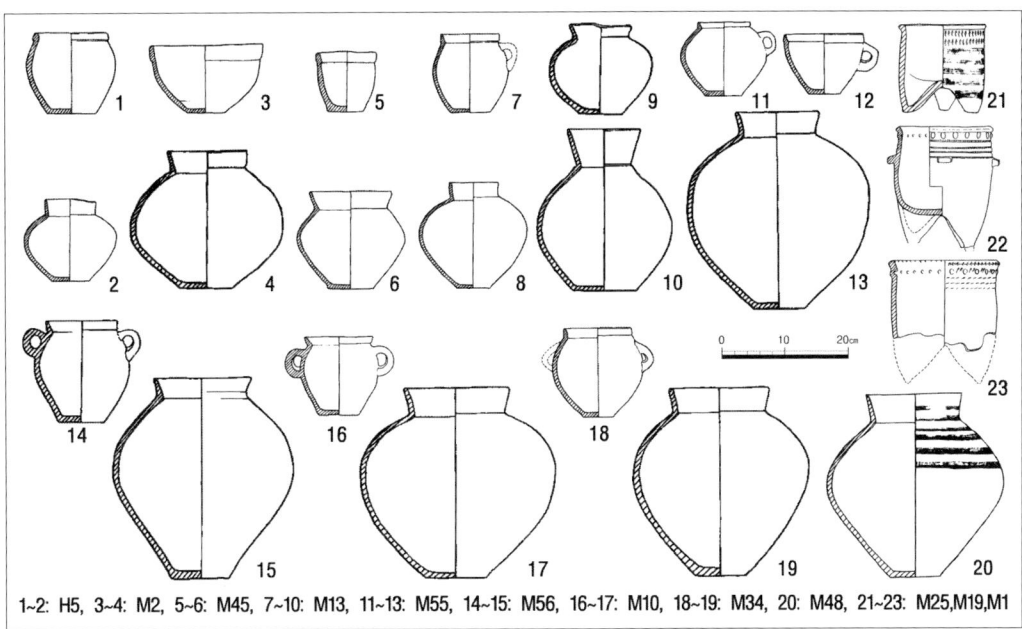

〈도면 23〉 정구자유형의 주요 토기(임서 정구자)

계승하는 것이라고 생각된다. 골제활대와 공반되는 편병식의 Ⅱ자형병(Ⅱ字形柄) 동검(M3)은 중국 북방 지대에는 드문 형식으로 파지릭문화를 비롯하여 알타이 지역의 초원 계통 물질문화에서 확인되는 기종이다. 주로 확인되는 활과 활촉, 마구류와 동물 순생에서 가장 많은 양을 차지하는 말을 고려하면 기마 상태에서 활을 쏘는 수렵유목민이 상정된다. 장식류의 경우 'S' 자형동식과 쌍련동식 등은 하가점상층문화와 관련되는 것이지만, 와문동식이나 수두동식 등의 장식품은 초원 계통 물질문화와도 상통하는 것이라는 점이 주목된다.

오한기 철장구 유적에는 구릉 능선부를 따라 연북장성(燕北長城) 구간과도 관련되는 회토대가 분포한다. 장성 구간 위와 그 서남쪽에서는 정구자유형의 토광묘가 다수 확인되었는데, 능선에서 3기(A구), 그 서남에서 6기 중에 2기(B구). 그 동남에서 2기가 각각 조사되어 있다. 하가점상층문화의 요소들이 확인되지 않고 토광묘를 파괴하고 장성 회토대가 분포하는 것을 고려하여 춘추 후기~전국 중기 무렵으로 편년되고 있다.

토광묘는 모두 단장묘에 해당되며, 바닥이나 인골만이 남은 상태여서 세부 구조는 알 수 없다. 다만 능선부에 있는 것과 사면부에 있는 것은 주축 방향을 달리하는 것이 특징인데, 시기 차나 계통 차가 있을 가능성도 있다. 즉, A구 무덤들은 주축 북서-남동 방향(두향 북서)인 데 비해 B구와 그 동측 무덤들은 주축 북동-남서 방향(두향 북동)이다. 단애면과 지표에서 인골 편과 토기 편이 수습되고 있어 원래 무덤들이 더 분포했을 것으로 추정된다(도면 24).

출토 유물은 대부분이 부장 상태를 알 수 없다. 동기류는 일부 공구류를 제외하면 대부분이 장식류에 해당된다. 주요 기종에는 청동대구, 환수동도, 동포, 동환, 와문동식, 운문동식, 동물형 장식품, 소형동령 등이 확인된다. 동물형 장식품은 맷돼지·호랑이·새 등의 야생동물을 표현하였는데, 대개 유목문화로 연결되는 요소이다. 석기류는 소량으로 모두 경식으로 추정된다. 토기류는 회도류와 홍도류가 있으며, 주요 기종에는 완, 관, 호 등이 확인된다. 홍도류의 완은 구순각목문이 있고, 호는 구연부에 거치상의 점열문이 표현되어 있는 것도 확인된다. 무기류가 거의 없는 대신 장식류가 많은 점과 토기류의 특징적인 문양 등은 정구자 유적에서 확인되는 것과 같은 양상이다(도면 24).

이와 같이 정구자유형은 정구자와 철장구의 두 유적에서 확인되는 골기류나 장식류를 바탕으로 한 초원 계통 물질문화 요소들에 주목하여 수렵유목문화적인 면이 강조되고 있다. 무엇보다 정구자유형은 두향(북서)이나 인골 형질(북아시아 몽골인종), 말·소를 순생하는 장법까지 초기 선비의 물질문화로 지목되는 찰뢰낙이문화(札賚諾爾文化)와 유사하여 보통 동호 집단의 물질문화로 주목된다.

그렇지만 무덤이 열상 배치되며, 토광묘에 합장 비중이 높은 것은 묘지 조영 집단의 혈연적인 유대 관계가 컸던 것을 보여주며, 토광묘의 구조와 부장 유물 측면에서 상위 등급으로 판단되는 일부 무덤(정구자 M3 등)을 제외하면 차별성이 잘 드러나지 않는 것은 계층 분화가 크게 진척되지 않았음을 보여준다. 이에 정구자유형을 동호 집단의 문화유형으로 보는 것에 회의적인 시각에서 몽골지역의 판석묘문화나 내몽고로 남하하는 사카문화 계통 물질문화에 주목하는 연구들도 있다.

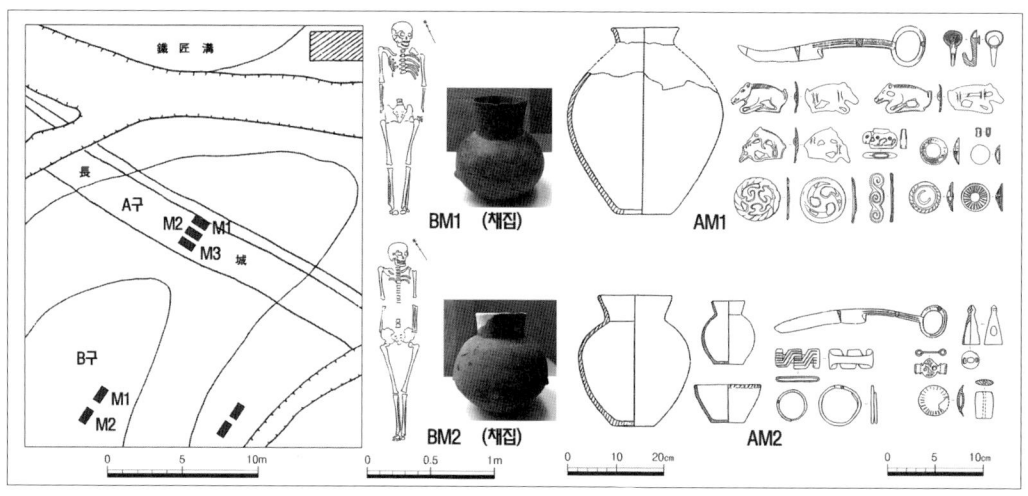

〈도면 24〉 정구자유형의 분묘 구조와 출토 유물(오한기 철장구)

(2) 철영자유형

철영자유형은 적봉 이남 지역의 영금하와 노합하의 상류 일대에서 주로 확인된다. 대표적인 유적에는 객라심기(喀喇沁旗) 철영자(鐵營子) 유적과 영성(寧城) 소흑석구(小黑石溝) 유적 등이 있고, 적봉 초두랑(初頭郎) 유적이나 적봉시 공안국 유적 같은 중원 계통 유물 공반 유적 역시 이에 포함시켜 볼 수 있다. 유적 모두 강변 구릉 중턱의 넓은 완사면에 입지하는 것이 특징이며, 무덤들은 철영자의 묘지(59기)에서 주로 확인된다.

객라심기 철영자 유적에는 하가점상층문화의 수혈들을 일부 파괴하고 정구자문화의 무덤들이 조영되었으며, 전국 전기~중기 단계의 연국 계통 유물들이 다수 확인되어 기원전 5세기 후반부터 기원전 4세기경 무렵으로 편년되고 있다. 많은 무덤들이 도굴되고 파괴되었지만, 골기류와 장식류가 많고, 토기류의 상사성이 높은 것에 비해 합장묘가 없고 전국 연계 예기류와 토기류가 출토되는 점은 정구자유형과 비교된다.

묘지 내의 무덤들은 완사면의 중앙부를 중심으로 위쪽에서 아래쪽을 향해 열을 지어 분포하며, 각 열마다 3~10기의 무덤들이 조영되어 있다. 분묘 규모는 크게 3개 등급으로 구분된다. 즉, 대형묘는 길이 500~700cm, 너비 450~300cm이며, 3기 이하의 소수만이 확인된다. 중형묘는 길이 200~300cm, 너비 100cm 내외이며, 가장 많은 수를 차지한다. 소형묘는 길이 100cm, 너비 60cm 내외이며, 상당수가 이에 해당된다. 무덤 규모와 출토 유물을 함께 고려하면 최소 4개 등급 이상으로 계층 분화가 이루어진 집단으로 추정된다.

무덤 대부분은 토광묘로 이루어졌으나, 대형묘의 경우 목곽묘에 해당되며, 중소형묘의 경우에는 위석 구조의 토광묘나 간략화된 석관묘도 일부 확인된다. 보통 두향 북서, 묘향 북서-남동 방향을 나타내며, 단인장이 일반적인 장법이나 대형묘의 경우 여러 종의 동물 순생이나 순장 습속이 확인되는 점이 특징이다. 수장급의 대형묘는 모두 이단 묘광으로 축조되었는데, 이단묘광 상단 또는 충전토의 상부에서 말·소·개·사슴·돼지 등의 머리 및 다리 뼈가 다량 매납되었음이 확인되고 있다. 두 무덤 모두 적지 않은 유물들이 수습되었는데 도굴 무덤임을 고려하면 훨씬 많은 유물들이 부장되어 있었다고 생각된다(도면 25).

출토 유물에는 동기류, 석기류, 골기류, 토기류 등이 확인되었는데, 일부만이 보고되어 있다. 무기류는 골제활대, 골촉, 삼익유공동촉 위주인데, 삼익장경동촉 같은 중원 계통 동촉이나 요서계통 동과(요령식동과) 역시 일부 확인된다. 공구류는 환수동도, 동추, 골추, 골침, 지석 등이 보이는데, 환수동도의 경우 연국 계통으로 추정된다. 차마구류는 청동난령(靑銅鑾鈴), 청동마차 부속, 골표 등이 확인된다. 거여구는 대형묘에서만 확인되며, 마구류는 골표 위주이다. 장식류는 청동대구, 동포, 동환, 쌍련동식, 운문동식, 관상동식, 골환, 석제 경식 등이 다수 확인된다. 용기류의 경우 청동제는 모두 중원 계통 예기인데, 대형묘에서만 출토된다.

토기류는 회도류와 갈도류가 많고, 흑도류가 일부 확인된다. 취사 용기의 경우 주로 쌍이관

〈도면 25〉 철영자유형의 묘지와 분묘 구조(객라심기 철영자)

이 보이는데, 이중구연으로 만든 것도 적지 않게 확인된다. 저장 운반 용기의 경우 주로 단경호나 관이 확인되며, 다른 유적군에 비해 정질 토기의 비중이 높다. 이외에도 주변 지역과의 토기 문화 교류 관계를 보여주는 기종들이 일부 확인된다. 즉, 광구소호가 일부 보이는데, 이는 요서 지역 동대장자유형의 주요 기종이다. 단경호에서는 승문타날 후에 회전 조정하여 동체 상부에만 타날흔을 지워내는 것도 보이는데, 이는 전국시대 연국 계통 토기 제작 기법이다. 또한 일부 단경호에서는 모경구문화나 흉노문화 토기에도 있는 파상문이 확인된다. 구체적인 토기문화의 교류 관계에 대해서는 향후 정식 보고 후에 재검토가 필요하다.

묘지 내의 계층이나 사회 관계는 수장급의 대형묘(M23·M33)를 통해 추정되고 있다. 이를테면 23호묘는 도굴 무덤인데, 이단으로 만든 대형 묘광 매장부의 도굴되지 않은 요갱에서 동호(銅壺) 2점, 동제량호(銅提梁壺) 1점, 동정(銅鼎) 1점, 동두(銅豆) 1점, 동돈(銅敦) 1점, 동세(銅洗) 1점, 동이(銅匜) 1점, 동고(銅瓿) 2점, 청동이배(靑銅耳杯) 10점, 청동국자(銅勺) 1점 등의 청동 예기 10건 20점이 발견되어 주목되고 있다. 비록 묘광 내의 부장 유물 대부분이 도굴되었지만, 중국 동북지역에서 가장 많은 양의 청동 예기가 조합되어 부장되어 있는 무덤이란 측면에서 최고 수장묘로 판단해도 무방하다.

33호묘는 역시 도굴 무덤인데, 23호묘와 같은 구조이다. 다만 이단으로 만든 대형 묘광 중앙부의 주매장부 서쪽으로 나란하게 부매장부가 마련되어 있어 성년 남성을 딸려 묻은 순장묘로 판단되고 있다. 부매장부의 부장 유물에는 골제활대(1건)와 청동요대(58매)를 비롯하여 동도 1점, 동추 1점, 청동 장식 3점, 해패(海貝) 8점 등이 확인되어 있고, 주매장부와 묘광 내의 부장 유물에는 동과 1점, 유공동촉 2점, 골촉 9점, 골표 6점, 청동난령 2점, 청동마차 부속 1점, 동환 4점, 환형동식 4점, 청동 장식 5점, 석제경식 1건 31점, 골환 2점, 도방추차 1점 등이 남아 있다. 부장 유물 상당수가 도굴되었지만, 순장인이 확인되는 등의 잔존하는 양상으로 보면 23호묘에 상당하는 최고 수장묘로 판단된다(도면 26).

이와 같이 철영자유형을 대표하는 객라심기 철영자 유적에서는 전국 전기~중기 단계의 무덤들이 확인되고 있다. 특히 무덤 규모를 달리하고, 무덤 구조에서 이단 묘광이나 관곽 유무 등이 확인되며, 4~5종의 동물 순생, 순장 양상, 부장 유물 등의 여러 측면에서 차별성이 확인된다. 이에 따라 최소 4개 등급 이상으로 구분되는 계층 분화가 진척되었음이 상정되며, 그 정점에는 기원전 4세기경의 23호묘나 33호묘와 같은 최고 수장묘가 있다. 이때 소흑석구 유적에는 19호묘와 같은 하위 등급 무덤들이 조영되었는데, 다만 연하도문화의 무덤들이 등장함에 따라 철영자유형의 무덤들도 더 이상 조영되지 않았다고 생각된다.

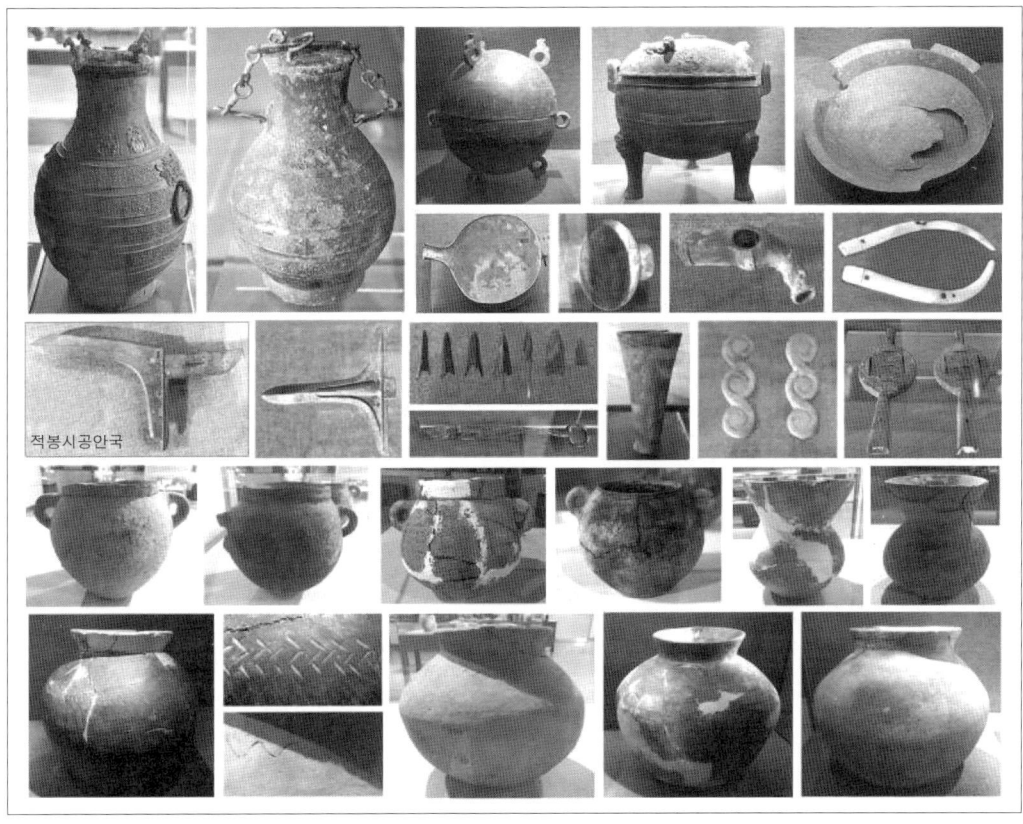

〈도면 26〉 철영자유형의 주요 출토 유물(객라심기 철영자)

(3) 수천유형

수천유형은 정구자유형과 철영자유형에 비해 다소 다른 문화 양상을 나타낸다. 처음에는 하가점상층문화와의 차별성을 강조하여 '수천문화'로도 불렸지만, 사실 농경친화적인 측면이나 십이대영자문화의 요소들이 강한 점을 고려하면, 다른 유형들을 포괄하는 고고학적 문화라고 칭하기는 어렵다고 생각한다. 매장 양상이나 출토 유물에서 특징적인 지역색을 나타내며, 정구자문화와 십이대영자문화가 복합되었다는 측면에서 수천유형으로 명명된다.

수천유형은 적봉 이동 지역의 교래하 상류에서 노호산하 상류 일대까지 걸친 지역에서 주로 확인된다. 이는 정구자문화와 십이대영자문화의 대표적인 교류 루트 중의 하나인데, 대표적인 유적에는 오한기 수천(水泉) 유적 등이 있고, 산만자(山灣子)와 고가와포(高家窩鋪), 오란보랍격(烏蘭寶拉格) 유적 등도 이에 포함된다. 유적 대부분은 강변 구릉 중턱이나 하단부의 완사면에 입지한다. 무덤들은 수천 묘지(110기)에서 주로 확인되며, 그 북서쪽의 외곽에는 주거지도 확인되어 있다.

오한기 수천 유적에는 문화 귀속 관계가 불분명한 무덤 외에 정구자문화와 십이대영자문화의 무덤들이 모두 확인되고 있다. 중국 학계의 경우 묘지 내의 북구 무덤과 남구 무덤의 주민들이 각각 서로 다른 문화 정체성을 지녔다고 보았는데, 실제로는 정구자문화와 십이대영자문화가 복합 또는 공존하고 있어 이분법적으로 구분하는 것은 타당하지 않다. 기본적으로는 정구자문화와 십이대영자문화의 접경지대에서 발생했던 지역 변이라고 생각된다.

무덤들은 대개 토광묘에 해당되나 목곽이나 석재가 충전되어 있는 것도 일부 확인된다. 무덤 묘향과 두향은 다양한데, 두향 남(동)향이 우세하다. 장법은 주로 단인장이 보이지만, 합장묘(M55·M109)도 일부 확인된다. 무덤 규모는 대개 소형인데, 묘광 길이 약 3m 이상, 너비 약 2m를 나타내는 것도 일부 확인된다. 무덤 약 1/3에서 동물 순생이 보이는데, 종류와 수량이 다양하며 모두 충전토 내에서 확인되고 있다. 돼지·개·소의 머리뼈와 다리뼈가 주로 확인되며, 말의 턱뼈 또한 1건 확인된다. 이 가운데 돼지 뼈가 가장 많다. 동물 순생의 경우 농경문화와 관련되는 것이 높은 비중을 차지하는 것을 알 수 있다(도면 27).

부장 유물에는 토기류가 많고, 동기류, 석기류, 골기류 등은 적다. 토기류는 주로 취사 용기에서 확인되는 조질 토기와 주로 저장 운반 용기에서 확인되는 정질 토기로 구분된다. 취사 용기에는 쌍이관과 단이관은 물론 첩순관(疊脣罐)이 주로 보이는데, 북구와는 달리 남구에는 첩순관만 확인된다. 저장 운반 용기에는 광구호, 소구호, 단경호, 파수부관(把手附罐) 등이 보이는데, 주로 남구에서 출토되며, 대부분은 동대장자유형에서 확인되는 기종이다. 동기류는 비파형동검과 청동검병, 중원식동과, 청동대구 등이 보이는데, 전국시대 이후 요서지역에서 전이되었다고 생각된다.

무덤 간의 중첩 관계(M24 → M20, M41 → M65, M22 → M19, M64 → M35)와 두향 등을 고려

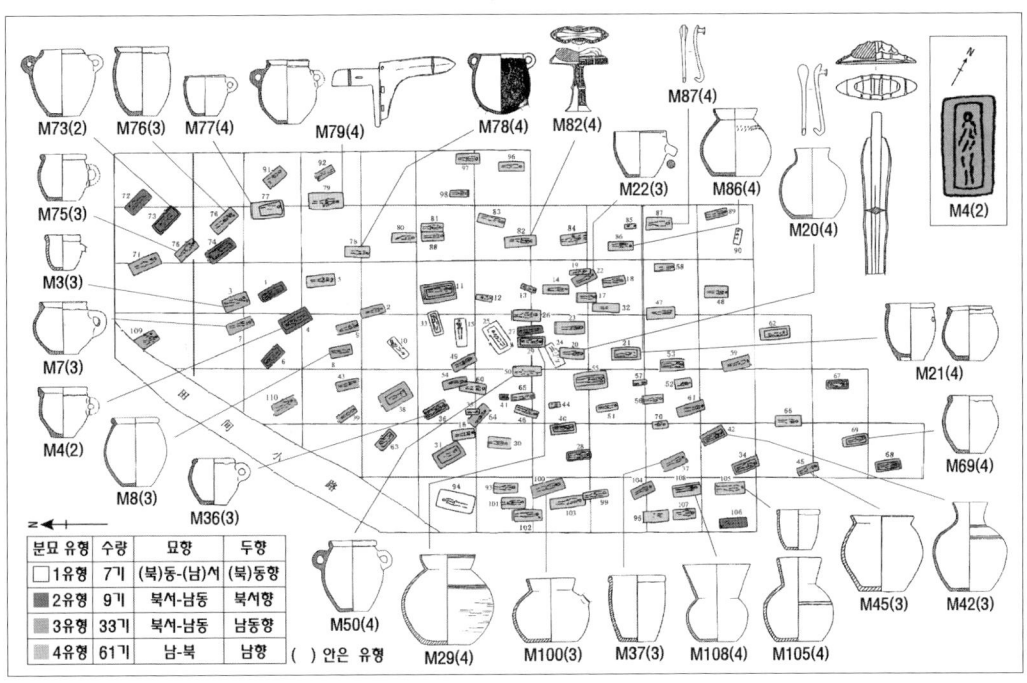

〈도면 27〉 수천유형의 분묘 배치와 출토 유물(오한기 수천)

하면 무덤들은 4개 유형으로 구분되며, 변천 관계는 '1·2유형 → 3·4유형'으로 추정된다. 특히 2유형은 1유형과 달리 주로 북구에서 확인되며, 두향 북향이나 북서향의 무덤(9기)으로 쌍이관과 단이관이 출토되는 전형적인 정구자문화의 무덤이다. 1유형과 2유형은 4유형에 비해 이른 점을 고려할 때 춘추 후기~전국 초기 무렵으로 편년된다. 이에 비해 3유형은 두향 남동향의 무덤(33기)이며, 4유형은 두향 남향 무덤(61기)으로 묘지 전체의 대부분을 차지한다. 쌍이관과 단이관은 물론 점토대가 있는 첩순관이 보이면서 동대장자유형의 토기류가 증가하고 청동무기 부장묘도 확인된다. 3유형은 4유형에 비해 이르지만 동대장자유형의 유물들이 두 유형에서 출토되는 점을 고려할 때, 두 유형 모두 전국 전기~중기 무렵으로 편년된다.

유적에서 정구자문화에 속한 무덤은 2유형의 무덤 9기가 전형적인 사례이다. 전국 전기 이후 3유형에서는 4기, 4유형에서는 3기만이 확인되고 있어 정구자문화의 정체성이 약화되었음을 알 수 있다. 다양하게 나타나는 묘향이나 두향, 주로 돼지 뼈가 확인되는 동물 순생, 정구자문화의 전형적인 장식류가 거의 확인되는 않는 점과 십이대영자문화의 토기류가 다수 확인되는 점은 수천유형의 정체성이 정구자유형과 약간 달랐음을 보여주는 것일 수도 있다.

3) 문화 교류 및 사회 성격

(1) 정구자문화의 정착 배경

정구자문화에 대한 최근 연구에서 주목되는 것은 환경고고학의 연구 성과를 차용하여 내몽고 동남부지역의 문화 변동 배경으로 기후환경의 변화 양상을 지목하는 것에 있다. 내몽고지역을 중심으로 한 북방 초원지대의 기후환경이 변화(한랭건조화)함에 따라 생업 방식이나 적응 전략에서 다른 방식을 선택하게 되었으며, 이에 따라 유목문화와의 상호작용이나 관련 문화 변동 역시 촉진되었다는 맥락에서 정구자문화의 형성 배경을 설명하는 방식이다. 다만 새로 유입되는 초원계통 물질문화 요소들이 지나치게 강조되는 면이 있다. 엄밀하게 말하자면 신래 유목문화에 토착문화가 일부 결합되어 형성되었다는 것을 고려할 때, 문화 복합의 과정적인 측면에서 이해해야 할 필요성도 있다.

정구자문화가 인접하는 십이대영자문화나 이전 단계의 하가점상층문화와 달리 본격적인 유목문화의 정체성이 확인되는 것은 인정되나, 몽골이나 대흥안령 산맥 일대에서 확인되는 초원 유목문화와도 직접 대응되지 않는 것도 사실이다. 하가점상층문화의 쇠퇴 이후 요하 상류 일대에서 처음 정착했던 유목문화를 중심으로 정구자유형을 형성하였다면, 이후 오한기나 영성 등의 적봉 남동부 지역을 중심으로 십이대영자문화와 교류하는 과정에서 수천유형을 형성하였으며, 다른 한편으로 객라심기 등의 적봉 이남 지역을 중심으로 연국과의 경쟁 과정에서 연하도 문화의 요소들을 대거 수용하여 철영자유형을 발전시켰다고 할 수 있다.

그러므로 정구자문화는 요하 상류 일대에서 유행했던 신래 유목문화 그 자체라기보다 춘추말~전국 초 단계를 전후하여 초원 계통 물질문화가 정착하는 과정에서 토착문화와도 다양하게 결합하는 지역화된 유목문화의 일군이라 할 수 있다. 유적(묘지) 입지 환경에서 대부분이 강변 구릉 중턱의 완사면에 위치하는 점이 공통되는 양상이며, 동물 순생이나 토기문화에서 확인되는 동질성도 뚜렷하게 보이지만, 이에 못지 않은 지역성이 확인되는 것은 정착 과정이 다양함을 잘 보여준다.

동물 순생의 경우 정구자유형은 '말>양·소'를, 철영자유형은 '말·소·개>돼지'를, 수천유형은 '돼지>개·소'의 비중으로 확인되고 있어 유형이나 지역별로 중심 종을 달리 선택하였음을 알 수 있다. 정구자유형은 유목적인 면이 뚜렷하나 수천유형은 농경적인 면이 강한 점이 대비된다. 또한 내몽고 동남부의 거의 전역에서 확인되는 쌍이관(또는 단이관)의 상사성은 문화적인 동질성을 보여주는 한편 정구자유형의 력은 다른 유적군에서는 확인되지 않고, 쌍이관과 공반되는 호나 관은 기종 구성의 공통성과 함께 제작기법 측면에서 상이성도 일부 확인된다. 이는 지역별로 기층문화가 약간 달랐거나 정착 과정이 같지 않았음을 보여주는 대표적인 사례이다(표 6 참조).

<표 6> 정구자문화의 하위 유형 특징 비교

명칭	정구자유형	철영자유형	수천유형
연대	전 6세기 후반~4세기경	전 5~4세기경	전 6세기 후반~4세기경
분포	적봉 이북 중심 (서랍목륜하-교래하 이북)	적봉 이남 중심 (영금하-노합하 상류)	적봉 이동 중심 (교래하-노호산하 상류)
주요 유적	임서 정구자 오한기 철장구	객라심기 철영자 영성 소흑석구	오한기 수천(북구)
묘제	토광묘, 합장묘	목곽묘, 토광묘, 위석묘	토광묘, 목곽묘
주요 유물	비수식동검, 골궁, 골표 쌍이관, 첩순관, 력	동과(중원식·요령식), 골궁, 촉, 골표, 청동차기, 청동 예기 쌍이관, 단경호	동검(요령식), 동과(중원식), 쌍이관, 첩순관, 토제 예기
순생	말>양·소>개	말·소·개>돼지	돼지≥개·소
성격	유목+수렵, 위계	유목+농경, 위계↑	유목<농경, 위계↓

정구자문화로 대표되는 내몽고 동남부 일대의 이 지역화된 유목문화는 기원전 300년경 연국(燕國)의 동호 공략 사건으로 상징되는 연국 물질문화의 확산 과정에서 다시 재편되었는데, 적봉 이남 일부 지역은 전국 중기 단계부터 진행되었다고 할 수 있다. 현재 자료로는 정구자문화의 퇴축 향방을 가늠하기 어렵지만, 흉노문화의 중심적인 물질문화로도 언급되는 사카문화 계통의 물질문화가 이때 이후 중국 북방지역에서 널리 확산되는 양상으로 볼 때 이와 복합됐을 가능성이 높다.

(2) 정구자문화와 주변 문화와의 관계

정구자문화는 하위 유형이나 지역별로 정착 과정이 같지 않은 만큼 기층 문화와의 복합 및 주변 문화와의 교류 관계 역시 달랐다고 생각된다. 정구자문화는 하가점상층문화와 관련되는 요소들을 통해 토착문화와의 계승 관계를 추정하여 볼 수 있다. 또한 정구자문화의 여러 하위 유형 중에 신래 유목문화의 요소들이 강한 정구자유형과 달리 주변 문화와의 복합도가 강한 철영자유형과 수천유형의 경우 대외적인 교류 관계를 더욱 분명하게 확인할 수 있다.

정구자문화의 요소 중에 하가점상층문화를 계승하는 묘제로는 석재 충전 토광묘나 간략화된 석관묘가 있고, 유물에는 비수식동검과 치병동도, 소형 청동 장식 등이 있다. 간략화된 석관묘는 정구자문화가 등장하기 이전부터 널리 확인되는 묘제인데, 적봉 이남 지역 철영자유형의 유적에서 주로 확인된다. 비수식동검은 검병부에 하가점상층문화의 동물문을 계승하는 것이 정구자유형의 유적에서 확인되어 있다. 치병동도 역시 소량 확인된다. 청동 장식에는 연주형동식의 일종으로 추정되는 'S' 자형동식과 쌍련동식 등이 확인된다. 그러므로 하가점상층문화의 요소들은 정구자문화의 정착 과정에서 일부 복합되었다고 할 수 있다.

정구자문화가 십이대영자문화와 노로아호산의 주변에서 복합되는 것은 수천유형을 통해 밝혀졌다. 북쪽에서 남하하는 쌍이관과 남쪽에서 북상하는 첩순관(이중구연점토대발)이 단일 유적에서 복합되는 경우이다. 춘추 후기~전국 초기 단계의 오한기 산만자나 수천 북구(2유형)에는 첩순관과 쌍이관이 출토되었는데, 두 물질문화 간의 접촉 흔적으로 볼 수 있다. 전국 전기~중기 단계의 수천 북구 일부 및 남구(3·4유형)에는 쌍이관을 비롯하여 첩순관과 동대장자유형 유물들이 적지 않게 확인된다. 십이대영자문화의 우세 속에 두 물질문화가 복합되었음을 알 수 있다. 사실 수천 유적의 경우 오한기와 조양시를 이어주는 교통로에 위치하며, 북쪽 교래하 보다는 남쪽 노호산하에 더 인접하는 점을 고려할 때 십이대영자문화의 요소들이 강한 것이 쉽게 이해된다.

정구자문화와 십이대영자문화의 관계에서 주목되는 것은 철영자유형과 동대장자유형의 직간접적 접촉이다. 철영자유형과 동대장자유형은 전국 전기부터 전국 중기까지 토착 문화를 기반으로 연하도문화를 수용하여 발전하였다는 공통점이 있고, 거점 유적으로 지목되는 객라심기 철영자 유적과 건창 동대장자 유적에서 확인되는 무덤이나 출토 유물에서 상사성과 상이성이 함께 확인되고 있기 때문이다.

이를테면 두 유적에는 상위 등급 묘제로서 목곽묘가 확인되며, 이 가운데 수장급의 무덤에서는 순장 인골이 확인되는 점이 주목된다. 전국 중기 단계의 철영자 33호묘와 동대장자 45호묘가 바로 최고 수장묘의 사례인데, 주매장부 외측으로 순장인이 안치되어 있다. 이는 두 유적 집단 간의 사회 분화 단계가 유사했을 가능성을 보여주는 것이라고 생각된다. 또한 출토 유물의 경우 두 유적 모두 수장급의 무덤에는 중원 계통 예기류가 다수 부장되나, 철영자 유적에는 무기류가 적은 것에 비해 동대장자 유적에는 무기류가 많다. 그러므로 중원 계통 위신재를 권력 기반으로 활용하는 측면에는 상사성이 확인되나, 무기류를 권력 기반으로 활용하는 측면에는 상이성이 훨씬 크게 보인다고 할 수 있다.

한편 무기류와 토기류에서는 철영자유형과 동대장자유형의 교류 관계가 뚜렷하게 확인된다. 철영자 유적에는 동대장자유형의 요령식 동과와 광구소호가 확인되며, 동대장자 유적이나 인접하는 토성자 유적에는 철영자유형의 쌍이관이 일부 확인된다. 즉, 상위 계층 무덤에만 부장되는 위신재적 청동 무기는 물론 하위 계층 무덤에도 부장되는 토기류가 교류되는 양상으로 볼 때, 철영자유형과 동대장자유형은 물적 교류는 물론 인적 교류까지 일부 있었다고 생각된다.

정구자문화와 연하도문화의 교류 관계는 전국 연계 유물들의 확산 과정을 통해 추정된다. 전국 연계 유물들은 정구자문화와 연하도문화의 접경 지대에 해당되는 난하 중상류의 승덕-융화 일대에서 전국 초기 단계부터 확인된다. 이후 칠로도산을 넘어 정구자문화의 중심부에 해당하는 노합하~영금하의 적봉-영성 일대까지 확대되었는데, 철영자유형의 거점 유적에서 주로 확인된다. 서랍목륜하의 임서-통요 일대에는 전국 후기 단계 유물만이 간혹 확인된다. 그러므로 전국 연계 유물들의 교류 관계망이 점차 확대·강화되는 것을 알 수 있다.

이를테면 전국 전기 이후에는 객라심기 철영자 유적에서 연국 계통 유물들을 부장한 토광묘가 확인된다. 예기류를 중심으로 한 청동유물들은 주로 수장급의 무덤에만 부장되며, 토기류는 다른 일반 무덤에도 부장되고 있어 차별화된 교류 또는 재분배의 관계망을 보여준다. 이외에도 적봉시 공안국 유적에는 중원식 동과가 출토되어 약탈이나 전쟁 같은 비일상적 교류까지 있었을 가능성도 있다. 전국 중기에는 융화 남전자(南甸子)나 승덕 기간구(旗杆溝) 유적 등은 물론 영성 소흑석구 유적에서 확인되는 바와 같이 토제 예기를 주로 부장하는 연국 계통 무덤들이 조영되기 시작한다. 전국 후기 이후에는 연국 계통 무덤들이 장성 지대까지 확산되며, 장성 이북 지역에도 연국 계통의 중원식 동과(林西 大水波羅)나 중원식 동검(通遼 保安村)이 출토되고 있어 지속적인 상호작용이 있었음을 알 수 있다.

이와 같이 정구자문화와 연하도문화의 교류 관계는 시기별로 점차 강화되는 한편 이에 수반하여 전국 연계 유물들의 분포 범위 역시 더 확대되는 것을 알 수 있다. 또한 무기류나 예기류와 같은 위신재적 청동유물은 연국 중심부의 것과 대응되는 것이 주로 확인되나, 토제 예기류나 일상 토기류의 경우 북경 이남 지역과는 다른 장식성을 보이거나 완성도가 떨어지는 것도 확인된다. 이는 연국 중심부를 통한 물적 교류 외에 그 주변부를 통한 인적 교류 및 이차적인 기술 전이 등도 적지 않았음을 보여주며, 더 나아가 연국의 동북 방면 진출 과정이 점진적이었을 가능성을 보여주는 것이라고 할 수 있다.

(3) 사회 성격과 족속 문제

정구자문화의 사회 성격은 흔히 집단 내의 사회 관계보다 족속 문제와 결부시켜 논의되어 왔다. 특히 내몽고 동남부의 신래 유목문화라는 측면에서 전국시대 이후 조나라나 연나라가 인식했던 북방 민족 중에 『사기(史記)』 흉노열전(匈奴列傳)에 등장하는 동호(東胡) 집단과 관련시켜 보는 견해들이 대세인데, 이외에도 『산해경(山海經)』 해내서경(海內西經)에 등장하는 맥국(貊國)으로 보는 견해, 동호 외의 다른 집단으로 보는 견해 등이 제시되어 있다.

동호 집단은 기원전 4세기~기원전 3세기경 조나라의 동쪽이자 연나라의 북쪽에서 활동하고 있어 그 근거지는 일단 요서지역으로 보기 힘들다고 생각된다. 또한 내몽고 동남부지역과 요서지역의 주민들은 생업이나 물질문화 모두 서로 다른 문화권에 기반하는 점을 고려할 때 같은 족군(族群)으로 보기 어렵다고 판단된다. 한편 기원전 300년경 연국과의 전쟁 이후 동호 집단의 분포 범위와 문화 양상이 달라졌을 가능성이 높으므로 전쟁 전의 '초기 동호'와 그 후의 '후기 동호'는 일단 구분하여 논의해야 한다.

동호 관련 기록들은 사실 대부분이 연국과의 전쟁에서 패해 북쪽으로 퇴축되고 난 후의 것이거나, 퇴축 전후의 인식들이 섞여 명확하지 않은 것이 많다. 이를테면 『사기』 흉노열전에서 동호 퇴축 후에 연동하여 장성이 축조되고 5군이 설치되었다고 하는 것은 '북방 종족 격퇴 → 장성 축조 → 변군 설치'라는 도식적인 서술 구조 때문이지 실제로는 사건별로 어느 정도 시공간적 틈이 있었다고 생각된다. 그렇다면 내몽고 동남부라 하더라도 초기 동호의 중심지가 장성지대에만 있었다고 보기 어려우며, 요하 상류 이북 지역에서 초기 동호의 중심지가 존재했을 가능성도 충분하다.

초기 흉노에 대응되는 초기 동호와 월지의 본거지를 몽골 지역의 판석묘문화와 알타이의 파지리크문화에 대응시켜 본다든지, 사카문화 계열의 물질문화에 주목하는 견해 등은 그와 같은 고민에서 비롯되었다고 생각된다. 다만 초기 동호를 판석묘문화로 볼 경우 초기 선비의 목관묘문화와 묘제와 장법에서 큰 차이가 발생하며, 사카문화 역시 전국 후기 단계부터 확인되는 것이어서 현재 자료로는 구체적인 관련성을 판단하기 힘들다고 할 수 있다. 북아시아 몽골인종 계통 유목 집단이 중국 북쪽 변경으로 남하하는 것은 정구자문화의 정착 배경과도 관련되는 것이지만, 그들에게 요하 상류 일대는 남쪽 변방의 지역 거점에 불과했을 가능성도 있다.

정구자문화의 사회 관계는 기존에는 주로 정구자유형의 거점 유적에 해당되는 임서 정구자 유적을 중심으로 논의되어왔다. 즉, 무덤 크기가 비슷하고, 단순 열상 배치되며, 합장묘가 많은 점과 동물 순생이나 부장 유물에서 큰 차별성이 확인되지 않는 것은 묘지 조영 집단이 족적 유대 관계를 바탕으로 하는 집단이며, 하가점상층문화를 대표하는 영성 소흑석구 유적보다 계층 분화가 진척되지 않았음을 반영한다. 이와 같은 정구자유형의 물질문화는 조나라를 공격하고 연나라와 경쟁했던 동호 집단의 역사상과 부합하지 않는 모습임에 틀림없다.

그렇지만 최근에는 철영자유형의 거점 유적에 해당되는 객라심기 철영자 유적이 주목되고 있다. 무덤 크기와 배치는 물론 부장 유물에도 차별성이 뚜렷하게 확인되며, 도굴 무덤이 많은 것을 고려하면 십이대영자문화(동대장자유형)를 대표하는 건창 동대장자 유적 등에 비견되는 계층 분화가 있었다고 생각된다. 특히 23호묘나 33호묘와 같은 수장묘는 대형 이단묘광과 동물 순생 및 순장, 무기류나 예기류로 대표되는 위신재적 부장 유물 등의 측면에서 주변 유적군을 압도한다. 철영자 유적의 수장층은 연하도문화나 동대장자유형과 교류·경쟁하는 과정에서 권력 기반을 강화하며 정구자문화를 영위했던 집단들을 주도했을 가능성이 높다.

이와 같이 정구자문화는 다른 유적군과 달리 철영자유형의 거점 유적에서 주변 문화와의 교류 관계 등을 통해 수장층의 권력 기반이 강화되고 계층 분화가 진척되는 모습들이 확인된다. 다만 문헌 기록으로 확인되는 동호 집단의 강성했던 면모보다 정구자문화의 무기류가 많지 않은 것이 의문인데, 이에 대해서는 철영자유형의 조사 성과에 주목하여 향후 재검토가 필요하다. 정구자문화의 분포 범위에서 전국 연계 물질문화 요소들이 증가하는 것에 대해서는 연나라의 정치적인 영향력이 확대되는 과정이나 토착 집단의 경쟁력이 강화되는 과정 등의 여러 맥락에서 설명할 수 있겠는데, 기본적으로는 물적·인적 교류의 확대 과정으로 보는 것이 타당하다.

4) 연구 의의와 전망

정구자문화는 기존에는 정구자유형의 신래 유목문화적인 측면만이 강조되었으나, 철영자유형과 수천유형에서 보이듯이 토착 문화와의 계승 관계 및 주변 문화와의 복합 관계를 충분하게 고려해야 할 필요성이 있다. 초원 계통으로 추정되는 합장묘도 보이지만 토착적인 위석 구조의 토광묘도 확인되며, 동물 순생에는 말·양·소 등이 주로 보이지만 유적군에 따라 돼지 역시 일부 확인된다. 또한 야생동물을 모티프로 한 동물 장식 외에 토착적인 쌍련동식이나 'S' 자형 장식 등도 확인된다. 취사 용기로 주목되는 쌍이관과 단이관은 점토대가 있는 것이 적지 않아 십이대영자문화와 관련되는 것도 있으리라 생각된다.

정구자문화의 유적군별 상사성과 상이성은 유목문화의 정착 과정이 기층문화나 교류 관계망에 따라 동일하지 않았음을 보여준다. 정구자문화의 사회 관계에서는 정구자유형과 수천유형보다 철영자유형이 가장 주목된다. 철영자유형의 수장묘는 무덤 규모와 순장, 위신재적 부장 유물 등의 측면에서 다른 유적군을 압도한다. 철영자유형의 엘리트층은 연하도문화나 십이대영자문화(동대장자유형)와 교류·경쟁하는 과정에서 권력 기반을 강화하며 정구자문화를 영위했던 집단들을 주도했을 가능성이 높다.

정구자문화의 시공간적 범위 중에 하한 연대와 북쪽 분포 범위가 아직 유보적인 점과 이에 후속하는 사카문화 등의 초원 계통 물질문화가 내몽고지역에 확산되는 과정 등에 대해서는 아직 밝혀지지 않은 점이 많다. 다만 유목문화의 끝자락에 해당되는 내몽고 동남부의 문화 환경을 고려할 때 정구자문화를 영위했던 집단들은 전국시대 연나라나 조나라에 알려졌을 가능성은 충분하다. 정구자문화의 족속 문제는 사회 성격을 논의하기 위한 일부분에 불과하지 그 자체를 연구 목적으로 삼는 것은 방법론과 역사 인식상에 여러 문제를 불러올 수 있다. 그러므로 정구자문화에 대한 향후 연구에는 지역간의 구체적인 상호작용이나 사회 관계 등에 더욱 주목해야 할 필요성이 있다.

3. 십이대영자문화

1) 문화 개념 및 범위

십이대영자문화(十二臺營子文化)는 보통 기원전 9세기~기원전 4세기경에 유행했던 중국 요서지역의 비파형동검문화(琵琶形銅劍文化)를 가리키는 명칭이다. 비파형동검(琵琶形銅劍)과 선형동부(扇形銅斧) 외에 이중구연(二重口緣)이나 점토대(粘土帶)가 있는 관(罐) 또는 발(鉢)이 표지 유물로 지목된다. 과거에는 하가점상층문화(夏家店上層文化)의 하위 유형으로 보았으나, 최근에는 독립적인 문화단위로 인식하는 추세이다.

십이대영자문화의 시공간적 범위에 대해서는 여러 견해들이 있다. 먼저 시간성에 대해서는 연구 초창기에 해당되는 1960년대에는 춘추시대(春秋時代)와 전국시대(戰國時代)의 과도기로 인식되었으나, 연구가 본격화된 1980년대 이후에는 하가점상층문화와 병행하는 서주 말기부터 연국(燕國)의 영역으로 편입되는 전국 후기 이전으로 보았으며, 개설서가 간행되고 국내 연구가 증가하는 2000년대 이후에는 서주 말기 이전부터 성립하여 전국 중기 이후 연국 계통의 철기문화로 대체되었다고 보는 견해들이 많아졌다. 그 공간성에 대해서는 노로아호산(努魯兒虎山)과 의무려산(醫巫閭山) 사이의 요서 발해만(渤海灣)권을 중심으로 요중(遼中)의 심양(瀋陽)-요양(遼陽) 일대까지 포함시켜 이해하게 되었으며, 최근에는 내몽고 동남부의 오한기나 영성(寧城) 일부 지역까지 포함시켜 이해하는 추세이다.

　십이대영자문화의 유적들은 대부분이 무덤 유적으로 주거 유적이 거의 확인되지 않는 것이 특징이다. 시기별·지역별 전개 과정에서 확인되는 문화 성격 또한 약간 달라 다른 문화와의 복합도에 따라 '전-후기'의 2단계나 '초-전-후-말기' 또는 '전-중-후-말기'의 4단계로 세분하여 여러 하위 유형이 설정되고 있다. 먼저 2단계로 구분하는 경우 대략 하가점상층문화와 병행하는 전기의 '십이대영자-오금당유형'과 옥황묘문화(玉皇廟文化)와 병행하는 후기의 '성가와자-남동구유형'이 설정되고 있다. 4단계로 구분하게 되면, 전기의 경우 비파형동검의 '요서기원론'을 의식하여 대릉하(大凌河)의 십이대영자유형과 소릉하(小凌河)의 오금당유형을 선후 관계로 이해한다거나 초기의 화상구(和尙溝)나 칠도천자(七道泉子) 단계와 전기의 십이대영자 단계로 세분하는 연구들이 있다. 다음으로 후기의 경우에는 요서의 남동구유형과 요중의 정가와자유형으로 구분되며, 최근에는 말기의 동대장자유형을 추가하여 따로 설정하는 추세이다.

2) 하위 유형과 유적

　앞서 언급하였듯이 십이대영자문화는 5개의 하위 유형과 4단계의 시기 구분안이 널리 통용되고 있다. 십이대영자유형-오금당유형은 대략 1~2단계에 대응되고, 남동구유형-정가와자유형은 대략 3단계에 대응되며, 동대장자유형은 4단계에 대응시켜 볼 수 있다. 다만 십이대영자유형과 오금당유형의 차별성이 시기 차이 또는 지역 차이 때문인지 논쟁 중에 있고, 정가와자유형은 주로 요동지역에서 확인되는 것이어서 따로 검토해야 할 필요성도 있다. 동대장자유형 역시 문화 범위에서 벗어나는 복합 유형으로 보는 시각들이 없는 것은 아니지만, 여기서는 이전 단계 문화 양상의 연속성을 고려하여 포함시켜 다루고자 한다(도면 28).

　십이대영자유형과 오금당유형은 보통 같은 단계 내의 지역 유형으로 이해된다. 그렇지만 십이대영자유형이 주류이며, 오금당유형은 이전 단계 문화 요소들을 일부 포함하고 있는 과도기적 문화 현상에 가깝다고 할 수 있다. 이는 십이대영자유형의 유적 수가 가장 많은 것에 비해 오금당유형은 유적 수가 극히 적은 것을 통해서도 짐작된다. 십이대영자유형은 대릉하 유역을 중심으로 분포하며, 경형 동기, 청동고삐고리 등의 하가점상층문화와 관련되는 일부 북방계통 유물들을 제외하면 거의 토착 계통 유물들로 구성되어 있는 점이 특징이다. 오금당유형은 소릉하 유역을 중심으로 분포하며, 청동투구 등의 위영자문화의 요소들이 일부 복합되어 있는 것이 특징이다.

십이대영자유형의 유적들은 조양(朝陽市區) 일대와 건평(建平) 일대 및 부신(阜新) 일대에서 집중 확인된다. 특히 조양 일대에는 거점 유적으로 추정되는 십이대영자 유적을 중심으로 그

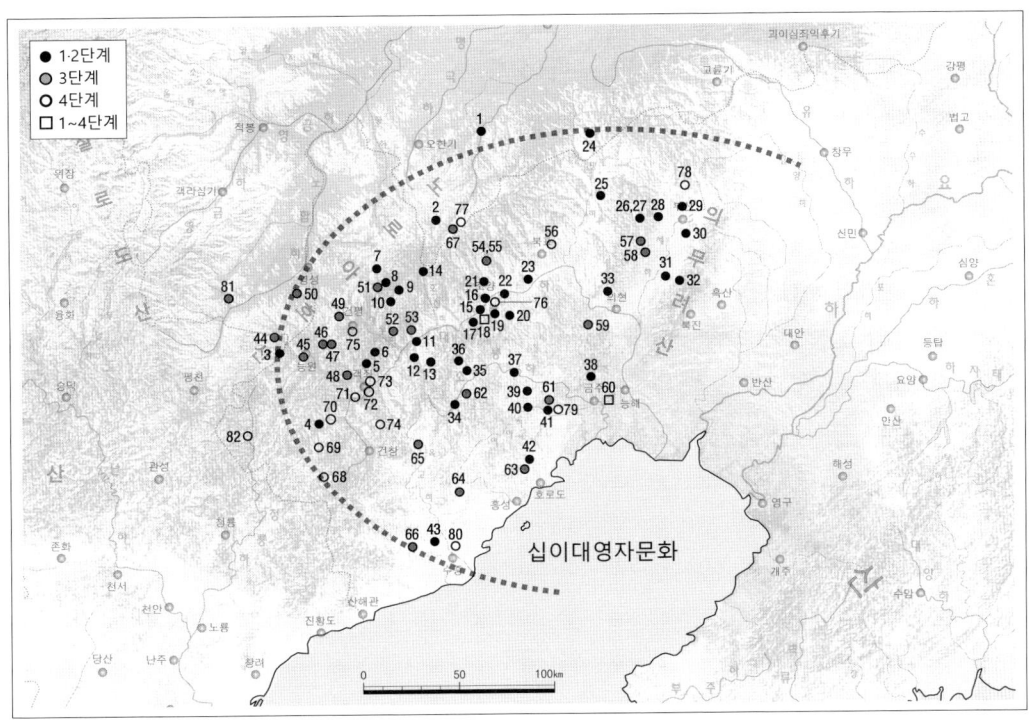

〈도면 28〉 요서지역 십이대영자문화의 범위와 주요 유적 분포

1. 오한기 산만자 2. 오한기 동정 3. 능원 왕팔개자 4. 객좌 산취자 5. 객좌 화상구 6. 객좌 북성둔 7. 건평 노와보 8. 건평 대랍한구 9. 건평 포수영자 10. 건평 난가영자 11. 조양 목두영자 12. 조양 황화구 13. 조양 북대자 14. 건평 객라심 15. 조양 소파적 16. 조양 맹극 17. 조양 십이대영자 18. 조양 원대자 19. 조양 요구구 20. 조양 목두구 21. 조양 칠도천자 22. 조양 장보 23. 북표 라마동 24. 내만기 원보산 25. 부신 호두구 26. 부신 수천 27. 부신 칠가자 28. 부신 왕부 29. 부신 합붕촌 30. 부신 고산자 31. 의현 초호영자 32. 의현 화이루 33. 의현 하협심 34. 조양 동령강 35. 조양 북광부영자 36. 조양 경대자 37. 조양 소하남 38. 흥해 서단촌 39. 호로도 손가만 40. 호로도 오금당 41. 호로도 소황지 42. 호로도 수구자 43. 수중 초가촌 44. 영성 손가구 45. 능원시구 46. 능원 삼관전자 47. 능원 하탕구 48. 객좌 남동구 49. 건평 개채구 50. 전 영성 51. 건평 방신촌 52. 조양 대파라적 53. 조양 동대도 54. 조양 낭낭묘 55. 조양 남자 56. 북표 하가구 57. 부신 자도대 58. 부신 모령구 59. 의현 장가와포 60. 금주 자형산 61. 호로도 전구구 62. 조양 문장자 63. 호로도 노변둔 64. 흥성 주가촌 65. 건창 후성자 66. 수중 반석촌 67. 오한기 수천 68. 건창 동대장자 69. 건창 우도구 70. 객좌 토성자 71. 객좌 양가영자 72. 객좌 남구문 73. 객좌 북산근 74. 객좌 과목수영자 75. 건평 76. 전 조양 77. 오한기 오란보랍격 78. 부신 합달호초 79. 호로도 산금구 80. 흥성 마권자 81. 영성 왕영자 82. 능원 삼도하자 (단, 1·50·81·82는 분명하지 않음)

동쪽과 북쪽 약 4km 지점마다 원대자(袁臺子) 유적, 요금구(姚金溝) 유적, 목두구(木頭溝) 유적, 소파적(小波赤) 유적 등이 연이어서 분포하고 있어 가장 높은 밀집도를 나타낸다. 건평 일대와 부신 일대의 경우에는 역시 10km 이하 범위 안에 4~5개 소의 유적들이 보이는데, 건평 일대에는 수장급의 후장묘(厚葬墓)가 확인되는 것에 비해 부신 일대에는 동검 1~2점이 부장되는 무덤만이 확인되어 유적의 위상에 차이가 있었다고 생각된다. 십이대영자유형은 일찍부터 수장묘급 무덤들이 확인되며 늦은 시기까지 유적들이 이어지고 있는 조양 일대를 중심으로 발전하였다고 추정되고 있다.

오금당유형은 금주(錦州) 서쪽에서 주로 확인된다. 호로도(葫蘆島) 오금당(烏金塘) 유적으로 대표되나, 위영자문화의 요소가 확인되는 객좌(喀左) 화상구(和尙溝) 유적(B~D지구) 역시 이와 관련되는 유적으로 추정된다. 거점 유적으로 판단되는 오금당 유적을 중심으로 그 북쪽과 동쪽 약 10km 지점에는 손가만(孫家灣) 유적과 소황지(小荒地) 유적이 각각 분포한다. 오금당유형은 십이대영자유형에 비해 유적 수나 밀집도가 떨어져서 시공간적으로 한정됐을 가능성이 높다.

남동구유형은 십이대영자문화에 옥황묘문화의 요소들이 복합되어 등장한다. 이때에는 하가점상층문화가 쇠퇴하고 옥황묘문화가 동진하는 과정에서 차마구나 동물 장식 등을 중심으로 스키타이문화 계통 요소들이 유입됨에 따라 문화 복합이 활발하게 진행되는 것이 특징이다. 청동유물을 중심으로 보면 요서의 거의 전역에서 확인되나, 토기류를 기준으로 보면 요서 서부지역에 집중되는 것이어서 토기 자료 증가에 따라 시공간성은 재검토가 필요하다.

남동구유형의 유적들은 대릉하 최상류의 능원(凌源)~객좌(喀左) 일대에서 주로 확인되나, 발해만의 흥성(興城)이나 금주(錦州) 일대에도 수장급의 무덤들이 확인되고 있다. 처음에는 조양(朝陽) 원대자(袁臺子) 유적(갑류묘)이나 흥성(興城) 주가촌(朱家村) 유적 등과 같이 광역으로 분포하며, 나중에는 객좌 남동구(南洞溝) 유적이나 능원(凌源) 하탕구(河湯溝)와 삼관전자(三官甸子) 유적, 영성(寧城) 손가구(孫家溝) 유적 등과 같이 대릉하 최상류의 약 20~40km 범위 안에 집중되는 것이 확인된다. 십이대영자유형에 비해 유적 밀집도가 떨어지나 여러 지역에서 수장묘급 무덤들이 확인되는 것이 주목된다.

동대장자유형은 전국시대 이후 십이대영자문화에 연국 계통 물질문화가 복합되어 등장한다. 이때에는 정구자문화와 연하도문화가 점차 확산되었는데, 이와 맞물려서 요서지역에는 동대장자유형이 부상한다. 연하도문화와 직접적인 교류 관계를 형성함에 따라 연국 계통 유물들이 다량 확인되는 것이 특징이다. 요서 서부지역을 중심으로 발전하였으나, 관련 무덤이나 유물들은 요동지역에도 분포한다. 비파형동검문화가 세형동검문화로 전환되는 단계의 과도기적 문화 양상으로 이해된다.

동대장자유형의 유적들은 대릉하 최상류의 건창-객좌 일대에서 주로 확인된다. 거점 유적으로 판단되는 건창(建昌) 동대장자(東大杖子) 유적을 중심으로 건창 우도구(于道溝) 유적, 객좌

(略左) 토성자(土城子)와 양가영자(梁家營子), 과목수영자(果木樹營子) 유적 등이 대릉하의 수계망을 따라 거의 20km 간격으로 연속 분포하며, 조양이나 홍성, 금주 등의 다른 지역에도 유적들이 확인된다. 동대장자유형은 건창 일대를 중심으로 점차 동쪽 방면으로 발전하였음을 알 수 있다. 이전 단계에 비해 유적 단위 무덤 수가 증가하는 점도 주목된다.

3) 무덤

(1) 묘제와 구조

십이대영자문화의 무덤에는 토광묘계 무덤들이 많다. 단순 토광묘(土壙墓)나 목관묘(木棺墓)가 주로 확인되나, 하위 계층 무덤으로 석관묘(石棺墓)도 일부 확인되며, 상위 계층 무덤에는 목곽묘(木槨墓)나 석곽묘(石槨墓)가 주로 확인된다. 이외에도 적석 시설이 부가되어 있는 것도 적지 않다. 이전 단계 묘제 전통이나 주변 지역과의 교류 맥락에 따라 무덤 구조와 장법에서 다양성이 일부 확인되나, 비파형동검과 무문토기 등의 토착성이 강한 유물들이 부장되고 있어 기본적으로는 토착 집단이 조영하였다고 할 수 있다(도면 29).

석곽묘는 목질 장구가 이미 부식되어 없어지고 그 주변 석축만이 남아 있는 예가 많다. 십이대영자유형과 남동구유형의 무덤에서 특히 현저하다. 조양 십이대영자, 객좌 남동구, 능원 삼관전자 등의 유적들이 확인되어 있다. 다만 일부 무덤들은 건창 동대장자 유적 무덤처럼 목관 위나 그 주변부를 돌로 쌓은 적석목관묘(積石木棺墓)나 위석목관묘(圍石木棺墓)와 잘 구분되지 않는 것도 있다. 이웃하는 하가점상층문화의 무덤에서 이와 같은 구조의 무덤들이 확인되고 있어 십이대영자문화의 형성 과정에서 이미 토착화되거나 보편화된 묘제라고 할 수 있다. 무덤 규모가 다소 크고 부장 유물이 풍부하여 대개 상위 계층 무덤으로 볼 수 있다.

목곽묘는 여러 맥락에서 조영 배경이 설명되고 있다. 먼저 객좌 화상구나 호로도 오금당 유적 일부 무덤처럼 위영자문화의 전통으로 볼 수 있는 것이 있다. 대개 목관 없이 목곽만이 있는 구조여서 아예 목관묘로 인식하는 견해들도 있다. 출토 유물이 빈약하여 상위 계층 무덤으로 보기 힘든 것도 있다. 다음으로 심양(瀋陽) 정가와자(鄭家窪子) 유적 6512호묘처럼 목질 장구가 대형화된 것이 있다. 정가와자 6512호묘는 요서지역의 목곽묘가 요동지역으로 전이되어 더욱 대형화된 양식으로 판단된다. 또한 건창 동대장자 유적이나 객좌 미안구(眉眼溝) 유적 일부 무덤처럼 연국 목곽묘의 영향으로 볼 수 있는 것도 있다. 다만 부장칸(頭箱)이 확인되는 동대장자 11호묘나 45호묘의 경우처럼 묘광 입구 또는 목곽 상부 위에 돌무지가 있는 것은 연국 묘제와는 직접적인 관련성이 없는 구조이다. 이와 같은 단순 목곽묘나 적석목곽묘는 무덤 규모가 크고 부장 유물이 풍부하여 최상위층 무덤으로 평가되고 있다.

한편 목관묘는 목질 장구보다 충전토의 잔존 양상으로 파악되는 예가 많다. 십이대영자유형부터 동대장자유형까지 널리 확인되는 것이지만, 동대장자유형의 무덤에는 적석이나 위석 시

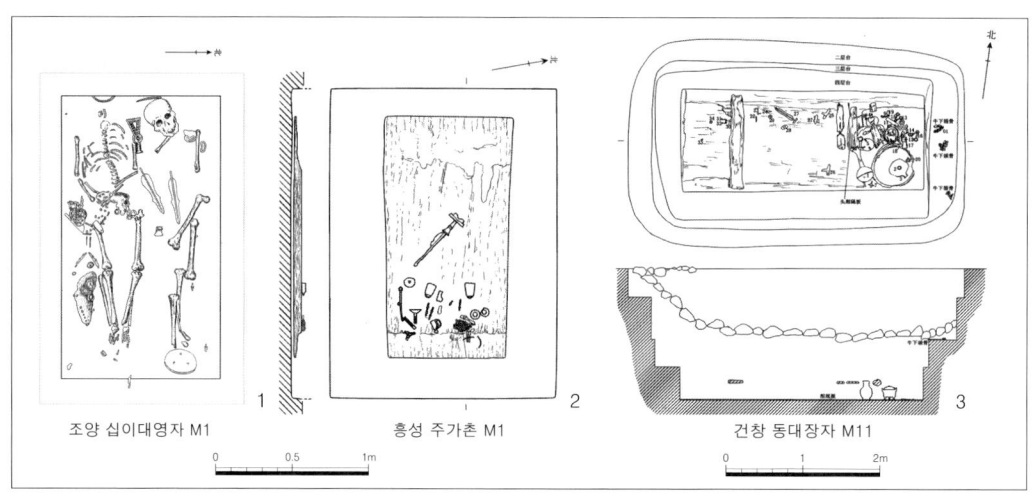

〈도면 29〉 십이대영자문화의 수장급 묘 구조(1: 석곽묘, 2: 목관묘, 3: 적석식 목곽묘)

설이 부가되어 있는 예가 많다. 조양 원대자 1호묘(1979년)와 같은 중소형의 목관묘가 많은 편이지만, 흥성 주가촌 1호묘와 같은 수장급에 해당되는 중대형의 목관묘도 일부 확인되고 있다. 유물 출토 맥락으로 보아 목관 없는 목곽 구조였을 가능성도 있다. 건창 동대장자 32호묘와 같은 적석목관묘는 청동유물이 다수 출토되는 예가 많아 중위 이상 계층에서 주로 사용했던 묘제라고 생각된다.

십이대영자문화의 묘지 입지와 규모는 시공간적으로 명확하게 구분되는 것은 아니지만, 묘지 내의 무덤 수량이나 무덤 간의 크기 차이 등은 점차 증가하는 것이 확인된다. 십이대영자유형은 묘지 내의 무덤 수가 최대 10여 기에 불과하나, 동대장자유형은 묘지 내의 무덤 수가 최대 100여 기에 이른 것도 있다. 또한 십이대영자유형의 무덤들은 대개 길이 250cm 내외, 너비 100cm 내외여서 무덤 간의 크기 차이가 뚜렷하지 않는 것에 비해 동대장자유형의 무덤들은 길이 400cm 이상, 너비 200cm 이상의 것을 포함하여 최소 3개 그룹 이상으로 구분되는 차별성이 확인된다.

한편 수장급의 무덤에만 한정하면 입지와 규모의 차별성이 확인되는 것도 있다. 이를테면 심양 정가와자 묘지에서 대형묘(M6512·M652)는 다른 소형 무덤들과 수십 미터 정도 이격되어 조영되어 있고, 그 무덤 규모 역시 다른 무덤들에 비해 2배 이상 크다. 또한 건창 동대장자 묘지에서 후장묘나 대형묘는 묘지 위쪽에만 밀집 분포하고 있고, 무덤 규모에 있어서도 최상위급(M11·M45)은 다른 무덤들에 비해 월등하게 커서 여러 등급 차이가 상정된다. 이외에도 능원 삼관전자 묘지에는 대형 석곽묘(2기)를 중심으로 소형 토광묘(10기)가 딸려 있어 역시 차별성이 확인된다. 현재 자료로만 보면, 수장묘가 일반묘에 비해 입지와 규모의 차이가 현저하게 나타나는 것은 십이대영자-오금당유형이 아닌 정가와자-동대장자유형의 거점 유적으로 한정된다.

(2) 장법과 등급

　십이대영자문화의 무덤에는 몇몇 특징적인 장법들이 확인된다. 주검 처리는 앙신직지장(仰身直肢藏)에 단인장(單人葬)이 일반적이지만, 추가장일 가능성이 있는 것도 일부 확인된다. 묘향(墓向)과 두향(頭向)은 다양하다. 다만 묘향이 주로 동서 방향으로 확인되며, 두향은 십이대영자유형과 정가와자유형의 경우 주로 서향, 남동구유형과 동대장자유형의 경우 주로 동향으로 확인되는 것이 많다. 특히 동대장자유형의 두향에서 통일성이 매우 높게 나타나는 것은 집단 정체성의 유지·강화라는 측면과도 연결시켜 볼 수 있다.

　십이대영자문화의 무덤에는 동물 순생이 일부 확인된다. 십이대영자유형과 정가와자유형의 수장묘에서는 발치 쪽(동쪽)의 관곽 외측으로 소를 순생하여 매납하였음이 확인되었으며, 남동구유형의 수장묘에서도 동물 순생이 추정된다. 동대장자유형의 상위 계층 무덤에는 머리 쪽(동쪽)의 관곽 외부 충전토에 소나 말을 순생하여 놓은 것이 확인된다. 가축이나 야생동물을 희생시켜 묻는 것은 중국 북방지대에서 널리 확인되는 풍습인데, 십이대영자문화의 경우 야생동물 없이 일부 가축만이 상위 등급 무덤에서 확인되는 것이 특징이다.

　한편 십이대영자문화의 묘지 분석을 통해 무덤 간의 계층 관계가 추정되고 있다. 다만 무덤 구조와 장법보다 청동유물의 구성과 수량 등이 중시되는 경향인데, 청동유물만을 고려할 때 십이대영자문화의 무덤들은 보통 3~4개 등급 이상으로 구분되지 않아 하가점상층문화의 무덤들이 최대 5~6개 등급으로 구분되는 것과 비교된다. 이에 계층 구조를 면밀하게 파악하기 위해서는 무덤 크기, 동물 순생이나 순장 여부, 부장칸의 유무, 위신재적 물품 조합 여부 등을 충분하게 고려해야 한다. 이럴 경우 동대장자유형은 다른 유형들과 달리 최대 5~6개 등급으로 구분되고 있어 계층화가 이전보다 한층 더 진전되었음을 짐작하여 볼 수 있다.

　이를테면, 건창 동대장자 유적 무덤들은 묘광 규모와 청동유물을 중심으로 부장 유물의 조합 관계를 고려하면 최소 4개 등급으로 구분된다. 즉, 중대형묘 또는 중형묘로 무기, 예기, 차마구, 공구, 장식 등의 조합을 모두 갖추면서 다량 부장되어 있는 것이 상위 등급이며, 중형묘나 이에 버금가는 소형묘로 무기, 차마구, 공구 등을 갖추면서 예기가 가감되어 있는 것을 중상위급 무덤으로 볼 수 있다. 또한 소형묘나 이에 근접하는 중형묘로 무기 외에 다른 기종 한두 점이 복합되어 있는 것은 중하위급이며, 소형묘로 소형 장식 1~2점 또는 부장 유물이 아예 없는 것은 하위 등급 무덤으로 볼 수 있다(도면 30).

　상위 등급 무덤들은 모두 적석이나 위석 시설이 있는 수장급의 중대형 묘거나 중형묘에 해당되며, 소나 말의 동물 순생, 요령식동과와 같은 신종 청동 무기, 여러 점의 중원 계통 청동 예기 등이 함께 부장되어 있는 점이 공통되는 특징이다. 앞서 언급했던 부장칸(두상)과 금장검병동검의 유무 등을 적용하면, 최상위급과 차상위급이 변별된다. 이 가운데 최상위급 무덤에는 목곽 동단부에 부장칸이 시설되어 있고, 금장검병동검이 확인된다. 동대장자 11호묘나 45호묘가

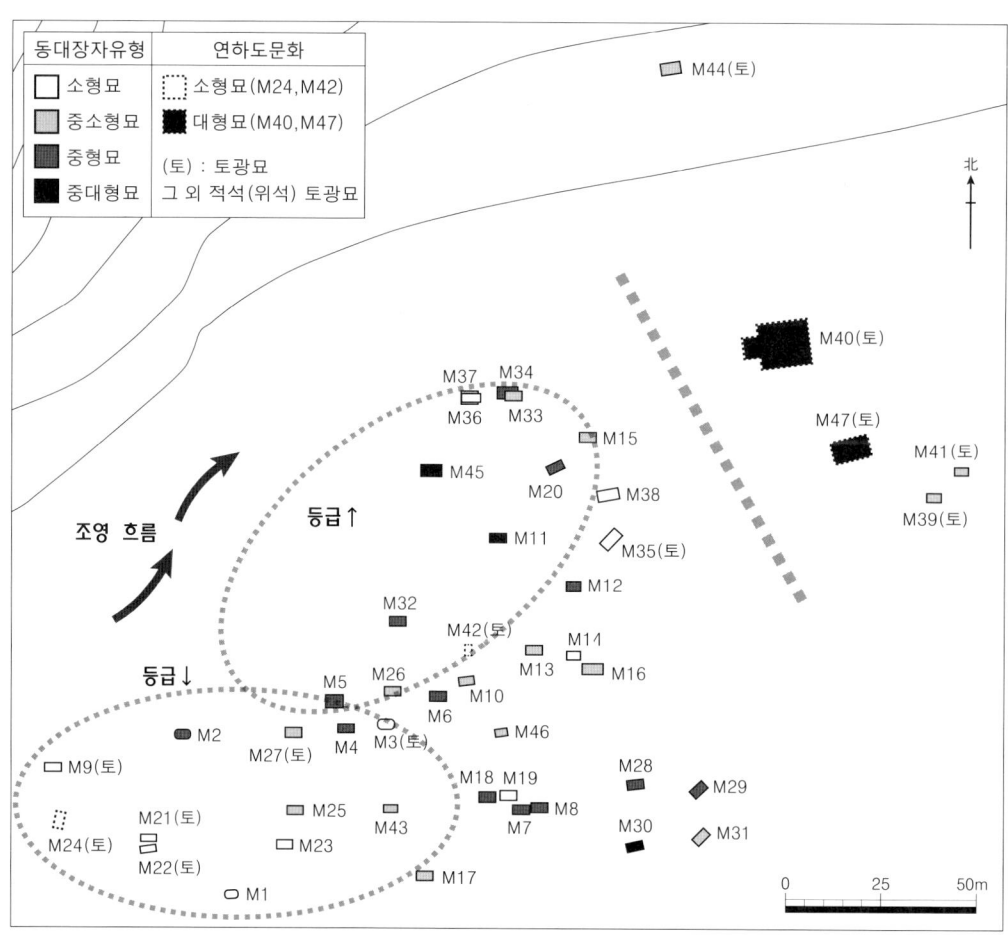

〈도면 30〉 동대장자유형의 묘지와 분묘 배치(건창 동대장자)

대표적인 사례이다. 특히 동대장자 45호묘의 경우에는 순장 인골까지 확인되고 있어 피장자는 권력 기반이 최대 정점에 이른 인물이라 할 수 있다. 차상위급 무덤에는 동물 순생, 요령식동과와 청동 예기, 동월 등이 확인되나 최상위급 무덤들에 못 미친다. 동대장자 32호묘·5호묘·20호묘가 대표적인 사례이다.

동대장자 묘지 내의 상위 등급 무덤에서 최상위층 무덤들이 변별되는 것은 그만큼 지배자의 권력 기반이 강화되었음을 의미한다. 연국 계통의 위신재적 유물들이 다량 부장되어 있는 부장칸과 의장화된 청동단검은 그 단적 표현이다. 또한 무덤 안의 적석이나 위석 구조, 소를 순생하는 풍습 등은 십이대영자문화 수장묘의 전통으로 볼 수 있다. 이외에도 신종 청동 무기를 비롯하여 무기류가 다수 부장되어 있는 것은 무기 체계의 변화 및 지배층의 군사적인 권위를 잘 드러내는 것으로 이해된다.

전체적으로는 단순 토광묘에 비해 적석 구조의 목관묘나 목곽묘가 크다든지 부장 유물이 풍부하여 높은 등급 무덤으로 볼 수 있다. 또한 묘지 남서부에서는 주로 낮은 등급의 무덤들이 위치하며, 묘지 중북부에서는 수장묘를 포함하는 높은 등급 무덤들이 위치하는 분포 정형성도 확인된다. 한편 묘지 북동부에서는 동대장자유형 무덤들과 중첩되지 않게 다소 떨어져서 전국 후기 단계 연국 계통 대형묘가 조영되어 있는 점이 주목된다(그림 30). 이는 연국 계통 대형묘의 조영 당시 동대장자유형 무덤들의 위치 관계를 고려하였음을 보여주는 한편 유적 남서에서 북동 방면으로 묘지가 확장되었음을 보여준다.

4) 주요 유물

(1) 토기

십이대영자문화의 토기류는 대개 수제(手製) 무문토기이다. 유형별로 토기문화에서 차별성이 확인되나, 취사 용기에는 이전 단계의 위영자문화는 물론 인접하는 하가점상층문화와 달리 삼족토기 대신 이중구연이나 점토대가 있는 소형 발(鉢)과 관(罐)이 확인되는 점이 특징이다. 또한 저장 운반 용기에는 호(壺)나 관이 주로 사용되었는데, 특히 흑도 계열 장경호(長頸壺)나 홍도 계열 단경호(短頸壺) 등이 주로 확인된다. 이른 시기에는 호, 발, 관 등과 같이 단순하게 구성되었으나, 늦은 시기에는 호와 관이 분화되고 두(豆)와 주전자형 토기(盉) 등이 추가되며 다양성이 증가한다(도면 31).

십이대영자유형의 토기류는 대릉하 유역을 중심으로 확인되며, 소릉하 유역의 일부 지역까지 분포하고 있어 오금당유형도 이와 유사하였다고 생각된다. 북표 라마동 355호묘와 같이 흑색마연 장경호와 발이 조합된다든지, 조양 원대자 1호묘(79M1)과 같이 이중구연 발(鉢)과 분(盆)이 조합되는 예가 확인된다. 이외에도 호로도 소황지고성(小荒地古城)의 문화층(H10)에서는 이중구연 발과 분이 확인되어 있다.

남동구유형의 토기류는 대릉하 중상류 일대에서 주로 확인된다. 홍색마연 단경호나 홍갈색의 관이 주로 보이는데, 객좌 남동구 유적(M1), 능원 삼관전자 유적(M1·M2), 능원 하탕구 유적(M7401) 등의 출토품이 대표적인 사례이다. 이와 같은 단경호나 관은 옥황묘문화의 토기에서 일부 확인되고 있어 관련 요소가 수용됐을 가능성이 있다. 이중구연이나 점토대가 있는 토기류는 출토되지 않아 십이대영자유형과 다소 다른 제작 전통을 지녔다고 할 수 있다.

남동구유형이 유행하던 때에 대릉하 중하류 일대에는 십이대영자유형의 토기 전통이 지속된다. 이중구연 점토대발과 회흑색의 장경호가 보이는데, 장경호의 경우 옥황묘문화와 관련되는 만륜기법의 회전조정흔이 확인되는 것도 있다. 조양 원대자 갑류묘(M122·M129) 출토품이 대표적인 사례이다. 이외에도 흑색마연 소구호(小口壺)가 보이는데, 오한기 동정(東井) 유적 출

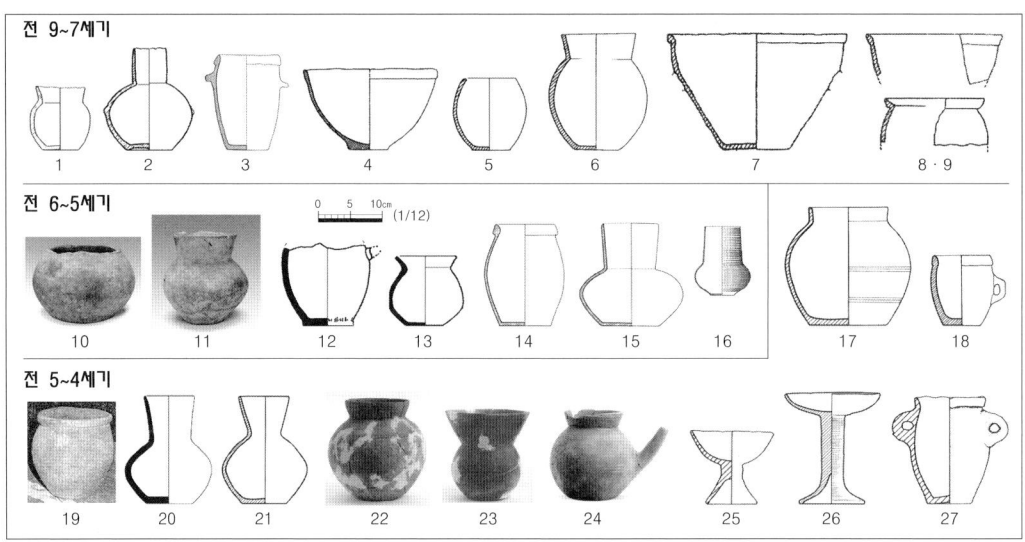

〈도면 31〉 십이대영자문화의 주요 토기

1·2. 북표 라마동 M355   3·4. 조양 원대자 79M1   5·6. 내만기 원보산   7~9. 호로도 소황지고성 2기문화층(H10)
10. 객좌 남동구   11. 능원 삼관전사 M1 또는 M2   12·13. 능원 하탕구 M7401   14. 조양 원대사 M129   15·16. 조양 원대자 M122   17·18. 조양 원대자 M2   19. 객좌 북산근   20. 객좌 토성자   21·22. 건창 동대장자 M25·M10   23·24. 건창 동대장자 M4   25·26. 건창 동대장자 M6·M20   27. 건창 동대장자 M15(단, 27은 정구자문화의 토기)

토품이 알려진다. 이와 같은 토기 제작 기법은 정가와자유형 토기에도 확인된다.

동대장자유형의 토기류는 대릉하 중상류를 중심으로 요서 거의 전역에서 널리 분포한다. 회색 정질토기류가 증가하며, 지역별로 다른 계통 토기류와 복합되는 예도 많다. 이중구연점토대발, 주전자형 토기, 장경호와 단경호(관), 광구소호(廣口小壺), 두형토기(豆形土器) 등이 주로 보이는데, 건창 동대장자 유적, 조양 원대자 유적(병류묘·정류묘), 오한기 수천(水泉) 유적(남구) 등의 출토품이 대표적인 사례이다. 이중구연 점토대발과 장경호와 같이 전국시대 이전 토기에서 비롯되는 기종군이 있고, 다조횡침선이 있는 단경호나 광구소호, 두형토기 등과 같이 전국시대 이후 등장하는 기종군도 있다. 두형토기는 연국 계통의 것과 제작 기법은 다르지만, 그 부장 관습은 연국 매장 의례와도 관련된다. 정가와자유형에도 확인되는 주요 기종이다. 이 외에도 이중구연이나 점토대가 있는 단파배(單把杯)와 쌍이관(雙耳罐)이 일부 보이는데, 십이대영자문화와 정구자문화의 접촉 현상으로 이해된다.

(2) 청동유물

십이대영자문화의 청동유물은 비파형동검문화권에서 가장 다양하다. 무기류, 의기류, 공구류, 차마구류 등이 확인되며, 동검·동경·동부 등의 일부 기종에서 십이대영자문화의 토착적인 정체성이 잘 드러난다. 토착 유물 외에 이른 시기에는 북방계통 유물들이, 늦은 시기에는 중원

계통 유물들이 복합되는 것이 특징이다. 제작 기술은 주로 용범으로 추정된다. 보통 석범(石范)으로 제작되었는데, 문양 정밀도가 높은 것은 토범(土范)이나 밀랍으로 제작했을 가능성도 있다.

① 무기류

무기류는 동검(銅劍), 동모(銅鉾), 동과(銅戈), 동촉(銅鏃) 등이 보이는데, 동과와 동촉이 기본적인 무기 조합이다. 춘추시대부터 북방계통의 동검이나 중원계통의 동모·동과가 일부 보이지만, 극히 예외적인 사례이다. 전국시대부터 연국과의 직접적인 교류 결과 중원계통의 청동무기가 전이되어 동검·동모·동과의 청동 무기 체계가 갖추어지면서 비파형동검문화는 세형동검문화로 점차 전이된다. 무기류가 다량 또는 조합 부장되는 상위 계층 무덤들을 통해 피장자의 정치적·군사적 권위를 추정하여 볼 수 있다.

동검은 대개 검신 길이 30cm 내외의 단검으로 단병기에 해당된다. '검신-검병-검파두식'이 조합되는 별주식(劍柄別鑄)의 조립 구조를 나타낸다. 단경(短莖)-주척(柱脊)-곡인(曲刃) 등이 주된 형식학적 특징이며, 검신 상부를 활용하여 찌르거나 찍는 것이 주된 기능이다. 비파형동검과 요령식동검이 일반적인 명칭이며, 단경식동검(短莖式銅劍)은 공병식동검(銎柄式銅劍)에 대비시킨 명칭이다. 건평 대랍한구 유적(M851) 출토품과 같이 주검 뼈에 박힌 채로 출토되는 것도 확인되고 있어 실전용일 가능성이 높다.

비파형동검의 변천 관계는 그 기원지를 어느 지역으로 보느냐에 따라 달라진다. 다만 내몽고 동남부의 것은 요서지역의 것과 달리 검파두식이 필요없는 구조라는 측면에서 비파형동검은 애초부터 별주식일 가능성이 높다. 최근에는 조양 칠도천자 유적 출토품과 같이 검신 길이 30cm 이하이고, 돌기부가 검신 상부 쪽에 약간 치우치며, 검신 하부 폭이 다소 넓은 것이 가장 고식으로 추정되고 있다. 또한 비파형동검의 변천 과정은 봉부가 길어지고, 기부가 직절하며, 등대 융기부와 검엽 돌기부가 순차적으로 퇴화되어 결국 곡인형의 검신에서 직인형의 검신으로 변화하는 과정으로 요약된다(도면 32).

검병은 주로 목제인데, 청동제도 적지 않게 확인되며, 특정 부위만을 금속으로 만든 것도 확인된다. 금장검병은 상위 등급 무덤에만 부장된다. 찌르거나 찍는 기능으로 최적화된 평면 'T'자형의 구조이다. 파부에는 번개 무늬 또는 삼각 무늬가 주출되어 있는 것이 많다. 반부가 검신 반대 방향으로 굽은 것이 고식이고, 검신 방향으로 굽은 것이 신식이다. 검파두식은 주로 석제인데, 반부 중앙부에 장착되는 가중기(加重器)로 이해된다. 버섯머리모양(菇形), 베개모양(枕形), 꼭지모양(獸乳形), 산자모양(山形) 등이 확인되어 있다. 이외에도 청동칼집(靑銅劍鞘)이 간혹 보이는데, 무문식과 유문식이 확인되며, 유문식은 상위 등급 무덤에만 부장되는 것이 특징이다.

동모와 동과는 길이 1~2m 정도의 자루에 연결시켜 사용하는 장병기에 해당된다. 기본적으로는 토착 동검 제작 기술을 바탕으로 주변 문화 청동 무기의 모티프를 수용하여 만들었다. 동모는 시기별로 제작 배경과 형태를 달리한다. 춘추시대의 것은 이웃하는 하가점상층문화(남산근유형)의 유엽형동모(柳葉形銅鉾)를 일부 차용하여 만든 비파형동모(琵琶形銅鉾)에 해당한다. 요서지역에는 건평 포수영자 유적(M881) 출토품이 유일하다. 전국시대의 것은 중원계통의 세신형동모(細身形銅鉾)에 해당된다. 요서지역과 요동지역에서 일부 보이는데, 건창 동대장자 유적(M16)과 보란점(普蘭店) 마반(磨盤) 유적 출토품이 확인되어 있다. 공부 주변의 고정 구멍 위치를 제외하면 초기 세형동모(또는 요령식 세형동모)와도 거의 같아 그 조형으로 추정된다.

동과는 전국시대 이후 중원식동과(中原式銅戈)를 일부 차용하여 만들었다. 한국식동과에 대비시켜 요령식동과로 지칭된다. 요동지역에도 보이지만, 요서지역을 중심으로 확인되며, 주로 상위 등급 무덤에서 출토된다. 쌍호식(雙胡式)과 호자식(胡刺式)의 두 상위 형식 중에 어느 것이 선행 형식인지 문제인데, 우도구형(쌍호식)은 직원과(直援戈)를, 양가영자형(호자식)은 곡원과(曲援戈)를 각각 모티프로 하여 제작되었다고 생각된다. 특히 건창 동대장자 32호묘와 10호묘에서는 각각 직원과와 곡원과가 각각 출토되어 우도구형이 양가영자형에 비해 일찍 등

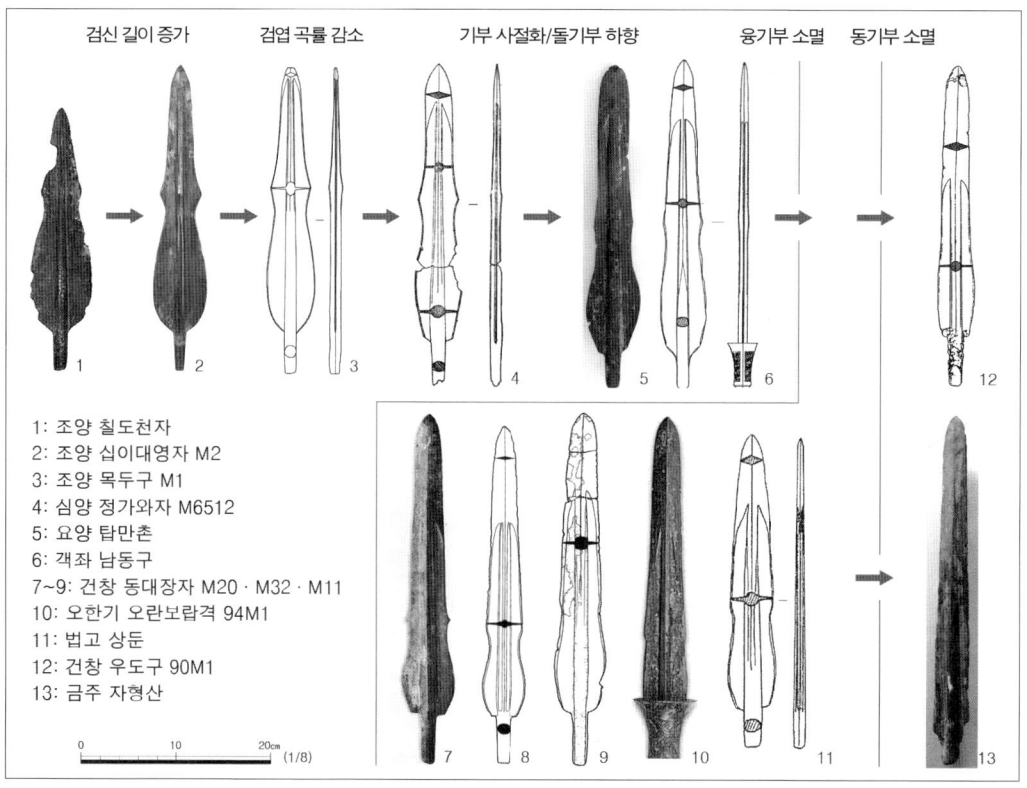

〈도면 32〉 십이대영자문화의 동검

장했을 가능성이 높다. 요령식동과는 자루거치대(闌舌)와 양쪽 날개(胡 또는 翼)가 퇴화되고 장폭비가 커져 더욱 세신화된 모습으로 변천된다(도면 33).

동촉은 초보적인 청동 제련 기술만으로도 제작할 수 있어 가장 일찍 등장하는 청동무기이다. 이른 시기에는 유경식(有莖式)이, 늦은 시기에는 유공식(有銎式)과 장경식(長頸式)이 주로 사

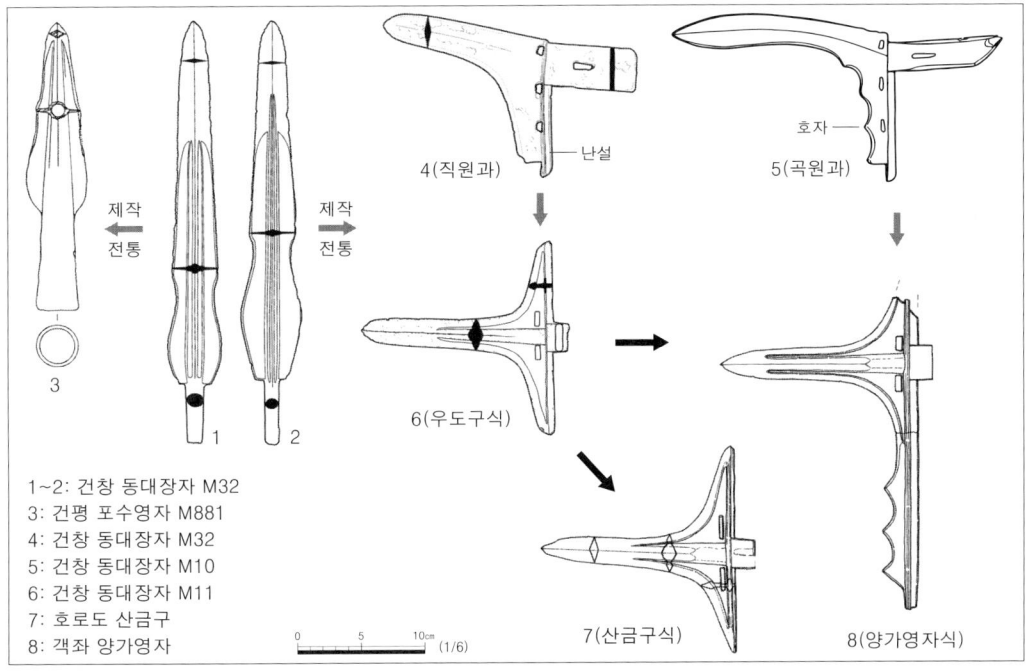

〈도면 33〉 십이대영자문화의 동모와 동과

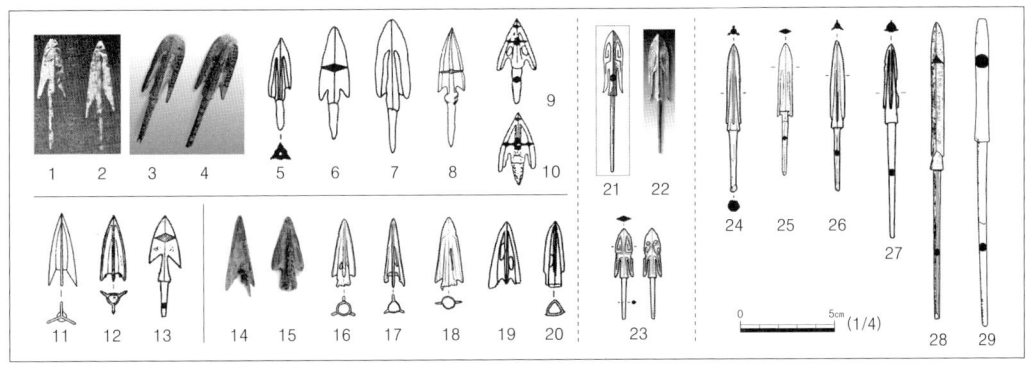

〈도면 34〉 십이대영자문화의 동촉
1~4. 조양 십이대영자 M1·M2 5~7. 조양 소파적 8. 조양 원대자 79M1 9·10. 건평 포수영자 M881 11. 조양 원대자 M129 12~13. 심양 정가와자 M6512 14~15. 능원 삼관전자 M1~M2 16·23·24. 건창 동대장자 M32 17·18·25·26. 건창 동대장자 M16 19·20·27. 건창 우도구 90M1 21. 당산 가각장 M16 22. 건창 동대장자 회수품 28·29. 건창 동대장자 M11

용되며, 교류 관계에 따라 중원계나 북방계로 특정되는 형식들도 확인된다. 서주 후기 이후 비파형동검과 공반되는 유경식 양익촉이 확인된다. 모두 이단경식 양익촉에 해당되며, 단면 검능형(劍菱形)과 편능형(扁菱形)이 있다. 하가점상층문화의 일단경식 양익촉과 삼익촉을 변형시킨 듯한 것도 확인된다. 춘추 후기 이후에는 단면 편능형의 이단경식 양익촉도 보이지만 북방계의 유공식 삼익촉이 주로 확인된다. 전국 전기~중기에는 유공식의 삼익촉과 양익촉이 주로 사용되며, 연국 계통의 장식촉과 살상력이 높은 장경촉도 확인된다(도면 34).

② 의기류

의기류는 다뉴동경(多鈕銅鏡)과 경형동기(鏡形銅器), 원개형동기(圓蓋形銅器) 등이 확인된다. 다뉴동경은 모두 뇌문경(雷文鏡)에 해당되는 평면 거울이다. 경형동기는 단뉴무문동경(單鈕無文銅鏡)과도 잘 구별되지 않아 이에 포함시키기도 한다. 꼭지 면을 기준으로 할 때 단뉴무문동경은 평면이고, 경형동기가 오목하게 만든 것이라면, 원개형동기는 볼록하게 만든 것이어서 서로 구분된다. 주로 십이대영자유형과 정가와자유형의 상위 등급 무덤에서 출토되며, 피장자의 종교적·이념적 권위를 잘 드러내는 기종으로 이해된다.

다뉴뇌문동경은 모두 10여 점이 확인되었는데, 출토 맥락을 알 수 없는 것도 있다. 조양 십이대영자 유적(M3) 출토품을 제외하면 모두 지름 9~20cm 범위 내에 포함된다. 번개 무늬가 다채롭고, 꼭지 위에 횡사 방향 문양선이 확인되며, 주연부가 편평하고 문양선이 다양하게 표현되어 있는 것이 고식이다. 이에 비해 번개 무늬가 간략화되면서 줄어들고, 꼭지 문양선이 사라지며, 주연부가 단이 지고 문양선이 단사선화되는 것이 신식이다. 그러므로 다뉴뇌문동경의 변천 과정은 점차 크기가 작아지고 문양 단위가 축소되는 퇴화 과정이라 할 수 있다. 고식에는 십이대영자식과 소흑석구식이 확인되었는데, 문양 단위가 다채로운 십이대영자식이 가장 이른 초기 형식으로 추정된다. 신식에는 정가와자식과 신성동식이 확인되었는데, 문양 단위가 단순화된 신성동식이 가장 늦은 퇴화 형식으로 이해된다(도면 35).

다뉴뇌문동경은 기원전 8세기경 요서지역에서 등장하여 주변 지역으로 전이되었는데, 문양 단위가 반전되어 있다거나 문양선의 구성이나 정밀도가 다른 점을 고려하면, 정보 교류하에 현지에서 직접 제작되었다고 할 수 있다. 요서지역에는 기원전 8세기~기원전 6세기경, 요동지역에는 기원전 7세기~기원전 5세기경에만 각각 제작된다. 대개 주검 머리 맡에 단수 부장되고 있어 피장자의 제사장적 권위를 가장 잘 드러내는 유물이라 생각된다. 다뉴뇌문동경의 의례 과정은 집단 내의 통합이나 집단 간의 유대 의식을 유도하기 위한 공동체의 집단 의례적인 모습으로 추정되고 있다.

경형동기와 원개형동기는 하가점상층문화나 백부유형(白浮類型)에서 확인되는 것과 관련하여 상 말~주 초 무렵 단뉴무문동경에서 파생되어 나온 기종으로 추정된다. 십이대영자문화의 것은 이와 관련되는 것이지만, 독자적인 것도 확인된다. 즉, 후면 꼭지가 2개 또는 4개이며 전면 가장자리에는 기하학문이 주출되어 있는 것은 십이대영자문화의 독자적인 경형동기 양식이다. 의례용의 의복이나 망사 구조물에 착장하여 사용했던 것일 가능성이 높다(도면 36).

경형동기는 카라숙계 청동유물 반출 유적이나 하가점상층문화의 초기 유적에서 확인되는 것이 처음이다. 다만 이는 단뉴무문동경으로 볼 수도 있다. 남산근유형의 것은 지름 5~11cm이

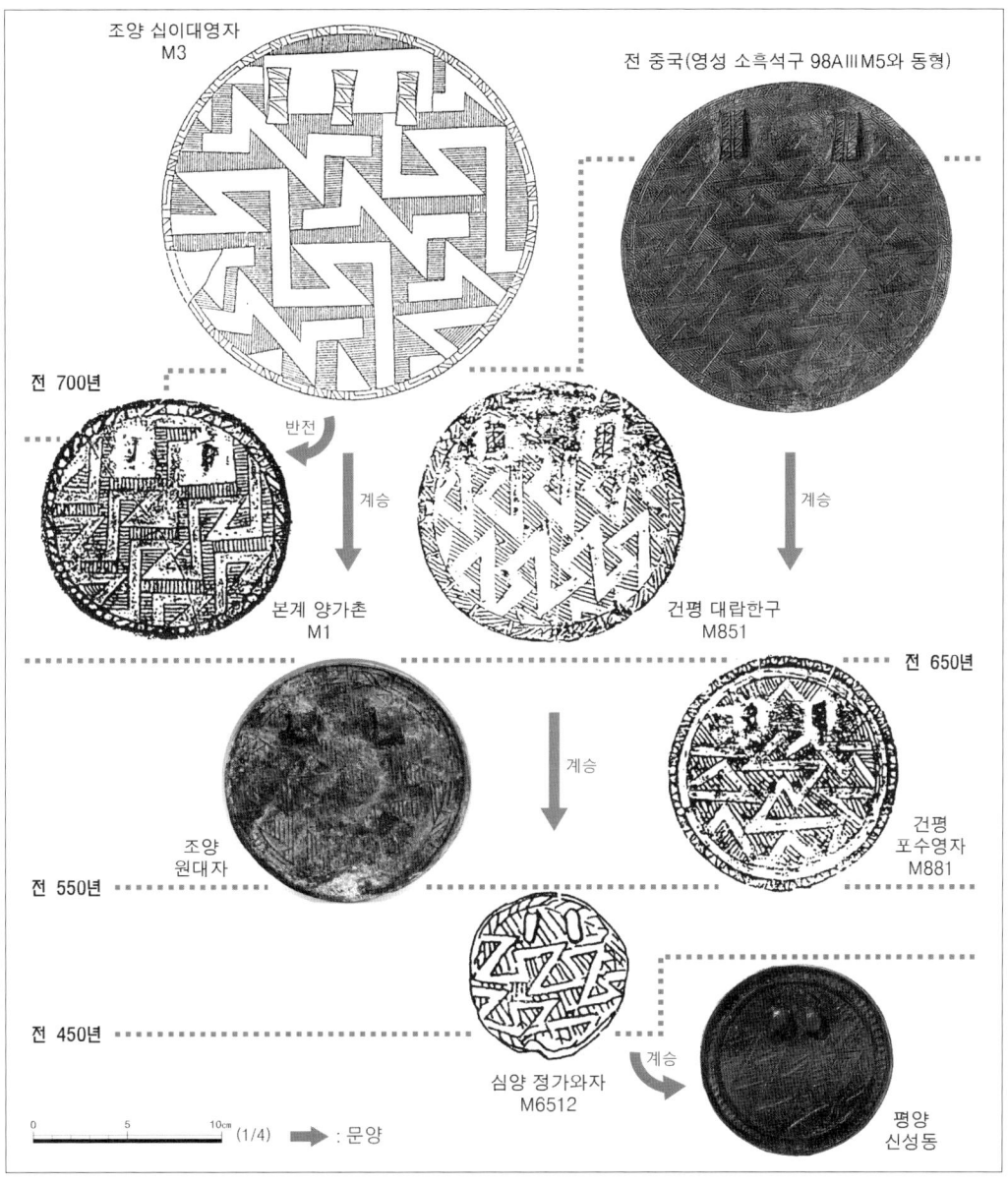

〈도면 35〉 십이대영자문화의 다뉴뇌문동경

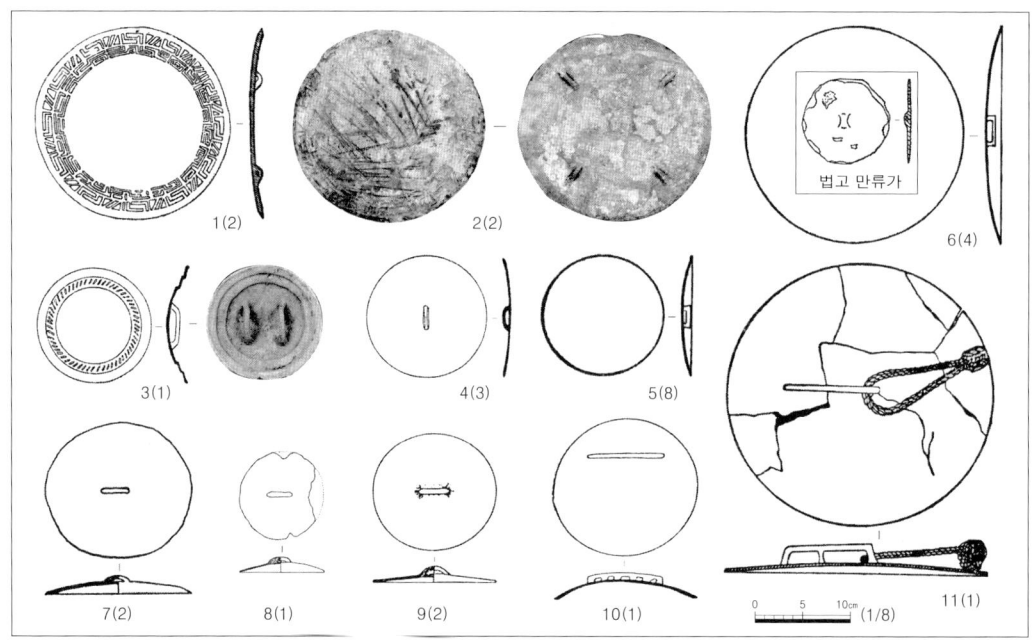

〈도면 36〉 십이대영자문화의 경형동기와 원개형동기
1. 조양 십이대영자 M1 2. 조양 십이대영자 M2 3~4·10. 심양 정가와자 1지점 5~6·11. 심양 정가와자 M6512
7. 건평 대랍한구 M751 8. 건평 대랍한구 M851 9. 건평 포수영자 M881(괄호 안은 수량)

고, 정가와자유형의 것은 지름 12~28cm여서 훨씬 크다. 대개 주검 위나 아래에서 출토되고 있어 종교적·주술적 관념하에 피장자를 위해 밀착시켜 부장하였음을 알 수 있다. 특히 조양 십이대영자 1호묘와 심양 정가와자 6512호묘는 머리맡과 발치 쪽에 경형동기를 부장하는 방식조차 같아 두 수장층은 매장 의례에 대한 정보를 서로 공유하고 있었다고 생각된다. 마구류와 함께 출토되는 것도 있어 위신재적 물품으로 말을 장식하는 용도로도 전용되었음을 알 수 있다.

원개형동기는 북경 일대의 백부유형 유적에서 확인되는 것이 처음이며, 하가점상층문화의 유적에도 일찍부터 확인된다. 남산근유형과 십이대영자유형의 것은 지름 6~15cm이고, 둘 다 꼭지가 중앙부에 배치되는 백부유형의 것과 같은 형식이다. 정가와자유형에는 지름 14cm의 것과 지름 31cm의 것이 보이는데, 각각 횡방향과 종방향의 긴 고리쇠가 달려 있는 독자적인 형식이다. 정가와자유형의 것은 나팔형동기와 같은 다른 마구류와 함께 출토되고 있어 역시 위신재적 물품으로 말을 장식하는 용도로도 사용되었다고 생각된다. 한반도에서는 음향 효과를 내기 위한 의기류로 알려진다.

③ 공구류
공구류는 동부(銅斧), 동착(銅鑿), 동도(銅刀), 동추(銅錐) 등이 확인된다. 특히 동부류와 동

도류는 십이대영자문화를 대표하는 공구이다. 춘추시대에는 북방 계통의 것이 토착화된 선형동부와 공수동도(孔首銅刀)·치병동도(齒柄銅刀)가 주로 사용되고, 전국시대에는 중원 계통 또는 옥황묘문화를 거치면서 재지화된 세장형동부(細長形銅斧)와 환수동도(環首銅刀)가 주로 사용된다. 공구류를 일정하게 조합하여 부장하는 것은 피장자의 경제적·생산적 권위를 표현하는 수단으로 이해된다.

십이대영자문화의 정체성을 가장 잘 보여주는 공구로는 선형동부가 지목된다. 십이대영자문화의 것은 기하학문이 표현되어 있는 것이 전형이다. 다만 하가점상층문화의 선형동부처럼 돌대만이 있다거나 횡선문만 있는 것도 일부 확인된다. 기하학문이 있는 것은 없는 것에 비해 약간 커서 보통 길이 6~10cm를 나타내며, 대부분은 양인이다. 장폭비가 크다거나 돌대-공구 간이 넓고 그 아래 쪽에 대칭 또는 거치상의 삼각선문(三角線文)이 있는 것이 고식이고, 장폭비가 작다거나 돌대-공구 간이 좁고 사격자문(斜格子文)이 있는 것이 신식이다. 고식에는 오금당식과 십이대영자식 등이 확인되었는데, 날의 곡률 등을 고려할 때 오금당식이 가장 이른 형식으로 추정된다. 신식에는 동정식과 정가와자식 등이 있다. 이외에도 탑만촌식은 공부 돌대 폭이 좁아지고 불규칙한 문양선이 있는 퇴화 형식이다(도면 37). 보통 단수 부장되며, 주검 허리 또는 다리 부근에서 다른 공구들과 함께 출토되는 예가 많다.

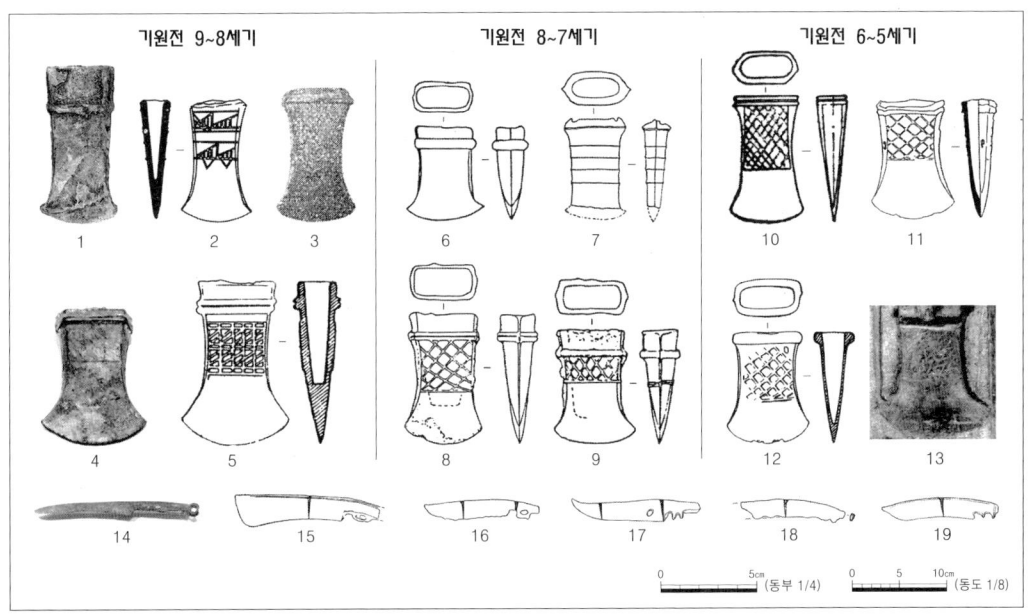

〈도면 37〉 십이대영자문화의 선형동부와 동도
1~2. 호로도 오금당(M1~M3)   3. 영성   4·14. 조양 십이대영자 M2   5·15. 조양 십이대영자 M1   6·16. 건평 대랍한구 M851
7·17. 조양 목두구(M1)   8·18. 건평 포수영자 M881   9. 건평 난가영자 M901   10. 심양 정가와자 M6512
11. 심양 정가와자 1지점   12·19. 오한기 동청(M1)   13. 요양 탑만촌(석범)

④ 차마구류

차마구류는 청동당로(靑銅當盧), 청동정식(靑銅頂式), 청동방울(靑銅馬鈴), 청동재갈(銅轡), 청동절약(靑銅節約), 동차축두(銅車軸頭), 동개궁모(銅蓋弓冒) 등이 확인되어 있다. 춘추시대에는 인접 지역과의 교류하에 북방 계통 차마구가 수용되었으나, 전국시대에는 대개 연국과의 교류 과정에서 중원 계통 차마구가 급증한다. 동물형의 차마구도 적지 않게 보이는데, 새는 하가점상층문화와, 호랑이나 말 등은 옥황묘문화와 각각 관련되는 도안이며, 개구리나 물고기는 십이대영자문화의 토착화된 도안이다. 춘추전국시대에는 수레끌채 1개에 2마리나 4마리의 말이 끄는 독주차(獨輈車)가 사용되었는데, 무덤에는 보통 주요 부속만이 부장된다.

먼저 청동당로는 말 머리의 중앙부에 세로 방향으로 덮는 장식으로 청동마면(靑銅馬面)이라고도 한다. 십이대영자문화의 것은 하가점상층문화에 기원하는 마두형(馬頭形)과 재지적인 'Y'자형과 요어형(鰩魚形)도 확인된다. 청동정식은 말 정수리의 털(갈기)을 고정하는 장식으로 나팔형동기(喇叭形銅器)로 부르기도 한다. 나팔대와 나팔좌의 단면 형태가 삼각형인 것이 고식이

〈도면 38〉 십이대영자문화의 각종 동령과 비교 자료

고, 정원형인 것이 신식이다. 나팔대의 투조문은 점차 간략화된 삼각문으로 변화된다. 하가점 상층문화의 것이 기원으로 지목되나, 하가점상층문화가 쇠퇴하고 십이대영자문화가 확산되는 과정에서 재지화된 것이라는 점에 주목해야 한다.

청동방울에는 난령(鑾鈴), 장방판령(長方板鈴), 종령(鐘鈴) 등이 확인되며, 보통 동령(銅鈴) 으로 통칭되나 소형(길이 5cm 이하) 종령보다 훨씬 큰 대형(길이 11~20cm) 종령은 동탁(銅鐸)이 라 불리기도 한다(도면 38). 동탁을 제외하면 모두 소량이다. 난령은 원개형의 동판 내에 둥근 방울이 달려 있는 마차 방울이다. 장방판령은 마장용에 해당되며 짝수 부장되는 것이 특징 이다. 소형 종령은 주로 피장자의 가슴이나 허리 부근에서 출토되어 복식구로 추정된다. 대형 종령, 즉 동탁은 말종방울이라 부르기도 한다. 옥황묘문화의 동진 과정에서 등장한다. 요서지 역의 경우 전국 중기 이후에는 소형으로 퇴화되거나 고리 폭이 좁은 유문식의 중원계통 동탁 (동종)이 유입되고 있어 한반도의 것도 전국 중기 무렵에는 전이되었다고 생각된다.

청동재갈은 재갈쇠인 동함(銅銜)과 재갈멈치의 동표(銅鑣)로 구성된다. 마구 중에 가장 널리 분포하며, 청동제가 아닌 유기물로 만든 경우 무덤 안에 남아 있지 않을 수도 있다. 십이대영자 문화에서는 함과 표를 따로 만든 후에 서로 결합시킨 조합형만 확인된다. 처음에는 북방 계통 물질문화와의 교류 과정에서 전이되었으며, 나중에는 중원 계통 물질문화에서 재지화된 것이 수용됨에 따라 점차 대체된다.

십이대영자문화의 동함에는 합주식의 직간함(直杆銜)과 이음식의 이절함(二節銜)이 있다. 직간함은 하가점상층문화가 쇠퇴하는 단계부터 내몽고 동남부지역과 요서지역의 접경지대를 중심으로 소량 출토된다. 좌우 비대칭인 것이 특징이며, 중앙부와 가장자리 고리 방향이 서로 다른 것은 동표로 보는 견해들도 있다. 모두 이절함과 공반되며, 여러 마리의 말 중에서 곁마에 만 사용된다. 수장급의 대형 무덤에서 주로 출토되고 있어 피장자의 사회적인 신분이나 지위를 잘 나타내는 기종으로 볼 수 있다(도면 39의 상).

이절함은 가장 보편적인 기종으로 바깥고리(外環)의 형태에 따라 세분된다. 바깥고리는 '삼 각형 → 마등형 → 원방형 → 내원외방형 → 원형'의 변천 과정을 보이는데, 전국시대 이후에는 (타)원형이 주로 유행한다. 특히 바깥고리에 수면문(獸面文)이 있는 것은 중원지역에서 재지화 된 양식이다. 길이 21~26cm이며, 대개 짝수로 출토되는 것이 특징이다(도면 39의 하). 춘추시대 의 것은 하가점상층문화의 쇠퇴 이후 옥황묘문화의 유입 과정에서 함께 전이되었으며, 전국시 대의 것은 연국과의 교류 과정에서 입수되었다고 할 수 있다.

십이대영자문화의 동표에는 중간고리나 중앙투공이 있는 것과 없는 것, 2공식인 것과 3공식 인 것이 있다. 양단 구멍과 방향을 달리하는 중간고리나 중앙투공이 있는 것이 고식이며, 없는 것이 신식이다. 고식은 표의 고리(구멍) 안에 함이 연결되며, 신식은 함의 고리 안에 표가 끼워 지는 방식이다. 다만 양단부가 동물형인 장식동표는 옥황묘문화의 동표에서 파생되어 나온 형

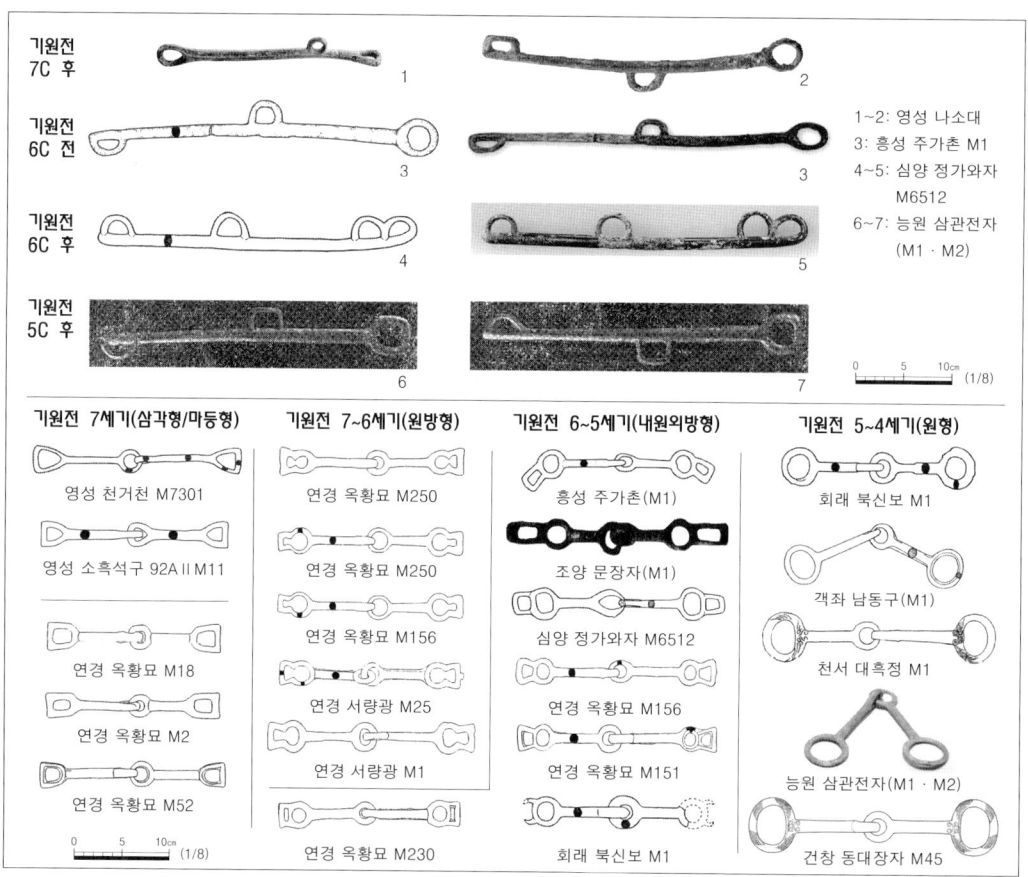

〈도면 39〉 십이대영자문화의 동함과 비교 자료(상: 직간함, 하: 이절함)

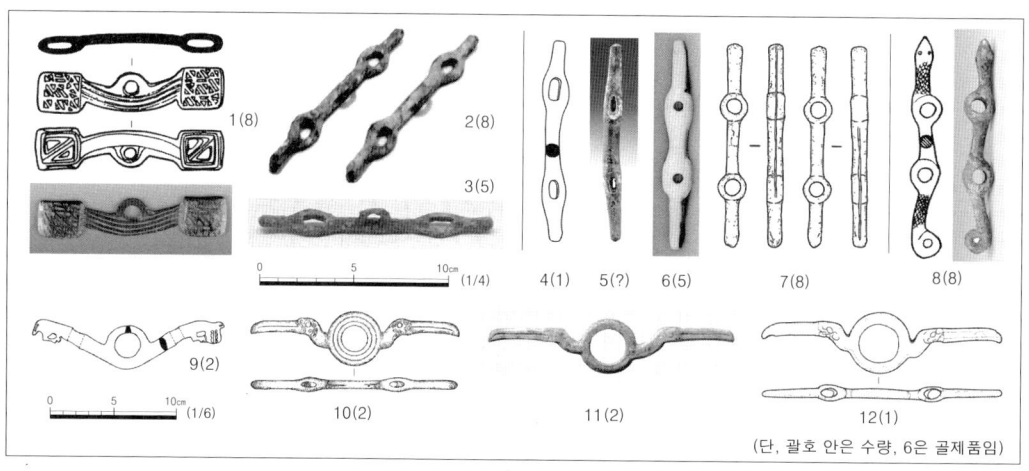

〈도면 40〉 십이대영자문화의 동표와 비교 자료

1. 호로도 오금당(M1~M3)   2~3. 조양 십이대영자 M1·M2   4. 영성 소흑석구 92AⅡM11   5. 영성 나소대   6. 조양 원대자 M122
7. 흥성 주가촌   8. 심양 정가와자 M6512   9. 연경 옥황묘 M156   10. 난평 포대산 M6   11. 건창 동대장자 M10
12. 건창 동대장자 M45

식이다. 길이 10~20cm인데, 보통 이절함과 조합되어 부장된다(도면 40). 그러므로 십이대영자문화의 동표들은 하가점상층문화와 관련하여 재지화된 것이 사용되었다가 나중에는 옥황묘문화(오도하자유형)의 영향을 일부 받으면서 상위 계층에만 한정되어 사용되었다고 할 수 있다.

5) 전개와 교류 및 성격

(1) 십이대영자문화 전기(1·2단계) : 십이대영자유형의 발전

전기(1·2단계)에는 요서지역에서 십이대영자문화가 형성되어 하가점상층문화와 경쟁하며 발전한다. 1단계와 2단계로 세분되나, 공반 유물이 충분하지 않아 잘 구분되지 않는 예도 많다. 1단계는 오금당유형이 상당 부분 포함되며, 2단계는 십이대영자유형을 중심으로 한다. 1단계는 십이대영자문화가 형성되며, 위영자문화의 요소들이 일부 잔존하는 시기이다. 하가점상층문화(남산근유형)의 상한 연대를 고려하여 대략 기원전 9세기~기원전 8세기경으로 편년된다. 요서지역 비파형동검의 가장 고식으로 추정되는 칠도천자식 동검, 손가만식(오금당식) 투구, 오금당식 동부 등과 함께 이전 단계의 문화 요소들로 구성됐을 가능성이 높다. 조양 칠도천자 유적이나 호로도 손가만과 오금당 유적의 일부 무덤이 대표적인 사례이다. 다만 오금당유형이 아직 조양 일대에서 확인되지 않았기에 십이대영자유형과의 병행 관계를 어느 정도 고려할 수 밖에 없다. 십이대영자문화는 인접 문화와의 지리 및 교류 관계 등을 고려할 때, 요서 북부지역(특히 조양 일대)에서 개시됐을 가능성이 높다. 비파형동검이 북쪽에서 남쪽으로 확산되고, 위영자문화가 북쪽에서 남쪽으로 퇴축되는 양상으로 보아 십이대영자문화는 대릉하권에서 소릉하권으로 전이되었다고 할 수 있다.

2단계는 오금당유형이 쇠퇴하고 십이대영자유형이 발전하는 시기이다. 하가점상층문화(남산근유형)의 하한 연대를 고려하여 대략 기원전 8세기~기원전 7세기대 무렵으로 편년되나, 상한이나 하한 연대 폭은 다소 불명확한 점이 있다. 이중구연발과 흑색마연장경호가 등장하며, 이단경식 양익동촉, 동검, 선형동부, 동도 등의 조합 관계에 따라 유적군이 세분된다(도면 41). 무덤 10기 내외로 구성되는 묘지들이 여러 곳에 형성되며, 대릉하 중류의 조양 일대(십이대영자)와 대릉하 상류의 건평 일대(포수영자)에서 각각 이른 시기와 늦은 시기의 수장급 묘를 포함하는 거점 유적들이 확인된다. 수장급 묘는 모두 석곽묘에 해당되며, 무덤 부장 유물에서 계층 관계의 차별성이 확인된다. 비파형동검과 다뉴뇌문동경, 선형동부 등은 물론 하가점상층문화의 의기류나 차마구가 재지화된 것이 일부 부장되는 것이 특징이다. 비파형동검과 다뉴뇌문동경은 수장층의 군사적·종교적 권위를 드러내는 한편 관련 의례를 통하여 집단 내의 결속이나 집단 간의 통합을 유도하였다고 생각된다.

전기(1·2단계)에는 인접 지역으로 한정되어 교류 네트워크가 형성된다. 요동지역이나 내몽고 동남부지역과 주로 교류하였는데, 무기류, 의기류, 차마구류 등의 기종에서 교류 관계가 확

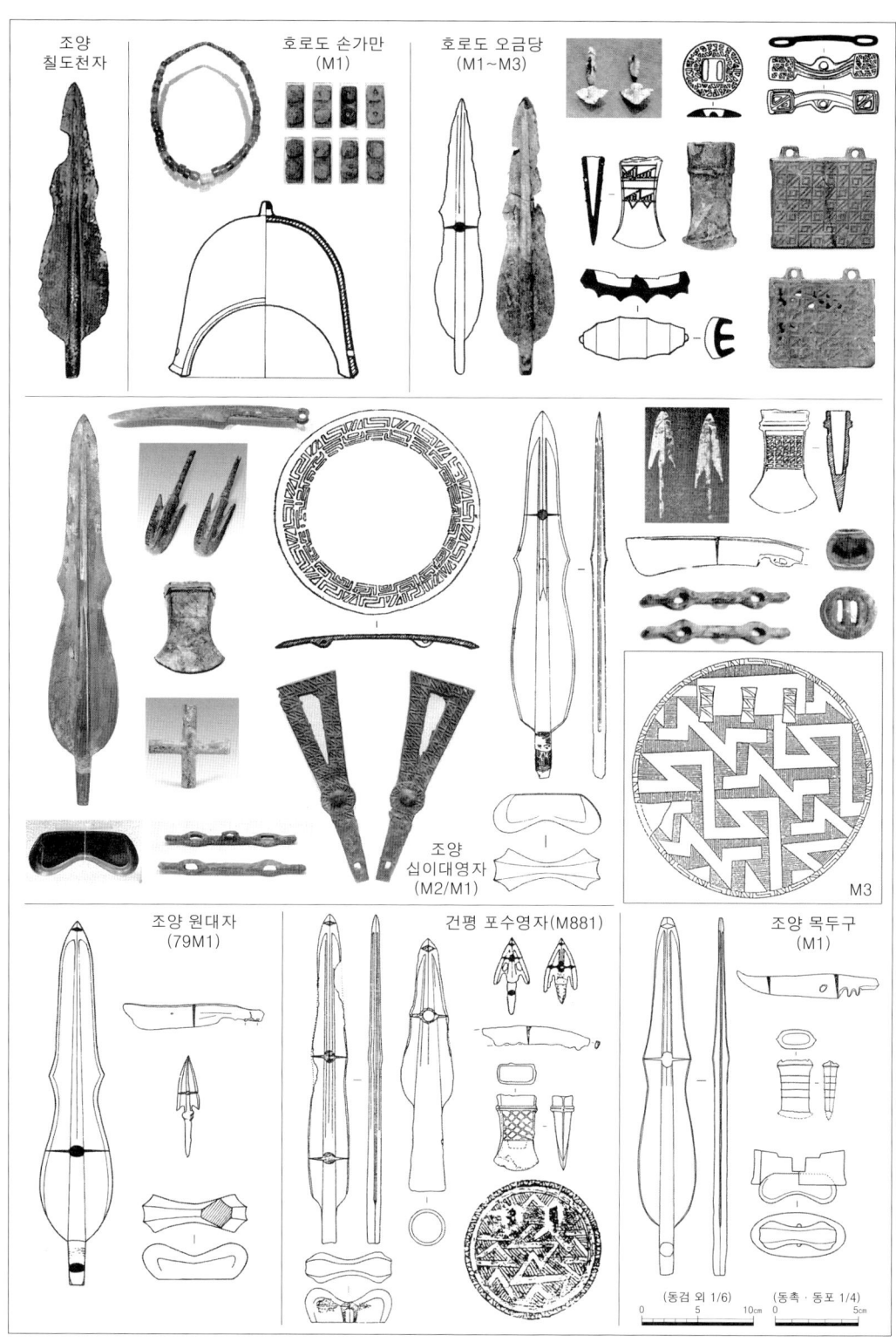

〈도면 41〉 십이대영자문화 전기(1·2단계) 주요 유물

인된다. 이를테면 신성자문화의 본계 양가촌(M1)에서는 요서식의 비파형동검과 다뉴뇌문동경이, 강상문화의 대련 강상·누상 적석묘에서는 요서식의 비파형동검과 재갈모양동기, 기하학문 장식 등이 확인된다. 하가점상층문화의 경우에도 오한기나 영성 일대를 비롯하여 승덕, 청룡 일대까지 비파형동검을 비롯하여 다뉴뇌문동경이나 장방판형동령 등이 확인된다.

   십이대영자문화의 석곽묘는 기본 구조가 하가점상층문화의 것과 유사하다. 이는 하북~요령 지역에서 널리 확인되는 보편적인 묘제여서 특정 문화에만 한정되는 것은 아니라고 할 수 있다. 또한 십이대영자문화에서는 공병식동검과 삼족토기가 출토되지 않는 것에 비해 하가점 상층문화에서는 비파형동검과 무문토기가 일부 확인된다. 십이대영자문화는 하가점상층문화와 경쟁·교류하는 과정에서 문화 요소를 일부 수용하였지만, 요서지역에서 확인되는 것은 대부분이 재지화된 것이라는 점에 주목해야 한다. 십이대영자문화는 무기류와 토기류를 중심으로 자신만의 정체성을 유지하며 교류 관계를 바탕으로 점차 발전하였다고 할 수 있다.

(2) 십이대영자문화 후기(3단계) : 남동구유형과 정가와자유형 분화

   후기(3단계)에는 십이대영자문화가 확산·분화되어 요서지역에는 남동구유형이, 요중지역에는 정가와자유형이 각각 발전한다. 남동구유형은 기원전 6세기~기원전 5세기대로 편년되나, 정가와자유형의 절대연대는 약간 더 내려간다. 십이대영자문화에 옥황묘문화의 요소들이 복합됨에 따라 성립하였지만, 홍도 계열의 단경호(관)가 출토되는 요서 서부지역을 중심으로 남동구유형이 발전하며, 점토대토기옹과 흑도장경호를 반출하는 요중지역을 중심으로 정가와자유형이 발전한다. 요서 동부지역은 십이대영자유형의 토기문화가 지속되는 한편 옥황묘문화의 유물들이 확인되고 있어 중간적인 성격을 나타낸다. 하가점상층문화 쇠퇴 이후 옥황묘문화와 관련되는 청동유물은 차마구와 동물형 장식품을 중심으로 널리 수용된다.

   무덤 10기 이상으로 구성되는 묘지들이 확인되며, 대릉하 상류의 객좌-능원 일대(남동구 → 삼관전)와 발해만권의 홍성-금서 일대(주가촌 → 전구구), 혼하 중류의 심양-요양 일대(정가와자 → 탑만촌)에서 각각 이른 시기와 늦은 시기의 수장급 묘를 포함하는 거점 유적들이 확인된다. 수장급 묘는 석곽묘와 함께 대형 목관묘나 목곽묘도 조영되며, 무덤 부장 유물은 물론 입지와 규모에서 차별성이 확인된다. 수장묘는 다른 무덤들과 이격되어 조영된다거나 훨씬 큰 규모를 나타낸다. 부장 유물의 경우 남동구유형은 십이대영자유형의 의기류와 토기류가 거의 확인되지 않는 대신 옥황묘문화의 북방계통 차마구류가 부장되며, 정가와자유형은 십이대영자유형의 의기류와 토기류를 계승하는 한편 옥황묘문화나 남동구유형의 차마구류가 일부 확인되는 것이 특징이다. 특히 중원계통 청동유물은 남동구유형에, 다뉴뇌문동경은 정가와자유형에만 각각 확인되고 있어 주목된다. 남동구유형과 정가와자유형은 위신재적 물품 등을 통해 확인되는 수장층의 권력 기반이 상이하고, 토기문화를 통해 추정되는 공동체의 기층 문화가 약간

다르므로 서로 다른 정치체로 발전하였다고 보는 것이 타당하다.

후기(3단계)에는 인접 지역과의 교류 네트워크가 강화되고 그 외곽까지 가장 광범위한 교류 네트워크를 형성한다. 하가점상층문화와 신성자문화가 쇠퇴하는 대신 십이대영자문화가 발전하여 요서지역에서 내몽고 동남부나 요중지역까지 확산되는 한편 관련 유물들은 하북 북부지역이나 길림지역은 물론 내몽고의 동부지역과 북한 지역까지 확인된다. 이전 단계에는 하가점상층문화 요소들이 의기류와 차마구류의 일부 기종으로 한정되는 것과 달리 이때에는 옥황묘문화의 요소들이 공구류와 차마구류의 다수 기종에서 확인된다. 또한 이때에는 일부 기종에서 토기문화의 교류까지 확인되는 것이 특징이다. 그러므로 남동구유형과 정가와자유형의 형성 과정에는 물적 교류 외에 인적 교류까지 일부 있었다고 생각된다.

옥황묘문화의 요소들은 남동구유형은 물론 정가와자유형에도 나타난다(도면 42). 특히 차마구류에서 뚜렷하게 보이는데, 하가점상층문화 쇠퇴 이후 옥황묘문화의 동진 과정에서 등장하는 나팔형의 청동정식, 동탁, 이공식의 동표 등의 차마구도 이때부터 확인된다. 차마구는 '요서 → 요동 → 남한'으로 전이되는 과정에서 의기화된 기종들이 많아 수장층의 권력 기반을 과시하는 수단으로 활용되었다고 생각된다. 또한 토기류에서는 이전과는 달리 쌍방향의 교류 관계가 확인된다. 십이대영자문화의 이중구연점토대발이 옥황묘문화나 정구자문화로 일부 전해지며, 소위 만륜기법(慢輪技法)으로 만든 옥황묘문화의 장경호가 십이대영자문화에서도 일부 확인된다. 십이대영자문화는 옥황묘문화의 요소들을 적지 않게 수용하였지만, 대부분은 접경지역을 거치면서 재지화된 기종이다. 청동유물에서 신출 기종이 다수 확인되고 특징적인 토기 제

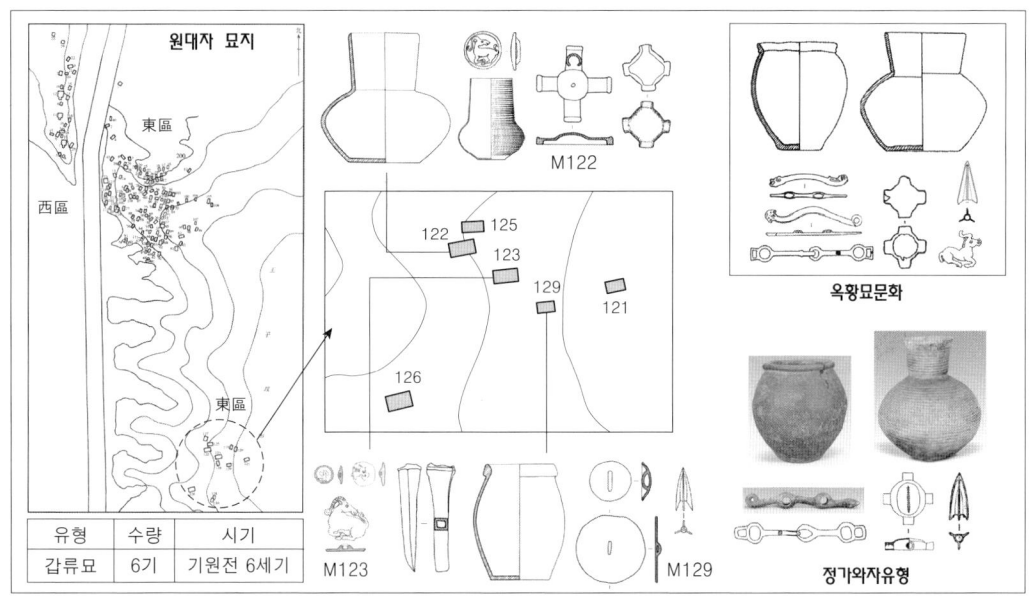

〈도면 42〉 십이대영자문화 후기(3단계)의 변천과 교류(조양 원대자)

작 기법까지 고려하면, 제품이나 정보 교류에만 한정되지 않고 장인 집단 간의 인적 교류까지 일부 있었다고 생각된다.

(3) 십이대영자문화 말기(4단계) : 동대장자유형의 부상

말기(4단계)에는 동대장자유형이 부상하여 요서의 거의 전역으로 발전한다. 동대장자유형은 십이대영자문화에 연하도문화가 복합되기 시작하는 기원전 5세기 후반경에 성립하였으며, 기원전 4세기대에는 남동구유형을 대체하여 요서 서부지역을 중심으로 발전한다. 이때에는 교류 관계가 중원 계통 물질문화를 중심으로 전개되었는데, 특히 연하도문화와 관련되는 연국 계통 청동유물과 토기류가 다수 확인되는 것이 특징이다. 다만 무덤 구조와 장법, 부장 유물 등의 측면에서 토착 문화의 정체성은 일정하게 유지되었다고 생각된다.

무덤 10기 내외부터 50기를 훨씬 넘는 대형 묘지까지 확인되며, 대릉하 상류의 건창 일대(동대장자)에서 수장급 묘를 포함하는 거점 유적이 확인된다. 수장급 묘는 무덤 크기가 커지면서 적석 구조의 대형 목관묘나 목곽묘가 조영되며, 무덤 입지와 규모는 물론 구조와 장법, 부장 유물 등의 여러 측면에서 차별성이 더욱 심화된다. 이를테면 수장묘에서는 묘역 위쪽 배치, 묘광 다단 구축, 적석 시설, 부장칸의 설치, 소의 순생, 의장화된 동검 부장, 청동 예기 등의 위신재적 물품 다량 부장 등이 확인된다. 특히 최고 수장묘에서는 순장까지 확인되고 있어 계층화된 정치체의 권력 정점에 선 최고 지배자의 면모를 추정하게 한다.

거의 모든 기종에서 연하도문화의 유물들이 확인되나, 무기류와 토기류의 경우 토착계통 유물들도 꾸준하게 부장되는 것이 특징이다. 동검·동과·동모의 청동 무기 조합 체계가 전해져서 이후 '요서-요동-남한' 지역으로 전이된다. 이는 비파형동검문화가 세형동검문화로 전이되는 단계에서 나타나는 양상으로 주목되는 부분이다. 연국 계통 유물군에 주목하여 십이대영자문화의 정체성이 일변하였다고 인식하는 연구들이 없는 것은 아니지만, 토착적인 문화 요소들이 일정 비중을 차지하는 점을 고려하면 그보다는 대외적인 교류 네트워크가 바뀌면서 토착 집단 지배층의 권력 기반이 강화되는 양상으로 이해된다.

말기에는 연국과의 직접적인 접촉으로 중원 계통 물질문화를 중심으로 교류 네트워크가 재편된다. 요동지역이나 내몽고 동남부 지역과 일정하게 교류하였지만, 연국과의 직접 교류하에 연하도문화의 요소들이 대거 수용되는 점이 주목된다. 연국 계통 청동유물은 거의 요서 서부지역으로 한정되며, 특히 위신재적 외래 물품을 대표하는 청동 예기는 건창 일대의 상위 계층 무덤에만 부장된다. 이때에는 요서지역에도 연국 계통 무덤들이 일부 확인되고 있어 상인 등을 포함하는 인적 교류까지 있었다고 생각된다. 다만 이와 같은 연국 계통 무덤들은 대개 중하위급 무덤이며, 연국 양식에서 벗어나는 장법이나 토기류가 함께 확인되는 것을 고려할 때 지나치게 정치적인 의미를 부여하지 않는 것이 좋다.

한편 요서지역에서 동대장자유형이 등장하는 것과 맞물려서 요동지역의 정가와자유형은 요양 일대(탑만촌)에서 또 다른 거점 지역을 형성한다. 무기류와 토기류를 중심으로 교류 관계가 확인되며, 평양 일대에도 관련 유물군이 확인되고 있어 북한 지역과의 교류 네트워크는 이전보다 훨씬 강화되었다고 할 수 있다. 또한 정구자문화에서는 무기류와 토기류의 일부 기종에서 동대장자유형의 유물들이 소량 확인된다. 이중구연점토대가 있는 쌍이관과 단이관이 두 문화 간의 접경지대에서 적지 않게 확인되는 것은 문화 접변의 결과라고 생각된다. 이때에도 북방계통 물질문화와의 교류 관계는 일부 유지되었다고 할 수 있다. 한편 연국 중심부에서는 동대장자유형의 무기류(동검)가 일부 확인된다. 십이대영자문화와 연하도문화의 교류 관계는 일상적인 교류 외에 전쟁까지 포함하여 다양하게 이해해야 할 필요성도 있다.

6) 연구 의의와 전망

십이대영자문화는 요하 유역의 청동단검문화에 대한 조사 연구 과정에서 확인되었으나, 과거에는 북방 계통 청동유물에 주목하는 중국이나 일본 학계를 중심으로 하가점상층문화의 하위 유형이나 비파형동검문화의 주변부로 인식하여왔던 것도 사실이다. 그렇지만 최근에는 한국 학계를 중심으로 비파형동검과 기하학문 선형동부, 이중구연점토대토기로 대표되는 토착계통 유물들을 고려하여 비파형동검문화권의 독자적인 문화 단위로 인식하는 추세이다.

십이대영자문화는 주변 문화와의 관련성에 의거하여 십이대영자유형과 오금당유형, 남동구유형과 정가와자유형, 동대장자유형 등의 여러 하위 유형으로 구분되고 있고, 최근에는 토기문화의 상사성과 상이성을 고려하여 문화 개념이나 시공간성이 다시 조정되고 있다. 이와 같은 하위 유형들은 십이대영자문화의 변천 과정을 쉽게 이해할 수 있게 하였지만, 문화 단위를 바로 시간 단위로 바꿔 인식하는 방법론적 문제점이 지적되며, 토기류에 대한 검토가 부족하여 세부적으로는 하위 유형의 범주에 대한 재검토의 필요성도 제기된다.

십이대영자문화가 비파형동검문화권의 여러 물질문화 중에서도 주목되는 것은 그 상대적인 선진성과 중심성에 있다. 즉, 십이대영자문화가 요서지역에서 발전하여 요중지역까지 확산되고 난 후 요동지역의 토착 문화를 점차 대체하며, 많은 문화 요소들이 주변 지역으로 전파되는 한편 한반도의 세형동검문화로 계승되는 점은 이를 잘 보여주는 양상이다. 즉, 십이대영자문화는 비파형동검문화권을 주도하는 물질문화였고, 세형동검문화의 형성 과정에서 주된 역할을 담당하였다고 할 수 있으므로 한국 청동기문화권에 포함시켜 보는 것이 타당하다.

십이대영자문화의 전개 과정에서 외래 계통 요소들이 점차 증가하는 것에 견주어서 토착 계통 요소들도 꾸준하게 유지되는 것이 확인된다. 출토 유물에서 위신재적 외래 물품이 증가하는 것은 외부 주민들의 집단 이주 흔적으로 보기 어려우며, 이는 대외적인 교류 또는 상호작용이 증가하는 과정에서 토착 집단의 영향력이 점차 강화되는 과정으로 이해해야 한다. 이와 같은 십이대영자문화의 문화 성격으로 인해 과거에는 주로 산융(山戎)이나 동호 등의 북방 계통 집단들과 관련시켜 보는 견해들이 있었지만, 최근에는 예맥(穢貊)이나 고조선(古朝鮮)과 관련되는 기층 문화로 이해하는 견해들이 많아졌다. 향후 무덤 외에 취락 유적까지 조사되어 십이대영자문화의 전개 과정과 대외 교류는 물론 사회 성격까지 한층 더 명확하게 밝혀질 수 있기를 기대한다.

IV. 요동지역의 전기 청동기문화

요서지역의 전기 청동기시대 문화인 하가점하층문화가 오랜 기간 지속된 데 비해, 요동지역은 지리적 특징을 바탕으로 다양한 문화들이 형성되고 사라진다. 청동기가 본격적으로 등장하기 전까지 요동지역에서는 하요하 유역의 고대산문화(高臺山文化), 태자하(太子河) 유역의 마성자문화(馬城子文化), 혼하(渾河)유역의 신락상층문화(新樂上層文化), 요동반도 남단의 쌍타자문화(雙砣子文化)가 각각 형성되고 전개된다(도면 1). 특히 요동지역의 전기 청동기시대문화는 한반도 무문토기의 형성과 전개와 밀접하게 관련되고, 이후 한반도와 요동지역의 관련성은 동검문화로 접어들면서 더욱 심화된다.

1. 고대산문화

1) 설정과 연대

고대산문화는 서요하(西遼河)와 유하(柳河) 사이의 평원에 분포하는 청동기시대 문화로, 앙신 혹은 측신굴지장인 토광묘를 설치하고, 다리 부근에 호형토기와 고족발(高足鉢), 천발형토기를 부장하는 것이 특징이다(도면 43). 이는 요서지역의 하가점하층문화가 채도류를, 위영자문화가 청동 예기와 삼족기를, 하가점상층문화가 청동 무기와 예기, 삼족기를 부장하는 것과 분명하게 구별된다. 물론 고대산문화 생활 유적에서 분식력(盆式鬲)과 통식력(筒式鬲)과 같은 삼족기가 확인되지만, 요서지역의 것과 상이하다.

고대산 유적은 주변보다 약 5~6m 정도 높은 곳에 위치하는데, 동고대산(東高臺山)과 요고대산(腰高臺山)에서 유적이 확인된다. 1982년 고대산 유적 보고 당시, 무덤 자료를 신락상층문화와 유사하다고 보았지만, 이후 동고대산 유적 절대연대측정치(3,370±90BP)가 이르고, 하가점하층문화인 대전자 무덤에서 고대산문화 토기가 출토되어(도면 5·6) 고대산문화는 청동기시대의 이른 시기로 인식되면서 신락상층문화와 구별되었다.

고대산문화에 해당하는 유적으로는 창무(彰武) 평안보(平安堡) 유적, 부신(阜新) 평정산(平頂山)·물환지(勿歡池) 유적, 강평(康平) 순산둔(順山屯) 유적, 법고(法庫) 만유가(灣柳街) 유적, 신민(新民) 공주둔(公主屯) 후산(後山) 유적 등이 있다. 무덤 유적과 생활 유적이 모두 포함되지만, 고고자료 내용이 달라 실제로 무덤 자료와 생활 유적 자료를 연계시키기 어렵다. 특히 고대산문화 절대연대측정치가 3,700~3,300BP에 집중하고, 고대산·평안보·평정산 유적의 층위 관계에 따라, 신 석기문화인 편보자유형(偏堡子類型)보다 늦고, 위영자문화에 해당하는 평정산 3기보다는 빠르다고 여겨져 이른 청동기시대 문화라는 대략적인 형태로만 인식되었다. 그

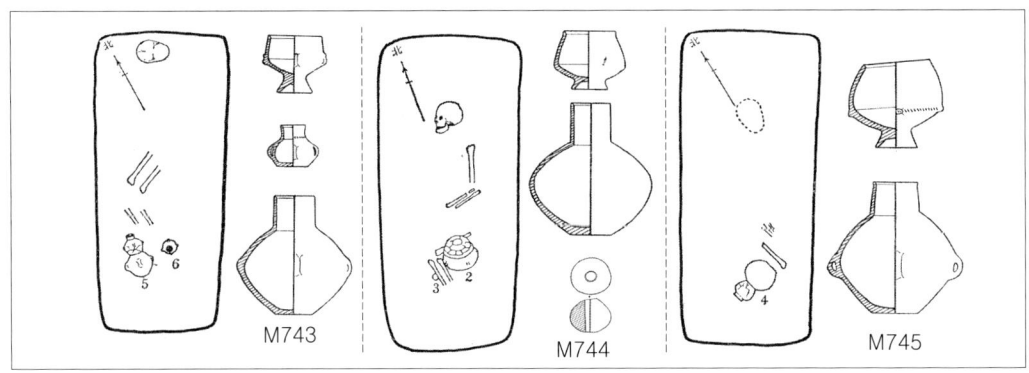

〈도면 43〉 요고대산 유적 무덤 및 출토 유물(유구:1/50, 토기:1/15, 곤봉두:1/8)

〈표 7〉 고대산문화 단계 설정에 대한 견해(천선행 2010 수정 게재)

		董新林 1996			唐淼·段天璟 2008			천선행 2010		
								요고대산 1기	평안보 2기 평정산 1기	4,355±245BP
1기	1조	평안보 3기 1단 灰坑 후산 4층 하면 무덤	3,700±135BP 3,670±135BP	하대만기	조기	평안보 3기 1단 물환지 M15·M26 평정산 2기(M107)		요고대산 2기	평안보 3기 1단 평정산 2기	3,700±135BP 3,670±125BP 3,135±130BP
2기	2조	동고대산만기유형 평정산 2기 무덤 평안보 3기 1단 무덤 평안보 3기 2단 灰坑	3,370±90BP	상대 조중기	만기	조단	평안보 3기 2단	물환지 M3·G1 후산 동고대산만기유형 평정산 2기 (M102·M108)	요고대산 3기	평안보 3기 2단 평정산 3기 후산 4층 하면 만유/후산	2,875±130BP
	3조	평안보 3기 1단 무덤 평안보 3기 2단 무덤 평안보 3기 3단 灰坑	2,770±100BP 2,980±100BP			만단	평안보 3기 3단				
3기	4조	만유	3,150±85BP 3,085±75BP	상대 만기		신락 상층		요고대산 4기	평안보 3기 3단 평정산 3기	

러나 문화 내용상 요서지방 하가점하층문화(夏家店下層文化)에서 위영자문화(魏營子文化), 하가점상층문화(夏家店上層文化)에 이르기까지 장기간 존속한 것으로 이해된다.

구체적으로 고대산 유적에서 출토된 고족발의 형태 변화를 근거로 단계를 설정한 연구가 있는데, 1기(1단계)·2기(2단계/3단계)·3기(4단계)·4기(5단계)의 총 5단계로 대별한다. 1기 연대는 다음 단계의 2기 연대를 감안하여 하대(夏代) 말기로 본다. 이는 신석기시대에서 청동기시대로의 과도기에 해당하는 평안보 2기의 연대(4,355±245BP)를 고려할 때 어느 정도 타당하다. 고대산문화 3기에 하가점상층문화의 영향으로 보이는 이중구연 통복력이 확인되고, 평안보 3기 2단 M310 연대측정치(2,875±130BP)를 고려할 때, 서주 중기까지 존속한 것으로 볼 수 있다.

2) 형성과 전개

고대산문화의 형성 과정에 대해서는 뚜렷하게 논의된 바가 없다. 다만, 평안보 유적이 조사되면서 평안보 2기가 신석기시대에서 청동기시대로 넘어가는 과도기로 파악되어 고대산문화 형성 과정을 이해하는 실마리가 되고 있다. 이에 대해 평안보 2기의 획문·삼각문·부가퇴문·통형관(筒形罐)을 신석기시대의 요소로 보고, 홍도의(紅陶衣)·파수·삼족기·쌍이관(雙耳罐)을 고대산문화의 요소로 보아, 평안보 2기에서 고대산문화가 기원한 것으로 보는 견해와 함께, 평안보 2기를 고대산문화로 파악하여 고대산문화의 가장 이른 형태로 보는 견해 등이 있다. 평안보 2기에 고대산문화 요소가 존재하고, 문양과 기형 면에서 다음 평안보 3기에 연속되므로 재지 문화를 바탕으로 고대산문화가 형성되었음은 확실하지만, 형성 과정에 어떠한 외적 요소가 관여되었는지는 불분명하다.

고대산문화는 요서지역 하가점하층문화·하가점상층문화, 요동지역의 마성자문화·신락상층문화와 교류하면서 전개된다. 하가점하층문화와의 관련성을 엿볼 수 있는 가장 좋은 예가 대전자 무덤 출토 호형토기와 천발형토기(도면 6)로, 동일한 예가 범장자(範仗子) 무덤에서도 확인되었다. 역으로 고대산문화에서는 하가점하층문화 특징인 력(鬲)과 언(甗)이 출토되고, 이단굴광목관묘(이층대목관묘, 80T1M79)가 고대산 유적에서 확인된 바 있다. 이후 고대산문화의 늦은 단계에는 하가점상층문화의 특징인 이중구연 력, 기면 전면 마연기법 등이 나타나고 있어 양 문화의 관련성을 엿볼 수 있다. 한편 위영자문화의 형성에 고대산문화의 역할이 컸을 것으로 이야기되어 왔지만, 실제로 평정산 2기처럼 위영자문화 북쪽 외곽부에서만 고대산문화의 영향이 확인된다. 따라서 고대산문화는 요서지역의 노로아호산(努魯兒虎山) 이서의 노합하 유역(老哈河流域) 혹은 서랍목륜하 유역(西拉木倫河流域)에 분포하는 하가점하층문화·하가점상층문화와 관계가 더욱 밀접하였을 것으로 생각되고 이는 고대산문화의 늦은 단계에 보이는 북방계 청동기 출현과 일맥상통한다.

한편 고대산문화는 일찍이 신락상층문화로 여겨져왔지만, 고대산문화가 력(鬲) 중심이고, 신락상층문화가 정(鼎) 중심이며, 고대산문화 절대연대가 신락상층문화보다 빠른 점이 지적되면서 서로 다른 계통의 문화임이 밝혀졌다. 나아가서 신락상층문화 요소가 동고대산 후기 유형에 주로 나타나며, 고대산문화의 늦은 단계로 여겨지는 순산둔 유적과 만유가 유적에서 확인되고 있어, 심양지역을 중심으로 분포하던 신락상층문화가 확산되면서, 고대산문화의 늦은 단계에 서로 접촉하였을 것으로 보인다. 이후 고대산문화가 자체 소멸하였는지 혹은 신락상층문화 내로 동화, 흡수되어갔는지는 분명치 않다.

3) 문화 내용

주거지는 평안보 유적에서 확인된 8기가 비교적 양호하다. 크게 두 가지 형태가 있는데, 가장 일반적인 것은 원형의 지면 건축으로 주거지 외연부는 약간 굴착되어 구상을 이루고 다시 벽체 같은 시설이 이어진다(도면 44). 내부에는 바닥에 황사토를 깔고, 소토경화면이 한쪽 벽에 치우쳐서 있으며, 중앙에 2개 기둥 구멍이 확인된다(F1001). 나머지 하나도 원형의 지면 건축이지만, 노지로 판단되는 소토경화면이 한쪽 벽에 치우진 것 외에 내부에서 아무런 시설도 확인되지 않았다. 남쪽에 반월형으로 패인 부분이 있는데, 출입구 시설로 판단되고, 주거지 외연부는 요철이 심한데 주거지 벽면 시설과 관련될 가능성이 있다(F3004). 한편 순산둔 유적에서도 주거지 2기가 확인되었는데, 말각방형의 반지하식으로 주거지 외연부에 기둥 구멍이 다수 확인되어 평안보 유적의 주거 형태와 차이가 있다.

주거지 외에 동고대산 유적에서 가마터(窯址)가 1기 확인되었다. 평면 방형으로 십자형 방사상으로 뻗은 4개의 화도가 있으며, 중앙에 원형의 구덩이가 있다. 그리고 물환지 유적에서는 고대산문화 무덤이 조성되기 이전에 수전의 존재를 짐작하게 하는 수로로 판단되는 여러 줄의 구상 유구가 확인된 바 있다.

무덤은 주거지 인근의 독립된 묘지에 형성된다. 하가점하층문화 무덤이 이단굴광목관묘(二層臺木棺墓), 하가점상층문화가 석관묘 계열로 직지장이 중심인데 비해, 고대산문화는 무덤 내에 아무런 시설이 없는 토광묘가 대부분이고, 단인굴신장(單人屈身葬)이며, 호와 고족발 등의 토기 세트를 다리 부근에 부장하는 것이 특징이다. 간혹 호형토기에 발형토기를 엎어 부장한 예도 있다. 토광묘 가운데 일부 목관이 있어 이층대처럼 보이는 것도 있다. 그 밖에 고대산문화의 중심지를 벗어난 곳에서는 평정산 유적처럼 상부에 돌을 얹거나 벽면을 돌로 쌓은 것이 있다. 한편 순산둔 유적에서는 부정형 구덩이에 합장한 무덤이 중심이어서 단인장을 고수하는 고대산문화와 분명한 차이가 있어 기존 견해처럼 순산둔유형을 고대산문화로 포괄시키기는 어렵다.

고대산문화 무덤의 장축 방향이 등고선과 평행한 것과 직교하는 것이 있는데, 요고대산 유적은 전자에 이른 형태의 고족발이 공반되는 예가 많아 후자보다 이르다고 볼 수 있다. 그러나 동고대산 유적에는 서로 다른 장축 방향의 무덤들이 혼재하는데, 무덤군 간에 공지가 있고, 이들을 구획하는 형태로 경계면에 동서 방향의 무덤이 배치된 양상이 나타난다. 이는 고족발의 형태 차이와 더불어 요고대산과 동고대산을 점유하던 집단 간의 규범 차이를 나타낸다고 볼 수 있다.

고대산문화 토기는 무덤 유적과 생활 유적 출토 자료가 상이한 특징이 있다. 무덤에서는 호형토기와 고족발(高足鉢), 권족발(捲足鉢)이 출토되고, 생활 유적에서는 홍갈도의 분식력(盆式鬲)과 통식력(筒式鬲), 소량의 정(鼎), 언(甗)·호(壺)·분(盆)·천발·두형토기 등이 출토된다.

무덤 부장품인 고족발은 고대산문화를 인지하는 중요 유물이지만, 고족발 형태 변화에 대해 상반된 견해가 존재한다. 1976년 발굴 보고서에서는 형태가 유사한 평저발을 고족발의 전신으로 보고, 고족이 없는 것에서 고족이 형성되고, 고족이 호형토기에 부착되는 형태로 변화한다고 지적하였다. 반면, 평안보 유적의 중복 관계를 통해 편년을 재구성한 연구에서는 위에 제시한 고족발의 변화와 상반된 변화를 제시하였다. 현 시점에서는 동고대산 후기 유형에 고족을 제거한 듯한 평저발이 공반하고, 하가점하층문화단계에 해당하는 평정산 2기의 고족발 형태를 고식으로 보면, 후자의 견해가 타당할 것이다. 따라서 고족발이 뚜렷이 존재하고 대각 내부에 돌기가 형성되었으며, 종상이가 붙은 것에서 고족이 없고, 동최대경이 하위로 내려오며 고족 내 돌기가 소멸하며, 횡이 혹은 맹이(盲耳)로 변화한다고 보는 것이 좋을 것이다.

반면 호형토기의 변화상은 뚜렷하지 않은데, 대부분 평저로 구연내면이 비스듬히 각이져 면을 이루는 소위 말사구연(抹斜口緣)이 특징이며, 구연부에 부가퇴문(附加堆文)이 붙기도 한다. 동부에 종상이를 부착하는 것이 일반적이나, 경동부에 걸쳐 부착되기도 하며, 경동부 경계에 점열문이 시문되거나 호형토기에 고족이 붙는 형태도 있다.

생활 유적 출토 유물 중에는 분식력·통식력·두형토기의 변화가 뚜렷하다. 평안보 3기의 층위 관계를 바탕으로 살펴보면, 분식력은 외경하는 형태에서 직립하고 깊어지는 형태로 변화하고, 통식력은 점차 이중구연으로 변화한다. 그리고 두형토기는 대각 길이가 점차 짧아진다.

토기 외의 유물은 생활 유적에서 주로 확인된다. 석기는 편평한 석부, 반월형석도, 석겸 등이 있는데, 평안보 유적 출토 예를 살펴보면, 타제의 괭이, 장방형 혹은 제형의 석부, 석분, 석도와 석겸 등 농공구류가 풍부하다. 석도는 즐형부터 장방형, 장주형 등 다양하고, 천공이 없는 것도 존재하지만, 대부분 2개의 구멍이 뚫린 것이 많다. 석제 농공구와 더불어 동물 하악골과 견갑골로 제작한 골산(骨鏟), 골뢰(骨耒) 등의 농경구가 풍부하게 출토되고, 물환지 유적에서 확인된 수전(水田, 논)의 수로 시설로 보이는 구들의 존재, 고대산문화의 분포 지역이 평원지대라는 점을 고려할 때, 고대산문화 주민들은 본격적인 농경생활을 영위한 것으로 보인다.

또한 평안보 유적에서는 소형이긴 하지만, 한쪽이 나팔형인 이식(1점)과 청동도(1점), 규산암제 용범이 출토되어 현지에서 소규모나마 청동기 제작이 이루어졌음을 할 수 있다(도면 44). 청동도는 만유가 유적에서도 동경과 동월, 동부 등과 함께 출토되었으며, 이들 고대산문화 청동기는 대체로 북방계 전통을 보여준다.

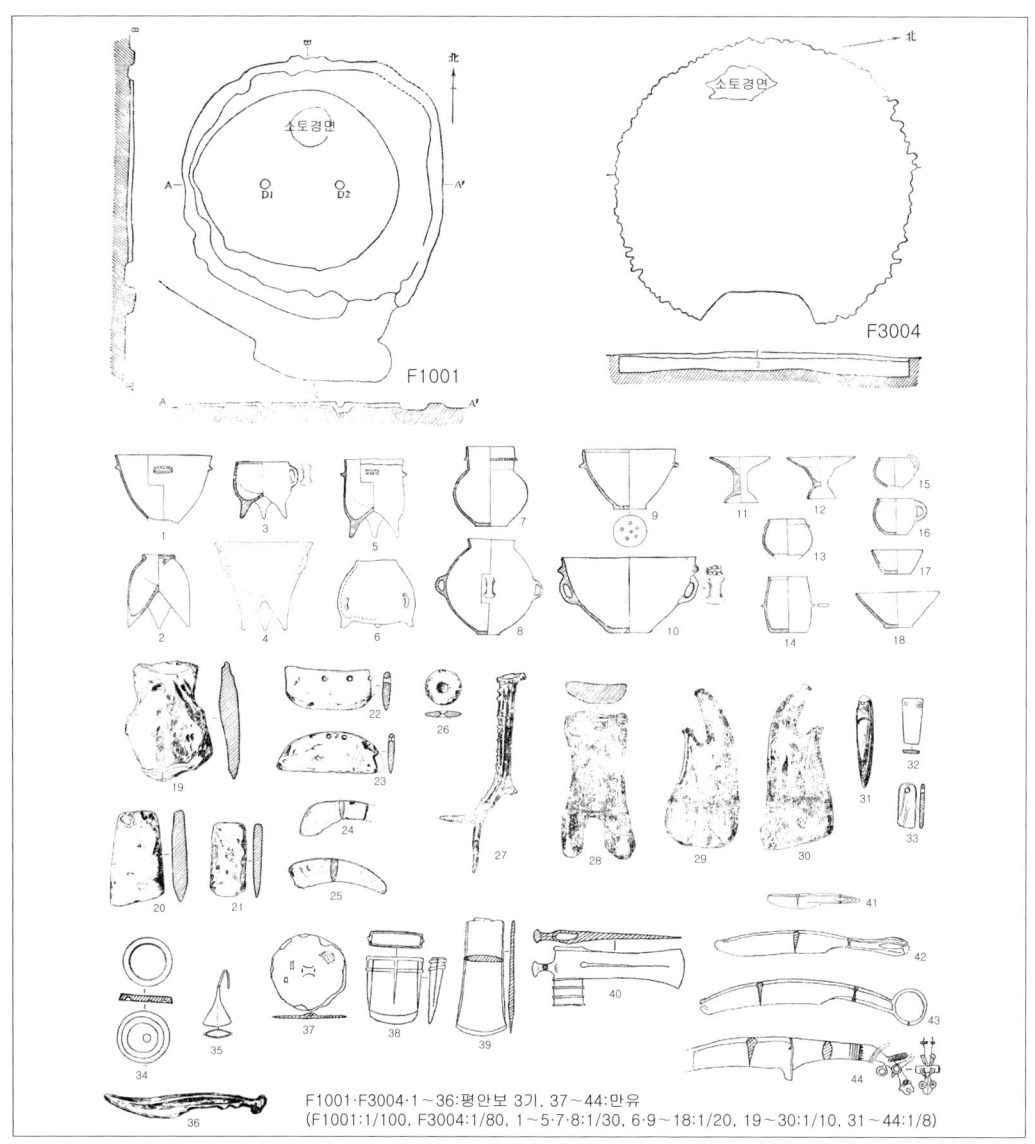

〈도면 44〉 고대산문화 주거지 및 생활 유적 출토 유물

2. 마성자문화

1) 설정과 연대

마성자문화(馬城子文化)는 요동 산지 태자하(太子河) 유역 주변에 형성된 석회암 동굴묘 출토 자료를 표지로 한다. 묘후산(廟后山, 이후 산성자로 명칭 변경) B동·C동과 산파(山坡) 유적 발굴을 통해, 동굴무덤·매장 풍습·출토 유물의 공통성을 근거로 묘후산문화유형이 설정되었다. 이후 자료가 풍부한 마성자 A동·B동·C동을 표지로 하여 묘후산문화유형은 마성자문화로 명명되었고, 요서지역 하가점하층문화에 병행하는 요동지역 전기 청동기문화로 규정되었다. 마성자문화 분포권에 대해서 태자하 유역의 요동 산지 일대로 한정하는 일반적인 견해와 삼족기 특히 정(鼎)의 공통성을 근거로 주변의 신락상층문화(新樂上層文化)·노호충유형(老虎沖類型)·순산둔유형(順山屯類型)·망화유형(望花類型)을 마성자문화로 파악하여 분포권을 확대시키는 견해도 있다. 그러나 마성자문화에서 발견된 정의 수량이 적고, 신락상층문화·노호충유형·순산둔유형·망화유형은 모두 마성자문화 후기에 주변 지역에서 형성된 지역문화로 이들 지역과의 관계를 통해 마성자문화에서 정이 소량 나타나는 것으로 보는 것이 좋을 듯하다. 따라서 마성자문화는 태자하(太子河) 유역과 혼하(渾河) 일부의 본계(本溪)·무순(撫順)·신빈(新賓) 일대를 아우르는 요동 산지에 주로 분포하였던 수렵채집생활을 기반으로 한 주민의 소산으로 보는 것이 좋을 것이다.

마성자문화는 동굴 내 무덤을 마련한 가족묘적 성격이 강하다. 맷돼지나 사슴 하악골을 부장하고, 일부 성년 여성과 아동의 합장이 있지만, 대부분 단인장 중심이다. 유물은 호(壺)·관(罐)·완(椀), 호·관·발(鉢)을 조합하여 두부와 족부 혹은 허리부의 측면에 놓고, 다양한 파수가 달리며, 삼족기가 부장되지 않는 특징이 있다(도면 45). 마성자 보고자는 장가보 A동과 산성자 C동의 층위 관계를 근거로 마성자문화를 3단계로 편년하였다. 전기는 마성자 B동·북전(北甸) A동이 해당하는데, 인근의 근변사(近邊寺) A동 M1목탄 측정치(교정 4,075±100BP)를 통해 하대(夏代) 초기로 보았다. 중기는 산성자(山城子) B동·산성자 C동 4·3층·장가보(張家堡) A동 4·3층이 해당하고 연대측정치가 대부분 3,800~3,200BP에 해당하여 상대(商代)로 파악하였다. 만기는 장가보 A동 2층·산성자 C동 2층·마성자 A동·마성자 C동이 해당하고 연대측정치가 3,200~3,000BP로 상말주초(商末周初)로 보았다. 보고서와 달리, 마성자 A동을 이른 시기로 보거나, 마성자 B동과 북전 A동을 늦은 시기까지 장기 존속한 것으로 보는 견해도 있지만, 대체로 마성자문화가 하대 만기부터 상말주초까지 전개되었다는 점은 동의를 얻고 있다.

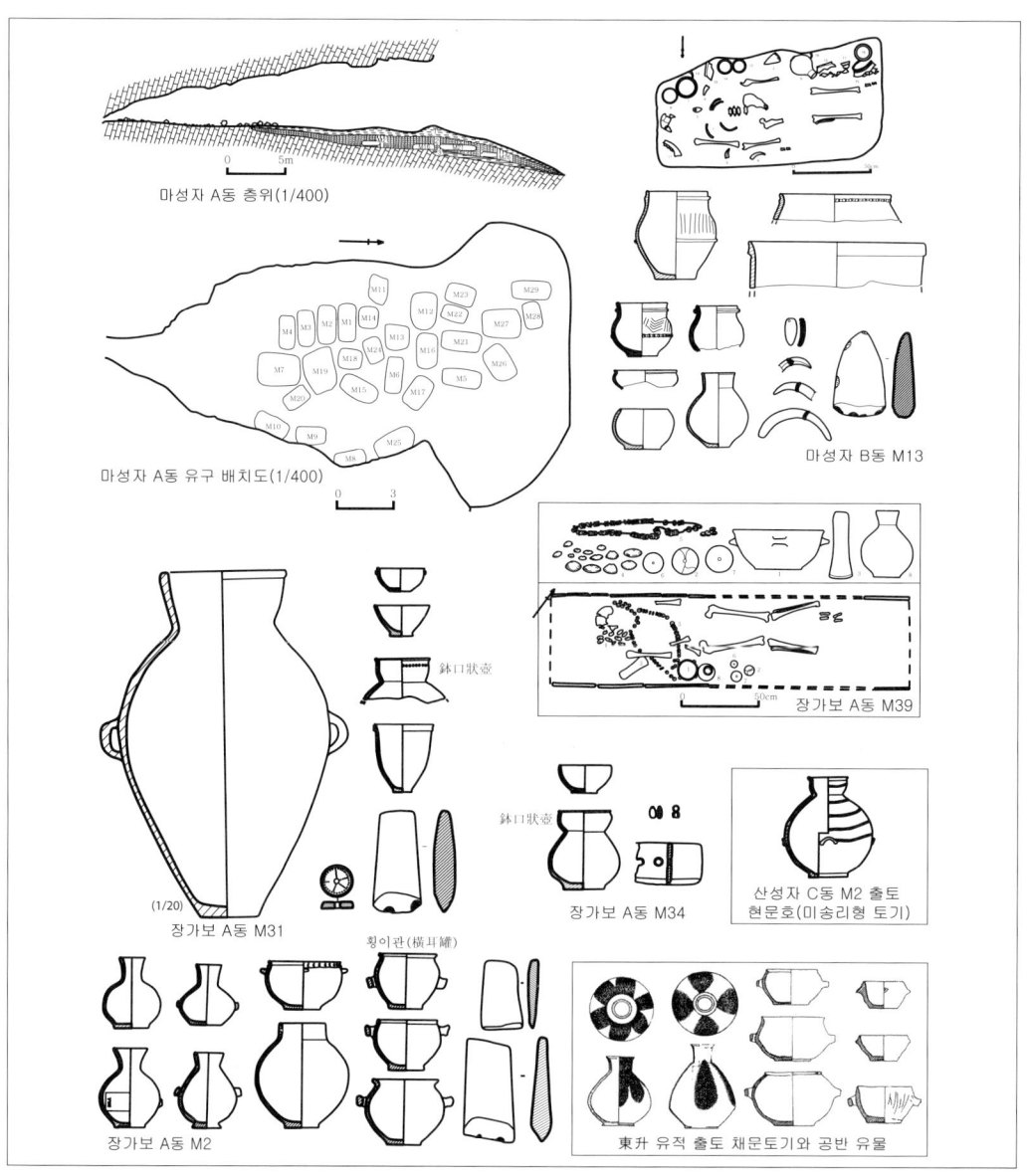

〈도면 45〉 마성자문화 무덤 및 출토 유물(유구:1/50, 토기:1/15, 나머지1/10)

2) 형성과 전개

마성자문화 형성 과정에 관한 논의는 활발하지 않다. 다만 마성자 B동 하층과 북전 A동 하층에서 신석기시대 주거지와 유물들이 출토되었는데, 통형관 중심의 압인문계 토기가 출토되었다. 그중에서 편보자유형(偏堡子類型)인 구연 아래에 돌대문을 배치하고 그 아래로 침선문을 시문한 토기가 확인되는데, 이는 마성자 B동 출토 돌대문 사이에 침선문을 시문한 관과 유사하다. 그리고 마성자 B동에서는 신석기시대 토기 편을 이용한 어망추가 출토되고, 재지 신석기시대 전통을 계승하여 삼족기가 없는 점으로 미루어 볼 때, 하층의 신석기시대 문화에서 발전하였음을 부정할 수 없다. 따라서 마성자문화는 해당 지역의 신석기시대 말기 전통하에 형성하고, 신석기시대에 동굴을 주거용을 사용하다가 청동기시대에 들어 거주 영역을 동굴 밖으로 옮기면서 동굴을 무덤으로 활용하기 시작한 것으로 보인다.

마성자문화는 단인장 풍습·부장 유물 위치·호형토기 다용·호형토기의 말사구연(抹斜口緣)·종상이 부착이라는 세부 요소에서 고대산문화와 상당 부분 공통된다. 그러나 특정 요소를 제외하고 무덤 구조는 물론 호형토기의 경우, 고대산문화는 홍의도(紅衣陶) 중심이고, 종상이가 많으며, 20cm 이하의 것과 이상의 것이 공존하는 반면, 마성자문화는 홍갈도(紅褐陶)이고, 횡교이가 우세하며, 기고 20cm 이하 15~17cm 전후로 집약되는 상이성이 있다. 고대산문화의 특정 요소만 유사성이 확인되는 점으로 보아 고대산문화로부터 마성자문화로의 전파 과정을 확인할 수 있지만, 마성자문화 후기부터는 말사구연도 소멸하는 등 더 이상의 관련성은 엿볼 수 없다.

그 밖에 마성자문화 전기에 확인되는 이중구연을 근거로 쌍타자문화(雙砣子文化) 2기와 관련짓거나 경동부 돌대문 사이에 침선문 시문 방식을 쌍타자문화 3기의 횡대구획문, 나아가서 한반도 서북부 압록강 하류역의 신암리 1기와 관련짓는 견해도 있다. 그리고 마성자문화의 종상이 부착 대형 호형토기는 압록강 중상류 심귀리 유적에서도 출토되어, 마성자문화의 급격한 확산 혹은 주민 이주를 설명하는 견해도 제기되었으며, 마성자 C동 M2와 동승(東升) 유적에서 출토된 채문토기(도면 45)는 한반도 남부 채문토기의 기원으로 이야기되기도 한다. 이처럼 마성자문화는 생업 환경, 하천 상류에 입지하는 양상으로 볼 때, 한반도 청동기시대 조·전기 유적 입지와 상당히 유사하여, 한반도 북부·남부로 직간접적으로 전파되었을 것으로 보인다.

이상으로 마성자문화는 전·중기에는 고대산문화, 쌍타자문화와 지역 관계를 가지면서 전개되지만, 후기부터는 혼하(渾河) 유역의 신락상층문화의 요소가 일부 유입되며, 석관묘가 유행한다. 마성자문화 조기부터 무덤 주위에 석판을 배치하고, 네 벽을 돌로 쌓거나 장방형 석관을 설치한 예가 확인되고(도면 45), 석관묘 출토 유물은 마성자문화 유물군과 유사성이 많아, 양자의 관계가 주목받아왔다. 동굴묘와 석관묘의 분포상 차이를 근거로 동일 문화의 소산이면서 태자하 상류의 석회암지대에서는 그에 적응한 동굴묘가 성행하고 주변부에서는 석관묘가 성행하였다고 보는 경우도 있고, 석관묘 출토 유물이 대부분 마성자문화 후기의 것과 유사함을 근거로 동굴묘에서 석관묘로 전환된다고 보는 경우도 있다. 현 시점에서는 석관묘가 동굴묘에서 기원하는지 혹은 마성자문화와 동 시기에 공존하였는지 확실치 않다. 다만 초기 석관묘 문화는 마성자문화와 동질성이 많고, 마성자문화 후기에 급격히 증가하는 점으로 보아 마성자문화는 이후 본계(本溪)·신빈(新濱) 등지에 분포하며 현문호(弦文壺)가 출토되는 신성자문화(新城子

文化)로 대체된 것은 확실하다.

3) 문화 내용

마성자문화의 생활 유적은 보고가 미진한 상태이다. 현재까지 일단락을 엿볼 수 있는 자료가 묘후산 유적, 사가외자수동(謝家崴子水洞) 유적 정도인데, 묘후산 유적은 산성자 C동에서 서쪽으로 50m 정도 떨어진 곳에 위치한다. 석기는 41점, 토기는 1층에서 2,282편, 2층에서 319점, 3층에서 10점 정도 출토되었고, 호·시루·완·발·관·파수·저부편이 출토되나 삼족기는 없다. 사가외자수동은 동굴 너비 20m, 높이 5.75m의 반월형으로 3층에서 마성자문화와 신석기시대 유물이 확인된바 있다. 동승 유적 인근의 굴륭립자산(窟隆砬子山)동굴 밖의 대지상에 생활 유적으로 추정되는 곳도 확인된 바 있지만, 정확한 모습은 알 수 없다.

동굴묘는 내부에 중첩되어 무덤이 조성되는데, 묘광은 아주 약간만 굴착하거나 판석을 깔거나 부분적으로 돌로 구획하여 무덤을 조성한다. 무덤은 전기부터 후기까지 화장하지 않은 앙신직지장, 현지에서 화장한 무덤, 뼈를 선별하여 화장한 간골화장묘(揀骨火葬墓)가 공존하는데, 간골화장묘의 수가 많다. 대부분 아무런 시설이 없지만, 동굴묘 가운데 일부 무덤 주위에 석판 내지 석괴를 부분 배치(마성자 A동 M12·산성자 B동)하거나, 석관형으로 이루어진 것(장가보 A동 M39), 그리고 일정 규모의 목제관 부식흔으로 추정되는 것(장가보 A동 M42)이 확인된 바 있다(도면 45). 부장 유물은 토기·석기·동물 뼈를 조합하여 주검의 발치나 측면에 두고, 토기는 호·관(옹형토기)·완형토기류가 조합되며, 후기에는 호·횡이관 조합으로 정형화된다.

무덤 규모는 대체로 길이 150~200cm로 편차가 뚜렷하지 않다. 다만 보고서에는 동굴묘 무덤 위치와 화장 정도, 부장 유물 수에 따라 성원간의 불균등한 경제적 빈부 차가 있다고 보아, 화장 정도가 크고, 무덤이 중앙에 위치하고, 부장 유물이 많은 것이 높은 신분이라고 보았다. 그러나 중앙과 동굴 벽에 관계 없이 부장 유물 수가 다양하여 신분 차에 따른 동굴 내 위치 선정 경향은 확인되지 않는다. 오히려 무덤 축조 순서와 관련하여 상식적으로 동굴 안쪽과 벽쪽을 먼저 축조하고 중앙부를 채워나갔을 가능성이 더욱 크다.

마성자문화 동굴묘에 부장되는 유물로는 관(罐)·호·완형의 토기와 정형화된 석기, 방추차와 어망추, 석제구슬 및 조개 장식품, 돼지·사슴의 하악골 등의 동물 뼈가 있다. 토기는 대체로 홍갈도로, 관과 완형토기에 돌대문 및 이중구연이 부착되고, 호형토기는 경부에 자돌상 점열문이 시문되며, 횡교이가 부착되고, 횡이관(橫耳罐, 완형토기와 유사한 형태)이라는 특징으로 집약된다. 관에 부착된 돌대문은 일주하며 중기부터 절상돌대문이 등장하고, 이중구연단선문이 유행한다. 후기로 갈수록 무덤에 대형 관(罐)을 부장하지 않는 반면, 호형토기 부장량이 늘어나고 횡교이를 부착하는 경향이 보인다. 특히 마성자문화 호형토기 기고가 20cm 이하로 15cm 전후에 집중하는 것으로 보아 실생활용 토기로 제작되었다기보다 처음부터 부장용 명기로 제작·

사용되었을 가능성이 많다. 완형토기는 구연이 외경하는 것에서 내만하다 꺾여 외반하는 형태로 통일되고 홑구연과 이중구연, 이중구연단사선, 점열문이 시문되는데, 후기에는 무문의 횡교이를 부착한 소위 횡이관으로 정형화된다.

한편, 현문호(弦文壺)의 요소인 발구상호(鉢口狀壺)가 장가보 A동 M31·M34에서 출토되었고, 현문이 산성자 B동과 장가보 A동 M45에서 출토되었으며, 산성자 C동 M2에서는 현문호가 공반한다(도면 45). 이들 요소를 근거로 마성자문화에서 현문호가 출현한다고 보기도 한다. 그러나 수량이 극히 적고, 산성자 C동 M2 출토 현문호는 흑색으로 홍갈도 중심의 마성자문화 토기와는 현격한 차이가 있어, 마성자문화 호형토기와 관련한 현문호 기원 문제는 좀 더 검토할 필요가 있다.

석기는 대부분 마제로 석부·석분(錛)·석착이 가장 많고, 일부 석촉이 부장되는 반면 석도는 극히 적다. 석부는 대부분 장방형 혹은 제형으로 길이는 25~30cm 정도로 두께는 비교적 편평하다. 자귀와 석착은 너비가 다양하고, 역시 정형화된 형태를 보여준다. 석도는 소량으로 장방형이 많은데, 폭이 좁고 세장방형에 가까운 것도 있다. 석도에 천공이 없는 경우와 2개의 구멍이 있는 것 등이 확인된다. 그 밖에 마제의 무경식 석촉과 곤봉두가 소량이나마 부장되기도 한다. 이러한 석기상을 유적 입지, 생업 활동과 관련지어, 마성자문화는 농경이 부적합하고 수렵채집에 적합한 생활을 영위한 것으로 보기도 한다. 게다가 무덤 내에서 동물 하악골 등이 다수 확인되는데, 대부분 돼지 혹은 사슴으로 1년이 못 된 것이라는 점에서 야생적 성격이 강하고 역시 수렵이 주된 생업이었던 것으로 이해된다. 방추차는 전 시기에 걸쳐 일정 수량이 부장되지만, 어망추와 석촉은 대체로 수량이 급감하고 부장되지 않게 된다.

그 밖에 청동기가 출토되는데, 청동 용기와 청동 무기는 없고 대부분 청동 장식품으로, 장가보 A동 M11에서 동환 2점, M24에서 원형동식 2점, M26에서 장방형동식 1점, M50에서 동이식 1점이 출토되었다.

3. 신락상층문화

1) 설정과 연대

신락상층문화는 혼하(渾河) 유역의 심양(瀋陽) 신락 유적 상층을 표지로 한다. 신락 상층은 1973년 발굴 당시 Ⅱ지점과 Ⅴ지점에서 확인되었는데, Ⅱ지점 2층에서 노지 2기와 수혈(灰坑) 2기가 확인됨과 동시에 언(甗)과 정(鼎)이 출토되었다. 전형적인 신락상층문화는 심양시를 중심으로 하는 요하 하류의 혼하 유역에 집중하지만, 넓게 삼족기가 확인되는 무순(撫順) 망화(望花) 유적을 포함하여 혼하의 지류인 소자하(蘇子河), 동주하(東洲河) 부근에서도 확인된다.

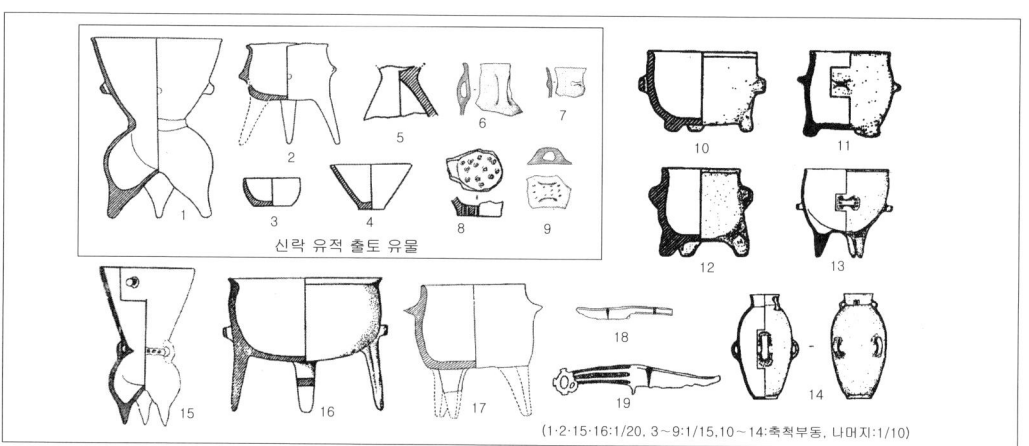

〈도면 46〉 신락상층문화 유적 출토 유물
1~3·7·9. 신락T12   4·8. 신락A1H1   5. 신락A72   6. 신락A5H1   10. 요령대학T2⑤   11. 요령대학T14⑤
12. 요령대학T6⑤   13. 요령대학T3⑤   14. 요령대학H11   15. 호가자 유적   16·19. 망화 유적   17·18. 시가동산 유적

유적은 모두 강 옆 높은 단구에 위치하는데, 아직 신락상층문화의 생활 유적과 함께 무덤 유적은 알려진 바가 없다. 이러한 신락상층문화는 고대산 유적과 동일한 문화로 여겨졌지만, 이후 력 중심의 고대산문화와 달리, 신락상층문화는 정이 중심이고, 연대상 고대산문화가 이르다고 지적되면서 양자는 별개의 문화임이 밝혀졌다. 한편 신락상층문화 무덤 유적이 불분명하여, 지리적으로 근접하는 마성자문화 동굴묘를 동일 문화로 파악하는 견해도 있다. 즉, 신락상층문화를 규정하는 내용이 연구자마다 상이하고 그 존속 연대도 학계에 일치된 견해가 없다. 현재 신락상층문화 연대는 망화 유적 절대연대 측정치가 유일한데, 3,090±100BP로 상-주 교체기에 해당하고, 청동기 형식을 보면 동일한 형태의 청동환수도가 안양 은허에서도 확인된 바 있는 전형적인 북방식 청동기로 상대 후기에 해당한다. 따라서 신락상층문화는 대체로 상 후기에 해당한다고 이야기된다.

2) 문화 내용

토기는 조사질 홍갈도로 력(鬲)을 제외한 정·언 등의 삼족기를 중심으로 시루·완·발 등이 있다. 토기는 언의 요부(腰部)에 부착된 부가퇴문을 제외하고 기면에 장식이 없는 거의 무문이고, 횡교이(橫橋耳)·반이(盤耳)·주상이(柱狀耳)가 부착된다. 특히 정이 특징인데, 구연이 넓고 깊지 않으며 평저 혹은 환저이며, 정족(鼎足)은 원추형, 편방형, 다변주형, 방추형 등 다양하다. 정은 구연이 뚜렷하게 외반하는 것에서 내만 혹은 외반하는 것으로, 호복(弧腹)에서 직복(直腹)으로 환저에서 평저로 변화한다.

한편 고대산문화에 해당하는 법고(法庫) 만유가(灣柳街) 유적에서 신락상층문화 관련 유물이 많이 확인되는데, 만유가 유적이 강평(康平)과 심양(瀋陽) 사이에 위치하고 지리적으로 신락상층문화 분포권에 근접하므로 신락상층문화가 남에서 북으로 전파되어 고대산문화 후반에 접촉하여 나타나는 것으로 보인다. 그리고 동고대산 후기 유형에서 신락상층문화의 특징인 정이 출토되어 고대산문화 후기에 신락상층문화가 병행하여 접촉했던 것으로 볼 수 있다.

석기는 석부, 석도, 환상기로 많지 않고, 청동기는 신락 유적 주변에서 채집한 속요편평편인 동부, 환수도 각 1점, 망화 유적 출토 청동환수도가 있는데, 전형적인 북방식 청동기로 상대 후기에 해당하는 것이다.

4. 쌍타자문화

1) 설정과 연대

쌍타자문화(雙砣子文化)는 우가촌상층문화(于家村上層文化), 양두와문화(羊頭窪文化)라고도 하는데, 요동반도 남단의 쌍타자 유적과 대취자(大嘴子) 유적을 표지로 한다. 층위 관계에 따라 쌍타자 유적 하층(1기)·중층(2기)·상층(3기)으로 나뉘고, 각각은 대취자 유적 1기·2기·3기와 대응한다. 쌍타자문화에 해당하는 유적은 상기 유적 외에 단타자(單砣子)·고려성산(高麗城山)·우가촌·고려채(高麗寨)·묘산(廟山) 유적 등이 있는데, 대체로 요동반도 남단의 발해와 황해 연안에 분포한다.

쌍타자 유적 발굴 당시에는 신석기시대로 파악되었으나 이후 대취자 유적에서 출토된 청동창의 존재, 문양 등 토기 구성의 급격한 변화를 근거로 쌍타자 1기부터 전기 청동기시대로 보는 견해가 제기된 이래 연구자들에게 널리 받아들여지고 있다. 반면 용산문화의 전통이 강한 쌍타자 1기에 청동 주조를 적극적으로 시사하는 자료가 거의 확인되지 않아, 쌍타자 2기부터 청동기시대로 진입하였다고 보는 연구자도 있다.

쌍타자1기문화는 2개의 방을 가진 수혈주거지가 특징이고, 고경관(高頸罐)·호·단이배(單耳杯)를 특징으로 하며 채회도가 확인된다(도면 47). 고경관이나 호 경부와 견부에 현문 또는 원형첩부문이 부가되는 것이 특징이다. 묘산 4층·우가촌 하층이 이 단계에 해당한다. 용산문화와 유사하고, 쌍타자 F16 연대측정치가 4,435±145BP(2465±145BC)로 이르지만, 우가촌하층 측정치는 3,945±105BP, 4,510±145BP로 대체로 2275~1680BC(2735~1995BC)에 집중한다.

쌍타자2기문화는 쌍타자 유적에서 수혈(灰坑)만, 대취자 유적에서는 퇴적층만, 상마석 유적에서는 옹관묘만 확인되어 주거상이 불분명하다(도면 48). 여전히 채회도가 확인되고, 삼족기가 등장하며, 기개(器蓋)가 많고, 경부에 무각목 돌대와 같은 철릉문(凸棱文)을 시문하는 것이 특징이다. 대부분 물레로 제작된 니질 흑회도인데, 이는 산동반도의 악석문화(岳石文化)와 유

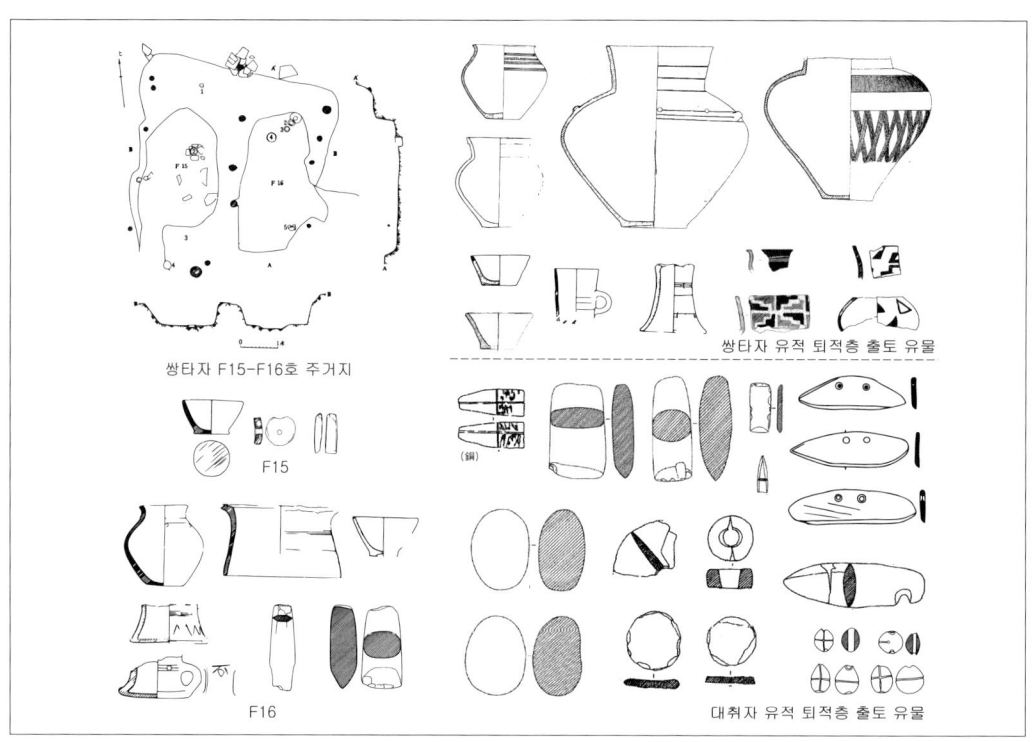

〈도면 47〉 쌍타자1기문화(유구:1/200, 토기:1/15, 나머지:1/10)

사하다. 이처럼 쌍타자 2기의 존재가 불분명하고, 존속 시기가 짧지만 그 실체를 인정하는 견해와 쌍타자 2기를 쌍타자 1기에 포함된다고 보는 견해가 제시된 바 있다. 이와 유사한 맥락으로 최근에 문양 분석을 통해 쌍타자 1기와 2기의 공통성은 이중구연뿐이지만, 2기와 3기의 공통성은 횡대구획문·비후구연·돌선문으로 유사도가 더 높다고 보아 2기와 3기를 거의 동 시기로 보는 견해도 제시되어 의견이 분분하다. 쌍타자2기문화의 절대연대측정치가 없고, 상기한 것처럼 쌍타자 2기를 어떤 맥락으로 이해하느냐에 따라 연대가 달라진다. 쌍타자2기문화의 존재를 인정하는 경우, 영향이 농후한 악석문화의 연대를 참고하여 기원전 1890~기원전 1750년으로 이해하는 것이 일반적이다.

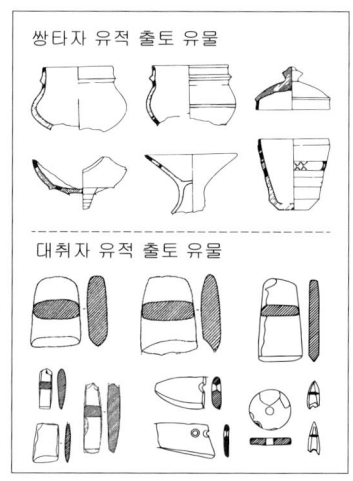

〈도면 48〉 쌍타자2기문화(토기:1/15, 나머지:1/10)

쌍타자문화중 가장 자료가 풍부하고 정형성을 띠는 단계가 쌍타자 3기이다. 더 이상 악석문화 전통은 보이지 않으며, 요동반도 남단의 지역적 특색이 분명해진다. 대취자 3기·우가촌 상층·우가촌 타두적석묘·왕보산(王寶山)적석묘·토룡(土龍)적석묘 등이 해당한다. 쌍타자3기문화는 석벽의 방형 수혈주거지가 확인되며, 토기는 삼족기가 더 이상 확인되지 않고, 관(罐)을 중심으로 호·권족궤(圈足簋) 등이 출토된다(도면 49).

쌍타자3기문화층은 비교적 두껍고, 주거지가 중첩되어 확인되는데, 대취자 유적의 층위 관계를 통해서도 세분의 여지가 있다. 지금까지의 연구 성과로 볼 때, 주거지의 중첩 관계가 세분 편년의 실마리가 되는데, 대취자 1992년 발굴에서 석벽주거지가 수혈주거지를 파괴한 점, 토기

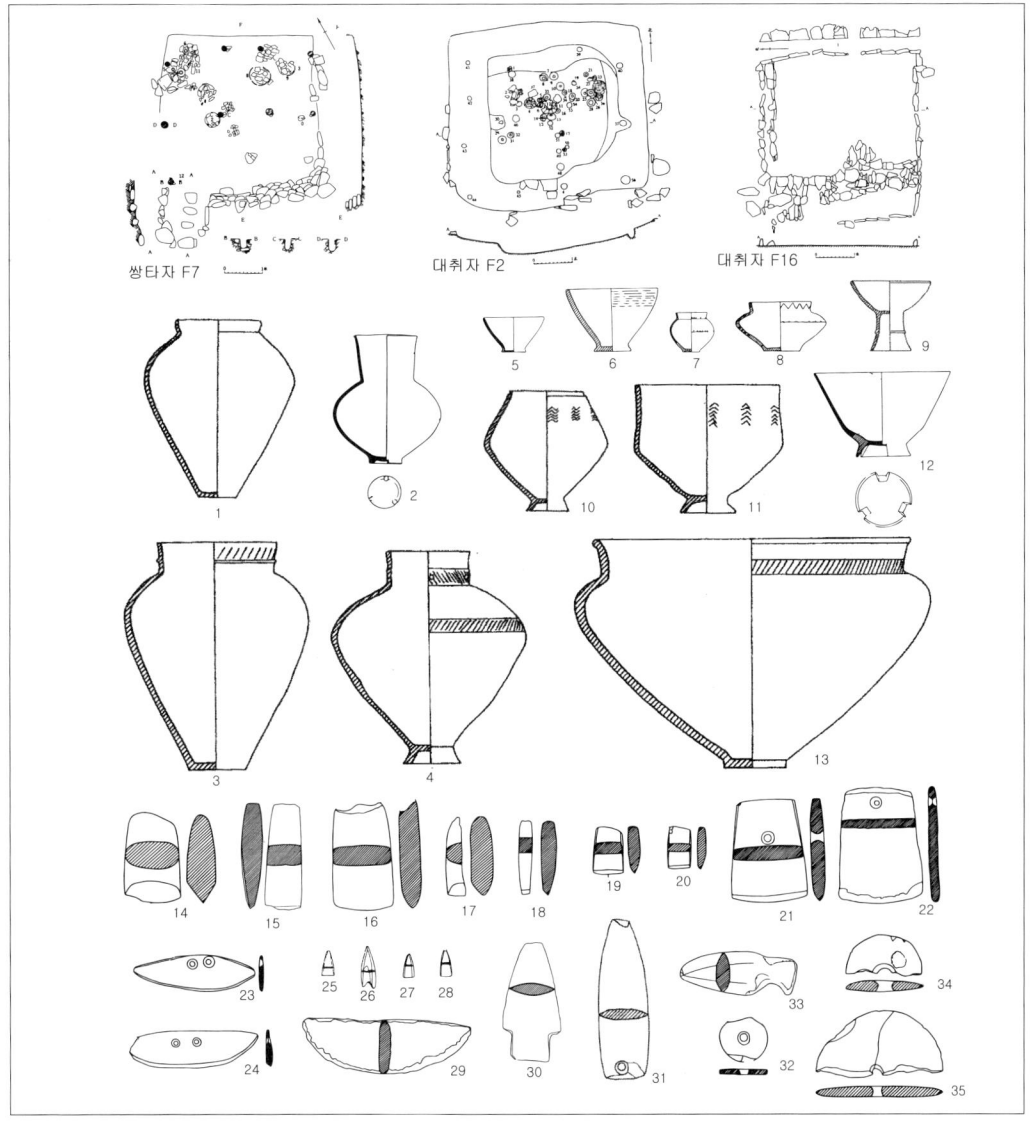

〈도면 49〉 쌍타자3기문화(유구: 1/200, 토기: 1/15, 나머지: 1/10)
1·4·11·13. 대취자 F15   2·5·7·12. 쌍타자 F4   3·10·16·17·24. 대취자 F30   6·31·33. 대취자 F25
8·9. 대취자 F8   14·18·19·21·22·26~29·34·35. 대취자 퇴적층   15·30. 쌍타자 F7   20·23·25·32. 대취자 F27

청동기시대 275

변화를 통해 대취자 3기를 전기와 후기로 나누고, 후기는 다시 후기 전·후반으로 세분하는 견해가 제기된 이래, 대취자 유적 3기를 A·B·C·D의 4단계로 나누거나, 무시설식으로 단시설이 없는 주거지 중심(Ⅲ-1기), 단시설이 완만한 주거지 단계(Ⅲ-2기), 단시설이 편평한 주거지 단계(Ⅲ-3기), 석벽주거지 단계(Ⅲ-4기)로 나누기도 한다. 쌍타자3기문화 절대연대측정치는 대체로 1555~1490BC에 집중하지만, 대취자 1992년 F1 목탄측정치 3,384±92BP(1691~1459BC), 1992년 F4 목탄측정치 3,053±86BP(1373~1051BC)를 고려할 때, 1700BC~1200BC의 시간 폭을 가진다고 볼 수 있다.

한편 쌍타자3기문화의 대취자 F3(1987년)에서는 탄화된 곡물이 가득 들어 있는 관이 확인되었는데, 수수와 벼로 확인되었다. 또한 F10·F37에서는 생선 뼈(魚骨)가 가득한 관과 호가 출토되었고, 쌍타자 유적 F17 내부에서도 생선 뼈가 집중 출토된 지점이 확인되었다. 아울러 유적 곳곳에서 출토된 다양한 종류의 동물 뼈와 풍부한 농구 및 어로구의 존재로 미루어 볼 때, 쌍타자3기문화 주민들이 발해만과 황해 연안에 거주하면서 농경과 수렵·가축·어로 등 다양한 생업에 종사하였던 모습을 엿볼 수 있다.

2) 문화 내용

쌍타자1기문화 주거지는 F14·F15-F16·F18-F19가 해당한다. 2개의 방을 가진 수혈주거지가 확인되고, 내부에 광구호를 묻고 주위를 돌로 두른 노지가 특징적이다(도면 47). F15-F16을 보면, 동쪽 방(F16호)은 규모 '3.8×1.7m', 서쪽 방(F15)은 규모 '3.15×2m'로, F15에서는 판석을 깐 위석식노지 위 중앙에 호가 엎어져 있었다. 우가촌 하층에서도 6기의 주거지(F2~F7)가 확인되었는데, F5는 말각방형의 반지하식으로 규모 '440×450×125cm'이다. 주거지 주위로 주혈이 확인되고, 특이한 점은 주거지면에 3~4cm의 나무 막대(木棍)를 배열하고 그 위에 초본을 섞은 진흙을 깔았는데, 방습을 위해 설치된 것으로 추정된다. 대취자 유적에서도 F11·F12가 확인되었지만, 규모와 내부 구조 등을 알 수 없다.

쌍타자2기문화 주거지는 대취자 유적 1992년 발굴 F10이 유일하다. 출토 유물이 천발 1점으로 소속 시기도 불분명하지만, 보고서 기술에 따르면 1기의 F11·F12와 유사하다.

쌍타자3기문화 주거지는 대부분 화재 주거지로 주거지 주위에 쌍타자, 대취자 유적처럼 돌로 쌓은 담장 시설이 둘러져 있다. 이러한 담장 시설을 주거지에서 출토되는 석검·석월·석과 등의 무기류와 결부지어 방어 시설로 보는 견해가 있다. 주거지는 원형·말각방형·부정형 등 다양하나 방형계가 우세하다(도면 49). 3기 문화의 이른 시기에는 반지하식 수혈주거지만 보이지만, 점차 석벽주거지가 나타나고 지상화되는 경향이 보인다. 석벽주거지라고 하여 규모나 출토 유물상에서 여타 주거지를 능가하는 양상은 확인되지 않는다. 주거지 규모는 대체로 길이 600cm 이하로, 3기 늦은 단계부터 규모 격차와 더불어 규모가 큰 주거지에서 환상석부, 곤봉두 같은 석기들이 출토되고 있어 계층화의 한 면을 엿볼 수 있다.

쌍타자문화라고 하여도 각 유적은 지리적으로 멀어 소지역성이 존재할 가능성이 많은데, 출입구 돌출 시설은 쌍타자와 묘산 유적(발해만 연안)에서만 확인되고, 노지 시설은 쌍타자 유적에서 확인되나, 대취자 유적(황해 연안)과 묘산 유적에서 보이지 않는 상이성이 존재한다. 그리고 두칸주거지와 단이배도 쌍타자 유적에서만 확인되고, 무덤 형태에서도 지역 차를 엿볼 수 있는데, 쌍타자문화 내 발해만 연안과 황해 연안의 소지역성과 유적 내 변이들이 존재한다고 볼 수 있다.

요동반도 남단의 무덤으로 옹관묘, 토광묘, 석붕, 적석묘, 석개석관묘, 대석개묘 등 다양한 형태가 확인되나, 취락 내에서 확인된 예는 전무한 것으로 보아 취락 형성 당시부터 거주지와 분묘 구역이 분명하게 분리되었음을 알 수 있다. 위의 무덤들 가운데 쌍타자문화 유적 인근에 위치하고 동일한 유물군이 확인되는 것은 옹관묘, 토광묘, 적석묘이다.

쌍타자1기문화에는 무덤 유적이 확인된 바 없지만, 2기문화에는 단타자 유적 토광묘와 상마석 유적 옹관묘가 알려져 있다(도면 50). 단타자 유적 1호 토광묘는 측신신전장으로 다리 부근에 호 3점이 부장되었고, 철릉문이 확인되어 쌍타자 2기와 유사하다. 상마석 유적 옹관묘는 17기로 원형 수혈에 아동 혹은 미성년 옹관을 매장하였는데, 미성년의 경우 이차장이 확인된다. 옹관구연이 위와 아래로 향하는 것이 있고, 상부로 향하는 것은 판석으로 덮었다. 옹관은 단타자 1호 토광묘 출토 호와 유사하다. 옹관 내부에 호나 관을 한 점씩 부장하고, 일부 패제구슬이나, 골관(骨管) 등을 부장한 예도 있다. 옹관 외부에 호를 부장한 예와 충전토에서 석촉이 출토된 예도 있다.

쌍타자3기문화의 무덤은 왕보산·토롱·우가촌 타두적석묘가 대표적이다(도면 50). 왕보산은 적석묘 내 하나의 무덤이 있는 일총일묘(一塚一墓)식이지만, 나머지는 한 적석묘 내에 복수의 무덤이 존재하는 일총다묘(一塚多墓)식이고, 일총다묘식 내에도 장법 차이가 있다. 묘산 유적 인근에 위치하는 왕보산 적석묘는 왕보산 위에 존재하는데, 잔존 상태가 좋은 M7을 보면, 석회암 바닥에 돌을 쌓아 무덤 공간을 만들고 돌로 막아 볼록한 분구 형식의 적석묘이다. 적석 중에 토기 편이 확인되고 인골은 화장하였다.

우가촌 타두적석묘는 삼각형 형태로 내부에서 58기 무덤이 열을 이루며 확인되었는데, 인근의 우가촌상층문화 주민들의 무덤으로 이해된다. 무덤은 장방형을 중심으로 일부 방형과 타원형이 있고, 돌로 낮게 3~4단만 설치하고, 바닥에는 자갈을 깔고 주검을 안치한 후 자갈을 덮고 이를 반복하는 대부분 앙신직지장의 다인다차장(多人多次葬)이다. 현재 32개의 무덤방에서 191명분의 인골이 확인되었고, 대부분 앙신직지장(仰身直肢葬)이나 일부는 부신장(俯身葬)이다. 적게는 1인, 많게는 21인 합장도 있다. 감정 가능한 인골을 대상으로 살펴보면, 남성 18예, 여성 17예이며, 사망 연령은 영아기 1예, 유아기 4예, 소년기 8예, 청년기 13예, 장년기 26예, 중

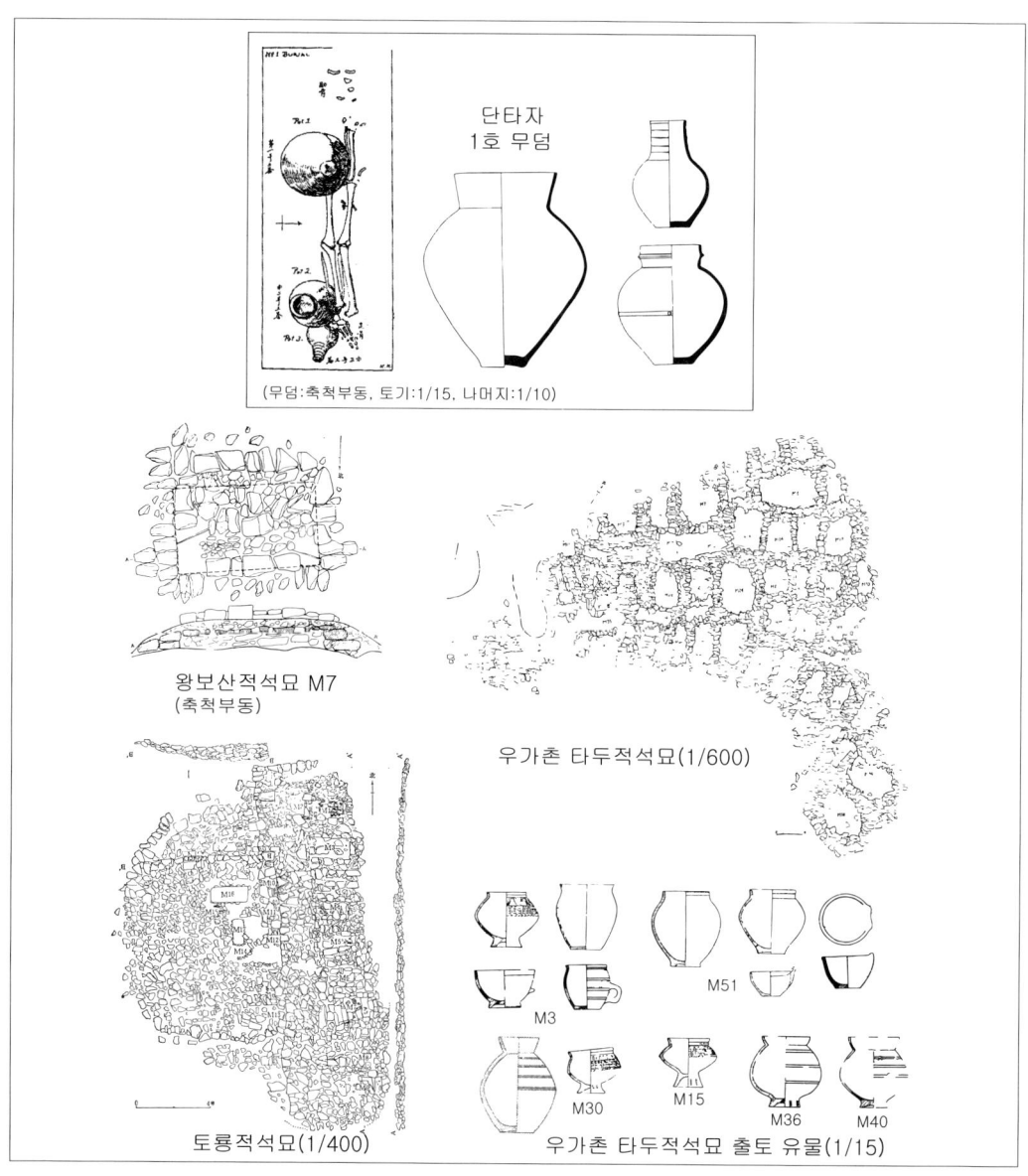

〈도면 50〉 쌍타자문화 무덤 및 출토 유물

년기 16예이다. 각 무덤은 가족을 나타내고 전체 적석묘는 씨족 묘지로 파악된다. 무덤 내부에서는 특징적인 권족발과 호·관이 1점 내지 2점 출토되고, 그 밖에 녹송석제·석제·마노제·토제 구슬 등의 장신구가 출토된다. 그리고 토룡적석묘가 위치하는 구릉은 묘산 유적과 연결되어 역시 묘산 유적 주민들의 무덤으로 보인다. 적석묘 내에서 17기의 무덤이 확인되었고, 우가촌 타두적석묘와 달리 다인합장과 아울러 화장과 이차장도 일부 확인된다.

다음으로 유물을 살펴보면, 쌍타자1기문화 토기는 모래가 혼입된 협사흑갈도로 고경관(高頸

罐)·호·단이배(單耳杯)를 특징으로 한다. 그 밖에 두, 천발 등이 있다. 고경관이나 호의 경부와 견부에 현문(弦文) 또는 유정문(乳釘文, 원형첩부문) 확인되는 외에 무문이다. 채색토기는 홍·황·백색 조합이 확인되고, 관·호에서 보인다. 채색 도안은 삼각형, 능형 등 기하학적 문양이 많다. 석기는 대부분 마제석기로 석부와 석분이 많은데, 석부 두께가 두툼하고, 장방형의 편평한 석부 중앙에 구멍이 난 석월도 출토되었다. 또한 석도는 반월형·장방형이 존재하고 천공되지 않은 것과 2개의 구멍이 있는 것 등이 확인된다. 그 외에 석창이 확인된다(도면 47).

쌍타자2기문화는 악석문화의 영향으로 니질의 흑회도가 많은데, 정 등의 삼족기와 함께, 궤(簋)·관(罐)·두(豆)·호(壺) 등이 출토되며, 개(蓋)가 많다. 대체로 무문이지만, 현문·획문도 확인되며, 특히 경부를 도드라지게 만든 무각목 돌대 같은 철릉문(凸棱文)이 특징이다. 석기상은 쌍타자1기문화와 유사하다(도면 48).

쌍타자3기문화 토기는 무문이 많고, 횡선으로 구획하고 침선문을 채운 횡대구획문, 점열문, 우상문(羽狀文) 등이 확인된다. 관과 호가 가장 많고, 대각이 달린 궤(簋, 권족발)도 특징적인 유물이다(도면 49). 소량이나마 언(甗)과 다족기가 확인되기도 한다. 이 중에서 호와 두, 권족발의 형태 변화가 뚜렷하다. 호형토기는 동최대경이 중위에서 상위로 이동하고, 횡대구획문의 경우 돌대로 구획하다가 점차 점열 혹은 침선으로 구획하며, 문양이 다양한 형태에서 사선문, 사격자문, 어골상문으로 집약되고 단순화된다. 두형토기는 반부 구연 형태가 분명하게 꺾여 외반하는 형태에서 그대로 단순하게 외반하는 형태로 변화하고, 권족발은 구연이 내경하고 투창이 있는 대각에서 구연이 직립하고 점차 외경하는 형태로 변화한다. 이러한 토기 변화상은 주거지의 변화와 더불어 3기 문화의 세분 가능성을 보여준다. 특히 우가촌 타두적석묘 M40와 M36에서 출토된 호는 파수가 없는 현문호(弦文壺)와 유사하다(도면 50). 현문호의 3대 요소인 현문, 첩이(疊耳: 입술형 손잡이), 발형구연(鉢形口緣) 중 첩이를 제외한 요소가 타두적석묘에서 모두 확인되어 '쌍타자문화-고려채(高麗寨)·단타자(單砣子)-우가촌 타두적석묘'의 단계를 거쳐 현문호가 발생한다고 보는 견해가 있다. 그러나 마성자문화 내에서도 현문, 첩이, 발형구연이 모두 확인되어 이들 문화에서 현문호가 출현하고, 현문호가 다시 요남지역에 영향을 미쳐 우가촌 타두적석묘 출토 호형토기가 나타나는 것으로 보는 견해도 있어, 현문호 출현 문제는 양 지역 간 병행 관계 등을 더 고려하여 풀어야 할 것이다.

석기가 발달하는데, 장방형의 편평한 석부와 반월형 석도가 가장 많다. 그 밖에 유견석부·석분·석착 등의 공구류와 석월·석창·석검·석과 등의 석제 무기가 일정량 확인되는 특징이 보인다. 석도는 장방형, 주형, 즐형 등 다양하고 천공되지 않은 것도 있지만, 대체로 구멍이 2개 뚫린 것이 일반적이다. 뿐만 아니라, 다량의 어망추 등이 출토되어 농경과 어로에 적합한 도구상을 갖추고 있음을 알 수 있다. 그리고 소량이긴 하지만, 대취자 1기에서 동과편이 출토되었고 3기 퇴적층에서도 동촉이 1점 출토되었는데, 상대(商代)의 것과 유사하다.

V. 요동지역의 후기 청동기문화

1. 문화 개념과 범위

비파형동검문화는 청동단검으로 대표되는 특정 유물 양식의 시공간성을 바탕으로 범주화된 문화권에 근접하는 개념이다. 보통 이전 단계의 문화 전통이나 새로 등장하는 문화 요소들의 복합 관계 및 시공간적 전개 맥락에 따라 다시 여러 지역 단위 문화유형으로 구분되고 있다. 이를테면 요동지역의 경우 비파형동검문화가 유행하는 단계에는 신성자문화(新城子文化)나 이도하자문화(二道河子文化), 강상문화(崗上文化)나 상마석상층문화(上馬石上層文化) 등이 각각 설정되고 있고, 전기 청동기시대와 후기 청동기시대의 전환기나 과도기에 해당되는 문화유형으로 순산둔유형(順山屯類型)과 요해둔유형(遼海屯類型)은 물론 쌍방유형(雙房類型)과 동산유형(東山類型) 등이 설정되고 있다. 또한 비파형동검문화에 속하면서 세형동검문화 단계까지 일부 지속되는 정가와자유형(鄭家窪子類型) 역시 설정되어 있다.

비파형동검문화와 관련되는 요동지역의 물질문화가 요서지역보다 훨씬 다양하게 인식되는 것은 무엇보다 문화 전통이 다양하고, 새로 등장하는 청동유물이나 토기 문화의 변천 관계를 바라보는 연구 시각들이 매우 상이하기 때문이다. 가령 청동기시대의 후기 단계부터 새로 등장하는 청동단검문화 유물들과 달리 지석묘와 석관묘로 대표되는 주요 묘제는 이미 청동기시대의 전기 단계부터 등장하며, 적석묘도 그 이전부터 지속되어왔던 묘제이다. 또한 청동유물의 변천 과정과 관련되는 비파형동검의 기원 논의는 요서기원론과 요동기원론이 극명하게 대비되고 있고, 요동지역의 토기 문화를 대표하는 상마석식토기(上馬石式土器)와 미송리식토기(美松里式土器)의 변천이나 확산 과정 역시 명확하게 밝혀지지 않고 있다. 정가와자유형이 십이대영자문화의 하위 유형인지 독립적인 문화 단위인지 역시 논란이다.

이와 같이 요동지역 비파형동검문화의 유구·유물에서 확인되는 시공간적 편차와 연구 시각의 다양성은 고고학적 문화 또는 문화유형의 설정에도 큰 영향을 주었으며, 이에 따라 서로 다른 개념으로 범주화된 명칭들이 사용되고 있다. 요동지역 비파형동검문화의 발전 과정과 사회 관계를 일관되게 설명하기 힘든 이유이다. 여기서는 최근 주목되는 견해들을 중심으로 비파형동검문화가 정립되기 전후 단계의 접촉 관계와 그 후의 병행 관계를 감안하여 문화 개념과 범위를 설정하고 관련 논의를 이어가려 한다.

먼저 비파형동검문화가 등장하기 전후 단계는 대략 상대 후기부터 서주 후기까지라고 할 수 있다. 이때 요서지역에는 희작구유형(喜鵲溝類型)과 위영자문화(魏營子文化)가 유행하며, 요동지역에는 이전 단계부터 확인되는 고대산문화(高臺山文化)와 마성자문화(馬城子文化)는 물론 쌍타자문화(雙砣子文化)가 지속된다. 다만 이때에는 이전과는 달리 소단위의 지역문화가 다수 형성되는 것이 특징인데, 미송리식토기문화가 등장함에 따라 대단위의 지역군에 다시 통합되는 것이 큰 흐름이라 할 수 있다(표 8 참조).

요북지역(遼北地域)의 경우 고대산문화와 관련하여 하요하(下遼河)의 서쪽에는 순산둔유형이, 그 동쪽에는 요해둔유형이 각각 확인된다. 순산둔유형과 요해둔유형은 고대산문화의 토기류를 계승·변화시켜 삼족기류 취사 용기를 사용하는 점은 동일하나, 전자에는 독자적인 단파력(單把鬲)과 위영자문화와 관련되는 화변력(花邊鬲)이 확인되며, 후자에는 구연부가 이중구연처럼 강화되어 있는 통복력(筒腹鬲)이 사용되는 등의 차별성이 뚜렷하다. 특히 요해둔유형은 시공간적으로 비파형동검문화와 직접 접촉하는 위치라는 측면에서 더욱 주목된다.

요남지역(遼南地域)의 경우 쌍타자문화와 관련되는 요소들이 강한 쌍방유형이 요남 서부·중부지역을 중심으로 유행하며, 마성자문화를 계승하는 동산유형이 요남 동부지역에서 확인된다. 전자에는 지석묘가 주로 확인되며, 후자에는 개석묘가 주로 확인되는 한편 토기 구성 역시 달라 서로 구분된다. 다만 쌍타자문화나 마성자문화의 늦은 단계부터 신성자문화의 횡이현

〈표 8〉 요동지역 비파형동검문화의 병행 관계(천선행 2014 수정)

요서 (내몽고 동남부 포함)			요하평원		요동산지			요동반도 남단			요동반도 동안	한반도 남부
하가점하층			평안보 3기 (전)	고대산 2단	마성자 2기	전엽	쌍타자 3기	양두와유형 (노철산 주변)	양두와유형 (영성자 주변)	대취자 유형	고려채	초기
						중엽		양두와	쌍타자 F12?	전엽		
?						후엽			쌍타자 F7/F17/F4	중엽		
희작구	위영자 1단	평정산 2기		순산둔	고3단/ 신락상층			우가촌 F1	쌍타자 F2	후엽		
								타두 1단계	쌍타자 F1/강상하층			전기
								타두 2단계	?			
								타두 3단계				
하가점상층	용두산1	위영자 2단	평정산 3기	3기 (후)	요해둔	고4단/ 신락상층	마3기	상마석상층	목양성1류 (고)	?	?	쌍방	
	용두산2						동산					
	용두산3	오금당 십이대영자	북외(분묘) ?		신성자			?	쌍타자단검묘 강상묘	상마석 BⅡ		후기
								윤가촌 1기 목양성1류(신)	누상묘1단 누상묘2단	상마석 A 상층		
정구자	철장구 수천北	원대자갑류	정가와자1기		탑만촌			와룡천묘		상마석 A 상층		
	철영자 수천南	원대자병류 동대장자	정가와자2기		양갑산			윤가촌 2기(고)				말기

문호(橫耳弦文壺)가 출토되는 단계까지 지속되는 측면에서 전환기적 문화유형으로 볼 수 있다. 특히 쌍방유형은 비파형동검문화를 일부 포함하고 있어 주목된다.

한편 기존에는 요남지역의 물질문화를 규정하는 개념으로 쌍방문화라는 말이 더 선호되었으며, 이에 대한 문화 개념이나 시공간적 범위 역시 다양하게 인식되어왔다. 쌍방문화의 문화 개념은 요동반도에서 유행했던 이중구연토기문화와 요북지역에서 유행했던 미송리식토기문화 중에 어느 것을 강조하느냐와 그 성립 배경으로 연결되는 마성자문화와 쌍타자문화의 어느 쪽을 강조하는지에 따라 달라진다. 이를테면 쌍타자문화와 이중구연토기를 강조하게 되면 상대 후기~서주 후기경을 중심으로 요동반도에서 유행하는 전환기적 문화 개념으로 사용하는 것이 되고, 마성자문화와 미송리식토기를 강조하게 되면 서주~춘추시기 무렵 요북지역에서 유행하는 비파형동검문화나 미송리식토기문화와 거의 같은 개념으로 사용하는 것이 된다.

그렇지만 '쌍방문화'라는 말을 요남지역의 비파형동검문화나 미송리식토기문화를 포괄하는 개념으로 확장시켜 사용하면 여러 가지 논리상의 문제점을 피할 수가 없게 된다. 무엇보다 미송리식토기의 기원지는 마성자문화의 최후 단계에 속한 동굴 무덤 분포 지역이며, 중심지도 요남지역이 아닌 요북지역이다. 요남지역의 물질문화는 지석묘와 이중구연토기를 중심으로 개석묘와 호형토기 등이 추가되는 정도이며, 요남지역에서 미송리식토기는 지석묘가 아닌 개석묘와 관련되는 유적에서 출토되는 매우 예외적인 사례이다. 그러므로 요남지역에서 비파형동검문화나 미송리식토기문화를 포괄하는 명칭으로 '쌍방문화'라는 말을 사용하는 것은 타당하지 않다.

또한 '쌍방문화'라는 말을 요남지역의 전환기적 문화 양상을 나타내는 개념으로 사용하더라도 요동 남단지역의 물질문화까지 모두 포괄하게 되면, 편년이나 문화 내용 등이 모호하게 처리되는 것이 문제이다. 요남지역의 토기문화가 요동 남단지역의 쌍타자문화나 상마석상층문화와 밀접하게 관련되는 것은 인정되나 두 지역에는 지석묘와 적석묘로 대표되는 묘제 차이가 뚜렷하며, 요남지역에는 쌍타자문화와 마성자문화의 토기 문화 중에 각각 일부 기종이나 특징 제작 기법만이 확인되는 점을 고려해야 한다. 이와 같은 요남지역 전환기의 문화적인 차별성을 고려하면 두 지역의 물질문화를 '쌍방문화'라는 틀로 포괄하여 보기 어렵다고 생각된다.

그러므로 요남지역 전환기의 물질문화는 가장 특징적인 지석묘와 함께 개석묘가 추가되는 측면 및 이중구연토기문화를 중심으로 논의해야 할 필요성이 있다. 이에 최근에는 요남지역 전환기의 물질문화(이중구연토기문화)와 요북지역의 청동단검문화 단계 물질문화(미송리식토기문화)를 각각 화가와보문화(伙家窩堡文化)와 이도하자문화(二道河子文化)로 설정한다거나 쌍방유형(또는 화가와보-쌍방유형)과 신성자문화로 설정하는 안이 주목되고 있다. 또한 요동 남단지역의 청동단검문화 단계 물질문화에는 강상유형이나 윤가촌1기문화 등이 설정되고 있다(표 8 참조).

신성자문화나 이도하자문화는 보통 기원전 10세기~기원전 6세기경 요북지역의 구릉산간지대를 중심으로 유행하는 미송리식토기문화 또는 전기 비파형동검문화를 가리키는 명칭이다. 주된 묘제에는 석관묘가 지목되며, 개석묘가 일부 확인된다 미송리식호(美松里式壺)나 쌍방식호(雙房式壺)로도 명명되는 횡이현문호와 축가구식관(祝家溝式罐)이나 대화방형관(大伙房型罐)으로도 언급되는 횡이발형관(橫耳鉢形罐)이 기본적인 토기 조합이며, 쌍방-이도하자식의 비파형동검을 비롯하여 비파형동모와 무문식의 선형동부(扇形銅斧) 등이 특징적인 청동유물이다. 여기서는 신성자문화에 대한 최근 연구 성과를 고려하여 이 말을 사용한다.

　강상유형이나 윤가촌1기문화는 기원전 9세기~기원전 5세기경에 요동 남단지역에서 유행했던 전기 비파형동검문화를 가리키는 명칭이다. 요남 해안지역을 중심으로 확인되는 상마석상층문화의 개념으로 파악하는 것도 이와 유사하다. 적석묘와 함께 강상식호(崗上式壺)로도 명명되는 각획문장경호(刻劃文長頸壺)와 이중구연심발(二重口緣深鉢) 등이 기본적인 토기 조합이며, 강상식의 비파형동검을 비롯하여 요서식과 요동식의 청동유물이 복합되어 확인되는 것이 특징이다. 다만 여기서는 다른 지역문화에서 묘제 차이를 중시하는 점을 감안하여 강상유형과 윤가촌1기문화를 포괄하는 의미에서 '강상문화'라는 말을 사용한다.

　한편 정가와자유형은 보통 기원전 6세기~기원전 4세기경 요중지역을 중심으로 분포하는 점토대토기문화 또는 후기 비파형동검문화를 가리키는 명칭이다. 목곽묘를 포함하는 토광묘가 주된 묘제지만, 석관묘도 일부 확인된다. 첩순관(疊脣罐)으로도 명명되는 점토대토기발과 흑도장경호는 물론 두형토기 등이 이 문화의 정체성을 보여주는 토기 조합이며, 정가와자-탑만촌식 비파형동검과 다뉴뇌문동경, 기하학문 선형동부 등이 특징적인 청동유물이다. 토기류와 청동기류 모두 요서계통으로 보통 십이대영자문화의 하위 유형으로 이해되고 있다.

2. 전환기의 문화유형 : 요해둔유형과 쌍방유형

　요령지역 전환기의 문화 변동에는 대단위의 지역문화가 쇠퇴하고 지역별로 소단위의 유적군이 다수 형성되며, 외래 문화가 대거 유입되는 것이 주목된다. 이때 요서지역에는 북방계통 청동이기(靑銅利器)와 중원계통(商周) 청동 예기가 다수 유입되는 것이 보이는데, 요동지역에도 카라숙계 유적 등을 포함하여 여러 지역군이 확인된다. 이하에는 요동지역 비파형동검문화의 형성 과정과도 관련되는 요해둔유형과 쌍방유형을 중심으로 전환기의 문화 내용을 간략하게 살펴본다(도면 51).

1) 요해둔유형

　요북지역의 전환기를 대표하는 요해둔유형은 토광묘문화와 관련되는 문화유형으로 추정된다. 하요하의 동변이자 요하평원 동단부에 해당되는 철령(鐵嶺)-개원(開原) 일대를 중심으로 분포하며, 유적들은 보통 넓은 평지 주변부에 형성되어 있는 낮은 구릉 위에 입지한다. 철령 요해둔(遼海屯)과 대산취자(大山嘴子), 개원 사가구(四家溝)와 유가보(劉家堡), 창도(昌圖) 하교자(河交子) 등이 대표적인 유적이다. 하요하의 서변에서 순산둔유형과 조우하며, 철령 남부지역에서 신락상층문화와도 조우한다.

　주로 생활 유적이 확인되었으며, 주거지와 수혈, 환구(環溝) 등이 확인되어 있다. 주거지는 모두 평면 원형 또는 타원형의 반지하식 구조이며, 단실 및 복실 구조가 확인된다. 벽면 한쪽에는 계단식의 출입구가 마련되고, 가장자리에는 주혈들이 배치되며, 바닥 중앙 부근에는 화덕 자리가 확인된다. 주거지의 크기는 지름 200~400cm이다. 수혈들은 대부분이 주거지의 주변에서 확인되고 있어 저장 수혈로 추정되고 있다. 환구는 취락 주변에서 일부만이 확인된다(도면 52).

　출토 유물은 토기류가 많고 석기류도 소량 확인된다. 고내산문화의 후기 단계 토기문화를 일정하게 계승하여 삼족기 외에 분(盆), 관(罐), 발(鉢), 완(盌) 등이 확인된다. 활석분이 다량 혼입되어 있고, 구연부가 이중구연처럼 강화시킨 토기류가 확인되는 것이 특징이다. 활석분이 섞인 것은 보통 자주색의 무문양인 것이 많다. 또한 구연부가 두꺼워서 이중구연처럼 보이지만, 말아 붙이거나 점토띠를 덧붙이지 않아 제작 방식이 전혀 다른 토기이다. 취사 용기에는 통복력(筒腹鬲)이, 저장 운반 용기에는 창구관(敞口罐)과 소형 발형토기(鉢形土器)가 이를 대표하는 기종이다. 석기류는 석부(石斧)·석도(石刀) 등의 농공구가 많다.

　요해둔유형의 연대관은 고대산문화와 신성자문화의 접촉 관계를 고려하여 설정되며, 구체적으로는 철령 대산취자 유적 문화층의 중첩 관계를 통해 파악되고 있다. 문화층은 3층(하층)과 2층(상층)으로 구분되며, 3층에는 고대산문화-순산둔유형과 요해둔유형의 토기류(1·2유형)가 섞여 있고, 2층에는 요해둔유형과 마성자문화-신성자문화의 토기류(2·3유형)가 함께 확인되는 것이 특징이다. 즉, 요해둔유형의 토기류가 상하층에 걸쳐 있는 점이 주목되며, 이에 따라 연대관도 고대산문화의 하한 연대와 신성자문화의 상한 연대에 따라 규정된다(도면 53).

　그러므로 요해둔유형은 신락상층문화 또는 순산둔유형과 병행하면서도 중심 연대는 약간 늦은 상대 말기부터 유행하여 미송리식토기문화나 비파형동검문화가 확인되는 서주 중기 무렵까지 지속되었다고 할 수 있다. 즉, 요해둔유형의 중심 연대는 대략 기원전 11세기~기원전 10세기경으로 볼 수 있다. 하요하의 동변 철령 일대에서 비파형동검문화의 최고식에 해당되는 청동유물군이 고대산문화가 신성자문화로 이행되는 전환기에 출현하였다는 점이 주목된다.

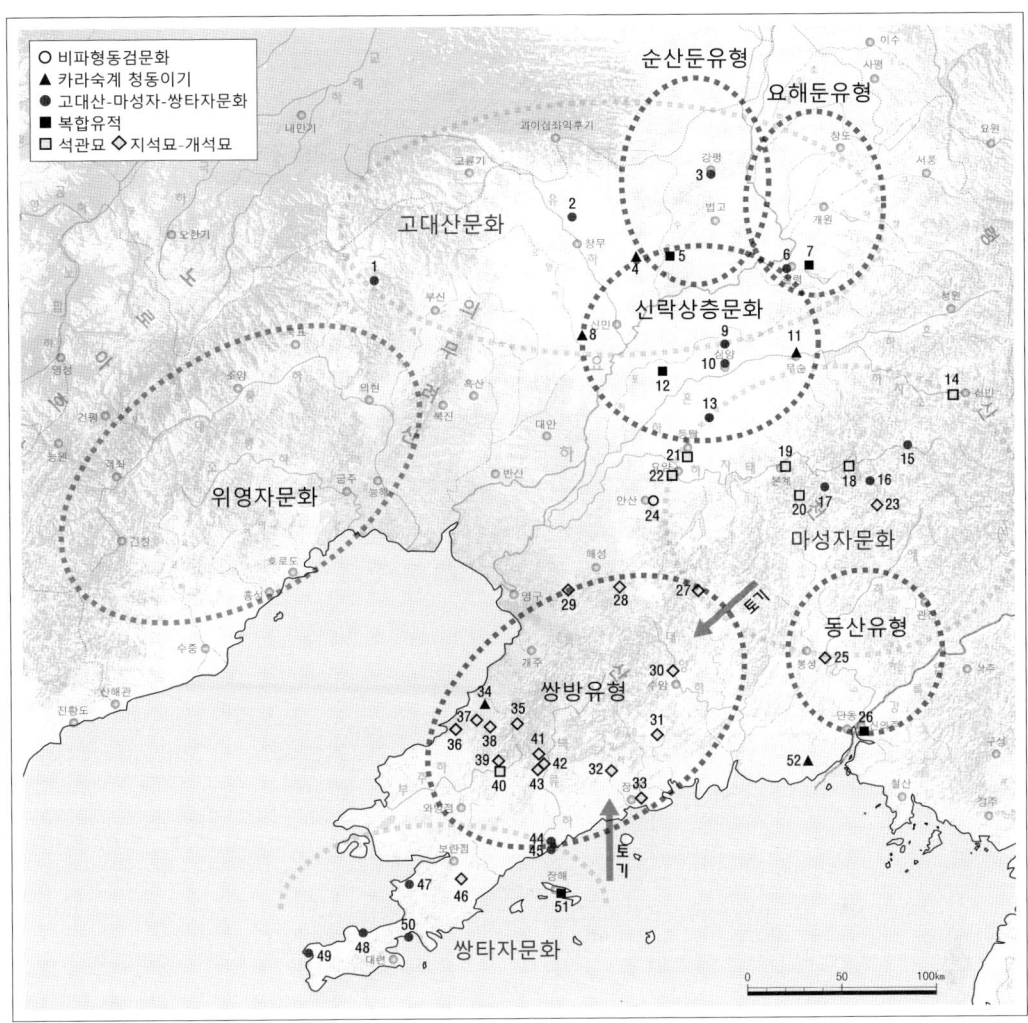

〈도면 51〉 요동지역 전환기의 문화유형과 주요 유적

1. 부신 평정산 2. 창무 평안보 3. 강평 순산둔·승리촌 4. 법고 엽무대 5. 법고 만류가 6. 철령 요해둔 7. 철령 대산취자
8. 신민 대홍기 9. 심양 곽칠·학심대 10. 심양 신락·요령대학 11. 무순 망화·시가구 12. 신민 북외 13. 심양 노호충
14. 신빈 노성 15. 신빈 동승 16. 본계 마성자 17. 본계 산성자·장가보 18. 본계 정가욕 19. 본계 대가보 20. 본계 호구
21. 요양(등탑) 접관청 22. 요양 행화촌 23. 본계 신성자 24. 안산(관내) 25. 봉성 서산·동산 26. 의주 신암리
27. 수암 고가보자 28. 해성 석목성 29. 개주 석붕욕 30. 수암 흥륭·태로분 31. 장하 대황지 32. 장하 양둔 33. 장하 백점자
34. 개주 남요촌 35. 개주 연운채·성산 36. 보란점 화동광 37. 개주 석붕산 38. 개주 화가와보 39. 보란점 대자
40. 보란점 왕둔 41. 보란점 석붕구 42. 보란점 유둔·교둔 43. 보란점 쌍방 44. 장하 평정산 45. 장하 고려채
46. 대련 소관둔 47. 대련 토룡자 48. 대련 쌍타자 49. 대련 우가촌·타두 50. 대련 대취자 51. 장해 상마석
52. 동구 고산자

청동기시대 285

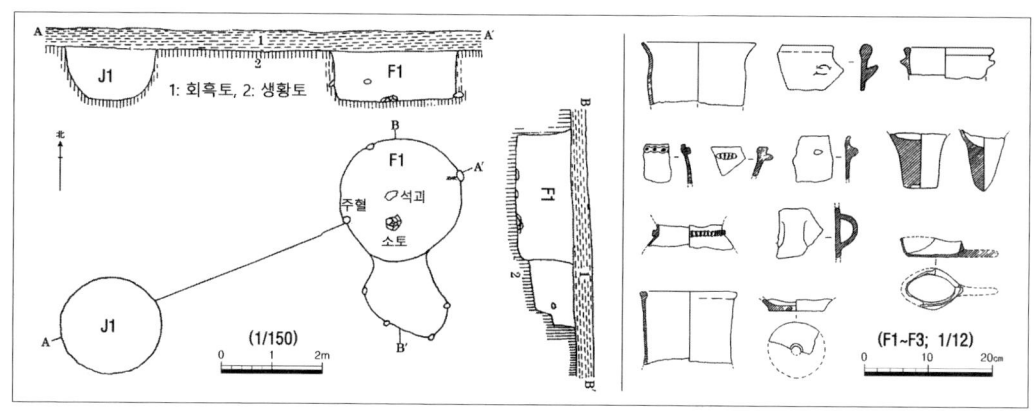

〈도면 52〉 요해둔유형의 주거지와 출토 유물(철령 요해둔)

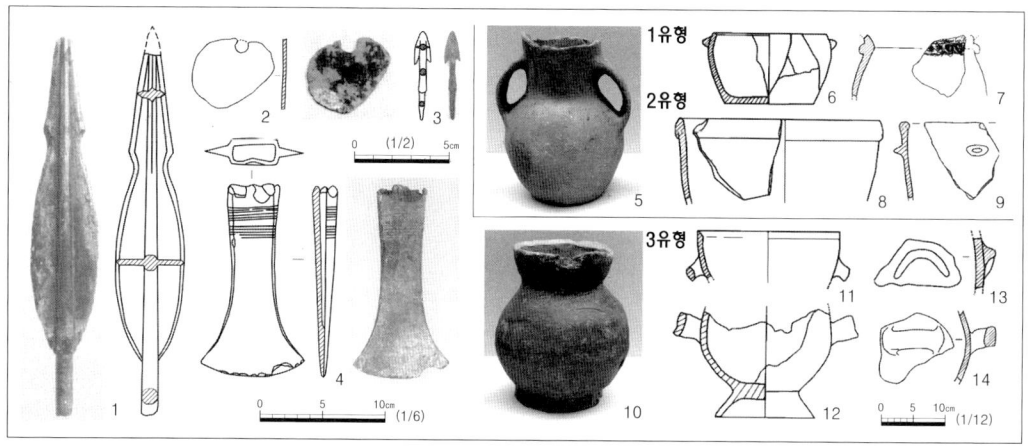

〈도면 53〉 요해둔유형과 신성자문화의 접점(철령 대산쥐자 문화층)

2) 쌍방유형

　요남지역의 전환기를 대표하는 쌍방유형은 지석묘-이중구연토기문화를 가리키는 개념으로 사용한다. 요남 서부·중부지역을 중심으로 쌍타자3기문화와 상마석상층문화에 걸친 시기까지 확인되고 있어 대략 상대 후기부터 춘추 중기까지 유행하였다고 할 수 있다. 지석묘가 표지적인 묘제지만, 이전 단계 문화 전통 또는 주변 지역과의 문화 복합으로 인해 개석묘가 적지 않고, 석관묘도 일부 확인되고 있다. 이중구연심발(疊脣筒形罐)과 장경고복호(長頸高腹壺)가 이 문화를 규정하는 특징적인 유물이다.

　쌍방유형의 유적군은 대부분이 무덤 유적이며, 주로 요남 서부-중부지역에서 확인되고 있다. 요남 서부 및 중부 내륙지역에는 부도하 유역(浮渡河流域)과 벽류하 유역(碧流河流域)을 중심으로 지석묘군이 집중 분포한다. 특히 부도하 유역의 경우 초대형의 지석묘가 확인되며,

벽류하 유역의 경우에는 개석묘가 적지 않게 확인되는 것이 특징이다. 또한 영나하 유역(英那河流域)과 대양하 유역(大洋河流域)의 장하(莊河)-수암(岫巖) 일대에도 지석묘가 보이는데, 대부분은 크지 않고 늦은 시기의 것이 많다. 이에 비해 북쪽 해성하 유역(海城河流域)의 해성(海城)-안산(鞍山) 일대에는 지석묘군이 적은 대신 대형 지석묘가 확인된다. 묘제 복합이나 청동유물이 확인되어 가장 특징적인 문화 양상을 나타내는 벽류하 유역은 지석묘의 발생 후보지로 지목되며, 상마석상층문화와 긴밀하게 상호작용하는 곳이기도 하다(도면 54).

쌍방유형의 무덤에는 지석묘가 가장 주목되나 개석묘도 적지 않다. 중국 학계의 경우 지상형의 탁자식 지석묘는 석붕묘로, 지하형의 개석식 지석묘는 대석개묘로 구분하는 것이 일반적이지만, 모두 석붕 범주 안에 포함시켜 이해하는 견해들도 있다. 다만 두 묘제의 경우 주 분포지

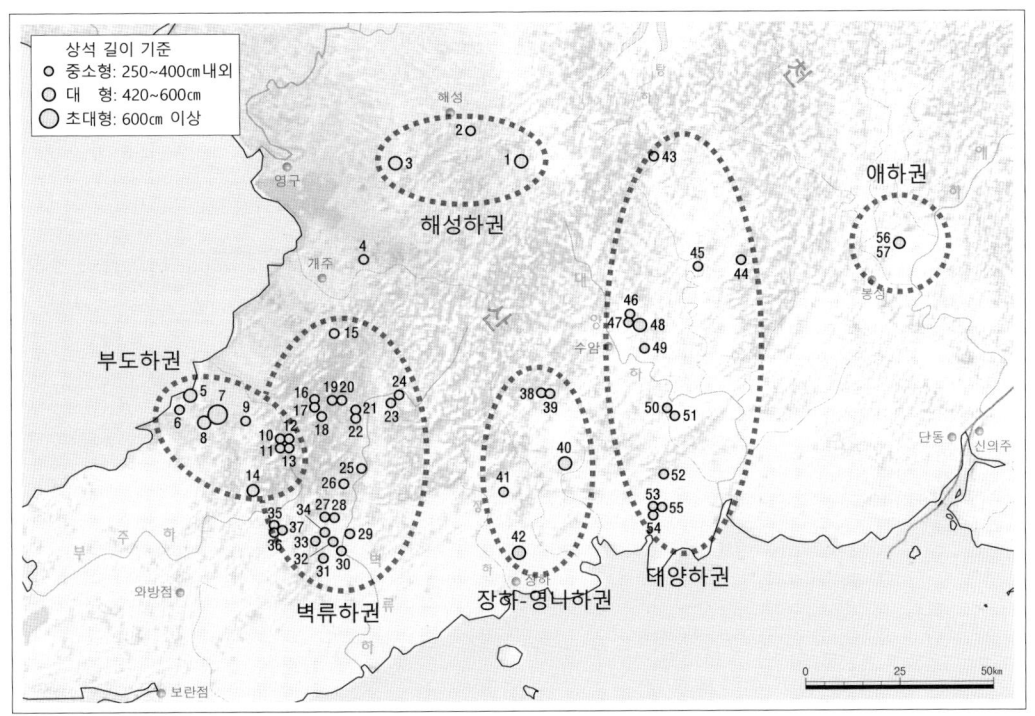

〈도면 54〉 요남지역 지석묘-개석묘의 분포권과 유적 현황(吳江原 2012 수정)

1. 해성 석목성   2. 해성 패방   3. 대석교 석붕욕   4. 개주 석불사   5. 개주 앙산   6. 와방점 화동광   7. 개주 석붕산
8. 와방점 유수방 서산   9. 개주 화가와보   10. 개주 소발구   11. 개주 하북   12. 개주 남영지   13. 개주 묘상   14. 와방점 대자
15. 개주 소석붕   16. 개주 추둔(북)   17. 개주 추둔(남)   18. 개주 연운채   19. 개주 홍둔   20. 개주 모가구
21. 개주 패방 단산   22. 개주 패방 장발강자   23. 개주 홍둔   24. 개주 용두산   25. 개주 용왕묘강   26. 보란점 석붕구
27. 보란점 유둔 서산   28. 보란점 유둔 동산   29. 보란점 안평채   30. 보란점 삼대자 동산   31. 보란점 왕영   32. 보란점 교둔
33. 보란점 대전   34. 보란점 쌍방   35. 보란점 소둔(북)   36. 보란점 소둔(남)   37. 보란점 송둔   38. 수암 난가로
39. 수암 홍석   40. 장하 대황지   41. 장하 양둔   42. 장하 백점자   43. 수암 고가보자   44. 수암 황지보   45. 수암 오가보자
46. 수암 백가보자   47. 수암 백가보자 태로분   48. 수암 고수석   49. 수암 소황기   50. 수암 당가보   51. 수암 석관지
52. 동항 송가분방   53. 장하 노분방   54. 장하 주둔   55. 장하 대영산   56. 봉성 동산   57. 봉성 서산

와 매장 방식이 다른데다 부장 맥락에서 적지 않은 차이점이 있다. 즉, 지상식인 탁자식과 지하식인 개석식을 같은 묘제 단위 안에 포괄하는 것은 분류상의 문제점이 있다. 또한 비파형동검문화와 세형동검문화의 대석개묘는 각각 구조와 장법을 달리하고 있어 서로 다른 명칭을 부여하는 것이 좋다. 또한 대석개묘에서 동검이나 석제용범 등이 출토되는 것은 석관묘의 매장 양상에 더 근접한다. 그러므로 여기서는 석붕묘(탁자식 지석묘)는 '지석묘'에 한정하고, 세형동검문화 이전 단계의 대석개묘(개석식 지석묘)는 '개석묘'로 지칭한다.

지석묘는 지상식의 매장부에 판석형의 대형 지석과 상석을 갖춘 무덤이다. 지상식의 매장부는 지석 4매를 세워 구축하였는데, 전면 지석의 경우 유실되어 없는 것이 많다. 상석에는 대형 판석재를 주로 사용하였으며, 바닥에도 판석재를 깔아 놓은 예가 적지 않다. 무덤 크기는 상석 길이를 기준으로 소형-중형-대형-초대형의 네 등급으로 구분할 수 있다. 소형은 약 250cm 내외, 중형은 300~400cm 내외, 대형은 420~600cm, 초대형은 600cm 이상이다. 구릉 정상부나 능선상에 단독 또는 군을 이루어서 분포하는 예가 많다. 부장 유물은 희소한데, 박장(薄葬) 때문인지 후대 유실 때문인지 분명하지 않다.

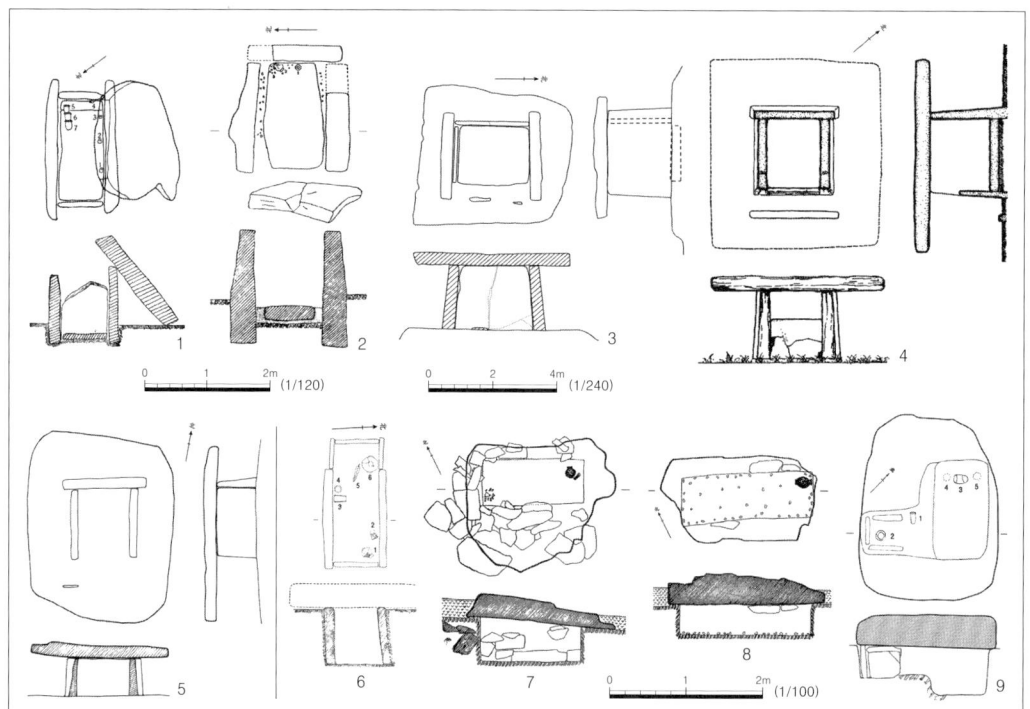

〈도면 55〉 요남지역 지석묘·개석묘의 구조와 형식

지석묘-1유형(1: 개주 화가화보 M1, 3: 대석교 석붕욕) 2유형(2: 보란점 쌍방 M2, 4: 해성 석목성) 3유형(5: 보란점 석붕구)

개석묘-1형식(6: 보란점 쌍방 M6) 2형식(7: 봉성 동산 M7) 3형식(8: 봉성 동산 M4) 4형식(9: 보란점 화가와보 M24)

지석묘는 지석 결구 방식을 기준으로 크게 세 유형으로 구분된다(도면 55). 1유형은 좌우 측벽 지석은 길고 전후 벽 지석은 짧아, 단벽 지석이 두 장벽 지석 안에 배치되어 평면 'ᄇ' 자형을 나타내는 구조이다. 개주 화가와보(伙家窩堡)와 대석교(大石橋) 석붕욕(石棚峪) 지석묘가 대표적인 사례이며, 이외에도 개주 연운채(連雲寨), 장하 백점자(白店子) 등의 지석묘가 있다. 화가와보 1호묘와 백점자 지석묘는 상석 길이 200cm 내외의 소형이며, 연운채 지석묘는 상석 길이 300cm 내외의 중형이다. 석붕욕 지석묘는 상석 길이 430cm의 중대형에 가까우며, 매장부도 역시 크다. 2유형은 좌우 측벽 지석에 전후 벽 지석이 서로 맞물리게 하여 평면 'ㅁ' 자형을 나타내는 구조이다. 해성 석목성(析木城), 개주 석붕산(石棚山) 지석묘가 대표적인 사례이다. 전벽이 유실되어 평면 'ㄇ' 자형을 나타내는 예가 많다. 석목성 지석묘는 상석 길이 580cm로 대형이며, 석붕산 지석묘는 상석 길이 860cm로 흔치 않은 초대형에 해당된다. 이외에도 와방점 화동광(鏵銅礦), 보란점 쌍방(雙房) 2호묘, 수암 흥륭(興隆) 등의 지석묘가 이에 속하는데, 대개 중소형에 해당된다. 3유형은 좌우 측벽 지석은 짧은 대신 전후 벽이 길어 측벽 외측으로 전후 지석을 세워 평면 'ㅍ' 자형을 나타내는 구조이다. 전벽이 유실되어 평면 'ㅠ' 자형을 나타내는 예도 있다. 보란점 석붕구(石棚溝)와 와방점 대자(臺子) 지석묘가 대표적인 사례이다. 요남지역 외에 다른 지역에도 확인 예가 거의 없다. 석붕구 지석묘는 상석 길이 580cm, 대자 지석묘는 상석 길이 500cm로 모두 대형이다.

개석묘는 지하식의 매장부에 지상식의 대형 개석을 갖춘 무덤이다. 개석에는 대형 판석 1매만이 사용되어 여러 매가 사용되는 석관묘와 구분된다. 물론 개석이 남아 있지 않아 석관묘와 잘 구별되지 않는 것도 있다. 지하식의 매장부는 다양하게 조성되는 것이 특징인데, 판석조 석관형(1형식)과 할석조 석관형(2형식)은 물론 석재 충전형(3형식)과 단순 토광형(4형식)도 적지 않게 확인된다. 매장부의 외측으로 부장칸이 마련되어 있는 것도 있다. 일부에는 화장 흔적 역시 확인된다(도면 55). 판석조 석관형은 벽류하 유역을 중심으로 분포하며, 할석조 석관형과 토광형은 애하 유역을 중심으로 분포한다. 벽류하 유역의 것은 쌍방유형, 애하 유역의 것은 동산유형으로 구분된다.

매장부가 판석조 석관형인 것은 보란점 쌍방 6호묘가 대표적인 사례이며, 토광형에 부장칸이 마련되어 있는 것은 보란점 벽류하(교둔) 24호묘의 예도 확인되어 있다. 상마석상층문화와 관련되는 이중구연심발과 장경호가 주로 출토되나, 횡이현문호나 청동유물 등도 일부 확인된다. 이를테면 쌍방 6호묘나 벽류하(교둔) 21호묘에서는 동검이나 동부석범(銅斧石范) 등이 확인되었으며, 쌍방 6호묘에서는 신성자문화와 관련되는 횡이현문호도 확인되어 주목된다.

매장부가 할석조 석관형과 토광형인 것은 봉성 동산·서산 유적으로 대표된다. 동산과 서산의 개석묘는 모두 38기가 확인되었는데, 주축 남북 방향(A군)과 동서 방향(B군)의 두 그룹으로 구분된다. 무덤칸은 할석조 석관형이 많고, 석재 충전형과 단순 토광형도 적지 않다. 동산 19호묘나 서산 1호묘와 같이 석관형에 부장칸이 마련되어 있는 것도 있다. 부장 유물에는 활석조 석관형과 토광형을 불문하고 마성자문화가 기원이며 공귀리식토기호의 조형으로 이해되는 수이장동호가 가장 많다. 다만 동산 7·9호묘나 서산 1호묘와 같은 활석조 석관형의 주축 동서 방향 무덤에는 신성자문화로 연결되는 횡이현문호도 확인된다.

쌍방유형의 유물들은 대개 무덤 부장 유물인데, 지상식의 지석묘보다는 개석묘나 석관묘와 같은 지하식의 무덤에서 주로 출토된다. 토기 위주이나 많지 않고, 청동기와 석기 등은 더욱 적다. 토기류는 대개 조질 무문토기인데, 취사용기인 이중구연발형토기와 저장운반용기인 호형토기가 조합되어 출토되는 것이 특징이다. 쌍타자문화나 상마석상층문화와 관련되는 것이 많고, 마성자문화-신성자문화와 관련되는 것도 일부 확인된다. 다만 적색마연이나 흑색마연 기법으로 만든 것은 물론 침선문계 문양 등이 거의 없는 것은 주변 지역 토기문화의 선택적인 수용 결과이자 자체적인 토기문화가 크게 발달하지 않았음을 보여준다.

쌍방유형은 토기문화의 변천 관계를 고려하여 크게 두 단계로 구분되고 있다(도면 56). 1단계는 동검 등장 이전 단계이다. 구연부의 아래쪽에 각목문이 있는 옹형(甕形) 이중구연심발과 쌍다자문화와 관련되는 철릉문장경호(凸稜文長頸壺)나 현문권족관(橫耳圈足罐)과 조합되며, 마성자문화와 관련되는 수이장경호(垂耳長頸壺)도 확인된다. 대표적인 유적에는 보란점 왕둔(汪屯) 1호묘(개석묘), 보란점 핵도구(核桃溝) 석관묘, 개주 화가와보 3호묘(지석묘), 보란점 쌍방 2호묘(지석묘) 등이 있다. 쌍타자3기문화나 마성자2기문화의 장경호가 확인되는 왕둔 1호묘 단계와 대련 타두 적석묘(M21) 출토품과 유사하게 생긴 현문권족관이 확인되는 쌍방 2호묘 단계로 세분하는 것도 가능하다. 쌍타자3기문화와 병행하는 상대 후기부터 상 말~주 초 무렵까지, 즉 기원전 14세기~기원전 10세기경으로 편년된다.

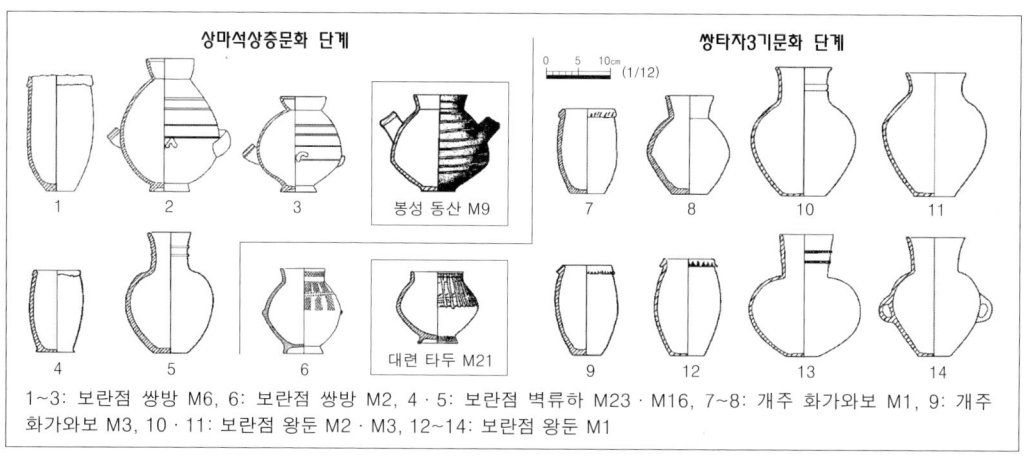

1~3: 보란점 쌍방 M6, 6: 보란점 쌍방 M2, 4·5: 보란점 벽류하 M23·M16, 7~8: 개주 화가와보 M1, 9: 개주 화가와보 M3, 10·11: 보란점 왕둔 M2·M3, 12~14: 보란점 왕둔 M1

〈도면 56〉 쌍방유형 부장 토기의 변천

2단계는 동검 등장 이후 단계이다. 구연부에 각목문이 없는 통형(筒形)의 이중구연심발이 상마석상층문화와 관련되는 철릉문장경호나 자점문장경호(刺點文長頸壺)는 물론 신성자문화와 관련되는 횡이현문호(橫耳弦文壺)와 조합된다. 대표적인 유적에는 와방점 화동광 지석묘, 보란점 벽류하(유둔) 16호묘와 벽류하(교둔) 23호묘(개석묘), 보란점 쌍방 6호묘(개석묘) 등이 있다. 쌍방 6호묘의 비파형동검과 선형동부는 철령 대산취자 문화층 출토품과 같은 형식이며, 벽류하(교둔) 21호묘에서는 강상-누상 단계의 선형동부석범까지 출토되고 있다. 신성자문화와 거의 병행하는 서주 중기 무렵부터 춘추 중기 무렵까지, 즉 기원전 10세기~기원전 7세기경으로 편년된다.

이와 같이 쌍방유형은 비파형동검문화의 등장 전후 무렵 유행하였음을 알 수 있다. 처음에는 요남 해안지역 쌍타자3기문화의 강한 영향하에 있었으나 마성자2기문화의 영향까지 일부 확인되며, 나중에는 요남 서부지역을 중심으로 대형 지석묘가 축조되며 독자적인 분포권을 형성하며 발전한다. 지석묘가 주된 묘제지만 개석묘도 적지 않다. 지석묘의 경우 부장 유물이 희소하나, 개석묘에서는 동검이나 동부석범 등이 출토되어 양자 간의 유물 부장 맥락에는 적지 않은 차이점이 확인된다(도면 57). 또한 쌍방유형의 지석묘가 요남 서부 및 중부 내륙지역에서 주로 확인되는 것에 비해 개석묘는 요남 중부 해안이나 동부 산간지역에서 주로 확인되고 있어 확산 과정 역시 같지 않았다고 생각된다. 요남지역의 지석묘와 개석묘는 늦더라도 상대 후기부터 축조되었지만, 요북지역이나 남한지역으로 전파되는 것은 서주 시기 이후이며, 비파형동검문화가 전이되는 때도 이와 비슷하다.

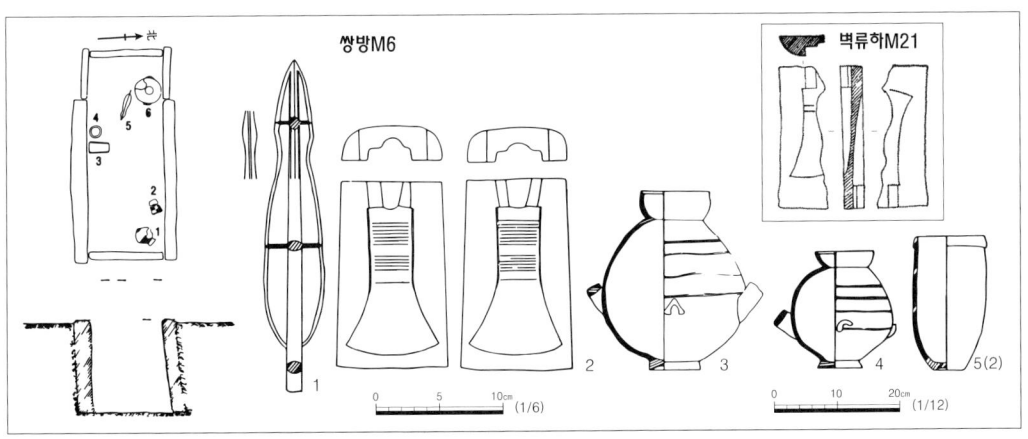

〈도면 57〉 쌍방유형과 신성자문화의 접점(보란점 쌍방 6호묘)

3. 신성자문화

1) 분포와 범위

신성자문화는 비파형동검문화기 요북지역의 석관묘-미송리식토기문화를 가리키는 개념으로 사용된다. 태자하(太子河)-혼하(渾河)-청하(淸河) 중상류를 중심으로 하는 요북 중부·동부 지역에서 미송리식토기가 등장하는 서주 전기부터 점토대토기가 확산하는 춘추 후기까지 유행하였다고 할 수 있다. 표지 유구에는 석관묘가 지목되나, 개석묘도 일부 확인된다. 쌍방-이도하자식의 비파형동검과 비파형동모를 비롯하여 무문양의 선형동부, 미송리형단지나 쌍방식(형)호로 명명되는 '횡이현문호'와 대화방형관으로도 언급되는 '횡이발형관'이 표지유물이다.

신성자문화의 유적군은 대개 석관묘나 개석묘로 대표되는 무덤 유적이다. 태자하 중상류의 요양(遼陽)-본계(本溪) 일대, 혼하 중상류의 무순(撫順)-청원(淸源)-신빈(新賓) 일대, 청하 유역의 개원(開原)-서풍(西豊) 일대에서 높은 밀집도를 나타낸다. 미송리식토기문화의 분포권을 기준으로 보면, 요북지역(이도하사유형) 외에 요남 일부 지역(쌍방유형·동산유형)과 한반도의 압록강~청천강 하류지역(미송리유형)까지 포함시켜 볼 수 있겠으나, 전환기의 과도기적 현상이나 주변 지역에서 확인되는 토기문화의 교류 양상으로 볼 수 있는 것이어서 중점적인 검토 대상에서 제외된다. 다만 천산산맥 일대를 중심으로 하는 구릉산간지대라는 측면에서 입지 환경의 공통점을 엿볼 수가 있다. 이는 요하평원 일대, 즉 철령시-심양시-요양시를 잇는 선의 서쪽에서 석관묘나 개석묘가 거의 확인되지 않는 것과 일맥상통하는 현상이다(도면 58).

석관묘나 개석묘와 관련되는 유적들은 태자하 유역의 요양-본계-신빈 일대에서 일찍부터 보이는데, 마성자문화와 관련되는 유적군과 신성자문화에 해당되는 유적군이 모두 확인되고 있어 서로 구별해야 할 필요성이 있다. 마성자문화와 관련되는 유적군은 요양 접관청(接官廳)과 행화촌(杏花村)을 비롯하여 본계 대가보자(代家堡子), 정가욕(丁家峪)과 호구(虎溝), 신빈(新賓) 노성(老城) 등이 대표적인 유적이다. 신성자문화의 유적군은 태자하 유역은 물론 혼하 유역과 청하 유역에서 큰 시차 없이 보이는데, 태자하 유역의 요양 이도하자(二道河子)와 하평주(下平州), 본계 신성자(新城子), 혼하 유역의 무순 대갑방(大甲幇)과 하협심(河夾心), 신빈 색가촌(色家村), 청원 이가보(李家堡), 청하 유역의 개원 건재촌(建材村), 서풍(西豊) 성신촌(誠信村), 청원 문검(門臉) 등의 유적들이 이른 시기 유적이며, 무순 축가구(祝家溝), 서풍 부풍둔(阜豊屯)과 동구(東溝) 등의 유적들이 늦은 시기 유적으로 추정된다.

한편 청하 유역의 서풍 성신촌 1호묘의 경우 석관묘군에서 유일하게 부장칸이 시설되어 있고, 출토 유물 역시 가장 풍부하여 해당 수계에서 가장 높은 등급 무덤으로 볼 수 있다. 혼하 유역의 청원 이가보 1호묘나 태자하 유역의 요양 이도하자 1호묘의 경우에도 석관묘군에서 거의

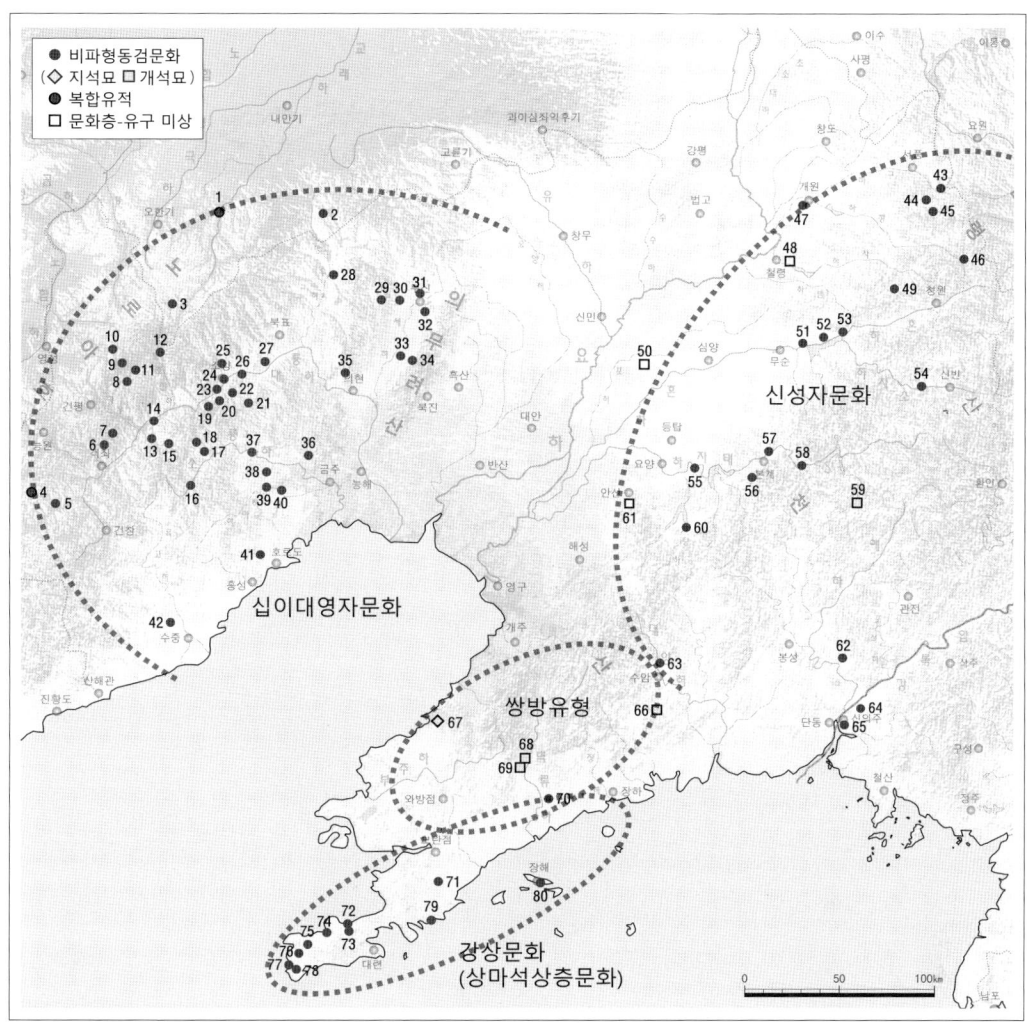

〈도면 58〉 요동지역 전기 비파형동검문화와 주요 유적

1. 오한기 산만자 2. 내만기 원보산 3. 오한기 동정 4. 능원 경장자 5. 객좌 산취자 6. 객좌 화상구 7. 객좌 북성둔
8. 건평 난가영자 9. 건평 대립한구 10. 건평 노와보 11. 건평 포수영자 12. 건평 객라심 13. 조양 황화구 14. 조양 목두성자
15. 조양 북대 16. 조양 동령강 17. 조양 광부영자 18. 조양 경대자 19. 조양 십이대영자 20. 조양 원대자 21. 조양 목두구
22. 조양 요금구 23. 조양 소파적 24. 조양 맹극 25. 조양 칠도천자 26. 조양 장보촌 27. 북표 라마동 28. 부신 호두구
29. 부신 수천·칠가자 30. 부신 왕부촌 31. 부신 합봉진 32. 부신 고산자 33. 부신 초호영자 34. 의현 화아루
35. 의현 하협심 36. 금주 서단촌 37. 조양 소하남 38. 호로도 손가만 39. 호로도 오금당 40. 호로도 소황지
41. 호로도 수구자 42. 수중 초가촌 43. 서풍 성신촌 44. 서풍 부풍둔·충후둔 45. 서풍 공흥촌 46. 청원 문검
47. 개원 건재촌 48. 철령 대산취자 49. 청원 이가보 50. 신민 북외 51. 무순 대갑방 52. 무순 축가구 53. 무순 하협심
54. 신빈 색가촌 55. 요양 하평주 56. 본계 신립둔 57. 본계 양가촌 58. 본계 관음각 59. 본계 신성자 60. 요양 이도하자
61. 안산(관내) 62. 봉성 이가보 63. 수암 서방신 64. 의주 미송리 65. 의주 신암리 66. 수암 태로분 67. 보란점 화동광
68. 보란점 교둔·유둔 69. 보란점 쌍방 70. 장하 당보촌 71. 대련 조왕촌 72. 대련 쌍타자 73. 대련 강상 74. 대련 황저자
75. 대련 장가촌·양두와 76. 대련 소반가 77. 대련 윤가촌 78. 대련 곽가촌 79. 대련 와룡천 80. 장해 상마석

유일하게 청동유물이 다수 출토되어 역시 해당 수계에서 가장 높은 등급의 무덤이라 할 수 있다. 동일 유적 내에서는 무덤 규모와 부장 유물 등의 측면에서 다른 무덤들을 압도하는 상위 등급 무덤들이 누세대적으로 지속되는 예가 거의 확인되지 않는 것도 특징이다.

2) 무덤 구조와 장법

신성자문화의 무덤에는 석관묘와 개석묘가 주로 확인된다. 석관묘는 요북지역에 주로 분포하나 요남지역에도 일찍부터 확인되며, 개석묘는 요남지역에 주로 분포하나 요북지역에도 있다. 석관묘는 마성자문화의 동굴 묘지(본계 산성자 B동) 또는 태자하 유역의 상류(본계 대가보자)에서 그 시원형이 확인되고 있어 마성자2기문화(또는 쌍타자3기문화) 단계부터 이미 출현하여 마성자3기문화 단계에는 태자하 유역(본계 장가보 A동 2층, 요양 접관청·행화촌)과 혼하 유역(신빈 노성)을 벗어나서 주변 지역으로 확산되었다고 할 수 있다. 개석묘도 벽류하 유역의 쌍방유형(보란점 왕둔·핵도구)이나 애하 유역의 동산유형(봉산 동산·서산)에서 이미 확인되고 있어 쌍타자3기문화(또는 마성자2기문화) 단계부터 등장하여 마성자3기문화에는 태자하 유역을 벗어나서 주변 지역으로 전이됐을 가능성이 높다.

석관묘는 매장 주체부의 축조 방식에 따라 할석식과 판석식의 2가지로 크게 구분되며, 이외에도 할석과 판석을 혼용하는 복합식이 있다(도면 59). 기본적으로는 주검칸만 있는 것이지만, 부장칸이 있는 예(서풍 성신촌 1호묘)도 확인된다. 또한 주검칸의 경우 판석식은 돌을 세워 한 겹으로 축조하는 것이 일반적인 경향인데, 할석식은 돌을 뉘어 두 겹으로 축조하는 것도 있다. 지하식의 개석에는 여러 매의 크고 작은 판석재를 사용한다. 주로 단장(單葬) 위주인데, 간혹 합장(合葬)이나 화장(火葬)으로 추정되는 것도 확인되고 있다.

할석식은 마성자2기문화 단계부터 동굴 묘지(본계 산성자 B동)와 야외 유적(본계 대가보자)에서 확인되기 시작하여 주로 태자하 유역에 집중되나 혼하 유역이나 청하 유역에서도 적지 않게 확인된다. 마성자3기문화 단계의 요양 접관청·행화촌 유적이나 본계 정가욕과 신빈 노성(M3) 유적, 신성자문화에 속한 요양 이도하자 유적 등이 대표적인 사례이다. 판석식은 마성자3기문화 단계 동굴 묘지(장가보 A동 2층)와 야외 유적(신빈 노성)에서 확인되기 시작하여 혼하 유역과 청하 유역을 중심으로 한 요북지역에 집중되나, 벽류하 유역을 중심으로 하는 요남지역에서도 적지 않게 확인된다. 마성자3기문화 단계의 신빈 노성(M1) 유적과 신성자문화에 속한 서풍 소방대와 무순 축가구 유적 등이 대표적인 사례이다. 복합식은 주로 태자하 유역에 집중되나 혼하 유역과 청하 유역에서도 일부 확인되어 할석식의 분포권과 거의 같은 양상을 나타낸다. 서풍 충후둔 석관묘가 대표적인 사례이다. 전체 비중으로 보면 판석식 석관묘가 할석식 석관묘에 비해 훨씬 많다.

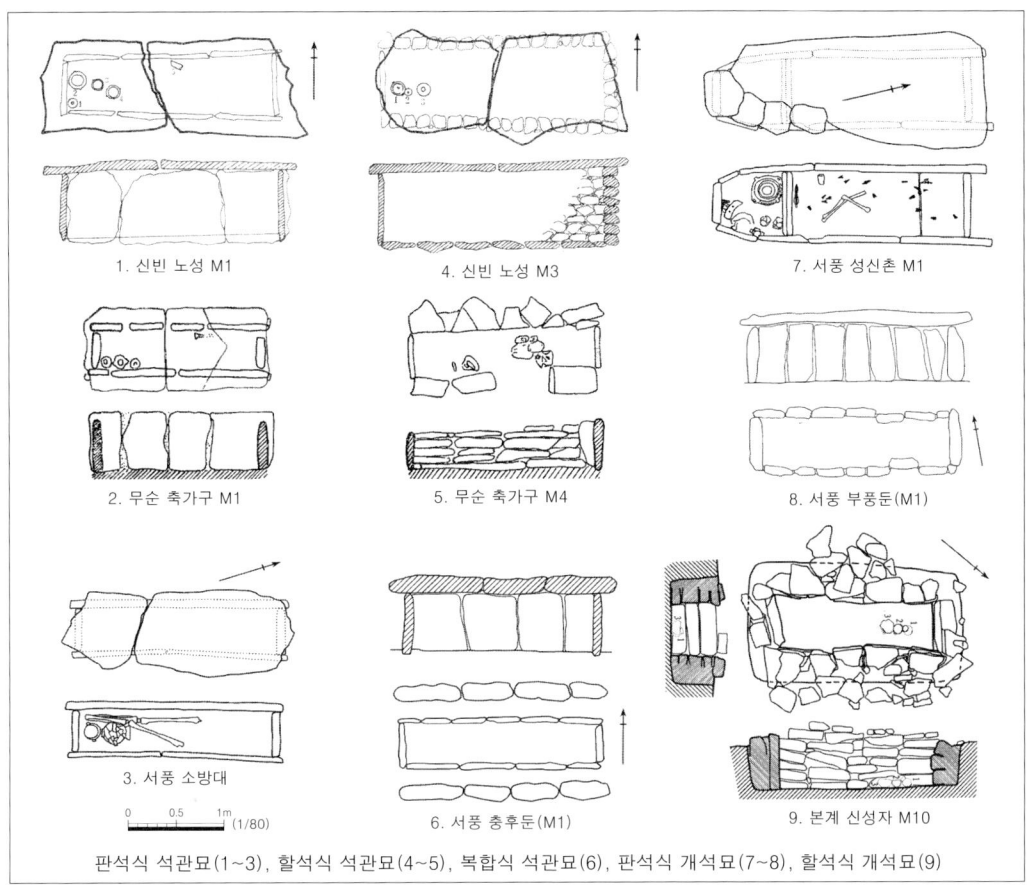

판석식 석관묘(1~3), 할석식 석관묘(4~5), 복합식 석관묘(6), 판석식 개석묘(7~8), 할석식 개석묘(9)

〈도면 59〉 요북지역 석관묘·개석묘의 구조와 형식

 개석묘는 석관묘와 유사하여 잘 구별되지 않는 것도 있다. 다만 개념적으로는 석관묘와 같이 판석식과 할석식의 두 형식으로 구분되며, 지상식의 개석에는 한 매의 대형 판석만을 사용하는 것에 한정된다(도면 59). 간혹 개석 주변으로 포석하여 묘역을 조성하는 예도 확인되며, 이럴 경우 매장 주체부가 열을 지어 조영된다. 할석식 개석묘는 태자하 유역의 본계 신성자 유적과 청하 유역의 서풍 부풍둔 유적이 대표적인 사례이며, 청하 유역의 개원 건재촌 유적, 서풍 성신촌 유적, 청원 문검 유적 등의 일부 무덤 역시 이에 속할 가능성이 있다.

 석관묘를 대표하는 서풍 동구 유적에는 총 17기의 무덤들이 확인되어 있다(도면 60). 무덤 대부분은 주축 북동-남서 방향이며, 판석식이 8기(M5 등), 할석식이 9기(M12 등)이다. 판석식은 단벽에는 1매만을 사용하며, 장벽에는 4매 이상으로 조립되어 있는 것이 많다. 할석식은 단벽에는 판석상의 석재 1~2매를 사용하였으나, 장벽에는 납작하게 다듬어서 만든 할석으로 석관 내부쪽을 향해 정연하게 면을 맞춘 형태이다. 석관 벽석 위를 덮은 개석들은 모두 여러 매의 판석

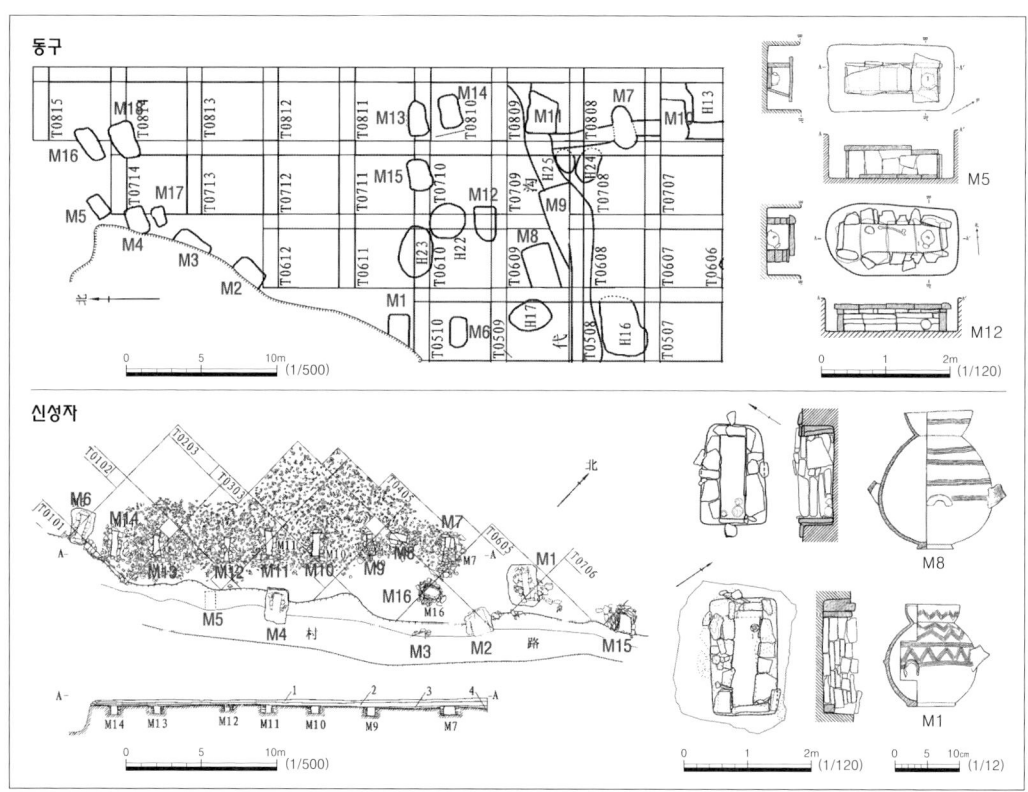

〈도면 60〉 신성자문화의 석관묘지(상: 서풍 동구)와 개석묘지(하: 본계 신성자)

재를 사용하였는데, 층위 관계로 보아 원래부터 지하식일 가능성이 높다. 묘광과 석관 사이의 간격으로 보면, 이른 시기의 것은 틈이 좁고, 늦은 시기의 것은 틈이 넓은 것이 특징이다.

  개석묘를 대표하는 본계 신성자 유적에는 총 16기의 무덤들이 확인되어 있다(도면 60). 무덤 대부분이 주축 북서-남동이며, 열을 지어 규칙적인 배치 관계를 나타낸다. 매장부들 사이에는 잡석으로 포석하여 묘역을 형성하였으며, 1열 9기, 2열 2기, 3열 5기 등이 확인된다. 석관 장벽에는 할석으로 5겹 이상 쌓았는데, 석관 내부 쪽을 향해 정연하게 면을 맞춘 형태이다. 석관 단벽에는 판석 1매만을 세워 만든 것이 다수이다. 석관 벽석 위를 덮은 개석에는 대형 판석재를 사용하였는데, 주변 포석으로 보아 원래부터 지상식이었을 것으로 판단된다. 무덤 주축 방향이나 배치 관계를 보면, 1열 중에 주축 남서-북동 방향 무덤(M8)이 가장 먼저 조영되고 난 후 주축 북서-남동 방향 무덤(M13 등)이 조영됐을 가능성이 높다. 그다음으로 2열(M1 등)과 3열(M15 등)의 순차적인 축조 관계가 추정된다.

3) 토기와 청동유물

신성자문화의 출토 유물에는 주로 토기류가 확인되나, 석기류와 청동기류 역시 적지 않게 확인된다. 토기에는 횡방향의 교상파수(橋狀把手)가 달린 소위 횡이현문호나 횡이발형관이 가장 많은 수를 차지하며, 판상파수(板狀把手)가 달린 관형토기, 파수 또는 문양 없는 호형토기 등이 추가되는 예도 적지 않다. 이외에도 요양 일대에는 수이장경호(垂耳長頸壺)나 첩이대부발(貼耳臺附鉢)이, 철령 일대에는 횡이대부발(橫耳臺附鉢)이 간혹 확인되고 있어 수계별로 지역성도 일부 엿보인다. 석기류는 석제검파두식, 석촉, 옥부, 석부, 석착, 석도, 석방추차, 지석 등이 확인된다. 토기류나 석기류는 보통 2점 내외가 부장되는 예가 많다.

청동기류에는 요동식의 비파형동검과 비파형동모는 물론 청동검파두식, 동촉, 동부, 동착 등이 주로 확인되며, 다른 지역에 비해 석제거푸집이 부장되는 예가 많다. 석제 거푸집은 대개 동촉이나 동부 거푸집인데, 그 부장묘는 장인(匠人)이나 그가 속한 집단 지배층이 묻힌 무덤으로 추정된다. 요서식의 비파형동검과 석제검파두식, 유엽형동모는 물론 다뉴뇌문동경(多鈕雷文銅鏡)이나 동도 등이 일부 확인되고 있어 요서지역과의 교류 관계가 추정된다. 대개 무기(동검)와 공구(동부)가 단독 또는 조합되어 1~2점이 출토되는 예가 많다.

앞서 언급하였듯이 신성자문화의 정체성을 가장 잘 보여주는 유물에는 몇몇 토기류와 청동기류가 지목된다. 토기류에서는 횡이현문호과 횡이발구관이 대표적인 기종인데, 특히 횡이현문호는 분포 범위가 가장 넓고 출토 수량도 많아 더욱 주목된다. 또한 청동기류에는 요동식의 비파형동검과 비파형동모는 물론 무문양의 선형동부 등이 지목된다. 그러므로 여기서는 횡이현문호와 횡이발형관을 비롯하여 동검·동모, 선형동부를 중심으로 신성자문화의 유물 변천 양상을 간략하게 살펴본다.

'횡이현문호'는 '횡이발구호(橫耳鉢口壺)'라 부르기도 한다. 즉, 이 토기에서 확인되는 주요 속성에는 횡교상파수와 함께 횡집선문(橫集線文)과 발구형(鉢口形)의 구경부가 주목됨을 엿볼 수 있다. 횡이현문호는 마성자3기문화(본계 산성자 C동 2호묘), 동산유형(봉성 동산 M7·M9, 서산 M1), 쌍방유형(보란점 쌍방 M6) 등의 유적에서 각각 확인되고 있어 그 등장 과정에는 많은 이견들이 있어왔다. 다만 과거에는 쌍타자3기문화의 대련 우가촌 타두 적석묘지(M30·M40)에서 출토되는 입술형파수가 달린 현문호를 보란점 쌍방 유적(M6) 출토 횡이현문호와 관련시켜 보는 견해들이 많았지만, 최근에는 마성자3기문화의 여러 유적에서 횡교상파수가 달린 현문호가 다수 확인됨에 따라 그 기원지는 마성자문화로 보는 견해들이 많다.

횡이현문호는 최근 연구 결과 대략적인 변천 과정이 밝혀지고 있다. 구경부는 짧았다가 길어지고, 동체부는 처진 장동형이다가 구형으로 변화한다. 횡교상파수는 들렸다가 수평해지는데, 입술형파수가 추가되다 탈락되며, 한반도에서는 횡교상파수도 유상파수로 변화된다. 횡선문은 문양대가 축소되는 것에 비해 문양대의 줄무늬는 증가하며, 평행하게 그은 것이 고식이고, 굴곡되게 그은 것이 신식으로 이해된다. 다만 집선상의 문양대에 거치문(鋸齒文)이 시문되는 것은 북쪽(청하 유역)에서 남쪽(태자하 유역)으로 전이됐을 가능성이 높다(도면 61).

'횡이발형관'의 파수 형태는 횡이현문호와 동일하며, 동체부가 불룩하게 나온 발형 기형이다. 구연부가 내경 또는 외반하며, 간혹 이중구연으로 만든 것도 확인된다. 혼하 유역에서 밀집도가 높다. 마성자2기문화의 본계 장가보 A동 4층(M45 등) 출토 횡이(현문)관을 그 기원으로 보는 것이 통설인데, 마성자3기문화의 본계 장가보 A동 2층이나 산성자 C동 2층에서 전형적인 횡이발형관이 확인된다. 이후 횡이발형관은 태자하 유역의 동굴묘지를 벗어나서 요북지역으로 확산되는 한편 길림지역까지 파급되어 서단산문화에서도 일부 확인된다.

요동지역의 청동 무기에 대한 논의들은 대부분이 비파형동검의 기원 논의와 관련되어 있다.

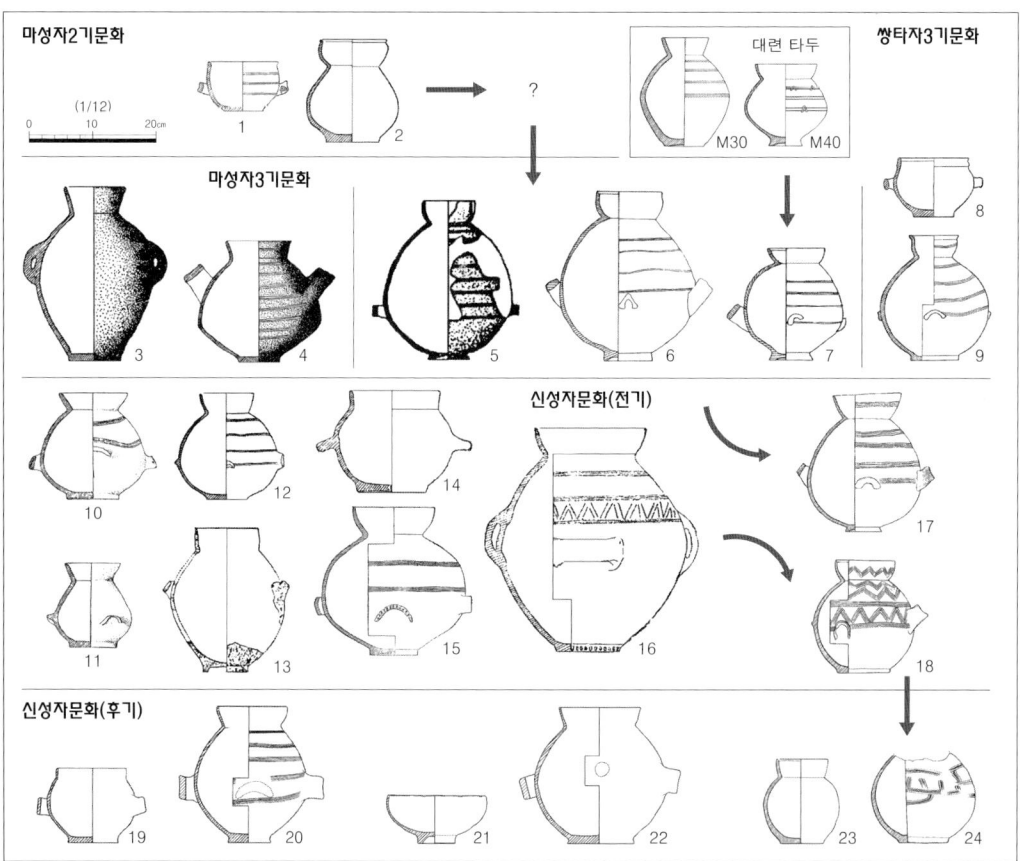

〈도면 61〉 신성자문화의 토기(횡이현문호·횡이발형관) 변천

1·2: 본계 장가보A동 M45·M34   3~4: 봉성 동산 M9   5: 봉성 서산 M1   6~7: 보란점 쌍방 M6   8: 본계 장가보A동 M9
9: 본계 산성자C동 M2   10~11: 무순 대갑방(M1)   12~13: 요양 이도하자 M1   14~16: 서풍 성신촌 M1   17: 본계 신성자 M8
18: 본계 신성자 M1   19~20: 서풍 동구 M14   21~22: 서풍 동구 M10   23·24: 본계 신성자 M2·M15

즉, 비파형동검의 요동기원설은 신성자문화의 비파형동검과 관련되는 논의이다. 비파형동검은 쌍방식과 이도하자식의 어느 것이 최고식에 해당되는지가 논란이며, 이와 조합되는 검파두식이나 공반 유물까지 관련 논의가 확대되는 추세이다. 검파두식은 청동제가 석제보다 먼저 등장한다. 공반 유물에는 동모, 동촉, 선형동부 등이 보이는데, 형식 간의 조합 관계를 고려하면 크게 3개 그룹으로 구분하여 볼 수 있다(도면 62).

1그룹은 쌍방식 동검과 장환형의 청동검파두식, 유혈구-단익형(短翼形)의 이단경식 양익동촉, 세장형의 쌍방식 동부 조합이며, 2그룹은 쌍방식 동검과 유혈구-장익형(長翼形)의 이단경식 양익동촉, 비파형동모, 삼각거치문이 있는 성신촌식 동부 조합이다. 3그룹은 이도하자식 동검, 원환형의 청동검파두식, 유엽형동모·비파형동모, 무혈구-장익형의 이단경식(퇴화) 양익동촉, 2~4조 돌룽선이 있는 이도하자식 동부 조합이다. 비파형동검은 돌기부가 위쪽에서 아래 방향으로 내려오며, '쌍방식 → 이도하자식'의 변천 관계가 상정된다. 이단경식 양익동촉은 유혈구식에서 무혈구식으로 바뀌면서 이단경부가 퇴화되는 것을 알 수 있다. 비파형동모는 장병식이 고식이고, 단병식이 신식으로 추정된다. 선형동부는 종횡비와 함께 크기까지 점차 작아지며, 집선상의 돌릉선문 역시 점차 줄어드는 것이 특징이다. 물론 그룹별로 일부 기종만이 조합되는 예가 많고, 3그룹과 유사하면서도 일단경식동촉이나 무문양의 소형 선형동부 등이 확인되고 있어 세분하여 4그룹을 설정하는 것도 가능하다.

이와 같이 청동무기와 선형동부 등의 여러 속성들을 검토하여 보았을 때, 1그룹이 2·3그룹에 비해 이르다는 것을 알 수 있다. 2그룹과 3그룹은 공반 유물에는 큰 차이가 없어 시간 차는 크지 않으리라 생각된다. 그러므로 1단계는 1그룹, 2단계는 2·3그룹으로 설정되며, 4그룹을 설정하게 되면, 이는 3단계로 볼 수 있다. 2그룹의 선형동부 문양 계통이 영성 소흑석구 85AⅠ2호묘로 연결되고, 3그룹의 유엽형동모가 같은 소흑석구 85AⅠ2호묘나 남산근 101호묘로 연결되는 점을 고려할 때, 2단계는 서주 후기~춘추 전기 무렵으로 판단된다. 이에 따라 1단계는 서주 중기 무렵으로 추정되며, 3단계는 정가와자유형이 확산되기 전인 춘추 중기 무렵으로 판단된다. 비파형동검문화는 요북지역에서 형성되어 요남지역으로 전이됐을 가능성이 높다.

이와 같이 신성자문화는 횡이현문호와 비파형동검이 출토되며, 석관묘·개석묘가 주로 분포하는 요북지역을 중심으로 논의되고 있다. 다만 석관묘와 개석묘는 먼저 확산되며, 횡이현문호와 비파형동검은 그 이후에야 등장하여 일찍부터 지역성을 띠며 주변 지역으로 파급된다. 비파형동검문화가 남한지역으로 확산되는 것은 대략 기원전 10세기~기원전 9세기경인데, 석관묘와 개석묘는 조금 더 일찍 전해졌을 가능성도 있다. 쌍방-이도하자식의 비파형동검과 횡이현문호(미송리식토기)는 요서 계통 물질문화(정가와자유형)가 요북지역으로 확산되는 춘추 후기 무렵 정가와자-탑만촌식의 비파형동검과 점토대토기발로 대체되며 사라진다.

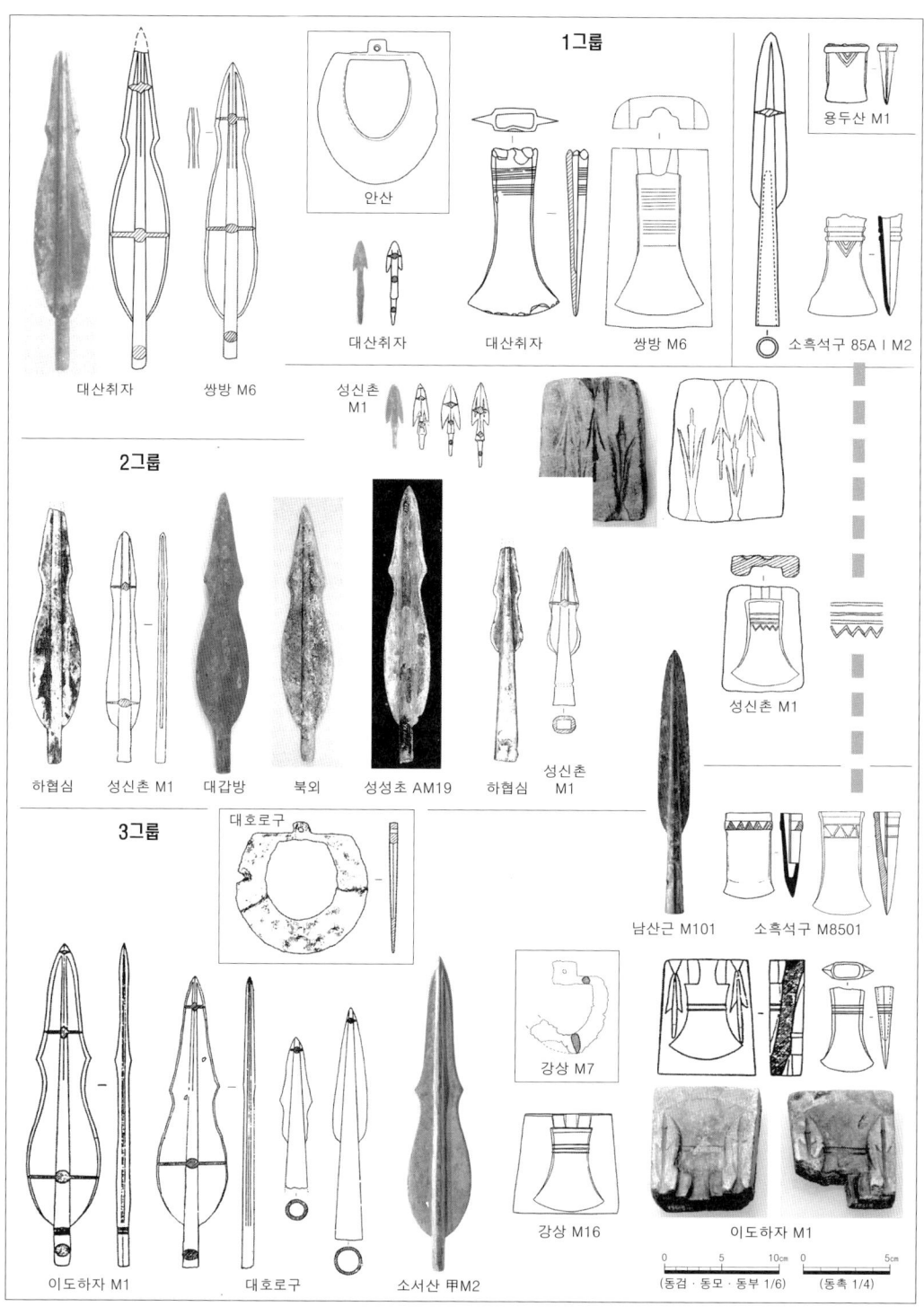

〈도면 62〉 신성자문화의 청동 무기와 청동 공구(선형동부)의 변천

4. 강상문화

1) 분포와 범위

강상문화는 비파형동검문화기 요동 남단지역의 적석묘-이중구연토기문화를 가리키는 문화 개념이다. 요남 해안-도서지역을 중심으로 설정되어 있는 상마석상층문화를 포괄한다. 비파형동검이 출토되는 적석묘가 조영되는 서주 후기부터 전국 전기까지 유행하였다고 할 수 있다. 대련(大連) 일대의 해안지역을 중심으로 유적들이 집중 분포한다. 적석묘가 표지 유구이며, 강상식의 비파형동검과 함께 각획문장경호(刻劃文長頸壺)와 이중구연심발(二重口緣深鉢) 등이 표지 유물이다. 묘제에는 요동 남단지역, 토기에는 요남 해안지역의 문화 전통으로 볼 수 있는 것이 많은 점이 특징이다.

강상문화의 유적들은 주로 분묘 유적인데, 생활 유적이나 매납 유적 역시 일부 확인된다. 다른 지역과는 달리 일찍부터 조사 연구가 수행되어 주목되어왔다. 1928년과 1937년 일본 학자들이 수행했던 윤가촌(尹家村)과 곽가촌(郭家村)을 중심으로 한 여순(旅順) 일대 선사 유적 조사, 1963~1964년 조중공동고고학발굴대가 수행했던 영성자(營城子)와 여순·금주(金州) 일대 무덤 유적 조사, 1942년 일본 학자 및 1978년 중국 학자 등이 상마석(上馬石)을 중심으로 수행했던 장해(長海) 일대 패총(貝塚) 조사 등이 대표적인 사례이다. 이후에도 많은 유적들이 조사되었지만, 과거 조사 성과를 바탕으로 대련 서부지역과 남부지역, 동부지역과 연안 도서지역 등의 소지역권을 바탕으로 유적군을 설정하고 이에 대한 비교 연구들이 주로 수행되고 있다.

대련 남부 지역은 '윤가촌1기문화'와 관련되는 여순 일대 유적으로 대표된다. 특히 윤가촌에서는 이중구연토기문화의 수혈군을 비롯하여 토광묘와 석관묘가 다수 확인되었으며, 곽가촌에서는 비파형동검을 다량 매납하는 제사 유구까지 확인되어 주목되고 있다. 대련 서부지역은 '강상유형'과 관련되는 영성자 일대의 유적으로 대표된다. 특히 쌍타자(雙砣子)와 강상(崗上)·누상(樓上) 등의 적석묘가 주목되고 있다. 대련 동부지역은 역시 '강상유형'과 관련되는 대련 시구와 금주 일대에서 유적들이 확인된다. 와룡천(臥龍泉)이 대표적인 적석묘로 언급되며, 황취자(黃嘴子)나 조왕촌(趙王村)과 같이 적석묘의 매장부일 가능성이 높은 석관묘도 일부 확인되고 있다. 도서지역은 '상마석상층문화'와 관련되는 장해 일대 패총 유적으로 대표된다. 특히 상마석에서는 이중구연토기문화의 여러 문화층이 확인되었으며, 토광묘와 비파형동검을 모방하여 만든 골검(骨劍)까지 확인되어 주목되고 있다(도면 58).

이와 같이 강상문화와 관련되는 유적들은 지역권에 따라 세분하는 것도 가능하다. 그럼에도 비파형동검이 부장되는 적석묘가 표지 유구이고, 강상형호라고 불리기도 하는 각획문장경호와 상마석식이중구연토기로도 언급되는 이중구연심발 등이 표지 유물이란 점을 고려하면 서로 다른 문화라고 하기보다 동일 문화 내의 지역성을 나타내는 양상으로 보는 것이 무난하다. 그러므로 강상문화는 쌍타자3기문화를 일부 계승하면서도 해안지역 요소들이 지역성을 띠고 전개되었으며, 북쪽에서 전이되어 온 비파형동검문화와 결합하여 더욱 발전하였다고 보는 것이 타당하다.

2) 무덤 구조와 장법

강상문화의 무덤에는 적석묘가 손꼽히며 이전 단계와는 달리 석관묘나 토광묘도 조영되는 것이 특징이다. 적석묘는 단일 묘역 내에 매장부가 다수 조영되는 집단 무덤이고, 석관묘나 토광묘는 매장부가 단독으로 조영되는 개인 무덤이란 측면에서 서로 다른 매장 상황에서 조영되었다고 생각된다. 적석묘는 대련 전역, 특히 서부 영성자에 집중 분포하며, 석관묘와 토광묘는 남부 여순 일대에서 주로 확인된다.

적석묘는 늦더라도 소주산5기문화 단계부터 조영되어왔고, 쌍타자1기문화와 쌍타자3기문화에서 가장 유행하며, 강상문화에도 적지 않게 확인된다. 쌍타자문화의 적석묘와 상상문화의 적석묘는 입지와 분포는 물론 구조와 장법에서 적지 않은 차별성이 확인된다. 또한 출토 유물에서 동검 등의 청동유물 부장묘가 많은 것을 고려할 때 계층적인 측면 역시 주목해야 할 필요성도 있다.

먼저 입지와 분포 측면에서 보면, 점진적인 변화 양상이 확인된다. 쌍타자1기문화의 것은 장군산(將軍山)과 노철산(老鐵山) 적석묘의 예와 같이 주로 높은 구릉 정상부나 능선부를 따라 다수 무덤들이 열을 지어 분포하며, 쌍타자3기문화의 것은 토룡자(土龍子)나 우가촌 타두(砣頭) 적석묘의 예와 같이 평지 주변 낮은 구릉이나 능선상의 언덕 위에 상당수가 분포하는 것이 특징이다. 이에 비해 강상문화의 것은 평지 주변의 낮은 언덕 위에 단독 분포하는 것이 특징인데, 엄밀하게 말하자면 강상-누상 적석묘와 같이 2~4기가 수백 미터 거리 안에 인접하여 배치되는 것과 와룡천과 같이 말그대로 단독 분포하는 것이 있어 급진적이 아닌 점진적인 변화 양상으로 이해된다.

다음으로 구조 측면에서 보면(도면 63), 급진적인 변화 양상도 확인된다. 쌍타자문화의 적석묘는 묘역 내의 매장부가 다중 열상으로 밀착되게 축조되고 규모 차이가 크지 않은 것이 일반적이지만, 강상문화의 적석묘는 묘역 내의 매장부가 서로 이격되어 조영되며, 중앙부에 있는 매장부는 판석재의 바닥석이 부가되어 커진 예가 많다. 그리하여 매장부의 수는 점차 줄어드는 양상을 나타낸다. 또한 중앙부를 중심으로 방사상의 구획석렬이 추가되는 예도 있다. 강상묘의 경우가 그러한데, 방사상의 구획석렬과 확장묘역을 제외하면 방형 석축 묘역 중앙부를 중심으로 그 주변부에 매장부가 다수 배치되는 것은 누상묘와 같은 양상이다. 개별 매장부는 판석조나 할석조의 석관형이 일반적이지만 단순 토광형도 확인된다. 바닥에는 판석이나 자갈 또는

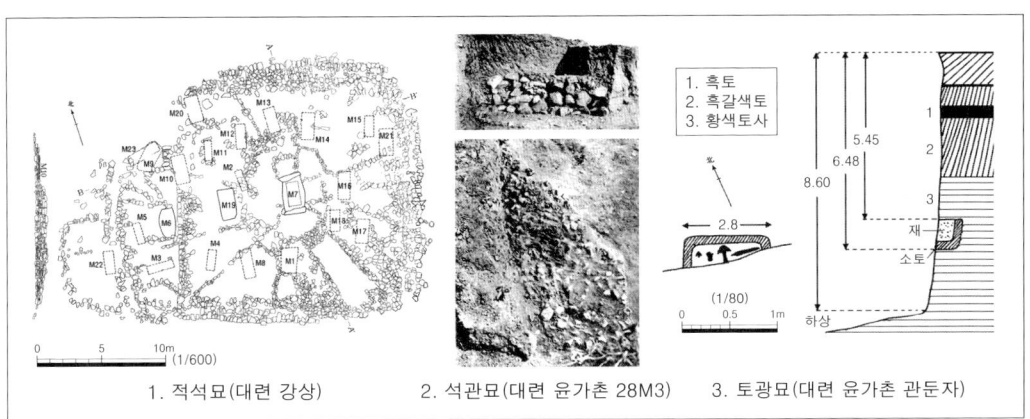

〈도면 63〉 강상문화의 무덤 종류와 구조

불다짐이 되어 있는 예와 별도 시설 없이 생토면을 이용하는 예가 보이는데, 판석재를 깔아놓은 것의 경우 다른 매장부에 비해 규모가 큰 것이 특징이다. 와룡천묘의 경우에는 매장부의 수가 크게 줄어들고 바닥 시설 또한 단순화된 양상으로 변화한다. 그러므로 쌍타자문화의 적석묘는 무덤 간의 관계에서, 강상문화의 적석묘는 무덤 내 매장부들 간의 관계에서 각각 시간적·계층적 차별성이 있을 가능성이 높다.

그다음으로 장법 측면 역시 적지 않은 변화 양상이 확인된다. 쌍타자문화와 강상문화의 적석묘는 다인화장(多人火葬)이란 측면에서 공통점도 확인되나, 쌍타자문화의 것은 주로 다차(多次) 매장으로 판단되는 것에 비해 강상문화의 것은 강상-누상묘와 같이 단차(單次) 매장으로 추정되는 것도 확인된다. 쌍타자3기문화의 타두묘나 토룡자묘는 일부 매장부의 경우 인골들이 분층(分層) 매장되어 있어 여러 차례의 매장 행위가 있었음이 인정된다. 이에 비해 강상문화의 강상묘는 매장부 23기에 140여 개체, 누상묘의 경우 매장부 10기에 50개체 이상분의 인골들이 확인되었는데, 10명 이상을 매장했던 6기(강상 4기, 누상 2기)에서 간층 등 인골 간의 구분 매장 흔적이 확인되지 않아 상당수는 한꺼번에 매장됐을 가능성도 있다. 추가장도 있겠지만, 이는 외부 화장 후에 뼈만 추려 묻는 간골화장(揀骨火葬)이었거나 내부에서 한꺼번에 화장하였음을 보여주는 것이라고 생각된다. 그러므로 적석묘의 특징적인 장법이라 할 수 있는 다인화장의 경우, 쌍타자문화는 다차 매장 위주이고 강상문화는 다차 매장과 단차 매장이 병행됐을 가능성이 높다. 여러 화장 방식이 상정되는 것은 비정상적 죽음 등과 같이 매장 상황이 다양하였음을 보여준다.

또한 부장 유물 측면에서 보면, 사회 분화가 더욱 진척되었음이 확인된다. 쌍타자문화의 적석묘에서는 일상용의 토기류와 석기류가 주로 출토되며, 극히 적은 빈도지만 동촉이나 동환 정도의 청동유물 역시 소량 확인된다. 이에 비해 강상문화의 적석묘에서는 청동 무기, 청동 공구,

청동 장식 등이 다량 부장되는 점이 특징이다. 강상묘의 경우 매장부 12기에서 30여 점, 누상묘의 경우 매장부 5기에서 100여 점이 출토되어 비약적인 증가 양상을 보여준다. 와룡천묘의 경우에는 매장부 5기에 10여 점에 불과하나 무덤 파괴가 심한 것을 고려하면 원래 부장 양상은 다를 가능성이 높다. 다만 기종 구성이 단순하고, 무기류가 단독 부장되는 정도여서 비약적인 계층 분화를 논의하기에는 어려움이 있다. 누상묘에서는 기종 구성이 다양하고, 무기류가 다수 부장되며, 마구류와 공구류는 물론 장식류도 적지 않게 부장된다. 특히 일부 매장부(M1·M3)에 청동유물이 집중되고, 요서 계통 유물들이 확인되는 것은 지역 간의 교류 관계를 통해 계층화가 더욱 진척되었음을 추정하게 한다.

이와 같이 강상문화의 적석묘는 입지와 분포, 구조와 장법, 부장 유물의 구성과 수량 등의 여러 측면에서 이전 단계의 것과 적지 않은 차별성을 보여준다. 적석묘는 오랜 세월 동안 지상 위에 노출되어 적지 않게 파괴되었지만, 구조 변화와 부장 유물 양상으로 보면 대략 100년 내외의 장기간에 걸쳐 조영되었으며, 개별 무덤의 축조 순서는 '쌍타자 → 강상 → 누상 → 와룡천'으로 변천되는 것으로 이해된다.

한편 석관묘는 적석묘의 개별 매장부가 단독으로 분리되어 나온 것과 같은 양상이다(도면 63). 여순 윤가촌의 2기(28M2·28M3), 장가촌의 2기 등이 확인되었는데, 적석묘와 달리 소형 하천변의 자연 제방이나 배후 사면부에 입지한다. 구조 또한 간단하여 기본적으로는 할석조 석관묘로 분류되며, 내부에서 화장 흔적 역시 확인된다. 벽석 안을 돌로 약간 채운 적석목관묘형 구조였을 가능성도 있다. 비파형동검과 동촉 등의 청동 무기가 부장되어 중위 이상 계층 무덤으로 추정된다. 적석묘가 집단 무덤에 개인 무덤으로 변화하는 과정에서 파생되어 나온 묘제라고 생각된다.

이에 비해 토광묘는 쌍타자문화의 단순 토광묘를 계승하는 것이라고 생각된다(도면 63). 여순 윤가촌에 집중되어 있고, 장해 상마석과 진가구에서도 확인된다. 윤가촌의 6기는 1964년 조사되어 있는 5기(64M2·M3, 64M18~M20)와 1928년 조사되어 있는 1기(관둔자 즉주묘)이다. 1964년의 것은 천변 대지 또는 언덕 위에 입지한다. 모두 단순 소형 화장묘로 부장 유물이 거의 없다. 1928년의 것은 천변 단애면에 묘광 일부만이 잔존하는 것이지만, 동검, 동촉, 동부 등이 출토되어 주목된다. 상마석의 것은 모두 10기인데, '상마석상층문화'의 최후 단계 묘지라고 생각된다. 2호묘와 3호묘의 중첩 관계를 통해 두향이 남쪽(3기)에서 북쪽(6기)으로 바뀐 것이 확인된다. 토광묘는 강상문화 성립 단계에는 중하위층 무덤이었으나 강상문화 쇠퇴 단계에는 계층 분화가 진척되어 중상위층 무덤으로 쓰이기도 했다.

3) 토기와 청동유물

강상문화의 출토 유물에는 토기류와 석기류를 비롯하여 청동기류까지 다수 확인된다. 다만 화장으로 인해 보존 상태가 양호하지 못하거나 수습 유물처럼 구체적인 출토 맥락을 알 수 없는 것이 많다. 토기류에서는 쌍타자3기문화의 기종군과 관련되는 각획문장경호와 이중구연심발을 비롯하여 권족관(圈足罐), 발(鉢), 완(盌), 두(豆) 등이 확인된다. 석기류는 석제검파두식, 석촉, 환상석기 등의 위세무기류와 함께 석부, 석착, 석방추차 등의 생활도구류가 다양하게 출토되며, 관옥, 환옥 등의 석제 장식 역시 다수 확인된다. 생활 유적이나 무덤 유적 모두 출토 빈도가 높다. 적석묘에서는 다량 출토되나 석관묘나 토광묘에서는 보통 1~2점만 출토된다.

앞서 언급하였듯이 각획문장경호와 이중구연심발 등이 표지적인 토기로서 주목된다(도면 64). 각획문장경호는 목에 횡선상의 문양대에 사격자문(斜格子文) 등이 표현되어 있는 것이 특징인데, 나중에는 그마저도 사라져서 무문화된 장경호가 사용된다. 윤가촌1기문화 수혈(H7) 출토품과 강상 13호묘 출토품이 전형적인 사례이며, 장해 상마석 3호묘 출토품이 무문화된 대

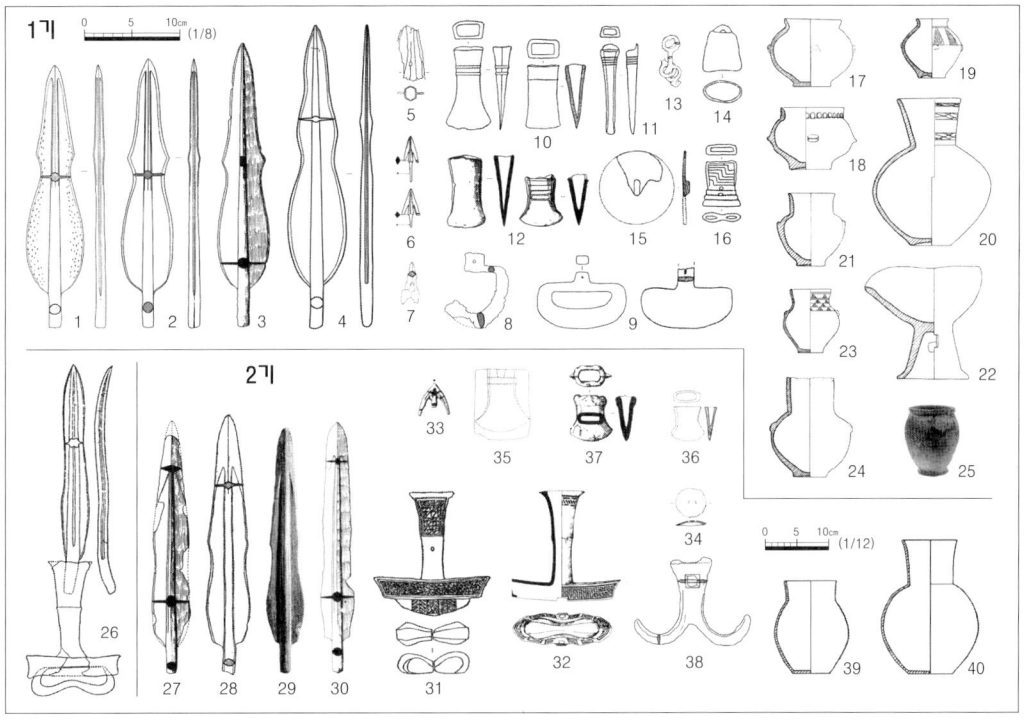

〈도면 64〉 강상문화의 주요 토기와 청동유물

1·17. 대련 쌍타자묘　2·5·8·13. 대련 강상 M6·M5·M7·M1　3·6·12. 대련 윤가촌 28M3　4·8. 대련 누상 M3
26. 대련 누상 M1　9·10·11·14~16·23. 대련 누상 M3　7. 대련 누상 M9　18·19·21. 대련 강상 M7·M12·M1
20·22. 대련 강상 M13　24. 대련 누상 M5　25. 장해 상마석(1978년)　27. 대련 윤가촌 28M3(기타)　28·31·40. 장해 상마석 M3　29·35. 대련 와룡천(기타)　30·32·33·37. 대련 관둔자　34·36·38. 대련 와룡천 M5　39. 장해 상마석 M4

표적인 사례이다. 이중구연심발은 이중구연 외측으로 각목문이나 단사선문이 시문되어 있는 예가 많고, 무문양인 것도 있다. 요남 동부 해안이나 도서지역을 중심으로 다수 출토된다. 비파형동검문화 단계에는 옹형이나 심발형이 주로 확인되며, 세형동검문화 단계에는 천발형이 주로 확인된다. 특히 장해 상마석의 패총 출토품이 유명하다.

청동기류에는 무기류와 공구류가 주로 확인되나 의기류와 마구류는 물론 장식류도 적지 않게 확인된다(도면 64). 무기류는 동검, 청동검병, 청동검파두식, 동모, 동촉 등이 확인된다. 강상식의 비파형동검과 청동검파두식, 동모, 이단경식 양익동촉 등은 이른 시기에만, 상마석식의 비파형동검과 청동검병, 일단경식 양익동촉 등은 늦은 시기에만 확인된다. 공구류는 선형동부와 장방형동부, 동착, 동추 등이 확인된다. 선형동부의 경우 이른 시기에는 길이 5cm 이상으로 돌릉선문이 있는 예가 주로 확인되며, 늦은 시기에는 길이 5cm 미만으로 무문양인 것이 주로 확인된다. 요북지역이나 요남지역에서 먼저 확인되는 것이어서 신성자문화나 쌍방유형에서 전이되었다고 생각된다. 의기류는 다뉴무문동경, 경형동기 등이 확인되며, 마구류는 재갈 모양 동기, 청동고삐걸개(銅掛繮鉤), 동탁(銅鐸) 등이 보이는데, 모두 요서지역 또는 십이대영자문화와 관련되는 유물이다. 장식류는 신체보다 복식 등에 장식하는 것이 많다. 요서시역과 관련되는 기하학문이나 동물 모양 장식품도 확인된다.

한편 강상문화의 변천 과정은 위와 같은 주요 부장 유물의 변화 양상으로 추정하여 볼 수 있다. 적석묘를 기준으로 하는 경우 '강상-누상-와룡천'의 3단계로 세분하는 것도 가능하겠지만, 여기서는 누상묘가 두 단계로 구분되는 점과 정가와자유형과의 병행 관계를 고려하여 '강상-누상 단계'(1기)와 '와룡천-상마석 단계'(2기)로 대별한다. 다만 누상 1단계(M3)는 정가와자유형 이전 단계이며, 누상 2단계(M1)는 정가와자유형 초기 단계여서 획기는 누상 1호묘로 볼 수 있다.

먼저 1기는 적석묘를 중심으로 강상문화가 발전하는 기원전 9세기~기원전 6세기경이다. 강상묘와 누상묘로 대표되며, 적석묘는 방형 석축 묘역 안에 중앙부를 중심으로 주변부에 많은 매장부가 조영되는 것이 특징이다. 토기에는 각획문장경호와 함께 이전 단계의 각획문권족관도 확인된다. 청동유물에는 요서계와 요동계의 유물들이 함께 확인되는 것이 주목된다. 무기류는 주로 십이대영자식에 근접하는 강상식의 비파형동검이 주로 사용되며, 아예 요서지역에서 전입됐을 가능성이 있는 것(누상 M3)도 있다. 이외에도 청동검병, 마구류와 의기류는 물론 기하학문 장식류도 모두 요서계통 유물이다. 이에 비해 청동검파두식이나 동모, 선형동부·동착 등의 공구류는 요동계통 유물이다. 강상묘에서는 동검이나 일부 장식, 누상묘에서는 동검, 검 부속구, 의기류, 마구류, 장식류 등의 다수 기종에서 요서계통 유물들이 확인되는 양상으로 보아 점차 상호작용이 강화되었다는 것을 알 수 있다.

다음으로 2기는 적석묘와 함께 석관묘와 토광묘가 부상하며 강상문화가 쇠퇴하는 기원전 6세기~기원전 4세기경이다. 요중지역에서 정가와자유형이 확산됨에 따라 관련 요소들이 확인되는 것이 특징이다. 와룡천묘, 상마석의 토광묘와 윤가촌의 석관묘·토광묘로 대표된다. 적석묘는 석축 묘역 내의 매장부가 감소하며, 할석식 석관묘나 토광묘는 부장되는 청동유물 종류와 수량이 증가한다. 토기에는 각획문장경호가 무문화된 장경호로 변화하며, 이중구연심발 등의 다른 기종 역시 무문양이 증가한다. 청동유물에는 정가와자유형 등의 요서-요중 계통의 것과 재지적인 것이 모두 확인된다. 요서-요중지역과 관련되는 것으로는 동검이나 청동검병 같은 무기류와 청동고삐고리 같은 마구류가 있고, 재지적인 것으로는 이전 단계와 비슷하게 동촉이나 선형동부 등의 공구류가 확인되고 있다. 정가와자유형과의 복합으로 강상문화의 정체성은 적지 않게 변화되었다고 할 수 있다.

5. 정가와자유형

1) 분포와 범위

정가와자유형은 요중지역 또는 요하평원 동쪽에서 천산산맥(千山山脈) 서북쪽의 낮은 구릉지대까지 포괄하는 지역에서 춘추 후기부터 전국 중기까지 유행했던 후기 비파형동검문화나 점토대토기문화를 가리키는 명칭이다. 벽부노지(壁付爐址)라고 하는 부뚜막식 화덕 시설 주거지와 목곽묘를 포함하는 토광묘계 무덤들이 이 문화의 정체성을 대표하는 유구이다. 점토대토기발과 흑도장경호로 대표되는 토기류와 정가와자-탑만촌식 비파형동검과 다뉴뇌문동경, 기하학문 선형동부 등이 표지 유물이다. 요서계통 문화 요소들이 강해 보통 십이대영자문화가 요중지역으로 확산됨에 따라 등장하였다고 이해되며, 다음 단계에는 한반도의 세형동검문화(점토대토기문화)로 계승되는 점이 주목되고 있다.

정가와자유형의 유적들은 요중지역의 심양-요양 일대를 중심으로 동쪽에는 무순-본계, 북쪽에는 법고-철령 일대, 남쪽에는 해성-요양 일대까지 분포한다. 물론 점토대토기문화의 토기류나 관련 청동유물이 요동-길림 접경지역에도 일부 보이므로 자료 증가에 따라 조금 더 넓혀 보는 것도 가능하다. 대개 천산산맥 서쪽 지역에서 유적들이 확인되고 있어 이전 단계 신락상층문화의 범위와도 중첩된다. 그러므로 시기적으로는 신성자문화에 후행하는 것이지만, 공간적으로는 서로 다른 지역문화에 기반하며 일정 기간 공존했을 가능성도 충분하다(도면 65).

정가와자유형에는 매장 유적 외에 생활 유적 역시 적지 않게 확인된다. 생활 유적들은 주로 요북-길림 접경지역에서 보이는데, 대부분은 소위 양천문화(凉泉文化) 유적으로 알려진다. 다만 소위 양천문화 유적들이 정가와자유형에 얼마만큼 포함될 수 있는지는 논란이 많다. 대부분이 늦은 시기로 추정되는 지표조사 유적이기 때문이다. 생활 유적 중에 발굴 조사를 통해 구체적인 문화 양상을 알 수 있는 것은 매우 적다. 신민(新民) 공주둔(公主屯) 유적이 대표적인

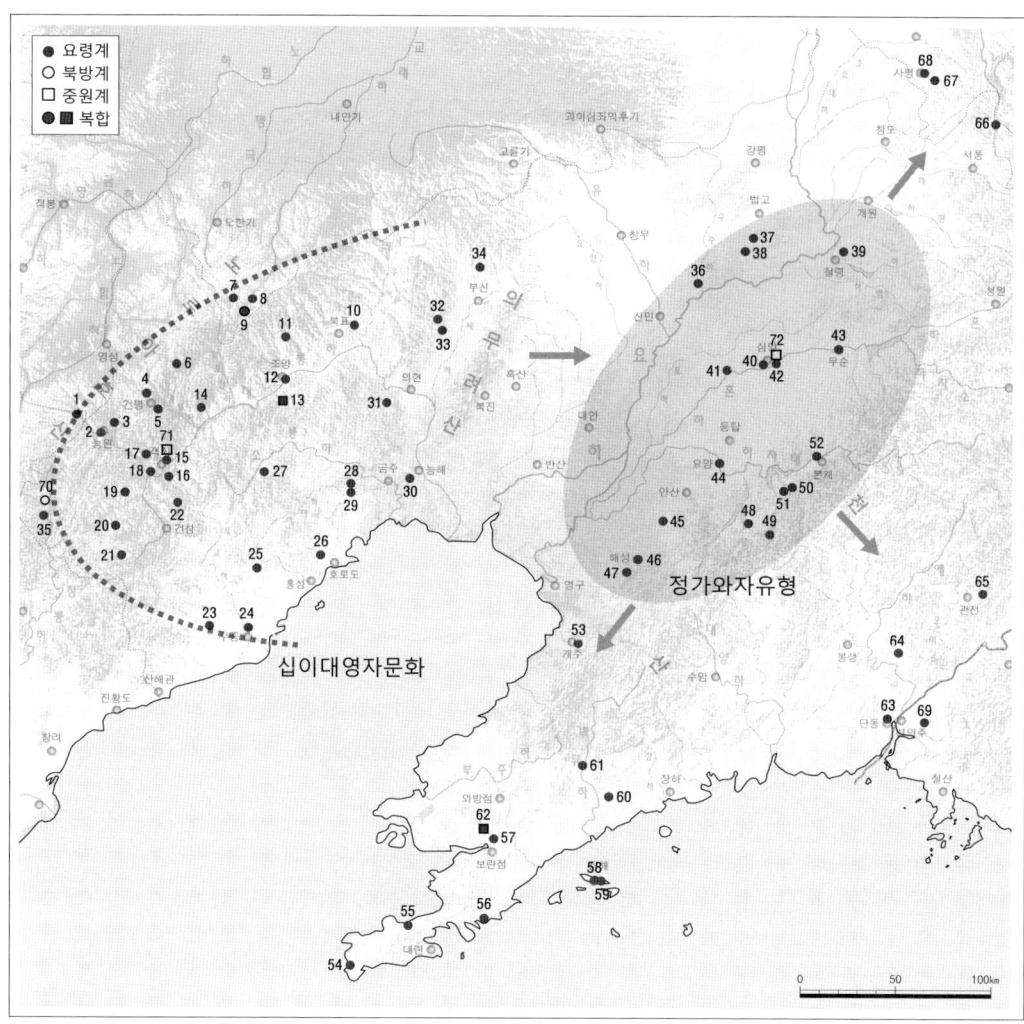

<도면 65> 요령지역의 후기비파형동검문화와 정가와자유형의 주요 유적 분포

십이대영자문화 1. 영성 손가구 2. 능원(관내) 3. 능원 삼관전자·하탕구 4. 건평 개채구 5. 건평(관내) 6. 건평 방신촌 7. 오한기 채원자 8. 오한기 오란보랍격 9. 오한기 수천 10. 북표 하가구 11. 조양 낭낭묘·남영자 12. 조양(관내) 13. 조양 원대자 14. 조양 대파라적·동대도 15. 객좌 북산근 16. 객좌 남구문 17. 객좌 남동구 18. 객좌 양가영자 19. 객좌 토성자 20. 건창 우도구 21. 건창 동대장자 22. 객좌 과목수영자 23. 수중 반석촌 24. 흥성 마권자 25. 흥성 주가촌 26. 호로도 사아보 노변둔 27. 조양 문장자 28. 호로도 전구구 29. 호로도 산금구 30. 금주 자형산 31. 의현 장가와포 32. 부신 자도대 33. 부신 모령구 34. 부신 합달호초 35. 능원 삼도하자
정가와자유형 36. 신민 공주둔 37. 법고 상둔 38. 법고 석립자 39. 철령(관내) 40. 심양 정가와자 41. 심양 마패보 42. 심양 남탑 43. 무순 장군보·단동로·관내 44. 요양(관내) 45. 해성 대둔 46. 해성(관내) 47. 해성 하협하 48. 요양 양갑산 49. 요양 탑만촌 50. 본계 금곡촌 51. 본계 화방구 52. 본계 사와
토착문화(정가와자유형 일부 복합) 53. 개주 패방촌 54. 대련 윤가촌·관둔자 55. 대련 누상 56. 대련 와룡천 57. 보란점 마소점 58. 장해 진구구 59. 장해 상마석·사괴석 60. 장하 당보촌 61. 보란점 곡둔 62. 보란점 화아산 63. 단동(관내) 64. 봉성 이가보 65. 관전 포자연 66. 동요 요령자 67. 사평 하삼대 68. 사평 철동구 69. 의주 태산리
북방계—중원계 문화 70. 능원 오도하자 71. 객좌 미안구 72. 심양 열애리

사례인데, 점토대토기가 출토되는 주거지가 확인되어 주목되고 있다. 이외에도 심양(瀋陽) 정가와자(鄭家窪子) 유적 등이 조사되었는데, 대개 일부만이 보고되어 토기류와 석기류를 중심으로 제한적인 정보만을 알 수 있을 따름이다.

매장 유적들은 주로 요중지역에서 확인된다. 심양-무순 일대의 유적들은 혼하 유역을 따라 길이 약 60km의 범위 안에 밀집 분포한다. 심양 정가와자(鄭家窪子), 마패보(馬貝堡), 열료로(熱鬧路), 남탑(南塔) 유적, 무순 단동로(丹東路)와 장군보(將軍堡) 유적 등이 대표적인 사례이다. 특히 심양 정가와자 유적은 약 2km 범위 내의 여러 지점에서 문화층과 함께 수장묘를 포함하는 무덤들이 다수 확인되어 정가와자유형의 거점 유적으로 평가되고 있다. 또한 요양-본계 일대 유적들은 태자하 유역과 그 남쪽 반경 약 60km 범위에서 주로 확인된다. 요양(遼陽) 탑만촌(塔灣村), 양갑산(亮甲山) 유적, 해성(海城) 대둔(大屯) 유적, 본계(本溪) 화방구(花房溝), 사와(沙窩) 유적 등이 대표적인 사례이다. 특히 요양-본계 접경지대에 위치하는 요양 탑만촌 유적은 청동유물이나 석제 거푸집 등이 다수 출토되어 정가와자유형의 또 다른 거점 유적으로 주목된다.

무덤 유적들은 크게 두 시기로 구분된다. 이른 시기(또는 비파형동검문화 단계)에는 심양 정가와자 1·2·3지점, 심양 마패보, 무순 장군보·단동로, 전 철령, 요양 탑만촌, 본계 화방구 등의 유적들이 지목되며, 늦은 시기(또는 세형동검문화 단계)에는 심양 남탑, 법고(法庫) 상둔(上屯), 해성 대둔·하협하, 요양 양갑산, 본계 사와 등의 유적들이 지목된다. 비파형동검문화 단계의 거점 유적에만 한정하면 춘추 후기 단계의 심양 정가와자, 전국 전기 단계의 요양 탑만촌이 지목되며, 이에 따라 관련 유적들을 세분하는 것도 가능하다. 세형동검문화 단계에는 거점 유적이 분명하지 않고 전국 연계 무덤 유적이 확인되며, 주변 문화와의 복합도가 증가하여 정체성이 일정하게 변화했을 가능성도 있다.

정가와자유형의 구체적인 시공간적 범위에는 앞서 언급했던 것을 바탕으로 여러 시각에서 논의되고 있다. 먼저 정가와자유형의 시간적인 범위에 대해서는 춘추 후기부터 전국 중기까지, 즉 기원전 6세기 후반~기원전 4세기 후반 무렵으로 보는 견해들이 많다. 다만 최근에는 연국 계통 무덤 조영이나 세형동검문화가 전국 중기 단계부터 개시되는 점을 고려하여 늦더라도 기원전 4세기 후반에는 정체성이 변화하였다고 보는 견해들이 증가하는 추세이다. 다음으로 정가와자유형의 공간적인 범위에 대해서는 앞서 언급하였듯이 요중지역을 중심으로 발전하였다고 생각되나, 요동 거의 전역으로 확장시켜 보는 견해들도 있다. 이는 정가와자유형과 다른 지역 문화가 복합되는 경우 어느 수준에서 얼마만큼 포함시킬 것인지와 관련된다.

2) 주거지와 무덤

정가와자유형의 주거지는 저구릉의 정상부나 강변 대지의 둔덕 위에 입지한다. 평면 방형계의 수혈주거이며, 내부에는 벽부노지(壁付爐址)라고 하는 부뚜막식 화덕이나 주혈 등이 시설되어 있다. 이와 같은 주거 구조는 1979년 신민 공주둔 유적이 조사되어 밝혀졌다. 이외에도 전국 연계 철기문화와 복합되어 다음 단계의 것으로 판단되는 철령 구대(邱臺) 유적, 무순 연화보(蓮花堡) 유적에도 점토대토기를 반출하는 주거지가 확인되어 정가와자유형의 주거문화를 짐작하게 한다.

주거 유적을 대표하는 신민 공주둔 유적을 자세하게 살펴보면, 해발 57.2m의 구릉 정상부의 동쪽 말단에서 수혈주거지가 2기 조사되었는데, 1호 주거지가 보고되어 있다. 주거지는 평면 장방형에 길이 268cm, 너비 200cm이며, 잔존 깊이는 약 30cm이다. 벽체와 바닥은 불을 놓아 다졌으며, 단벽 중앙부에 주혈(柱穴) 1기씩이 배치되어 있고, 장벽 중앙부에 부뚜막식 화덕이 배치되어 있다. 출토 유물들은 대부분이 토기(6개체분)인데, 점토대토기옹과 점토대토기분이 확인된다. 이외에도 석부(石斧) 1점과 녹각(鹿角) 1점이 수습되어 있다(도면 66).

이와 같은 정가와자유형의 주거지는 남한지역에서 확인되는 수석리문화(水石里文化)의 초기 주거지와 흡사하다. 특히 고지성의 입지, 노지 형태와 배치 관계 등이 주목되고 있다. 또한 출토되는 토기류도 남한지역에서 확인되는 원형점토대토기와 같아 요동지역에서 남한지역으로 주거문화와 토기문화가 함께 전이되었다고 보는 것이 통설화된 상황이다. 신민 공주둔 주거지에서는 주상파수가 달린 점토대토기는 보이지만, 두형토기가 출토되지 않아 이른 시기(비파

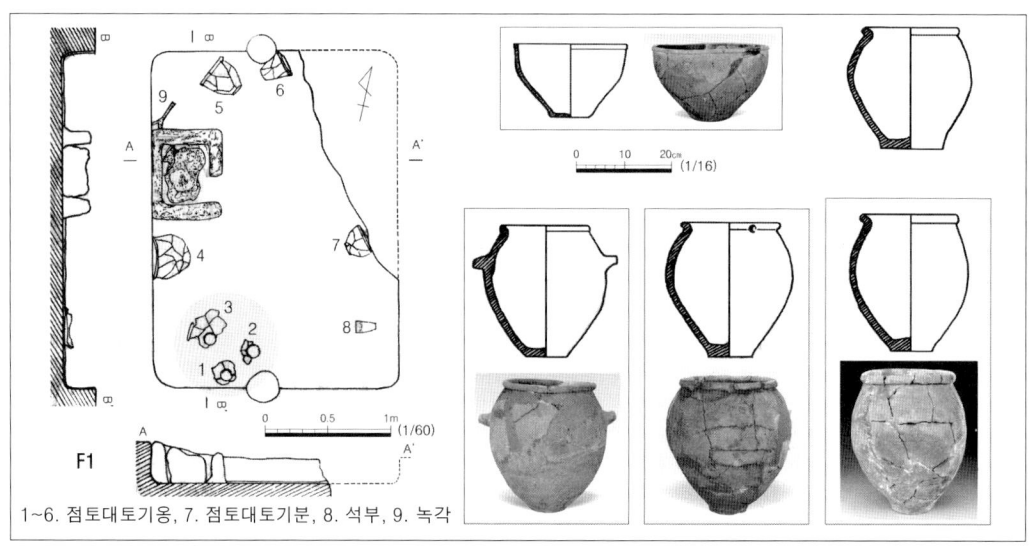

1~6. 점토대토기옹, 7. 점토대토기분, 8. 석부, 9. 녹각

〈도면 66〉 정가와자유형의 주거지와 출토 유물(신민 공주둔 1호 주거지)

형동검문화 단계)로 추정되고 있다.

정가와자유형의 무덤들은 목곽묘를 포함하는 토광묘가 기본 묘제이나, 석관묘도 일부 확인된다. 토광묘는 단순 토광묘가 가장 많이 보이지만, 대형 목관묘나 목곽묘와 함께 적석이나 위석 구조의 토광묘도 일부 확인된다. 묘향(墓向) 북서-남동 방향, 두향(頭向) 북서 방향으로 두는 예가 적지 않게 확인되나, 심양 이외 지역이나 중소형묘의 경우에는 다양하게 나타난다. 앙신직지(仰身直肢) 또는 측와(側臥) 단인장(單人葬)이 보편적인 장법인데, 피장자를 기준으로 할 때 얼굴 방향을 우측으로 돌린 것이 많다.

소를 순생하여 매납하는 동물 순생 역시 일부 확인된다. 가축 중에 소를 순생하여 매납하는 것은 십이대영자문화의 전통으로 요서지역에서 먼저 확인되는 장법이다. 정가와자유형의 경우 심양 정가와자 6512호묘와 659호묘에서 보이는데, 모두 발치 부근 충전토 상에서 확인된다. 부장 유물은 다양하게 배치되나, 무기류는 주로 허리춤에 착장한다거나 그 옆에 부장하고, 공구류는 허리 또는 다리 쪽에 부장하며, 토기류는 피장자의 다리 또는 발치 쪽에 부장되는 것이 특징이다.

무덤 규모는 '대형-중형-소형'으로의 구분하여 볼 수 있다. 심양 정가와자 유적에서 확인되는 것이 대표적인 사례이다(도면 67). 정가와자 3지점의 묘지에는 총 14기의 무덤들이 확인되었는데, 크기가 다른 무덤들이 2개 그룹으로 구분되어 약 80m 정도 떨어져서 분포하는 것이 주목된다. 즉, 무덤 입지와 규모가 연동되는 차별성이 확인된다. 대형묘는 목곽묘인 정가와자 6512호묘가 거의 유일하다. 무덤 규모와 구조 및 부장 유물까지 가장 탁월하여 수장급의 무덤으로 평가된다. 대형 목관묘로 추정되는 정가와자 652호묘 역시 중형 이상이다. 중형묘는 적석

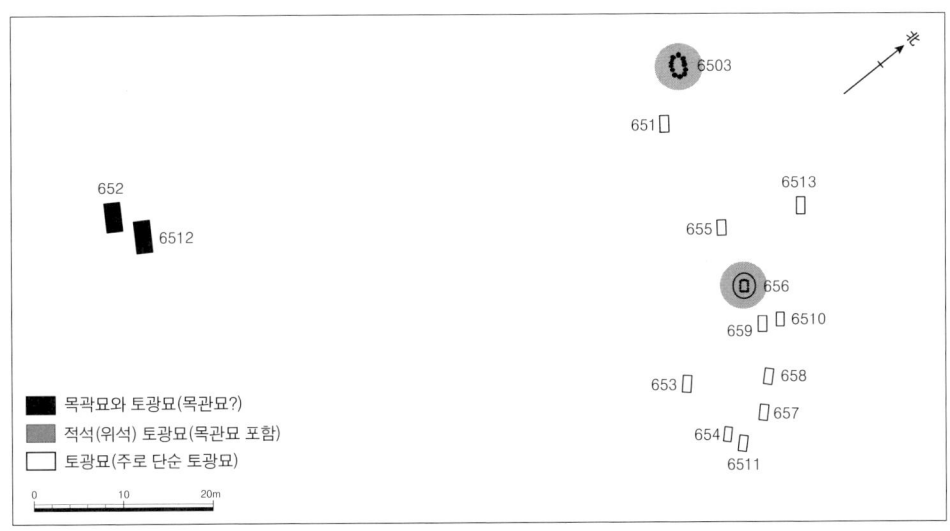

〈도면 67〉 정가와자유형의 묘지와 무덤 배치(심양 정가와자 3지점)

이나 위석 토광묘(목관묘)로 판단되는 정가와자 656호묘와 6503호묘가 있다. 정가와자 1지점의 추정 토광묘도 이에 해당되며, 부장 유물 양상으로 보아 요양 탑만촌도 이에 상당하는 규모라고 생각된다. 부장 유물에는 동검 등의 무기류와 동부 등의 공구류를 갖추면서 의기류나 장식류가 추가되는 예가 많다. 소형묘는 정가와자 659호묘와 1·2호묘가 대표적인 사례이며, 요양 양갑산 유적 토광묘군 역시 이에 해당된다. 부장 유물에는 동검 1점 또는 토기·석기 1~2점이 주로 확인된다.

정가와자유형의 묘지에는 비파형동검문화 단계의 심양 정가와자 유적과 세형동검문화 단계의 요양 양갑산 유적 등이 알려진다. 정가와자 3지점의 경우에는 수장급을 포함하여 무덤 규모와 부장 유물에서 3개 등급 이상으로 차별화된 무덤들이 다수 분포하나 양갑산에서는 무덤 규모와 부장 유물에서 2개 등급 정도만이 확인된다. 정가와자 1지점이나 요양 탑만촌도 상위 등급 무덤으로 볼 수 있다. 그러므로 정가와자유형은 최고 위계 유적 한곳에만 최상위급 분묘군이 조영되며, 그다음 위계 유적 몇곳에는 차상위급 무덤이나 분묘군이 조영된다. 이외 일반 유적에는 중위 등급이나 하위 등급 무덤만이 확인된다. 즉, 정가와자유형은 최소 4개 등급으로 이루어진 계층사회로 추정된다.

수장급의 무덤 구조와 유물 부장 양상들은 심양 정가와자 6512호묘를 통해 알 수 있다(도면 68). 6512호묘는 현존하는 비파형동검문화의 무덤 중에 가장 크고 부장 유물이 많은 대형 목곽묘에 해당된다. 묘광 규모는 길이 500cm, 너비 300cm이며, 목곽 크기는 길이 약 320cm, 너비 약 160cm이다. 바닥에서 삿자리와 목관 흔적 및 사람 뼈가 확인되었는데, 피장자는 50세 이상의 노년 남성으로 추정되고 있다. 내부에는 청동유물 400여 점을 비롯하여 토기류, 석기류, 골기류 등 총 49종 797건(900점 내외)의 유물이 확인되었으며, 발치 쪽의 목곽 가장자리에는 소를 순생하였음도 확인된다.

부장 유물은 관과 곽의 사이에는 크게 4곳, 관의 내부에는 인골 주변으로 밀집 배치되어 있는 것이 특징이다. 머리 위쪽(서측)에는 착장동검 2건, 다뉴뇌문동경 1점, 발치(동측)에는 흑도장경호 3점 등이 부장되어 있다. 상반신의 좌측(북측)에는 활대와 활주머니, 삼익유공동촉 꾸러미가 부장되어 있고, 상반신의 우측(남측)에는 청동정식(靑銅頂式)으로 추정되는 나팔형동기(喇叭形銅器)와 원개형동기(圓蓋形銅器)는 물론 동함(銅銜), 동표(銅鑣), 절약(節約) 등의 마구류가 부장되어 있다. 청동무기(동검), 청동의기(다뉴동경), 청동마구 등을 통해 피장자의 군사적·종교적·사회적 권력 기반을 과시하였음을 추정하여 볼 수 있다.

한편 목관 부장 유물에서 가장 주목되는 것은 피장자의 머리부터 발끝까지 경형동기 6점이 차례대로 놓여 있는 모습이다. 머리와 발치에 경형동기를 세우듯이 부장하는 것은 요서지역의 조양 십이대영자 1호묘에서도 확인되는 현상이다. 허리 우측에는 착장동검 1건이 놓여 있어 피장자가 살아 있었을 때 사용하던 것일 가능성이 높다. 정강이의 우측에는 견갑형동기(肩甲形銅

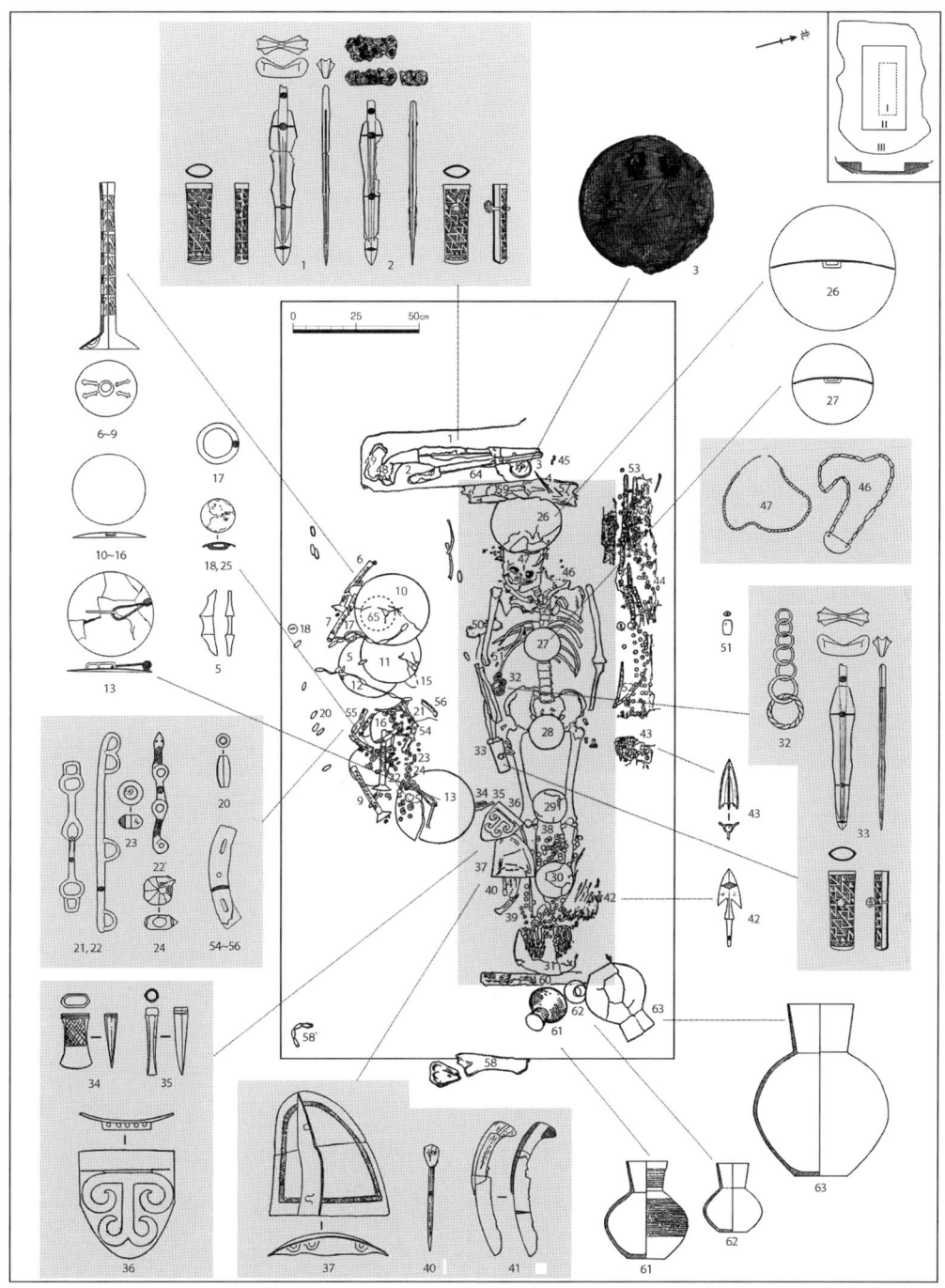

〈도면 68〉 정가와자유형 수장묘의 구조와 출토 유물(심양 정가와자 6512호묘)

1·2. 착병동검 3. 다뉴동경 4. 동잠 5·19. 청동교구 6~9. 청동정식(나팔형동기) 11~12·14~16·65. 경형동기(마구) 10·13. 원개형동기 17. 동환 18·25. 동포 20. 동관 21·22·22. 동함·동표 23. 동주 24. 청동절약 26~31. 경형동기(의기) 32·33·51. 동초장식(동환·석관)·착병동검 34·35. 동부·동착 36. 청동부낭(방패형동기) 37. 청동도낭(견갑형동기) 38·39. 가죽신발장식(동포) 40·41. 동추·동도 42. 양익유경동촉 43. 삼익유공 동촉 44. 청동궁낭포식 45. 청동부스러기 46·47. 석제경식 48~50. 탄화목병 52·53. 골제궁미·궁낭 54~56. 골표(8점) 58·58. 소뼈 59·60. 탄화관재 61~63. 도호 64. 골침

器)로 불리기도 하는 청동도낭장식(靑銅刀囊裝飾)과 방패형동기(防牌形銅器)로 불리기도 하는 청동부낭장식(靑銅斧囊裝飾)이 확인된다. 정강이의 좌측에는 양익유공동촉 꾸러미도 확인된다. 견갑형동기와 방패형동기는 원래 청동공구 주머니의 장식이며, 남한지역의 '농경문청동기'가 농경 의례를 표현하고 있는 점을 고려할 때, 이는 피장자의 경제적인 권위를 상징하는 것일 가능성이 높다.

3) 토기와 청동유물

정가와자유형의 유물에는 토기류와 석기류를 비롯하여 청동유물 역시 적지 않게 확인되고 있다. 다만 생활 유적에는 토기류가 가장 많고, 무덤 유적에는 주로 청동유물이 출토되는 점이 특징이다. 기본적으로는 요서 계통 유물들이 많아 요동지역의 다른 지역문화와는 뚜렷하게 구별된다. 이는 묘제뿐만 아니라 토기류와 청동유물에서 모두 확인되는 것이어서 정가와자유형을 십이대영자문화의 하위 유형으로 인식하게 하는 주요 근거이다.

정가와자유형의 정체성을 대표하는 토기류는 소위 점토대토기문화의 주요 기종이다(도면 69). 점토대토기발, 흑도장경호, 두형토기(豆形土器), 파수부호(把手附壺) 등이 대표적인 기종인데, 대부분은 요서지역에서 먼저 확인되는 것이어서 이로부터 전이되었음을 알 수 있다. 다만 요동지역에도 점토대토기문화의 토기류와 유사하게 생긴 이중구연토기발과 평저장경호가 확인되며, 횡상파수를 부착하는 것도 요동지역 무문토기 전통이다. 즉, 정가와자유형 토기문화의 정착 과정에는 토착 토기문화와의 접변이나 복합 현상을 고려해야 할 필요성도 있다.

점토대토기발은 협사갈도의 취사 용기이며, 흑도장경호는 니질흑도의 저장 운반 용기이다. 다만 점토대토기발이 주거 유적과 무덤 유적에서 모두 출토되는 것과 달리 흑도장경호는 대개 무덤에만 부장되는 것이 특징이다. 점토대토기발과 흑도장경호는 함께 등장하였다고 인식되나, 무덤에는 흑도장경호만 부장되었다가 후에 점토대토기발이 추가되는 양상으로 변화된다. 점토대토기발에 흑색마연기법이 채용된다거나 장경호에 소형 파수가 달린 것도 있다.

점토대토기발은 구연부에 단면 원형의 점토대를 붙인 것이지만, 납작하게 변형시킨 것도 확인된다. 점토대가 다양하게 변형되어 있는 것도 요서지역의 조양 원대자(袁臺子)와 오한기 수천(水泉) 유적에서 먼저 확인되는 것이어서 두 지역 간의 교류 관계를 보여준다. 점토대토기발의 속성 변천 과정은 기형에서 '옹형 → (심)발형', 파수에서 '주상파수(柱狀把手) → 각형파수(角形把手) → 유상파수(瘤狀把手)'의 과정으로 이해된다.

흑도장경호는 흑색마연기법으로 만든 평저장경호를 일컫는다. 니질태토(泥質胎土), 흑색마연기법, 만륜기법(慢輪技法) 등이 제작 기법상의 주요 특징이다. 흑색마연기법으로 만든 평저장경호가 요서지역에서 먼저 확인되며, 특히 단순 마연(burnished)부터 광택 마연(polished)으로

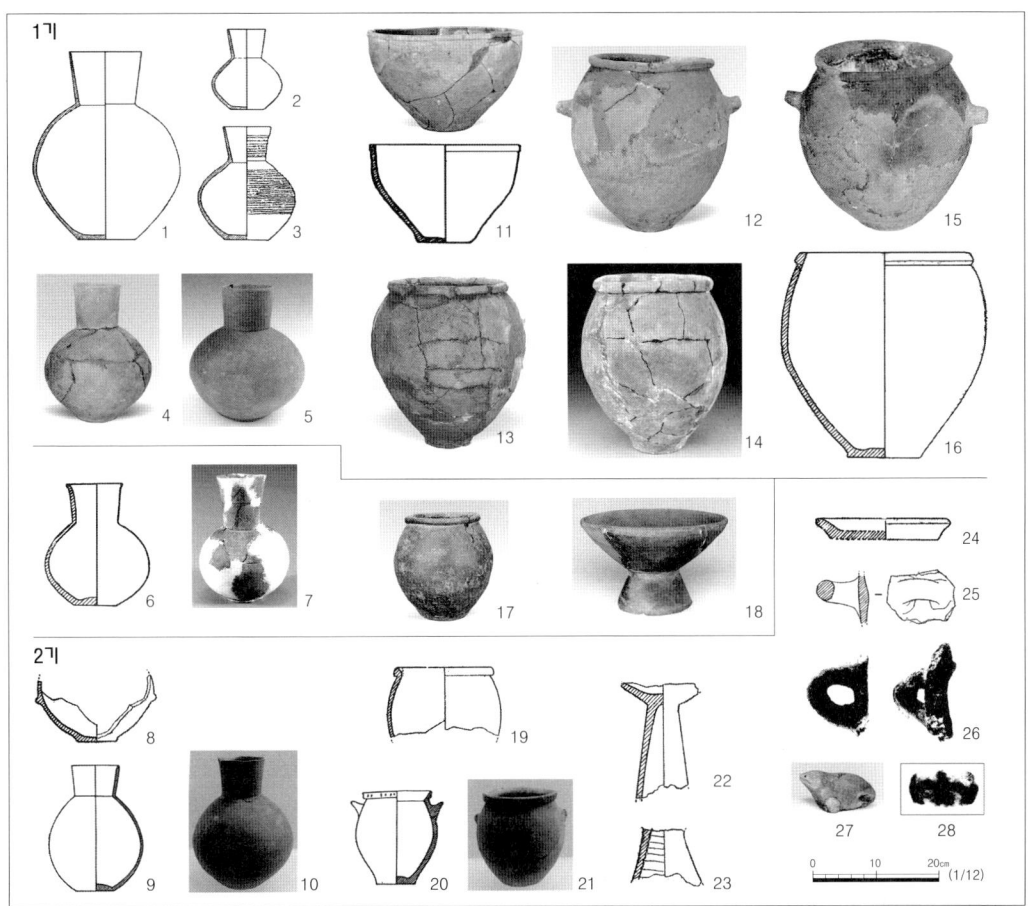

〈도면 69〉 정가와자유형 토기류의 구성과 변천

1~3. 심양 정가와자 M6512 4·5·6. 심양 정가와자 M659·3지점·M2 7. 평양 신성동(M1) 8. 심양 정가와자 3지점 문화층(하층) 9~10·20~21. 요양 양갑산 M5·M7 11~14. 신민 공주둔 F1 15·17~18. 심양 정가와자 3지점 수습 16·19·22~28. 심양 정가와자 문화층(하층)

만든 토기까지 확인되고 있어 주목된다. 만류기법은 하북 북부지역의 옥황묘문화의 토기에서 확인되는 속성인데, 조양 원대자 갑류묘(M122)의 흑도장경호에서도 확인된다. 흑도장경호의 속성 변천 과정은 구경부는 '직립·외경 → 외반', 동체부는 단면 '편구형 → 구형·장동형'의 과정으로 이해된다.

두형토기는 흑도장경호나 점토대토기발과 달리 전국시대 이후에야 등장하는 기종이다. 물론 내몽고 동남부의 하가점상층문화에서 두형토기가 먼저 보이지만, 홍색마연기법이나 배신-대각 제작 기법 등이 상이하여 다른 계통으로 추정된다. 또한 상마석상층문화(강상문화)에도 두형토기가 일부 보이는데, 정가와자유형의 것과 유사하게 생긴 것은 전국 전기의 장해 상마석(上馬石) 3호묘와 병행하는 'A구상층' 패총에서 확인된다. 정가와자유형에서 두형토기가 유행하는 것은 요동지역의 재지적인 바탕 위에 동대장자유형과의 교류 과정에서 두형토기 사용 전통이 강화됐기 때문으로 생각된다. 직선형 단각식에 넓은 배신을 지닌 것이 고식이며, 정면 나팔형 장각식에 배신 폭이 좁은 것이 신식이다.

정가와자유형의 청동유물에는 무기류, 공구류, 의기류, 마구류, 장식류 등의 다수 기종들이 확인된다. 기본적으로는 중원계나 북방계로 볼 수 있는 것이 적고, 그와 같은 것도 대부분은 요서지역에서 재지화된 것이 많다. 가령 무기류에서는 청동검병, 청동검초, 삼익유공동촉 등이, 공구류에서는 기하학문 선형동부, 동도 등이, 의기류에서는 다뉴뇌문동경, 경형동기 등이, 마구류에서는 동함, 동표 등이, 장식류에서는 동물형 장식품 등이 모두 십이대영자문화와 관련하여 요서지역에서 전이되어온 기종이다.

무기류의 주요 기종에는 동검, 동표(銅鏢), 동촉 등이 확인되며, 비파형동모가 채택되지 않은 것에 비해 요령식동과가 확인되는 것이 특징이다(도면 70). 요령식동과는 동대장자유형과 관련되는 기종으로 요양 탑만촌 유적 출토 석범(石范) 측면에서 확인되었는데, 파손되고 난 후 다른

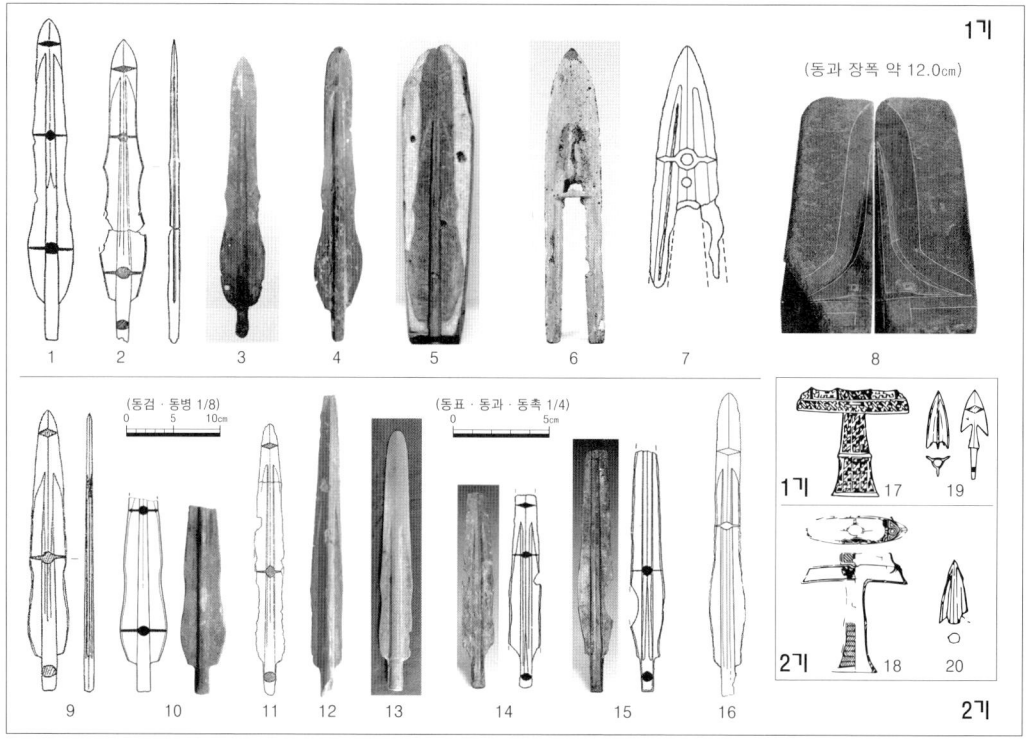

〈도면 70〉 정가와자유형 청동 무기의 변천
1·17. 심양 정가와자 1지점 2·19. 심양 정가와자 M6512 3. 심양 정가와자 M656 4~5·8. 요양 탑만촌 6. 심양 정가와자
7. 본계 화방구 9. 법고 상둔 10. 심양 남탑 11·18. 해성 대둔 12. 해성 하협하 13. 전 해성 14~15. 요양 양갑산 M1·M3
16·20. 본계 사와·동구

면을 동착석범으로 재활용한 것이어서 주조까지 하였는지 명확하지 않다. 동표는 무공식(無銎式)의 동모로도 볼 수 있는 기종으로 정가와자유형에만 있는 무기이다. 정가와자유형에서 '동검-동과-동모'의 청동 무기 체계가 구비되기 시작하였음을 보여주는 것이어서 주목된다. 춘추 후기~전국 전기 단계(1기)에는 정가와자-탑만촌식 동검, 정가와자식 동병, 동표, 삼익유공동촉·유경양익동촉 등이 주로 확인되고, 전국 중기 단계(2기)에는 동대장자-우도구식 동검, 대둔식 동병, 유공양익동촉 등이 주로 확인된다. 우도구식(양갑산식)이나 윤가촌식 동검 단계부터 문화 범위에서 제외시켜 보는 시각들도 있다.

공구류의 주요 기종에는 선형동부, 동착, 동도 등이 보이는데, 특징적인 것은 기하학문 선형동부이다. 선형동부의 경우 사격자문이 있는 심양 정가와자 6512호묘 출토품이 고식이고, 사격자문이 조잡하게 변한 요양 탑만촌 유적 출토품(석범)이 신식이다. 요서 계통 기하학문 선형동부는 주로 길림 남부지역으로 전이되며, 요동 계통의 무문(또는 횡선) 선형동부의 경우 이때부터 소형화가 진척되어 심양 마패보 유적 출토품과 같이 공부 돌대가 있는 무문양의 소형 동부로 점차 대체된다.

의기류의 주요 기종에는 다뉴동경(多鈕銅鏡), 경형동기(鏡形銅器) 등이 확인된다. 다뉴동경은 춘추 후기~전국 전기 단계(1기)에는 심양 정가와자 6512호묘 출토품과 같은 뇌문동경이 사용되며, 전국 중기 단계(2기)에는 단동(丹東) 출토품과 같은 구획문계 동경으로 대체된다. 구획문계 동경들은 세형동검문화의 초기 단계에만 사용되는 기종으로 천산산맥 일대에서 남한지역으로 전이되며, 경형동기 역시 이때 남한지역으로 전해진다. 구체적으로는 단동 출토 다뉴구획

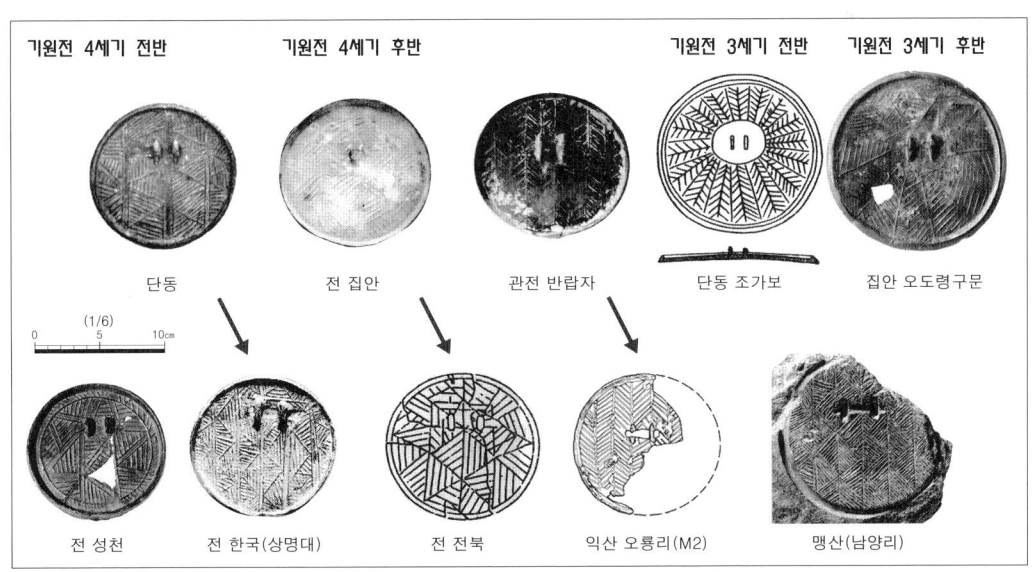

〈도면 71〉 정가와자유형 다뉴구획문경의 변천과 전이 과정

문경을 조형으로 하여 관전(寬甸) 반랍자(半拉子) 유적 출토품은 익산 오룡리 유적 출토품과, 집안(集安) 출토품은 전 전북 출토품과 연결된다. 다만 전 집안이나 관전 반랍자 유적 출토품은 그 다음 단계의 상보촌유형에 속한 유물이다(도면 71).

마구류의 주요 기종에는 동함, 동표, 청동절약 등이 확인되며, 동차축두나 동개궁모와 같은 거여구가 없는 것이 특징이다. 대부분은 심양 정가와자 유적에서 보이는데, 특히 정가와자 6512호묘에는 가장 다양하고 많은 수의 마구들이 확인된다. 동함에는 직간함(直桿銜)과 이절함(二節銜)이 각 2점, 사형동표(蛇形銅鑣) 8점, 청동정식(나팔형동기) 4점 등의 조합으로 출토되고 있어 4마리의 말이 끄는 독주차(獨輈車)로 복원된다. 마구류에 속한 나팔형동기와 원개형동기는 물론 위세류에 속한 방패형동기와 견갑형동기도 의기적인 면이 강해 보통 '이형동기(異形銅器)'라고 지칭된다. 대부분은 요서지역에서 먼저 확인되는 기종이며, 남한지역으로 전이되어 세형동검문화 초기 단계 수장급의 무덤에만 부장되는 것이 특징이다.

6. 문화 교류와 사회 관계

1) 문화 교류

요동지역 비파형동검문화의 정착 과정은 이전 단계 문화 전통을 바탕으로 새로 등장하는 문화 요소들이 복합되어 물질문화가 다시 지역별로 재편되는 과정이라 할 수 있다. 전환기를 대표하는 여러 지역문화 중에 비파형동검문화와 직접 접촉하는 것은 하요하의 동변에서 유행했던 요해둔유형과 요남 서부·중부지역에서 유행했던 쌍방유형이다. 무덤 양식으로 보면, 각각 토광묘문화와 지석묘문화로 바꿔 부를 수도 있겠는데, 토광묘문화는 다소 불분명한 양상인 데 비해, 지석묘문화는 요북-길림지역이나 한반도로 확산되어 동일 문화권을 형성하며 더욱 성행하게 된다.

한편 요동지역 비파형동검문화의 확산 과정은 마성자문화와 쌍타자문화가 전환기를 거치면서 신성자문화와 강상문화로 변동되는 과정에서 청동단검문화와 결합하여 상호작용이 더욱 증대되며 발전하는 과정으로 요약된다. 신성자문화와 강상문화로 대표되는 전기 비파형동검문화와 정가와자유형으로 대표되는 후기 비파형동검문화는 주변 지역과의 청동 네트워크와 교류 관계를 바탕으로 발전하였는데, 여기에는 보통 교류-권력 관계와 관련되는 여러 중층적인 상호작용이 반영되어 있다. 무덤 양식으로 보면 각각 '석관묘문화-적석묘문화-토광묘문화'로 고쳐 부를 수도 있다. 석관묘문화는 요남-길림지역이나 한반도로 확산되어 동일 문화권을 형성하며 더욱 발전하는 것에 비해 적석묘문화는 보편성보다는 특수성이 강한 지역문화로 이해된다. 토광묘문화는 요서지역에서 요중지역으로 전이된 후 주변 지역으로 다시 확산되었는데,

이후 세형동검문화 단계의 보편적인 무덤으로 채택된다.

요동지역의 비파형동검문화와 주변 지역 물질문화와의 교류 관계는 다방면에 걸쳐 확인되고 있다. 크게 보면 요동지역과 요서지역, 요동지역과 길림지역, 요동지역과 한반도의 지역 관계가 언급되며, 이외에도 주목되는 것은 요동반도와 산동반도의 교류 관계라고 할 수 있다. 전환기에 해당되는 기원전 13세기~기원전 10세기경에는 요서지역이나 남한지역과의 교류 관계가 일부 확인되며, 비파형동검문화가 유행하는 기원전 9세기~기원전 6세기경에는 거의 전 지역에 걸쳐 교류 관계가 확인된다. 또한 비파형동검문화가 재편되는 기원전 6세기~기원전 5세기경에는 요서지역과의 교류 관계가 증대되는 과정에서 요중지역으로 주민 집단이나 장인 집단의 이주까지 수반하게 되며, 북한지역과의 교류 관계 역시 강화된다.

먼저 요동지역과 요서지역의 문화 교류는 전환기의 북방 계통(카라숙계) 청동 무기와 청동 공구를 통해 짐작된다. 주로 요하평원을 중심으로 확인되나 요남지역이나 한반도의 북서부에 이르도록 산발적인 분포 양상을 나타낸다. 법고 만류가(灣柳街)의 예가 대표적인 사례이며, 의주 신암리에서도 관련 유물이 확인되어 있다. 특히 만류가의 경우 재지화된 동월, 동부 등이 함께 확인되어 일부나마 토착문화와의 복합 관계를 추정하게 한다. 이는 비파형동검문화가 요북지역에서 형성되는 배경 중의 하나로서 요북지역의 청동 제작 기술력이 제고되는 상황으로 볼 수 있다.

요동지역과 요서지역의 교류 관계는 비파형동검문화가 유행하는 단계부터 강화된다. 요북지역의 신성자문화나 요남지역의 강상문화의 경우, 처음에는 동검이나 동모, 다뉴동경 등의 청동유물 일부 기종으로 한정되는 양상이었으나, 점차 의기류와 마구류는 물론 기하학문이나 동물 모양 장식류에 이르도록 종류와 수량이 증가하고, 결국에는 청동유물 외에 토기문화와 매장문화까지 전이되어 요서 계통 물질문화가 대거 전이되는 단계, 즉 정가와자유형이 형성되는 단계까지 나아간다.

이를테면, 신성자문화에서는 하가점상층문화와 십이대영자문화의 요소들이 일부 확인된다. 유엽형동모(청원 대호로구)와 선형동부(서풍 성신촌)의 거치문은 하가점상층문화와, 일부 비파형동검과 다뉴동경(본계 양가촌)은 십이대영자문화와 각각 관련되는 요소이다. 동검이나 동모 같은 청동무기는 요서 방면에서 유입됐을 가능성이 있겠으나, 다뉴동경은 요동에서 제작됐을 가능성이 높다. 신성자문화와 요서지역과의 교류 관계는 제품 이입 외에 정보 교환, 모방 제작 등의 방식으로 이루어졌다고 할 수 있다. 이에 비해 강상문화는 점차 요서 계통 요소들이 증가하는 것이 확인된다. 일찍부터 청동무기는 요서 계통의 것이, 청동공구는 요동 계통의 것이 주로 확인되며, 누상 단계를 기점으로 일부 청동무기와 청동공구는 물론 청동마구와 청동장식 등을 포함하는 요서 계통 유물들이 대거 보이는데, 이는 정가와자유형의 형성 배경과도 무관하지 않다. 강상문화와 요서지역과의 교류 관계는 단선적인 정보 교환보다 장인 집단의 이동이나 직접적인 기술 교류가 있었다고 생각된다(도면 72).

정가와자유형 등장 이후 요동지역의 토착문화는 요중지역과의 관계망을 중심으로 점차 재편된다. 정가와자유형은 십이대영자문화가 요중지역으로 전이되어 형성됐던 요서 계통 물질문화이다. 심양-요양 일대에서 주로 확인되는 목곽묘를 포함하는 토광묘는 요서지역의 주된 묘제 중의 하나이다. 청동유물의 경우 무기류와 의기류는 물론 마구류의 거의 모든 기종, 기하학문 선형동부와 동도 같은 공구류의 일부 기종 등이 모두 요서지역에서 전이되어 온 유물이다. 점토대토기문화의 토기류도 기본적으로는 요서지역에서 전이되었음이 확인된다. 그러므로 정가와자유형의 형성이나 발전 과정에서 확인되는 요서지역과의 교류 관계는 물적 교류보다 장인 집단을 포함하는 인적 교류가 활발하게 진행되었음을 알 수 있다.

한편 요동지역에서 길림지역이나 한반도로 전이되는 문화 요소에는 묘제와 청동유물 두 측면에서 확인된다. 지석묘-개석묘와 석관묘는 요하 이동지역이 동일 문화권에 속하였던 것을 보여주는 요소로도 이해된다. 비파형동검문화가 확산되는 과정에서 함께 전이되었다고 생각되나, 북한지역의 경우 조금 더 일찍 전해졌을 가능성이 높다. 비파형동검문화와 관련되는 청동유물 역시 요동지역에서 길림지역이나 한반도로 큰 시차 없이 전이되며, 일부 토기류는 인접하는 길림 중서부지역과 북한지역에도 확인된다.

이를테면, 요동지역과 길림지역의 교류 관계는 신성자문화의 요소들이 서단산문화에 나타나는 것을 통해 확인된다. 일찍부터 쌍방식의 비파형동검과 비파형동모가 확인되며(영길 성성초), 그다음 단계에는 이도하자식의 비파형동검과 선형동부 등이 확인된다(반석 소서산). 또한 미송리식토기류와 거의 같은 토기류가 확인되는 것도 주목된다. 이후에도 정가와자유형의 요

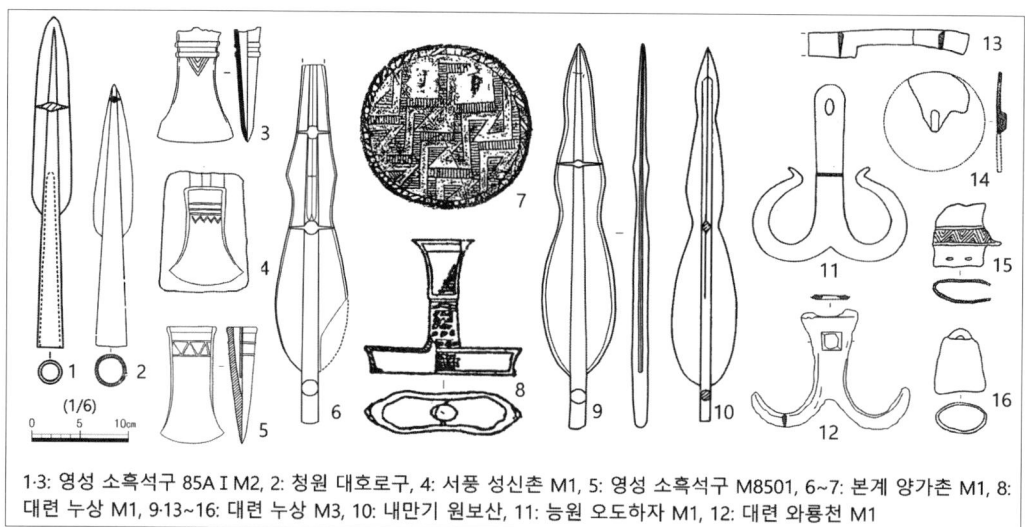

1·3: 영성 소흑석구 85A I M2, 2: 청원 대호로구, 4: 서풍 성신촌 M1, 5: 영성 소흑석구 M8501, 6~7: 본계 양가촌 M1, 8: 대련 누상 M1, 9·13~16: 대련 누상 M3, 10: 내만기 원보산, 11: 능원 오도하자 M1, 12: 대련 와룡천 M1

〈도면 72〉 요동지역과 요서지역의 교류 관련 자료

소들이 일부 보이는데(동요 요령자), 동검 등을 제외하면 대부분은 세형동검문화 단계에 속한 것들이다. 요동지역과 한반도의 교류 관계는 주로 청동유물에서 확인된다. 물론 상마석식 이중구연토기나 미송리식토기도 보이지만 대개 북한지역에 한정된다. 처음에는 비파형동검과 청동검파두식이 주로 보이는데, 남한지역 비파형동검문화가 요동 계통임을 보여준다. 그다음 단계에도 요동 계통의 비파형동모와 선형동부가 차례대로 전이된다. 요동지역과 한반도가 긴밀하게 연결되는 것은 정가와자유형 확산 이후인데, 북한지역을 거쳐 남한지역에서 세형동검문화(또는 점토대토기문화)가 형성되는 것도 이와 밀접하게 관련된다.

요동지역과 산동지역의 교류 관계는 지석묘와 석관묘도 거론되나, 주로 청동유물을 통해 확인된다(도면 73). 요동반도와 산동반도의 연해에는 묘도열도(廟島列島)가 위치하고 있어 서로 왕래하기 용이하며, 실제로도 신석기시대 말~청동기시대 초 무렵을 전후하여 선사문화가 활발하게 교류하였음이 알려진다. 요동반도에서 산동반도의 중원식동검문화와 관련되는 것으로는 보란점 화아산(花兒山) 유적 수습 중원식동검이 있고, 산동반도에서 요동반도의 비파형동검문화와 관련되는 것으로는 장도(長島) 왕구촌(王溝村) 유적과 용구(龍口) 귀성(歸城) 유적에서 나온 선형동부와 그 석제용범들이 있다. 이는 기원전 7세기~6세기경 두 지역이 교류하였음을 보여주는 대표적인 사례이다.

요동반도와 산동반도의 교류 관계는 정가와자유형의 확산 이후에도 지속된다. 요동반도의 대련 윤가촌 유적에서는 유병식의 중원식동검이 수습되었으며, 산동반도의 서하(栖霞) 행가장(杏家莊) 2호묘에서는 정가와자식과 동대장자식의 중간 형식에 속한 비파형동검이 출토된 바 있다. 그러므로 정가와자유형이 요중지역에서 요동반도 지역으로 확산되는 기원전 5세기~기원전 4세기경에도 두 지역 간의 문물 교류가 지속되었다고 할 수 있다. 요동반도 남단지역은 묘도열도를 통해 요동반도와 산동반도의 교류 관계를 이어주는 창구 역할을 수행하였다고 할 수 있다.

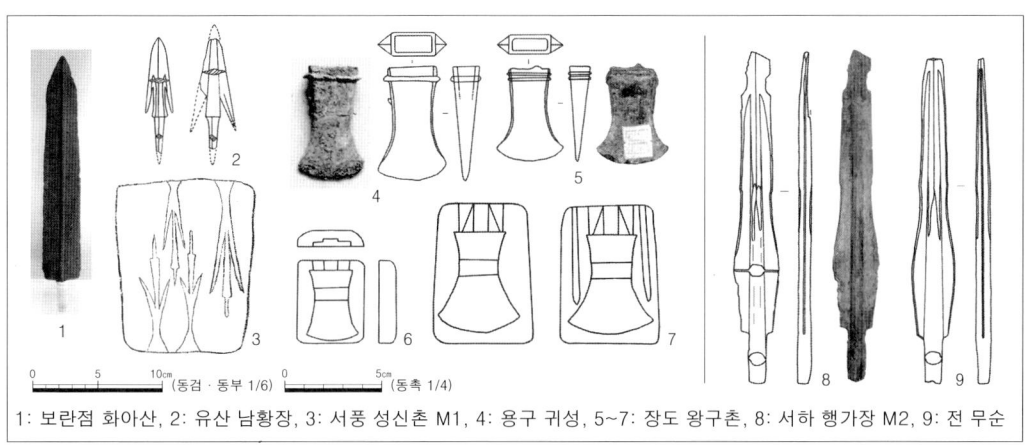

1: 보란점 화아산, 2: 유산 남황장, 3: 서풍 성신촌 M1, 4: 용구 귀성, 5~7: 장도 왕구촌, 8: 서하 행가장 M2, 9: 전 무순

〈도면 73〉 요동지역과 산동지역의 교류 관련 자료

2) 사회 관계

　요동지역의 비파형동검문화는 기원전 10세기~기원전 9세기경 형성되어 지역별로 정착하는 과정에서 토착문화와 다양하게 복합된다. 다만 요동지역의 주된 무덤으로 평가되는 지석묘와 개석묘는 물론 석관묘가 모두 늦더라도 상대 후기 또는 그 이전부터 조영되고 있는데다, 비파형동검과 선형동부보다 상마석식토기나 미송리식토기가 다소 일찍 형성됐을 가능성도 보이므로 요해둔유형과 쌍방유형 같은 전환기의 물질문화부터 주목해야 할 필요성이 있다.

　먼저 요북지역 전환기의 요해둔유형은 무덤 유적이 거의 확인되지 않아 사회 관계를 추정하기에는 어려움이 있다. 다만 기원전 10세기경 철령 일대에서 신성자문화나 비파형동검문화와 접촉하고 있어 주목된다. 철령 대산취자 유적에서 확인되는 흑색현문호와 대부발을 비롯하여 비파형동검과 선형동부, 동촉 등이 그것인데, 현재 요동지역에서 확인되어 있는 비파형동검문화의 청동유물 중에 가장 고식으로 추정되는 형식이다. 그러므로 비파형동검문화의 청동유물군은 북쪽에서 등장하여 남쪽으로 확산되었으며, 신성자문화로 대표되는 미송리식 토기문화는 남쪽에서 형성되어 북쪽으로 확산되었음을 알 수 있다.

　다음으로 요남지역 전환기의 쌍방유형은 과거부터 지석묘와 개석묘가 주목되어 사회 관계가 활발하게 논의되어왔다. 지석묘군과 함께 그 내부 또는 주변에서 대형이나 초대형의 지석묘가 조영되는 것은 여러 공동체가 지역집단을 이루면서 상호작용하는 생활권을 반영하는 한편 지석묘군 간의 배치 관계를 통해 사회 관계를 일정하게 추정하는 것도 가능하기 때문이다. 요남지역의 경우에는 밀집도가 높은 서부지역의 지석묘군이 주목되고 있다. 특히 초대형에 해당되는 개주 석붕산 지석묘를 비롯하여 이에 버금가는 와방점 대자, 보란점 석붕구, 해성 석목성 등의 지석묘는 대개 하천변의 구릉 정상부에 단독으로 위치하고 있어 주변 멀리에서 보더라도 쉽게 판별되는 경관으로 더욱 주목된다.

　이와 같은 초대형의 지석묘는 해안 교통로로 연결되는 곳을 제외하면 구릉지대에서 대략 40km 거리마다 조영되어 있는 것이 확인되며, 초대형에 근접하는 지석묘가 지석묘군을 수반하는 경우에는 대략 10km 범위 내에 위치하는 점이 주목된다. 즉, 초대형의 지석묘와 지석묘군 간의 조영 관계를 통해 초대형의 지석묘는 반경 5~6km 범위 내에 있는 집단들과 관련되며, 결국 가시적인 권역에서 상호 유대 관계하에 있는 여러 공동체가 공동으로 축조하였다고 이해된다.

　대형이나 초대형의 지석묘는 무덤이자 해당 지역의 기념비적 랜드마크에 해당되는 것이어서 지역 집단의 통합 산물로도 볼 수 있다. 지상식의 개방 구조여서 추가장이 얼마든지 가능하며, 이에 따라 다장(多葬)이나 후장(厚葬) 가능성도 얼마든지 있다. 다만 잔존 상태로는 검증하기 어렵다는 것이 문제인데, 보통 취락 공동체의 지도자나 존경받는 엘리트가 구성원의 자발적인 참여하에 매장되었다고 보는 것이 보편적인 인식이다. 그러므로 대형이나 초대형의 지석묘가 조영되는 것은 개인보다 집단 지향적인 공동체의 권력 성향을 나타내는 것으로 이해된다. 즉, 쌍방유형의 지석묘사회는 집단 성향의 수장사회(족장사회)로 볼 수 있다.

한편 요동지역 비파형동검문화를 대표하는 신성자문화와 강상문화에는 분묘군의 내부에서 무덤 간의 차별화된 양상들이 확인되고 있어 이전 시기보다 사회 분화가 한층 더 진척되고 개인 권력을 강조하는 정치체가 등장하였음을 추정하여 볼 수 있다. 신성자문화는 석관묘와 개석묘로 대표되는 개인묘가 군집묘의 형태로서 확인되는 예가 많고, 강상문화의 적석묘는 그 자체가 단일 묘역 안에 여러 개의 매장부가 조영되어 있는 집단묘라 할 수 있다. 또한 신성자문화의 개인묘는 대부분이 지하식의 구조여서 매장 당시 상태를 잘 드러내나, 강상문화의 집단묘는 지상식의 구조이고 다장이나 화장으로 인해 매장 당시 상황이 유지되는 예가 많지 않다. 그러므로 개별 무덤의 규모와 부장 유물의 질량으로 두 문화에 속한 피장자나 그가 속한 공동체의 계층성을 이분법적으로 비교하는 것은 적합하지 않은 방식이다.

먼저 신성자문화의 석관묘·개석묘에서는 무덤 규모보다 청동유물을 중심으로 한 부장 유물들에 주목하여 사회 관계가 추정되고 있다. 신성자문화의 석관묘군에서 상위 계층 무덤으로 볼 수 있는 것은 보통 수계별로 1~2기에 불과하다. 청동 무기가 복수 또는 청동 공구가 조합되어 부장되는 무덤들은 대개 혼하-청하 유역 동부지역에서 집중된다. 특히 청하 유역의 서풍 성신촌 1호묘는 석관 구조에서 별도 부장칸이 확인되며, '동검+동모+동촉+동부(석범)'의 청동유물 조합상에 토기류와 석기류가 각 2점 이상 부장되어 있어 최상위층 무덤으로 판단된다. 또한 이와 멀지 않은 서풍 부풍둔 석관묘에서는 '동검+동모+동촉+동부'의 청동유물 조합상에 토기류와 석기류가 모두 4점이나 부장되어 있어 역시 최상위층 무덤으로 생각된다. 두 석관묘는 각각 기원전 9세기~기원전 8세기경과 기원전 8세기~기원전 7세기경으로 편년되며, 그 주변에도 동부 등의 청동유물이나 토기류와 석기류를 부장하는 석관묘가 다수 분포한다. 그러므로 청하 유역 일대에는 기원전 8세기경을 전후하여 서풍 일대를 중심으로 수장층이 존재하는 3개 등급 이상의 계층화된 사회가 있었음을 알 수 있다. 즉, 신성자문화의 석관묘사회는 개인 지향적인 권력 성향을 나타내는 수장사회(족장사회)라고 생각된다.

다음으로 강상문화의 적석묘에서는 무덤 구조와 청동유물을 함께 고려하여 사회 관계가 추정되고 있다. 대표적인 적석묘인 대련 강상묘와 누상묘는 시공간성이나 부장 유물의 성격 측면에서 같은 적석묘군에 속할 가능성이 높아 동일 성향의 지역 집단이 축조하였다고 생각된다. 강상묘와 누상묘의 청동유물을 비교하면 비약적인 차별성도 확인된다. 강상묘는 매장부 12기에서 30여 점, 누상묘의 경우 매장부 5기에서 100여 점의 청동유물이 출토되었음이 주목된다. 또한 강상묘의 경우 기종 구성이 단순하고, 개별 매장부에 무기류가 단독 부장되는 정도지만, 누상묘의 경우에는 기종 구성이 다양하고, 일부 매장부에 무기류가 다수 부장되며, 마구류·공구류·장식류 등도 적지 않게 부장된다. 특히 누상묘에서는 요서 계통 유물들이 다량 확인되고 있어 지역 간의 교류 관계를 통해 계층화가 더욱 진척되었음을 추정하게 한다.

강상문화의 적석묘는 여러 매장부가 시간 차를 지니면서 조영되는 무덤이란 측면에서 북한 학계처럼 계층성을 과도하게 해석한다거나 남한 학계 일부 견해처럼 아예 동일 혈연집단으로 제한하는 것은 무리라고 생각된다. 동일 묘역 안에서도 중앙부에 위치하고 판석재의 벽석이나 바닥 시설이 있는 것이 더 규모가 크다거나 부장 유물이 월등하게 많은 것과 특정 매장부에서만 석제용범이 부장되는 것을 고려하면, 개별 매장부의 사이에서 차별화된 계층이나 직능 관계를 보여주는 것일 수가 있다. 즉, 공동체적 혈연관계로 보더라도 장기간에 걸쳐 사회 분화가 진척되었으며, 여러 공동체의 상호 관계가 점차 수직적인 측면으로 변화되는 것을 반영하는 것일 수도 있다.

한편 정가와자유형은 대형 목곽묘로 대표되는 수장급의 무덤 구조와 부장 유물, 묘지 내의 무덤 배치 관계, 유적 간의 분포 정형 등을 통해 사회 관계가 추정되고 있다. 정가와자유형에서 최고 위계 유적으로 볼 수 있는 것은 심양 정가와자 3지점(묘지)이 거의 유일하다. 심양 정가와자 3지점은 약 500m 정도 떨어져서 분포하는 묘지와 유지의 범위에서 무덤들이 다수 확인되고 있고, 3지점의 북쪽으로 약 500m 거리에서 1지점과 2지점이 위치하는 것을 고려하면 최소 1km 범위에 걸쳐 몇 개 그룹으로 분묘군이 형성되어 있었음을 알 수 있다.

〈도면 74〉 고조선인으로 추정되는 사람얼굴 조각(요양 탑만촌 석제용범)

묘지 내의 무덤들은 중대형묘와 중소형묘가 달리 배치되며, 묘제 역시 중대형묘는 대형 관곽묘에 해당되고, 중소형묘는 위석(또는 적석) 구조 토광묘(M656, M6503)를 제외하면 대부분이 단순 토광묘로 볼 수 있다. 무덤 부장 유물에는 무기류, 의기류, 공구류, 마구류, 장식류, 용기류 등이 다종다량 확인되는 정가와자 6512호를 제외하면, 동검·동부 등의 청동유물 1~2점이 조합된다거나, 토기·석기·골기만이 조합 또는 단독으로 출토되는 정도이다. 그러므로 정가와자 3지점은 최소 3개 등급 이상으로 계층화된 집단 묘지라고 생각된다.

그다음 위계 또는 차상위급 무덤으로 주목되는 것은 요양 탑만촌 유적이다. 탑만촌에서는 비파형동검과 함께 청동무기, 청동공구, 청동장식 등의 석제용범들이 다수 출토되었으며, 일부 용범에는 제작집단의 정체성을 암시하는 인면상(人面像)이 표현되어 있어 주목되고 있다. 이는 청동 제작 집단이 이 일대를 거점으로 삼아 활동하였음을 보여주는 자료이다. 탑만촌의 주변에는 이형동기를 비롯하여 동검 등의 청동무기를 반출하는 무덤 유적들이 다수 분포하고 있어 요양-본계 접경지대에는 또 다른 거점 유적군이 형성되어 있을 가능성이 높다.

정가와자유형은 거점 유적 내의 무덤 관계와 거점 유적과 주변 유적 간의 위계 관계 등을 고려할 때, 무력적인 권위(무기), 이념적인 권위(의기), 사회경제적인 권위(마구, 공구) 등을 고루 갖춘 지배자를 정점으로 하여 최소 4개 등급으로 이루어진 계층 사회로 추정된다. 정가와자유형은 이전 단계 수장사회(족장사회)를 넘어서는 더욱 개인 지향적인 면이 강한 계층화된 수장사회 또는 군장사회(君長社會)였을 가능성이 높다. 다만 비파형동검문화 단계와는 달리 세형동검문화 단계에는 상위 등급 무덤으로 볼 수 있는 것이 아직 확인되지 않아 국가 사회 단계로의 진입 여부는 현재로는 판단하기 어렵다고 할 수 있다.

7. 연구 의의와 전망

비파형동검문화와 관련되는 요동지역의 물질문화가 요서지역보다 훨씬 다양하게 인식되는 것은 무엇보다 이전 단계의 문화 전통이 다양하고, 새로 등장하는 청동유물이나 토기 문화의 변천 관계를 바라보는 연구 시각들이 매우 상이하기 때문이다. 청동유물들과 달리 주된 무덤들은 이미 이전 단계부터 등장하였으며, 비파형동검과 무문토기문화의 변천 과정에 대한 논의 역시 아직 규명해야 할 것이 많다.

그럼에도 최근 연구 성과를 고려할 때 요동지역 비파형동검문화의 구조와 체계는 어느 정도 정립되어가는 추세이다. 먼저 비파형동검문화와 관련되는 전환기의 물질문화에는 요해둔유형과 쌍방유형 등이 주목된다. 요해둔유형과 쌍방유형은 비파형동검문화나 미송리식토기문화와 연결되는 시공간적 접점 관계가 확인된다. 요동지역에서 비파형동검문화와 토착적인 토기문화가 처음부터 같은 방향성을 띠고 발전하였는지 분명하지 않다. 청동단검문화와 무문토기문화가 복합되어 비파형동검문화가 지역별로 정착하는 과정들은 그리 단순하지 않을 가능성이 높다.

요동지역의 전기 비파형동검문화는 석관묘-미송리식 토기문화와 관련되는 신성자문화(또는 이도하자문화)와 적석묘-이중구연토기문화와 관련되는 강상문화(또는 상마석상층문화)로 대표된다. 과거에는 이를 초기 단계의 고조선과 관련시켜 보는 견해들도 있었지만, 묘제와 장법은 물론 부장 유물 측면에도 십이대영자문화나 정가와자유형에 못미쳐서 고조선의 상위문화로는 보기 어렵다는 것이 중론이다. 또한 신성자문화와 강상문화는 고조선이 성장하는 전국시대 이후에는 급격하게 쇠퇴하는 한편 십이대영자문화(정가와자유형) 요소들이 대거 확산되는 점을 고려해야 된다.

그럼에도 신성자문화와 강상문화는 요서지역과 교류하며 발전하는 한편, 한반도의 비파형동검문화를 형성시키는 데 적지 않게 기여하였다고 할 수 있다. 지석묘와 석관묘를 주로 조영하는 묘제 전통이나 일부 토기 등은 남한지역으로 파급되어 같은 무문토기문화권을 형성하였으며, 이에 따라 한국 청동기문화권의 범주 안에 포함시켜 이해되고 있다. 신성자문화와 강상문화로 대표되는 요동지역의 비파형동검문화는 아직 변천 관계에 대한 이견들이 적지 않고, 이에 따라 대외 교류와 사회 성격 연구 역시 크게 진척되지 못한 상황이다. 그러므로 향후 연구에는 주변 문화와의 병행 관계와 사회 성격 연구에 집중해야 할 필요성이 있다.

요동지역의 후기 비파형동검문화는 정가와자유형으로 대표된다. 정가와자유형은 십이대영자문화가 요동지역으로 전이되는 과정에서 요중지역을 중심으로 유행했던 지역 문화라고 할 수 있다. 과거에는 십이대영자문화의 정체성을 하가점상층문화에 귀속시켜 인식했던 탓에 정가와자유형은 요동지역의 비파형동검문화와 관련되는 것으로도 보았었다. 그렇지만 요서지역의 비파형동검문화가 십이대영자문화로 규정되고, 정가와자유형이 십이대영자문화와 상관성이 높은 지역문화라는 것이 밝혀짐에 따라 그 역사적인 성격 역시 고조선과 관련시켜 이해하는 것이 최근 추세이다. 정가와자유형이 고조선과 가장 밀접하게 관련되는 문화라면 그 거점 유적과 주변 유적과의 관계 및 사회 구조와 대외 교류에 대한 심층 연구에 집중해야 할 필요성이 있다.

VI. 길림·연해주지역의 청동기문화

1. 눈강·송눈평원지역

1) 청동기문화의 설정

송눈평원은 서쪽의 대흥안령과 북쪽의 소흥안령(小興安嶺), 동쪽의 용봉산과 대흑산을 잇는 선, 남쪽의 송료분수령(松遼分水嶺) 사이에 형성된 충적평원으로 면적은 대략 10만m²에 이른다. 송눈평원의 젖줄인 눈강은 이륵호리산(伊勒呼里山) 남록에서 발원하여 남류하다가 송원시(松原市) 삼차하(三岔河) 부근에서 제이송화강(第二松花江)과 합류하여 동으로 흐른다. 눈강(嫩江)에는 대흥안령 동록과 소흥안령 서록에서 발원한 10개의 지류가 유입되고 있으며, 그 주변으로 수많은 호수와 소택지(沼澤地)가 거미줄처럼 연결되어 있고, 오랜 충적으로 인해 비옥한 토양을 이루고 있다.

이처럼 송눈평원지역은 사람들이 생활하는 데 적합한 자연환경을 갖추고 있었기 때문에 선사시대부터 하나의 독립된 문화 구역을 형성하고 있었다. 신석기시대의 앙앙계문화(昂昂溪文化)를 시작으로 이른 시기 청동기문화인 소랍합문화(小拉合文化), 청동기시대를 대표하는 백금보문화(白金寶文化), 초기철기시대 한서2기문화(漢書二期文化)로 이어지는 계보를 형성하고 있다.

백금보문화의 분포 범위는 북으로 눌하(訥河), 남쪽은 송료분수령과 길림성 농안(農安)을 하나의 선으로 하는 지역까지, 서쪽으로는 서요하 상류 서랍목륜하(西拉木倫河) 유역까지 영향을 미치고 있으며, 그 중심지는 눈강 하류와 제일송화강 중·상류 일대이다. 대표적인 백금보문화 유적으로는 흑룡강성 경내의 백금보(白金寶) 유적, 소랍합(小拉哈) 유적, 와룡(臥龍) 유적, 관지(官地) 유적, 칠과수(七棵樹) 유적, 이극천고분군(二克淺古墳群), 소등과고분군(小登科古墳群), 망해둔(望海屯) 유적, 고성(古城) 유적 등이 있으며, 길림성에서는 한서(漢書) 유적, 동산두(東山頭) 유적, 대가산(大架山) 유적, 탄도서강자(坦途西崗子) 유적 등이 확인되었다.

백금보문화 유적에 대한 조사는 조원(肇源) 망해둔(望海屯) 유적 시굴과 함께 시작되었다. 당시 유적에서 홍의도(紅衣陶), 비점문(篦點紋)토기, 기대, 력족(鬲足) 등이 출토됨에 따라 신석기시대 앙앙계문화와는 다른 차이점이 확인되었다. 1960년대 들어 눈강 하류 지역에 대한 정

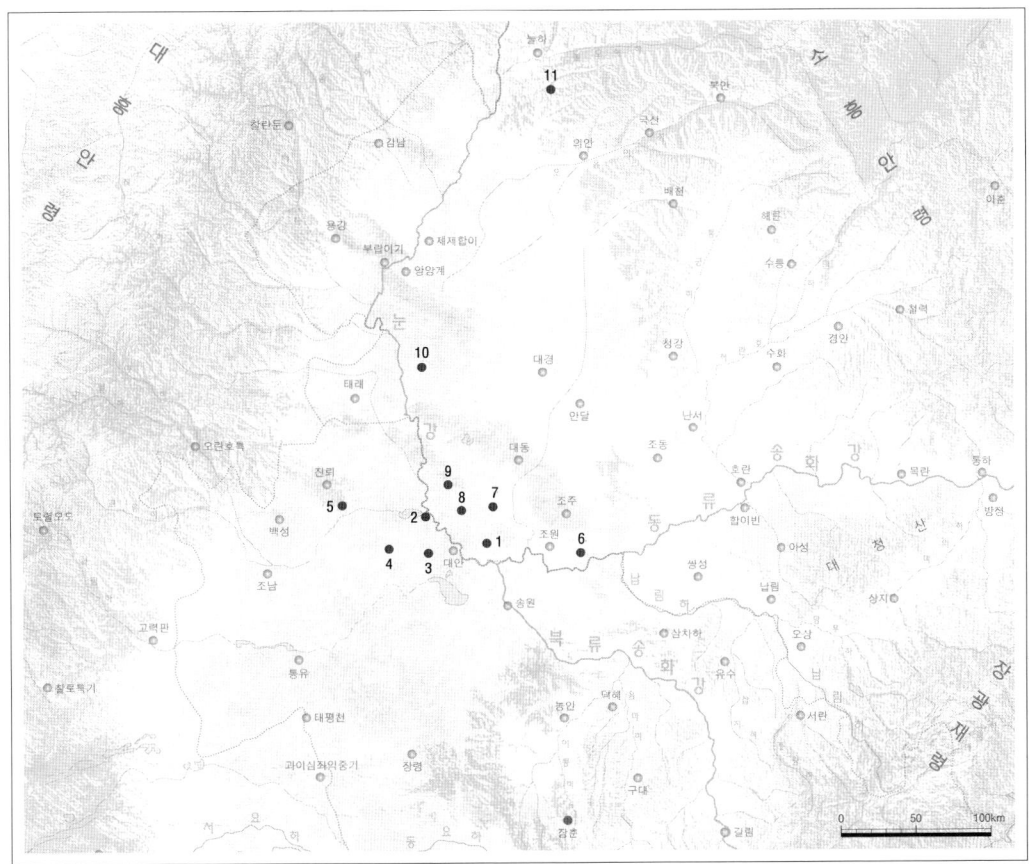

〈도면 75〉 송눈평원지역 청동기시대 유적 분포도
1. 백금보 2. 한서 3. 동산두 4. 대가산 5. 탄도 서강자 6. 망해둔 7. 소랍합 8. 와룡 9. 고성 10. 관지 11. 이극천고분군

밀 지표 조사가 실시되었고, 망해둔 유적과 동일한 문화 내용을 가진 유적들이 확인되면서 이들 유적을 '망해둔유형(望海屯類型)'이라 명명하게 되었다. 그러나 당시의 조사는 지표상의 유물 수습에 국한되었고, 비교할 수 있는 자료가 부족했기 때문에 유적의 문화 내용에 대한 이해가 모호했을 뿐 아니라 청동기시대 문화의 경계와 기본 특징을 뚜렷하게 파악하는 데는 어려움이 있었다.

1970년대 들어 백금보 유적과 한서 유적이 발굴되면서 청동기시대 연구는 커다란 진전을 보게 된다. 백금보 유적 발굴을 통해 송눈평원지역 청동기문화의 실체를 확인할 수 있게 되었고, 이 유적을 대표로 하여 '백금보문화'라 명명하였다. 한서 유적 발굴은 청동기시대와 초기철기시대 문화층을 구분할 수 있는 근거를 마련해주었고, 이를 통해 송눈평원지역 청동기문화의 편년을 세울 수 있게 되었다. 1980년대에는 백금보 유적을 포함한 주요 유적에 대한 연차 발굴이 계속적으로 이루어졌고, 새로 확인된 유적에 대한 발굴도 함께 진행되었다. 더불어 백금보문화와 한서2기문화와의 관계를 규명하고자 하는 연구가 진행되었으며, 기대 등 세부 유물에 대한 분석이 이루어지기도 하였다.

1990년대 들어서는 소랍합 유적에 대한 발굴이 이루어져 송눈평원지역의 이른 시기의 청동기문화의 존재를 파악할 수 있게 되었다. 이 시기에 송눈평원지역 청동기문화의 발전 과정에 대한 기본 틀을 제시한 연구, 백금보문화의 분기와 계통을 밝혀내려는 연구, 세부 유물에 대한 비교 연구를 통해 주변 지역과의 교류 관계를 파악하려는 연구 등이 이루어졌다.

2009년도에 백금보 유적 발굴 보고서가 발간되면서, 백금보문화를 비롯한 송눈평원지역 청동기시대의 문화 내용을 파악하는 데 커다란 진전을 가져왔다. 유구의 중복 관계와 층위 및 서로 다른 시기 유구의 형식과 유물 조합의 변화에 대한 분석 등은 송눈평원지역 청동기문화의 발전 과정과 주변 지역 청동기시대 문화와의 관계 등을 밝히는 데 중요한 자료를 제공해주었다.

2) 문화 내용

(1) 유구

주거지는 백금보 유적, 한서 유적, 소랍합 유적 등에서 조사되었다. 백금보 유적에서는 소랍합문화 단계인 1기(一期) 문화층에서 23기, 백금보2기문화 단계인 2기(二期) 문화층에서 12기, 백금보문화 단계인 3기(三期) 문화층에서 19기 등 모두 54기가 확인되었다. 주거지의 방향은 대략 북서-동남향으로 배열되어 있으며, 발굴 규모가 한정되어 정확한 수량을 파악할 수 없으나, 대략 250~300기에 달하는 것으로 판단된다.

소랍합문화 단계에 해당하는 백금보 유적 1기 문화층 주거지는 평면이 방형 혹은 말각 방형이며, 면적은 일반적으로 10m² 내외이다. 실내에 주공과 노지 시설이 갖추어져 있으나 정형성은 보이지 않는다. 바닥과 벽면은 그대로 사용하고 있으며, 대부분 서쪽에 출입 시설이 나 있다.

백금보2기문화에 들어서면서 주거지의 형태가 장방형 혹은 말각장방형으로 바뀌며, 규모 역시 소형에서 중대형으로 변화한다. 주거지 바닥면은 정제된 황토를 깔아 사용하며, 벽면은 소성을 통해 매우 견고하게 다졌다. 노지는 대부분 실내 중앙에 위치하고 주변에 2개의 주공이 배치된다. 벽면에는 주공을 배치하여 지붕을 견고하게 지탱한다. 주거지 내부는 기능에 따라 구획을 나누어 사용하고 있다.

백금보문화 주거지는 면적이 대략 30m² 내외로 규모가 더욱 커진다. 주거지 중앙에 위치한 주공의 경우 장방형의 수혈을 파고 그 내부에 2개의 대형 주공을 설치하고 있는데, 이러한 주공의 형태는 한반도 송국리형 주거지의 중앙에 설치된 타원형 수혈 내부에 2개의 주공이 설치된 것과 유사하다. 실내의 저장 시설은 입구가 타원형인 구덩이를 파고 다시 안쪽으로 길게 터널을 파서 조성하였다.

소랍합문화 단계 수혈 유구는 장방형, 방형, 원형, 타원형 등 다양한 형태가 확인되나, 내부

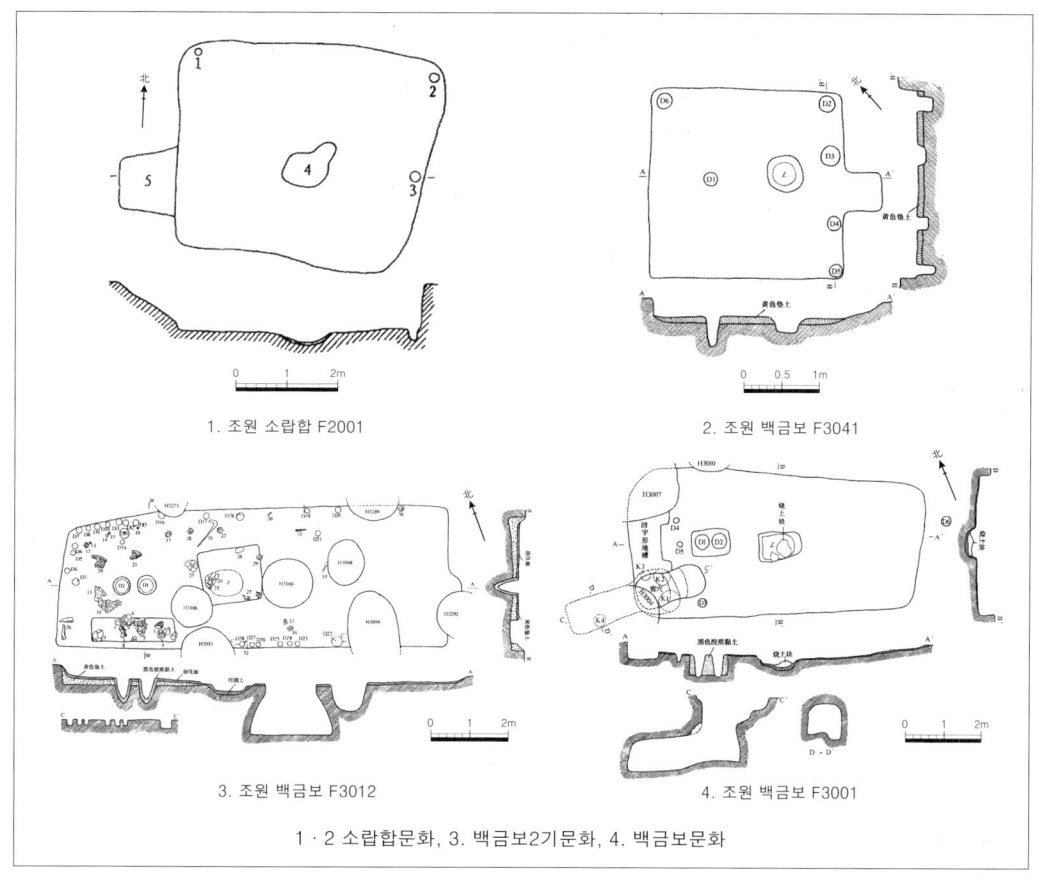

〈도면 76〉 송눈평원지역 청동기문화 주거지 평·단면도

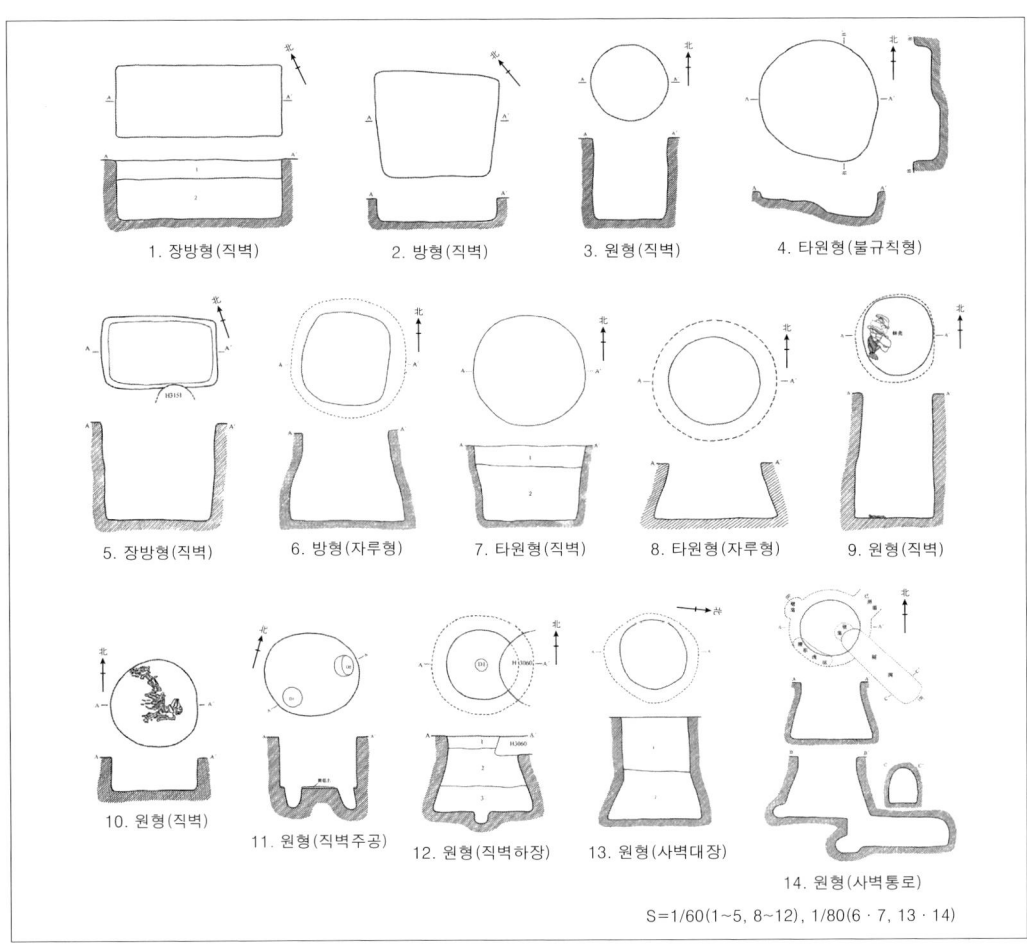

〈도면 77〉 송눈평원지역 청동기문화 수혈 유구 평·단면도

조원 백금보 1. H3304   2. H3128   3. H3211   4. H3293   5. H3158   6. H3112   7. H3271   8. H3252
             9. H3220   10. H3114   11. H3101   12. H3066   13. H3061   14. H3089

는 대부분 수직 형태를 보인다. 특징적으로 '회갱권(灰坑圈)', '회갱천(灰坑串)', '공혈(空穴)' 등의 현상이 나타난다. 백금보2기문화에 이르면 주거지와 마찬가지로 수혈 유구 역시 뚜렷한 변화 양상이 나타난다. 평면 형태는 소립합문화의 수혈 유구와 커다란 차이가 없으나, 내부의 형태가 직벽과 더불어 자루형이 나타나며, 수량도 전 시기에 비해 크게 증가한다. 백금보문화 단계에서는 그 수량이 더욱 늘어나고, 유적 전체에 폭넓게 분포한다. 평면 형태는 이전 시기와 큰 차이는 없으나, 원형이 절대다수를 차지한다. 내부 구조 역시 직벽수혈(直壁竪穴), 직벽하장(直壁下張), 사벽내수(斜壁內收), 과저상(鍋底狀), 사벽대상(斜壁袋狀) 등 다양하게 발전하며, 일부 수혈 내부에서 인골 및 짐승 골격과 주공 시설, 터널 등이 확인된다. 이 시기에 들어 수혈 유구들이 군집을 이루어 주거지 주변에 분포하는 현상이 나타난다. 이 밖에도 특징적인 유구로

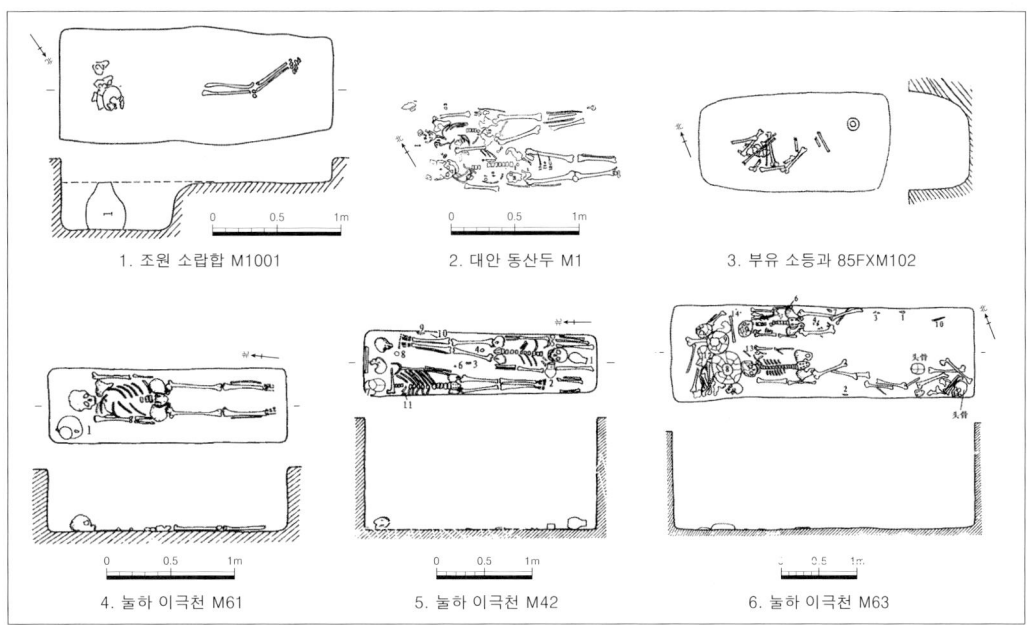

1. 조원 소랍합 M1001 2. 대안 동산두 M1 3. 부유 소등과 85FXM102
4. 눌하 이극천 M61 5. 눌하 이극천 M42 6. 눌하 이극천 M63

〈도면 78〉 송눈평원지역 청동기시대 무덤 평·단면도

는 백금보문화 단계에서 확인된 터널 유구(隧道)가 있다. 모두 3기가 확인되었는데, 입구는 수직으로 파고 들어간 후 다시 수평으로 파 주변의 수혈과 연결되는 경우와 주거지와 주거지를 연결한 경우도 있다. 터널의 높이는 1m 내외이며, 바닥은 약간 비스듬하게 조성되어 있다.

전체적으로 소랍합문화 수혈 유구는 대부분 평면이 장방형에 내부가 직벽 위주이며, 백금보문화 수혈 유구는 평면 원형 혹은 타원형에 내부가 자루형인 것이 절대다수를 점하고 있다. 과도기적인 백금보2기문화 단계에서는 위의 두 가지 유형이 모두 나타나고 있다.

무덤은 소랍합 유적, 동산두 유적, 한서 유적, 이극천고분군, 관지 유적, 소등과고분군 등에서 확인된다. 소랍합 유적에서는 모두 3기의 무덤이 조사되었다. 무덤은 모두 장방형의 토광묘로 단인일차장(單人一次葬)에 측신직지(側身直肢)와 측신굴지(側身屈肢) 형태로 매장되어 있다. 부장 유물은 관(罐) 1점이 유일하다. 무덤 바닥에 수혈을 파고 토기를 뒤집어 매납한 후 그 위에 두개골을 올려놓고 있는 점이 매우 특징적이다. 동산두 유적에서 조사된 3기는 모두 토광묘로 앙신직지(仰身直肢)의 남녀 합장이며, 남성이 우측, 여성이 좌측에 매장되었다. 부장품은 대부분 여성의 목 부분에서 확인되었는데 종류로는 호(壺), 관, 동도(銅刀), 동구(銅扣), 동환(銅環), 옥벽(玉璧), 마노주(瑪瑙珠), 골추(骨錐), 골촉(骨鏃) 등이 있다. 소등과고분군에서는 모두 17기가 조사되었는데, 모두 장방형 토광묘로 다인이차장(多人二次葬)이 사용되었으며, 일부 두개골에서 소성흔이 확인된다. 부장 유물은 관 1점이 유일하다.

이극천고분군의 경우 조사된 94기의 무덤 중 13기만이 백금보문화 단계에 해당한다. 무덤 형식은 모두 장방형 토광묘로 대부분 다인이차장이 사용되고 있으며, 소수의 무덤에서 단인일차장이 보인다. 시신 안치 방법은 앙신직지 위주이며, 일부에서 머리 방향을 서로 반대로 하여 매장하는 전도장(顚倒葬)도 확인된다. 부장품은 단인일차장 무덤의 경우 호 1점만, 다인합장(多人合葬) 무덤은 10점 내외의 유물이 매납되어 있다. 종류로는 호, 관, 발(鉢), 동도, 동이환(銅耳環), 동구, 동포(銅泡), 동추, 석촉(石鏃), 골촉, 백석관식(白石管飾) 등이 있다. M63의 경우 모두 7구의 인골이 매장되어 있는데, 중앙의 남녀 인골이 묘주로 추정된다. 청동단검을 비롯한 다량의 청동제 유물이 부장되어 있어 신분이 비교적 높았던 것으로 판단되며, 당시에 일정 정도의 계급 분화가 있었음을 알 수 있다.

(2) 유물

소랍합문화 단계의 토기는 태토에 따라 사질, 니질, 협사질 세 계통으로 나눌 수 있다. 소랍합 유적은 니질 토기가 절대다수를 차지하고 있으며, 백금보 유적의 경우 동 시기 1기 문화층은 사질 계통이 다수를 차지한다. 토기의 색은 황갈색이 가장 많으며, 회갈색 혹은 흑갈색도 일부 보인다. 문양은 보편적으로 무문이며, 소량이기는 하나 일부 토기에는 화변부가퇴문(花邊附加堆紋) 혹은 기하학문이 장식되어 있다. 또한 파수 혹은 끈으로 묶을 수 있는 역할을 하는 진흙돌기, 구멍 없는 손잡이, 세로 방향 손잡이 등이 부착되어 있다.

기종은 관, 호, 배(杯), 완(碗), 우(盂), 발 등 비교적 단순한 편이다. 기형상 특징으로는 화변(花邊)형태의 구연, 호형(弧形)의 복부, 대각(臺脚)의 저부 등을 들 수 있다. 대각을 갖춘 토기 중 일부는 저부 바닥면에 기하학문이 시문되어 있다. 이 밖에도 대저완(臺底碗)의 바닥면에 보편적으로 한 측을 오목하게 파낸 후 바깥쪽에서 안쪽으로 경사지게 2개의 구멍을 뚫었다.

백금보2기문화의 토기는 대구심복관(大口深腹罐)이 가장 많이 출토되며, 다음으로 단이배(單耳杯), 호, 발, 완, 분, 옹(瓮)순이다. 대부분 사질 계통이며, 니질과 협사질은 소량에 불과하다. 대부분 황갈색 위주이며, 토기 표면은 마연하여 반질반질하게 빛을 내고 있다. 문양은 무

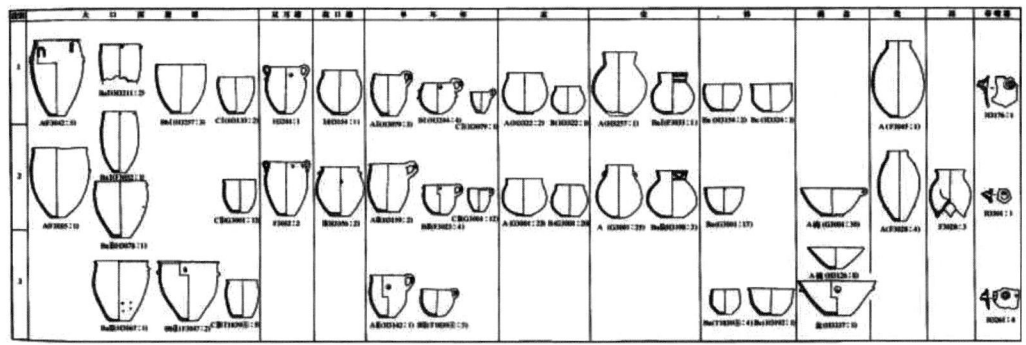

〈도면 79〉 소랍합문화 단계 토기 조합 및 단계 분류표(張忠培 主編 2009에서 인용)

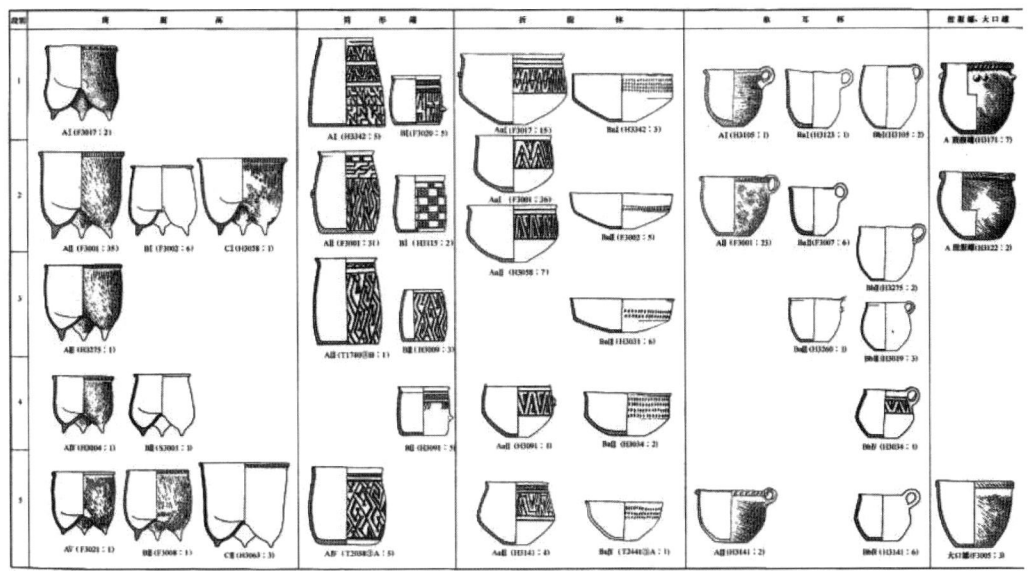

〈도면 80〉 백금보문화 토기 조합 및 단계 분류표(張忠培 主編 2009에서 인용)

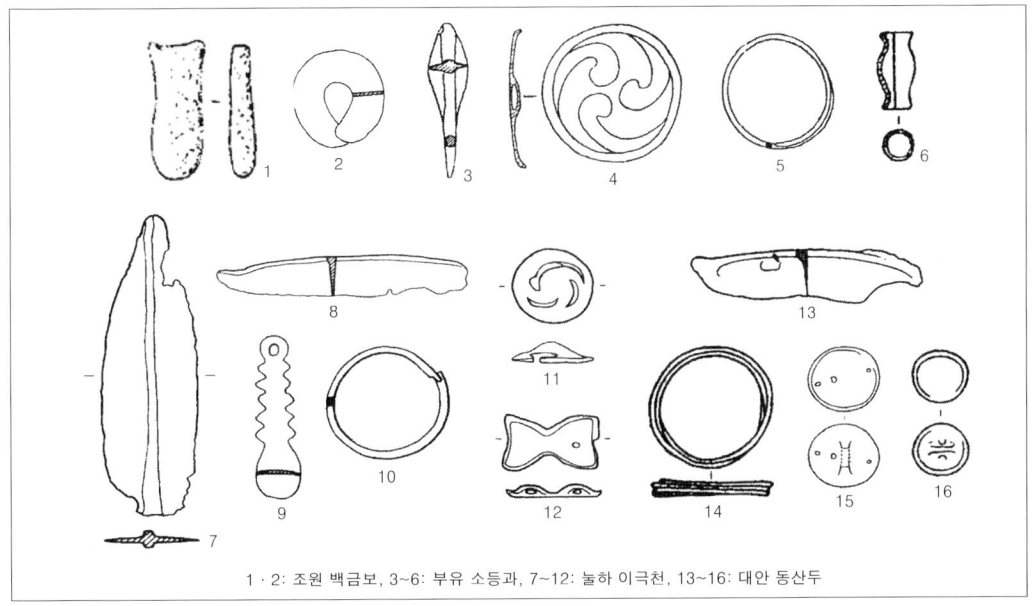

1·2: 조원 백금보, 3~6: 부유 소등과, 7~12: 눌하 이극천, 13~16: 대안 동산두

〈도면 81〉 송눈평원 청동기시대 청동기

1. 동식(H313:5)　2. 동환(F3010:22)　3. 동촉(85FXM109:1)　4. 동구(채집:8)　5. 동이환(채집:7)
6. 동관식(85FXM102:2)　7. 청동단검(M63:1)　8. 동도(M63:2)　9. 추식(63:7)　10. 이환(M42:4)
11. 동구(M42:8)　12. 접형구(M63:6-1)　13. 동도　14. 동환　15·16. 동구

문 위주이며, 일부에서 승문(繩紋), 비점문(篦點紋), 부가퇴문(附加堆紋), 지갑문(指甲紋), 착인문(戳印紋) 등이 사용된다. 부가퇴문과 승문 조합이 가장 많이 나타나고 있으며, 주로 력(鬲)의 구연과 경부에 장식된다. 비점문은 대부분 기하학 문양에 사용된다. 이 밖에도 대다수의 토기 구연부에 대칭의 돌기와 기벽에 구멍을 뚫어 꿰메어 봉합하는 양상이 나타난다.

백금보문화 출토 토기의 대표 기종으로는 력, 관, 발, 배, 호, 분(盆), 완, 증(甑), 옹, 잔(盞), 기대(器臺) 등이 있으며, 이 중 통복력(筒腹鬲), 통형관(筒形罐), 절복발(折腹鉢), 단이배 등이 전체의 60% 정도를 차지한다. 토기의 태토는 니질이 대다수를 차지하고 있으며, 사질과 협사질 계통은 대부분 대형 토기에서만 확인된다. 니질토기의 경우 기벽이 얇고 매우 정교하게 제작되

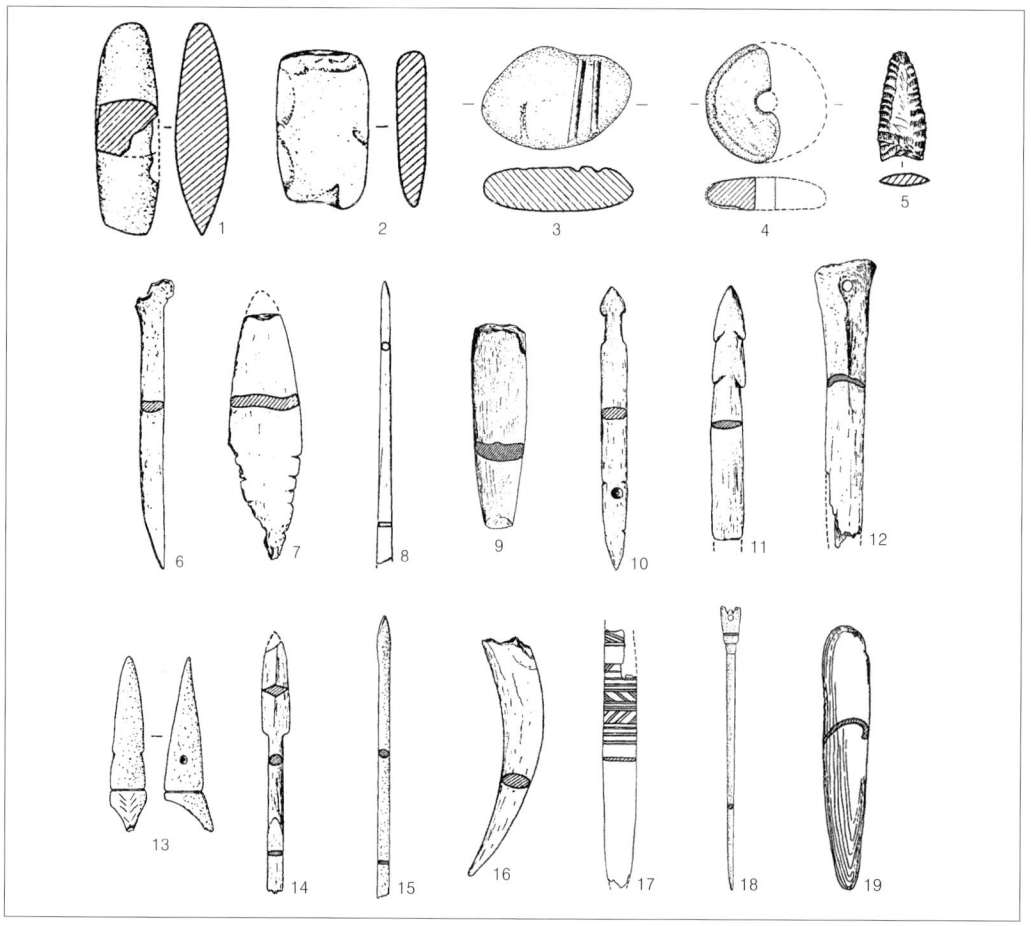

〈도면 82〉 송눈평원 청동기시대 유적 출토 석기 및 골각기

1. 석설(F3012:22) 2. 석착(H3157:4) 3. 숫돌(F3010:13) 4. 석환형기(F3003:6) 5. 석촉(F3021:30) 6. 골추(F3034:2)
7·14·15. 골촉(F3040:7,T1937③A:8,H3058:18) 8. 골모(F3012:21) 9. 골착(F3029:1) 10. 골사(T1937③A:7)
11·13. 골표(F3029:8,H3008:5) 12. 천공기(F3021:2) 16. 각추(F3021:16) 17. 골비(F3010:24) 18. 골계(H3164:1)
19. 방조형단인기(H3061:4)

어 있다. 색은 주로 황갈색이며, 소성 기술이 발달되지 않아 대부분의 토기 표면에 흑회색 반점이 나타난다. 이 시기에 들어 문양이 장식된 토기의 비중이 크게 늘어난다. 주로 승문과 비점문이 이용되고 있으며, 소량이기는 하나 지갑문, 착인문, 부가퇴문 등 다양한 문양들이 확인되고 있다. 승문은 일반적으로 촘촘하게 배열하여 깊게 파서 선명하게 표현한다. 주로 통복력, 고복관(鼓腹罐)과 약간의 단이배 등에 장식되어 있다. 비점문은 이 단계 토기의 가장 큰 특징이라 할 수 있는데, 주로 통형관, 절복발과 일부 호에 장식된다. 문양의 도안은 두 종류로 나눌 수 있는데, 하나는 기하학문으로 도안이 복잡하고 정밀하게 배치되어 있는 것과 다른 하나는 동물문으로 표현 대상 동물과 거의 비슷한 형태로 그려진 것이 있다.

이 밖에도 기대, 그물추, 숫돌, 탄환, 방추차, 첨상기(尖狀器), 문양이 시문된 장식품 및 짐승 혹은 신발 모양의 소조 장식물 등이 출토되었다. 기대는 모두 50여 점이 출토되었다. 절반 정도는 주거지 내부에서 출토되었으며, 절대다수의 기대 상부가 오목하게 들어가 있고, 부분적으로 불에 탄 흔적이 남아 있어 력과 함께 사용된 것으로 추정된다.

청동기는 소랍합문화와 백금보2기문화 단계에서는 출토된 예가 없으며, 백금보문화 단계에 들어서면서 출현하고 있다. 종류로는 청동단검, 소도(小刀), 촉(鏃), 포(泡: 단추형 장식), 구(扣: 단추), 귀걸이(耳環), 연주식(連珠飾) 등이 있다. 이들 청동기는 일부 유적과 무덤에서 토제와 석제 거푸집(范)이 출토되고 있어 현지에서 직접 제작한 것으로 추정된다. 거푸집은 모두 11점이 출토되었는데, 대부분 합범으로 소도와 연주식이 함께 새겨진 것이 특징이다. 대부분 부, 도, 추, 환, 소형 장신구 등 소형 생산공구 혹은 장식품을 제작하는 데 사용하고 있으며, 제작 수준은 높지 않다.

백금보문화에서 제작된 생산 공구의 원료는 뼈(骨), 뿔(角), 조개껍질(蚌) 위주이며, 종류로는 끌, 화살촉, 창, 송곳, 대롱, 표, 촉, 방도 등이 있다. 석기는 그 수량이 매우 적은 편으로 종류로는 설(楔), 끌, 환상기(環狀器), 숫돌 등이 있다. 이들 공구는 대부분 어렵과 관련된 도구들이며, 농업 생산 공구는 거의 확인되지 않는다.

3) 편년 및 사회 경제

송눈평원 청동기문화 관련 방사성탄소연대측정 수치는 모두 9개로 이 중 연대가 너무 빠른 하나를 제외한 나머지는 BP 3,100~2,800년 사이에 해당한다. 절대연대 측정값과 백금보 유적의 층위 관계, 유물의 형식 분류 등을 통해 송눈평원지역 청동기문화는 대략 3시기로 구분할 수 있다. 청동기문화의 이른 시기에 해당하는 소랍합 유적과 백금보문화 1기 문화층은 소랍합문화로 명명되며, 연대는 대략 기원전 2000~기원전 1400년에 해당된다. 백금보문화 2기 문화층은 소랍합문화와 전형적인 백금보문화의 과도기적 단계로 '백금보2기문화'로 불리며, 연대는 기원전 1400~기원전 1000년에 해당한다. 백금보 유적 3기 문화층은 전형적인 백금보문화 단계로 기원전 1000~기원전 600년에 해당한다. 다만 백금보 발굴 보고서의 백금보2기문화 설정은 하나의 새로운 고고학 문화 단계로 보기에는 어려움이 있다. 주거지와 수혈 유구의 경우 구조와 형태가 전형적인 백금보문화 단계와 별다른 차이를 보이지 않으며, 유일한 근거로 제시한 토기의 형식 분류 역시 하나의 고고학 문화로 분류하기에는 면밀한 검토가 결여되어 있기 때문에 소랍합문화와 백금보문화의 과도기적 단계 혹은 백금보문화의 초기 단계로 보는 것이 타당하다.

소랍합문화에서 백금보문화로 발전해가는 문화 양상을 살펴보면, 주거지의 경우 방형의 소형 주거지에서 장방형 혹은 세장방형의 대형으로 발전해가고 있다. 주거지 내부 시설 역시 다양하고 복잡하게 변화한다. 수혈 유구는 평면 형태가 장방형에서 원형으로 변화하며, 내부 구조도 단순한 구조에서 복잡해진다. 무덤의 경우 장례 방법이 측신의 단인일차장에서 앙신직지의 다인이차장으로 변화하며, 부장품 역시 박장(薄葬)에서 후장(厚葬)으로 바뀌었다. 토기 역시 무문 위주에서 다양한 문양이 시문되었으며, 대각이 달린 토기 위주에서 점차 삼족기가 유행한다. 기종에 있어서도 단순한 편에서 매우 복잡하고 다양하게 변화한다. 특징적으로 백금보2기문화층 단계에서 외래 문화의 요소를 흡수한 고령력(高領鬲), 단이배, 고령관(高領罐) 등 새로운 기종이 나타난다. 이는 당시 중국 북방 장성 지대에서 유행하던 화변력(花邊鬲)이 송눈평원지역까지 전파된 결과라 할 수 있다.

송눈평원지역 청동기시대 생업 경제는 채집과 어업 위주였다. 자연 지형적으로 넓은 평원에 강과 호수가 밀집되어 있어 어업 활동에 적합한 환경을 갖추고 있다. 유적에서 가장 많이 출토되는 유물 역시 뼈 혹은 민물조개껍질로 제작된 생산 공구이다. 특히 대형 민물조개껍질을 갈아서 만든 칼과 낫의 수량이 많은데, 이러한 도구는 야생식물이나 과실을 수확하는 데 사용된 것으로 보인다. 정교하고 날카롭게 제작된 골제 작살과 낚싯바늘, 토제 어망추 등은 당시 어업 활동이 활발하게 이루어졌음을 설명해준다. 골제 창과 방촉(蚌鏃), 석촉 등은 수렵활동의 증거로 볼 수 있다. 또한 양과 개의 뼈가 다량으로 출토되고 있어 가축 사육이 이루어졌을 가능성도 제기된다.

2. 제2송화강·길림성 중부지역

1) 청동기문화의 설정

길림성(吉林省) 중부지역 한 가운데로 백두산에서 발원하여 북류하다 눈강과 합류하는 제2송화강(第二松花江)[5]이 흐르고 있으며, 휘발하(輝發河), 음마하(飮馬河), 이통하(伊通河) 등의 많은 지류가 이 강으로 유입되고 있다. 이들 강과 하천 주변으로는 나지막한 구릉과 충적 평야가 펼쳐져 있어 사람들이 생활하는 데 적합한 자연지형을 갖추고 있다. 이로 인해 선사시대부터 인류가 살아온 다양한 흔적을 확인할 수 있는데, 구석기시대 유수인(楡樹人)부터 신석기시대의 좌가산문화(左家山文化), 청동기시대 서단산문화(西團山文化), 그리고 우리 역사의 한쪽 뿌

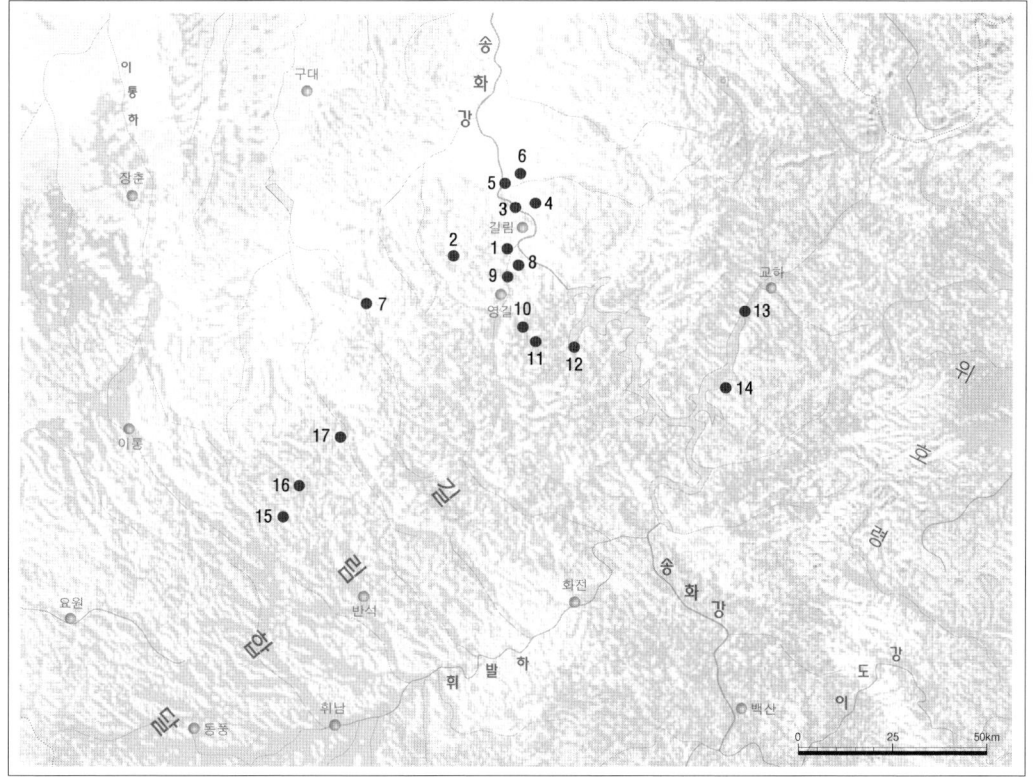

〈도면 83〉 서단산문화 주요 유적 분포도
1. 서단산 2. 소달구 3. 토성자 4. 포자연전산 5. 후석산 6. 장사산 7. 성성초 8. 양반산 9. 낭두산 10. 소단산
11. 동량강 12. 왕기둔 13. 팔향지 14. 소남구 15. 소서산 16. 문수후산 17. 만보산

---

5 일제 강점기에는 북류송화강이라 불리다 중화인민공화국 수립 이후 제2송화강으로 불리었으며, 최근에는 서류송화강이라 부르고 있다.

리를 담당하고 있는 부여까지 모두 이 지역을 터전으로 삼아 발전해왔다.

　길림성 중부지역을 대표하는 서단산문화는 길림시(吉林市) 교외의 서단산에서 명명되었다. 그 분포 범위는 서쪽으로 이통하 유역, 동쪽은 위호령(威虎嶺), 북쪽은 납림하(拉林河) 유역, 남쪽은 동요하(東遼河) 일대에까지 이른다. 행정구역상으로는 길림시와 영길현(永吉縣), 서란현(舒蘭縣), 교하시(蛟河), 반석현(盤石縣), 화전시(樺甸市) 등이 해당된다. 지금까지 조사된 서단산문화 유적은 대략 100여 곳에 이르며, 이 중 30여 곳의 유적이 발굴되었다.

　서단산문화 유적에 대한 조사와 발굴은 1910년대 시작되었다. 초기에는 주로 일본인 학자들과 소수의 중국인 학자들에 의해 초보적인 조사가 이루어졌다. 1918년에 처음으로 서단산문화 무덤에 대한 조사가 이루어진 이후 길림성 중부지역에 대한 유적 조사를 실시하여 당시 적지 않은 수의 유적이 보고되었다.

　1940년대 후반부터 1960년대 중반까지는 서단산문화 유적이 본격적으로 발굴된 시기이다. 서단산 유적은 1948년부터 모두 5차에 걸쳐 발굴되었으며, 총 36기의 석관묘가 조사되었다. 소달구 유적 역시 1948년부터 1953년까지 4차례 발굴되어 총 28기의 무덤이 조사되었다. 이 밖에도 토성자(土城子) 유적, 양반산(兩半山) 유적, 장사산(長蛇山) 유적, 서관산(西官山) 유적, 산두둔(山頭屯) 유적, 소남구(小南溝) 유적, 이도전자(二道甸子) 유적 등이 발굴되었다. 이 시기에 체계적인 발굴이 진행되면서 '서단산문화'란 명칭이 만들어지고, 더불어 이 문화가 청동기시대에 속한다는 것을 파악할 수 있게 되었다. 더불어 서단산문화의 문화 내용, 분포 범위와 주요 유적에 대한 발전 서열 등을 탐구하는 기초적인 연구가 진행되었다.

　1970년대 중반부터 1980년대는 문화대혁명 기간에 이루어지지 못했던 고고학 조사와 발굴이 폭발적으로 늘어났으며, 조사 범위 역시 길림시 일대는 물론 그 주변 지역까지 폭넓게 확대되었다. 이 시기에 발굴 조사가 이루어진 유적으로는 성성초(星星哨) 유적, 후석산(猴石山) 유적, 낭두산(狼頭山) 유적, 소서산(小西山) 유적, 문수후산(汶水後山) 유적, 포자연전산(泡子沿前山) 유적, 소단산(小團山) 유적, 동량강(東梁崗) 유적, 만보산(萬寶山) 유적, 고정산(孤頂山) 유적 등이 있다. 이 시기에는 대규모의 발굴 조사를 통해 얻어진 자료를 토대로 서단산문화의 무덤 형식, 출토 유물, 족속, 경제생활 등에 대한 전반적인 연구가 진행되었다.

　한국의 경우 서단산문화에 대한 연구는 1990년대 들어 시작되었다. 중국에서는 이미 연구가 완성 단계에 이르고 있는 시기에 한국에서는 이러한 자료들이 소개되기 시작하였고, 이 자료들을 토대로 초보적인 수준의 연구가 진행되었다. 초기의 연구는 대부분 한국의 초기 국가 성립과 직접적인 관계가 있는 예맥 혹은 부여와 관련하여 서단산문화를 파악하려는 의도에서 시작되었다. 2000년대에 들어서는 기존의 연구 단계를 뛰어넘어 구체적이고 체계적인 연구 성과를 도출해내고 있다. 특히 서단산문화의 연대 편년과 분포 범위 등에 대해 기존의 중국 학계 학설과는 다른 견해를 제기하고 있다. 북한 학계에서는 1980년대 중반부터 서단산문화에 대한 연구가 시작되었으며, 대부분 비파형단검문화와 관련한 연구가 주를 이룬다.

2) 문화 내용

(1) 유구

서단산문화 주거지는 서단산 유적, 토성자 유적, 후석산 유적, 장사산 유적, 포자연전산 유적, 학고동산 유적, 대해맹 유적, 황어권주산 유적 등 모두 23곳의 유적에서 확인되었다. 초기의 주거지는 대부분 산 혹은 구릉의 중턱에 입지한다. 얕은 수혈식으로 평면 형태는 방형 혹은 장방형이며, 특징적으로 산비탈과 인접한 면에는 돌을 쌓아 벽을 만들었다. 실내 중앙에 판석을 둘러 만든 노지가 위치해 있으며, 바닥은 수차에 걸쳐 불다짐을 하였다. 일부 주거지의 경우 실내에 저장 시설인 수혈이 설치되어 있다. 출입 시설은 주거지 양쪽에 길게 나 있다. 후기에 들어 주거지의 입지가 평지로 내려가며, 실내의 노지 수가 여러 개로 늘어난다. 일부 주거지의 경우 관 혹은 다리를 떼어낸 정(鼎)을 사용하여 아동의 시체를 담은 옹관묘가 발견되고 있는데, 실내의 중앙 혹은 가장자리에 매장되어 있다. 주거지 내부에서 출토된 유물로는 토기와 석기, 골각기 등이 있으며, 토기는 굵은 모래가 혼입된 무문토기가 대부분이며, 종류로는 정(鼎), 력(鬲), 분(盆), 관(罐), 발(鉢), 완(碗) 등이 있다.

무덤은 20여 곳의 유적에서 대략 500여 기가 발굴되었다. 무덤은 대부분 나지막한 구릉 사면부에 입지해 있는데, 일부는 인공적으로 대지를 조성하고 그 위에 무덤을 축조하였다. 토성자 유적과 같이 강가 하안평지에 위치해 있거나 혹은 소달구 산정대관의 예처럼 구릉 정상부에 입

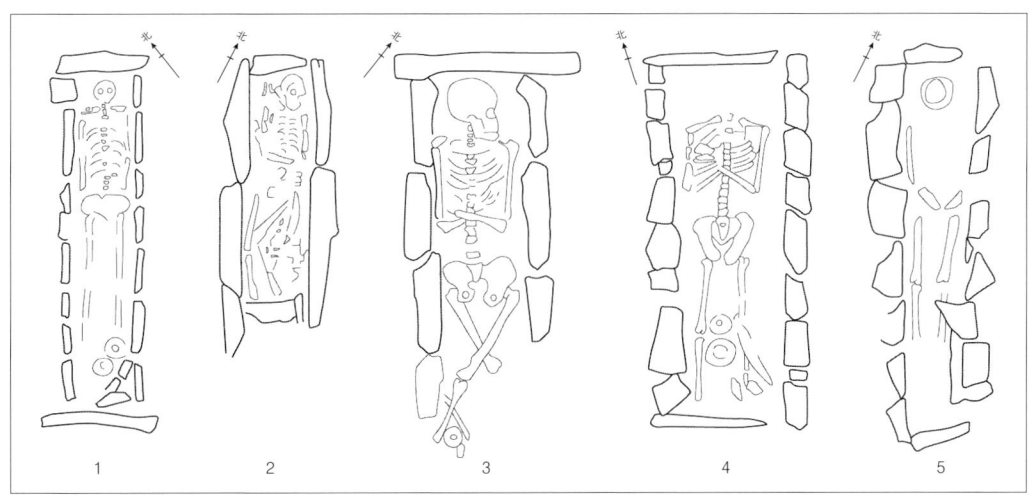

〈도면 84〉 서단산문화 시신 안치 방법
1. 앙신직지장(영길 성성초 M18) 2. 측신장(영길 홍기 동량강 M1) 3. 굴지장(반석 문수 후산) 4. 무두장(영길 성성초 CM6)
5. 부신장(길림 후석산 서구 M11)

지하는 경우도 일부 확인된다. 고분군의 규모는 문화 중심지인 길림시 일대는 100여 기가 넘는 대형 고분군이 다수를 차지하고 있으며, 외곽 지역의 고분군은 그 수가 10여 기에 불과하다. 무덤의 밀집도가 매우 조밀하여 무덤 간의 거리가 가까운 것은 10cm인 것도 있으며, 무덤의 앞뒤가 서로 붙어 있는 경우와 두 개의 무덤이 중복된 현상도 확인된다. 무덤의 방향은 능선의 등고선 방향과 일치하며, 두향은 산 정상부를 향해 있다. 일반적으로 고분군 주변에는 무덤 축조 집단의 생활 유적이 함께 확인된다.

무덤은 석관묘가 절대다수를 차지하고 있으며, 후기에 들어 일부 토광묘가 확인된다. 석관의 규모는 일반적으로 길이 150~260cm, 너비 30~100cm, 깊이 20~90cm이다. 석관묘는 석재와 축조 방법에 따라 대략 3가지 유형으로 구분된다. 첫째는 판석을 사용하여 축조한 석관묘로 장방형 혹은 사다리꼴 묘광을 파고 벽면 사면 혹은 일부에 불규칙한 장방형 판석을 세우고, 바닥은 풍화암반토를 그대로 사용하여 제작한 것이다. 둘째는 할석과 판석을 함께 사용하여 만든 석관묘로 묘광 양쪽 벽면은 할석을 쌓고, 앞뒷면에는 장방형의 두꺼운 판석을 세운 후, 바닥에 판석을 깔아 만든 것이다. 일부 무덤에는 부장품을 넣는 부관이 따로 만들어져 있다. 셋째는 간략화된 석관묘로 묘광 내부에 판석을 한 매 놓거나 벽면 주변에 할석을 듬성듬성 놓은 경우이다. 일부에서 목관을 사용한 흔적이 확인된다.

석관묘는 제작 방법에 따라 사용 시기를 달리한다. 판석만을 사용하여 축조한 석관묘가 가장 이른 시기에 사용된다. 이후 할석과 판석을 함께 사용한 석관묘가 출현하고 있으며, 이 종류의 석관묘는 형식을 달리하며 오랫동안 사용된다. 간략화된 석관묘는 전통적인 서단산문화 석관묘의 퇴화 형식으로 볼 수 있으며, 가장 늦은 시기에 출현한다.

매장 방식은 절대다수가 단인일차장이며, 소성자 석관묘와 왕기둔 1호 석관묘에서만 다인이차장이 확인된다. 시신 안치 방법은 앙신직지가 주를 이루며, 소수의 무덤에서 굴지장, 측신장, 부신장 등이 사용되고 있다. 부장품은 토기와 석기 위주이며, 청동기는 소량만이 확인된다. 토기 기본 조합은 호, 관, 발, 완이며, 일부 무덤에는 정과 두도 함께 매납된다. 석기의 기본 조합은 반월형 석도, 화살촉, 도끼, 숫돌 등이다. 청동기는 비파형동모와 선형동부가 특징적이다. 이 밖에도 대부분의 무덤에 돼지의 아래턱뼈나 이빨이 부장된다.

일반적으로 여성 무덤에는 방추차를 중심으로 석도, 백석대롱과 같은 생활용구가 주로 매납되며, 남성 무덤에는 화살촉 등의 무기류와 부, 분(錛: 자귀) 등의 생산 공구가 부장된다. 이른 시기에는 토기와 석기가 주를 이루다 중기에 이르면 소형 장식품을 중심으로 청동기가 일부 부장되며, 후기에는 청동기의 종류와 수량이 대폭 증가한다.

부장품의 배치에도 일정한 규칙성이 확인된다. 백석대롱, 마노주, 돼지 이빨로 제작된 장식품은 주로 머리와 목 부분에서 발견되며, 부, 도, 분, 방추차 등의 생산 공구와 비파형동검과 동모, 화살촉 등의 무기류는 대부분 양팔과 골반 뼈 사이에 안치된다. 토기 등의 생활 용기는 발

아래 부분에 놓여 있고, 부관이 있을 경우에는 부관에 놓인다. 돼지 이빨, 돼지 턱뼈, 돼지 두개 골 등은 충진토와 덮개돌 상부에서 발견된다.

(2) 유물

토기는 서단산문화의 특징이 가장 잘 반영되어 있는 유물로 주거지와 무덤에서 다량으로 출토되고 있다. 토기는 세사질에 홍갈색 계통, 수제(手製), 무문, 마광(磨光)을 특징으로 한다. 대표 기종으로는 호, 관, 발, 완, 정, 배, 반 등이 있다. 생활 유적에서는 주로 정(鼎), 력(鬲), 관(罐), 호(壺), 완(碗), 두(豆) 등이 출토되며, 이 중 심복환저정(深腹圜底鼎)이 가장 대표성을 지닌다. 무덤에서는 대형 실용기는 출토되지 않는다.

서단산문화 토기를 대표하는 호는 토기 중 가장 많은 수를 차지하고 있다. 형식 변화의 연속성이 석관묘의 단계적 발전 서열에 끼워 맞출 수 있어 서단산문화의 주요 지표로 활용된다. 손잡이의 유무와 방향에 따라 횡이호(橫耳壺), 수이호(竪耳壺), 무이호(無耳壺) 등으로 나눌 수 있다. 전기에는 경부의 길이가 비교적 짧고, 복부가 약간 꺾여 있는 형식이 유행하다가 중기에 들어서는 경부의 길이가 동체부와 거의 같고 복부가 둥글게 변한다. 관은 구연부의 형태에 따

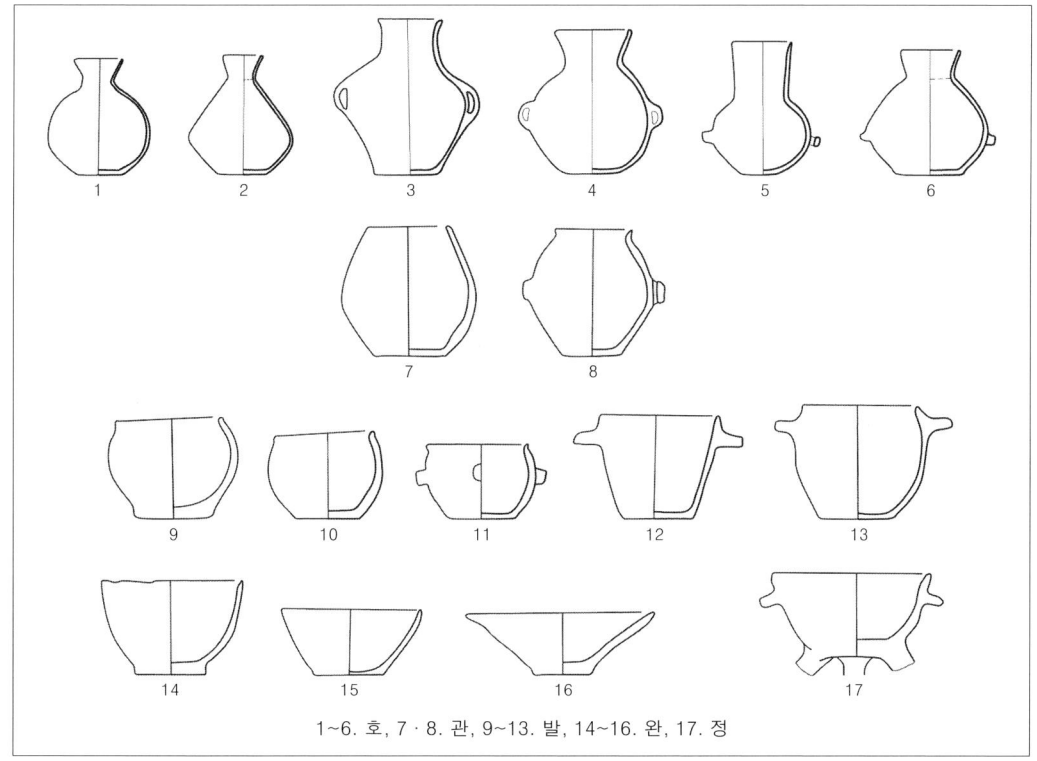

〈도면 85〉 서단산문화 토기

라 분류된다. 하나는 구연이 오므라들고 복부가 둥글며, 복부 상부에 대칭으로 가로 방향의 손잡이가 달린 형태로 서단산 유적과 소달구 유적에서 많이 발견된다. 다른 하나는 구연이 밖으

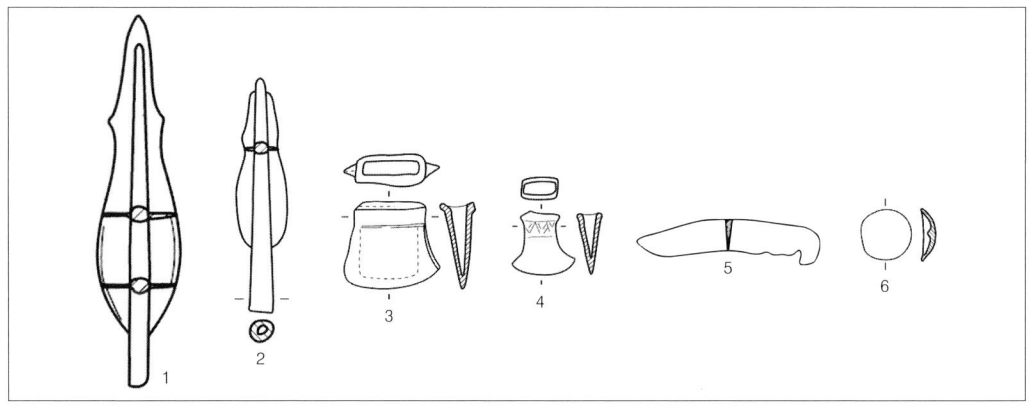

〈도면 86〉 서단산문화 청동기
1. 비파형동검(영길 성성초3차 AM16)   2. 비파형동모(영길 성성초3차 DM13)   3. 선형동부(길림 소달구 산정대관)
4. 선형동부(영길 홍기 동량강 M1:2)   5. 동도(길림 후석산 M1:1)   6. 동구(영길 성성초3차 DM16)

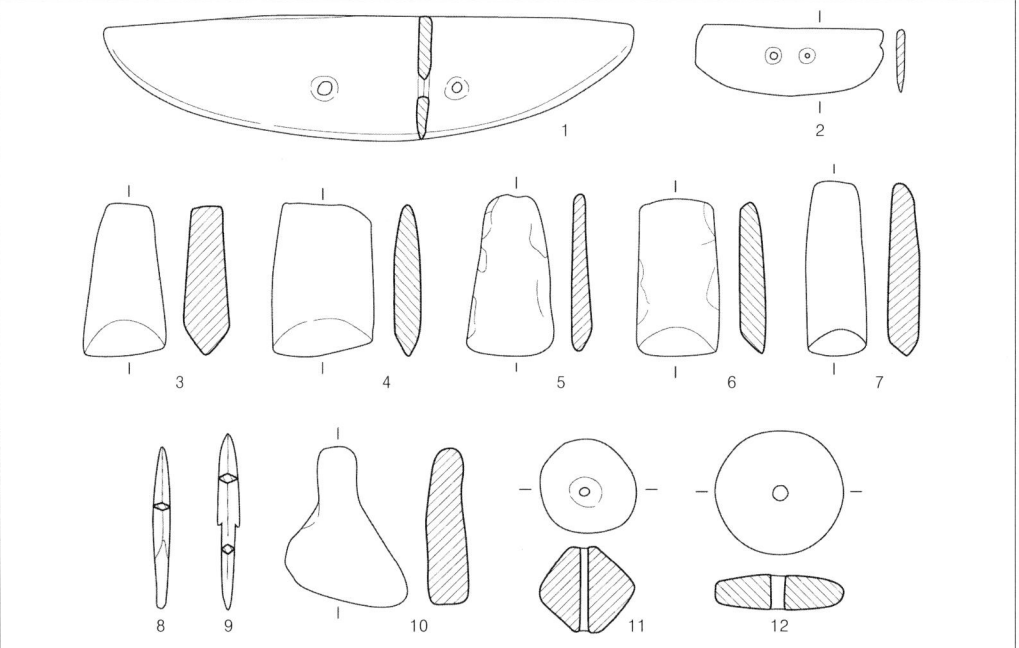

〈도면 87〉 서단산문화 석기
1·2. 반월형 석도(길림 서단산 Ⅳ:2, 영길 성성초 A지구 M11)   3·4. 석부(영길 성성초 CM6, 성성초AM3:5)   5·6. 석분 (교하 소남구·길림 성성초 AM1:3)   7. 석착(길림 성성초 AM1:5)   8·9. 석촉(길림 서단산·교하 소남구 M2)   10. 숫돌 (길림 서단산:3)   11·12. 방추차(길림 서단산 Ⅳ:5)

로 외반되어 있는 형태로 성성초 유적에서 주로 발견된다. 발은 구연이 약간 오므려 있고, 복부는 둥글거나 약간 꺾여 있다. 삼족기 중에 실족(實足)은 대부분 먼저 다리 자루를 만든 후에 다시 몸체와 결합하는 방식을 채택하고 있다.

청동기는 절대다수가 무덤에서 출토되고 있으며, 생활 유구에서는 소량만 확인된다. 지금까지 출토된 청동기는 모두 200여 점에 달한다. 종류로는 비파형동검, 비파형동모, 선형동부(扇形銅斧), 동촉(銅鏃), 동도(銅刀), 동착(銅鑿), 동추(銅錐), 동구(銅扣), 동포(銅泡), 연주상식(聯珠狀飾), 동실권(銅絲圈), 동경형장식(鏡形飾), 귀걸이(耳飾) 등이 있다. 이 중 비파형동모, 그물문이 장식된 선형동부, 손잡이 부분에 구멍이 뚫린 칼, 동포(銅泡) 등은 서단산문화를 대표하는 특징적인 기물이다.

비파형동검은 모두 3점이 출토되었는데, 요동지역의 비파형동검과 동일한 형식으로 볼 수 있다. 비파형동모는 모두 4점이 확인되었는데, 비파형동검을 축소해놓은 것과 같은 형태로 일부는 공부(銎部)가 모신(矛身)보다 훨씬 긴 형태도 발견된다. 선형동부는 모두 9점으로 방형의 공부 바깥쪽에 사선방격문이 장식되어 있으며, 날 부분이 둥글게 처리되어 있다. 소형 칼은 모두 24점으로 대부분 중기 이후의 유적에서 발견된다. 화살촉은 소서산과 산정대관에서 각각 1점씩 출토되었으며, 산정대관에서 출토된 것은 명적(鳴鏑)으로 볼 수 있다. 동경 형식의 장식품은 후석산에서만 7점이 출토되었다. 배면에 한 개의 뉴(鈕)가 달려 있고, 문양이 없다.

서단산문화 유적에서 청동기를 제작하는 데 사용되는 거푸집이 발견된 예는 극소수에 불과하다. 이는 이 지역에서 발견되고 있는 고급 청동기들이 주변의 발달된 청동기문화에서 유입되었다는 것을 말해주는 것이며, 더불어 서단산문화의 청동기 주조술이 발달되어 있지 못했음을 설명해주고 있다.

석기 역시 서단산문화의 특징적인 유물 중의 하나이다. 종류로는 석도(石刀: 돌칼), 석부(石斧: 돌도끼), 석분(石錛: 돌자귀), 석착(石鑿: 돌끌), 석촉(石鏃: 돌화살촉), 숫돌, 장식품 등이 있다. 돌칼은 대부분 반월형석도로 요배호인(凹背弧刃), 직배호인(直背弧刃), 호배호인(弧背弧刃)으로 나눌 수 있으며, 직배호인이 가장 많이 출토되고 있다. 돌도끼는 판상거형(板狀矩形), 주상장신형(柱狀長身形), 편평제형(扁平梯形) 등으로 나눌 수 있으며, 편평제형이 가장 보편적으로 발견된다. 화살촉은 쌍익형(雙翼形), 유엽형(柳葉形), 삼릉형(三稜形) 등으로 구분된다.

생활 유적과 무덤에서 발견된 생산 공구들은 농업과 밀접한 관련이 있는 도구들이 다수를 차지하고 있다. 예를 들면 장사산 유적 57F3에서 8점의 석부와 4점의 석도가 출토되었고, 63F4에서는 4점의 석부와 10점의 석도가 출토되었다. 성성초 유적에서는 1978년에 발굴된 무덤 중 20기에 석부가 부장되어 있었으며, 14기에는 석도가 매납되어 있었다. 이외에도 주거지 실내에서 석서(石鋤: 돌호미), 석겸(石鎌: 돌낫), 갈판(磨盤), 갈돌(磨棒) 등 생산과 생활에 필요한 도구들이 출토되었다.

3) 편년 및 사회 경제

지금까지 서단산문화 유적에서 실시한 방사성탄소연대측정 수치는 모두 7개가 있는데, 그 연대 범위는 BP 3,055~2,275년으로, 대략 기원전 10세기~기원전 3세기에 해당한다. 이는 요서지역의 하가점상층문화와 송눈평원지역의 백금보문화 연대와 대략 일치한다. 일부에서는 연대 상한을 기원전 12세기까지 올려 보는 견해가 제시되고 있는데, 이러한 견해는 아직까지 하나의 가설에 불과하며, 지금까지의 발굴 자료로는 확실한 증거를 제시하는 데 어려움이 있다.

서단산문화의 생업 경제는 농업과 수렵 위주이다. 주거지 내부에서 불에 탄 조(粟)와 기장(黍), 콩 등 농작물의 씨앗이 발견되고 있어 당시 사람들이 농업에 종사했음을 알 수 있다. 이 밖에도 일부는 돼지를 사육하였을 가능성이 있다. 이는 무덤에 매납된 돼지 머리 혹은 뼈를 통해서 확인이 가능한데, 서단산 유적의 경우 석관 덮개 위에 돼지 머리가 놓인 무덤이 47% 이상을 차지하고 있다. 성성초 고분군에는 돼지 아래턱(下顎骨) 혹은 돼지 이빨이 부장된 무덤이 15%를 차지하고 있으며, 토성자 유적의 경우 돼지 뼈 부장률이 90%에 달하고 있다. 다만 이들 돼지 뼈의 형태가 야생 멧돼지에 가깝다는 견해가 있어 수렵에 의한 획득일 가능성도 있다.

제2송화강 유역은 기원전 4세기~기원전 3세기 이후 서단산문화가 점차 소멸하고 주변에서 초기철기문화가 유입되면서 커다란 변화가 나타나기 시작한다. 즉, 통일된 문화 내용을 가진 하나의 고고학 문화가 사라지고 지역에 따라 다양한 문화 내용을 가진 초기철기문화가 새롭게 형성되면서 다양한 형태의 문화유형이 병립 교차되는 국면을 맞이하게 되는 것이다.

3. 두만강·연해주지역

1) 청동기문화의 설정

두만강은 길이 521km로 백두산의 동남쪽 대연지봉에서 발원하여 동북쪽으로 중국과 국경을 마주하며 흐르다 함경북도 최북단에서 남동류하여 동해로 유입된다. 두만강의 남쪽에서는 소홍단수, 서두수, 연면수, 성천수, 보을천, 회령천 등의 지류가 유입되고, 북쪽과 동쪽에서는 해란강(海蘭江), 알아하(嘎呀河), 포이합통하(布爾哈通河), 훈춘하(琿春河) 등이 유입된다.

지금까지 두만강 유역에서 조사된 청동기시대 유적은 대략 30여 곳에 이른다. 대표 유적으로는 중국 경내의 금곡(金谷) 유적, 금곡수고남산(金谷水庫南山) 유적, 하서북산(河西北山) 유적, 영화남산(迎花南山) 유적, 낭가점(郞家店) 유적, 신흥동(新興洞) 유적, 대육도구(大六道溝) 유적, 석현(石峴) 유적, 수북(水北) 유적, 안전(安田) 유적, 신화(新華) 유적, 서위자(西崴子) 유적, 금성(金城) 유적, 천교령(天橋嶺) 유적, 신용(新龍) 유적, 소영자(小營子) 유적, 신광(新光) 유적, 유정동(柳庭洞) 유적, 흥성(興城) 유적 등이 있으며, 북한 경내에는 범의구석 유적, 흑구봉 유적, 오동 유적, 지경동 유적, 강안리 유적, 동관동 유적 등이 있다.

두만강 유역에 대한 최초 조사는 일본과 러시아에 의해 진행되었다. 1930년대 후지타 료사쿠(藤田亮策)가 처음으로 두만강 유역에 대한 조사를 실시하였고, 연길 소영자고분군에 대한 발굴을 실시하였다. 해방 이후부터 1960년대 초까지는 북한이 주도적으로 조사와 발굴을 진행하였다. 두만강과 동해안 일대에 대한 조사를 실시하여 50여 곳의 유적을 발견하였고, 초도 유적에 대한 발굴이 이루어졌다. 이후에도 회령 오동 유적, 무산 범의 유적, 서포항 유적 등이 발굴되었다. 1960년대 들어서 중국도 이 지역에 대한 조사를 실시하여 왕청 백초구 유적과 신안려 유적 등이 발굴되었다.

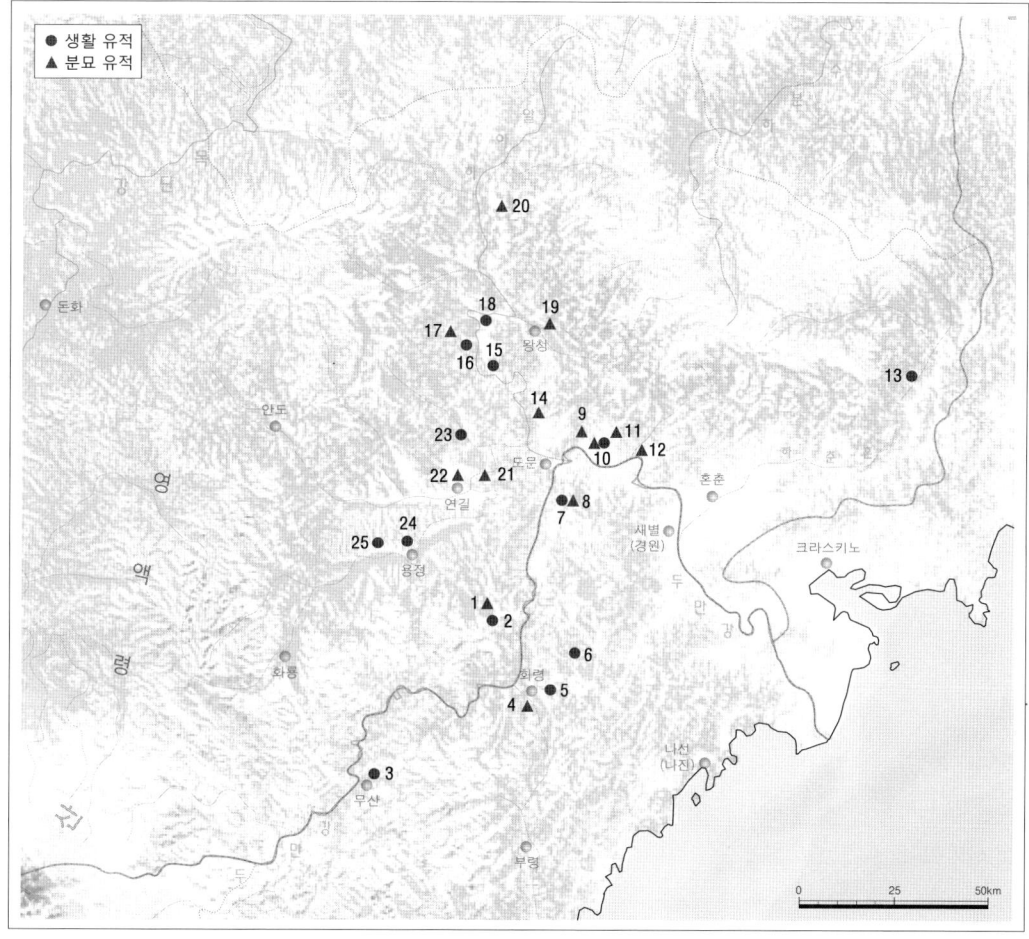

〈도면 88〉 두만강 유역 청동기시대 유적 분포도(최숙경 석사논문 인용)
1. 금곡 2. 금곡수차 남산 3. 범의구석 4. 흑구봉 5. 회령 오동 6. 지경동 7. 강안리 8. 동관동 9. 하서 북산
10. 영화 남산 11. 낭가점 12. 신흥동 13. 대육도구 14. 석현 15. 수북 16. 안전,17. 신화 18. 서위자 19. 금성
20. 천교령 21. 신룡 22. 소영자 23. 신광 24. 유정동 25. 흥성

1970년대 들어 북한 학계에서 두만강 유역에 대한 전반적인 편년 체계를 수립하는 종합적인 연구를 수행했다. 이 시기에 남한 학계에서도 홍도와 공렬토기의 기원지로서 두만강 유역에 관심을 가지고 연구를 시작했다. 1980년대에는 중국에서 처음으로 두만강 유역 청동기문화를 '소영자문화(小營子文化)'라 명명하고 다양한 연구를 진행하였다. 이 시기에 신안려 유적의 층위를 토대로 상층은 단결문화(團結文化), 하층은 유정동유형(柳庭洞類型)으로 분류하면서 두만강 유역 청동기시대와 초기철기시대의 문화적 차이를 명확하게 설정하였다. 1990년대에는 두만강 유역 청동기문화에 대한 편년안이 새롭게 제시되었으며, 청동기시대 문화 명칭을 '소영자문화' 대신 '홍성문화(興城文化)'로 부르자는 견해가 제기되었다. 2000년대 들어 홍성문화가 유정동유형에 선행한다는 연구결과가 발표되었고, 유정동유형을 유정동문화(柳庭洞文化)로 격상하고 두만강 유역의 청동기문화를 전기는 홍성문화, 후기는 유정동문화로 세분하고, 주변 지역과의 비교를 통해 문화 기원과 교류를 파악해보고자 하는 연구가 진행되었다.

2) 문화 내용

(1) 유구

유적의 입지는 유구의 성격에 따라 차이를 보이는데, 생활 유적은 하천 주변의 평탄한 대지 혹은 완만한 구릉 평탄부에 입지하며, 분묘 유적은 경사진 산사면에 조성되어 있다.

두만강 유역 청동기시대 유적에서 확인된 주거지는 대부분 반수혈식에 평면 방형 혹은 장방형이 주를 이룬다. 장단비는 대략 1.0~1.3이며, 면적은 20~40m^2가 대다수이다. 홍성문화 주거지는 대부분 중심 2열 주공과 벽주로 구성되어 있으며, 일부는 4열의 주공 배치도 확인된다. 노지는 주거지 내부에 1기만 설치되어 있는데, 한쪽 벽에 치우쳐 있다. 형태는 대부분 토광형으로 일부는 토광 주변에 돌을 세운 위석식도 확인된다. 후기에 들어서는 주거지 주공 내에 초석을 배치하는 현상이 일부 나타난다.

유정동문화 주거지는 홍성문화 주거지 구조를 계승하면서 주공과 초석이 결합된 4열의 주공 배치 구조가 성행한다. 또한 무주식 혹은 벽주만 확인되는 구조도 새롭게 등장한다. 후기에 들어서는 중심 2열 주공열에 초석을 사용하는 구조가 유행하며, 한쪽 단벽에 치우쳐 길게 돌출된 철자형의 출입 시설이 만들어진다. 전체적으로 주공만 단독으로 배치되는 구조에서 점차 주공과 초석을 결합한 구조로 변화한다.

두만강 유역 청동기시대 무덤은 석관묘로 대표된다. 홍성문화 무덤 역시 석관묘를 기본으로 하며, 봉석 시설이 있는 할석식과 봉토 및 봉석 시설이 있는 판석조로 구분할 수 있다. 무덤은 서로 연접하거나 혹은 인접하여 조성되며, 계단상의 배치를 보인다. 매장 방식은 할석식 무덤의 경우 이차장의 다인 합장을 기본으로 하며, 판석식은 단인장이 우위를 점한다. 시신 매장 방

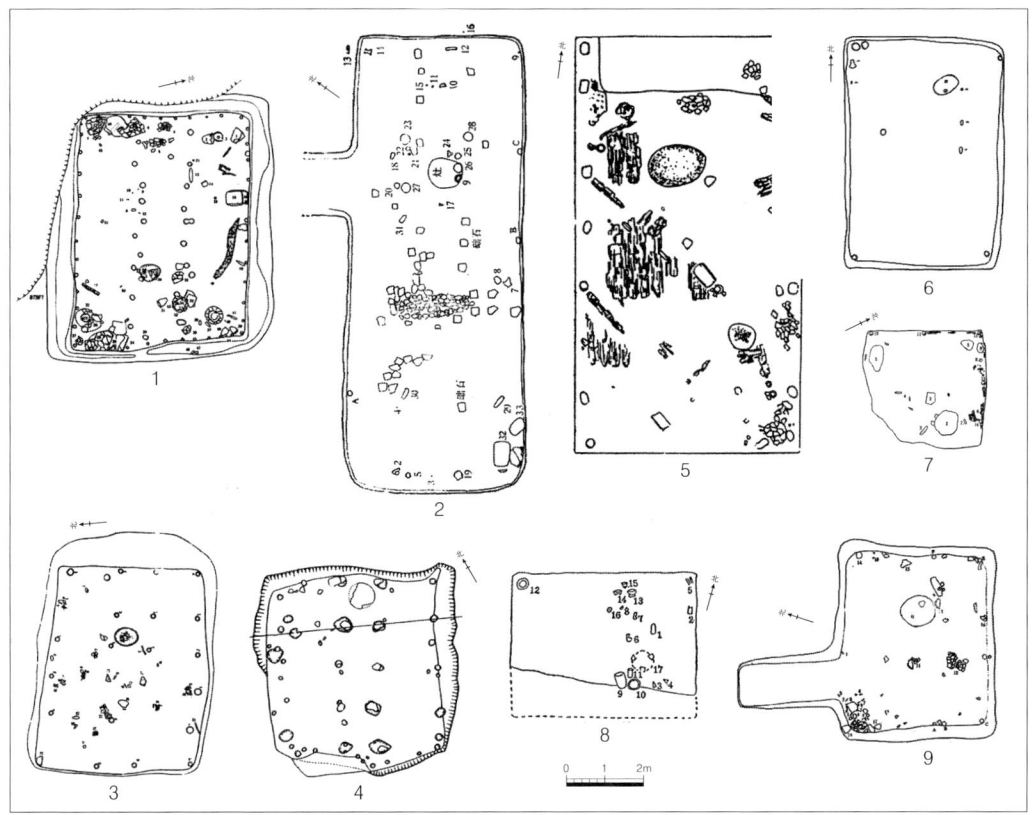

〈도면 89〉 두만강 유역 청동기시대 주거지 평·단면도(최숙경 2009 인용)

1. 화룡 흥성 87B 3호   2. 연길 신광 3호   3. 용정 금곡 수고남산 1호   4. 회령 오동 5호   5. 무산 범의구석 8호   6. 화룡 흥성 87B 5호   7. 혼춘 영화 남산 4호   8. 용정 유정동 1호   9. 연길 신광 4호

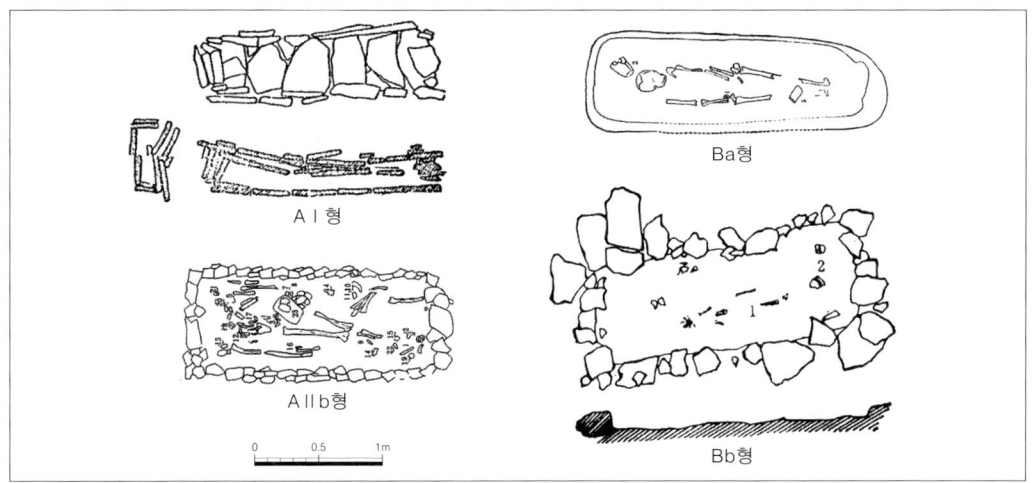

〈도면 90〉 두만강 유역 청동기시대 무덤 평·단면도(최숙경 2009 인용)

식은 앙신직지장 위주이며, 굴지장과 화장도 일부 확인된다. 부장 유물로는 토기, 석기, 골각기 등이 매납된다. 토기는 일반적으로 소형 기종이 주를 이루며, 주거지에 비해 종류 및 비율도 낮은 편이다. 반면에 석기와 골각기 등의 출토 비율이 높고, 다량으로 부장된다. 석서, 석산, 석도 등의 농경구는 부장되지 않고, 무기 및 수렵구의 비율이 높은 편으로 석촉의 수량이 가장 많다. 후기에 들어서면 무덤에 적색마연 호가 부장되고, 석기는 유경식의 마제석촉 및 마제석모가 기존의 석기군에 추가되어 부장된다.

유정동문화 단계에서는 이전 시기와 동일하게 판석조 및 할석조 석관묘가 축조된다. 이전 시기와의 차이점은 무덤이 서로 연결되지 않고 독립적으로 조성된다는 점이다. 매장 방식으로는 다인 합장이 유행한다. 후기에 들어서는 봉토 및 봉석 시설을 한 토광묘가 새롭게 출현하는데, 특히 봉석 시설을 한 토광묘가 유행한다. 부장 유물에서는 첨상석기(尖狀石器)와 세선문 골판(骨板)이 추가로 매납된다.

(2) 유물

토기의 기종으로는 호, 관, 분, 완, 대부완 등이 있다. 호는 모두 무문으로 경부는 대체로 짧으며, 사선으로 벌어져 구연으로 이어지는 형태이다. 기고는 20cm 내외이며, 동체에 다양한 형태의 파수가 부착되어 있다. 관은 수량이 가장 많은 기종으로 대부분 구연부에 돌대문(突帶文), 돌유문(突乳文)이 장식되어 있다. 크기는 4~80cm 정도로 다양하며, 대다수는 30cm 이하이다. 전체적으로 동체부가 부푼 형태로 올라가다가 구연이 외반하는 모습을 보이고 있으며, 구연부에 각목문(刻目文), 물결문(波狀文), 돌대문 등이 장식되어 있다. 분과 완은 기벽이 사선으로 뻗어 올라가거나 약간 둥근 형태이며, 일반적으로 저경에 비하여 구경이 넓은 것이 특징이다. 분과 완은 지경동과 강안리 유적을 제외하고 형태에 커다란 변화가 보이지 않는다. 대체로 동체가 사선으로 곧게 뻗어 올라가거나 둥근 형태가 대부분이며, 구연의 형태는 사구(斜口)가 가장 많다. 대부완은 동체가 사선으로 곧게 뻗은 형태와 둥근 형태로 구분된다.

홍성문화 토기는 주로 구연부에 각목문과 물결문이 장식되어 있으며, 공열문도 일부 확인된다. 외반구연과 다양한 형태의 동체부가 결합된 관이 특징적이며, 기종은 관, 분, 완을 기본 조합으로 한다. 주거지에서는 다양한 형태와 크기의 토기가 모두 출토되고 있는 반면, 무덤에서는 15cm 이하의 소형 관과 완만 확인된다. 후기에 들어서는 적색마연의 호와 완이 새롭게 등장한다. 유정동문화 토기는 무문을 대표로 하며, 일부 돌대각목문도 확인된다. 구연부는 관의 경우 직립 형태가 가장 많으며, 호와 완은 외반되어 있다. 기종은 관, 호, 완, 대부완으로 구성되며, 통형관과 심발형관, 대부완이 특징적이다. 후기에 들어서는 유상파수 및 돌대각목이 유행한다. 직립 구연의 통형관 및 심발형관과 내만구연 관이 대표적이다. 이 밖에도 범의구석 유적에서는 이중구연의 관과 삼각형 투창이 있는 대부완이 출토되고 있다.

석기는 그 수량이 풍부할 뿐 아니라 종류 역시 매우 다양하다. 재질은 흑요석과 판암, 셰일 등이 이용되고 있으며, 타제석기와 마제석기가 함께 사용된다. 석기의 종류로는 석촉, 석모, 긁개, 첨상기, 석서, 석산, 석부, 갈돌, 갈판 등이 있다. 석촉은 가장 많이 출토되고 있는데, 무경식의 삼각만입식에서 유경식의 침형과 유엽형으로 발전한다. 석모 역시 삼각만입식 형태에서 유경식으로 변화한다. 석거(石鋸: 돌톱)는 흑요석만으로 제작되었는데, 골검에 장착했던 것으로

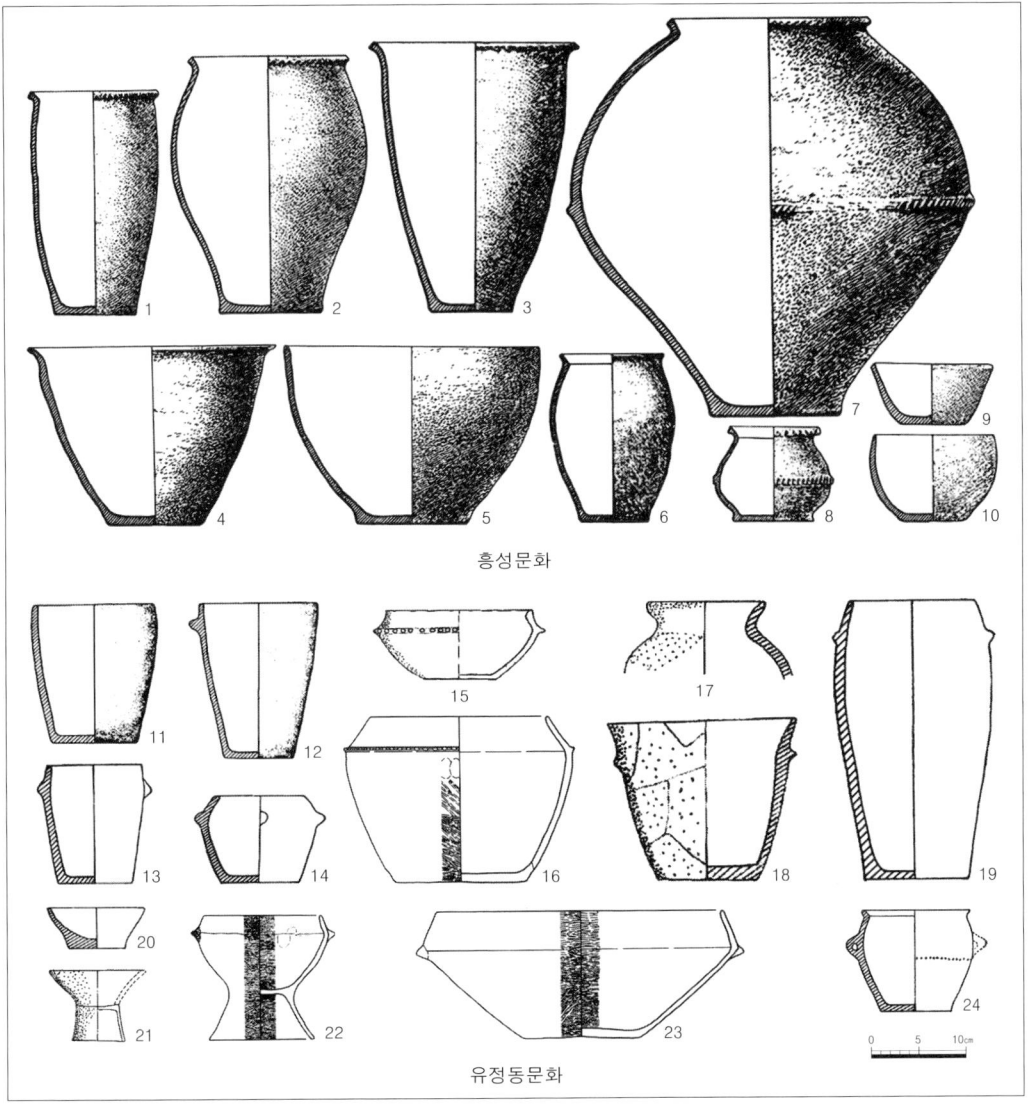

〈도면 91〉 두만강 유역 청동기시대 토기(최숙경 2009 수정 인용)
1~10. 화룡 흥성   11·12. 왕청 수북   13·14·24. 혼춘 하서 북산   15·17·18·21. 은성 강안리 2·3문화층
16·22·23. 회령 지경동   19·20. 연길 신광

추정하고 있다. 석서는 평면 형태가 역T자형으로 타제 기법으로 제작되었다. 석산은 평면 형태가 장방형 혹은 부채꼴 형태를 이루고 있다. 석도는 마제 기법으로 제작되었으며, 평면 형태에 따라 어형, 즐형, 주형, 장방형으로 분류되며, 인부는 편인과 양인이 모두 확인된다. 구멍의 위

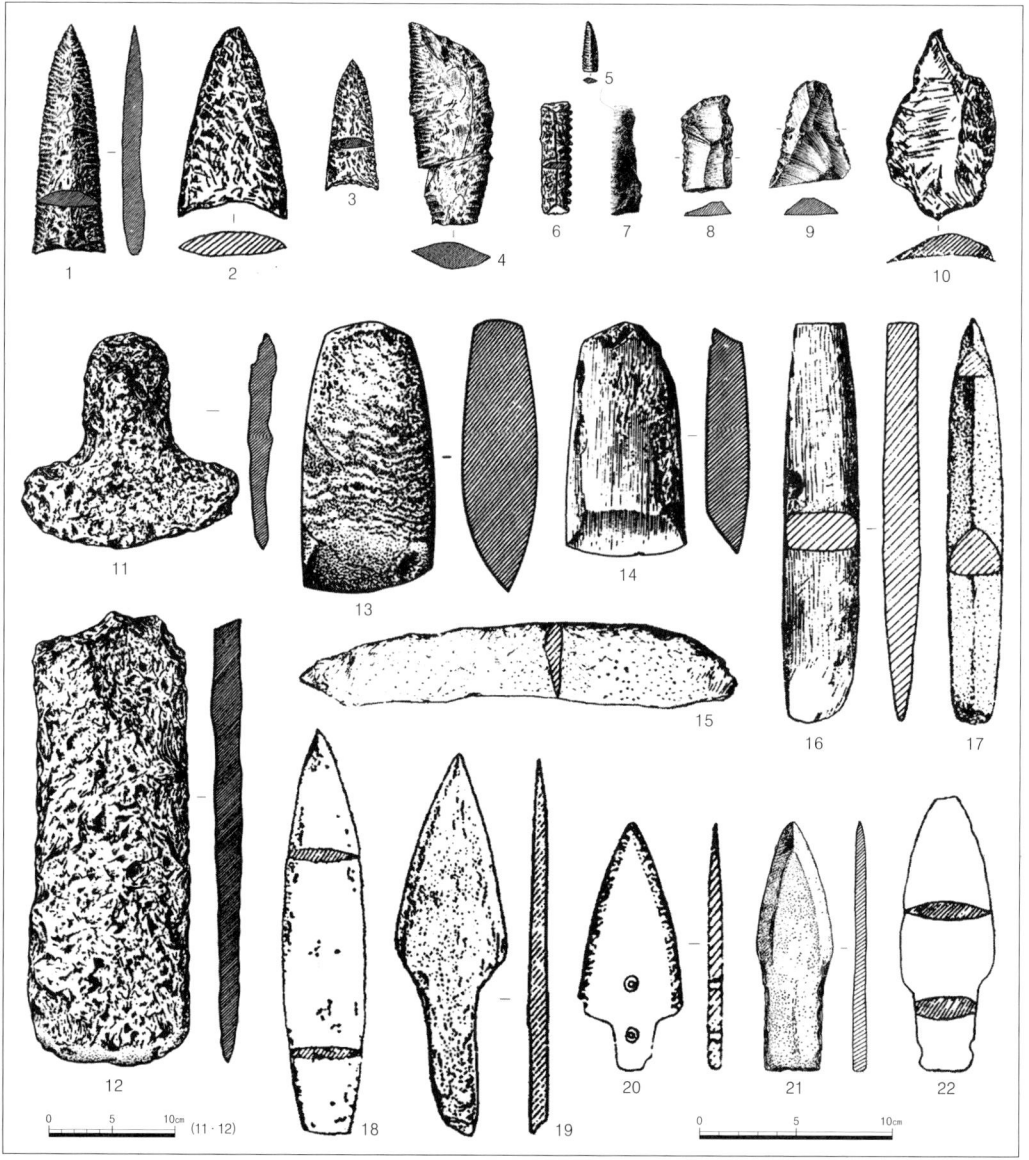

〈도면 92〉 두만강 유역 청동기시대 석기(최숙경 2009 인용)

1·4·5·8·9·11~14. 화룡 흥성 2·3·6·10. 연길 신룡 7. 연길 소영자 15~17. 혼춘 하서 북산 18. 왕청 금성 19. 용정 금곡 20. 혼춘 낭가점 21. 연길 신광 22. 왕청 천교령
1~3. 흑요석모 4. 흑요석자르개 5~7. 흑요석톱날 8~10. 흑요석긁개 11. 석서 12. 석산 13. 석부 14. 석분 15. 석겸 16. 석착 18~22. 석모 17. 첨상석기

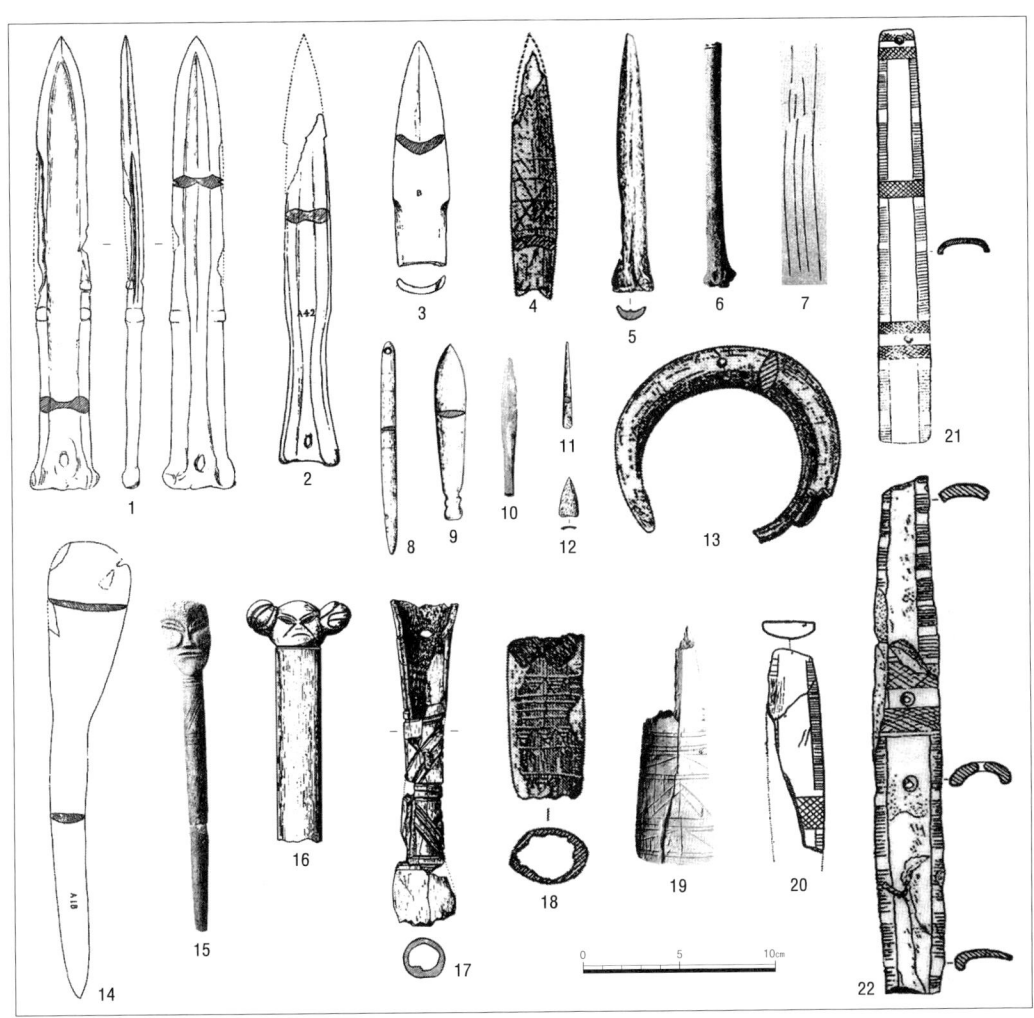

〈도면 93〉 두만강 유역 청동기시대 골각기(최숙경 2009 인용)

1·3·6·7·10·14·15·18·19. 연길 소영자 4·13·18·22. 용정 금곡 5·8·9·11·12·16·17. 화룡 흥성 20. 왕청 천교령
21. 혼춘 하서 북산

1·2. 골검 3·4. 골모 5. 골추 6. 침통 7·8. 침 9. 사형기 10~12. 화살촉 13. 멧돼지 이빨 장신구 14~16. 비녀
17·18. 관형기 19~22. 유문골판

치는 배부에서 점차 인부 쪽으로 이동하고 있다. 긁개와 자르개는 흑요석으로 제작되고 있다. 특징적으로 석기 가공구로 관석(冠石)이 출토되고 있다. 이 밖에도 어망추와 방추차, 환상석기 다두석기(多頭石器) 등이 출토되었다.

흥성문화 석기는 타제 기법과 함께 마제 기법의 석기가 함께 사용되고 있다. 특히 석촉, 석모, 석거 등 무기 및 수렵구는 신석기시대의 제작 기법을 계승하여 흑요석기로 제작, 사용한 점이 가장 큰 특징이다. 후기에 들어서는 유경식의 마제석촉 및 마제석모가 새롭게 추가된다. 유정동문화 단계에서는 대부분의 석기가 마제로 제작되고 있으며, 흑요석기의 비중이 현저히 낮아져 긁개류에 한정되는 경향이 있다. 다양한 형태의 환상 및 다두석기가 본격적으로 제작 사용되고, 석서와 석산과 같은 굴지구의 비율은 감소하는 반면에 벌채구 및 목재 가공구인 석부와 석분의 비율은 증가한다. 후기에 들어서는 석겸과 첨상석기가 추가되며, 석도의 경우 구멍의 위치가 인부에 근접하고, 석부는 이전 시기에 비해 장대화되고 세장해지는 변화가 나타난다.

골각기 역시 다양하게 제작되어 사용되었다. 종류로는 골검, 골촉, 골모, 골추, 골도, 골착, 골침, 골침통, 골비, 골관, 세선문골판 등이 있다. 골검은 사슴 또는 돼지의 다리뼈를 가지고 제작되었다. 관절 부분을 병부의 머리에 오도록 하고, 선단부를 뾰족하게 다듬었다. 신부 양측에 일정 정도의 홈이 파여 있어 석기로 제작된 날을 장착했던 것으로 판단된다. 소영자 고분군에서 가장 많이 출토되고 있다. 골모는 대부분 무경식으로 세장한 삼각형 형태이다. 주로 골검과 함께 공반된다. 골모에는 그물문이 정교하게 시문되어 장식성이 강조된다는 점에서 실용성이 축소되고 있다. 골촉은 삼각만입식, 침형식, 유엽형식이 모두 제작되고 있다. 장신구인 골비와 골관 등에서는 인면이 장식된 형태가 매우 특징적이다. 세선문골판은 세장한 막대 모양의 골판에 구획을 나누어 규칙적인 문양 패턴을 바탕으로 조밀한 선문을 정교하게 시문하고 있다. 유정동문화 단계에 들어서면서 이전 시기까지 활발하게 사용되던 골검 및 골모가 흑요석기의 소멸과 함께 사라지고, 골추 및 침과 같은 공구류만 제작된다. 후기 단계에 들어서는 세선문골판이 새롭게 출현하여 무덤에 부장된다.

청동기는 소형의 장신구 혹은 동포만 확인되고 있다. 주로 유정동문화 무덤의 부장품으로 사용된다. 이 밖에도 안전 유적 하층에서 동 찌꺼기, 범의구석 4기 주거지에서 청동 덩어리가 출토되었다. 다만 종성군 삼봉 포함층에서 용범이 수습된 바 있어 직접 청동기를 제작하였음을 알 수 있다.

3) 편년 및 사회경제

두만강 유역 청동기시대 유적의 방사성탄소연대측정값은 홍성 유적 기원전 2200~기원전 1550년, 유정동 유적 기원전 1700~기원전 1100년, 영화남산 유적 기원전 1410~기원전 1000년, 금곡수고남산 유적 기원전 1400~기원전 760년, 금곡 유적 기원전 1960~기원전 1100년, 신광 유적 기원전 800~기원전 350년, 대육도구 유적 기원전 390~기원전 50년으로 산출되었다.

두만강 유역 청동기시대 문화유형에 대해 다양한 견해가 있다. 홍성유형과 유정동유형으로 구분한 후 유정동유형은 다시 전기와 후기로 구분하는 견해, 홍성문화와 유정동문화를 각각 전기와 후기로 구분하는 견해, 두만강 유역과 함경북도 해안 지역을 모두 홍성유형으로 포괄하고 총 5기로 나누고, 유정동유형은 전기와 후기로 구분하는 견해, 흥성유형-오동유형-유정동유형-수북·신광유형, 범의구석유형으로 구분하는 견해 등이 있다. 앞의 견해를 종합하여 두만강 유역 청동기시대 고고학 문화는 크게 흥성문화와 유정동문화로 나눌 수 있다. 두 문화의 시기적 차이는 회령 오동에서 흥성문화에 속하는 4호 주거지가 유정동문화에 속하는 5호 주거지보다 선행하는 중복 관계를 통해서 확인할 수 있다.

두만강 유역 청동기시대 생업 경제는 석기와 뼈로 제작된 수렵구와 생산 공구를 통해 확인할 수 있다. 출토된 석기 중 석촉을 포함한 수렵구가 가장 높은 비율을 차지하고 있으며, 수확구, 목재 가공구, 식량 처리구, 석기 가공구 등의 석기도 비율상의 차이는 있지만 꾸준히 출토되고 있다. 반면에 동일한 농경구에 속하는 굴지구는 흥성문화에서만 확인된다. 이와 같은 석기 조성비를 통해 두만강 유역은 청동기시대 전체에 걸쳐 수렵채집과 농경이 공존한 생업 경제가 주를 이루었음을 알 수 있다. 주거지 내에서 출토된 골각기 제품이나 동물의 뼈와 뿔 등은 수렵활동의 직접적인 근거로 볼 수 있다. 또한 저장용 대형 토기에서 수습된 기장과 수수 등의 곡물 유체는 농경이 이루어졌음을 증명해주고 있다.

참고문헌

II. 요서지역의 전기 청동기문화-1. 요서지역

〈한국어〉

郭大順, 2000, 「요하유역의 신석기 및 초기청동시대 유적에 대한 고고학상 해석」, 『博物館紀要』 15.

郭大順·張星德, 김정열 역, 2008a, 『동북문화와 유연문명(상)』, 동북아역사재단.

_____, 2008b, 『동북문화와 유연문명(하)』, 동북아역사재단.

김정열, 2009, 「요서지역 출토 상·주 청동예기의 성격에 대하여」, 『요하유역의 초기 청동기문화』, 동북아역사재단.

卜箕大, 1995, 「夏家店下層文化의 起源과 社會性格에 關한 試論」, 『韓國上古史學報』 19.

복기대, 2002, 『요서지역의 청동기시대 문화연구』, 백산자료원.

徐光冀, 徐吉洙 譯, 2006, 「적봉(赤峯) 영금하(英金河)·음하(陰河) 유역의 석성(石城)유적」, 『高句麗研究』 22.

서길수, 2008, 「하가점하층문화(夏家店下層文化)의 석성(石城) 연구」, 『高句麗渤海研究』 31.

宋鎬晸, 2005, 「大凌河流域 殷周 靑銅禮器 사용 집단과 箕子朝鮮」, 『한국고대사연구』 38.

吳江原, 2011, 「商末周初 大凌河 流域과 그 周邊 地域의 文化動向과 大凌河 流域의 靑銅禮器 埋納遺構」, 『韓國上古史學報』 74.

이재현, 2009, 「하가점하층문화기 방어취락의 성격 연구」, 『요하유역의 초기 청동기문화』, 동북아역사재단.

조진선, 2010, 「요서지역 청동기문화의 발전과정과 성격」, 『요하문명의 확산과 중국 동북지역의 청동기문화』, 동북아역사재단.

朱永剛, 1997, 「중국 동북지역 청동기문화의 발전 단계와 문화 계통」, 『博物館紀要』 12.

천선행, 2010, 「비파형동검 성립전후 요서지역 토기문화의 전개」, 『요하문명의 확산과 중국 동북지역의 청동기문화』, 동북아역사재단.

〈중국어〉

喀左縣文化館, 1982, 「記遼寧喀左縣后墳村發現的一組陶器」, 『考古』 1982-1.

郭大順, 1983, 「西遼河流域靑銅文化硏究的新進展」, 『中國考古學會第四次年會論文集』, 文物出版社.

_____, 1987, 「試論魏營子類型」, 『考古學文化論集(一)』, 文物出版社.

董新林, 2000, 「魏營子文化初步研究」, 『考古學報』 2000-1.

劉謙, 1986, 「錦州山河營子遺址發掘報告」, 『考古』 1986-10.

濱田耕作·水野淸一, 1938, 『赤峯紅山后』, 東方考古學總刊甲種第六冊.

蘇秉琦, 1999, 『中國文明起源新探』, 三聯書店.

呂遵諤, 1958, 「內蒙古赤峯紅山考古調查報告」, 『考古學報』 1958-3.

吳恩岳斯圖, 2007, 『北方草原 -考古學文化研究-』, 科學出版社.

王立新·齊曉光·夏保國, 1993, 「夏家店下層文化淵源之芻論」, 『北方文物』 1993-2.

王增新, 1957, 「凌原靑銅器群出土地點發現新石器時代遺址」, 『文物參考資料』 3.

遼寧省文物考古研究所, 1998, 「遼寧喀左縣高家洞商周墓」, 『考古』 1998-4.

_____, 2000, 「遼寧義縣向陽嶺靑銅時代遺址發掘報告」, 『考古學集刊』 13.
遼寧省文物考古研究所·喀左縣博物館, 1989, 「喀左和尙溝墓地」, 『遼海文物學刊』 1989-2.
遼寧省文物考古研究所·吉林大學考古系, 1989, 「遼寧彰武平安堡遺址發掘簡報」, 『遼海文物學刊』 1989-2.
_____, 1992a, 「遼寧阜新平頂山石城址發掘報告」, 『考古』 1992-5.
_____, 1992b, 「遼寧彰武平安堡遺址」, 『考古學報』 1992-4.
遼寧省博物館·昭烏達盟文物工作站·敖漢旗文化館, 1977, 「遼寧敖漢旗小河沿三種原始文化的發現」, 『文物』 1977-12.
遼寧省博物館·朝陽市博物館, 1986, 「建平水泉遺址發掘簡報」, 『遼海文物學刊』 1986-2.
遼寧省博物館·朝陽地區博物館, 1977, 「遼寧喀左南洞溝石槨墓」, 『考古』 1977-6.
遼寧省博物館文物工作隊, 1977, 「遼寧朝陽魏營子西周墓和古遺址」, 『考古』 1977-5.
李經漢, 1980, 「試論夏家店下層文化的分期和類型」, 『中國考古學會第一次年會論文集』, 文物出版社.
李伯謙, 1990, 「論夏家店下層文化」, 『紀念北京大學考古學專業三十周年論文集』, 文物出版社.
張忠培·孔哲生·張文軍·陣雍, 1987, 「夏家店下層文化硏究」, 『考古學文化論集』, 文物出版社.
田廣林, 2006, 「夏家店下層文化時期的遼河地區的社會發展形態」, 『考古』 2006-3.
齊曉光, 1991, 「內蒙古克什克騰旗龍頭山遺址發掘的主要收穫」, 『內蒙古東部區考古學文化研究文集』, 海洋出版社.
朱永剛, 1995, 「論高台山文化及遼西靑銅文化關係」, 『中國考古學會第八次年會論文集』, 文物出版社.
中國社會科學院考古研究所內蒙古工作隊, 1974, 「赤峰葯王墓, 夏家店遺址試掘報告」, 『考古學報』 1974-1.
_____, 1979, 「赤峰蜘蛛山遺址的發掘」, 『考古學報』 1979-2.
中國社會科學院考古研究所內蒙古發掘隊, 1961, 「內蒙古赤峯葯王墓, 夏家店遺址試掘簡報」, 『考古』 1961-2.
中國社會科學院考古研究所 編著, 1996, 『大甸子-夏家店下層文化遺址与墓地發掘報告』, 科學出版社.
韓嘉谷, 1981, 「京津地區商周時期文化發展的一古線索」, 『中國考古學會第三次年會論文集』, 文物出版社.
_____, 1992, 「大坨頭文化陶器群淺析」, 『中國考古學會第七次年會論文集』, 文物出版社.
_____, 1995, 「燕史源流的考古學考察」, 『燕文化硏究論文集』, 中國社會科學出版社.

II. 요서지역의 전기 청동기문화-2. 주변 지역
〈한국어〉
郭大順·張星德, 김정열 역, 2008, 『동북문화와 유연문명』 하, 동북아역사재단.

〈중국어〉
劉緖·趙福生, 「圍坊三期文化的年代與劉家河M1的屬性」, 『蘇秉琦與當代中國考古學』, 科學出版社.
李伯謙, 1994, 「張家園上層類型若干問題研究」, 『考古學研究(二)』, 北京大學出版社.
楊建華, 2002, 「燕山南北商周之際靑銅器遺存的分群硏究」, 『考古學報』 2002-2.
烏恩嶽斯圖, 2007, 『北方草原考古學文化研究-靑銅時代至早期鐵器時代』, 科學出版社.
蔣剛·王志剛, 2010, 「關于圍坊三期文化和張家園上層文化的再認識」, 『考古』 2010-5.
張文瑞, 翟良富 主編, 2016, 『後遷義遺址考古發掘報告及冀東地區考古文化硏究』, 文物出版社.

趙福生·劉緒, 1998,「西周燕文化與張家園上層類型」,『跋涉集-北京大學歷史系考古專業七五屆畢業生論文集』, 北京圖書館出版社.

中國社會科學院考古研究所 編, 2003,『中國考古學-夏商卷』, 中國社會科學出版社.

韓嘉谷, 1981,「京津地區商周時期古文化發展的一點線索」,『中國考古學會第三次年會論文集』, 文物出版社.

韓嘉穀·紀烈敏, 1993,「薊縣張家園遺址青銅文化研究綜述」,『考古』1993-4.

Ⅲ. 요서지역의 후기 청동기문화-1. 하가점상층문화

〈한국어〉

강인욱, 2006,「중국 북방지대와 하가점상층문화의 청동투구에 대하여-기원전 11~8세기 중국 북방 초원지역의 지역간 상호교류에 대한 접근」,『선사와 고대』25.

_____, 2016,「기원전 9~3세기 요서지역의 고고학문화와 山戎·東胡」,『백산학보』106.

_____, 2018,「초기 고조선 네트워크의 형성과 비파형동검문화」,『한국고고학보』106.

김동일, 2017,「하가점상층문화의 기북지역 유입과 그 의미」,『제41회 한국고고학전국대회 발표문』, 한국고고학회.

金永培·安承周, 1975,「夫餘 松菊里 遼寧式銅劍出土 石棺墓」,『百濟文化』7·8.

김정열, 2019,「遼西 지역 청동문화의 전개 -기원전 15세기부터 기원전 5세기까지-」,『숭실사학』42.

나카무라 다이스케(中村大介), 2008,「青銅器時代와 初期鐵器時代의 編年과 年代」,『韓國考古學報』68.

孫璐, 2011,「中國 東北地域 先秦時代 車馬具의 登場과 變遷」,『한국고고학보』, 81.

이청규, 2005,「青銅器를 통해 본 古朝鮮과 주변사회」,『북방사논총』6.

이후석, 2019,「하북~요서지역 북방계통 청동단검문화의 전개와 성격: 하가점상층문화와 옥황묘문화를 중심으로」,『동북아역사논총』63.

〈중국어〉

靳楓毅, 1985,「寧城縣新發現的夏家店上層文化墓葬及其相關遺物的研究」,『文物資料叢刊』9.

靳楓毅, 1987,「夏家店上層文化及其族屬問題」,『考古學報』1987-2.

內蒙古自治區文物考古研究所 克什克騰旗博物館, 1991,「內蒙古克什克騰旗龍頭山遺址第一·第二次發掘簡報」,『考古』1991-8.

內蒙古自治區文物考古研究所, 寧城縣遼中京博物館 編著, 2009,『小黑石溝-夏家店上層文化遺址發掘報告』, 科學出版社.

遼寧省昭烏達盟文物工作站·中國社會科學院考古研究所東北工作隊, 1973,「寧城縣南山根的石槨墓」,『考古學報』1973-2.

邵会秋·杨建华, 2015,「从夏家店上层文化青铜器看草原金属之路」,『考古』2015-10.

楊建華, 2008,「夏家店上层文化在北方青铜器发展中的传承作用」,『邊疆考古研究』7.

烏恩, 2002,「論夏家店上層文化在歐亞大陸草原古代文化中的重要地位」,『邊疆考古研究』1.

王立新·齐晓光, 2002,「龙头山遗址的几个问题」,『北方文物』2002-1.

王立新·塔拉·周永剛 主編, 2010,『林西井溝子-晚期青銅時代墓地的發掘與綜合研究』, 科學出版社.

劉國祥, 2000,「夏家店上層文化青銅器研究」,『考古學報』2000-4.

井中偉, 2012, 「夏家店上層文化的分期与源流」, 『邊疆考古研究』 2.
朱永剛, 1987, 「夏家店上層文化的初步研究」, 『考古學文化論集』, 文物出版社.
中國科學院考古研究所內內蒙古工作隊, 1975, 「寧城南山根遺址發掘報告」, 『考古學報』 1975-1.
中國社會科學院考古研究所東北工作隊, 1981, 「內蒙古寧城縣南山根102號石槨墓」, 『考古』 1981-4.

〈러시아어〉

Ковалев А.А. Древнейшие датированные памятники скифо-сибирского звериного стилля(тип Наньшаньгэнь), // Древние культуры Центральной Азии и Санкт-Петербург, 1998, Санкт-Петербург.

Ⅲ. 요서지역의 후기 청동기문화-2. 정구자문화

〈한국어〉

姜仁旭, 2011, 「內蒙古 동남부 시라무렌하 유역에서 발견된 새로운 유목문화에 대한 이해」, 『韓國青銅器學報』 9.
＿＿＿, 2016, 「기원전 9~3세기 요서지역의 고고학문화와 山戎·東胡」, 『백산학보』 106.
김병준, 2016, 「요서지역과 燕秦 세력의 확대」, 『요서지역의 고고학과 고대사』, 고고학·역사학 협의회 제1차 학술대회.
왕리신(王立新), 2018, 「중국 장성일대의 춘추~전국시기 유목문화」, 『북방고고학개론』, 진인진.
이후석, 2020, 「요하 상류 유목문화의 유입과 변용-정구자문화를 중심으로」, 『고고광장』 27.
林澐, 1997, 「중국 동북지역과 북아시아 초원지대의 초기 문화교류에 관한 시론」, 『박물관기요』 12.
中村大介, 2012, 「東北亞 青銅器·初期鐵器時代 首長墓 副葬遺物의 展開」, 『韓國上古史學報』 75.

〈중국어〉

郭治中, 2000, 「水泉墓地及相關問題之探索」, 『中國考古學跨世紀的回顧與前瞻』, 科學出版社.
喬梁, 2010, 「燕文化進入前的遼西」, 『內蒙古文物考古』 2010-2.
內蒙古自治區文物考古研究所·吉林大學邊疆考古研究中心, 2009, 『林西 井溝子 - 晚期青銅時代墓地的發掘與綜合研究』, 科學出版社.
邵國田 主編, 2004, 『敖漢文物精華』, 內蒙古文化出版社.
王立新, 2004, 「探東胡遺存的一介新線索」, 『邊疆考古研究』 3.
＿＿＿, 2012, 「關于東胡遺存的考古學新探索」, 『草原文物』 2012-2.
趙國棟, 2014, 「喀喇沁旗西橋鐵營子戰國墓地」, 『赤峰古代墓葬』, 內蒙古文化出版社.
朱永剛·王立新, 2006, 「西拉木倫河流域先秦時期文化遺存的編年與譜系研究」, 『邊疆考古研究』 4.

〈일본어〉

吉本道雅, 2008, 「東胡考」, 『史林』 91-2.
＿＿＿, 2009, 「先秦時代の內蒙古東南部における考古學的諸文化 - 近年の環境考古學的研究に寄せて-」, 『史林』 92-1.
中村大介, 2016, 「東端の遊牧民」, 『季刊考古學』 135, 雄山閣.

Ⅲ. 요서지역의 후기 청동기문화-3. 십이대영자문화

〈한국어〉

姜仁旭, 2018, 「초기 고조선 네트워크의 형성과 비파형동검문화」, 『한국고고학보』 106.

김동일, 2015, 「중국 동북지역 검파두식 연구」, 『영남고고학』 71.

金玟璟, 2014, 「遼寧地域 粘土帶土器文化의 변천과 파급」, 『韓國靑銅器學報』 15.

배현준, 2020, 「요서지역 전국 연문화의 전개와 그 배경」, 『동북아역사논총』 69.

孫路, 2011, 「中國 東北地域 先秦時代 車馬具의 登場과 變遷」, 『韓國考古學報』 81.

吳江原, 2006, 『비파형동검문화와 요령지역의 청동기문화』, 청계.

이청규, 2008, 「중국 동북지역과 한반도 청동기문화의 연구 성과」, 『중국 동북지역 고고학 연구현황과 문제점』, 동북아역사재단.

_____, 2014, 「청동기와 사회」, 『청동기시대의 고고학5 : 도구론』, 서경문화사.

이혜경, 2013, 「中國 東北地方 靑銅器時代 銅鏃의 編年과 地域相」, 『湖西考古學』 30.

이후석, 2019, 「요령지역 비파형동검의 등장과 그 배경」, 『한국고고학보』 111.

_____, 2020, 「요서지역 비파형동검문화의 전개와 교류」, 『한국청동기학보』 27.

조진선, 2010, 「요서지역 청동기문화의 발전과정과 성격」, 『요하문명의 확산과 중국 동북지역의 청동기문화』, 동북아역사재단.

〈중국어〉

潘玲·于子夏, 2013, 「朝陽袁臺子甲類墓葬的年代和文化因素分析」, 『北方文物』 2013-1.

邵會秋, 2004, 「先秦時期北方地區金屬馬銜研究」, 『邊疆考古研究』 3.

石巖·賈素娟, 2009, 「東北地區先秦時期青銅鏃研究」, 『北方文物』 2009-3.

烏恩岳斯圖, 2007, 『北方草原考古學文化研究』, 科學出版社.

王立新, 2004, 「遼西地區夏至戰國時期文化格局與經濟形態變遷」, 『考古學報』 2004-3.

遼寧省文物考古研究所·朝陽市博物館, 2010, 『朝陽袁臺子: 戰國西漢遺址和西周至十六國時期墓葬』, 文物出版社.

田立坤, 2017, 「遼西地區先秦時期馬具與馬車」, 『考古』 2017-10.

朝陽市博物館, 1996, 『朝陽歷史與文物』, 文物出版社.

朱永剛, 1997, 「大,小凌河流域含曲刃短劍的考古學文化及相關問題」, 『內蒙古文物考古文集』 2, 中國大百科全書出版社.

〈일본어〉

宮本一夫, 1998, 「古式遼寧式銅劍の地域性とその社會」, 『史淵』 135.

Ⅳ. 요동지역의 전기 청동기문화-1. 고대산문화

〈한국어〉

郭大順·張星德, 김정열 역, 2008, 『동북문화와 유연문명(상)』, 동북아역사재단.

송호정, 2009, 「고태산문화를 통해 본 요서와 요동의 역사·문화적 관계」, 『요하유역의 초기 청동기문화』, 동북아역사재단.

朱永剛, 1997, 「중국 동북지역 청동기문화의 발전 단계와 문화 계통」, 『博物館紀要』 12.

中村大介, 2009, 「중국 동북지방과 한반도의 청동기시대 병행관계」, 『동북아시아적 관점에서 본 북한의 청동기시대』, 제2회 한국청동기학회 학사분과 발표회.

천선행, 2010, 「고대산문화의 시공간 검토」, 『영남고고학』 52.

〈중국어〉

曲瑞琦·于崇源, 1982, 「瀋陽新民縣高臺山遺址」, 『考古』 1982-2.

郭大順, 1987, 「試論魏營子類型」, 『考古學文化論集(一)』, 文物出版社.

唐淼·殷天璟, 2008, 「夏時期下遼河平原地區考古學文化芻議-以高臺山文化爲中心-」, 『邊疆考古硏究』 7.

撫順市博物館考古隊, 1983, 「撫順地區早晚兩類靑銅文化遺存」, 『文物』 1983-9.

新民市文物管理委員會辦公室, 1987, 「新民縣公主屯后山遺址試掘簡報」, 『遼海文物學刊』 1987-2.

新民縣文化館·瀋陽市文物管理辦公室, 1983, 「新民高臺山新石器遺址1976年發掘簡報」, 『文物資料叢刊』 7.

辛巖, 1997, 「阜新勿歡池遺址發掘簡報」, 『遼海文物學刊』 1997-2.

辛占山, 1988, 「康平順山屯靑銅時代遺址試掘報告」, 『遼海文物學刊』 1.

瀋陽市文物管理委員會辦公室, 1978, 「瀋陽新樂遺址試掘報告」, 『考古學報』 1978-4.

瀋陽市文物管理辦公室, 1986, 「新民東高臺山第二次發掘」, 『遼海文物學刊』 1986-1.

吳恩岳斯圖, 2007, 『北方草原 -考古學文化硏究-』, 科學出版社.

遼寧大學歷史系考古敎硏室·鐵嶺市博物館, 1989, 「遼寧法庫縣灣柳遺址發掘」, 『考古』 1989-12.

遼寧省文物考古硏究所·吉林大學考古系, 1989, 「遼寧彰武平安堡遺址發掘簡報」, 『遼海文物學刊』 1989-2.

_____, 1992, 「遼寧阜新平頂山石城址發掘報告」, 『考古』 1992-5.

遼寧鐵嶺地區文物組, 1981, 「遼北地區原始文化遺址調査」, 『考古』 1981-2.

李曉鐘, 1990, 「瀋陽新樂遺址1982-1983年發掘報告」, 『遼海文物學刊』 1990-1.

曹桂林·許志國, 1988, 「遼寧法庫縣灣柳街遺址調査報告」, 『北方文物』 1988-2.

趙賓福, 1993, 「關于高臺山文化若干問題的探論」, 『靑果集』 1.

朱永剛, 1991, 「論高臺山文化及其与遼西靑銅文化的關係」, 『中國考古學會文第八次年會論文集』, 文物出版社.

朱永剛, 1998, 「東北靑銅文化的發展階段与文化區系」, 『考古學報』 1998-2.

鐵嶺市博物館, 1990, 「法庫縣灣柳街遺址試掘報告」, 『遼海文物學刊』 1990-1.

霍東峰·華陽·付珺, 2008, 「新樂上層文化硏究」, 『邊疆考古硏究』 7.

Ⅳ. 요동지역의 전기 청동기문화-2. 마성자문화

〈한국어〉

姜仁旭, 2003, 「遼寧地方 太子河上流지역 신발견 彩文土器에 대하여」, 『고고학』 2-2.

_____, 2011, 「동북아시아적 관점에 본 북한 청동기시대의 형성과 전개」, 『동북아역사논총』 33.

郭大順·張星德, 김정열 역, 2008, 『동북문화와 유연문명(상)』, 동북아역사재단.

복기대, 2005, 「馬城子文化에 관한 몇가지 문제」, 『선사와 고대』 22.

송호정, 2007, 「미송리형토기문화에 대한 재고찰」, 『한국고대사연구』 45.

安在晧, 2010, 「韓半島 靑銅器時代의 時期區分」, 『考古學誌』 16, 國立中央博物館.

趙賓福, 禹枝南 역, 2011, 『중국 동북 선사문화 연구』, 삼강문화재연구원.

천선행·장순자, 2012, 「마성자문화 동굴묘 출토 토기 변천과 전개」, 『영남고고학』 63.

하문식, 2005, 「고조선의 무덤 연구-중국동북지역 고인돌과 동굴무덤을 중심으로-」, 『북방사논총』 6.

華玉冰, 2010, 「遼東地域 靑銅器時代 考古學文化 系統의 硏究-墓葬 資料를 中心으로-」, 『考古學探究』 7.

〈중국어〉

段天璟, 2008, 「馬城子諸洞穴墓葬遺存的分期与相關問題」, 『邊疆考古研究』 7.

唐淼, 2008, 「關于馬城子文化內涵認知的述評」, 『東北史地』 2008-6.

撫順市博物館, 新賓滿族自治縣文物管理所, 2002, 「遼寧新賓滿族自治縣東升洞穴古文化遺蹟發掘整理報告」, 『北方文物』 2002-1.

梁志龍, 2003, 「遼寧本溪多年發現的石棺墓及其遺物」, 『北方文物』 2003-1.

吳世恩, 2004, 「關于双房文化的兩個問題」, 『北方文物』 2004-2.

遼寧省文物考古研究所·本溪市博物館, 1994, 『馬城子』, 文物出版社.

遼寧省博物館·本溪市博物館·本溪縣文化館, 1985, 「遼寧本溪縣廟后山洞穴墓地發掘簡報」, 『考古』 1985-6.

李恭篤, 1985, 「遼寧東部地區靑銅文化初探」, 『考古』 1985-6.

_____, 1989, 「本溪地區三種原始文化的發現及硏究」, 『遼海文物學刊』 1989-1.

_____, 1992, 「本溪地區洞穴文化遺存的發現与研究」, 『北方文物』 1992-2.

李恭篤·高美璇, 1995, 「遼東地區石築墓与弦紋壺有關問題研究」, 『遼海文物學刊』 1995-1.

張翠敏, 2006, 「大嘴子第三期文化聚落遺址研究」, 『華夏考古』 2006-3.

趙賓福, 2007, 「馬城子文化新論-遼東北部地區夏商時期遺存的整合研究」, 『邊疆考古研究』 6.

許玉林, 1989, 「遼東半島商周時期靑銅文化槪述」, 『遼海文物學刊』 1989-2.

華玉冰, 2008, 『中國東北地區石棚研究』, 吉林大學博士論文.

_____, 2009, 「馬城子文化墓葬分期及相關問題」, 『新果集-慶祝林沄先生七十華誕論文集』, 科學出版社.

華玉冰·陳國慶, 1994, 「本溪地區晚期靑銅時代考古文化」, 『遼海文物學刊』 1994-1.

_____, 1996, 「大嘴子上層文化遺存的分期及相關問題」, 『考古』 1996-2.

Ⅳ. 요동지역의 전기 청동기문화-3. 신락상층문화

〈한국어〉

郭大順·張星德, 김정열 역, 2008, 『동북문화와 유연문명 (하)』, 동북아역사재단.

朱永剛, 1997, 「중국 동북지역 청동기문화의 발전 단계와 문화 계통」, 『博物館紀要』 12.

〈중국어〉

撫順市博物館考古隊, 1983, 「撫順地區早晚兩類靑銅文化遺存」, 『文物』 1983-9.

辛占山, 1988, 「康平順山屯靑銅時代遺址試掘報告」, 『遼海文物學刊』 1988-1.

瀋陽市文物考古研究所·新樂遺址博物館, 2018, 『新樂遺址發掘報告(上)(下)』, 文物出版社.

瀋陽市文物管理委員會辦公室, 1978, 「瀋陽新樂遺址試掘報告」, 『考古學報』 1978-4.

瀋陽市文物管理委員會辦公室·瀋陽故宮博物館, 1985, 「瀋陽新樂遺址第二次發掘報告」, 『考古學報』 1985-2.

吳恩岳斯圖, 2007, 『北方草原-考古學文化硏究-』, 科學出版社.

遼寧大學歷史系考古敎硏室·鐵嶺市博物館, 1989, 「遼寧法庫縣灣柳遺址發掘」, 『考古』 1989-12.

遼寧鐵嶺地區文物組, 1981, 「遼北地區原始文化遺址調査」, 『考古』 1981-2.

李曉鐘, 1990, 「瀋陽新樂遺址1982-1983年發掘報告」, 『遼海文物學刊』 1990-1.

曹桂林·許志國, 1988, 「遼寧法庫縣灣柳街遺址調査報告」, 『北方文物』 1988-2.

趙賓福, 1993, 「關于高台山文化若干問題的探論」, 『靑果集』 1.

鐵嶺市博物館, 1990, 「法庫縣灣柳街遺址試掘報告」, 『遼海文物學刊』 1990-1.

霍東峰·華陽·付珺, 2008, 「新樂上層文化硏究」, 『邊疆考古硏究』 7.

Ⅳ. 요동지역의 전기 청동기문화-4. 쌍타자문화

〈한국어〉

姜仁旭, 2011, 「동북아시아적 관점에 본 북한 청동기시대의 형성과 전개」, 『동북아역사논총』 33.

郭大順·張星德, 김정열 역, 2008, 『동북문화와 유연문명(하)』, 동북아역사재단.

安在晧, 2010, 「韓半島 靑銅器時代의 時期區分」, 『考古學誌』 16, 國立中央博物館.

趙賓福, 2011, 『중국 동북 선사문화 연구』, 삼강문화재연구원.

朝·中合同考古學發掘隊, 1996, 『중국 동북 지방의 유적 발굴 보고 1963~1965』, 사회과학원출판사.

朱永剛, 1997, 「중국 동북지역 청동기문화의 발전 단계와 문화 계통」, 『博物館紀要』 12.

천선행, 2014, 「요동반도 남부 청동기시대 토기문화의 전개」, 『영남고고학』, 70.

하용인, 2010, 「大嘴子遺蹟의 단계별 변화에 대한 검토-주거지와 출토 토기를 중심으로-」, 『경남발전연구원 역사문화센터논집』 2.

華玉冰, 2010, 「遼東地域 靑銅器時代 考古學文化 系統의 硏究-墓葬 資料를 中心으로-」, 『考古學探究』 7.

〈중국어〉

吉林大學考古學系·遼寧省文物考古研究所·旅順博物館·金州博物館, 1992, 「金州廟山靑銅時代遺址」, 『遼海文物學刊』 1992-1.

大連市旅文物考古硏究所, 2018, 『于家砣頭墓地』, 科學出版社.
大連市文物考古硏究所, 2000, 『大嘴子』, 大連出版社.
旅順博物館·遼寧省博物館, 1982, 「遼寧長海縣上馬石青銅時代墓葬」, 『考古』 1982-6.
吳世恩, 2004, 「關于双房文化的兩个問題」, 『北方文物』 2004-2.
吳恩岳斯圖, 2007, 『北方草原 -考古學文化硏究-』, 科學出版社.
遼寧省文物考古硏究所·吉林大學考古學系·大連市文物管理委員會, 1996, 「遼寧大連市大嘴子青銅時代遺址的發掘」, 『考古』 1996-2.
遼寧省博物館·旅順博物館·長海縣文化館, 1981, 「長海縣廣鹿島大長山島貝丘遺址」, 『考古學報』 1981-1.
張翠敏, 2006, 「大嘴子第三期文化聚落遺址硏究」, 『華夏考古』 2006-3.
中國社會科學院考古硏究所, 1996, 『雙砣子與崗上-遼東史前文化的發現和硏究』, 科學出版社.
陳光, 1989, 「羊頭洼類型硏究」, 『考古學文化論集』二, 文物出版社.
陳國慶·華玉氷, 1993, 「大連市地區早期青銅時代考古文化」, 『青果集』.
華玉冰·陳國慶, 1994, 「本溪地區晚期青銅時代考古文化」, 『遼海文物學刊』 1994-1.
_____, 1996, 「大嘴子上層文化遺存的分期及相關問題」, 『考古』 1996-2.

〈일본어〉
宮本一夫, 1985, 「中國東北地域における先史土器の編年と地域性」, 『史林』 第68卷 第2号.
_____, 1991, 「遼東半島周代倂行土器の変遷-上馬石貝塚A·BⅡ区を中心に-」, 『考古学雑誌』 第76卷第4号.
_____, 2004, 「北部九州と朝鮮半島南海岸地域の先史時代交流再考」, 『福岡大學考古學論集-小田富士雄先生退任記念-』.
千葉基次, 1990, 「中國遼東地域の連續弧線文系土器」, 『東北アジアの考古學[天池]』, 大興出版社.

V. 요동지역의 후기 청동기문화
〈한국어〉
姜仁旭, 2018, 「초기 고조선 네트워크의 형성과 비파형동검문화」, 『한국고고학보』 106.
국립나주문화재연구소, 2011, 『동북아시아 지석묘 5: 중국 지석묘』.
권오영, 1993, 「강상묘와 고조선사회」, 『考古歷史學志』 9.
金美京, 2009, 「遼東地域 靑銅器時代 土器文化圈 設定에 관한 再檢討-凉泉文化를 中心으로」, 『湖西考古學』 21.
金玟璨, 2014, 「遼寧 地域 粘土帶土器文化의 변천과 파급」, 『韓國靑銅器學報』 15.
박준형, 2013, 「산동지역과 요동지역의 문화교류-산동지역 발견 선형동부를 중심으로-」, 『韓國上古史學報』 79.
裵眞晟, 2015, 「미송리식토기문화의 동태와 분포권」, 『동북아역사논총』 47.
吳江原, 2006, 『비파형동검문화와 요령지역의 청동기문화』, 청계.
_____, 2012, 「靑銅器文明 周邊 集團의 墓制와 君長社會: 遼東과 吉林地域의 支石墓와 社會」, 『湖西考古學』 26, 湖西考古學會.
오대양, 2017, 「요동지역 석관묘문화의 특징과 전개양상」, 『한국사학보』 6.

이청규, 2008, 「중국 동북지역과 한반도 청동기문화의 연구 성과」, 『중국 동북지역 고고학 연구현황과 문제점』, 동북아역사재단.
_____, 2012, 「요동과 한반도 청동기시대 무덤 연구의 과제」, 『무덤을 통해 본 청동기시대 사회와 문화』, 학연문화사.
_____, 2016, 「청동기 보급의 주체와 지석묘 축조집단」, 『白山學報』 106.
이후석, 2017, 「고고학을 통해 본 만변한-전국시대 고조선과 연의 경계 변화」, 『동북아역사논총』 56.
_____, 2019, 「요령지역 비파형동검의 등장과 그 배경」, 『한국고고학보』 111.
_____, 2020a, 「한국 청동기문화권의 청동무기, 그 기원과 전개」, 『한국의 청동기문화 2020』, 국립청주박물관.
_____, 2020b, 「정가와자유형 네트워크의 확산과 상호작용-」, 『백산학보』 118.
조중공동고고학발굴대, 1986, 『중국 동북지역의 유적발굴보고 1963-1965』, 사회과학원출판사.
천선행, 2014, 「요동반도 남부 청동기시대 토기문화의 전개」, 『嶺南考古學』 70.
하문식, 2013, 「요남지역의 돌무지무덤 연구」, 『先史와 古代』 38.

〈중국어〉
李恭篤·高美璇, 1995, 「遼東地區石築墓與弦紋壺有關問題硏究」, 『遼海文物學刊』 1995-1.
瀋陽故宮博物館, 1975, 「瀋陽鄭家窪子的兩座靑銅時代墓葬」, 『考古學報』 1975-1.
瀋陽市文物考古硏究所 編, 2008, 『瀋陽考古發現六十年』, 遼海出版社.
李曉鐘, 2007, 「瀋陽地區戰國秦漢考古初步研究」, 『瀋陽考古文集』 1.
林澐, 1980, 「中國東北系銅劍初論」, 『考古學報』 1980-2.
張翠敏, 2013, 「雙房類型疊脣罐及相關問題初探」, 『東方考古』 10.
朱永剛, 2008, 「遼東地區雙房式陶壺研究」, 『華夏考古』 2008-2.
中國社會科學院考古研究所 編, 1996, 『雙砣子與崗上-遼東史前文化的發現和研究』, 科學出版社.
許志國, 2009, 「遼北地區靑銅時代文化再探」, 『遼寧省博物館館刊(2009)』.
邢愛文 主編, 2009, 『遼陽博物館館藏精品圖集』, 遼陽大學出版社.
遼寧省文物考古研究所·本溪市博物館·本溪縣文物管理所, 2010, 「遼寧本溪縣新城子靑銅時代墓址」, 『考古』 2010-9.
許明剛·許玉林, 1983, 「遼寧新金縣雙房石蓋石棺墓」, 『考古』 1983-4.
許志國, 2011, 「遼寧鐵嶺大山嘴子靑銅文化遺址調查」, 『北方文物』 2011-2.
華玉冰, 2011, 『中國東北地區石棚研究』, 科學出版社.
華玉氷·王來柱, 2011, 「新城子文化初步研究」, 『考古』 2011-6.

〈일본어〉
宮本一夫, 2000, 「遼寧式銅劍文化圈とその社會」, 『中國古代北疆史の考古學的研究』, 中國書店.
大貫靜夫, 2007, 「上馬石上層文化の土器編年」, 『遼寧を中心とする東北アジア古代史の再構成』, 平成16年度~平成18年度科學研究費補助金(基盤研究(B))研究成果報告書.
_____, 2008, 「雙房型壺を副葬した石棺墓の年代」, 『東アジア靑銅器の系譜』, 新彌生時代のはじまり 第

3卷, 雄山閣.

小林靑樹, 2016, 「遼寧靑銅器文化」, 『季刊 考古學』 35, 雄山閣.

Ⅵ. 길림·연해주지역의 청동기문화-1. 눈강·송눈평원지역
〈한국어〉

이종수, 2009a, 「송눈평원과 요서지역의 문화교류 양상에 대하여-신석기문화와 이른 시기 청동기문화를 중심으로」, 『요하유역의 초기 청동기문화』, 동북아역사재단(공저).

_____, 2009b, 「송눈평원지역 청동기문화의 보고 백금보」, 『한국청동기학보』 5.

_____, 2010, 「송눈평원지역 청동기문화의 특징과 교류양상 검토 - 백금보문화를 중심으로-」, 『요하문명의 확산과 중국 동북지역의 청동기문화』, 동북아역사재단(공저).

_____, 2011, 「송눈평원지역의 문명기원과 교류」, 『동북아시아의 문명기원과 교류』, 학연문화사(공저).

〈중국어〉

譚英杰·孫秀仁 等, 1990, 『黑龍江區域考古學』, 中國社會科學出版社.

李學來, 1998, 「白金寶文化硏究」, 『靑果集』, 知識出版社.

張忠培 主編, 2009, 『肇源白金寶-嫩江下游一處靑銅時代遺址的揭示』, 科學出版社.

趙賓福, 2008, 「白金寶文化的分期與年代」, 『邊疆考古硏究』 7輯, 科學出版社.

朱永剛, 1998, 「松嫩平原先白金寶文化遺存的發現與硏究」, 『北方文物』 1.

Ⅵ. 길림·연해주지역의 청동기문화-2. 제2송화강·길림성 중부지역
〈한국어〉

리병선, 1966, 「압록강 중상류 및 송화강유역 청동기시대 주민의 경제생활」, 『고고민속』 1.

박상빈, 1998, 「서단산문화의 돌널무덤 연구」, 『古文化』 51.

오강원, 2008, 『서단산문화와 길림지역의 청동기문화』, 학연문화사.

이종수, 2009, 『송화강유역 초기철기문화와 부여의 문화기원』, 주류성.

〈중국어〉

董學增 主編, 1987, 『江城文博叢刊第1輯 西團山考古報告集』, 吉林市博物館.

_____, 1992a, 『江城文博叢刊第2輯 西團山文化考古報告集』, 吉林市博物館.

_____, 1992b, 『江城文博叢刊第3輯 西團山文化學術論文集』, 吉林市博物館.

董學增, 1993, 『西團山文化硏究』, 吉林文史出版社.

朱永剛, 1991, 「西團山文化墓葬分期硏究」, 『北方文物』 1991-3.

Ⅵ. 길림·연해주지역의 청동기문화-3. 두만강·연해주지역

〈한국어〉

강인욱, 2007, 「두만강 유역 청동기시대 문화의 변천 과정에 대하여-동북한토기의 편년 및 주변 지역과의 비교를 중심으로-」, 『韓國考古學報』62.

김재윤 외, 2006, 「동북한 신석기만기에서 청동기시대로의 전환기 양상」, 『石軒 鄭澄元敎授 停年退任記念論叢』, 부산고고학연구회·논총간행위원회·영남고고학회.

도유호, 1960, 『조선 원시 고고학』, 과학원출판사.

朴龍淵, 1994, 「두만강 류역 석관묘의 성격」, 『마한·백제문화』 13.

최숙경, 2009, 「두만강유역 청동기시대 문화 연구」, 충남대학교 석사학위논문.

황기덕, 1957, 「함경북도지방 석기시대의 유적과 유물(1)·(2)」, 『문화유산』 1·2, 과학원출판사.

_____, 1970, 「두만강류역의 청동기시대문화」, 『고고민속론문집』 2, 사회과학출판사.

〈중국어〉

吉林省文物考古硏究所·延邊朝鮮自治州博物館, 2001, 『和龍興城-新石器及靑銅時代遺址發掘報告』, 文物出版社.

宋玉彬, 2002, 「圖們江流域靑銅時代的幾個問題」, 『北方文物』 2002-4.

王培新, 1985, 「吉林延邊出土的環狀石器及其用途」, 『文物』 1985-4.

延邊博物館, 1983, 「吉林延吉柳庭洞發現的原始文化遺存」, 『考古』 1983-10.

瑜瓊, 1990, 「東北地區半月形穿孔石刀硏究」, 『北方文物』 1990-1.

趙賓福, 2008, 「圖們江流域的靑銅時代文化硏究」, 『考古』 2008-6.

초기철기시대

I. 시대 개관

1. 초기철기시대의 개념과 역사문화적 배경

초기철기시대라 함은 철기를 본격적으로 제작하거나 그에 대한 확실한 증거가 없이 철기가 보급된 이른 단계를 가리킨다. 철기는 청동기보다는 원광석 자원이 풍부하지만, 무엇보다도 높은 온도의 열을 내는 기술이 필요하다. 또한 철을 생산하는 과정에서 주철(鑄鐵)과 강철(鋼鐵) 등 각각의 용도에 걸맞는 철제품을 생산하는 공정과 시설이 요구되는 바, 그러한 생산 기술과 체계가 청동기와는 별개로 이루어진다.

고고학 실물을 통해서 확인되는 중국 동북지역 철기시대의 도래는 연(燕)나라의 진출과 맞물리는 것으로 이해된다. 역사적으로 보면 기원전 3세기 초 연의 소왕(昭王) 때 장수 진개(秦蓋)에게 명하여 동쪽의 동호(東胡)와 조선을 몰아낸 사실이 이에 대응되는 것으로 알려져 있다.

청동기시대 장에서 본 기원전 5세기~기원전 4세기 객좌(喀左) 남동구(南洞溝), 능원(凌源) 삼관전(三官甸) 등과 건창(建昌) 동대장자(東大杖子) 무덤의 청동기 부장 유물을 통해서 철기 실물은 확인되지 않았지만 연의 물질문화가 요서지역에 유입된 사실이 확인된다. 따라서 연의 영향은 진개 이전에 있고, 관련해서 철기가 유입되었을 가능성을 배제할 수 없다. 또한 한반도를 경유해서 건너간 일본의 초기철기나 연해주지역으로 유입된 철기의 연대가 기원전 4세기 이전이라는 주장이 있다. 이에 동의하지 않더라도 철기가 보급되었을 가능성을 열어두고 접근할 만한 단계이다.

그러나 실물 증거가 확실한 좁은 의미로 규정한다면 전국 말 연장 진개의 동진이 있던 기원전 3세기를 상한이라고 할 수 있다. 무엇보다도 당대 연산(燕山) 이남의 철기와 동일한 형식의 사례가 이 지역에서 널리 확인되기 때문이다. 그러나 연의 동진 이후 1세기도 채 경과하기 전인 기원전 3세기 말에는 진의 공략, 그리고 한 왕조로의 교체가 이루어진다. 이 시기는 또한 고조선이 여전히 지속되는 시기이기도 하다. 그러한 진·한 교체기 혹은 고조선 시기에 중국 동북지역에 연의 주조(鑄造) 기술로 제작되거나 한대(漢代)의 단조(鍛造) 기술로 제작된 강철 제품 등이 다수 전한다. 기원후까지 지속되는 철기 제작 보급 시대 중에서 초기철기시대를 떼내어 구분하는 것은 단순히 고고학적 측면에서만 따지기 어렵다. 오히려 고조선의 멸망 혹은 한군현의 설치와 같은 역사적인 측면을 고려하여 정하는 것이 대체적인 경향이다.

따라서 기원전 3세기~기원전 2세기경 초기철기시대의 고고학적 정황에 대해서 역사 기록과 맞물려 접근할 수밖에 없다. 무엇보다도 외래 중원지역 제 국가의 다방면에 걸친 영향력의 확장에 대해서, 그리고 다른 한편으로 현지 종족 혹은 정치체가 대응하고 나름대로의 발전 과정을 거쳤는지 물적 증거를 동원하여 설명하는 것이 중요하다.

우선 앞선 시대와 마찬가지로 수장급 무덤은 그 구조와 함께 부장된 유물이 상징하는 엘리트 권력의 기반을 이해하는 것이 중요한데, 이 시대에 와서 두드러지는 것은 중원 지배 세력과 현지인 간에 일정한 차이가 있다는 점이다. 무엇보다도 외래 세력의 경우 큰 의례용 청동기와 이를 모방한 토기(陶器)를 부장하지만, 현지 세력의 경우 고유의 토기와 청동기를 부장하는 경우가 많다. 양자가 혼재할 경우 그 정체성을 살피는 데 별도의 정황을 살필 필요가 있다.

두 번째로 그 지배 영역의 경계를 실제적 혹은 상징적으로 표현하는 장성 유적과 현지 주민과 영토를 지배하는 거점, 혹은 군현 치소 시설의 위치와 구조를 추정하는 작업이 우선되어야 한다. 이를 입증할 수 있는 성곽이나 거주 구역은 그 상당수가 확인되지 않으므로, 그 대신에 이들 세력의 존재를 입증할 수 있는 지배자의 무덤을 통해서 간접적으로 추정할 수밖에 없는데, 이는 앞서의 청동기시대의 경우와 마찬가지이다.

세 번째로 이 지역에 처음으로 화폐가 유통된다는 사실이 주목된다. 중원지역 집단이 주로 발행한 것으로 이해되는 화폐를 수단으로 하여 현지 세력의 주민 집단 혹은 정치체와 수행한 교역 방식을 구명할 필요가 있다. 이러한 방식은 중원 세력은 물론, 중국 동북지역 원 종족과 나아가 한반도의 정치체의 대외관계나 정치체의 성장 및 발전을 이해하는 데 중요하다.

2. 토기의 분포와 문화유형

이 시대에 중국 동북지역 전역에 걸쳐 확인되는 토기는 크게 2가지 양식으로 나누어 살필 수 있다. 첫 번째 토기군은 전업화되지 않은 수준에서 물레를 사용하지 않고 제작하고 야외가마에서 소성한 사질태토의 갈색토기이고, 두 번째는 전업적인 장인이 물레 등을 이용하여 제작하고 폐쇄된 가마에서 소성한 니질(泥質)의 회색토기이다.

첫 번째 양식은 특정할 수 없으나 고조선 혹은 부여, 옥저의 선주민 등 현지 혹은 북방계 이주 세력이 그들의 활동 공간에 남긴 것이라고 한다면, 두 번째 양식은 전국 연 또는 진·한(秦漢)의 세력이 진출하면서 확보한 군사·정치적 혹은 경제적인 거점에서 주로 확인된다. 다만, 일부 현지 주민 집단이 두 번째 양식의 회색토기 제작 기술을 습득해서 제작하였을 가능성도 충분하다.

구체적으로 살펴보면 첫 번째의 토기군은 대부분 일상용으로 쓰이는 기종으로서 별도로 의례용으로 제작되는 사례는 거의 없다시피 하다. 바리, 단지, 항아리, 고배 등이 있는데, 간혹 점토대 혹은 이중구연(二重口緣)을 만들고, 점열 무늬를 가하거나 그릇 표면을 마연하는 등의 사례 등이 있지만 대부분 무늬가 없는 토기이다. 고리형 손잡이 또는 단순히 꼭지가 달린 사례도 확인된다. 이전 단계와 달리 높은 그릇 받침이 달린 두형토기가 다수 확인되는데, 나팔처럼 벌어지거나 기둥 모양을 이루는 등 각기 다른 지역 형식이 등장한다.

두 번째 토기군은 일반 생활용과 의례용 기종으로 구분할 수 있다. 전자의 경우 단지, 바리 혹은 분(盆) 등의 겉면에 타날(打捺) 무늬가 확인되지만, 별다른 무늬나 장식이 부가되지 않는다. 의례용은 별도로 무덤의 부장용으로 제작된 예기로서 청동 예기를 모방하여 과장된 장식과 화려한 문양이 덧붙여진 토기이다. 그 기종을 보면 긴 목에 뚜껑이 달린 항아리, 뚜껑 있는 세 발 달린 솥, 높은 다리가 있는 두(豆) 등이 대표적이다.

이들 2가지 양식에 속하는 기종과 형식을 선택하여 각 지역 집단별로 제작, 사용하고 남긴 각기 다른 토기유형을 살피면, 첫 번째 양식의 토기군만을 갖춘 유형, 두 번째 양식의 토기군만을 갖춘 유형, 그리고 이들 2가지 양식을 함께 갖춘 토기군 유형 등 3가지 유형으로 구분할 수 있다.

우선 첫 번째 유형에 속하는 대표적인 사례를 보면 길림과 연해주지역에 치우쳐 있는데, 길림 제2송화강 유역을 중심으로 한 포자연유형(泡子沿類型), 연해주지역의 단결(團結)-크로우놉카유형의 사례가 있다. 포자연유형에 대해서는 같은 길림지역에 성행하였던 이전의 서단산문화(西團山文化)에 속하는 토기의 전통과 함께 요동지역으로부터 전이되는 정가와자유형(鄭家窪子類型) 혹은 양천유형(涼泉類型)으로부터 전이되는 점토대토기와 두형토기의 기종으로 구성된다. 단결-크로우놉카유형은 기본적으로 자체적인 외반구연 항아리 토기와 함께 두형토기로 대표되는 토기 갖춤새로 구성된다.

두 번째 유형의 토기군은 요서지역을 중심으로 하여 대체로 요동지역에 이르기까지 집중적으로 분포한다. 이는 전국 연과 진·한의 정치군사적인 영향력이 확대되면서 등장한 것으로 기원전 3세기대 연하도문화(燕下都文化), 기원전 2세기대를 전후한 진·한 교체기의 중원문화가 이에 대응한다. 연·진·한의 중원 세력과 밀접한 관련이 있는 유력 개인 무덤에 부장된 토기 갖춤새가 이에 해당되는데, 요서지역의 경우 기원전 3세기대의 동대장자 무덤, 요동지역의 경우 요양(遼陽) 서왕자(徐往子), 신성자(新城子) 무덤의 사례가 이를 대표한다. 대부분의 요서와 요동지역에서는 세 번째 유형이 분포하는데, 요서지역의 기원전 4세기대 동대장자유형과 정구자유형(井溝子類型), 기원전 3세기~기원전 2세기대의 요동지역의 윤가촌(尹家村)-상보촌(上堡村)유형 등이 이에 속한다. 현지 토기와 함께 무덤에 부장되는 중원계 회색토기는 전자의 경우 청동 예기를 모방한 것이지만, 후자의 경우 일상생활에 사용되는 항아리와 분 등이 공반되는 차이가 있다. 아울러 이수(梨樹) 이룡호(二龍湖) 유적과 같이 현지인과 중원계 주민 간의 교류의 거점으로 추정되는 유적에서도 후자에 속하는 토기 갖춤새가 다수 확인된다.

3. 청동기와 철기

중국 동북지역의 철기가 유래하는 기원지는 북방 남부 시베리아 지역으로 추정하는 사례도 있지만, 대체로 연산 이남의 중원지역, 그중에서도 전국 연나라의 수도 연하도의 제철 공방 유적을 주목하고 있다. 동 유적은 기원전 5세기대의 철기 사례도 있지만 대부분 그 이후에 속하는 것으로 낭정촌(郎井村) 10호 공방 유적에서 기원전 4세기대에 농공구 위주의 각종 주조 철기가 제작되었다. 기원전 3세기대에는 연하도 무양대촌(武陽臺村) 공방지에서는 농공구, 차마구 등의 주조 철기와 함께 단조 기법으로 제작된 강철제 무기가 확인된다. 연하도 이외의 지역에서 대량 생산한 사례가 있음이 하북(河北) 흥륭(興隆) 수왕분(壽王墳)에서 출토된 다량의 철제 거푸집을 통해서 알 수 있는데, 중국 동북지역에서 대량 생산하였음을 보여주는 증거는 확인되지 않고 있다.

기원전 4세기 이전으로 단정되는 철기의 사례는 제시되지 못하고 있지만 전혀 보급되지 않았다고 단정하기 어렵다. 그러나 기원전 3세기에 이르면 주조 철기의 실물 증거가 요서와 요동, 그리고 길림지역에 걸쳐 널리 확인된다.확인된 기종을 보면 주로 주조 수법으로 제작된 철기로서 농경구에는 곽(钁: 괭이), 산(鏟: 큰 자귀), 삽(鍤: 가래), 수확구로서 반월도, 공구로서는 착(鑿: 끌), 부(斧: 도끼) 등이 있다. 무기는 그 사례가 드문 편인데, 다만 늦은 단계에 이르러 단조 수법으로 제작된 검, 모(鉾), 과(戈)가 일부 전할 뿐이다. 대체로 무덤 유적에서는 간단한 농공구가 부장되고, 거점 취락 유적에서 무기 등이 부장되는 사례가 확인된다.

요령지역에서 확인되는 이 단계의 주조 철기는 현지 생산의 증거가 없으므로, 그 대부분이 하북 지역에서 수입된 것이라고 추정할 수 있다. 그러나 기원전 2세기 초에 한 왕조가 철관(鐵官)을 설치하였다고 전하는 중국 기록으로 보아 요동 현지에서도 철기가 전업적으로 생산되었을 가능성은 충분하다 하겠다. 다만 길림지역에서 출토되는 철기는 간단한 농공구로서 이수 이룡호 유적과 같은 거점을 통해서 대부분 교역에 의해 보급된 것으로 이해된다.

기원전 2세기 말 혹은 기원전 1세기 전반에는 앞선 단계의 연나라 계통 주조철기 농공구와 함께 단조 수법으로 제작된 강철제의 장검과 극(戟), 창, 촉(鏃) 등의 무기가 일정 수준 이상 보급되었다. 요동 남부 안산(鞍山) 등지에 철광을 개발하였음이 유적 주변에서 발견된 한 대 유물과 철기를 통해서 확인된다. 요북지역의 서풍(西豐) 서차구(西岔溝)와 길림의 유수(楡樹) 노하심(老河深) 등지의 무덤에 부장된 철제장검은 동검 전통의 청동자루를 합주(合鑄)한 사례로서 현지에서 제작된 것으로 추정된다.

초기철기시대에 철기가 보급되었다 하더라도 청동기는 여전히 제작·보급된다. 그 대부분은 일반 구성원들의 실생활과 관련이 없는 무기와 의기 혹은 위세품(威勢品)으로서 무덤에 부장된 것은 재지계로 동검, 동모, 동과 등의 무기가 대표적이다. 동검은 앞선 시기 비파형의 전통을 이은 세형이지만, 동모와 동과는 중원의 사례의 영향을 받아 현지 형식으로 개발된 것이다. 특히 후자의 경우 등대가 없고 호(胡)가 하나인 중원 형식과 달리 등대가 있고 호가 2개 있는 형식이다. 요서 서부지역에서 시작하여 요동 동부지역에 이르기까지 분포하며, 한반도로 넘어가 한국식 세형동과로 발전한다. 비파형동검과 함께 요령지역의 십이대영자(十二臺營子)문화를 대표하는 다뉴기하학문경도 번개 무늬에서 엽맥문(葉脈文) 혹은 삼각거치문(三角鋸齒文) 형식으로 변화하면서 요동과 길림지역에 분포한다.

외래계는 중원계와 북방계로 구분할 수 있다. 중원계는 대부분 연산 남쪽의 연나라 영역에서 제작된 것으로 추정되는데 예기와 무기, 차마구 등이 있다. 다채로운 장식과 문양이 베풀어진 호(壺), 정(鼎), 반(盤), 이(匜), 두(豆) 등의 청동 예기는 기원전 4세기경 건창 동대장자를 비롯하여 요서지역의 무덤에서 주로 출토되고, 기원전 3세기대까지 지속된다. 동검과 동과 등의 중원식 청동 무기 또한 기원전 4세기 이전부터 요서지역에서 확인되다가 기원전 3세기~기원전 2세기의 연의 동진과 진·한 교체기에 맞물려 요동지역에서도 다수가 확인된다. 북방계는 장신구와 동물장식이 대부분으로, 요서지역 북부에 주로 확인된다.

무엇보다도 이 시기에 이전과 다른 새로운 종류의 유물로서 중원계 화폐의 보급이 주목된다. 화폐의 종류는 다양한데 전국 연에서 주조한 것으로 도자(刀子) 모양의 명도전(明刀錢)과 농기구 모양의 포전(布錢), 방공원전(方孔圓錢)의 진나라 반량전(半兩錢), 한대의 오수전(五銖錢) 등이 대표적이다.

그 제작지로서 포전의 경우 요양으로 추정되는 '양평(襄平)' 등의 명문으로 보아 요동지역에서 제작된 사례도 있지만 대부분의 화폐는 연산 이남의 중원지역에서 제작된 것으로 이해된다. 대체로 중국 길림과 연해주를 제외하고 요서와 요동지역에 집중적으로 분포하는데. 그러한 화폐가 생활 유적과 무덤 유적에서 두루 발견되지만 상당수가 이들 유적과 떨어진 매납 유구에서 확인된다.

이를 수단으로 한 교역이 적어도 군치(郡治) 추정 중심 지역의 관할 내의 내국인 간에, 또는 연과 그 주변의 종족 간에 이루어졌다고 이해할 수 있다. 그것은 특히 요동 이동 지역에서 현지 양식의 토기가 다량 출토되는 생활 유적이나 현지 양식의 청동기 등을 부장한 무덤에서 공반되는 사실로 미루어 볼 때 더욱 그러하다.

부장하거나 매납한 화폐의 갖춤새를 제작된 왕조별로 살펴보면 연나라 화폐만으로 이루어진 것, 연과 진의 화폐가 섞인 것, 이에 한대 화폐가 추가된 것 등으로 구분할 수 있다. 각각 매납 혹은 부장된 시기가 기원전 3세기, 기원전 3세기 말, 기원전 2세기 세 단계로 구분할 수 있다. 각각 연의 멸망, 진의 교체, 한의 등장, 그리고 후기 고조선, 위만조선의 성립 등 역사적 배경과 맞물려 설명할 수 있는데, 무엇보다도 은닉(隱匿) 현상은 왕조 교체기의 혼란과 맞물린 것으로 이해된다.

4. 무덤과 성곽 시설

이 단계에 중국 동북지역의 각 지역 집단별로 확인되는 무덤의 구조에 대해서는 관 또는 곽을 나무로 조립하였는가, 아니면 토광을 파고 돌로 벽체를 만들어 곽 또는 관을 조성하였는가, 또는 큰 돌을 상석 혹은 뚜껑으로 삼거나, 잔돌을 매장 주체부나 그 주위를 덮었는가 등에 따라 각기 달리 구분할 수 있다.

요서지역의 현지 집단이 전국 연의 문화를 수용하면서 목관의 상부에 적석을 한 적석목관묘가 건창 동대장자, 객라심기 철영자(鐵營子) 등지에서 유행한다. 기원전 3세기 이후 연하도문화를 보유한 세력들이 진출하면서 요서지역의 동대장자 등지는 물론 요동지역의 요양 서왕자, 신성자 등지에서 목곽묘가 확인된다. 요동 동부와 길림지역에서는 앞선 단계의 무덤 형식의 전통을 이어받은 석곽묘와 대석개묘, 그리고 적석묘가 유행한다. 석곽묘는 본계 상보촌, 대석개묘는 길림의 화전(華甸) 서황산둔(西荒山屯), 적석묘는 집안(集安) 오도령구문(五道嶺溝門) 혹은 장백(長白) 간구자(干溝子) 등에서 확인된다.

무덤의 구조와 맞물려 부장된 청동기를 앞서 구분한 중원계, 재지계, 그리고 북방계로 나누고 이들의 공반 관계를 시기별로 살펴보면 몇 가지 유형으로 나누어 살펴볼 수 있다. 우선 첫 번째 유형은 중원계 청동기, 무기와 예기가 대다수를 차지하는 경우이다. 요서지역의 경우 기원전 3세기경 건창 동대장자 40호 무덤, 요동지역의 경우 요양 신성자 무덤의 사례가 대표적이다. 공반되는 토기 또한 청동 예기를 모방한 니질 회색토기가 대부분으로 전국 연의 지배권역이 확대되면서 이주한 연나라 관료나 상위층 신분의 사람의 무덤으로 추정된다.

두 번째 유형은 재지계 청동무기 등의 유물과 함께 중원계 무기 혹은 예기가 공반되는 경우이다. 기원전 4세기경의 요서지역 건창 동대장자 45호 무덤이 대표적이다. 대체로 재지 세력의 지배층이면서 일정한 교섭을 통해서 외래계 유물을 획득한 것으로 이해된다. 공반되는 토기 또한 재지계 토기 일색이다.

세 번째 유형은 재지계 유물로만 구성된 것으로 요동과 길림지역 대부분의 무덤이 이에 속한다. 2기에 속하는 본계 상보촌, 길림지역의 집안 오도령구문 등이 대표적이다. 재지계 토기와 함께 일부 회색토기 단지가 공반된다. 이 또한 재지계 주민 집단이 전국 연과의 일정한 교류가 있었음을 시사하는 것으로서 이 시기에 천산산맥 이동의 정치체 동향을 살필 수 있는 근거가 된다.

중국 동북지역에 연을 선두로 진과 한의 세력이 진출하면서 구축한 시설물은 크게 2가지가 있다. 첫 번째는 확보한 영역을 방어하기 위해 경계 지역에 시설한 장성(長城)과 이와 직접 연결된 보루와 봉수가 있다. 또 다른 시설은 연의 통치 거점인 군치 성곽으로 이것이 연하도를 중심으로 하여 전국 연의 문화 혹은 연하도문화가 확산되는 네트워크를 구축하게 된다.

첫 번째의 장성은 석축과 토축을 혼용하여 높이 4m 미만의 규모로 남과 북 두 선으로 구축하였는데, 남쪽은 연, 북쪽은 진·한대에 속하는 것으로 전한다. 연의 장성은 산세를 이용하여 하북 풍녕현(豊寧縣) 북쪽과 내몽고 적봉 남부를 지나, 건평현(建坪縣) 북부, 부신시(阜新市) 북부, 그리고 요동으로 진입하는 것으로 알려져 있다. 진·한의 장성은 대체로 연의 장성 북쪽으로 20~30km 거리를 두고 하천변 평지에 주로 조성되었다.

다수의 보루 시설이 연의 장성의 성벽에 잇대어 일정한 간격으로 구축되었는데, 방형 혹은 장방형의 성곽으로 한 변의 길이가 30~40m 정도이다. 또한 봉화대 혹은 전망대가 장성 안쪽 산 정상이나 장성 선상에서 확인되고 있다.

두 번째의 거점성은 우북평군(右北平郡)의 치소인 능원(凌源) 안장자고성(安杖子古城), 영성(寧城) 흑성고성(黑城古城), 요서군(遼西郡)의 금서(錦西) 태집둔(邰集屯) 성터, 그리고 요동군 양평 군치로 추정되는 요양고성(遼陽古城) 유적이 대표적이다.

군치 주변에 있는 경우도 있지만, 예외적으로 장성에서도 멀리 떨어진 거점 성곽의 사례도 있다. 이수 이룡호고성(二龍湖古城)가 대표적인데, 동 성곽은 장성 바깥에 위치하고, 연계 토기, 철기 갖춤새와 현지 토기 갖춤새가 혼재하여 있어 연과 현지 주민의 교역이 이루어진 거짐으로 해석되고 있다.

연의 영역 안과 바깥으로 현지 종족의 거점 마을이 두루 존재하였는데, 무순(撫順) 연화보(蓮花堡) 유적이 대표적인 사례이다. 요동과 길림지역에서는 아마도 재지 세력이거나 원래부터 있었던 마을 다수가 있었으며 그중 일부는 거점 마을로 발전하고 다음 단계에 국의 중심으로 발전하였을 것이다.

II. 재지계 초기철기문화

1. 재지계 초기철기문화의 형성

기원전 1000년기 후반에 들어서면 요서·요동지역의 비파형동검문화는 커다란 변화를 맞이한다. 이러한 변화는 비파형동검문화의 중핵 지역인 요서(遼西), 그중에서도 대릉하(大凌河) 상류 지역인 객좌(喀左)·능원(凌源)·건창(建昌) 일대의 유적들에서 잘 확인된다. 재지계 청동기문화를 대표하는 비파형동검은 곡인(曲刃)의 형태가 미약해지면서 검신이 좁아들고 등대의 융기부도 사라져간다. 이 시기의 가장 큰 특징은 청동기시대 비파형동검문화의 최고 중심지였던 요서지역에서 비파형동검문화가 갑자기 사라지고 이를 전국시대(戰國時代)의 연문화(燕文化)

가 대체하고 있는 점이다. 이와 더불어 요동과 한반도에는 세형동검문화가 등장하고 곧이어 철기문화가 유입되기 시작한다.

비파형동검문화가 세형동검문화로 전환되고 이어서 철기문화가 유입되기 때문에 초기철기시대에는 문화 변동이 격심하게 일어나면서 지역마다 특색을 가진 새로운 문화유형들이 등장한다. 요서지역은 기원전 5세기~기원전 4세기까지 비파형동검문화의 중핵 지역으로 십이대영자문화(十二臺營子文化)가 융성하였다. 그러나 중원계(中原系) 청동 무기류(武器類)와 청동 예기류(禮器類)를 수용하며 발전하던 남동구(南洞溝)-동대장자(東大杖子) 유적군은 기원전 300년경 갑자기 단절된다. 대신 전국시대 연나라의 목관묘와 목곽묘가 대거 등장하면서 요서

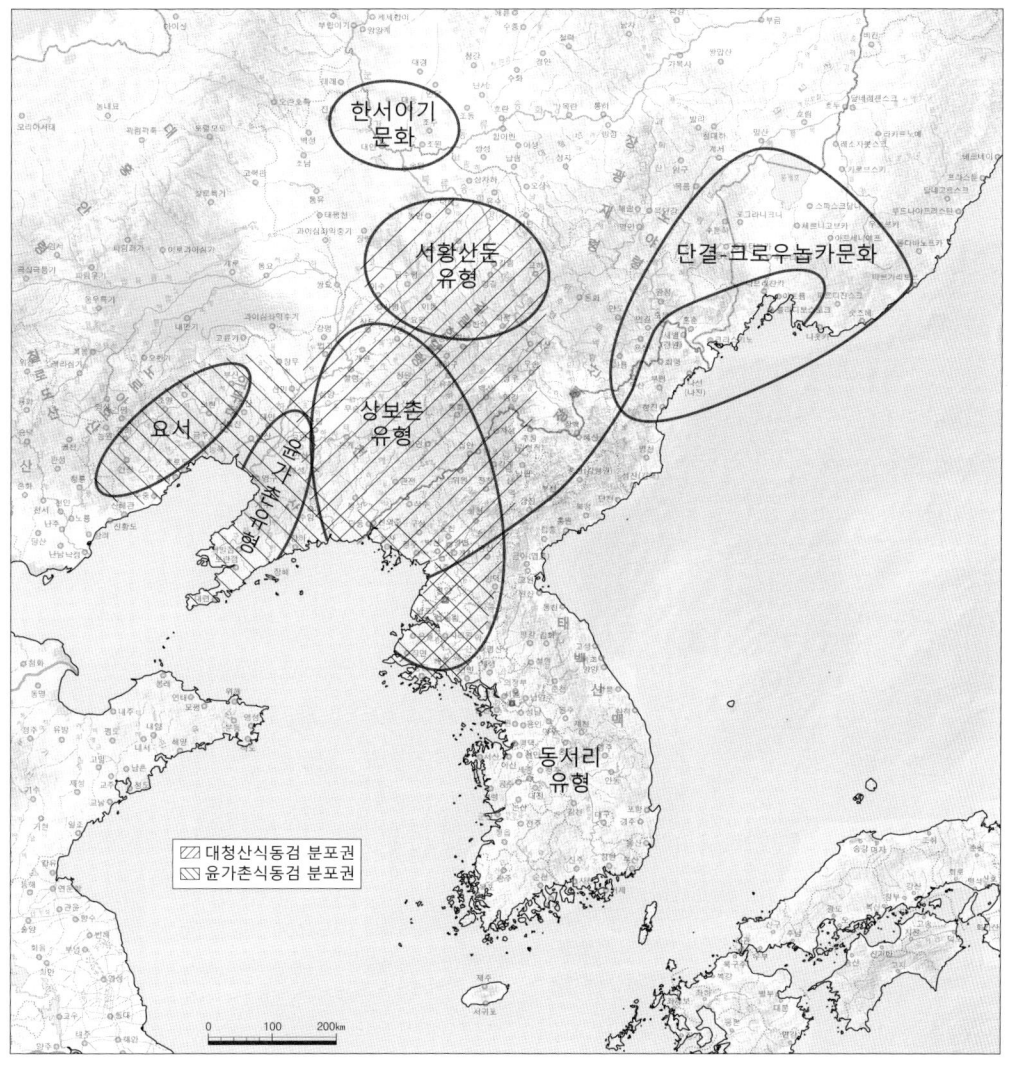

〈도면 1〉 초기철기시대 문화유형 분포 현황

지역은 한국 고대문화권에서 이탈한다.

　요동과 한반도에는 비파형동검문화를 대신해서 세형동검문화가 등장하는데, 재지의 비파형동검문화를 계승했다기보다는 요서지역의 십이대영자문화가 이식되는 양상을 보인다. 세형동검문화의 가장 특징적인 유물은 세형동검이라고 할 수 있는데, 비파형동검에 비하면 검신이 좁아들고 직인화되었다. 세형동검은 지역에 따라 약간씩 다른 형식들이 유행하였다. 요동반도를 중심으로 하는 지역에는 윤가촌식(尹家村式) 세형동검이 주로 확인되며, 요동 북부부터 길림성 중남부 지역에는 대청산식(大靑山式) 세형동검이 주로 발견된다. 청천강 이남의 한반도에는 동서리식(東西里式) 세형동검이 유행한다. 윤가촌식 세형동검은 검신이 좁아들었지만 곡인의 형태가 미약하게 남아 있다. 대청산식 세형동검은 좁은 검신 상부와 상대적으로 넓은 검신 하부 사이가 사선이나 단으로 연결된다. 동서리식 세형동검은 검신 하단부에 약간 파인 것처럼 만들어진 결입부와 절대가 특징적이다.

　세형동검문화는 세형동검의 형태와 동반 유물을 토대로 다시 몇 개의 문화유형으로 구분할 수 있다. 요동반도를 중심으로 한 지역에는 윤가촌유형(尹家村類型)이, 요동 북부를 중심으로 한 지역에는 상보촌유형(上堡村類型)이, 길림성 중부를 중심으로 한 지역에는 서황산둔유형(西荒山屯類型)이 분포하며, 한반도에는 동서리유형(東西里類型)이 자리한다. 요동지역의 세형동검문화는 문화유형에 따라 약간씩 차이를 보이지만 공통적으로 세형동검과 청동제 T자형 검병이 등장한다. 이와 더불어 중원식동검·중원식동과·중원식동모 등 중원계 유물들이 대거 등장한다. 중원계 유물들은 윤가촌유형에서 가장 빈번하게 확인되며, 북쪽으로 가면서 줄어들어 서황산둔유형에서는 상대적으로 많지 않다. 반대로 재지적 성격이 강한 다뉴조문경은 서황산둔유형과 상보촌유형에서만 확인되고 윤가촌유형에서는 확인되지 않는다. 한반도의 동서리

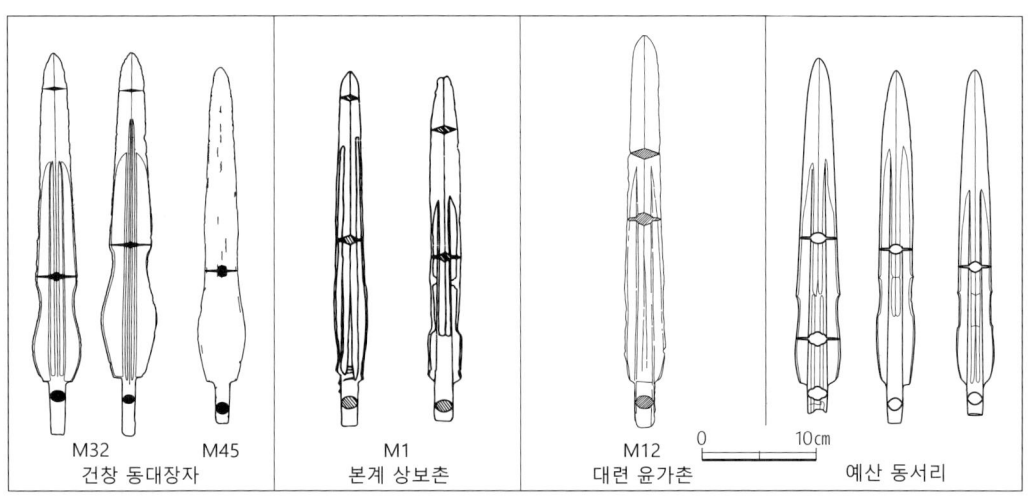

M32　　　M45　　　　　M1　　　　　　M12　　　　　　　　　　예산 동서리
건창 동대장자　　　　본계 상보촌　　　　대련 윤가촌

〈도면 2〉 건창 동대장자 유적의 비파형동검과 요동·한반도의 각종 세형동검

유형 세형동검문화는 이른 시기에는 재지적 성격이 강한 유물들만 주로 확인되다가 점차 중원계 유물들도 확인되기 시작한다.

세형동검문화의 중심 분포 지역을 벗어난 북쪽과 북동쪽 지역에도 한국 고대문화의 성격을 갖는 문화유형들이 분포한다. 두만강 유역부터 러시아 연해주 일대에서는 단결(團結)-크로우놉카문화가 확인된다. 단결-크로우놉카문화에서는 동서리식 세형동검과 다뉴조문경이 출토되기도 하지만 중원계 철기와 두, 시루(甑) 등의 토기가 특징적인 유물이다. 한서2기문화(漢書二期文化)는 길림성 서북부에서 흑룡강성 서남부 지역, 즉 송눈평원(松嫩平原)에서 확인된다.

이상과 같이 초기철기시대에는 비파형동검문화를 계승한 세형동검문화가 발전하는 가운데, 전국시대 연문화 계통의 주조철부를 비롯한 철기와 두형토기·시루 등의 토기들이 광역적으로 확인된다. 요서·요동지역에서는 재지적인 점토대토기가 다수 확인되며, 중원계 청동 예기나 토제 예기(陶禮器), 중원식동검·중원식동모·중원식동과 같은 중원계 무기류가 출토되기도 해서 격변하는 당시 사회의 모습을 잘 보여준다.

2. 문화유형의 분포와 특징

1) 요서지역

요서지역의 비파형동검문화는 십이대영자문화로 대표된다. 십이대영자문화는 전기의 조양(朝陽) 십이대영자(十二臺營子) 유적, 중기의 심양(瀋陽) 정가와자(鄭家窪子) 유적, 후기의 객좌(喀左) 남동구(南洞溝)-건창(建昌) 동대장자(東大杖子) 유적군으로 대표된다. 남동구-동대장자 유적군은 기원전 5세기~기원전 4세기에 대릉하 상류의 객좌·능원·건창 지역을 중심으

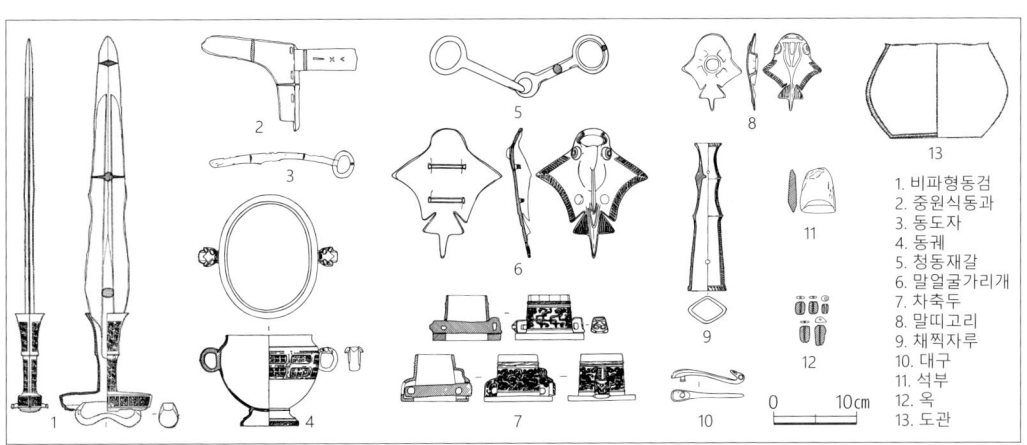

〈도면 3〉 객좌 남동구 유적 출토 유물

로 분포하며, 대릉하 중류 지역과 소릉하(小凌河) 유역에서도 확인된다. 이 지역은 흑산(黑山)과 노로아호산(努魯兒虎山), 송령(松嶺)의 산맥들이 이어지면서 형성된 산악 지역이다.

대릉하 상류 지역에서 비파형동검문화가 이른 시기부터 발달하였지만 기원전 5세기~기원전 4세기에 이르면 대릉하 중류의 조양지역보다 오히려 발달된 모습을 보인다. 객좌 남동구 석곽묘에서는 곡인(曲刃)의 형태가 비교적 뚜렷한 비파형동검과 중원계 청동 예기인 궤(簋), 중원식동과, 지역색이 가미된 청동제 말얼굴가리개(當爐)·재갈(銜·骨鑣)·차축두(車軎)·말띠고리(節約) 등의 거마구(車馬具)가 출토된다. 재지적인 비파형동검문화에 중원문화가 더해진 양상인데, 건창 동대장자 유적에서는 더욱 뚜렷해진다. 무기류로는 동촉이나 비파형동검뿐 아니라 중원식동검·중원식동과·중원식동모 등이 등장하며 요령식동과가 새로 만들어진다. 그뿐 아니라 동정(銅鼎)·동두(銅豆)·동호(銅壺)·동돈(銅敦)을 비롯한 중원계 청동 예기류와 동탁(銅鐸)이 등장한다. 십이대영자문화의 중기까지 재지적인 성격이 강했던 거마구도 이절함(二節銜)이나 차축두에서 보는 것처럼 중원계 거마구로 대체된다. 이러한 십이대영자문화는 기원전 300년

〈도면 4〉 건창 동대장자 유적의 전국시대 목곽묘 출토 토제예기(축척 1/30)

경 갑자기 붕괴한다.

십이대영자문화가 붕괴한 이후 요서지역에는 전국시대의 무덤들이 등장한다. 이러한 양상은 건창 동대장자 유적에서 잘 찾아볼 수 있다. 동대장자 유적에는 비파형동검이 출토된 다수의 적석목관묘(積石木棺墓)계 무덤들에 이어 전국시대 연나라의 목곽묘(木槨墓)인 M40호 무덤과 M47호 무덤이 조영된다.

동대장자 M40호 무덤은 갑(甲) 자형 묘광에 조영된 중형급 목곽묘로 토제 예기가 출토되었다. 토제 예기로는 대정(大鼎), 소정(小鼎), 두(豆), 호(壺), 궤(簋), 분(盆), 수(盨), 관(罐), 등(燈) 등이 있다. 동대장자 M47호 무덤은 장방형 묘광에 조영된 중형급 목곽묘이며, 역시 토제 예기만 출토되었다. 토제 예기로는 정, 두, 방호, 궤, 분, 이, 수, 관 등이 있다. 따라서 두 기 모두 토제 예기 조합이 '정-두-호-반(분)-이'이다(도면 4). 이러한 토제 예기 조합은 전국시대 중기 후반에 등장해서 전국시대 후기까지 유행하며, 특히 방호(方壺)는 전국시대 후기에 등장한다. 또한 토제 예기의 문양이 채회문(彩繪文) 중심이고, 유개두(有蓋豆)나 원호(圓壺)의 뚜껑에 짐승이나 뿔 모양의 장식이 있는 점은 연하도(燕下都) 해촌(解村) 2호 무덤이나 구녀대(九女臺) 16호 무덤과 유사하다. 이러한 점에서 동대장자 전국묘의 연대는 전국시대 후기, 즉 기원전 3세기대로 추정된다. 그러므로 동대장자 유적에서는 기원전 300년경까지는 비파형동검이 출토되는 적석목관묘나 토광묘가 조영되었지만 기원전 3세기에 들어서면 전국시대 연나라의 목곽묘들이 등장하는 것을 볼 수 있다.

조양 원대자(袁臺子) 유적에도 전국시대와 진(秦)나라, 한(漢)나라 무덤들이 연이어 조영되었다. 그중 무류묘(戊類墓)로 분류된 19기의 무덤에서 중원계 토제 예기들이 출토되었는데, 모두 '정-두-호-반-이' 조합이어서 전국시대 중기 후반~전국시대 후기에 해당한다. 두(豆)의

유구 \ 기종	정	유개두	호	반	이	기타
M1 (4.0×2.6m, 1관 1곽)						
M111 (4.0×2.3m, 1관 1곽)						동대구 꿀기
M35 (3.5×2.15m, 1관 1곽)						

S=1/30

〈도면 5〉 조양 원대자 유적의 전국묘 출토 토제예기(축척 1/30)

뚜껑은 굽 모양 손잡이가 있는 것과 뿔 모양 장식이 있는 것이 있다. 원호의 뚜껑은 고리형과 짐승형이 섞여 있다(도면 5). 그러므로 원대자 유적에서 전국시대 연나라의 무덤들이 기원전 3세기부터 조영되기 시작한다. 객좌 미안구(眉眼溝) 유적에서도 소형 목곽묘가 조사되었다. 부장 유물은 기본적으로 '정-두-호-반-이'의 토제예기 조합이다. 보고자는 무덤의 연대를 전국시대 전기로 보았지만 토제예기 조합으로 보아 전국시대 중기 후반 이후로 추정된다.

이상과 같이 요서의 대릉하와 소릉하 유역에서 조사된 전국시대 무덤들은 모두 기원전 3세기부터 조영되기 시작한다. 이러한 양상은 전국시대 후기, 즉 기원전 300년경에 연나라가 요서지역에 진출했음을 의미한다. 이는 곧 십이대영자문화의 종언을 알림과 동시에 요서지역이 한국 고대문화권에서 이탈하였음을 보여주는 물질적인 자료이다.

2) 윤가촌유형

(1) 유적의 종류와 분포

요동반도 남단을 중심으로 분포한다. 윤가촌유형은 검신 하부 1/3 정도에 돌기부가 미약하게 형성된 윤가촌식 세형동검이 특징적인 유물이며, 중원식동검·중원식동과·중원식동모 등 중원계 유물들도 많이 출토된다. 윤가촌식 세형동검은 심양 정가와자 유적에서도 출토되었으며, 중국 하북성(河北省) 역현(易縣)에 있는 연하도(燕下都) 주변의 탁현(涿縣), 고비점(高碑店), 망도(望都)에서도 출토되었다. 산동성에서도 출토된다. 현재까지 발견된 무덤들의 구조는 요동반도의 청동기시대 무덤인 적석묘(積石墓)와는 완전히 다르다. 청동기시대의 강상(崗上), 누상(樓上), 와룡천(臥龍泉) 유적에서는 석관을 사용한 다장의 적석묘가 유행하였으며 화장(火葬)

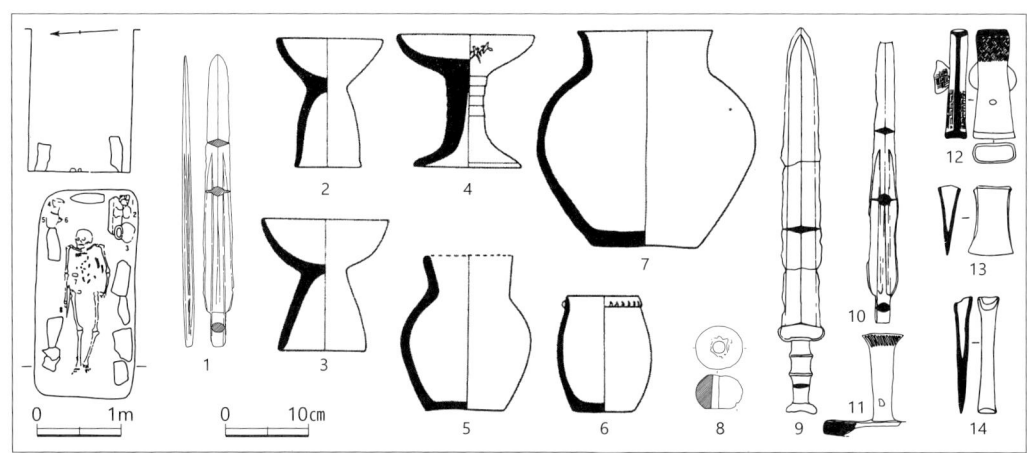

〈도면 6〉 대련 윤가촌 12호 무덤과 출토 유물(1~8), 장해 서가구 출토 유물(9~14)
1. 세형동검 2~4. 도두 5~7. 도관 8. 곤봉두 9. 중원식동검 10~12. 세형동검과 부속구 13. 동부 14. 동착

인골이 확인된다. 그러나 윤가촌유형을 대표하는 윤가촌 12호 무덤을 보면, 토광은 길이 237cm, 너비 125cm, 깊이 166cm이며, 토광 안에 석곽이 있다. 석곽 안에는 목관이 있었을 가능성이 크며, 그 위에 돌을 쌓았다. 그래서 한반도의 적석목관묘나 요서의 건창 동대장자 유적 등에서 보이는 봉석묘(封石墓)와 구조적으로 유사하다. 장제는 단인 신전장이다. 이러한 형태의 무덤들은 윤가촌 일대에서 상당수 더 조사되었다. 장해(長海) 서가구(徐家溝) 유적에서도 돌로 축조한 석묘(石墓)가 확인되었다. 청동기가 불에 탄 것으로 보아 화장을 한 것으로 보인다. 윤가촌 유적에서는 옹관묘도 조사되었다. 장해 상마석(上馬石) 유적에서는 10기의 토광묘가 조사되었다. 매장 방식은 단인장이며 무덤 안에서 말기 비파형동검 형태에 가까운 동검이 출토되었다. 윤가촌 유적의 발굴자들은 유적의 연대를 전국시대 전기로 보았지만 지나치게 올려 본 감이 있다.

(2) 유물
윤가촌유형에서는 윤가촌식 세형동검을 비롯한 청동무기류와 청동공구류, 철기와 토기가 출토되었다.

① 청동기
동검·동모·동과 등의 무기류와 동부·동착 등의 공구류, 소수의 장식품이 출토되었다. 무기류는 윤가촌식 세형동검이 대표적이며, 중원식동검·중원식동모·중원식동과 등이 동반되기도 한다. 장해 서가구 유적에서는 윤가촌식 세형동검과 중원식동검이 동반 출토되었는데 중원식동검은 자루에 고리가 2개 돌려져 있다. 후원대(後元臺) 유적에서는 윤가촌식으로 추정되는 동검의 봉부편과 중원식동과(啓封戈), 중원식동모 등이 출토되었다. 또한 윤가촌하 북안에서도 윤가촌식 세형동검과 중원식동검이 수습되었다. 따라서 윤가촌유형에서는 재지계인 윤가촌식 세형동검과 중원계 무기류가 빈번하게 출토된다. 공구류로는 동부와 동착이 확인되며, 장식품으로는 동천(銅釧: 팔찌)이 출토되었다. 그러나 동경을 비롯한 의기류나 거마구는 확인되지 않았다.

② 철기
철기는 그다지 많지 않은데, 철곽(鐵钁)이 확인된다.

③ 토기
윤가촌유형의 특징적인 토기로는 파수부호(把手附壺)와 두(豆)를 들 수 있다. 윤가촌 유적과 후원대 유적 등에서는 점토대토기와 유사한 이중구연계통의 발이 출토되었다. 후원대 유적에서는 니질회도관(泥質灰陶罐)이 출토되었지만 복원 불가능하다. 다만 구연이 단경이고 복부 이

하에 승문이 있다고 해서 상보촌 유적에서 보이는 승문호(繩文壺)로 추정된다. 또한 윤가촌 4호 옹관묘에서 출토된 이(匜)는 하북성 일대에서 확인되는 것과는 약간 차이를 보이지만 평면 형태는 연하도 신장두(辛莊頭) 30호 무덤에서 출토된 것과 유사하다.

④ 기타

석제 곤봉두, 구슬, 관옥 등도 출토된다.

3) 상보촌유형

(1) 유적의 종류와 분포

요령성 본계(本溪)·단동(丹東)·무순(撫順)·철령(鐵嶺) 일대와 여기에 인접한 길림성 중남부 일부 지역에 분포한다. 서북한 지역도 상보촌유형의 범위에 포함시킬 수 있다. 상보촌유형은 천산산맥이 발달한 산악 지역에 중심을 두고 있기 때문에 요하(遼河) 이동 지역부터 혼하(渾河) 유역과 태자하(太子河) 유역, 그리고 압록강 유역에 자리한다. 길림성 일대는 길림합달령(吉林哈達嶺)의 서부지역으로 역시 산지가 발달해 있다. 이 지역에서 조사된 유적들은 대부분 무덤들이며 주거지 등의 생활 유적도 소수 있다. 상보촌유형의 유물 갖춤새는 본계 상보촌 유적과 창도(昌圖) 적가촌(翟家村) 유적이 잘 보여준다. 상보촌 M1호 무덤에서는 대청산식 세형동검과 철착, 승문호, 점토대토기편 등이 출토되었다. 상보촌 M2호 무덤과 M3호 무덤에서는 점토대토기와 승문호가 출토되었다. 창도 적가촌 유적에서는 대청산식 세형동검과 중원식

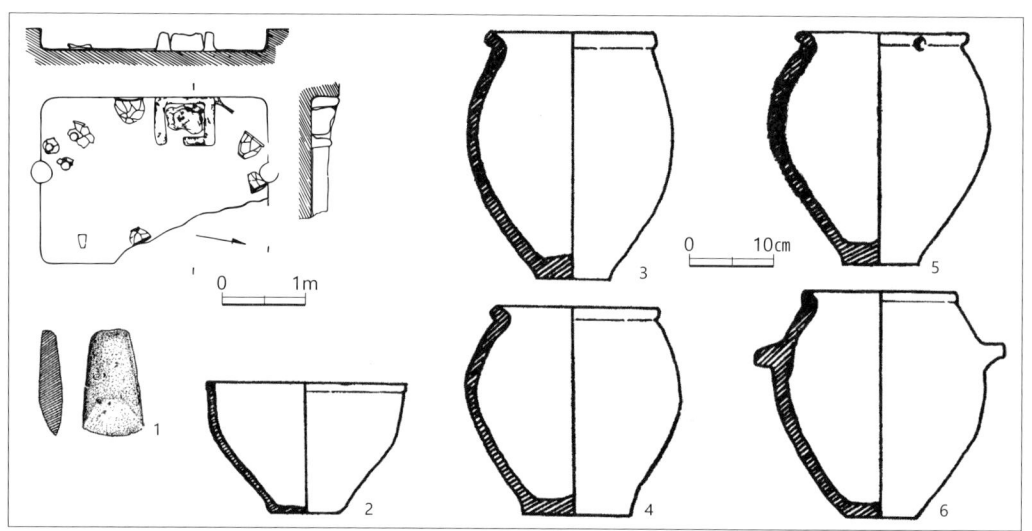

〈도면 7〉 신민 공주둔 후산 주거지와 출토 유물
1. 석부   2. 발형토기   3~6. 점토대토기

동검 2점, 동촉, 철부 등이 출토되었다. 그래서 상보촌유형은 검신이 직인화된 대청산식 세형동검과 점토대토기 같은 재지계 유물들이 중심을 이루면서 중원식동검, 철부, 승문호 같은 중원계 유물들이 출토된다. 명도전 등 중국 화폐도 출토된다.

상보촌유형의 생활 유적으로는 신민(新民) 공주둔(公主屯) 후산(後山)에서 조사된 주거지 2기를 들 수 있다. 1호 주거지는 평면 장방형의 반지하식 수혈주거지이다. 크기는 길이 268cm, 너비 200cm, 깊이 30cm 정도인 소형이다. 서벽 중앙에서 북쪽으로 약간 치우쳐 부뚜막이 있다. 유물은 주로 토기이며 합인석부와 녹각도 출토되었다. 발형토기 1점은 니질토기이며 물레를 이용하여 성형하였다. 점토대토기 4점은 손으로 빚은 무문토기이다. 1점에는 2개의 원주형 파수

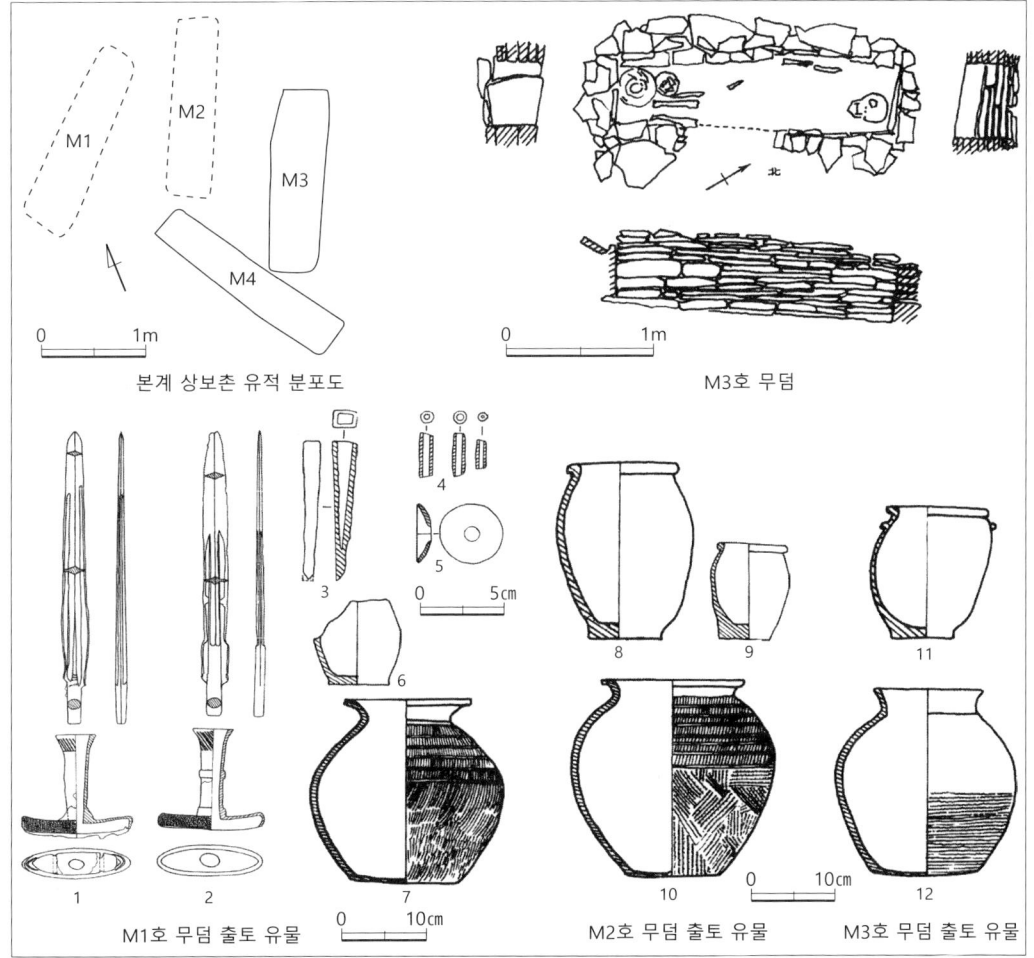

〈도면 8〉 본계 상보촌 유적과 출토 유물
1~2. 세형동검 3. 철착 4. 관옥 5. 청동장식품 6. 점토대토기 7. 승문호 8~9. 점토대토기 10. 승문호 11. 점토대토기 12. 승문호

가 붙어 있다. 무순 연화보 유적에서는 다량의 철기와 점토대토기가 수습되었다.

　상보촌유형의 무덤들은 석관묘가 중심을 이루지만 토광묘도 있으며 집안 오도령구문(五道嶺溝門)에서는 적석묘가 조사되었다. 석관묘와 토광묘의 장법은 단인 신전장 중심이며, 측와굴장이나 2인 합장도 일부 확인된다. 화방구(花房溝) 석관묘는 동모 1점만 출토되어서 정확한 시기는 확정할 수 없지만 불에 탄 인골들이 대량으로 확인되어서 청동기시대의 화장 전통이 이어지는 것을 알 수 있다. 환인(桓仁) 대전자(大甸子) 석관묘에서도 불에 탄 인골 편들이 출토되어 역시 비슷한 양상을 보인다. 무덤들의 분포 양상을 보면 동북부에서는 석관묘가 중심을 이루고, 심양과 요양을 중심으로 하는 서부지역에서는 토광묘도 확인된다. 무덤에서 희생 현상은 확인되지 않는다. 상보촌유형의 연대는 대부분 전국시대 후기부터 서한(西漢) 초로 보고 있어서 기원전 3세기~기원전 2세기가 중심을 이룬다. 일부는 기원전 1세기까지도 내려갈 것이다.

(2) 유물

　상보촌유형에서는 재지계 청동기와 중원계 청동기, 중원계 철기가 확인된다. 토기도 재지계인 점토대토기와 중원계인 승문호가 함께 출토된다.

① 청동기

　무기류로는 동촉, 동검, 동모, 동과 등이 모두 확인되고 있어서 원격전용 투사무기+근접전용 단병·장병 충격무기를 모두 갖추고 있다. 동검은 재지계인 대청산식 세형동검과 중원계인 중원식동검으로 구분된다. 대청산식 세형동검은 검신 하단부가 약간 풍만하지만 상부는 거의 직인화된 형태(于道溝式), 검신 하단부의 풍만도가 줄어들면서 검신 상부와 사선으로 이어진 형태(劉家哨式), 검신 상부와 상대적으로 넓은 검신 하단부 사이에 단이 형성되어 있는 형태(五道嶺溝門式)로 구분할 수 있다. 우도구식 동검은 천산 이서의 요양과 본계 지역을 중심으로 분포한다. 유가초식 동검은 본계와 단동지역을 중심으로 해서 분포하기 때문에 천산 산지로 좀 더 깊숙하게 들어갔다. 오도령구문식 동검은 본계·단동지역은 물론 동쪽의 통화(通化)와 북쪽의 철령(鐵嶺), 길림성 사평(四平) 일대까지 폭넓게 분포한다. 이러한 대청산식 세형동검은 검신만 발견되기도 하지만 T자형 검병이나 검파두식, 검초금구 등과 함께 출토되기도 한다.

　중원식동검들도 자주 출토된다. 왕구옥령(王溝玉嶺) 석관묘와 적가촌에서는 중원식동검이 출토되었다. 적가촌 동검은 집안(集安) 출토 조(趙)나라 동검과 비슷한 형태인 편경직인검(扁莖直刃劍)이다. 이 지역에서는 촉각식동검(觸角式銅劍)이나 촉각식동병철검(觸角式銅柄鐵劍)도 출토된다. 촉각식검은 검신과 검병이 일체형인데, 본계 박보(朴堡) 출토품은 오도령구문식 검신에 촉각부가 약화된 검병이 함께 주조되었다. 통화 금창진(金廠鎭) 촉각식동검 역시 검신은 거의 완전하게 직인화되었으며 검병의 촉각부는 약화되었다. 석역공사(石驛公社)에서는 동검 편과 함께 촉각식동병철검이 출토되었으며 금기와 은기도 확인된다.

동모는 엽맥문(葉脈文)이 베풀어진 유엽형동모가 유행한다. 본계 유가초 유적이나 집안 오도령구문 적석묘 등에서 출토되었다. 요동지역에서 주목되는 또 하나의 무기는 동과이다. 요동지역의 동과는 요서지역에서 출토되는 요령식동과와 한반도에서 출토되는 세형동과의 중간 형태를 띠는 것들이 단동(丹東) 망강촌(望江村)과 관전(寬甸) 포자연(泡子沿) 유적에서 출토되었다. 동촉도 확인된다. 환인 대전자 유적, 창도 적가촌 유적 등에서 출토되었는데, 중원계 동촉들로 생각된다.

공구류로는 동부가 있다. 오도령구문 유적 등에서 확인되는 장방형동부와 선형동부가 대표적이다. 의기류로는 동경을 들 수 있다. 단동 조가보(趙家堡) 유적과 집안 오도령구문 유적에서는 이 지역 특유의 엽맥문 다뉴조문경이 출토되었다. 본계 박보 유적에서는 중원계 반리문경(蟠螭文鏡)이 출토되었고 본계 유가초 유적에서는 특이한 형태의 쌍뉴육조문경(雙鈕六鳥文鏡)이 출토되었다. 장식품으로는 동환이나 청동 장식품 등이 소수 출토된다. 그러나 거마구는 확인되지 않는다.

② 철기

무덤들에서는 많지는 않지만 다양한 철기들이 출토되었다. 남분 기차역(南芬火車站)과 적가촌 유적에서는 철부, 상보촌 유적에서는 철착, 대전자 유적에서는 철도, 오도령구문 적석묘에서는 철촉 등이 확인되었다. 생활 유적인 무순 연화보 유적에서는 철부·철서·철겸·철착·철도·철추·철정동촉 등 다양한 철기들이 확인되었다. 그래서 상보촌유형에서 확인된 철기들은 대부분 목공구와 농경구를 중심으로 하는 생산 공구들이다.

③ 토기

토기는 재지계인 점토대토기와 중원계인 니질회도로 구분된다. 양갑산(亮甲山) 유적에서는 우각형파수부발 모양의 관과 장경호가 출토되었다. 상보촌 유적에서는 점토대토기와 승문호가 공반되었다. 박보 유적에서는 물레로 성형한 니질회도인 외반호와 점토대토기가 동반 출토되었다. 장가보자(張家堡子) 유적에서는 호, 점토대토기, 두의 대각편과 명도전이 출토되었다. 석역공사에서는 물레로 성형한 니질토기와 수제 협사도가 금기(金器), 은기(銀器), 도금기(鍍金器)와 함께 출토되었다.

④ 기타

명도전은 남분 기차역에서 철부와 함께 출토되었으며, 장가보자 유적에서는 점토대토기·두와 동반 출토되었다. 대전자 유적에서는 동검·동촉·동이식·철도 등과 함께 출토되었다. 상보촌 유적에서는 관옥이 출토되었으며, 대전자 유적에서는 각종 옥류가 출토되었다. 통화 금창진에서는 쌍공석도(雙孔石刀)가 출토되었고 적가촌에서 골촉이 출토되었다.

4) 서황산둔유형

(1) 유적의 종류와 분포

길림성 중남부의 제2송화강 유역은 지리적으로 남서쪽의 본계·무순지역, 서쪽의 철령·사평지역, 북쪽의 흑룡강성 중남부와 접해 있기 때문에 토착문화의 양상도 복잡하다. 여기에 중원계 철기문화가 복합되면서 더욱 다양한 양상을 띠게 된다. 이 지역은 보산문화(寶山文化), 대해맹-포자연유형(大海猛-泡子沿類型), 서황산둔유형을 비롯해서 몇 개의 문화유형으로 세분하기도 한다. 그러나 이 유형들은 몇몇 유적들을 토대로 공통점보다는 차이점을 부각해서 설정하였기 때문에 향후 자료와 연구 성과의 증가를 기다려볼 필요가 있다.

제2송화강 유역에서는 대청산식 세형동검과 대청산식 세형동검의 검신에 촉각식 검병이 연주된 촉각식동검이 특징적이다. 그러나 서황산둔 유적 출토품을 제외한 나머지는 대부분 수습된 것이어서 유구의 구조를 알 수 없다. 따라서 이것들을 하나로 묶어 유형으로 설정할 수 있는지 의문이 없지는 않지만 서황산둔 유적에서 대청산식 세형동검이 출토되었고, 촉각식동검은 제2송화강 유역에서 집중적으로 수습되고 있으므로 이러한 제 양상은 한 문화유형의 소산일 가능성이 크다. 또한 이 지역의 대청산식 세형동검은 상보촌유형의 중심 지역인 본계·무순 일대와는 달리 검신 하부, 또는 기부에 구멍이 2개 혹은 4개가 뚫려 있다. 이러한 동검들은 사평지역까지 확인된다. 또한 촉각식동검이나 촉각식동병철검이 무순이나 본계 일부까지 출토되므로 길림합달령을 중심으로 그 좌우측에 공통된 성격을 갖는 문화유형이 형성되어 있었던 것으로 생각된다. 초기철기시대에는 지역색을 지닌 토기들과 함께 두, 장방형 철부 등이 확인된다.

무덤 유적은 크게 두 유형으로 구분된다. 제2송화강 하류 지역에서는 토광묘가 중심을 이루며, 제2송화강 중상류 지역과 길림합달령의 남쪽 산악 지역은 대석개묘들이 분포하고 있다. 대석개묘의 매장 주체부는 구대(九臺) 석립산(石砬山)이나 관마산(關馬山) 유적처럼 돌로 만들기도 하지만 서황산둔 유적처럼 토광인 것도 있다. 그러나 모두 화장을 한 다인장이어서 동일한 문화 양상의 시·공간적 차이일 가능성이 크다. 서황산둔 유적의 무덤은 출입구가 달린 평면 장방형의 묘광을 파고 그 위에 1~3매의 큰 판석을 덮어놓았다. 묘실의 규모는 길이 186~320cm, 너비 90~180cm, 깊이 125~340cm이다. 묘실 한쪽에 길이 110~180cm, 너비 60~120cm, 깊이 30~100cm 정도의 묘도가 있다. 무덤은 내부에 비교적 두껍게 화장 인골이 퇴적되어 있는 다인장이다. 화장은 묘실 안에서 진행한 것으로 보인다. 무순 신빈현(新賓縣) 용두산(龍頭山) 유적에서도 이러한 형식의 무덤이 조사되었다. 역시 화장한 가족묘 형태의 다인장이다. 화장은 무덤 안에서 진행한 것으로 보인다. M2호 무덤의 묘광은 길이 270cm, 너비 230cm, 깊이 115~135cm

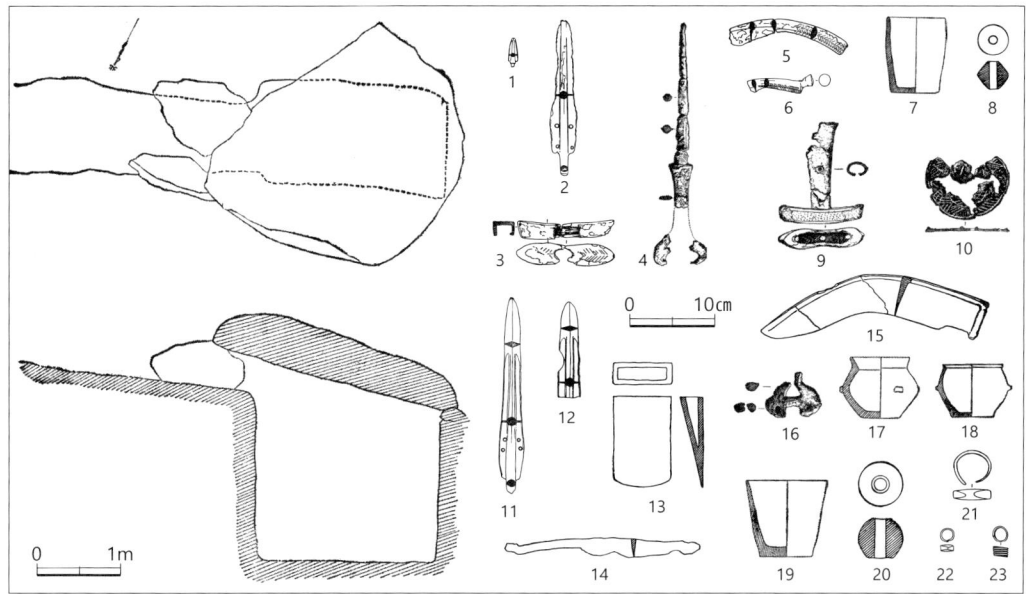

〈도면 9〉 길림 서황산둔 M3호 무덤과 M1호 무덤 출토 유물(1~8), M2호 무덤 출토 유물(9~10), M3호 무덤 출토 유물(11~14), M4호 무덤 출토 유물(15~23)
1. 동촉 2. 세형동검 3. 검병 4. 촉각식동검 5~6. 동도 7. 배 8. 석제방추차 9. 검병 10. 다뉴조문경 11~12. 세형동검 13. 철부 14. 철도자 15. 철겸 16. 촉각식검병두 17~18. 관 19. 배 20. 천공석구 21. 동천 22. 동지환 23. 용수철모양동기

의 크기이며 그 안에 소토와 목탄, 불탄 뼈가 확인되었다. 봉석층 가운데 있는 개석은 평면 형태가 원형이며 크기는 지름 170cm, 두께 15~30cm이다. 내부에서 촉각식동병철검, 동탁, 철과, 철부와 다수의 토기가 출토되었다.

서황산둔 유적의 발굴자들은 전국시대 후기~서한 초, 신빈 용두산 석개묘의 발굴자들은 서한 중후기로 보고 있으므로 서황산둔유형의 연대는 기원전 3세기~기원전 1세기경으로 추정된다.

(2) 유물

청동기는 대부분 재지계이며 특히 촉각식동검 같은 특징적인 청동기들이 확인된다. 철기는 철부, 철겸 등 중원계이다. 또한 재지계 토기들과 중원계 승문토기들이 동반 출토되기도 한다.

① 청동기

청동기는 무기류, 공구류, 의기류, 장식품 등이 확인된다. 무기류는 동촉과 동검이 있다. 동검은 T자형 검병과 검파두식을 갖춘 대청산식 세형동검, 검병과 검신이 연주된 촉각식동검으로 구분된다. 서황산둔 유적 출토품 가운데 검신의 형태를 파악할 수 있는 것을 보면, 검신 하단부가 약간 둥그스름하게 넓고 상부는 직인화되었으며 봉부가 길고 기부는 직절된 형태여서 유가초식 동검으로 판단된다. 길림 장사산(長蛇山)에서 수습된 동검은 오도령구문식에 해당한다. 이 지역의 동검들에는 검신 하단부 양쪽에 구명이 각각 1~2개씩 뚫려 있다. 요하 유역에 해당하는 회덕(懷德) 대청산(大靑山) 유적에서도 오도령구문식 동검이 출토되었다. 역시 검신 하단부 양쪽에 구명이 하나씩 뚫려 있다.

촉각식동검은 서황산둔유형의 가장 특징적인 동검이다. 서황산둔 유적 출토품을 제외하면 대부분 수습품이다. 서황산둔 유적 출토품은 화장을 할 때 불을 맞아 변형되었기 때문에 형태는 정확하게 파악하기 어렵다. 하지만 길림 교하(蛟河)에서는 사실적으로 만들어진 새 두 마리가 부리를 맞대고 있는 촉각식동검이 출토되었으며, 영길 오랍가(烏拉街)에서는 오도령구문식 검신에 간략화된 촉각식검병이 연주되어 있는 동검이 출토되었다. 석역공사와 서차구(西岔溝)에서는 촉각식동병철검이 출토되어 촉각식동검의 문화 전통이 상당히 오랫동안 이어졌음을 보여준다. 또한 연주된 촉각식동검은 태자하와 압록강 유역은 물론 서북한지역에서도 출토된다. 서황산둔 유적에서는 유경양익촉도 출토되었다. 공구류로는 동도가 있는데 병부에 엽맥문이 베풀어져 있다. 의기류로는 다뉴조문경이 있는데 배면에는 태양문이 베풀어져 있다. 동천(銅釧), 동지환(銅指環) 등 청동 장식품도 출토되었다.

② 철기

철부를 비롯한 다양한 종류의 철기들이 출토된다. 서황산둔 유적에서는 12점의 철기가 출토되었는데 철부, 철겸, 철도 등 공구류가 대부분이다. 신빈 용두산 M2호 무덤에서는 촉각식동병철검과 철과, 철부 등이 출토되었다. 촉각식동병철검은 검신 길이가 55.8cm에 이른다. 신빈 용두산 유적의 연대는 서한 중후기로 보고 있다. 따라서 서황산둔유형에서 철기는 공구류가 먼저 유입되었으며, 점차 철검이나 철과 같은 무기류가 등장하는 것으로 생각된다.

③ 토기

서황산둔 유적에서 출토된 토기로는 배, 관, 발 등이 있다. 모두 손으로 빚은 협사도이며 황갈색, 흑색, 갈색을 띠고 있다. 그러나 길림시 포자연 유적에서는 손으로 빚은 회갈색이나 홍갈색 토기와 함께 물레를 이용한 승문니질도가 출토되어 재지적인 토기와 중원계 토기가 동반 출토되었다. 포자연 유적에서 출토된 도호는 서단산문화의 장사산 유적에서 출토된 도호와 유사하며 유수(楡樹) 노하심(老河深) 중층의 한대(漢代) 무덤에서 출토된 도호와도 비교된다. 그뿐 아니라 신빈 용두산 M2호 무덤과 M3호 무덤에서도 유사한 형태의 도호들이 출토되었다. 따라서 이 유적들은 토기로 보아 일정한 관련이 있는 것으로 생각된다. 또한 두가 자주 보이는 것도 특징적이며 점토대토기도 확인된다.

④ 기타

서황산둔 유적에서는 마제석기도 상당량 출토되었다. 기종은 석부, 석도, 석겸, 연석, 방추차, 구슬 등이 있다. 이 밖에 석제 관옥, 유리제 관옥 등도 출토되었다.

5) 단결-크로우놉카문화

(1) 유적의 종류와 분포

단결-크로우놉카문화는 두만강 유역부터 러시아 연해주 일대에 분포한다. 북쪽 경계는 한카호 일대이다. 단결-크로우놉카문화에서는 나무그루터기형(柱狀) 파수부 발형토기와 호, 두형토기, 시루 등의 특징적인 토기들이 출토된다. 철기와 오수전도 확인된다. 한반도에서는 1949년 나진 초도 유적을 시작으로 해서 1950~1960년대에 회령 오동 유적과 무산 호곡 유적 등이 발굴되었다. 중국 경내에서는 1970년대 동영(東寧) 단결(團結) 유적과 대성자(大成子) 유적 등이 발굴되면서 단결문화(團結文化)로 명명되었다. 연대는 동반 출토된 오수전을 근거로 해서 전국시대 말부터 전한 말까지로 보았다. 러시아에서는 1950년대 크로우놉카 유적이 조사되면서 알려지게 되었다.

북한 학계에서는 두만강 유역의 철기시대 개시를 기원전 7세기~기원전 5세기로 보고 있으며, 중국 학계에서는 기원전 5세기~기원전 4세기부터 기원후 2세기로, 러시아 학계에서는 기원전 8세기~기원전 7세기부터 기원후 1세기까지로 보고 있어 상호 간에 연대에 대한 인식 차이가 크다. 문화 계통에 대해서는 청동기시대 후기의 재지 문화인 유정동유형(柳庭洞類型)에 오수전, 고배, 시루, 철기를 중심으로 한 중원문화의 영향으로 성립되었다는 보는 견해가 많다. 그러나 금속유물에 대해서는 중국의 영향이라는 시각을 탈피해서 방사성탄소연대가 지칭하는 상한 연대를 신뢰하고자 하는 연구자들도 있다.

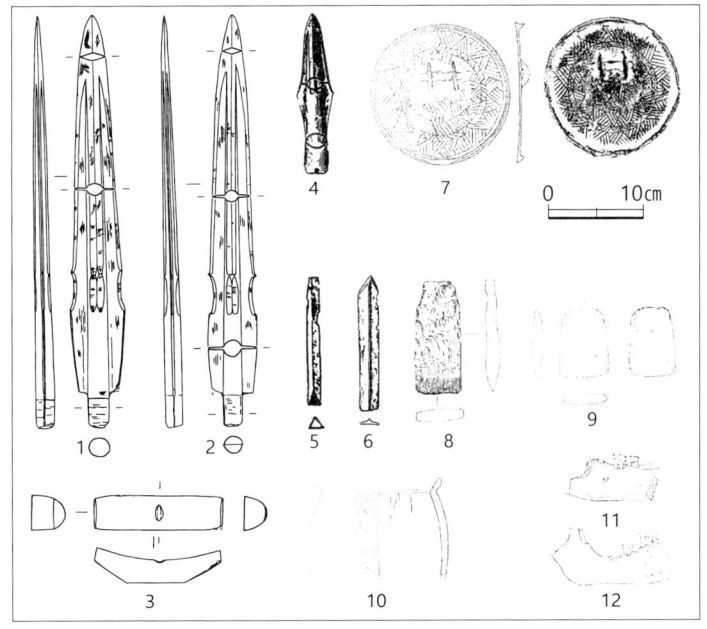

〈도면 10〉 이즈웨스토프카 유적 출토 유물

1~2. 동검   3. 검파두식   4. 동모   5. 동착   6. 동사   7. 조문경   8~9. 석부
10. 토기   11~12. 하악골

유적은 생활 유적과 무덤 유적으로 구분되지만 주거지를 중심으로 하는 생활 유적이 대부분이다. 주거지의 평면 형태는 장방형이 많고 철(凸)자형이나 여(呂)자형 주거지도 확인된다. 노지는 무시설식, 위석식 또는 석상식, 부뚜막식, 터널식 등으로 형태가 다양하다. 야금과 관련된 주거지가 확인되기도 하였다. 페트로프섬 1호 주거지는 평면 장방형의 지상식인데 바닥에서 목탄, 슬래그, 청동이 녹아 있는 토제 도가니, 청동덩이, 청동 용기 편, 슬래그 조각 등이 출토되었으며 구들에서는 작은 철편이 발견되었다. 크로우놉카1 1967~1968년 9호 주거지는 凸자형으로 추정되는데 철부를 포함해서 6점의 철제 유물 편과 철 덩이, 슬래그가 확인되어 제철 관련 유구로 보고 있다. 알레니 A2호 주거지는 凸자형인데 주석덩이, 청동 용기 편, 청동 검신 편이 매납된 구덩이가 발견되어 역시 야금과 관련된 주거지로 보고 있다. 시니예 스칼르이 유적에서는 30점 이상의 거푸집이 출토되었는데, 1970년에 출토된 17점은 주조 작업장의 바닥에서 출토되었다. 주조 작업장은 반수혈식이다. 거푸집에는 동검, 동모, 동촉, 동포, 낚싯바늘 등의 주형이 새겨져 있다.

무덤 유적으로는 이즈웨스토프카 유적에서 확인된 석곽이 알려져 있다. 이 무덤에서는 세형동검과 다뉴조문경 등이 출토되어 주목을 받고 있다.

(2) 유물
단결-크로우놉카문화에서는 한반도의 동서리유형 세형동검문화와 관련된 청동기, 철부·철겸 등의 중원계 철기들이 출토된다. 토기는 재지계 무문토기 위주인데 나무그루형 파수부 토기와 두, 시루 등이 특징적이다.

① 청동기
이즈웨스토프카 유적에서는 세형동검 2점과 검파두식 1점, 다뉴조문경 1점, 동모 1점, 동사 1점, 동착 1점, 동추 1점과 석부 등이 출토되었다. 세형동검은 결입부가 형성된 전형적인 동서리식 세형동검이며 동모와 동사도 한반도에서 찾아볼 수 있는 형식이다. 다뉴조문경은 배면에 태양문이 베풀어져 있지만 주연부가 삼각형이어서 한반도 남부지역보다는 요동지역이나 한반도 서북부지역과 관련된 유물로 생각된다. 쉬코토프카 유적에서는 동검과 동경이 출토되었으며, 말라야 포두쉐치카 유적에서는 동검 봉부 편이 출토되었다. 그리고 시니예 스칼르이 유적에서는 30여 점의 청동기 거푸집이 출토되었다. 거푸집은 모두 쌍합범이며 동검·동모·동포·동촉·낚싯바늘 등을 제작하기 위한 것이다.

② 철기

두만강 유역에서 철기는 수십 점이 출토되었지만 공개된 자료는 많지 않다. 호곡동 주거지에서 철부 4점, 철겸 3점, 철자귀 1점, 반월형철도 1점, 철검 1점, 낚싯바늘 1점 등 모두 13점이 출토되었다. 연해주 크로우놉카 유적을 비롯한 몇몇 유적에서도 철부와 철촉, 철편 등이 출토되었다. 이 철기들은 기본적으로 요서·요동지역과 한반도에서 확인되는 중원계 철기들로 판단된다. 특히 호곡동 주거지에서 출토된 철부는 평면 장방형이며 투겁부(銎部)에 비해 인부가 넓은 부채꼴이어서 서북한 지역의 기원전 2세기~기원전 1세기 유적들에서 출토된 철기들과 비교된다.

③ 토기

토기는 대부분 재지적 전통의 산화염으로 제작된 흑색 또는 적갈색 계통의 평저 무문토기이다. 토기 기벽은 두텁고 태토는 사립이 많이 섞여 있어 다소 거칠다. 이 시기에는 나무그루형 파수(주상파수)가 달린 토기가 많아지면서 이전 시기의 꼭지형 파수가 급격히 감소한다. 나무그루형 파수는 하나만 부착되기도 하지만 일반적으로 심발형토기, 대옹, 내만호의 동체 중상위에 쌍으로 달린 것이 많다. 기종으로는 대옹, 심발형토기, 내만호, 완, 반, 개, 두형토기, 시루 등이 있다. 가장 큰 특징은 장각두형토기와 시루가 등장하는 것을 들 수 있다. 심발형토기나 대옹은 이중구연이나 점토대구연인 것과 직립구연이나 외반구연으로 구분된다.

④ 기타

단결 하층 2기 주거지에서 오수전이 출토되었으며, 호곡동 6기의 29호 주거지에서도 오수전으로 추정되는 동전이 출토되었다. 단결 하층 2기의 T-16호 수혈에서 출토된 오수전은 글자체로 보아 서한 선제(宣帝, 기원전 73~기원전 48) 시기로 보고 있어서 단결-크로우놉카문화의 연대를 파악하는 데 중요한 자료이다.

6) 한서2기문화

흑룡강성 서남부와 길림성 서부지역에 해당하는 송눈평원(松嫩平原)에서는 청동기시대의 백금보문화(白金寶文化)에 이어 초기철기시대의 한서2기문화(漢書二期文化)가 등장한다. 이 시기의 토기는 구연에 절구를 시문하고 기면에 승문을 타날하거나 홍의를 입히는 등의 제작 기법이 유행한다. 그 연대는 대략 전국시대에 해당하며 서한 초까지 내려 보기도 한다.

한서2기문화는 대안(大安) 한서(漢書) 유적이 발굴되면서 명명되었다. 이 유적의 하층은 청동기시대의 백금보문화층이고, 상층은 이와 약간 차이를 보이는 한서2기문화층이다. 한서2기문화 유적으로는 주거지 8기와 저장 구덩이 20여 기가 조사되었다. 주거지는 대부분 장방형의 반수혈식(半地穴式)이다. 104호 주거지는 장축 방향이 남북이고, 크기는 길이 7.2m, 너비 6.6m, 면적 47.5m²이다. 출입 시설은 동쪽에 있는데, 약간 경사져 있으며, 너비는 1.2m이다. 바닥 중앙에 노지(灰坑)가 시설되어 있다. 동서 양측과 그 중간에 12개의 기둥 구멍이 배치되어 있다. 내부에서는 주머니형 저장 구덩이도 확인되었다.

토기는 니질홍갈도 위주이다. 주요 기종으로는 력(鬲)·관(罐)·고령호(高領壺) 등이 있다. 석기는 많지 않은데, 석부·석분(石錛)·석추부(石錐斧) 등이 확인된다. 골각기는 비교적 많은데, 골촉(骨鏃)·골모(骨矛)·골추(骨錐)·골비(骨匕)·각추(角錐) 등이 있다. 그리고 퇴적층 안에서 대량의 어골(魚骨)과 비늘(魚鱗) 등이 발견되어 어업이 경제생활에서 중요했음을 보여준다. 한서2기문화에서는 동촉·동모·청동단추·마형식패(馬形飾牌)·경형식패(鏡形飾牌) 등의 주형(鑄型)이 새겨진 토제 거푸집들이 출토되고 있어서 청동기를 직접 생산한 것을 알 수 있다. 지금까지 발견된 청동기들은 청동손칼·청동송곳·청동단추 같은 소형 공구나 장식품들이다. 이로 보아 청동기 주조 기술의 수준은 높지 않았던 것으로 생각된다. 유적에서 출토된 철부·철도 등의 철기는 중원지역 전국·진·한대의 철기들과 같다.

3. 유형별 특징과 성격

1) 각 유형의 분포와 특징

기원전 1000년기 후엽에 들어서면 중국 동북지역부터 한반도 북부와 연해주 일대에는 새로이 중원계 철기문화가 등장하면서 커다란 변혁기에 접어든다. 초기철기시대에 들어 이 지역은 크고 작은 문화유형으로 구분할 수 있지만 각 문화유형마다 분포 범위에 차이가 있고 아직 성격이 명확하지 않는 경우도 있기 때문에 향후 자료가 증가하면 조정될 가능성이 크다.

현재까지 조사된 유적을 보면 주거지를 비롯한 생활 유적과 무덤 유적으로 구분할 수 있는데, 단결-크로우놉카문화를 제외하면 대부분 무덤 유적이 중심을 이루고 있다. 공주둔 후산과 단결-크로우놉카문화에서 발굴된 주거지들은 방형이나 장방형 수혈주거지가 중심을 이루고 있다.

무덤 유적은 목관묘나 목곽묘 같은 토광묘계 무덤과 대석개묘나 석관묘 같은 석묘계 무덤으로 구분된다. 청동기시대 요서지역에서는 토광묘계 무덤을 중심으로 하는 십이대영자문화가 발전하였지만 요동지역에서는 적석묘, 석관묘, 대석개묘 같은 석묘계 무덤들이 중심을 이루면서 다장과 화장을 하였다. 초기철기시대에 들어서면, 요동지역에도 토광묘계 무덤들이 점차 확산된다. 심양지역에는 정가와자 유적에서 보는 것처럼 이미 청동기시대부터 토광묘계 무덤들이 들어 와 있었지만 그 밖의 지역들에서는 석묘계 무덤들이 중심을 이루고 있었다. 하지만 초기철기시대에 들어서면 요동반도 일대의 윤가촌유형에서는 토광묘계 무덤들이 중심을 이룬다. 청동기시대에는 적석묘가 특징적이었다는 점을 생각하면 커다란 변화가 일어난 것을 알 수 있다.

요동 북부와 길림지역에 분포하는 상보촌유형과 서황산둔유형에서는 토광묘계 무덤들이 확인되기는 하지만 여전히 청동기시대부터 이어져온 석관묘나 대석개묘가 중심을 이루고 있다. 집안 오도령구문에서는 적석묘가 확인되었다. 상보촌유형의 무덤들은 단인 신전장이나 2인 합장이 유행하지만 동쪽 천산 산지로 깊숙이 들어가면 화장과 다인장을 한 무덤들이 여전히 중심을 이룬다. 그리고 북동부 내륙 깊숙이 자리한 서황산둔유형에서는 여전히 화장과 다인장이 유행한다. 단결-크로우놉카문화에서는 무덤이 발굴된 사례가 많지 않기 때문에 확실하지는 않지만 이즈웨스토프카 유적을 보면, 석묘계의 무덤이 유행하였을 가능성이 크다. 이로 보아 초기철기시대에 접어들면 요동지역에도 다인장과 화장을 하는 전통적인 석묘계 무덤들을 대신해서 토광묘계 무덤들이 확산되는 것을 볼 수 있다.

유물의 출토 양상과 동반 관계를 살펴보면, 청동 무기류가 비교적 많이 출토되는 문화유형과 그렇지 않은 문화유형으로 구분된다. 전자로는 윤가촌유형, 상보촌유형, 서황산둔유형을 들 수 있으며, 후자로는 단결-크로우놉카문화와 한서2기문화를 들 수 있다. 청동무기류가 많이 출토되는 문화유형은 청동기시대 비파형동검문화가 발달했던 지역이며, 그렇지 않은 지역은 비파형동검문화의 분포권역에서 벗어나 있었던 지역이다. 물론 청동기시대에 비해 세형동검문화 유적들은 요동의 천산 이동 지역과 길림성 중남부 지역 등 동북 내륙 깊숙이 확산되는 경향을 보인다. 그래서 요동지역에서 세형동검문화의 분포 범위가 비파형동검문화에 비해 넓어졌다.

따라서 청동기를 보면 윤가촌유형, 상보촌유형, 서황산둔유형은 비파형동검문화의 색채가 강하게 남아 있다. 단결-크로우놉카문화는 요서·요동지역보다는 한반도의 동서리유형 세형동검문화의 청동기들이 더 많이 출토된다. 세형동검문화의 청동기들이 많이 출토되는 문화유형들은 유물 동반 관계에 따라 다시 두 그룹으로 구분할 수 있다. 요서지역은 한국 고대문화권에서 이탈하면서 중원문화의 색채가 강해졌다. 요동지역에서도 윤가촌유형은 재지의 윤가촌식 세형동검과 함께 중원계 청동 무기류들이 많이 출토된다. 여기에 비해서 상보촌유형에서는 대청산식 세형동검이나 다뉴조문경, 점토대토기 등 재지계 유물들이 중심을 이루면서 중원식동검을 비롯한 청동 무기류와 승문호 등 중원계 토기들도 출토된다. 서황산둔유형에서는 대청산식 세형동검, 촉각식동검, 다뉴조문경 등의 재지계 유물들이 중심을 이룬다. 중원계 유물로는 청동 무기류는 거의 확인되지 않으며, 철부와 승문호 등이 확인된다. 그래서 요동지역에서는 남쪽에서 북쪽으로 갈수록 재지 문화적인 성격이 강해지는 현상이 뚜렷하며, 이에 따라 중원문화의 영향은 줄어들고 있다.

초기철기시대에는 철기가 등장하였다. 철기는 괭이로도 사용된 철부가 대부분의 지역에서 출토되며, 철착이나 철겸 등의 철기들도 출토된다. 늦은 시기에는 철검이나 철과 같은 철제 무기류도 출토된다. 토기는 니질회도와 협사갈도로 구분된다. 니질도는 정, 두, 호 등 전국시대 연나라의 토제예기와 승문호 등이다. 연나라의 토제예기는 한국 고대문화권에서 이탈한 요서지역에서 많이 확인되며 승문호는 윤가촌유형이나 상보촌유형, 서황산둔유형 등 요동지역에서도 확인된다. 협사도는 요서지역에서는 주로 발형이지만 요동과 길림지역에서는 다양한 기종들이 있다. 발류에서는 점토대토기가 가장 많이 확인되는데, 초기철기시대에는 거의 모든 지역에서 점토대토기나 이중구연의 토기들이 확인되므로 이 시기의 가장 특징적인 토기로 볼 수 있다. 점토대토기는 문화유형에 따라 약간씩 차이를 보인다. 요서지역에서는 파수가 1~2개 부착된 것들이 상대적으로 많지만 요동지역은 파수가 없는 것들이 많다. 요동지역에서는 두가 광범위하게 확인되고 있는 점 역시 특징적이다.

2) 연대와 성격

요서·요동지역 초기철기문화의 상한 연대에 대해서는 과거에는 기원전 5세기~기원전 4세기부터 기원전 3세기까지 다양하게 제기되었지만 최근에는 기원전 3세기를 크게 상회하지 못할 것으로 보는 견해들이 늘고 있다. 요서지역은 기원전 3세기 전엽부터 전국시대 연나라의 전형적인 목관묘와 목곽묘들이 조영되면서 '정-두-호-반-이'로 대표되는 토제예기 조합이 출현해서 이 시기에 이르면 한국 고대문화권에서 이탈한 것이 거의 확실하다. 이러한 양상은 기원전 3세기 초에 연나라 장군 진개(秦開)가 동호(東胡)를 멀리 몰아낸 사건과 관련될 가능성이 크다. 따라서 요서·요동지역에서 큰 변화가 일어나는 시기는 기원전 3세기 초로 볼 수 있다. 하지만 가장 동쪽에 위치한 단결-크로우놉카문화의 상한 연대에 대해서는 기원전 8세기~기원전 7세기, 기원전 5세기~기원전 4세기, 기원전 4세기 말~기원전 3세기 초로 다양하다. 따라서 초기철기문화의 상한 연대에 대해서는 요서·요동지역에서는 기원전 3세기, 러시아 연해주에서는 기원전 8세기~기원전 7세기부터 기원전 3세기까지 다양하므로 전체적으로 보면 200~500년의 시차가 있다. 하한 연대는 지역에 따라 기원 전후까지 내려갈 수도 있지만 기원전 2세기~기원전 1세기로 보는 것이 무난하다. 초기철기시대의 개시 시기는 편년을 하는 데 있어서 중국 화폐나 명문 같은 기년 자료를 중심으로 하는지 아니면 방사성탄소연대 같은 과학적 연대 결정법을 토대로 하는지에 따라 발생한 것이어서 향후 관련 자료들의 증가를 기다려볼 필요가 있다.

비파형동검과 세형동검의 발전 과정을 통해 각 문화유형들 상호 간의 관계를 파악해볼 수 있다. 비파형동검은 정가와자 6512호 무덤까지는 큰 변화를 보이지 않는다. 그러나 객좌 남동구(南洞溝) 유적이나 능원 삼관전(三官甸) 유적에 이르면 돌기부와 융기부가 남아 있지만 봉부가 장봉형으로 변화된다. 그리고 객좌 과목수영자(果木樹營子) 유적의 비파형동검은 돌기부가 흔적만 남아 있으며 융기부는 사라졌다. 건창 우도구(于道溝) 90M1호 무덤에서 출토된 동검은 돌기부가 거의 사라지고 검신 하단부만 약간 넓게 형성된 직인검 형태로 변화된다. 이러한 형태의 동검은 이미 세형동검 단계에 진입하기 시작한 것으로 요서지역은 물론 요동의 천산 이서 지역에서도 확인된다. 이어서 호형을 이루고 있던 검신 하단부와 상부가 점차 사선을 이루며 연결되는 유가초식 동검으로 변화되며, 검신 하단부가 장방형에 가까워지면서 검신 하부와 상부가 단을 형성한 오도령구문식이 출현한다.

이러한 동검의 변화 방향과는 약간 다른 윤가촌식 세형동검도 등장한다. 돌기부와 결입부는 흔적만 남아 있으며, 돌기부는 검신 아래쪽 1/3 정도로 내려와 있다. 윤가촌식 세형동검은 요동반도뿐 아니라 심양과 요양 일대, 요서지역과 하북성의 연하도 일대, 산동성 일대에서도 출토된다. 이로 보아 윤가촌유형은 초기철기시대의 여러 문화유형 중에서 중원문화와 가장 밀접하게 관련된 것으로 생각된다. 즉, 이 지역은 요서군·요동군이 있었던 곳일 가능성이 크다.

상보촌유형과 서황산둔유형은 철기와 승문호 등 중원계 유물들이 없지는 않지만 여전히 재지적인 청동기문화가 중심을 이루고 있다. 가장 동쪽에 위치하는 단결-크로우놉카문화도 중원계 철기들이 출토되지만 재지적인 토기들이 중심을 이루고 있다. 역사적으로 서황산둔유형의 분포 지역에서 부여가 성립하였고 단결-크로우놉카문화의 분포 지역에서 북옥저가 성립하였을 것이라는 점에서 이 문화유형들은 각기 부여와 옥저 형성의 밑거름이 되었을 것이다. 이러한 점에서 보면, 요동 북부부터 한반도 서북부에 걸쳐 있는 상보촌유형은 고조선이나 위만조선과 관련될 가능성이 크다.

III. 연계 초기철기문화

1. 연계 초기철기문화의 출현

연산(燕山) 남쪽의 연나라 지역에서는 늦어도 전국 전기인 기원전 5세기대부터는 철기가 출현하는 것으로 알려져 있다. 이후 전국 중기인 기원전 4세기를 거쳐 전국 후기와 말기가 되면 상당한 수준의 철기문화가 발전한다. 현재까지 발견된 자료에 의하면 연나라의 도성인 연하도 유적에서는 전국 중기인 기원전 4세기대부터 제철 관련 유물이 출토되어, 이때부터 직접적인 철기 생산이 이루어진 것으로 보인다. 대체로 초기에는 단순한 형태의 농공구류 등을 생산하다가 이후 다양한 무기류까지 생산한다. 따라서 연나라의 철기문화는 철기의 직접적인 생산을 고려하면 기원전 4세기대부터 시작된다고 볼 수 있지만 철기 자체의 출현을 고려하면 기원전 5세기부터 시작하여 연나라가 멸망하는 기원전 3세기 말까지의 시간적 범위를 가진다.

한편 철기문화는 단순히 철기 자체만을 의미하는 것은 아니다. 철기를 생산할 수 있는 기술과 제작 시설 및 이를 운용하고 유통할 수 있는 사회제도 등을 포함한다. 다만 사회제도 등은 현재의 고고자료를 통해서 판단하기에는 어려움이 있을 뿐이다. 어쨌든 연나라의 철기문화라는 것은 큰 틀에서 이 철기 자체뿐만 아니라 이를 향유한 당시 연나라 사회가 남긴 유적·유물과 같은 제반 물질문화를 포함해서 이해해야 할 필요가 있다.

그러므로 이러한 연나라의 철기문화는 춘추전국 시기 연나라의 고고학문화와 등치시켜 이해해도 무방할 것이다. 중국 학계에서는 일반적으로 동주(東周) '연문화(燕文化)'라는 명칭을 사용하지만, 당시 연나라의 중심지이며 전형적인 연나라 유적·유물이 확인되는 도성 유적 '연하도'를 표지로 하여 '연하도문화(燕下都文化)'라고 지칭하는 것이 보다 고고학적이다. 다만 연나라의 영역은 북경과 하북성을 아우르는 상당히 넓은 지역이어서 중심지 바깥에는 지역색이 짙은 다소 비전형적인 연나라 유적·유물도 존재하기에, '연하도문화'로 통칭할 경우 이러한 지역색이 배제될 수 있다는 단점이 있다.

그리고 중국 동북지역에서 발견되는 연나라 관련 초기철기문화들이 반드시 연나라는 물론 연하도와 직접적인 관련을 가진다는 보장이 없다. 특히 청동 예기나 무기류의 경우 연나라 이외 지역에서 유행하는 것과 분간하기 어려운 예가 적지 않아 '중원계 ○○' 등의 용어로 통칭하기도 하며, 연나라 관련 물질문화라고 하더라도 '연하도'가 아닌 연하도 주변 지역과 직접적인 관련을 가지는 예도 적지 않기 때문이다. 따라서 중국 동북지역에서 발견되는 연나라 또는 중원 관련 초기철기문화를 엄격하게 구분하기 어려우므로 이를 포괄하는 개념으로 '연계 초기철기문화'라는 용어를 사용하고자 한다.

연계 초기철기문화의 중국 동북지역에서의 출현은 연나라의 동북 진출과 관련하여 고려된다. 과거에는 문헌에 기록된 연장 진개의 동호 또는 고조선 경략 기사를 근거로 진개의 활동 시기가 연나라 소왕(昭王, 기원전 311~기원전 279) 대라는 점에 착안하여 기원전 4세기 말~기원전 3세기 초 사이로 비정하다가 최근에는 연나라의 대외 정세를 고려하여 기원전 3세기 초로 특정하고 있다. 그러나 새롭게 발견되는 고고자료의 증가로 인해 연나라가 기원전 3세기 이전에 중국 동북지역에 진출했을 가능성이 제기되었고, 현재는 기원전 4세기설, 기원전 3세기설 등이 공존하고 있다. 이러한 관점은 연구자마다 시기 차이는 있지만 연나라가 중국 동북지역으로 세력을 확장하는 과정에서 그들이 지닌 선진적인 철기문화가 일거에 확산되었고 이후 한반도와 일본 열도에 철기문화가 전파되었다는 점을 기본 전제로 한다. 즉, 연나라 물질문화의 중국 동북지역 확산과 철기의 확산이 동시에 이루어진 것으로 보는 것이다. 최근에는 연나라 물질문화의 동북지역 확산이 단순히 어느 한 시점에 이루어지지 않았고, 확산 방식도 단일하지 않다는 견해가 제기되고 있다. 이와는 별개로 철기의 경우는 기원전 300년 이후에 본격적으로 출현하는 것으로 의견이 모이는 추세이다.

철기를 제외한 청동기·토기 예기류와 청동 무기류로 대표되는 연계 초기철기문화는 그 이전인 십이대영자문화 남동구-동대장자유형부터 확인되며, 이 시기부터 연산 이남에 위치한 연나라와 간접적 또는 직접적인 접촉이 있었던 것으로 보인다. 따라서 연계 초기철기문화의 출현과 전개를 이해하기 위해서는 기원전 5세기를 전후한 시기(춘추 후기까지 포함)부터 요서와 요동 지역의 재지계·연계 무덤 유적과 생활 유적을 중심으로 확인되는 연계 초기철기문화에 대해 살펴보아야 할 것이다.

2. 유적과 유물

1) 유적의 종류와 분포

(1) 무덤 유적

무덤은 목관(곽)묘를 기본 묘제로 하며 청동기와 토기로 제작된 예기(禮器: 제사용 기물)가 주로 출토된다. 한편 옹관묘(甕棺墓)도 특징적인데 2~3개의 생활 용기를 포개어 무덤으로 사용하였다. 주요 무덤을 소개하면 다음과 같다.

객좌(喀左) 미안구(眉眼溝) 유적에서는 2기의 목곽묘(M1, M2)와 옹관묘 2기(甕M1, 甕M2)가 확인되었다. M1은 토광목관곽묘이며 목곽은 길이 2.25m, 너비 1.0m의 비교적 소형에 해당한다. 목관은 'ㅐ' 형태이다. 관과 곽 사이에 토제 정(鼎), 호(壺), 소구호(小口壺), 개두(蓋豆), 력(鬲), 반(盤)과 막대형 소석판(長條狀小石板), 양 뼈를 안치하였다.

영성(寧城) 소흑석구(小黑石溝) 유적에서는 8기의 전국시대 무덤이 확인되었으며, 이 중 5기에서 연계 토제 예기가 출토되었다. 무덤은 남-북향의 토광목관곽묘이며 묘광의 길이는 약 3~4m, 너비는 약 2.3m 내외이며, 길이 3m 이하, 너비 2m 이하인 것도 있다. 목관과 목곽 평면은 'Π', '囗' 2종류가 있다. 관곽 사이에 정, 개두, 소구호, 반, 이(匜) 등이 안치된다.

건창(建昌) 동대장자(東大杖子) 유적에서는 지금까지 총 47기의 무덤이 발굴되었다. 발굴된 무덤 자료가 모두 보고된 것은 아니지만, 주요 무덤은 어느 정도 정식으로 보고된 상태이다. 묘제는 토광묘와 봉석묘(封石墓: 적석목관(곽)묘)를 기본으로 하며 십이대영자문화와 관련된 재지계 유물과 중원계와 관련된 연계 유물들이 주요 부장품을 구성한다. 출토된 연계 유물을 보면, 청동 예기는 M5에서 청동 돈(敦), M11에서 청동 정(鼎), 호(壺), 제량호(提梁壺), 두(豆), 반(盤), 이(匜), M12에서 토기 호, M16에서 청동 돈, M28에서 청동 두, M32에서 청동 정, 호, 돈, M37에서 청동 돈, M45에서 청동 정, 호, 두, 준(樽), 반, 이 등이 출토되었다. 토제 예기는 M5에서 토기 호, M20에서 토기 두, M34에서 토기 호, M20, M44, M46 등에서 토기 두, M40에서 토기 정, 호(圓壺, 方壺), 두, 소구호(小口壺), 궤(簋), 반, 수(盨), 대류관(帶流罐), 등잔(盞), 력(鬲) 등이, M47에서 토기 정, 호(방호), 반, 이, 수, 우준(牛尊) 등이 출토되었다. 그 외 M42에서는 생활 토기인 연식부(燕式釜)가 출토되기도 하였다. 이들 연계 청동 예기나 토제 예기가 부장되는 무덤은 재지계의 토기류나 말기 비파형동검 또는 초기 요령식 세형동검이 공반되는 경우가 대부분이지만, 이와 달리 M40과 M47은 다른 무덤에 비해 규모가 크고 연계 토제 예기만 부장된다.

적봉(赤峯) 객라심기(喀喇沁旗) 서교(西郊) 철영자(鐵營子) 유적에서는 총 59기의 무덤이 확인되었으나 정식 보고가 이루어지지 않아 무덤의 자세한 양상은 알기 어렵다. 무덤은 북서-남동 방향으로 10열 정도 배치되어 있고, 대부분이 장방형 토광묘이며, 석판묘(석곽묘)도 일부 존재한다. 사람을 순장(殉葬)하는 현상이 있으며, 대·중형 무덤은 동물 머리나 다리를 순생(殉牲)하기도 한다. 피장자는 성년에서 아동까지 다양하다. 무덤은 크기에 따라 대형, 중형, 소형의 3개 등급으로 구분되며 중형 무덤이 제일 많다. 이 중 M23에서 다량의 연계 청동 예기가 출토되었다.

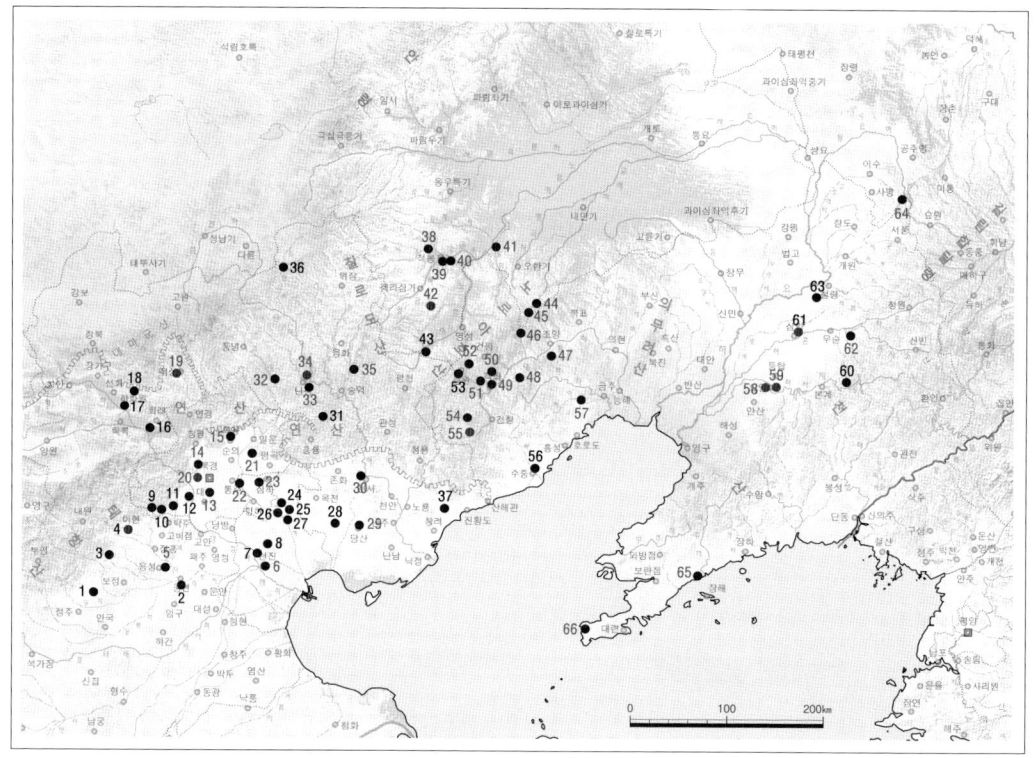

〈도면 11〉 연계 초기철기문화 관련 주요 유적 분포 현황

1. 당현 남방수 2. 임구 아팔장 3. 서수 대마각장 4. 역현 연하도·주인촌 5. 용성 남양 6. 동교 장귀장 7. 남교 거갈장 8. 천진 북창 9. 방산 진강영 10. 방산 암상 11. 방산 남정 12. 방산 독점고성 13. 풍대 가가화원 14. 창평 반절탑 15. 북경 회유성북 16. 회래 홍구량 17. 장가구 하화원 18. 장가구 백묘 19. 적성 반벽점 20. 창평 송원 21. 순의 용만둔 22. 통현 중조보 23. 삼하 대당회 24. 보저 우도구 25. 무청 란성 26. 보저 혈마대 27. 보저 진성 28. 당산 동환타 29. 당산 가각장 30. 천서 대흑정 31. 흥륭 수왕분 32. 난하 포대산 33. 난하 동영자 34. 승덕 난하진 35. 승덕 서삼가·기간구 36. 위장 동대자 37. 무녕 병각장 38. 적봉 지주산 39. 적봉 전정자 40. 적봉 홍산구 41. 오한기 사도만자 42. 서교 철영자 43. 영성 소흑석구 44. 오한기 오란보랍격 45. 건평 객라심동 46. 건평 수천 47. 조양 원대자 48. 조양 오가장자 49. 객좌 북산근 50. 객좌 미안구 51. 객좌 남동구 52. 능원 삼관전자 53. 능원 안장자 54. 건창 우도구 55. 건창 동대장자 56. 흥성 마권자 57. 호로도시 소황지고성 58. 요양 서왕자 59. 요양 신성 60. 본계 상보 61. 심양 열료로 62. 무순 연화보 63. 철령 구대 64. 사평 이룡호 65. 보란점 고려채 66. 여순 윤가촌·목양성

조양(朝陽) 원대자(袁臺子) 유적에서는 무류(戊類)·기류(己類)·경류(庚類) 무덤에서 연계 유물이 출토되었다. 이 중 무류 무덤은 총 19기가 확인되었다. 남-북향의 토광목관곽묘이며, 무

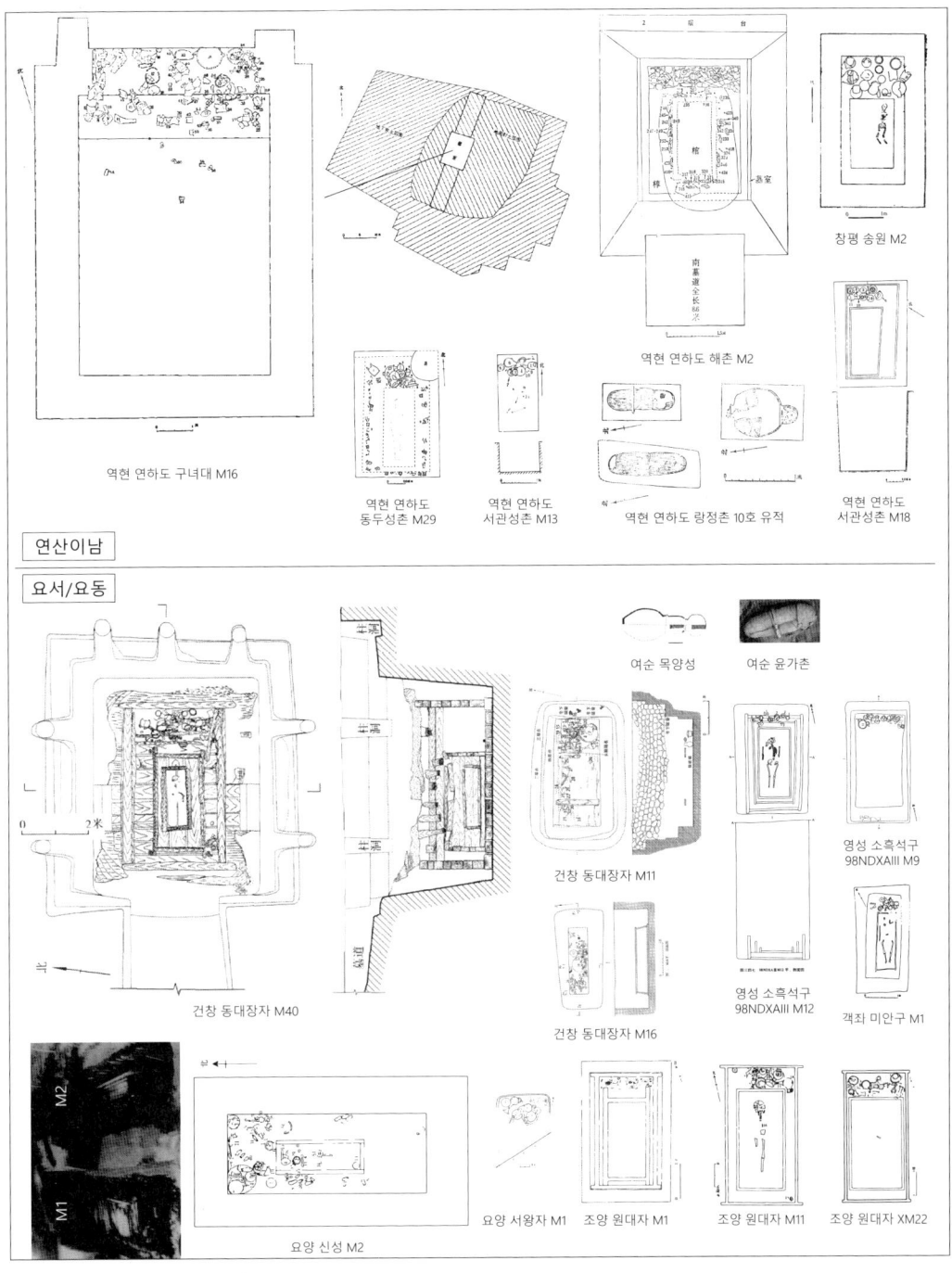

〈도면 12〉 연계 무덤 비교도

덤 규모는 묘광을 기준으로 크게는 길이 4m, 너비 2.3m, 작게는 길이 2.8m, 너비 1.4m 정도이다. 목곽의 평면 형태는 'Ⅱ', '口' 2종류가 있으며, 목관은 대부분 '口' 형태이다. 관곽 사이에 정, 두, 호, 반, 이 조합을 기본으로 하는 토제 예기와 재지계 이중구연점토대토기 등이 안치된다. 동대구와 소석판, 명도전 등도 출토된다.

심양(瀋陽) 열료로(熱鬧路) 유적에서 토광목관곽묘 1기가 확인되었으며, 무덤의 규모는 길이 2.2m, 너비 1.4m이다. 관 북측에 설치된 벽감(壁龕)에서 토기 정, 호, 반, 이가 출토되었다.

요양(遼陽) 신성(新城) 유적에서는 부부 이혈합장묘(異穴合葬墓)가 확인되었다. 무덤 2기가 병렬로 배치되어 있으며, 토광목관곽묘이다. 목곽과 묘광 사이에는 회반죽과 강돌 및 황토를 채웠다. 동편에 위치한 2호 무덤의 규모는 길이 7.5m, 너비 4.3m이다. 관 내에서는 칠기 합(漆盒) 2점, 옥원(玉瑗) 1점, 칠기 부채, 옥 장식품, 대나무 침 등이 출토되었다. 부곽(副槨)에서는 토기 호, 관(罐), 발(鉢), 칠기 종(鐘), 칠기 이배(耳杯), 청동 정, 감(鑑), 솥(銅) 등이 출토되었다. 관 바깥에서는 청동 분(盆), 작(爵), 등잔, 나무로 만든 소형 마차, 말, 인형(木勇) 등이 출토되었다.

요양 서왕자(徐往子) 유적에서 토광묘가 확인되었으나 남반부는 이미 파괴된 상태여서 길이 0.24~0.61m, 너비 1.1m, 깊이 0.9m만 확인된다. 상태가 양호한 무덤 북쪽에서 정, 력, 호형두(壺形豆), 발형두(鉢形豆), 권족반(圈足盤), 호 등 총 13점의 토제 예기가 출토되었다. 교란된 남반부에서는 청동 대구(帶鉤)와 다량의 활석 편이 출토되었다.

(2) 생활 유적

생활 유적은 주거지, 공방, 성지(城址: 성터), 수혈 등이 확인되는 유적이다. 이 중 요서와 요동지역에서 주로 발견되는 성지를 중심으로 살펴보자. 성지는 대부분 연, 진, 한 장성 내부에 분포하며 일부는 장성 바깥에서도 확인된다. 성의 평면 구조는 대부분 방형 혹은 장방형이다. 성벽은 판축법으로 축조되었으며, 성터의 면적은 비교적 작은 편이다. 일부 성터의 주변에는 무덤군이 분포하기도 한다. 대체로 요서지역의 능원(凌源), 객좌, 건평(建平), 건창 일대에 집중되어 있으며, 요동지역에서도 일부 확인된다.

전국시대 연나라에 의해 수축되기 시작한 성은 지금까지 약 20여 기 내외가 확인되었다고 하지만 대부분 지표 조사를 통해 확인된 것이다. 때문에 성의 축성이 전국시기 연나라에 의해 축조된 것인지, 진나라 또는 한나라에 의해 축조된 것인지 불명확한 것이 많다. 대표적인 성지 유적을 소개하면 다음과 같다.

적봉 영성현(寧城縣) 흑성고성(黑城古城)은 대·중·소 3개의 성으로 이루어져 있으며, 제일 바깥으로 '외나성(外羅城)'으로 불리는 대성이 있고 내부에 중성이 위치하는데, 토양의 색이 회흑색을 띠어 '흑성'이라는 이름이 붙여졌다. 대성과 내성은 출토 유물을 근거로 진·한(秦漢)시기에 축조된 것으로 본다. 이 흑성 북쪽에는 작은 소성이 연접해 있는데, 대성의 화원(花園)으로 사용됐을 것으로 추정되어 '화성(花城)'이라고 불린다. 화성은 평면 장방형으로 남북 잔존 길이는 약 280m, 동서 폭은 약 200m이며 성 내외부에서 전국시대 토기 편과 기와 편, 명도전(明刀錢) 등이 출토되었다.

능원 안장자고성(安杖子古城)은 내성과 외성으로 이루어져 있다. 내성 북벽과 외성 북벽은 일부 중복되어 있으며, 평면은 정방형에 가깝다. 북벽의 길이는 113m, 서벽은 100m, 남벽은 80m, 동벽은 120m이다. 외성은 동서 200m, 남북 300m이다. 성 내에서는 길이 약 12.75m, 폭 4.3m의 대형 주거지가 확인되었다. 주거지 내에서 기와, 와당과 함께 토기 편, 철제 농기구, 명도전·포폐(布幣)·일화전(一化錢) 등의 화폐가 출토되었다. 주거지 부근에서는 서한시기의 와당 및 봉니(封泥) 등이 출토되었다.

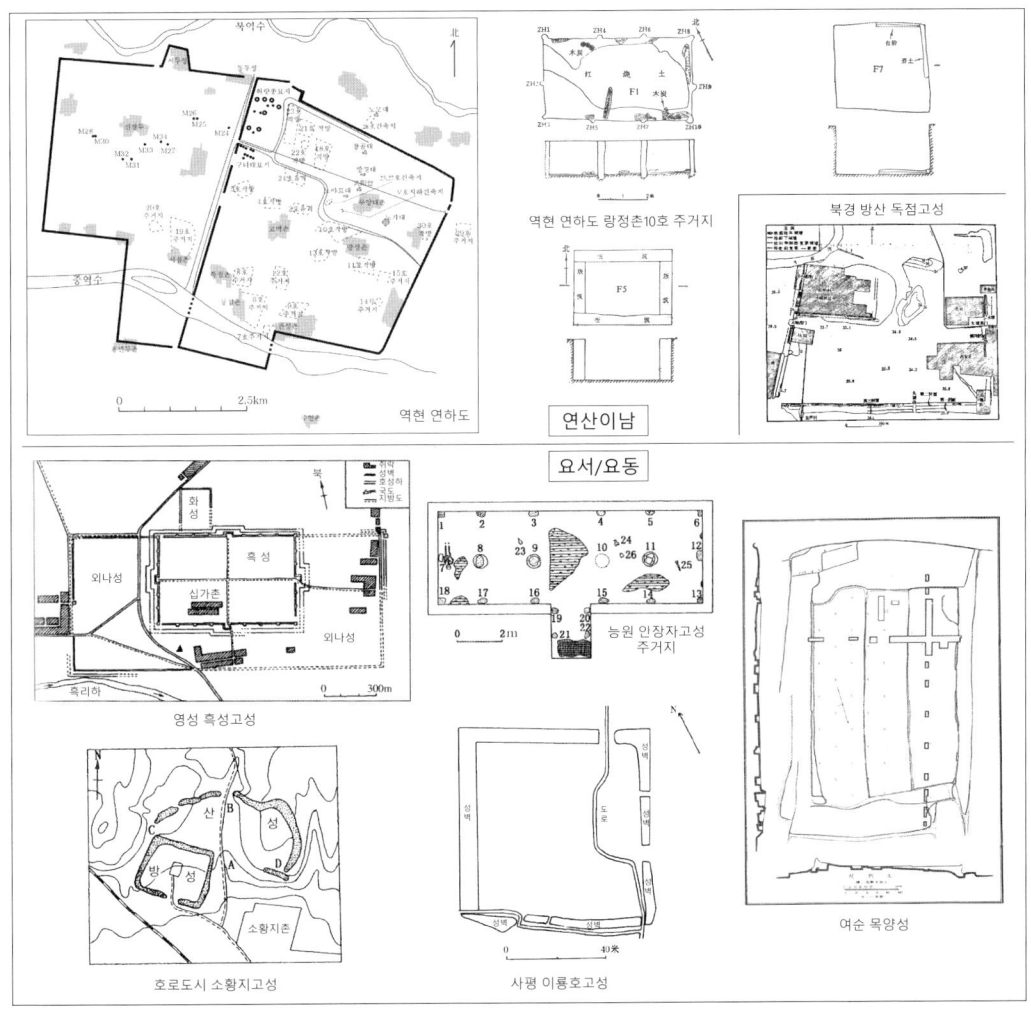

〈도면 13〉 연계 성터 및 주거지 비교도(축척부동)

호로도시(葫蘆島市) 태집둔(邰集屯) 소황지고성(小荒地古城)에서는 총 4기의 성터가 확인되었다. 산성과 방성(方城)이 서로 연결되어 있는 양 옆에 각각 소성 1기씩이 분포한다. 이 중 2기의 소성은 모두 한대(漢代) 성이고, 산성은 그보다 이른 시기일 가능성이 있다고 한다. 방성 내에서 전국 시기의 타날문 단경호, 회색 토기 등과 함께 철제 농공구가 출토되었는데, 보고서의 층위도를 보면 성벽 아래층에서 출토된 것이 대부분이어서 성벽은 실제로 전국시대보다 늦은 시기에 축조된 것으로 보인다.

사평(四平) 이룡호고성(二龍湖古城)은 연계 초기철기문화와 관련되어 가장 동북편에 위치한 유적이다. 성은 토성으로 대체로 정방형에 가까우며, 각 변의 길이는 약 200m이다. 남벽에 성문이 있고, 성문 양측의 성벽은 엇갈려 있다. 성 내부에서는 연식부(燕式釜), 다양한 형태의 타날문 단경호, 옹(甕), 두, 기와 편, 다수의 철제 농공구가 출토되었다.

여순(旅順) 목양성(牧羊城)은 요동반도 최남단의 노철산(老鐵山) 서편에 위치한다. 성은 토성으로 장방형에 가까우며 동서 90m, 남북 146m 정도이다. 성터 내부에서는 다량의 연식부, 타날문토기, 두 및 철기류가 출토되었다.

이외에 성지가 확인된 것은 아니지만 지표 조사나 발굴을 통해서 성지의 흔적을 유추할 수 있는 유적이 있다. 적봉 오한기(敖漢期) 사도만자(四道灣子) 유적은 노합하(老哈河) 남안에 위치하며, 연장성(燕長城)에서 북쪽으로 13km 정도 떨어져 있다. 유적 범위는 동서 100m 정도이며 남북 500m 이상이다. 유적 서남쪽에서 전국시대 옹관묘가 발견되었고, 타날문 단경호, 두, 철기류, 소량의 청동기류가 채집되었다. 이 중 토기 구연부편에 '구택도(狗澤都)'라는 도장이 찍혀 있는데, 이 '도(都)'라는 글자는 춘추전국시대의 성읍(城邑)을 의미한다고 한다. 건평(建平) 수천(水泉) 유적에서는 '양안도(陽安都)'가 찍혀 있는 토기 편이 출토되어 역시 성과 관련된 유적일 가능성이 있다고 한다. 조양(朝陽) 원대자(袁臺子) 유적에서는 '유(柳)' 또는 '유성(柳城)'이 찍힌 다량의 기와 편과 벽돌 편(磚片)이 출토되었으며, 인근의 무덤 유적에서는 '유성(酉城)'이 찍혀 있는 타날문 호(陶量器)가 출토되어 이 지역이 전국시대와 한대의 성지였을 것으로 추정하고 있다.

2) 유물

(1) 청동기

① 예기류

연산 이남의 연나라 지역에서 청동 예기는 춘추 후기와 전국 전기에 속하는 기원전 6세기~기원전 4세기 전엽의 무덤에서 주로 확인된다. 기종으로는 정(鼎), 두(豆), 호(壺), 궤(簋), 돈(敦), 반(盤), 이(匜), 수(盨) 등이 있다. 이 중 뚜껑에 막대형 뉴(紐)가 있는 두와 배신과 뚜껑이 대칭되는 타원형의 돈은 표면 문양에서도 다른 지역의 청동 예기와는 뚜렷하게 구분되어 각각 연식두(燕式豆), 연식돈(燕式敦)으로 부를 수 있다. 그 외의 청동 예기는 연나라 주변 제후국에서도 유사한 것을 찾아볼 수 있다. 이러한 청동 예기는 시기별 변화상이 비교적 뚜렷하다. 춘추 후기에는 측면 파수에 꺾임이 있고 다리가 비교적 긴 정, 개부에 T 자형 파수가 있는 두, 궤, 동체는 궤의 형태와 거의 동일하고 세 개의 다리가 달린 돈이 유행한다. 전국 전기가 되면 측면 파

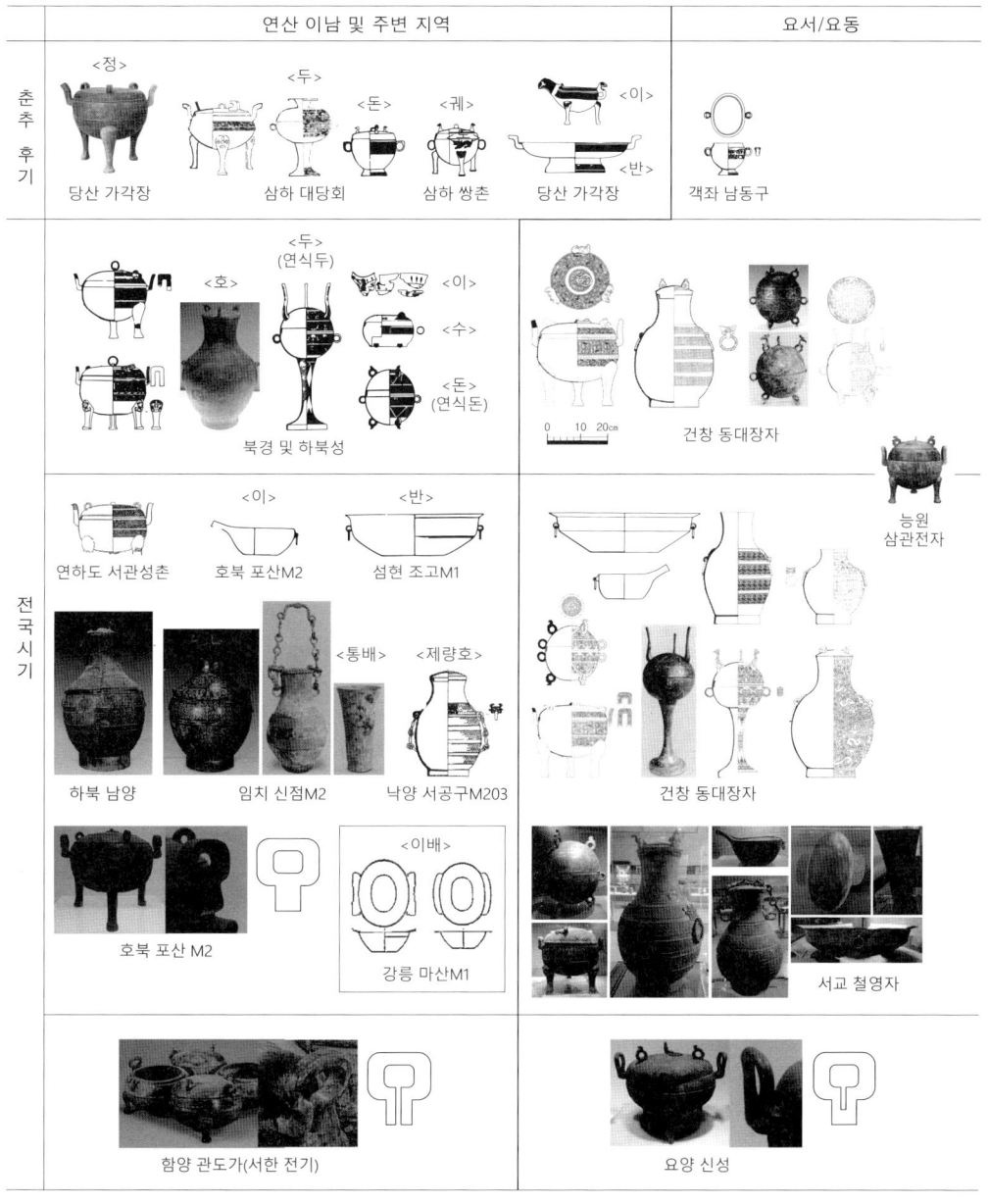

〈도면 14〉 청동 예기 비교도

수에 꺾임이 없고 다리가 비교적 짧은 정, 개부에 3개의 막대형 뉴가 있는 두, 뚜껑과 동체가 대

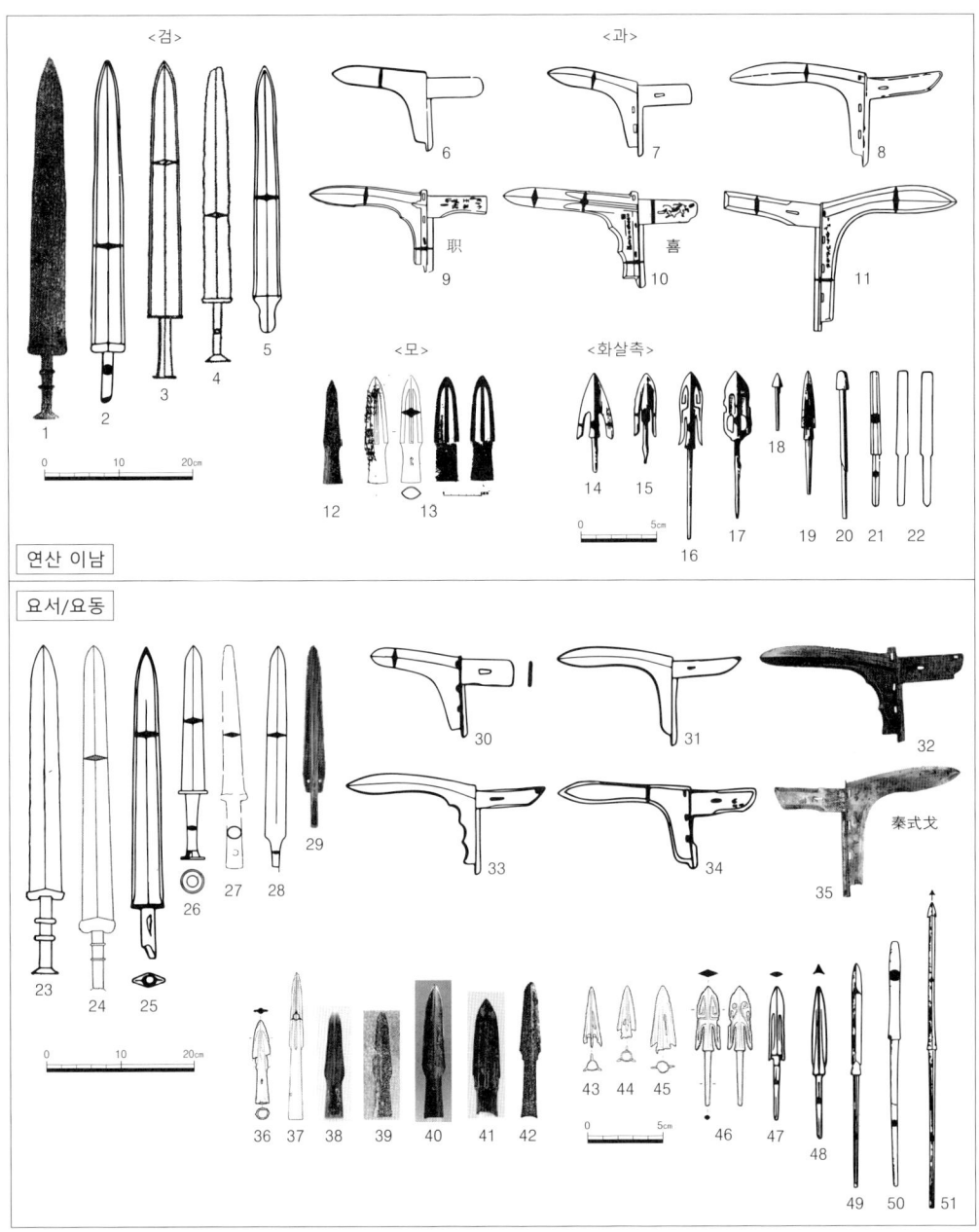

〈도면 15〉 청동 무기 비교도
1·14~20. 당산 가각장   2·5·7·8·21·22. 통현 중조보   3·4. 남교 거갈장   6. 북경 용만둔   9~13. 역현 연하도
23. 철령 구대   24. 조양 원대자   25·30. 건창 우도구   26·28. 능원 오도하자   27·31·33·36·37·43~51. 건창 동대장자
29. 북진 양갑하   32. 북표 동관영자   35. 관전 쌍산자   38. 요령성박물관   34·39. 보란점 후원대   40. 구대 조양촌
41·42. 서풍 서차구   43~51. 건창 동대장자

칭을 이루는 타원형의 돈이 유행한다. 춘추 후기에는 주로 간단한 용문(蟠虺紋, 蟠螭紋)이 주를 이루지만 전국 전기에는 구체화된 용문이 주를 이룬다.

이러한 연계 청동 예기는 요서지역의 일부 유적에서 집중적으로 출토되는데, 기원전 5세기~기원전 4세기에 걸쳐 정, 궤, 호, 연식두, 연식돈 외에 변형 연식두, 연식돈이 출토되기도 한다. 그리고 제량호(提梁壺), 무개호(無蓋壺), 이배(耳杯), 통배(筒杯) 등 연나라에서는 아직 출토된 사례가 없는 예기류도 확인된다. 전국 후기인 기원전 3세기 이후부터는 청동 예기가 거의 출토되지 않으나 요양 신성 M2에서 유일하게 정과 등잔이 출토된다.

② 무기류

연나라 무기류는 동검(銅劍), 동과(銅戈), 동모(銅矛)가 대표적이며 대체로 중원지역에서 유행하던 것과 유사하여 연계로 특정하기보다는 중원계 무기류로 부를 수 있다. 대부분 무덤에서 출토된다. 동검은 기본적으로 검신이 직인(直刃)이며 검신과 검 손잡이의 경계에 검격(劍格)이 없는 것과 있는 것으로 구분된다. 대체로 요서지역에서 주로 확인된다. 동과는 가로 날(援) 부분이 직인(直刃)인지 곡인(曲刃)인지에 따라 크게 2종류로 구분할 수 있다. 직원과(直援戈)는 크기가 상대적으로 작고 봉부가 둥그스름하며, 곡원과(曲援戈)는 크기가 상대적으로 크고 봉부는 뾰족한 원형이다. 직원과는 춘추 말~전국 중기에 주로 확인되며, 곡원과는 전국 전기부터 출현하여 점차 수직 날(胡)이 발달하고 동과 자루에 결속되는 내(內) 부분의 날도 발달한다. 한편 요동지역에서는 전국 후기 형식의 삼진(三晉) 또는 진(秦) 형식의 동과가 출토되기도 한다. 동모는 신부의 형태에 따라 삼익형(三翼形), 능형(菱形), 척릉형(脊菱形) 등으로 구분할 수 있는데, 늦은 형식인 척릉형 동모에는 연나라 왕 이름이 새겨져 있기도 하다. 동촉은 다양한 형식이 확인된다. 화살대와의 착장 구조에 따라 유공식(有銎式)과 유경식(有莖式)으로 대별되며, 날의 개수에 따라 삼익(三翼), 양익(兩翼) 등으로 구분된다.

(2) 토기

① 예기류

연나라의 토제 예기는 대체로 전국 전기의 무덤에서 출토하며 전국 중기·후기에 주를 이룬다. 그 형태가 다양하고 무덤에 부장되는 조합 양상도 다양하다. 연나라와 중국 동북지역에서 출토되는 주요 토제 예기는 개정(蓋鼎), 개원호(蓋圓壺), 개방호(蓋方壺), 소구호(小口壺), 개두(蓋豆), 반, 이가 주를 이룬다. 이들은 일정한 변화 양상을 보이는데, 개정은 개부 뉴의 개수가 1개에서 3개로 변화하고, 뉴의 형태는 원형에서 웅크린 동물형, 고개를 든 동물형, 화염형으로 변화한다. 동체는 부정형에서 점차 원형, 장방형으로 정형화되며, 측면 파수는 점차 길게 뻗친다. 개두는 개부의 뉴가 T 자형에서 막대형으로 변하며, 얕은 배신은 점차 깊어지고 반구형

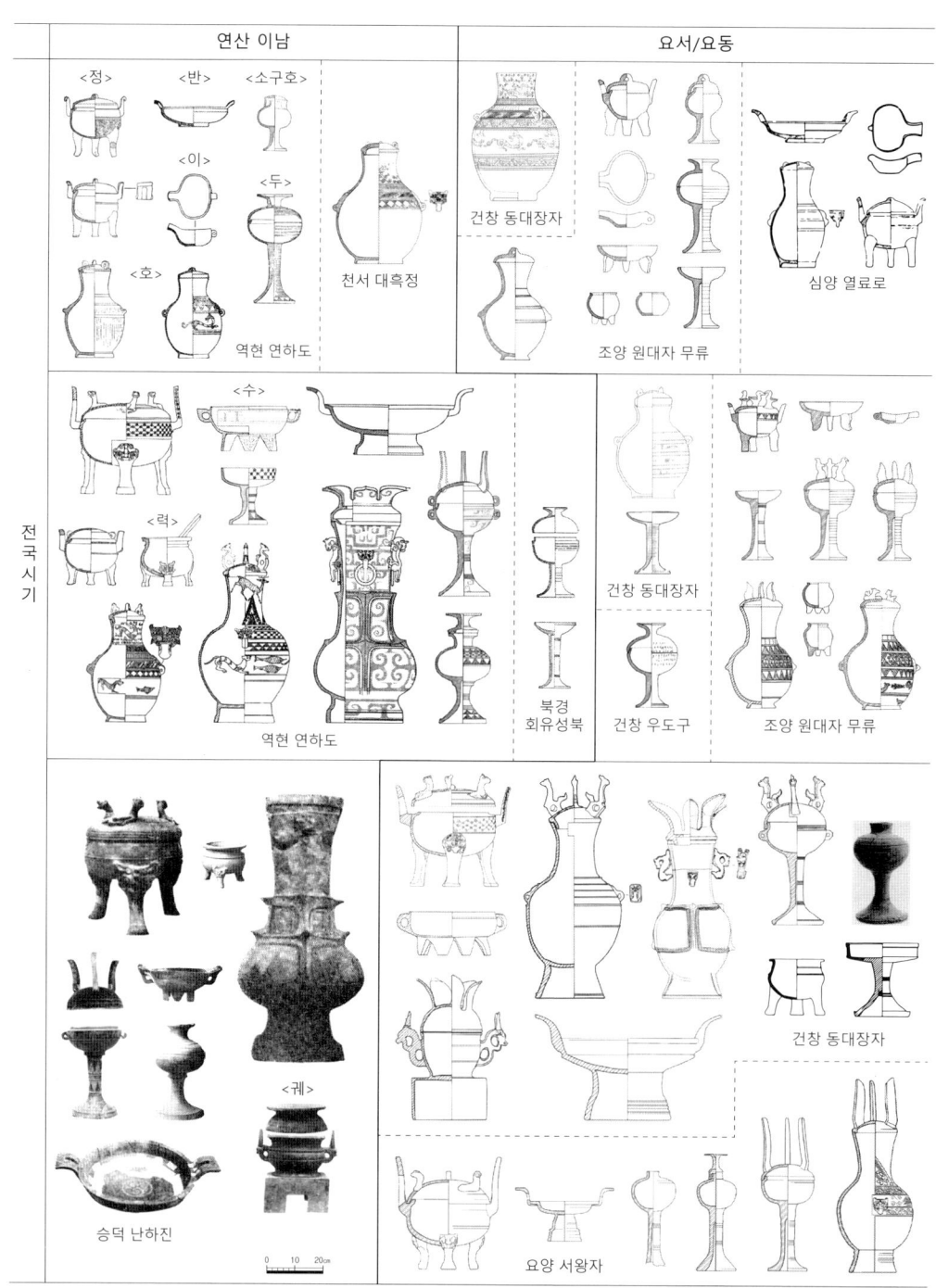

〈도면 16〉 토제 예기 비교도

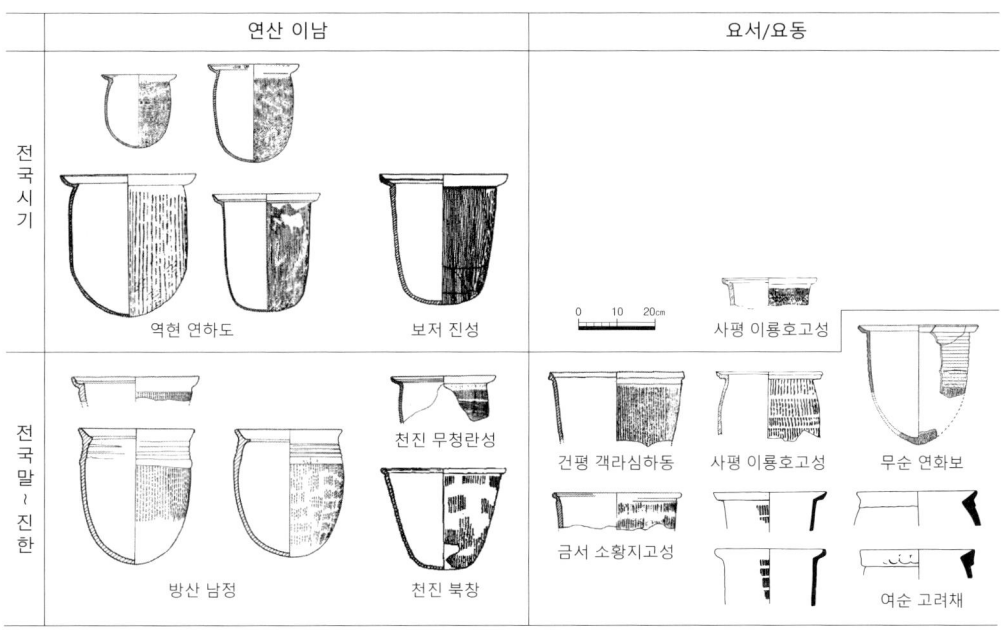

〈도면 17〉 연식부 비교도(10, 11 축척부동)

으로 변한다. 개원호는 개부 뉴의 개수가 정(鼎)과 마찬가지로 1개에서 3개로 변하고, 뉴의 형태는 원형→운형(雲形)→장대화된 운형, 새 모양(鳥形)으로 변화한다. 반과 호(개원호, 개방호)의 굽이 점차 높아지고, 이의 경우 손잡이가 새 모양으로 변하며, 3개의 다리가 부착되는 한편, 동체의 평면이 타원형에서 삼각형에 가까운 타원형으로 변화한다. 소구호는 개부에 T 자형 파수가 생긴다. 동북지역에서 출토되는 토제 예기도 대체로 위의 변화 규칙을 따르고 있으나, 세부적으로 기형과 문양에 차이가 존재하기도 한다.

② 생활 토기류

연나라의 생활 토기는 활석혼입계(滑石混入系)의 취사 용기인 연식력(燕式鬲)과 연식부(燕式釜), 니질 회도계(泥質灰陶系)의 타날문 단경호가 대표적이다. 이 중 연식부와 타날문 단경호는 중국 동북지역에서도 폭넓게 출토된다. 연식력은 다리가 세 개 부착된 취사 용기로 연나라에서는 춘추 시기부터 출현하여 전국 시기에 보편적으로 사용된다. 대체로 동체의 저부가 둥근 곡선에서 전국 후기에는 편평하게 변하며, 표면의 승문도 교차 타날에서 수직의 한 방향으로 변하는 경향을 보인다. 연식부는 다리가 없고 저부가 둥글거나 편평한 형태로 연식력과 거의 동일한 바탕흙을 사용하여 성형하며, 표면 승문의 타날 역시 비슷하다. 전국 전기부터 출현하여 연식력과 함께 전국 전 시기에 걸쳐 보편적으로 사용되며 전한 시기까지 이어진다. 연식부는 동체 측면이 곡선으로 내려가는 것과 사선으로 내려가는 것 두 형식으로 구분할 수 있으며, 이 중

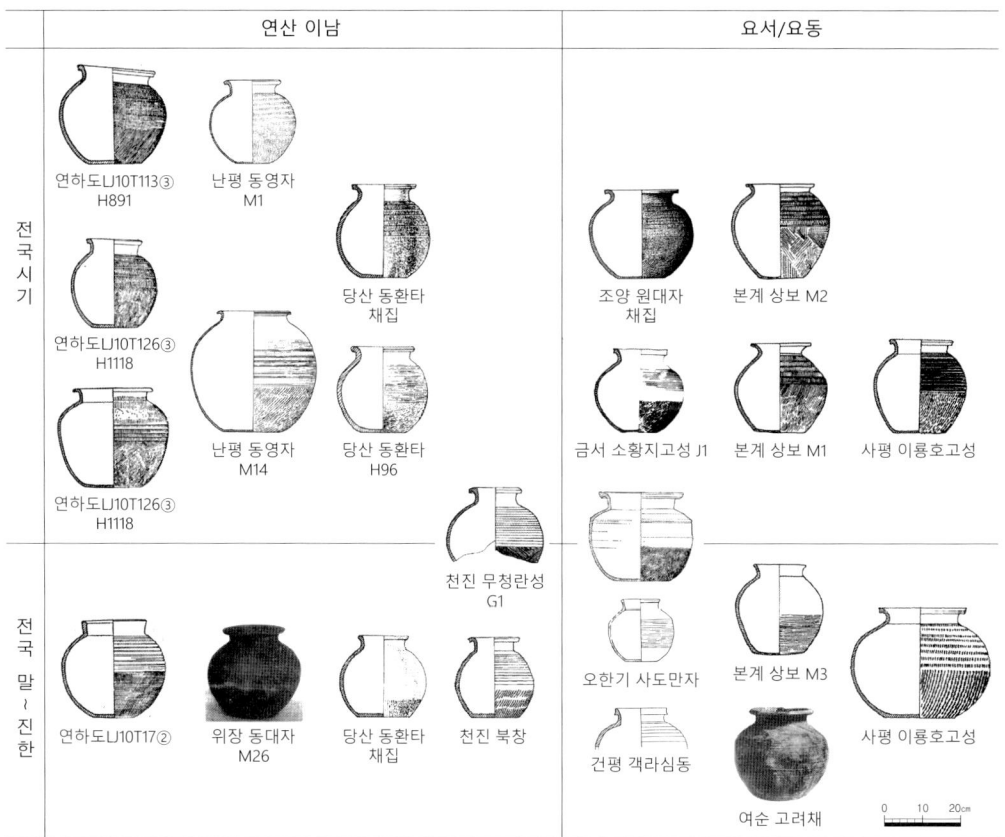

〈도면 18〉 타날문 단경호 비교도

곡선으로 내려가는 것은 전국 말기부터 표면의 승문이 점차 감소하는 양상을 보인다. 타날문 단경호는 동체에 비해 목이 넓고 길이가 짧으며 동체의 배가 부른 형태가 중국 동북지역에서 자주 확인되는 기형이다. 전국 말기부터는 표면의 승문이 축약되는 경향이 있다.

(3) 철기

연나라의 철기는 공구류와 무기류로 구분된다. 그러나 요서·요동지역에서 무기류는 거의 출토되지 않고 철제 농공구류가 주를 이룬다.

자루를 끼우는 구멍(銎部)이 있는 도구는 기능별로 분(錛: 자귀)이나 곽(钁: 괭이), 산(鏟: 큰 자귀), 삽(鍤: 가래) 등으로 세분하기도 하는데, 분과 곽은 실제 형태상으로 큰 차이가 없어 같은 기종으로 보아도 무방하여 철부(鐵斧)로 통칭하는 것이 일반적이다. 철부는 크기에 따라 대형과 소형으로 구분할 수 있으며, 자루 구멍의 단면이 사다리꼴형에서 장방형으로 변하고, 날 부분은 직선에 가까운 형태에서 점차 곡선을 띠며 넓어지는 형태로 변화하는 경향이 있다고 하지만 일률적인 현상은 아니다. 전국 시기에는 주로 주조 철부가 사용되며 한대에는 주로 단조 철부가 사용되는 것으로 알려져 있다.

철초(鐵鍬: 가래)는 긴 나무 자루에 연결해서 사용하는 도구로 가장 기본적인 농구이다. 그러나 연구자에 따라 서(鋤: 호미), 삽(鍤), 궐(钁: 괭이) 등과 혼용해서 쓰기 때문에 다소 혼란이 있다. 철초는 평면 형태를 기준으로 육각형, 장방형, 오치형(五齒形), 삼치형(三齒形) 등으로 구분된다. 대체로 전국시대 중·후기부터 출현하며, 형태 변화가 뚜렷하지는 않지만 오치형보다 삼치형이 나중에 출현한다.

철겸(鐵鎌: 낫)은 풀이나 가지를 베는 용도의 농구이며, 석겸→청동겸→철겸의 발전 단계를 거쳐왔다. 평면은 현재의 낫처럼 곡선형을 띠며, 날의 길이가 점차 길어지고, 자루를 장착하는 부분이 발달하는 것으로 생각된다. 요서·요동지역에는 대체로 후자의 형태가 주로 확인된다.

철착(鐵鑿: 끌)은 목재를 다듬거나 구멍을 뚫는 용도 또는 땅을 굴착하는 용도로 사용되는 도구이다. 철겸과 마찬가지로 석착→청동착→철착의 발전 단계를 거친 것으로 보인다. 철착은 자루를 끼우는 구멍과 날의 측면 형태를 기준으로 분류하기도 하지만 전반적으로 형태 변화가 뚜렷하지는 않다. 주조품과 단조품이 있으며, 전국시대에는 주조품이 유행한다.

환두도자(環頭刀子)는 다양한 용도로 사용할 수 있으며, 손잡이 끝부분에 원형에 가까운 고리가 형성되어 있다. 초기의 철제 환두도자는 청동 도자를 모방한 형태이다. 주조품에서 단조품으로 변화하며 이에 따라 고리 부분의 형태에도 변화가 있다. 초기형은 타원형에 가깝고 이

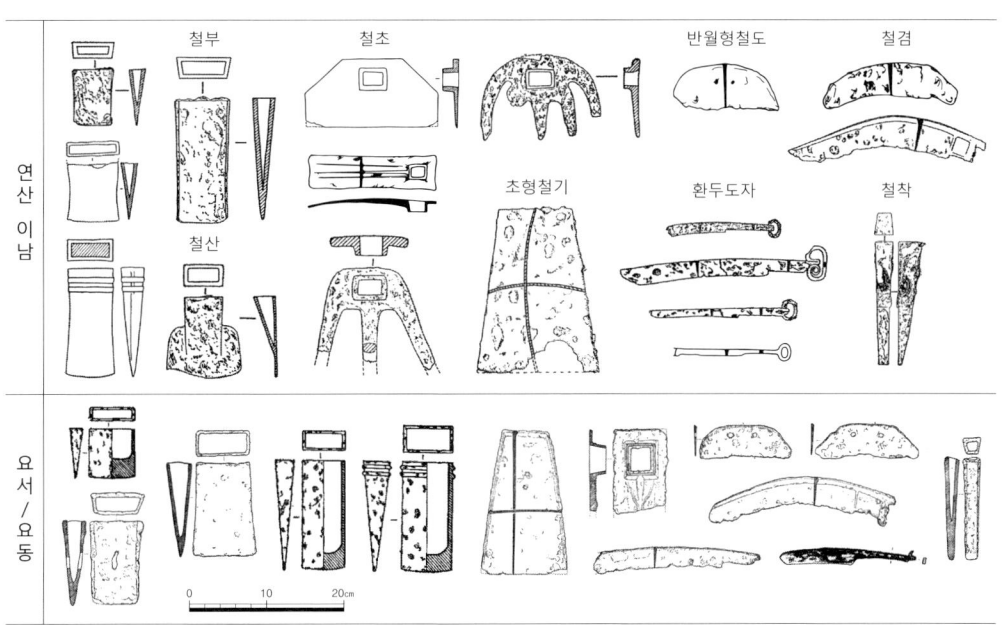

〈도면 19〉 철제 농공구 비교도(김상민 2020의 내용을 기초로 작성)

후 손잡이 끝이 돌출되어 있는 형태로 변화하고, 단조품은 손잡이 끝에서 고리를 접은 후 말아 올린 형태로 변화하는 것으로 알려져 있으며, 동시에 손잡이와 칼등이 직선형으로 변하는 경향도 보인다.

(4) 화폐

명도전(明刀錢)은 납작한 손칼 모양으로 생긴 화폐(刀幣)의 일종이다. 청동으로 주조되며 앞면에 '명(明)' 자가 있어서 붙여진 이름이다. 뒷면은 명문이 없거나 숫자, 간지(干支), 좌(左)·우(右)·행(行) 등 방향과 관련된 글자가 하나 또는 둘 이상으로 조합되어 있다. 뒷면의 숫자는 화폐의 중량 단위, 간지는 주조 연대, 좌·우·행 등은 주조 지역과 관련 있다.

명도전이라는 명칭은 앞면의 명문의 형태(刃, ⊙)를 상형문자의 일(日), 월(月)이 조합된 것으로 이해하여 '명(明)'으로 해석하였기에 붙여졌다. 명문을 해석하는 견해에 따라 언도전(匽刀錢), 역도전(易刀錢)으로 부르기도 하지만 여기서는 명도전으로 통일한다.

명도전은 머리(칼날 끝부분), 몸(칼날), 자루 세 부분으로 구성되어 있는데, 칼몸과 칼자루가 이어지는 등 부분의 각도와 '明' 자의 서체를 기준으로 시간성을 가늠한다. 대체로 칼몸과 칼자루가 이어지는 등 부분이 곡선으로 이루어져 있으면 이른 시기의 것으로, 꺾임이 있으면 늦은 시기의 것으로 파악한다. '명' 자는 '日'을 감싸고 있는 '月' 자의 아래 획이 많이 뻗어 나온 것이

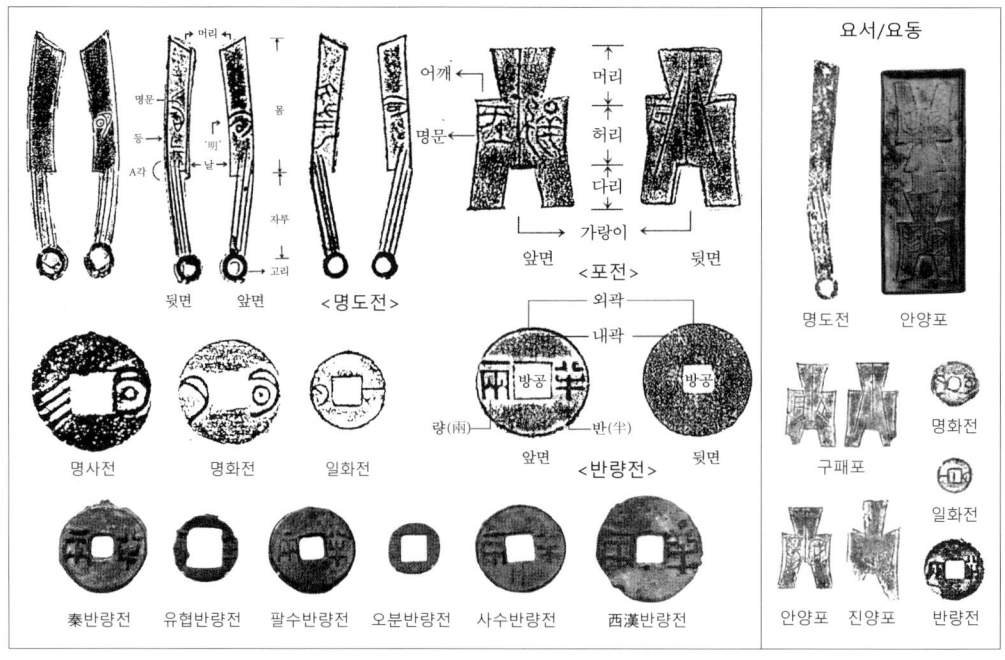

〈도면 20〉 화폐류(박선미 2009의 그림 재편집 및 가필)

이른 시기, 획이 짧아지고 전체적으로 반원형을 이루는 것이 그다음, '月' 자가 분해된 상태로 '日' 자를 감싸고 있는 것을 제일 늦은 시기로 보는 것이 일반적이다.

포전(布錢)은 중국 학계에서 보통 포폐(布幣)로 부른다. 최초에 가래·삽 형태의 농공구(鏟)를 모방하여 만든 것으로 알려져 있다. 삼진(三晉: 한나라, 위나라, 조나라) 지역을 중심으로 중국 전역에서 사용되었다. 연나라의 수도인 연하도에서 출토된 거푸집을 보면 연나라에서도 직접 주조하였으며 포전의 형태는 대체로 조나라의 영향을 받은 것으로 보인다. 포전 앞면에는 지명이 새겨져 있는데, 연나라에서는 '안양(安陽)', '양평(襄平)', '평음(平陰)', '광창(廣昌)', '한도(韓刀)', '우명사강(右明司鏹)', '의평(宜平)' 등의 지명이 새겨진 포전이 출토된다. 이 중에서 '양평'포의 수량이 가장 많은데, 요동군에서 주조한 것으로 알려져 있다. 이상의 포전은 하북성과 중국 동북지역, 한반도 서북부에서 모두 발견된다. 한편 포전은 단독으로 출토되기보다는 명도전이나 반량전 등과 함께 출토되는 경향이 있다.

원전(圓錢)은 가운데에 네모 모양의 구멍이 뚫려 있는 원형 화폐이다. 진나라의 영향을 받아 주조한 것으로서 일화전(一化錢)·명화전(眀化錢)·명사전(眀四錢)이 있다. 이들은 주조와 유통 기간이 매우 짧고 출토량과 유적 수도 적은 편이다. 명문의 서체와 형식으로 볼 때 명사전 → 명화전 → 일화전의 순서로 등장했다고 한다. 원전은 하북성 북부, 내몽고, 요령성, 길림성 및 한반도 북부에서 주로 발견되는데, 연나라의 수도인 연하도에서는 명화전 1점만이 채집되었을 뿐 연하도 주변의 하북성 중부지역에서도 아직 발견된 예가 없다.

반량전은 앞의 원전과 동일한 형태를 가지지만 앞편에 '반량(半兩)'이라는 두 글자가 쓰여 있는 점이 특징이다. 기원전 336년 진나라에서 처음 주조되었으며 전한 무제가 오수전을 만든 기원전 118년까지 사용되었다. 연나라 화폐는 아니지만 중국 동북지역의 연나라 관련 유적에서도 일부 출토된다. '반량'이라는 말은 12수(銖), 즉 '1량(兩)=24수(銖)'의 반이라는 의미이다. 그러나 반량전은 반드시 12수로 된 것은 아닌데, 시기에 따라 8수, 4수 등의 무게를 가진 반량전이 주조된 것으로 알려져 있다. 따라서 무게에 따라 팔수반량전, 사수반량전, 오분반량전 등으로 구분된다. 대체로 진나라 시기는 반량전, 한 고조(高祖) 원년(기원전 206년)은 소형 반량전, 여후(呂侯) 2년(기원전 186년)에는 팔수반량전, 문제(文帝) 전원(前元) 5년(기원전 176)년에는 사수반량전, 한 무제(武帝) 원년(기원전 140년)에는 테두리가 돌출된(有郭) 사수반량전이 주조된 것으로 알려져 있다. 한편 기원전 118년부터는 오수전(五銖錢)이 주조된다.

3. 특징과 성격

1) 연계 초기철기문화의 전개와 특징

(1) 요서지역

연계 초기철기문화가 요서·요동지역에 출현하는 양상은 그리 간단하지 않다. 요서지역은 기원전 5세기부터는 재지계 무덤에 연계 청동 예기나 토제 예기가 공반되며, 이러한 양상은 기원전 4세기까지 지속된다. 그런데 요서지역의 연계 물질문화는 지역별로 다소 차이가 있다. 대릉하가 있는 조양, 능원, 건평 지역을 요서의 중부지역으로 하고, 그 북쪽의 노로아호산 이북의 내몽고 동남부지역인 영성, 적봉, 오한기지역을 북부지역으로, 남쪽의 건창, 호로도지역을 남부지역으로 구분하여 살펴보자. 중부지역은 하북성 동북부지역과의 문화적 동질성이 확인되고, 북부지역은 하북성 북부지역과의 동질성이 확인된다. 그리고 요서의 북부와 중부, 남부지역의 연나라 요소는 서로 동질성보다는 차별성이 더욱 크다. 이는 기원전 5세기~기원전 4세기까지는 요서지역이 연산 이남의 연나라와 지리적으로 어느 정도 근접성을 가진 지역끼리 개별적으로 교류한 것으로 볼 수 있어, 요서·요동지역의 연계 초기철기문화를 연나라가 계획적·전략적으로 동쪽으로 진출한 결과로 볼 수 있는지는 현재까지 의문이다. 이러한 양상은 일부 지역에서 기원전 3세기까지도 지속된다.

한편 건창 동대장자의 기원전 4세기대 예기 부장 무덤은 연계와 재지계 유물이 한 무덤 안에서 공반되며, 공반되는 청동 예기의 경우 동 시기 연산 이남의 어느 무덤과 비교해도 훨씬 풍부한 종류와 수량을 보유한다. 동시에 일부 청동 예기는 연나라 지역에서는 확인되지 않는 것도 있어, 이는 연나라의 일방적인 진출의 결과로 보기 힘들다. 즉, 연나라와 동대장자 집단의 상호 교류에 의해 형성된 것으로 볼 수 있는 것이다.

그러나 기원전 3세기 이후가 되면 이전 시기와 달리 연나라의 전형적인 토제 예기 부장 무덤과 분명한 계승성 내지는 동질성을 가지는 동대장자 M40이라는 순수한 연나라 무덤이 등장한다. 이와 함께 연나라 유물이 주를 이루는 생활 유적이 광범위하게 출현하며 이들 유적에서는 대부분 철기가 확인된다. 특히 호로도 소황지고성은 2기 문화층의 경우 재지계 유물이 주를 이루고 있지만 전국 후기로 편년되는 3기 문화층에서는 연나라 계통의 유물로 대체되는 현상이 확인된다. 이러한 양상은 현재로서는 연나라의 전략적이고 계획적인 진출의 결과로 볼 수밖에 없을 것 같다. 또한 문헌 기록을 참고한다면 '진개의 동정'과 같은 역사 기록과 결부지어도 시기적으로나 공간적으로 큰 무리는 없다. 즉, 이 시기 문헌에 기록된 '진개의 동정'과 같은 연나라의 동진이 있었고, 이를 계기로 중국 동북지역에 연나라 생활 유적과 함께 철기가 출현한 것으로 이해할 수 있을 것이다.

(2) 요동지역

그러나 이러한 상황은 요서지역에 국한된다. 요서지역은 위에서 언급한 대로 기원전 3세기 이후 비교적 순수한 연계 초기철기문화의 생활 유적과 무덤 유적이 출현하여 마치 연나라가 요서지역을 장악한 듯한 인상을 주지만, 요동지역의 경우 천산산맥 이북에 한정해서 생활 유적과 무덤 유적에서 연나라의 생활 토기가 토착 유물과 공반되거나, 연나라의 생활 토기를 모방한 토기가 확인된다. 이러한 양상은 연나라의 중국 동북지역에 대한 영역화의 범위와도 관련이 있

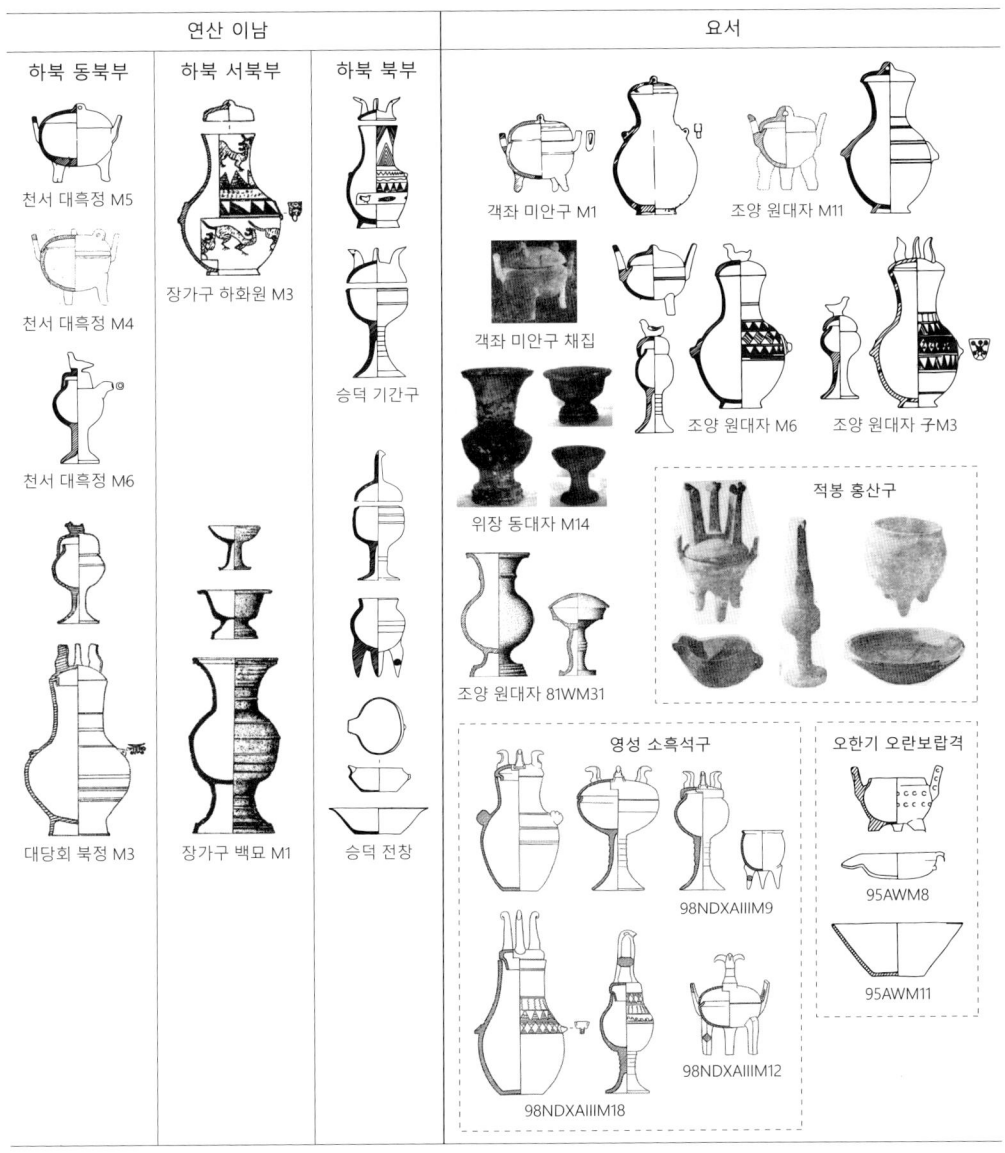

〈도면 21〉 중국 동북지역과 연산 이남 지역 토제 예기 비교도1

을 것으로 판단되는데, 기본적으로 요서지역은 어느 정도 영역화에 성공한 반면 요동지역은 재지의 문화 속에 융합되는 양상을 보여 영역화에 성공했다고 말하기 힘든 실정이다.

연산 이남				요서/요동	
연하도	북경	하북 서북부	하북 북부	요서	요동
동두성촌 M29 구녀대 M16	창평 송원 M1·M2	적성 반벽점	승덕 난평	건창 동대장자	요양 서왕자

〈도면 22〉 중국 동북지역과 연산 이남 지역 토제 예기 비교도2

그러다가 요동의 요양지역에 서왕자, 신성 무덤처럼 동대장자 M40과 연속성을 가지는 연나라 최상위층 무덤이 조영되고, 연나라 관련 생활 유적은 천산산맥 이남의 요동반도까지 확장된다. 즉, 이 시기에 요양지역을 중심으로 연나라 집단의 진출이 한 차례 있었던 것으로 판단된다. 그러나 이 시기 요동지역은 요서지역처럼 연계 초기철기문화가 재지의 문화를 대체하는 상황은 발생하지 않는다. 요동지역의 경우의 생활 유적은 거의 예외 없이 재지계의 유물과 공반된다. 또한 이룡호고성과 같이 전형적인 연나라의 타날문토기가 확인되지만 연나라와 동일한 변화 양상을 가지지 않는다든지, 연화보와 고려채 유적처럼 변형된 연식부가 출현한다든지 요동지역에서는 전형적인 연나라 유물이 다소 변형된 형태로 존재하기도 한다.

2) 철기의 전개와 특징

연계 철기의 중국 동북지역에서의 출현은 한반도와 일본 열도 초기철기문화의 상한을 결정하는 중요한 근거가 된다. 연산 이남 지역에서 기원전 4세기대까지 연계 철기류가 출토되는 범위는 연하도와 그 인근에 국한된다. 이 시기는 연하도 내에서도 철기의 소유와 생산은 특정 계층에 한정되어 있었을 것으로 생각된다. 그러나 기원전 3세기 이후 연하도 내 취락에서는 다양한 철기류가 출토되기 시작하는데, 철기가 본격적으로 대량 생산되었을 것으로 보인다. 연하도뿐만 아니라 다양한 거푸집이 출토된 하북성 흥륭(興隆) 수왕분(壽王墳) 유적을 통해서 이를

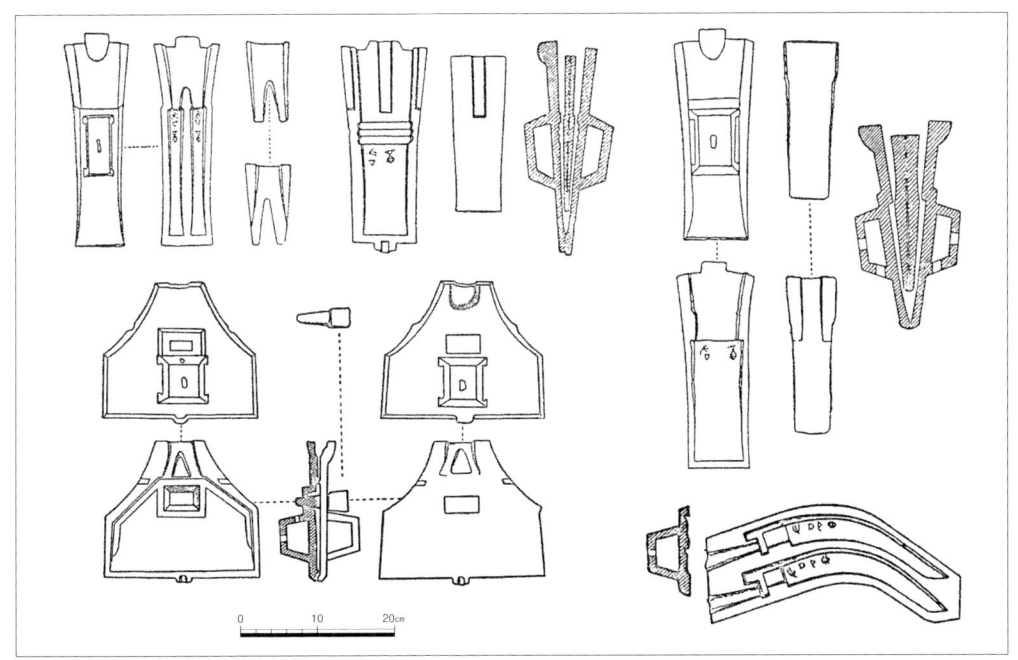

〈도면 23〉 흥륭 수왕분 출토 철기 용범

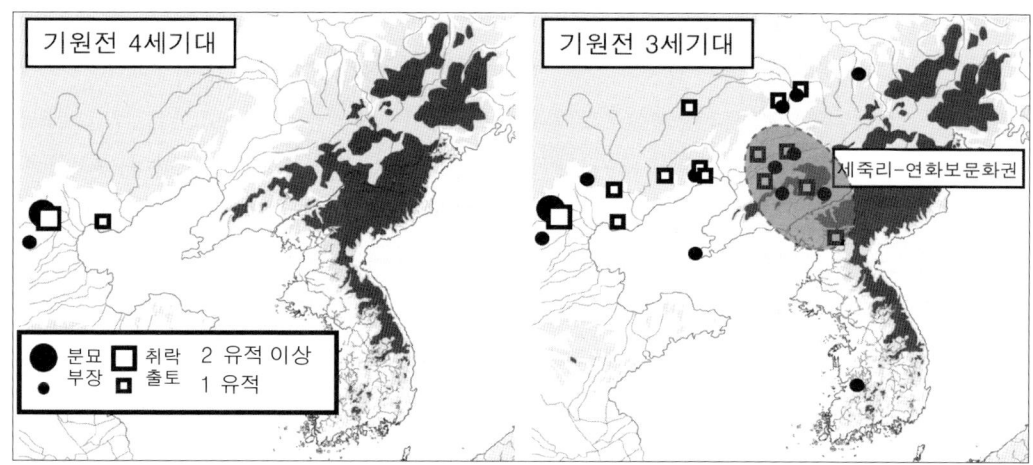

〈도면 24〉 기원전 4세기~기원전 3세기 연나라 생산 철기의 분포와 세죽리-연화보문화권(김상민 2018)

짐작할 수 있다.

　요서·요동지역에서 출토되는 철기는 연산 이남에서 기원전 5·4세기대에 출토되는 것과 유사하기 때문에 철기 자체의 연대만 보았을 때는 기원전 3세기 이전까지 올라갈 수 있지만, 연산 이남지역의 상황과 실제 공반된 유물들의 연대를 고려하면 기원전 3세기 이후에야 비로소 출현하는 것으로 보인다. 그리고 요서와 요동의 철기 출토 양상에는 차이가 있다. 요서지역은 생활 유적에서 철기가 출토되는 경향을 보이지만, 요동지역은 생활 유적뿐만 아니라 무덤 유적에서도 철기가 출토된다. 특히 요동지역의 경우 연계 철기 및 명도전 등과 함께 재지계 물질문화가 혼재된 형태인 세죽리-연화보유형에서 확인되는 것이 특징이다.

　이러한 지역별 차이점은 연나라의 요서·요동에 대한 대응 방식의 차이에서 기인하는 것으로 보인다. 요서지역의 우북평군으로 상정되는 능원 안장자고성과 같은 성지는 중원과 동북지역을 연결하는 중개지(仲介地) 역할을 하는 지역 거점이었을 가능성이 높다. 이러한 지역 거점을 통해 철기가 관리되고 통제되었기 때문에 요동지역처럼 무덤에 부장되는 상황은 발생하기 어려운 것이다.

　반면 요동지역의 철기는 연나라 장성 관련 유적과 인접한 지역에서 출토되는 사례가 많으며, 요동군으로 상정되는 요양시 일대와 그 주변에서는 철기가 출토되지 않는다. 요서지역과 달리 철기가 출현 시부터 부장품으로 출토되는데, 철기와 명도전 등 연계 물질문화와 재지계 동검, 토기류 등이 공반된다. 이는 연나라가 재지 집단과의 연대를 강화함으로써 해당 지역의 안정화를 도모하기 위한 방책으로 철기가 사용되었고, 재지 집단에서는 그 철기를 위신재로 사용하였기 때문으로 보인다. 이러한 예는 길림과 한반도 남부와 같이 연나라의 직접적인 영향력을 상정하기 어려운 지역에서도 관찰된다.

이러한 현상은 철기 자체에서도 엿보인다. 요서지역까지는 기본적으로 연산 이남 지역의 철기 양상과 크게 다른 점이 없지만 요동지역은 주조철부에서 형지공이 확인되는 등 연산 이남 지역이나 요서지역의 주조철부 제작 기법과는 차이가 있고, 중국 동북지역의 청동기문화에서 존재하던 반월형석도가 철기화되기도 한다. 때문에 '세죽리-연화보'유형으로 대표되는 재지계 집단이 자체적으로 철기를 생산, 확산시켰다는 견해도 성립할 가능성이 있다. 한편 요동지역의 철기는 처음부터 요동이 재지 집단이 생산하지는 않았을 것이다. 아마 비록 연나라의 지배권역에 포함되지는 않았지만 연나라의 영향으로 철기를 보급받기도 하고, 재지 집단과 연나라의 지속적인 융합 속에서 요동지역의 특징적인 철기류가 생산되었을 것이다.

3) 장성의 축조

연나라 장성은 연북장성(燕北長城)과 연남장성(燕南長城)이 있다. 이 중 연북장성이 우리가 흔히 말하는 중국 동북지역에 수축된 연장성이다.『사기』「흉노열전」의 기록을 참고하면 연북장성은 '조양(造陽)~양평(襄平)' 구간에 걸쳐 축조되었다고 한다. 그 위치에 대해서 여러 가지 의견이 있으나, 조양은 지금의 하북성 회래(懷來), 하북성 장가구(張家口) 동북, 하북성 선화(宣化) 북쪽의 독석구(獨石口)에서 내몽고 정란기(正蘭旗) 난하(灤河) 일대, 장가구와 선화 일대 등으로 추정된다. 양평에 대해서는 대체로 요령성 요양(遼陽)으로 파악한다.

그러나 1980년대 현지 조사 결과가 발표되면서 연북장성은 하나의 단일한 노선만 있는 것이 아닌 것으로 밝혀졌다. 연북장성은 적봉을 기준으로 그 북쪽을 지나는 적북장성(赤北長城)과 남쪽을 지나는 적남장성(赤南長城)으로 이루어져 있는데, 적북장성을 연북외선장성(燕北外線長城)으로, 적남장성은 연북내선장성(燕北內線長城)으로 부르기도 한다.

이 중 연북외선장성은 대체로 진대(秦代)의 유물이 집중 분포하고 있어 통일 후 진장성으로 추정되지만 상한은 진 통일 이전 연나라 시기까지 올라가는 것으로 본다. 주향은 적봉시 북부를 지나 영금하(英金河) 북안을 따라 축조되었고, 적봉 북쪽을 동-서로 지나 오한기 남부에서 다소 불명확해진다. 여기에 그 동단에서 새로 발견된 장성을 서로 연결되는 것으로 상정한다면 연북외선장성의 동단은 내만기(奈曼旗) 혹은 고륜기(庫倫旗) 남부 일대까지로 추정된다.

연북내선장성은 대체로 연계 유물이 집중 분포하고 있어 진 통일 이전 연나라에 의해 축조된 것으로 추정된다. 연북외선장성에 비해 주향이 비교적 뚜렷하게 확인되고, 적봉시 남쪽을 동-서로 지나며 대체로 연북외선장성과 평행하게 축조되어 있다. 장성의 주요 분포 지역은 내몽고 객라심기(喀喇沁旗) 동편에서 시작하여 원보산(元寶山) 지역을 지나 요령성 건평(建平) 북부를 지난 후 다시 내몽고 오한기(敖漢旗) 남부를 거쳐 요령성 북표시(北票市) 북부, 부신시(阜新市)로 이어진다. 서로는 하북성 북부의 위장(圍場), 고원(沽原)을 지나 장가구시 북부까지 연결

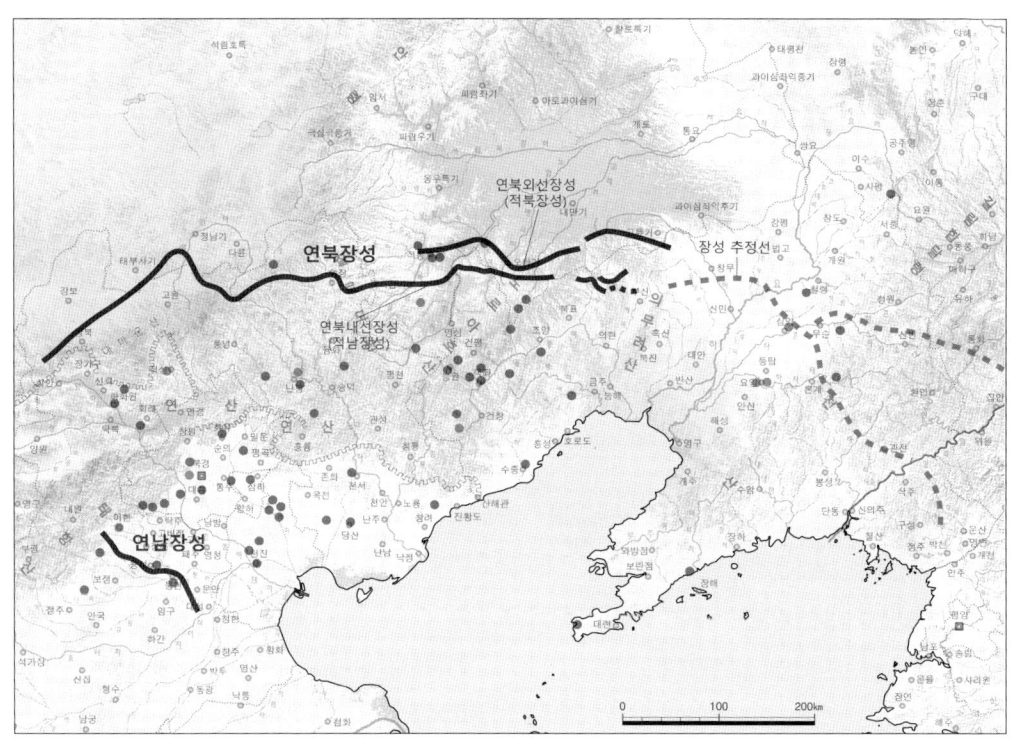

〈도면 25〉 장성 분포도(점선은 중국 학계의 추정 장성 분포선)

된다고 하나 분명하지 않다.

그리고 중국 학계에서는 북표시와 부신시 동쪽 장성에 대해 비록 명확한 장성의 흔적이 발견되지는 않지만, 부신시에 산재되어 있는 대(臺), 장(障), 성보(城堡) 등의 장성 시설물의 분포를 근거로 이들이 일직선 상에 위치하여 창무현(彰武縣)까지 이어지는 것으로 본다. 이후 신민 공주둔(公主屯)에서 동으로 심북(沈北)과 철령(鐵嶺) 지역의 남쪽으로 이어져 무순시와 본계시의 경계까지 다다른 후 혼하(渾河)의 남쪽 지류인 소사하(小沙河)와 납고하(拉古河)를 따라 동남으로 뻗어 무순 해랑(海浪)을 거친 후 본계시(本溪市)로 진입한다. 여기서 다시 동으로 관전현(寬甸縣) 북쪽 경계의 관수(灌水), 쌍산자(雙山子), 우모오(牛毛塢), 대서차(大西岔) 일선에서 압록강 서안까지 다다르는데 이곳에서 모두 초기 장성 관련 유적이 발견되었다고 한다. 이상의 연·진(燕秦) 초기 장성은 압록강을 건너 한반도 서북부의 대령강(大寧江)장성과 연결되는 것으로 추정하고 있다.

그러나 대령강장성은 북한 학계에서 보고서를 통해 이미 고려시대의 천리장성(千里長城)으로 비정하고 있어 시기적으로 맞지 않는다. 그리고 요동지역 장성의 근거로 드는 것은 연나라 명도전과 전국 시기 철제 농공구, 훼손이 심한 돈대 등 불완전한 자료들인데, 이 때문에 요동지역 장성의 분포는 중국 연구자마다, 지역별 지도집마다 각기 다른 형태를 띠게 된다.

최근에는 중국 학계 내에서도 현재 요동지역 장성 노선의 설정에 중요한 근거로 제시되는 (봉)수(烽燧), (장)새(障塞)가 반드시 장성과 관련된 시설이 아닐 수 있다는 비판이 제기되고 있다. 봉수의 본래 기능은 군사적 통신 시스템 역할이다. 따라서 봉수가 장성의 부속시설이기도 하지만, 장성의 존재 유무와 상관없이 군사 시설로서 봉수가 설치될 수도 있는 것이다. 새는 비교적 다양한 의미를 가지는데, 험한 자연지세를 이용하거나 인공적으로 축조한 보루(城堡) 시설 모두 '새'로 지칭될 수 있다. 또한 한대(漢代)에 변경에 설치한 군사 방어 시스템을 '새' 혹은 '한새(漢塞)'로 기록하고 있다. 한대에 변경에 설치한 새는 '장(障)'의 의미를 가지는데, '장'은 은폐·차폐를 위한 장벽(塞墻)의 의미 외에 좁은 의미로는 군사적 성격의 보루를 의미하고, 넓은 의미로는 수비 구역(守御區)을 의미한다. 따라서 '장'과 '새'는 방어를 위한 군사 기능 외에 둔전민(屯田民)을 보호, 관리하는 기능도 가질 수 있다. 즉, 장성 부속시설로서의 군사 방어 기능과 함께 장성과 상관없이 독립적으로 수비(鎭戍) 시스템을 구성할 수도 있는 것이다.

4) 화폐 유적의 성격

화폐는 생활 유적이나 구덩이·용기류에 매납되어 출토된다. 이 중 매납(埋納) 유적은 '퇴장(退藏) 유적'이라고도 불리며 중국에서는 보통 '교장(窖藏)'이라는 용어를 사용한다. 매납은 목적에 따라 재화의 저장을 위한 '저장 매납'과 전란이나 유사시 재화의 은닉을 위한 '퇴장 매납'으로 세분할 수 있다. 화폐 매납 유적에서 많게는 수천 매에서 적게는 수십 매의 화폐가 하나의 구덩이에서 무더기로 나오는 양상으로 발견된다. 청동기의 매납이 대체로 신앙·의례와 관련된 것이라면, 화폐 매납은 재화의 저장과 은닉을 목적으로 하며 대부분 회수(回收)를 전제로 한다.

현재까지 중국 동북지역과 한반도 서북부에서 발견된 화폐 매납 유적은 전체 화폐 유적 중 2/3가량을 차지한다. 지역적으로는 요서지역의 경우 생활 유적에서 화폐가 출토되는 예가 많지만, 요동지역과 압록강~한반도 서북부지역의 경우 생활 유적보다 매납 유적에서 화폐가 출토되는 예가 많다. 매납된 화폐의 종류는 명도전의 매납이 제일 많은데, 가지런하게 묶여 토기나 상자 같은 곳에 담긴 채 발견된다. 포전은 단독으로 매납된 경우보다는 명도전과 함께 매납된 경우가 많고, 일화전도 대부분 명도전이나 포전과 함께 매납되는 경향이 있다.

지금까지 화폐는 교역의 증거물로서가 아니라 전국시대 연·진 세력의 동진을 증명하는 표지 유물로 제시되었는데, 일본 학계에서는 중국 동북지역과 한반도 청천강 이북의 서북부에서 발견되는 명도전 유적의 성격을 퇴장유적으로 보거나 요동반도의 누상 무덤에서 출토된 명도전을 연의 동북지역 확장의 결과로 보았다. 한국 학계에서는 초기에는 일본 학계의 견해를 받아들여 화폐 유적을 『사기』에 기록된 연나라 장수 진개의 고조선 침략과 연결시킴으로써 연나라의 요동 진출에 따라 중국 본토에서 이주한 유이민들이 남긴 증거물로 해석하였다. 즉, 화폐 유적의 분포지를 연과 고조선의 강역을 가르는 기준으로 삼은 것이다. 중국 학계 역시 연·진장성이 청천강까지 이르렀다는 견해와 함께 위의 견해를 지지하는 실정이다.

그러나 연계 화폐의 사용 집단을 연나라 집단으로만 국한하는 것은 문제가 있다. 그 이유는 화폐라는 것은 기본적으로 교역을 통해 원산지에서 타 지역으로 이동할 수 있기 때문이다. 특히 요동지역의 경우 화폐 유적의 분포와 세형동검의 분포 범위가 일부 중복되는 사례도 확인되어, 요동지역 재지 집단이 수행한 일련의 교역 활동을 통해 연계 또는 중원계 화폐가 이 지역에 출현한 것으로 보는 것이 보다 합리적일 것이다. 한편 압록강 중상류~한반도 서북부의 산간 오지에서 출토되는 명도전 등의 화폐는 고조선이 원거리 모피 무역을 수행한 결과 남겨진 것이라는 견해도 있다.

참고문헌

II. 재지계 초기철기문화

〈한국어〉

金玟憬, 2014, 「遼寧地域 粘土帶土器文化의 변천과 파급」, 『韓國靑銅器學報』 15.

김재윤, 2007, 「단결-끄로우노브까문화의 기원 -토기 비교를 자료로-」, 『제31회 한국고고학전국대회 발표요지』.

金柱昊, 2017a, 「중국 중원지역 주조철기의 등장과 발전」, 『한국고고학보』 102.

_____, 2017b, 「중국동북지역 철기의 유입과 발전」, 『호남고고학보』 57.

孫璐, 2011, 「中國 東北地域 先秦時代 車馬具의 登場과 變遷」, 『한국고고학보』 81.

오강원, 2008, 『서단산문화와 길림지역의 청동기문화』, 學硏文化社.

_____, 2010a, 「燕나라 遼東郡과 東遼河 流域 土着 集團의 독특한 交流 方式, 二龍湖 城址」, 『白山學報』 88.

_____, 2010b, 「戰國時代 燕나라 燕北長城 동쪽 구간의 構造의 實體와 東端」, 『先史와古代』 33.

_____, 2011, 「기원전 3세기 遼寧 지역의 燕나라 遺物 共伴 遺蹟의 諸 類型과 燕文化와의 관계」, 『韓國上古史學報』 71.

_____, 2013, 「청동기~철기시대 요령·서북한 지역 물질문화의 전개와 고조선」, 『東洋學』 53.

유은식, 2009, 「두만강유역 초기철기문화의 변천과 연대」, 『韓國上古史學報』 64.

이종수, 2009, 『松花江유역 초기철기문화와 夫餘의 문화기원』, 주류성.

李淸圭, 2000, 「遼寧 本溪縣 上堡村 출토 銅劍과 土器에 대하여」, 『考古歷史學志』 16.

_____, 2004, 「철기시대 전기의 중국 동북과 한반도의 금속기문화 -세형동검문화를 중심으로-」, 『동북아시아 선사 및 고대사 연구의 방향』, 學硏文化社.

_____, 2005, 「靑銅器를 통해 본 古朝鮮과 주변사회」, 『북방사논총』 6.

이후석, 2008, 「中國 東北地域 細形銅劍文化 硏究 -遼寧式細形銅劍을 中心으로-」, 『崇實史學』 21.

_____, 2014, 「요동~서북한지역의세형동검문화와 고조선」, 『동북아역사논총』 44.

_____, 2015, 「요령식 세형동검문화와 고조선의 변천」, 숭실대학교 박사학위논문.

_____, 2016, 「동대장자유형의 계층 분화와 그 의미」, 『한국상고사학보』 94.

정석배, 2008, 「연해주의 초기철기문화와 한반도 - 끄로우노브까 문화를 중심으로-」, 『한국전통문화논총』 6.

趙鎭先, 2008, 「多鈕粗文鏡의 形式變遷과 地域的 發展過程」, 『韓國上古史學報』 62.

_____, 2009, 「韓國式銅戈의 登場背景과 辛庄頭 30號墓」, 『湖南考古學報』 32.

_____, 2014, 「中國 東北地域의 靑銅器文化와 古朝鮮의 位置 變動」, 『東洋學』 56.

_____, 2015, 「燕下都의 造營과 都城 機能의 變遷」, 『한국고고학보』 96.

_____, 2017, 「遼西地域의 琵琶形銅劍文化와 種族」, 『한국상고사학보』 96.

〈중국어〉

郭治中, 2000, 「水泉墓地及相關問題之探索」, 『中國考古學跨世紀的回顧與前瞻』, 科學出版社.

靳楓毅, 1982, 「論中國東北地區含曲刃靑銅短劍的文化遺存(上)」, 『考古學報』 1982-4.

＿＿＿＿＿, 1983, 「論中國東北地區含曲刃靑銅短劍的文化遺存(下)」, 『考古學報』 1983-1.

金旭東, 1992, 「東遼河流域的若干種古文化遺存」, 『考古』 1992-4.

吉林大學歷史系考古專業·吉林省博物館考古隊, 1982, 「大安漢書遺址發掘的主要收獲」, 『東北考古與歷史』 1, 文物出版社.

王靑, 2007, 「山東發現的幾把東北系靑銅短劍及相關問題」, 『考古』 2007-8.

遼寧省文物考古研究所·吉林大學邊疆考古研究中心·葫蘆島市博物館·建昌縣文物管理所, 2014, 「遼寧建昌東大杖子墓地M40的發掘」, 『考古』 2014-12.

＿＿＿, 2014, 「遼寧建昌東大杖子墓地M47的發掘」, 『考古』 2014-12.

遼寧省文物考古研究所·朝陽市博物館, 2010, 『朝陽袁臺子 -戰國西漢遺址和西周至十六國時期墓葬』, 文物出版社.

林澐, 1980, 「中國東北系銅劍初論」, 『考古學報』 1980-2.

＿＿＿, 1985, 「論團結文化」, 『北方文物』 創刊號.

鄭紹宗, 1975, 「河北省發現的靑銅短劍」, 『考古』 1975-4.

朝陽地區博物館·喀左縣文化館, 1985, 「遼寧喀左大城子眉眼溝戰國墓」, 『考古』 1985-1.

Ⅲ. 연계 초기철기문화

〈한국어〉

강인욱, 2011, 「古朝鮮의 毛皮貿易과 明刀錢」, 『한국고대사연구』 64.

郭大順·張星德, 김정열 역, 2008, 『동북문화와 유연문명(하)』, 동북아역사재단.

김상민, 2017, 「요령지역 철기문화의 전개와 한반도 초기철기문화」, 『동북아역사논총』 55.

＿＿＿＿＿, 2018, 「東北아시아 鐵器文化의 擴散과 古朝鮮」, 『한국고고학보』 107.

＿＿＿＿＿, 2020, 『동북아 초기철기문화의 성립과 고조선』, 학연문화사.

박선미, 2009, 『고조선과 동북아의 고대 화폐』, 학연문화사.

배현준, 2017, 「春秋戰國시기 燕文化의 중국동북지역 확산과 토착집단과의 관계」, 『한국고대사연구』 87.

＿＿＿＿＿, 2018, 「전국 연의 동진과 철기의 확산」, 『동북아시아철기문화연구의 새로운 움직임』, 역사공간.

白雲祥, 2012, 「戰國至西漢時期燕地的鐵器文化及其特色」, 『동아시아 고대 철기문화연구』, 국립문화재연구소.

＿＿＿＿＿, 2013, 「燕地鐵器文化的起源與發展及其東漸」, 『동아시아 고대 철기문화연구』, 국립문화재연구소.

오강원, 2006, 『비파형동검문화와 요령 지역의 청동기문화』, 청계.

＿＿＿＿＿, 2011, 「기원전 3세기 遼寧 地域의 燕나라 遺物 共伴 遺蹟의 諸 類型과 燕文化와의 관계」, 『韓國上古史學報』 71.

이후석, 2013, 「세형동검 단계 중국 동북지역의 동과와 동모」, 『한국고고학보』 87.

＿＿＿＿＿, 2015, 「기원전 4세기대 요서지역의 문화변동과 그 의미」, 『인문학연구』 28.

_____, 2016, 「동대장자유형의 계층 분화와 그 의미」, 『한국상고사학보』 94.
정인성, 2011, 「東北아시아에서 打捺文短頸壺의 擴散」, 『韓國基督敎博物館志』 7.
_____, 2016, 「燕系 鐵器文化의 擴散과 그 背景」, 『嶺南考古學報』 74.
조진선, 2011, 「동북아시아 청동기~초기철기시대 편년의 열쇠」, 『한국고고학보』 80.
홍승현, 2012, 「중국과 일본 학계의 燕·秦·漢장성 연구와 추이」, 『동북아역사논총』 35.
홍승현·송진·최진열·허인욱·이성제, 2014, 『중국 역대 장성의 연구』, 동북아역사재단.

〈중국어〉

國家文物局 主編, 2003, 『中國文物地圖集-內蒙古自治區分冊(上)』, 西安地圖出版社.
_____, 2009, 『中國文物地圖集-遼寧分冊(上)』, 西安地圖出版社.
_____, 2013, 『中國文物地圖集-河北分冊(上)』, 文物出版社.
內蒙古自治區文化廳(文物局)·內蒙古自治區文物考古研究所, 2014, 『內蒙古自治區長城資源調查報告-東南部戰國秦漢長城卷』, 文物出版.
遼寧省文物局 編著, 2017, 『遼寧省燕秦漢長城資源調查報告』, 文物出版社.
李孝聰·陳軍 主編, 2016, 『中國長城志』, 江蘇鳳凰科學技術出版社有限公司.
範恩實, 2015, 「燕秦漢東北"長城"考論──障塞烽燧線性質再分析」, 『中國邊疆史地研究』 25.
陣光 編, 1995, 『燕文化研究論文集』, 中國社會科學出版社.
河北省文物局文物工作隊, 1996, 『燕下都(上)』, 文物出版社.

중국 동북지역의
고조선문화

I. 고조선과 고고학적 문화

고조선은 중국 동북-한반도 지역의 예맥(濊貊) 종족에 속하는 다수의 정치체 중에서 가장 선진적으로 기원전 1000년기에 수백 년간 존속한 것으로 전한다. 그 중심적 위치와 그 영역에 대해서는 요서(遼西), 요동(遼東), 서북한 등으로 고정되었거나 혹은 이동하였다고 하는 다양한 의견이 제시되고 있다.

전기 고조선, 후기 고조선, 위만조선 등 각기 다른 시기의 정치체를 공통적으로 조선이라는 이름으로 부를 때 고고학적으로 설명하기 위해서는 상호 공유하는 것이 무엇이고, 어느 정도의 사회적 발전 단계에 이르러야 하는가를 제시해야 한다. 세 단계의 고조선 주민 집단이 남긴 물질문화는 일상용, 생산용, 전쟁용, 의례용 등의 각종 재질의 유물과 거주용 가옥과 장례용 무덤 등 다양하다. 그러한 유물·유구 갖춤새 중 무엇을 상호 유사성의 근거로 삼을 수 있는지 따져봐야 하는데, 또 한편으로 문헌기록 자체로 추정되는 시공간적 조건을 고려하지 않고 순전히 고고학적 자료만으로 가능한지 검토해야 한다.[1]

일정 종족 내에 다수의 '정치체(polity)'는 구성원 간에 평등한 단위집단으로 구성된 단순사회부터 불평등한 다수의 집단으로 구성된 고도의 복합사회 수준에 이르기까지 다양하다. 대체로 고조선으로 불리는 정치체(政治體)는 그중에서 어느 범주의 사회 단계에 해당되는지 논의해야 하는데, 대체로 수장사회(首長社會, chiefdom society)에서부터 왕이 다스리는 국가(state) 사회에 이르기까지 여러 단계에 걸쳐 있는 것으로 알려져 있다. 수장사회에서 국가 사회로 갈수록 중심 정치체에 위계적으로 연결되는 단위 정치체의 숫자가 많아지게 된다.

기원전 1000년기 전반 고조선의 중심 정치체의 최고 지도자는 적어도 개인적 권력을 지향하는 군장(君長)이 다스리는 수장사회가 되는 것으로 이해된다. 비슷한 시기에 산융, 동호 등 인접한 지역의 종족 혹은 정치체 또한 그 정도에 이르렀음이 다량의 청동기를 부장한 유력 개인묘 무덤을 통해서 알 수 있다.

인구 규모가 성장하면서 다른 집단과의 갈등이 발생하므로 정치체의 수장은 이에 대처하는 군사적 지휘자로서의 역할이 강조된다. 군사적인 실력을 갖춘 수장이 이끄는 정치체가 되어야 당대 중원 세력에 의해 기억되고 역사서에 기록될 가능성이 있다.

잘 알려지다시피 군사적 지도자를 입증하는 고고학적 증거는 청동기시대에 진입하여 확인

---

1 일정 지역과 시기에 토기, 석기, 청동기 등의 유물은 물론 무덤과 집자리, 기타 종교 관련 유구 등을 모두 일괄해서 일정한 형식 혹은 양식을 공통으로 보여주는 유구유물 갖춤새를 '문화'와 '유형'이라는 도구적 개념으로 설명할 수 있다. 이를 바로 민족의 하위 범주에 속하는 종족이라고 할 수 없다. 그렇다고 각기 다른 토기 문화유형을 보유한 집단을 명확하게 구분할 수 있는 '종족'이 아니더라도 고고학적으로 의미가 있는 동질적인 집단이라고 할 수 있다.

되는 청동단검 등의 무기이다. 중국 동북지방에서 한반도에 걸쳐 유행하는 동검은 슴베(莖)가 달려 자루를 별도로 장착하게 한 비파형-세형 동검으로서 이는 손잡이와 검몸을 함께 주조한 중원이나 북방 지역의 동검과 구분된다. 비파형동검은 중국 내몽고 동부와 요서지역에서부터 요동과 길림, 그리고 한반도 전역, 세형동검은 지역별로 세부 형식을 달리하면서 일본열도에까지 파급되는 분포상을 보여준다.

그러므로 고조선과 관련하여 신뢰할 만한 기록이 전하는 기원전 4세기~기원전 2세기의 후기 고조선과 위만조선은 세형동검 시기, 기원전 4세기 이전의 기록이 불분명한 전기 고조선은 비파형동검 시기에 해당한다. 앞서 지적하였듯이 청동 무기를 표지로 하여 발전된 수장사회 혹은 군사적 지도자 성격을 갖춘 군장사회로 한정하였지만, 비파형동검 시기 이전의 청동기시대, 더 나아가 신석기시대 후기까지 거슬러 올라가 기자(箕子)조선 나아가 단군조선의 실재를 인정한 논의도 있다.

군장의 성격을 가진 수장은 구하기 어려운 외래 유물이나 장엄하게 보이는 장신구, 차마구, 그리고 종교적 행사에 쓰이는 의기(儀器) 등을 숭배나 존경심을 불러들이기 위한 전략으로 활용한다. 그의 무덤에 부장된 이들 위세품(威勢品)을 통해서 지도자의 성격과 그가 이끄는 복합사회, 곧 정치체의 존재를 논의할 수 있는 것이다.

II. 동검 이전 시기

『삼국유사(三國遺事)』의 기록에 근거하여 기원전 2000년기 이전에 단군이 세운 조선이 등장하였다고 꾸준히 제기되는 주장과 맞물려 고고학적으로 신화에 등장하는 곰 토템 신앙을 갖고 있는 고아시아족의 선조가 신석기시대 빗살무늬토기문화 주민 집단과 연결된다는 관점이 있다. 또한 곰 토템을 상징하는 능원 우하량 유적의 동물 조상과 옥기 사례를 통하여 신석기시대 후기의 홍산문화에서 찾으려는 견해가 있다.

문제는 당대의 집단이 후대의 고조선에 가시적인 물질 자료를 통해서 얼마나 계승되는가를 제대로 설명해야 하는데 그렇지 못하다는 점이다. 또한 '조선'이란 정체성을 유지하기 위해서는 앞서 지적한 것처럼 단순 부족사회 수준으로서는 불가능하며, 발달된 수장사회 혹은 국가의 체제가 유지되지 않고서는 곤란하다. 기본적으로 문화의 전통이 1,000~2,000년 지속된다고 할 경우 총체적인 문화가 아니라 단편적인 문화 속성 수준에서 매우 제한적으로 가능할 뿐이다. 이를 통하여 '기원'에 대한 논의라면 몰라도 정체성을 인정할 수 있는 일정한 단계의 정치체를 논의하기는 어렵다 하겠다.

한편으로 기원전 2000년기 이전 단군조선의 실재론에 맞추어 북한 연구자들은 청동기시대 혹은 비파형동검문화의 실연대를 끌어올리고 있다. 비파형동검과 관련된 방사성탄소연대 자료가 남한에서 많이 확보되었는 바, 그 연대가 기원전 2000년기 말을 소급하지 못하고 있다. 이러한 정황으로 미루어 단군조선과 관련된 신화적인 내용을 역사적 사실로 보기 어렵다는 관점이 더욱 설득력을 갖는다 하겠다.

고조선을 설명할 때, 중국 기록에 함께 전하는 예맥에 대한 논의를 피할 수가 없다. 이에 대한 문헌사학의 관점은 다양하여, 예와 맥을 구분해서 설명하기도 하고, 아예 훨씬 후대에 만들어진 개념이라 하여 무시하기도 한다. 대체로 중국 동북지역은 물론 한반도 북부에 널리 분포한 주민 집단으로 이해하는데, 이를 입증할 수 있는 고고학적 문화로 대체로 중원 지역 혹은 북방지역과 구분되는 넓은 의미의 무문토기문화를 제시할 수 있다.

무문토기는 과거 한반도를 공간으로 한 청동기시대 토기로서 신석기시대 유문토기에 대조되는 개념이지만, 기형과 제작 방법 등에서 그 조형(祖形)으로 인정되는 토기군이 중국 동북지역에서 적지 않게 확인되므로 확대 적용할 수 있다. 동 무문토기문화권은 또한 후대에 비파형동검이 분포하는 권역과 거의 대응되는데, 그 대표적인 사례로서 요서지역 동부와 요동지역 북부에는 고대산문화(高臺山文化)와 신락(新樂)상층-마성자(馬城子)문화, 요동 남부에는 쌍타자3기문화(雙砣子三期文化)가 있다. 무문토기문화와 구분되는 사례로서 요서지역의 하가점하층문화(夏家店下層文化)와 그보다 늦은 위영자문화(魏營子文化)를 들 수 있는데, 이들 문화는 중원지역에서 유행하는 타날문(打捺文) 삼족기(三足器)를 표지로 한다는 점에서 차이가 있다.

하가점하층문화의 경우 홍산문화(紅山文化) 전통의 옥기와 중원계 토기를 부장한 유력 개인묘의 사례가 오한기(敖漢旗) 대전자(大甸子) 유적의 무덤에서 나타난다. 요하 상류에서는 석성(石城) 혹은 토성(土城)을 축조하여 외곽을 둘러싼 많은 성보(城堡) 마을이 확인되어 같은 시기에 중국 동북지역의 다른 문화보다 발전된 복합사회의 면모를 보여준다. 그러나 무문토기문화에 속하는 고대산문화와 달리 요동으로 확산되지 않았을 뿐만 아니라 다음 단계로 이어지는 위영자문화와는 거의 단절되다시피 한 것으로 알려져 있다.

동검이 제작·보급되기 이전의 위영자문화권에서 정형화한 형식의 청동기를 본격적으로 제작하였다고 하는 증거는 아직 없지만, 북방과 중원 문화권으로부터 유입된 여러 기종의 청동기가 다수 확인된다. 요서 남부의 흥성(興城) 양하(楊河) 유적과 요동 북부의 법고(法庫) 만유가(灣柳街) 유적에서 관공부(管銎斧), 관공과(管銎戈) 등의 북방계 무기가 다발묶음으로 발견된 바 있다. 이들 청동기는 대체로 내몽고 동부 혹은 오르도스 지역에서 흔히 보는 사례로서 위영자문화의 현지 주민이 보유한 것으로 추정되고 있지만 공반된 토기 등의 유물 갖춤새가 분명하게 확인되지 않아 단정하기 어렵다.

한편 중원계 청동기로서 요서지역의 요하(遼河) 상류와 대릉하(大陵河) 상류를 중심으로 정(鼎), 언(甗), 력(鬲), 궤(簋), 뢰(罍), 유(卣), 호(壺), 반(盤) 등의 청동 예기가 매납된 유구가 다수 확인되었다. 객좌(喀左) 북동촌(北洞村), 마창구(麻廠溝), 산만자(山灣子), 소파태구(小波太溝) 등의 사례가 그것으로 마창구 유적의 경우 한 구덩이에서는 20여 점의 사례가 발견되었다. 그 대부분은 상말주초에 속하는 것으로, 그중 다수의 예기에서 그 유래를 알 수 있는 명문이 확인된다.

그중 기후(箕侯), 고죽(孤竹) 등의 명문 있는 예기를 근거 삼아 멸망 당시 은의 제후 기자가 조선 땅으로 갔다는 후대의 기록을 뒷받침하는 것이라고 보는 관점이 있다. 한편으로 '연후(燕侯)', '백구(伯矩)' 등의 명문으로 보아 기자가 아닌 주(周) 초 연국 봉건 이후에 연의 지배층이 보유하던 것으로 그들이 요서에 진출한 사실과 관련된다고 보는 의견도 있다. 또 한편으로 매납된 예기의 출처가 일정하지 않아 현지 세력이 전리품으로 획득한 것이라는 주장도 있다. 대체로 이들 매납 청동 예기 또한 인근 지역에 무덤에서 중원계 청동기를 내는 위영자문화에 속하는 것으로 설명된다.

무엇보다도 상말주초의 중원계 청동기를 매납한 다수의 유구가 위영자문화 집단에 정확하게 대응하는지도 의문이지만, 다음의 비파형동검문화 혹은 십이대영자문화(十二臺營子文化)와 전승 관계가 있다고 볼 만한 고고학적 증거가 제대로 제시되지 못하고 있다. 따라서 기자와 고죽과 관련된 청동 예기가 있다 하더라도 후대의 고조선과 관련된 비파형동검문화와 연결된다고 보기 어려운 것이다.

요서지역의 하가점하층문화와 위영자문화가 이와 같다고 한다면, 이와 구분되는 무문토기문화는 어떠한가. 이에 속하는 대표적인 무덤 유적으로 요서 동부 고대산문화의 토광묘, 요동 북부지역 마성자문화의 동굴 무덤, 그리고 요동 남부의 쌍타자3기문화의 적석총 등이 있다. 그 편년의 근거가 명확하지 않지만, 연구자에 따라서는 기원전 2000년기의 요동지역 쌍방유형(雙房類型)의 초기 지석묘를 제시하기도 한다. 역시 비파형동검이 부장되지 않아 고조선과 직접 관련지어 설명하기가 어렵다. 다만 비파형동검 이전 단계에 요서에서 요동지역에 걸쳐 무문토기문화권의 무덤을 축조한 집단은 넓은 의미로 예맥 종족에 속하는 부족 수준의 선주민 집단으로 이해할 수 있겠다.

III. 비파형동검 시기

1. 비파형동검 전기

전국시대에 저술된 『관자(管子)』에 춘추시대(春秋時代) 제나라와 관련하여 조선이라는 기록이 나오지만, 문헌 기록상으로 서주 말(西周末) 춘추시대 혹은 기원전 1000년기 전반에 고조선의 존재는 일정 기간 인정받지 못하였다. 다만 한대 사서인 『사기(史記)』 등의 기록을 통해서 기원전 4세기 전국 연나라와 각축을 벌였던 조선의 존재가 인정되었을 뿐이다. 아울러 고조선의 연(燕) 혹은 한과의 경계로 기록된 만번한(滿潘汗), 패수(浿水)가 압록강 또는 그 이남이라는 주장이 오랫동안 인정받아 고조선 영역은 중국 동북지역에 미치지 못한 것으로 추정되어 왔다.

따라서 한반도에 분포하는 세형동검문화만 고조선에 대응되고, 중국 동북지역의 비파형동검문화는 조선과 관련이 없고 그와 함께 연의 공격 대상이었던 '동호(東胡)'의 것으로 인정되어왔다. 그러다가 연의 동진 이전에 전기 고조선이 존재하고, 적어도 만번한, 패수의 위치가 요령지역으로 비정되는 관점이 제시되면서 동 지역의 비파형동검문화가 고조선에 속한다는 의견이 제시되기 시작한 것이다.

기원전 1000년기 전반에 고조선 이외에 중국 요령지역에 분포한 종족 혹은 정치체로서 예맥은 물론 산융(山戎) 혹은 동호 등이 전하고 있다. 특히 기원전 7세기대에 연나라 북쪽에 있어 연나라에 위해를 가하다가 제 환공(齊桓公)의 공격을 받아 쇠퇴하였다는 중국 측 기록이 전하는 산융에 해당되는 고고학적 문화를 규명하는 것은 예맥과 고조선을 이해하는 데 중요하다.

종전에는 요서지역의 요하 상류와 대릉하 유역 전역에 걸쳐 하가점상층문화가 분포하는 것으로 알려져왔다. 그러나 최근에 그 유구·유물 갖춤새의 전모가 확인되면서 노로아호산(奴虜兒虎山)을 경계로 하여 그 이동 지역에 하가점상층문화와 구별되는 십이대영자문화가 분포하는 것으로 설명된다. 동검으로 보면 전자는 공병식(銎柄式)과 북방식 동검, 후자는 비파형동검을 표지로 하는바, 전자를 동호 혹은 산융, 후자를 조선 혹은 예맥에 대응시키는 것이 각각 연나라와 제나라와의 지리적 관계로 볼 때 자연스럽다. 그렇지 않고 후자를 동호 혹은 산융에 대응시키면, 요동 혹은 한반도 서북부의 예맥 혹은 고조선은 비파형동검을 다른 종족 혹은 정치체가 제작한 동검을 차용한 셈이 된다. 그러나 십이대영자문화는 동검과 함께 동경 등의 청동기는 물론 토기 갖춤새 등에서 요동지역은 물론 한반도로 전이되므로 산융 혹은 동호보다는 고조선 혹은 예맥에 대응시키는 것이 더욱 자연스럽다 하겠다.

구체적으로 살피면 대릉하 유역의 십이대영자문화에서는 점토대 구연(口緣) 혹은 이중구연의 발형 토기가 확인되지만, 중원계 토기의 특징인 삼족기(三足器)는 거의 확인되지 않는다는 점에서 요서, 요하(遼河) 상류 유역을 중심으로 한 하가점상층문화와 구별된다.

그중에서도 조양(朝陽) 십이대영자의 최상급 수장묘에서 중원은 비파형동검을 비롯하여 무기, 공구(工具), 의기와 장신구 등 각종 청동기가 확인되었다. 지역적 특색을 보여주는 형식으로 보아 현지에서 자체 생산된 것으로 추정되므로, 동 지점에 청동기 제작의 최대 공방과 나아가 중심 정치체의 존재가 있었음을 보여준다 하겠다.

이러한 대릉하 중상류의 십이대영자 무덤은 중국 동북지역의 전역에 걸쳐 당대 최상급인 하가점상층문화의 영성(寧城) 소흑석구(小黑石溝)와 남산근(南山根) 유적과 노로아호산을 사이에 두고 인접한 곳에 있다. 앞서 지적하였듯이 이들 무덤의 주인공들이 기원전 7세기 연과 대적하고 제(齊)의 공격을 받은 산융의 중심 정치체라는 추정이 가능하다. 다소 설득력이 약하지만 이를 동호라고 하고, 산융은 하북지역의 옥황묘(玉皇廟)문화에 대응시키는 주장도 있다. 그러한 최대의 청동기 생산이 이루어진 다른 문화권의 중심 정치체와 가까운 거리에서 다방면에 걸쳐 이루어진 교류와 경쟁의 상호작용이 고조선 중심 정치체로 성장할 수 있었던 큰 동인이 된 것으로 이해된다. 따라서 예맥은 십이대영자문화에 속하거나 그와 관련된 요서-요동은 물론 길림-한반도에 이르는 무문토기문화권의 집단을 가리키며, 고조선은 그 이른 단계에 대릉하 중류의 조양(朝陽)을 중심으로 한 정치체로 이해할 수 있다.

십이대영자 무덤에서 확인된 비파형동검과 다뉴기하학문경은 같은 요서지역의 대릉하 상류 유역의 건평(建平) 대랍한구(大拉罕溝), 포수영자(炮手營子) 등지의 다른 유력 개인묘에서도 동반하여 부장되는 사례가 있다. 전자가 군사적 상징물이라고 한다면 후자는 종교적인 상징물로 알려져 있으며, 양자를 부장하는 관행은 다음에 보듯이 요동은 물론 길림과 한반도 지역에도 후대에 이르기까지 수 세기 동안 지속된다. 따라서 동 단계에 군사적 혹은 종교적 제사장 성격을 띤 수장 혹은 군장이 이끄는 상위 정치체가 있고, 비파형동검만을 부장한 무덤에 대응되는 군사적 실력자가 속한 다수의 하위 정치체가 대릉하 중상류 유역에 분포하는 형국이 된다.

요동지역에서는 조롱박 모양의 토기를 기본으로 하는 신성자문화(新城子文化) 혹은 쌍방문화가 분포하는데, 이에 속하는 청동기 부장묘는 대부분 비파형동검 등의 청동기 1~2점을 부장한 석관묘 혹은 석곽묘인 것이다. 비파형동검이 부장된 쌍방 6호 무덤은 개석식(蓋石式)으로서 대형 상석(上石)을 갖춘 탁자식인 전형적인 지석묘의 범주에 벗어난다. 개주(蓋州) 일대의 대형 탁자식 지석묘 혹은 개석식 지석묘에서는 청동기가 거의 발견되지 않고 있다. 요동 남쪽 끝에서 확인되는 대련(大連) 강상(崗上) 적석무덤의 경우 일정 묘역에 중심 무덤과 딸린 무덤의 구조를 갖추고 있는 다장묘(多葬墓)이다. 비파형동검을 부장하고 있지만 부장 유물의 기종과 수량은 요서 십이대영자 유적에 비할 바가 못 된다. 다만 요동지역에서는 유일하게 본계(本溪) 양가촌(梁家村)에서 비파형동검과 조문경을 부장한 무덤이 확인된 바 있어 요서지역의 부장

관행이 요동지역에 일부나마 파급되었음을 알 수 있다.

서북한 지역에서는 팽이형토기를 표지로 한 신흥동문화가 성행했는데, 이 문화권에서도 수장 혹은 지배자의 무덤으로서 오덕리형 탁자식 지석묘 등이 있다. 요동지역의 사례와 마찬가지로 지석묘에서 동검 등의 청동기를 부장한 사례가 거의 없다시피 하다. 황해도 선암리의 사례처럼 석관묘에서 비파형동검이 발견된 사례가 있지만 이 또한 요서지역의 최상급 동검, 동경 부장묘에 크게 미치지 못한다.

따라서 고조선이 요서지역에 중심이 있다는 설은 다량의 청동기를 부장한 석곽묘 혹은 토광묘, 요동과 서북한 중심설은 소량의 청동기를 부장한 지석묘, 개석묘, 적석총 등에 초점을 맞추는 형국이 된다. 이를 사회적 발전 단계의 관점에서 보면 같은 수장사회(chiefdoms)라 하더라도 전자는 무덤에 부장된 각종 청동기로 입증되는 첨단의 야금술과 군사력을 갖추어 개인적 실력을 추구하는 군장사회, 후자는 그에 미치지 못한 군장사회이거나, 공동체 지향의 족장(族長) 사회로 설명할 수 있다.

거석 기념물의 위용을 갖춘 지석묘를 수장이 무덤으로 이해할 수 있지만 이는 공동체 지향의 초보적인 권력자인 족장이 다스리는 수장으로서 인접한 종족 혹은 정치체와 경쟁이 되지 못한다. 다만 지석묘 사회는 초보적이고 공동체 지향적인 족장이 이끄는 수장사회 집단은 토대가 되는 선고조선 혹은 고조선의 기층 주민 집단으로 이해된다.

2. 비파형동검 후기

기원전 6세기~기원전 5세기의 변형 비파형동검 시기에 고조선의 영역과 중심지가 변화했다는 기록은 물론 주장도 전하지 않는다. 그러나 고고학적으로 보면 이전과 다른 변화가 요서, 요동지역에서 확인된다. 세부 속성의 차이가 있지만 점토대토기를 표지로 한 동일한 토기 갖춤새가 요서의 조양 원대자(袁臺子)와 요동의 심양(瀋陽) 정가와자(鄭家窪子) 등지에서 발견된 바 있다. 이를 통해서 요서와 요동에 두루 걸쳐 동일한 문화유형을 갖춘 주민 집단이 존재하였을 가능성이 확인된다.

요서지역의 대릉하 중류 유역 조양을 중심으로 이루어졌던 앞선 시기의 청동기 보급 체제가 보다 발전하는 정황을 보여준다. 객좌(喀左) 남동구(南洞溝)와 능원(凌源) 삼관전자(三官甸子)를 비롯하여 발해만 근처의 흥성(興城) 주가촌(朱家村)등의 무덤의 사례가 바로 그것이다. 이들 무덤에서는 중원식의 연나라 동과나 용기, 동탁 등을 비롯하여 북방식의 동물형 장식 등이 부장되는 것으로 보아 중원과 북방 지역 간의 교류가 활발하였음을 알 수 있다. 같은 단계에 요서 동쪽으로 확산된 정황을 보여줄 만한 사례로는 금주(錦州) 사아보(寺兒堡), 북표(北票) 하가구(何家溝) 등의 변형 비파형동검의 청동제 손잡이를 갖춘 동검의 부장묘가 있다.

요동지역에서도 중국 동북지역 당대 최상급의 무덤이 심양 정가와자에서 발견되었다. 부장된 청동기 유물 갖춤새는 요서지역 십이대영자의 동검, 동경과 함께 주가촌의 나팔형동기 등을 두루 포함하고 있다. 그 밖에도 차마구, 장신구, 원개형동기(圓蓋形銅器) 등 다종 다양한 청동기가 출토되고, 그 대부분이 현지화된 형식인 점을 보아 동 단계에 요동지역에도 청동기 제작과 유통의 중심지 혹은 중심 정치체가 들어섰음을 알 수 있다.

이러한 사실을 종합하면 각기 보유하고 있는 청동기 갖춤새가 다소 차이가 있지만 요령지역 비파형동검문화권의 여러 지점에서 유력한 청동기 부장 개인묘가 확인되고, 그중에서 상위 중심 정치체의 수장묘가 요서 대릉하 유역과 요동 혼하 유역에서 확인되는 사실이 주목된다. 이에 대해서 고조선 정치체 혹은 예맥 종족과 관련하여 2가지 관점으로 접근할 수 있는데, 첫 번째로 이전 십이대영자 문화의 고유 전통에 충실한 요동지역의 정치체만을 고조선이라고 하고, 요서지역의 정치체는 별개의 외래 집단으로 보는 관점이다. 이는 요서지역에 북방 혹은 중원 세력이 진출하여 동 정치체가 그 중심을 요동으로 이동하였음을 전제로 하는 것이다. 그러나 요서 현지의 비파형동검을 표지로 한 전통적 갖춤새가 유지되고 있으므로 전면적으로 세력 교체가 이루어졌다고 보기 어렵다. 요서지역에 현지 세력이 지속적으로 유지되고 있다고 보아야 하는데, 고조선의 정체성을 완전히 상실하였다고 보기 어려우며, 적어도 예맥 종족에 속하는 정치체라고 할 수 있다.

두 번째로는 요서지역의 정치체를 고조선의 중심 정치체라고 하고, 요동의 사례는 예맥 종족에 속하는 새로운 정치체라고 이해할 수 있겠다. 이 경우 요서지역의 정치체는 중원의 연 혹은 북방의 외래 집단과 평화적 혹은 군사적 상호작용을 통하여 외래 물질문화를 수용하였지만 여전히 그 세력은 물론 그 정체성을 유지하였다고 보는 것이다. 상대적으로 요동의 중심 정치체는 요서지역의 이전 전통을 유지하는 세력이 이주하거나 요동의 현지 세력이 이를 모방 또는 수용한 경우라고 이해할 수 있겠다.

이 2가지 관점을 검토하면 기원전 6세기~기원전 5세기를 전후하여 고조선을 자처하거나 아니면 그와 가까운 예맥 종족의 정치체로 상호 공통된 정체성을 갖고 있으면서 대내외적 기반에 일정한 차이를 보여주면서 존속하였던 것으로 추정된다. 설혹 요서지역에 별개의 중원의 연 혹은 북방의 산융 등의 여러 세력이 진입하였다고 하더라도 현지에 존속하고 있던 주민 집단에 대한 영향력에는 일정한 한계가 있었던 것으로 추정된다.

한편으로 이 단계에 요동지역의 혼하(渾河) 유역의 심양 정가와자 중심 정치체 이남과 이동의 천산산맥(千山山脈) 인근에 여전히 지석묘가 축조된 것으로 추정된다. 정가와자 무덤은 요중(遼中)지역을 사이에 두고 요서지역과 교통할 수 있는 위치에 있으나 지석묘 분포구역과는 떨어져 있다. 요동지역에 존재하였던 정치체를 고조선이라고 하고 이를 고고학적으로 설명한다면 정가와자 무덤의 주인공을 상위급 수장으로 하는 중심 정치체가 있고 그 주변에 지석묘를 축조하는 정치체가 병존하는 형국이 된다.

IV. 세형동검 시기

1. 세형동검 전기

기원전 4세기 후반에 고조선은 중국 전국시대 7개 강국의 하나인 연나라와 경쟁할 만한 위세를 갖추어 그 우두머리가 왕을 칭하기에 이른다. 연나라가 쇠약한 틈을 타서 일시적으로 그 동쪽 영역으로 세력 범위를 넓히기도 하였지만, 기원전 3세기 초에 이르면 세력을 키운 연의 소왕(昭王)은 진개(秦蓋)로 하여금 '동호'와 '조선'을 공격하여 2,000리를 확보하고 '만번한(滿潘汗)'을 '조선'과 경계로 삼았다고 전한다. 그리고 우북평군(右北平郡), 요서군(遼西郡), 요동군(遼東郡) 등 5개의 군을 설치한 것으로 주장된다.

이러한 기원전 4세기~기원전 3세기에 대응되는 고고학적 성과를 살피면 세부 형식과 토기 갖춤새에서 지역적 차이가 있지만 요서-요동-한반도에 두루 걸쳐 점토대구연 토기가 포함되는 문화유형이 세형동검과 함께 확산되는 사실이 확인된다. 우선 4세기 대에 요서지역의 경우 연나라 회색도기의 비중이 높은 동대장자유형이 분포하는데, 이에 속하는 수장급 무덤으로 건창(建昌) 동대장자(東大杖子)의 적석목관묘(積石木棺墓)를 들 수 있다. 동 무덤에서는 재지 전통의 세형동검과 요령식동과(遼寧式銅戈) 등의 무기, 그리고 연나라 계통의 예기(禮器)와 동과 등의 청동기 갖춤새를 부장한 사실이 확인된다.

이를 연의 장수 진개가 동쪽으로 진출하기 이전에 이미 이 지역으로 진출한 연나라 엘리트의 무덤으로 이해할 수 있지만, 동 무덤이 연나라 계통의 목곽묘와 전혀 형식을 달리하는 점으로 보아 연나라와 일정한 교섭 과정을 통하여 위세품 혹은 제기를 갖게 된 현지 정치체의 지배자의 무덤으로 규정할 수도 있다. 구체적으로 이를 고조선에 속하는 정치체라고 보는 관점이 있어 이를 따른다면 고조선의 서쪽 경계가 이전보다 확대된 셈이 되는데, 기원전 4세기 후반에 연이 쇠약해진 틈을 타 공격하였다는 중국 측 기록과 대응시켜볼 수 있다. 한편으로 소왕 때 조선과 함께 동호를 공격 대상으로 삼았다고 전하는 기록으로 보아 이를 고조선보다 연에 더 근접한 것으로 추정되는 동호와 연결시킬 수도 있다. 이에 대해서는 보다 북방적인 성격의 청동기가 무덤에 부장되는 철영자 혹은 정구자(井溝子)유형의 고고학적 문화가 '동호'에 대응된다는 주장이 있다.

비슷한 시기에 요동지역에서는 동대장자의 사례와 같은 수준의 수장급 무덤이 발견되지 않고 있다. 다만 해성(海城) 대둔(大屯), 대련(大連) 즉주묘(卽周墓) 등 정교한 기하학 무늬의 청동제 손잡이를 갖춘 초기 세형동검을 통해서 동 지역에 또 다른 제작 중심지 혹은 정치체가 존재하였음이 인정된다. 앞선 단계에 혼하 유역의 심양에서 남쪽으로 그 중심지가 확산되는 경향을 보여준다 하겠다. 또한 요남지역에서는 이전의 강상(崗上)유형에서 발전되었다고 볼 만한 근거는 없으나 윤가촌(尹家村)식의 초기 세형동검 문화가 자리 잡고 있다.

지금까지 요동지역에서 확인된 이러한 사례로 보아 앞선 시기의 정가와자 무덤처럼 고조선의 중심 정치체를 주장할 만한 근거를 찾기 어렵다. 그렇다고 한다면 동 시기에 예맥을 대표하는 고조선 정치체의 중심은 지금까지의 고고학적 성과를 보면 다시 요서지역으로 이행하였을 가능성이 있다. 앞서 본 건창 동대장자의 세형동검 부장 적석목관묘 사례를 그 근거로 검토할 수 있는데, 부장 유물 중에 연계 유물이 다수인 점으로 보아 연과의 활발한 교섭을 통해서 세력을 발전시켰다고 보인다.

진개의 동진 직후 기원전 3세기 전반에 이르면 요서지역에서는 앞선 시기에 상위급 수장묘가 확인된 건창 동대장자에서 계속해서 다수의 수장급 무덤이 축조된 사실이 확인된다. 그 대부분 회색도기와 함께 청동 예기, 그리고 옥기 장식품 등 연나라 계통 유물을 다량 부장하고 있다. 요동지역에서도 재지계 유물은 거의 부장되지 않고 청동 예기를 모방한 회색도기를 비롯하여 여러 기종의 연나라의 위세품이 다량 부장된 엘리트의 무덤이 요양(遼陽) 서왕자(徐王子)와 신성자(新城子)에서 발견된 바 있다. 이와 같은 중원계 엘리트의 무덤이 요동지역까지 확산되었다는 사실을 통해서 연나라가 조선을 내몰고 요동지역까지 진출하여 요동군을 설치하였을 가능성을 충분히 보여준다 하겠다.

같은 요동지역이라 하더라도 천산산맥의 동쪽과 남쪽을 넘어 압록강을 지나 청천강 이북에 걸치는 지역에서는 현지 전통에 연나라 계통의 유물 갖춤새가 일부 섞인 문화유형이 널리 확인된다. 이에 대해서는 북한 연구자들이 영변 세죽리와 무순(撫順) 연화보(蓮花堡) 유적의 사례를 표지로 한 세죽리-연화보유형이라 하고, 남한 연구자들이 본계 상보촌(上堡村)과 여순 윤가촌(尹家村) 유적을 표지로 한 상보촌-윤가촌유형을 제시하여 설명한 바 있다. 세죽리-연화보유형은 철기 갖춤새가 출토되는 주거 유적에 중점을 둔 것이라면, 상보촌-윤가촌유형은 재지계 청동기 갖춤새가 부장된 무덤 유적에 중점을 둔 것이다. 압록강 유역에서는 앞서 문화유형에 속하는 단동(丹東) 조가보(趙家堡)와 집안(集安) 오도령구문(五道嶺溝門) 등의 무덤에서도 세형동검과 삼각 거치문 다뉴경을 비롯한 재지계 청동기 갖춤새가 확인된 바 있다. 청천강 이남의 평안 황해도 지역에서 윤가촌-상보촌유형과 일정한 요소가 공통적인 세형동검과 조문경을 비롯한 한국식 청동기 갖춤새가 확인된다. 황해 연안 소아리 무덤의 실물과 평안도 맹산과 성천 등지의 거푸집이 이를 입증하는 자료이다. 그러나 명도전(明刀錢)과 포전(布錢) 등의 연나라 화폐는 대체로 청천강 이북에 분포하고, 그 이남에 드문 분포상의 차이를 보여준다.

연의 공격으로 밀려난 고조선과 연의 경계라고 전하는 만번한이 요동 남부의 개주(蓋州) 근처 천산산맥 이북이라는 주장과 압록강 혹은 청천강 부근이라는 주장이 있다. 전자의 관점에서 보면 요동 동남부와 서북한은 통틀어 고조선에 속하고 일정 부분 다른 문화유형을 보여주는 양지역의 집단이 동일한 정치체 복합군에 속하는 형국이 된다. 아울러 화폐의 분포 양상을 볼 때 동일 정치체 복합군 내에 연나라와의 대외 교역이 활발하게 이루어진 지역과 그렇지 못한 지역으로 나뉘게 된다. 후자의 관점에서 보면 양 지역은 각기 다른 정치체에 속하는 셈이 되는데, 명도전 등의 연나라 화폐가 동 지역에 확산된 것은 연나라 영역 안에서의 대내 교역의 증거가 되는 셈이다.

그 경계를 어떻게 규정하든 간에 천산산맥 이남과 이동 지역은 연나라계 엘리트의 무덤이 조성된 천산산맥 이북과 달리 이전부터 있었던 집단이 지속적으로 자리 잡고 있어서 이 지역은 연의 직접적인 영향을 벗어나 있으면서 연과 여러 방식으로 교섭하였던 권역이었을 것이다. 따라서 기원전 3세기 후반 이전 조선과 연의 변방 완충 지역으로서 양 정치체의 강제력이 크게 발휘되지 않거나 그로부터 승인을 받은 일종의 자유 교역권이라는 해석이 가장 타당하다.

2. 세형동검 후기

기원전 3세기 중반 이후 연나라는 서서히 그 지배 영역에 대한 통제력을 잃어가면서 급기야는 기원전 3세기 말에 진(秦) 왕조로 교체된다. 그러한 연·진 교체기에 고조선과 중원 세력과의 경계가 청천강이라는 의견이 오랫동안 수용되었지만, 최근에는 압록강 유역으로 바뀌는 것으로 설명하는 관점이 제시되고 있다.

어떤 관점을 따르든 간에 요동 전 지역은 고조선 유이민이 남아 있을 수 있어도 진나라의 영향력이 미치는 공간이 되는 셈이다. 만번한 개주설에 따르면 천산산맥 이북에 한정된 것으로 추정된 연나라 요동군의 관할 지역이 그 이남으로 확대되어 앞선 단계의 상보촌-윤가촌유형의 독자적인 정치체 분포권이 그에 포함된다. 물론 진 왕조의 기간이 짧아서 그러한 영역의 변화가 기존의 유물, 유적 갖춤새에 큰 변화를 주기 어려웠을 것이다. 명도전, 포전 등 연나라 화폐에 추가하여 동 단계에 반량전(半兩錢) 등의 진나라 화폐가 동 지역에 매납된 사례가 다수 확인되므로 외지인들의 유입과 현지인들과의 교역 활동이 활발한 일종의 완충지대로 설명할 수 있다.

청천강 이남의 서북한 지역에서도 간혹 동주식(東周式) 동검과 진나라 동과 등 중원계 유물이 확인되지만 다량 발견되는 것은 세형동과(細形銅戈)와 세문경(細文鏡) 등을 표지로 하는 요동지역과 차별화된 한국식 청동기이다. 세형동과는 그 선행 형식이 건창 동대장자의 사례에서 보듯이 요서지역에서 처음 제작·보급된 요령식 동과에 기원한 것으로, 기원전 3세기 전반 앞선 단계에 압록강 유역의 관전(寬甸) 등지에서 그 후행 형식이 발견된 바 있다. 그러한 요령식이 청천강 이남 지역에서 일정한 시간 폭을 두고 전형적인 한국식 세형동과로 발전한 것이다. 다뉴경의 경우도 거친 무늬의 조문경에서 정교한 삼각거치문, 동심원문으로 구성된 세문경으로 발전하였다. 이를 통하여 상당한 수준으로 발달한 청동기 제작 시스템을 갖춘 정치체, 곧 고조선의 중심이 동 지역에 성장하였음을 알 수 있다.

그러한 한국식 세형동검문화가 압록강 이북은 물론 그 이남과 청천강 사이의 공간에 확인되지 않는다. 따라서 진 왕조 시기에 압록강 이남의 일정 공간은 양 지역 중심 정치체, 곧 진의 요동군과 고조선 사이의 완충지대인 것으로 이해된다.

기원전 2세기 초 연나라 땅에 있던 위만은 고조선과의 경계인 패수(浿水)를 넘어 진(秦) 고공지(故空地)에서 연·제·조(燕齊趙) 유이민을 규합하였다. 나아가 진번(眞番)을 복속시킨 다음 준왕(準王)을 내몰고 조선을 다스리고, 패수를 한과의 경계로 삼았다고 전한다. 위만이 지배한 조선은 왕검(王儉)을 왕경으로 삼고 요동군(遼東郡) 태수에게 한의 외신(外臣)으로, 진번과 임둔(臨屯) 등의 주변의 세력을 아우르면서 그들의 한과의 통교를 막지 않기로 하였다. 그러나 우거왕(右渠王) 때 한나라의 많은 망명자를 받아들이고 진번 등의 주변 여러 소국이 한나라에 들어가는 것을 가로막는다.

기원전 2세기 초 패수에 대해서 한반도의 청천강 혹은 압록강, 요동지역의 해성(海城) 대청하(大淸河), 혼하라는 여러 주장이 제시된 바 있다. 대체로 그 남쪽은 그 대부분 대동강 유역을 포함하는 데에 의견을 같이 한다.

이러한 위만조선의 영역으로 주장되는 지리적 공간에 대해서 4개 구간으로 구분하여 고고학적으로 검토할 수 있다. 연·진·한의 중원계 문화가 압도적인 천산산맥 이서 지역, 상보촌유형의 전통이 남아 있는 천산산맥 이동, 윤가촌유형의 전통이 남아 있는 요동반도 남단, 그리고 한국식 세형동검문화의 전통이 지속되는 대동강 유역이 바로 그것이다.

천산산맥 서쪽의 경우 요양(遼陽) 삼도호(三道壕) 유적에서 보듯이 한대의 중심 취락으로서 한나라 와당과 회색도기를 비롯하여, 다량의 한식 철제 유물이 출토되는 사례가 다수 분포하는 것으로 추정된다. 천산산맥 이동의 경우 표지 유물로서 본계 박보(朴堡)의 유력 개인묘에 부장된 재지계 세형동검의 새 모양 안테나식 청동제 검끝 장식이 시사하는 바가 주목된다. 이러한 검끝 장식은 북방 초원지역 유목민족의 유물에서 흔한 모티프이다. 요동 북부지역의 서풍(西豊) 서차구(西岔溝)의 사례에서 보듯이 기원전 1세기대 철제 장검에 딸린 동일한 청동 장식은 이를 모방하거나 계승한 것으로 이해된다.

기원전 4세기 이래 윤가촌유형의 재지계 세형동검문화가 유행하였던 요동반도 남단에서는 기원전 2세기 이후 대련 목양성(牧羊城), 금주 대령촌(大嶺村), 봉성(鳳城) 유가보자(劉家堡子) 등의 다량의 철기를 내는 생활 유적과 대련 대반가촌(大磻家村), 보란점(普蘭店) 강둔(姜屯) 등의 무덤을 통해서 알 수 있듯이 한나라 양식의 중원계 문화를 대폭 수용한 것으로 파악된다.

압록강 혹은 청천강 이남의 서북한에서 발견되는 기본적인 청동기 갖춤새는 평양 대동 반천리, 황해 봉산 솔뫼골 무덤의 사례에서 보듯이 앞선 단계부터 전해져 내려오는 재지 계통으로 검몸에 어임이 있는 한국식 동검, 세형동과와 세문경 등으로 구성된다. 다소 늦은 평양 토성동

486호 무덤에서는 앞선 청동기 갖춤새 이외에 북방식의 안테나식 검자루를 갖춘 세형동검을 비롯하여 한식 동경과 철제 무기가 부장된 바 있다.

이들 네 지역의 고고학적 정황을 살펴 패수가 혼하 유역이라는 관점을 수용한다면 이전의 요동군 치소가 있었다고 전하는 요양 일대는 물론 상보촌과 윤가촌유형의 전통이 지속되는 천산산맥 너머 요동 남부와 동부지역이 위만조선의 영역이 되는 셈이다. 그렇다고 한다면 기원전 3세기 이래로 유지되었던 점토띠토기와 세형동검을 기본으로 한 유물 갖춤새가 쇠퇴하고, 중원계 토기와 철기, 또는 북방계 청동기 등의 요소가 더욱 큰 비중을 차지하는 권역이 모두 위만조선의 공간적 범위에 들어간다. 위만조선이 이처럼 요동 전 지역뿐만 아니라 서북한 지역에 두루 걸쳐 있었다고 할 경우 동일한 정치체 내에 각각 성행하는 문화의 계통이 다른 3가지 하위 문화권, 다시 말하면 진-한 계통의 유구·유물 갖춤새가 압도적인 천산산맥 이북을 비롯하여 동 중원계와 함께 재지계가 공존하는 상보촌-윤가촌유형의 요동 동부와 남부, 그리고 재지계 유물·유구 갖춤새의 비중이 높은 청천강 이남의 구역 등 각기 다른 다수의 문화권이 포괄되는 셈이 된다.

그렇지 않고 패수가 대청하라고 한다면 상보촌-윤가촌유형의 전통이 남아 있고, 한식 유물 갖춤새가 함께 분포하는 천산산맥 이동이나 이남 지역의 고고학적 문화와 함께, 한국식 세형동검문화를 기본으로 하고 일부 한식 문화가 동반되는 청천강 이남의 공간이 위만조선에 포함된다. 패수가 압록강 혹은 청천강 유역이라고 한다면 비교적 단순하여 중원계 등의 외래계 요소보다 한국식의 전통적인 유물 갖춤새의 비중이 더욱 높은 서북한의 문화유형이 위만조선의 중심이 되는 셈이 된다.

각기 다른 관점에 따르더라도 요동-서북한 지역 중 적어도 위만조선 말기에 서북한이 중심지라는 의견이 정설화되어 있지만, 이러한 다양한 논의가 가능한 것은 무엇보다도 위치 비정에 다양한 문헌사학적 주장이 있기 때문이다. 또한 위만조선이 다양한 하위 정치체를 포괄하는 '국가' 수준으로 발전하였을 뿐만 아니라, 중원과 북방 등의 대외 교류의 정황이 복잡하게 전개된 데에 또 다른 이유가 있다 하겠다.

아직까지 위만조선의 중심지와 성격, 그 권력의 기반을 설명할 수 있는 최상위급 수장묘 혹은 왕묘(王墓)는 확인되지 않았다. 중국 남부의 광주(廣州)에서 발견된 남월(南越)의 조호(趙胡) 왕묘가 거의 한 왕조의 양식을 채용하였지만, 가설적인 수준에서 추정한다면 지금까지 확인된 요동-서북한 지역 지배층의 무덤의 정황으로 보아 위만조선 최고 지배자의 무덤은 재지적인 전통과 함께 중원계와 북방계를 수용한 국제성을 과시하는 무덤 구조와 부장 유물을 갖추었을 것으로 추정된다.

참고문헌

〈한국어〉

김상민, 2020, 『동북아 초기철기문화의 성립과 고조선』, 서경문화사.
노태돈 편, 2000, 『단군과 고조선사』, 사계절.
미야자토 오사무, 2010, 『한반도 청동기의 기원과 전개』, 사회평론.
박대재, 2006, 『고대한국 초기국가의 왕과 전쟁』, 경인문화사.
박선미, 2009, 『고조선과 동북아의 고대화폐』, 학연문화사.
박준형, 2014, 『고조선사의 전개』, 서경문화사.
배진영, 2009, 『고대 북경과 연문화』, 한국미술정보(주).
裵炫俊, 2016, 『東周時期燕文化的擴張與東北地區文化的變遷』, 北京大學博士研究生學位論文.
송호정, 2020, 『다시 쓰는 고조선사』, 서경문화사.
오강원, 2006, 『비파형동검문화와 요령지역의 청동기문화』, 청계출판사.
오대양, 2020, 『북한지역의 청동기시대 묘제와 고조선 연구』, 단국대학교출판부.
이종욱, 1993, 『고조선사연구』, 일조각.
이청규, 2015, 『다뉴경과 고조선』, 단국대학교출판부.
이후석, 2016, 「동대장자유형의 계층분화와 그의미」, 『한국상고사학보』 94.
전대준 외, 2010, 『조선단대사(고조선사)』, 과학백과사전출판사.
조법종, 2006, 『고조선 고구려사연구』, 신서원.
조진선, 2005, 『세형동검문화의 연구』, 학연문화사.
최몽룡, 1987, 「고대국가성장과 무역」, 『한국고대의 국가와 사회』, 일조각.

〈중국어〉

趙賓福, 2010, 『中國東北地區夏至戰國時期的考古學文化研究』, 科學出版社.
華玉冰, 2008, 『中國東北地區石棚研究』, 吉林大學博士學位論文.

※ 찾아보기 ※

· ㄱ ·

강가둔 171
강가둔석성 171
강가둔 유적 176
강상 166, 257, 380
강상문화 257, 280, 283, 301~303, 305, 306, 315, 318, 319, 323~325
강안리 유적 345, 348
개두(蓋豆) 405
개방호(蓋方壺) 405
개석묘 281~283, 286, 288~292, 294, 295, 299, 322, 323
개원호(蓋圓壺) 405
개정(蓋鼎) 405
객라심하동 171
객좌 합자동 22, 28
건안 대포소 37
건창 동대장자 397
건평인(建平人) 22, 46
견갑형동기 312, 318
경형동기 306, 312, 316, 317
고가동 181, 184
고대산문화 168, 182, 261, 263, 269, 272
고대산 유적 98, 100, 114
고려성산 273
고려채 273
고령관 336
고령력 336
고복관 335
고복력 170, 183, 190
고성 유적 327
고정산 유적 338
고조선 430, 432
고족발 261, 265
고향둔 32, 51

곡원과(曲援戈) 405
공병식동검 207, 208, 257
공주둔 307, 310
공주둔 후산 392
과목수영자 239, 394
곽(钁: 괭이) 408
곽가촌 유적 106, 107, 116, 117
관공부(管銎斧) 193, 195
관지 유적 327, 331
교역 활동 420
교장(窖藏) 419
구운형 옥패 97
구획문계 317
군장사회 161, 325, 427, 432
굴륭립자산동굴 270
궁형기(弓形器) 195
궤(簋) 402
근변사(近邊寺) 267
금곡수고남산 유적 344, 352
금곡 유적 344, 352
금성 유적 344
금우산 51
금우산인(金牛山人) 22, 44
금창진 384, 386
기하학 무늬 토기 163
기하학문 283, 306, 307, 316, 317, 319, 320
길림 구참서산 38

· ㄴ ·

나팔형 귀걸이 193
나팔형동기 312, 318
남동구 166, 257, 368, 375, 378, 394, 396, 397
남동구-동대장자 유적군 377
남동구유형 236, 238, 239, 241, 243, 257, 259, 260
남산근 162, 166, 198
남산근유형 170, 199, 202~204, 209, 210, 211, 215, 216, 246, 249, 255
남장두 유적 71
남태자 유적 73, 75, 112

남태지 유적 83, 110
납림하 338
낭가점 유적 344
낭두산 유적 338
네트워크 255, 258, 259, 260
노로아호산 170
노요와양 110, 112
노철산 유적 116, 117
노하심 371, 388
노호충유형 267
누상 257, 291, 301~304, 306, 319, 380
눈강 326, 327, 337
눈강 유역 64, 66, 126, 129, 145, 147
눌하 327
눌하 신천 35
눌하 청화둔 34
능원 서팔간방 30
능하문화 182

· ㄷ ·

다뉴경(多鈕鏡) 162
다뉴구획문경 317
다뉴기하학문경 372, 431
다뉴뇌문동경 283, 297, 307, 312, 316
다뉴동경 248, 312, 317, 319
다뉴조문경 376, 377, 385, 388, 390, 393
다인이차장 331, 336, 340
다장 322
단각식 316
단검(短劍) 193, 195
단결-크로우놉카문화 370, 377, 389, 390~394, 395
단경식동검 245
단군조선 427
단동 317
단동 전양인 30
단이관 228, 229, 235, 260
단이배 332, 334, 336
단인일차장 331
단장 294

단타자 273
대가산 유적 327
대갑방 292
대강 유적 104, 105
대구심복관 332
대남구 유적 112, 114, 120
대랍한구 202, 206
대련 301, 302
대령강장성 418
대번가촌 유적 106, 107
대산전 214
대산취자 284
대석개묘 277, 373, 386, 392
대육도구 유적 344, 352
대전자 176, 384, 385, 386
대전자 무덤 168, 261, 263
대전자 유적 170, 171
대정 202
대족력(袋足鬲) 192
대청산 376, 382~384, 386, 388, 393
대청산식 세형동검 376, 386, 387, 393
대취자 3기 274
대취자 유적 273, 275, 277
대타두문화 168, 170, 188
대타두 유적 188
대타두유형 188
대포자 유적 202
대해맹-포자연유형 386
대호로구 319
대홍둔 52
대흥안령 230, 326
독주차 252, 318
돈(敦) 402
동검(銅劍) 288~291, 297, 302, 306, 312, 316, 319, 321, 323, 324, 405
동경 244
동고대산(東高臺山) 261
동고대산후기유형 264
동고대산 유적 264
동곡타 47

동과(銅戈) 405
동관동 유적 345
동굴묘 267, 269
동남구 202
동남구유형 202, 206, 216
동대장자 368, 370, 372, 373, 375, 377~379, 381, 396, 397, 412
동대장자유형 316, 434
동도 297, 316, 317, 320
동도구자 202
동량강 유적 338
동령 215, 221, 253
동모(銅矛) 405
동물형 옥 97
동산두 유적 327, 331
동산취 유적 98
동서식 세형동검 376, 377, 390
동서리유형 376, 390, 393
동승 유적 269
동요하 338
동차축두 252, 318
동촉 297, 299, 303, 304, 306, 307, 316, 322, 323
동표 312, 316, 318
동함 312, 316, 318
동호 368, 378, 394, 396, 434
동호림 유적 68, 70
두(豆) 402
두만강 161, 164
두패자 유적 186
두형토기 283, 310, 314, 315

· ㄹ ·

루드나야문화 66, 134, 136, 137, 139, 140, 143, 150

· ㅁ ·

마구 304, 306, 307, 312, 316, 318~320, 323~325
마성자 B동 267, 268
마성자문화 263, 267, 268

마제석기 161
만보산 유적 338
만유가 유적 162, 262, 264, 273, 428
말리쉐보 문화 133
말사구연(抹斜口緣) 265
망강촌 385
망해둔 유적 327
망화 272
망화유형 267, 268
매납(埋納) 419
매머드(털코끼리) 21
명도전 436
명도전·포폐(布幣)·일화전(一化錢) 401
명사전(䦹四錢) 411
명화전(䦹化錢) 411
복곽묘 283, 307, 311, 312, 324, 373, 375, 379, 392, 394, 397, 398
목관(곽)묘 397
목관묘 183, 311, 375, 392, 394
목단강 127, 134, 135, 144, 149, 153
묘산 유적 273, 277, 278
묘후산 51, 52, 267
묘후산문화유형 267
묘후산 유적 270
묘후산인 44
무문토기 163, 428
무종씨(無終氏) 197
문수후산 유적 338
물환지 유적 262
미송리식 토기 322, 325

· ㅂ ·

박보 384, 385
반(盤) 402, 405
반량전 411
방패형동기 314, 318
백금보문화 163, 326, 330, 391
백금보 유적 327, 328, 332, 335, 336
백부 유적 196

백음장한 유적 73, 77, 78, 83, 112
범의구석 유적 344, 348
범장자 176
범장자 무덤 263
베트카 유형 134, 136, 142
보산문화 386
보이스만문화 66, 127, 133, 134, 136, 137, 140~144
보즈네세노프카문화 66, 144, 148, 149
본계 166, 167, 257, 267, 269
본계 묘후산 26
부가퇴문(附加堆文) 265
부가퇴문력 183, 186
부하구문 유적 86, 87, 88
부하문화 65, 75, 80, 82, 83, 88, 89
북경원인 44
북구문화 119
북구 유적 118, 119
북방계 182, 184, 193~197, 248, 249, 263, 266
북산 42
북염두 유적 80, 82
북오둔 유적 102, 107, 108
북전 A동 267
분(錛: 자귀) 408
분식력(盆式鬲) 261, 265
비점문 327, 334, 335
비파형동검 162, 198~200, 203, 206, 208, 211, 217, 218, 228, 230, 235, 236, 238, 239, 244, 245, 248, 255, 257, 259, 260, 372, 374, 376, 378, 379, 381, 394, 398, 431
비파형동검문화 374, 375, 376, 377, 378, 393
비파형동검문화권 433

• ㅅ •

사가외자수동 270
사과둔 동굴 유적 89, 110, 112
사금구 41
사릉산 유적 89, 95
사평산 유적 117
사해 유적 73, 75, 76, 77, 78

산(鏟: 큰 자귀) 408
산동반도 273
산두둔 유적 338
산성자 B동 267, 271
산성자 C동 267, 270, 271
산융 218
산하영자 184
산하영자 유적 181
살라오소 47
삼관전 368, 394
삼관전자 238, 239, 240, 243
삼당 유적 115, 116, 117
삼릉도 180
삼족기 163
삼좌점 176
삼좌점성지 172
삽(鍤: 가래) 408
상기방영자 214
상기방영자석 171
상기방영자 유적 176
상마석 273, 277
상마석상층문화 280, 282, 283, 286, 287, 289, 290, 291, 301, 304, 315, 325
상마석 유적 102, 116
상보촌유형 318, 376, 382~386, 393, 394, 395
상보촌-윤가촌유형 435, 436, 438
상택문화 74, 80, 82, 83
상택 유적 74, 77, 80, 82
서관산 유적 338
서단산문화 337~341, 343, 344
서랍목륜하 168, 183, 200, 202, 203, 214, 221, 232, 263, 327
서발자 유적 194
서산 40
서왕자 400
서요하 261
서위자 유적 344
서태 유적 90
서포항하층문화 143, 144
서황산둔유형 376, 386~388, 393, 395

석개석관묘 277
석곽묘 165, 183, 239, 240, 242, 255, 257
석관묘 191, 196, 197, 199, 206, 207, 216, 219, 225, 231, 239, 264, 269, 384, 392
석문산 40, 51
석범 316, 317, 323
석불산 유적 119
석붕 277
석붕산 112, 113
석성 171
석월 180
석자북산취 202
석제용범 288, 321, 324
석현 유적 344
선형동부 283, 291, 292, 297, 299, 306, 307, 316, 317, 319, 320, 321, 322
성보(城堡) 164
성신촌 292, 294, 319, 323
성자산산성 171
성지(城址: 성터) 400
세문경(細文鏡) 436
세석기 49, 52, 54
세신형동모 246
세이마-투르비노(Seima-Turbino) 215
세죽리-연화보유형 416, 435
세형동검 238, 245, 259, 260
세형동검문화 375, 376, 377, 390, 393
소고산 51
소구호(小口壺) 405
소남구 유적 338
소단산 유적 338
소달구 유적 338, 342
소등과고분군 327, 331
소랍합 1기문화 130
소랍합문화 326, 328, 329, 331, 332, 335
소랍합 유적 327, 328, 331, 332, 335
소서산 유적 338
소영자문화 346
소장량 47
소주산상층문화 65, 116~118, 121

소주산 유적 101~103, 106, 116, 121
소주산중층문화 106, 107, 109
소주산하층문화 65, 80, 101~103
소파태구 186
소하서문화 77, 78, 79, 80
소하연문화 65, 109, 110, 113, 120, 168
소황지 238
소흑석구 162, 166, 167, 198~200, 202, 204, 207, 209, 210~212, 214~217, 227, 229, 233, 234, 248
소흥안령 326
송눈평원 121, 126~131, 144, 145, 150, 154, 326, 328, 335, 336, 344
송료분수령 326, 327
수(盨) 402
수북 유적 344
수수도(獸首刀) 196
수장사회(首長社會, chiefdom society) 161, 323, 325, 426
수천 171, 176
수천성자 202, 206
수천성지 171
수천 유적 179
수천유형 231
숙신(肅愼) 194
순산둔 262
순산둔 유적 264
순산둔유형 264, 267
순생 178, 221, 223~225, 227~230, 234, 235, 241, 242, 259
순장 176, 184, 191, 225, 227, 232, 234, 235, 241, 242, 259
신개류문화 66, 134~138, 147
신광 유적 344, 352
신락상층문화 263, 264, 267, 271, 272, 284, 307
신락 유적 98, 99, 100, 114
신락하층문화 80, 98~100, 109, 114~116, 130
신성 400
신성동 248
신성자문화 257, 258, 269
신암리 1기 269

신용 유적 344
신화 유적 344
신흥동 유적 344
심귀리 유적 269
심복환저정 341
심양 162, 236, 239, 240, 250, 257, 264, 271, 273
십이대영자문화 162, 164, 166, 170, 182, 183, 258, 260, 261, 375~379, 392, 396, 397, 430
십이대영자유형 184, 198, 199, 217, 236, 238, 239, 241, 243, 248, 250, 255, 257, 260
쌍방식 299, 320
쌍방유형 280~283, 286, 287, 289, 290~292, 294, 297, 306, 318, 322, 323, 325
쌍이관 219, 222, 225, 228~232, 235, 244, 260, 263
쌍타자1기 277
쌍타자1기문화 276, 278
쌍타자2기 276
쌍타자2기문화 279
쌍타자3기 276, 277
쌍타자3기문화 275, 279
쌍타자문화 269, 273, 274
쌍타자문화 3기 269
쌍타자 유적 하층 273

• ㅇ •

아무르강 하류 121~127, 129, 133, 134, 136, 144, 148, 154
악석문화 273, 274, 279
안도인(安圖人) 22
안전 유적 344, 352
알아하 344
앙신직지 331, 332, 336, 340
앙앙계 대흥둔 34
앙앙계문화 150, 326, 327
약왕묘 유적 168, 176
양가촌 257, 319
양갑산 309, 312
양대전통 50
양대전통론 46

양두와문화 273
양반산 유적 338
여신묘 95
연계 초기철기문화 396
연나라 395
연문화 195, 197, 396
연박(燕亳) 191, 194
연북내선장성 417
연북외선장성 417
연산 남쪽 395
연식돈 405
연식두 405
연식력(燕式鬲) 407
연식부(燕式釜) 407
연하도 371, 373, 379, 380, 382, 395, 396, 411, 415
연하도문화 370, 373, 396
연해주 64, 66, 121, 125~127, 129, 133~137, 139, 140, 142~144, 149, 150, 152~155
염가강 22, 33, 51
염구발(斂口鉢) 192
영구 금우산 25
영구 장산동 29
영성 162, 199, 200, 225, 230~234, 236, 238, 257, 299
영수도(鈴首刀) 196
영화남산 유적 344, 352
오가촌 유적 106
오금당유형 236, 238, 240, 243, 260
오도령구문 373, 384, 385, 388, 393, 395
오란보랍격 228
오상 학전 33
오수전(五銖錢) 372, 389, 391, 411
오시포프카문화 121, 122, 123, 124
옥고 97
옥벽 97, 130, 131, 137, 138
옹관묘(甕棺墓) 277, 397
와룡 유적 327
와룡천 301, 302, 304, 306, 380
왕구옥령 384
왕보산 277
왕보산적석묘 274

왕청 신흥촌 38
요갱(腰坑) 196
요고대산 261
요령식동과 241, 242, 246, 316, 378, 385
요령자 321
요양 292, 294, 297, 307, 309, 312, 317, 324
요해둔유형 280, 281, 283, 284, 318, 322, 325
용두산 386, 387, 388
용두산 유적 199
용두산유형 170, 199, 202, 211, 216
용형적석 76
우(盂) 179
우가구 유적 71
우가촌 273
우가촌 상층 274
우가촌상층문화 273
우가촌타두적석 274
우가촌 타두적석묘 277
우가촌 하층 276
우도구 190, 195, 238, 384, 394
우하량 유적 89, 92
우형력(盂形鬲) 170, 179
원대자 238, 240, 243, 379, 380, 398, 399
원전(圓錢) 411
위가와포 유적 91
위만조선 437, 438
위방3기문화 188, 192
위방 유적 192
위방유형 192
위영자 184
위영자문화 165, 167~170, 181~186, 239, 242, 243, 255, 261~263
위영자문화권 428
위영자 유적 181
위호령 338
유동 39
유수림 유적 91
유수인(榆樹人) 46, 337
유수 주가유방 36
유역씨(有易氏) 191

유엽형동모 246, 297, 299, 319
유정동문화 346, 348, 352
유정동 유적 344, 352
유정동유형 346, 348, 351, 352, 389
유하 261
윤가촌 370, 376, 380~382, 395
윤가촌1기문화 282, 283, 301, 305
윤가촌식 세형동검 376, 395
윤가촌유형 376, 380, 381, 392~394, 437
음마하 337
이(匜) 402, 405
이극천고분군 327, 331
이단굴광목관묘 264
이도전자 유적 338
이도하자 280, 282, 283, 292, 294, 299, 320, 325
이도하자유형 292
이륵호리산 326
이절함 253, 318
이중구연점토대토기 260
이중구연토기 164, 282, 301, 321
이즈웨스토프카 390, 393
이통하 337, 338
인류 화석 45
일화전(一化錢) 411

• ㅈ •

장가보 A동 267, 271
장가원상층문화 188, 194
장가원 유적 194
장가원유형 194
장각식 316
장사산 유적 338, 339, 343
장성 374
재갈 195, 204, 210, 216
재갈멈치 204, 206, 210, 216, 253
쟈라이놀 마고산 35
적가촌 382, 384, 385, 386
적남장성(赤南長城) 417
적북장성(赤北長城) 417

적석목관묘 239, 304
적석묘 277, 280, 282, 283, 290, 301~304, 306,
 323~325, 373, 380, 384, 385, 392, 393
적석총 92~95, 97, 116, 117, 165
전곽 청산두 37
전기 고조선 426
전년 유적 70, 71
전도장 332
전장 27
전하 소남산 35
절견력(折肩鬲) 170, 197
절복력 190
절복발 334, 335
점토대구연 토기 434
점토대토기 164, 292, 309, 310, 370, 377, 381, 383,
 384, 385, 388, 393, 394
점토대토기발 283, 299, 307, 314
정(鼎) 402
정가와자 370, 377, 380, 392, 394
정가와자1기 281
정가와자2기 281
정가와자유형 236, 241, 244, 248, 250, 257, 258,
 260
정구자문화 214, 218, 219, 221, 225, 228~232, 234,
 235, 238, 244, 258, 260
정구자유형 219, 221~224, 228~231, 234, 235
정치체(polity) 426
제이송화강 326
제일송화강 327
조가보 385
조공가 유적 114
조문경 436
조보구문화 73, 74, 80, 83, 84, 85, 88, 110
조보구 유적 83, 84
조양 162, 181, 199, 237~239, 243, 245, 248, 250, 255
족장사회 323, 325, 432
좌가산 1기 129, 131, 132
좌가산 2기 132, 147
좌가산 3기 147, 148
좌가산문화 337

주가유방 51
주가지 202
주가촌 238, 240, 257
주개구문화 182, 194
주구점 21
주먹도끼 28
주조 철기 371
준(尊)·준형력(尊形鬲) 170
중심대묘 92
중원계 165, 166, 182, 192~196, 211, 248, 249
중원계 청동기 162, 428
중원식동검 321, 376~378, 380~382, 384, 393
중원식동과 228, 246, 376~378, 380, 381
중원식동모 376~378, 380, 381
지가영자 176
지경동 유적 345
지배자 242, 259
지석묘 166, 280~282, 286~291, 320~322, 325
지주산 유적 176
직간함 253, 318
직원과(直援戈) 405
진강영유형 194
진개 394, 396, 412, 414, 419
진뢰 단대감자 38

• ㅊ •

차마구 161, 162, 166, 210, 238, 241, 252, 255,
 257, 258
채문토기 269
천교령 유적 344
철겸(鐵鎌: 낫) 409
철기 368, 371
철령 284, 291, 297, 307, 310, 322
철릉문장경호 290
철부(鐵斧) 408
철영자 398
철영자유형 219, 225, 227, 230~232, 234, 235
철착(鐵鑿: 끌) 409
철초(鐵鍬: 가래) 409

청동검병 228, 306, 316
청동검초 316
청동검파두식 297, 299, 306, 321
청동기 161, 180
청동기시대 160
청동당로 252
청동 예기 187, 261
청동 예기군 181
청동절약 252, 318
청동정식 252, 258
청동투구 237
청산두 22, 52
초기철기시대 368
촉각식동검 384, 386~388, 393
촉각식동병철검 384~388
최후빙하극성기(Last Glacial Maximum) 52
측신굴지 331
측신직지 331
칠과수 유적 327
칠도천자 236

· ㅋ ·

카라숙계 208, 209, 249
콘돈문화 133, 134, 136, 143
쿠반 양식 217

· ㅌ ·

타날문 단경호 407
탁과(啄戈) 193
탄도서강자 유적 327
탑만촌 283, 299, 307, 309, 324
탑조유형 192
탑하 시판참 35
태자하 267
토광묘 261, 264, 277, 283, 301, 302, 304~306, 311
토롱 277
토롱적석묘 278
토롱적석묘 274

토성 171
토성자 유적 338, 339, 344
통복력 183, 334, 338
통복력(筒腹鬲) 183, 188
통식력(筒式鬲) 261, 265
통형관 263, 264, 334, 338
퇴장 매납 419

· ㅍ ·

편보자문화 98, 109, 114~116, 120
편보자 유적 98, 114
편보자유형 268
평안보 2기 유형 116
평안보 유적 262, 263, 264
평정산 262
평정산 유적 181
포수영자 246, 255
포이합통하 344
포자연 370, 385, 388
포자연전산 유적 338, 339
포전(布錢) 411
포폐(布幣) 411
풍하 171, 176
풍하 유적 168, 176, 179
플라이스토세(Pleistocene) 22

· ㅎ ·

하가점상층문화 167~169, 181~183, 188, 194, 197, 198~211, 214~219, 221~223, 225, 228, 230, 231, 234~239, 241, 243, 246, 248, 250, 252, 261, 263, 264
하가점상층문화권 162
하가점 유적 168
하가점하층문화 167, 168, 171, 178, 179, 181, 182, 261, 263, 264, 267, 428
하가점하층문화 연남형 188
하서북산 유적 344
학고동산 유적 339

학전 51
한서 391
한서2기문화 326, 328, 377, 391~393
한서 유적 327, 328, 331
합자동 51
합장 178, 191, 221, 224, 267, 277, 294
해란강 344
해성 소고산 30
행가장 321
향양령 유적 181, 184, 185
허국(許國) 200
현문호(弦文壺) 269, 271, 279
호(壺) 402
호곡동 391
호류하유형 188
혼하 271
홍산문화 64, 65, 73, 74, 80, 83, 86, 88~92, 94, 96, 97, 109, 110, 113, 130~132, 138, 427
홍산후 198
홍산후 유적 88, 89
홍의도 327
화룡 대동 38
화룡 석인구 38
화변력(花邊鬲) 193, 194, 195, 336, 339
화변부가퇴문 332
화상구 181, 184
화전 선인동 38
화폐 372
환두도자(環頭刀子) 409

환수도 190
황어권주산 유적 339
회색토기 437
횡이발구호 297
횡이발형관 283, 292, 297, 298
횡이현문호 281, 283, 289~292, 297, 299
후기 구석기시대 22, 45, 51, 52, 54
후분 181
후산 유적 262
후석산 유적 338, 339
후와상층문화 108, 118
후와 유적 104, 105, 108
후와하층문화 104~106, 108
후원대 381
후지타 료사쿠 345
훈춘하 344
휘발하 337
흑구봉 유적 344
흑도장경호 257, 283, 307, 312, 314, 315
흑요석 54
흥륭구 유적 74, 77
흥륭와문화 72~75, 77, 78, 80, 89, 112, 138, 139
흥륭와 유적 72~74, 77, 97
흥성문화 346, 352
흥성 유적 344, 352
흥성유형 348, 351~353
희작구 202
희작구유형 280

찾아보기 449

동북아역사 연구총서 121

동북아시아 고고학 개설 I
-선·원사시대 편-

초판 1쇄 인쇄 2020년 12월 21일
초판 1쇄 발행 2020년 12월 31일

엮은이   동북아역사재단 북방사연구소
펴낸이   이영호
펴낸곳   동북아역사재단

등 록   제312-2004-050호(2004년 10월 18일)
주 소   서울시 서대문구 통일로 81 NH농협생명빌딩
전 화   02-2012-6065
팩 스   02-2012-6189
홈페이지   www.nahf.or.kr

ISBN 978-89-6187-602-5 94910
       978-89-6187-601-8 (세트)

* 이 책은 저작권법으로 보호를 받는 저작물이므로 어떤 형태나 어떤 방법으로도 무단전재와 무단복제를 금합니다.
* 책값은 뒤표지에 있습니다. 잘못된 책은 바꾸어 드립니다.